Ein Bilder-Lese-Buch über Schule und Alltag Berliner Arbeiterkinder

Von der Armenschule zur Gesamtschule 1827 bis heute

Herausgegeben von der
Arbeitsgruppe Pädagogisches Museum
durch Georg Rückriem, Klaus Wiese und Ilona Zeuch
Bildredaktion und Gestaltung Gesine Asmus

(EP 65)
ELEFANTEN PRESS
1981

Ausstellung

Karl-Walter Beise
Dieter Blodau
Josephine Hildebrand
Volker Hoffmann
Diethart Kerbs
Bernd Kühlert
Gabriele Larsen
Dirk H. Müller
Georg Rückriem
Otfried Scholz
Karin Vischer-Kristiansen
Rita Weber
Klaus Wiese
Ilona Zeuch

Geschäftsführung:
Karl-Walter Beise

Ausstellungsredaktion:
Karl-Walter Beise
Josephine Hildebrand
Diethart Kerbs
Dieter Kramer

Gestaltung und Produktion:
Kramer Ausstellungsbau

Bildbeschaffung:
Gesine Asmus

Modelle:
Karl-Heinz Buller

Figuren und Kostüme:
Waltraut Mau

Kulissen:
Gabriele Larsen
Bernd Kühlert
Karin Vischer-Kristiansen

Wegen des frühen Redaktionsschlusses können wir unseren Leihgebern, ohne deren Bereitschaft unsere Ausstellung nicht zustandegekommen wäre, an dieser Stelle nur in allgemeiner Form danken.

Die Ausstellung findet vom 13. September bis 13. Dezember 1981 in Räumen der Schule Klixstraße 6–7, 1000 Berlin 62 (Schöneberg) statt.

Öffnungszeiten:
Dienstag bis Freitag und
Sonntag 10–18 Uhr,
Samstag 14–20 Uhr,
(Montag geschlossen)
Eintritt frei

Wir danken der Stiftung Deutsche Klassenlotterie Berlin und dem Senator für Kulturelle Angelegenheiten für die Finanzierung des Projekts. Wir danken insbesondere der Hochschule der Künste für materielle Unterstützung.
Dem Stadtrat für Volksbildung von Schöneberg, Ottokar Luban, danken wir für die Bereitstellung der Ausstellungsräume, dem Modellversuch Künstlerweiterbildung der HdK für Mitarbeit und der GEW Berlin für die Finanzierung des Ausstellungsführers.
Dem Archiv für Kunst und Geschichte Berlin danken wir für Engagement und vielfältige praktische Unterstützung bei der Durchführung des Projekts.
Dank gilt schließlich neben vielen ungenannt Bleibenden allen, die uns mit Hinweisen und Hilfen jeglicher Art unterstützt haben:
Jonas Geist, Klaus Kürvers sowie ihren Mitarbeitern, Gisela Brandt, Jürgen Jeske, Barbara Hickethier, Christian Groß, Claus-Peter Groß, Gottfried Korff, Christa Kersting, Bärbel Gafert, Hans Udo Davitt, Michael Joachim, Ursula Ahrens, Barbara Schmidt-Tychsen, Hermann Bruhn, Elke Kroos, Barbara Duske-Mernberger, Meinhard Jacobs, Jens Großpietsch, Jörn Jensen, Petra Eggebrecht, Armin Gutt, Margarete Gehrke – und vielen Schülerinnen und Schülern.

CIP-Kurztitelaufnahme der Deutschen Bibliothek

Hilfe Schule: Ein Bilder-Lese-Buch über Schule und Alltag.
Von der Armenschule zur Gesamtschule
1827 bis heute
Arbeitsgruppe Pädagogisches Museum
(G. Rückriem, K. Wiese, I. Zeuch)
Berlin (West): Elefanten Press Verlag GmbH, 1981
(EP 65)
Ausstellungskatalog.
ISBN 3-88520-065-1
NE: Arbeitsgruppe Pädagogisches Museum (Hrsg.)

Buch zur Ausstellung

Redaktion und Bildkommentare:
Georg Rückriem
Klaus Wiese
Ilona Zeuch

Bildredaktion und Gestaltung:
Gesine Asmus

Layout:
Jürgen Stephan

Umschlagentwurf:
Ilona Zarypow
(unter Verwendung eines Fotos aus der Sammlung C.-P. Groß)

Plakat:
Herbert Müller,
Ilona Zarypow

Satz:
satz-studio irma grininger, berlin

Lithographien:
Claus Iller GmbH, Köln

Druck:
Gericke, Berlin

Hrsg.:
Arbeitsgruppe Pädagogisches Museum

Elefanten Press Verlag GmbH
Zossener Str. 32, 1000 Berlin 61

Printed in Berlin-West
1. Auflage Berlin-West 1981

Als Ergänzung zu diesem Buch ist zum gleichen Thema ein Kinderbuch erschienen.

1981 bereits im 5. Jahrgang erscheinen die „Mitteilungen & Materialien der Arbeitsgruppe Pädagogisches Museum". Probehefte und Abonnements:
Ilona Zeuch
Stübbenstr. 10, 1000 Berlin 30

Arbeitsgruppe Pädagogisches Museum

Karl-Walter Beise
Diethart Kerbs
Georg Rückriem
Otfried Scholz
Rita Weber
Klaus Wiese
Ilona Zeuch

Anschrift:
c/o Karl-Walter Beise
Blumenthalstr. 18, 1000 Berlin 30
Tel. (030) 261 87 41

Inhalt

Vorwort

Die Ausstellung „Hilfe Schule – Aus dem Schulalltag Berliner Arbeiterkinder 1827 – 1981“ will und tut etwas, was in einer auf Selbstbestimmung beruhenden demokratischen Gesellschaft selbstverständlich sein sollte, aber nach wie vor keineswegs selbstverständlich ist: Sie bewegt sich auf den geschichtlichen Spuren des Alltagslebens. Wir waren und sind es gewohnt, Geschichte „von oben“ zu betrachten, zumal sie uns in der Historiographie meist als Herrschaftsgeschichte dargeboten wird. Die Geschichtswissenschaft hat lange die einfachen Leute als bloße Objekte der Geschichte gesehen; auch die Sozialwissenschaften haben die Situation der Menschen in ihrer konkreten Geschichtlichkeit zu wenig berücksichtigt und wenden sich erst jetzt der Bildungs- und Entwicklungsgeschichte einzelner unbekannter Menschen oder Gruppen als Forschungsobjekt zu. Langsam wächst das Bewußtsein dafür, daß die Wurzeln unserer Geschichte nur erfaßt und verstanden werden können, wenn wir das Leben und den Alltag des arbeitenden Menschen kennenlernen. Dies gilt insbesondere für die zurückliegenden 150 Jahre, für jene Zeit also, die mit der Industrialisierung unsere heutige Gesellschaft entscheidend beeinflußt und geprägt hat. Wir können uns und unseren Standort nur dann verstehen, wenn wir die Probleme kennen, die politisch und sozial das Leben dieser Menschen vor uns bestimmten.

Noch haben wir die Chance, diese Aspekte ins Blickfeld zu rücken, nicht nur durch verbale Beschreibung, sondern durch konkrete Sammlung und Darstellung der Gegenstände, Zeugnisse und Bilder des Alltagslebens. Geschichte wird leichter erfaßbar und verstehbar, wenn man sieht, wie Arbeiter und ihre Familien wohnten, wie die Schulstube dieser Kinder aussah und welche Hoffnungen und Enttäuschungen die Schule bereitete.

Mit diesem Ziel will die Ausstellung Schule, von der alle betroffen sind, aus den historischen, sozialen und gesellschaftlichen Hintergründen der Zeit interpretieren; sie beschreitet damit einen Weg, der auch für die Art der Präsentation in unseren Museen an Bedeutung gewinnt: Historische und aktuelle Erfahrungen, repräsentiert in künstlerisch, kulturell oder technisch gestalteten Werken werden so vermittelt, daß die Besucher durch sinnliche Anschauung sich selbst, ihr gesellschaftliches Umfeld besser begreifen und sich ihren Interessen und Bedürfnissen gemäß bewußter verhalten können. Darüber hinaus ist die Ausstellung auch ein Versuch, mit einer neuen Darstellungsweise Erkenntnisse im Bereich der Erziehungswissenschaft für eine breitere Öffentlichkeit verständlich zu machen.

Der Blick in die Geschichte der Schule wird zeigen, wie schwer es war, dem Anspruch einer demokratischen Gesellschaft, soziale Gerechtigkeit im Bildungswesen durch Gleichheit der Bildungschancen zu schaffen, zum Durchbruch zu verhelfen. Wir wissen, daß auf diesem Wege durch den Ausbau des Bildungswesens in den letzten 15 Jahren viel erreicht worden ist. Aber auch im heutigen Schulsystem gibt es noch diskriminierende und ungerechte soziale Auslese. Eine menschliche Schule aber muß allen Kindern garantieren, daß sie ihre Schule ohne Angst vor Auslese besuchen können. Daß es notwendig ist, weiter dafür zu arbeiten und die Bildungsreform fortzuführen, sollte eine wichtige politische Aussage der Ausstellung sein.

Dieter Sauberzweig

Einleitung
Ist Erziehung ausstellbar? Hintergründe und Zusammenhänge des Projekts „Hilfe Schule"

1. Die Arbeitsgruppe

Die Ausstellung, deren Katalog hiermit vorgelegt wird, ist ein Produkt der Arbeitsgruppe Pädagogisches Museum. Aus dem Namen dieser Gruppe geht schon hervor, daß ursprünglich mehr intendiert war (und noch ist), als „nur" eine pädagogisch-historische Ausstellung.

Die Arbeitsgruppe Pädagogisches Museum wurde im Herbst 1976 gegründet. Sie entstand damals im Zusammenhang mit der Eröffnung der ersten pädagogisch-historischen Ausstellung „Kind und Kunst. Zur Geschichte des Zeichen- und Kunstunterrichts". Angeregt durch diese sozialhistorische Aufarbeitung der Geschichte eines Schulfachs fanden sich Dozenten und Assistenten der PH mit Lehrern zusammen, um zu diskutieren, ob und wie ein solcher sozialgeschichtlicher Ansatz zur Erforschung und Darstellung nicht nur der Geschichte einzelner Schulfächer, sondern der Geschichte von Erziehung und Unterricht überhaupt fruchtbar gemacht werden könnte.

Die Arbeitsgruppe verfolgt von Anfang an mehrere Intentionen:

1. Sie will versuchen, Probleme der Sozialisation, der Erziehung und des Unterrichts so aufzuarbeiten und darzustellen, daß sie auch für den Nicht-Fachmann verständlich werden und zur Aufklärung über pädagogische und soziale Fragen beitragen können. Dahinter steht der Wunsch, die bildungspolitische Bewußtseinsbildung in der Bevölkerung anzuregen und eine Sensibilisierung für pädagogische Fragen und ihre gesellschaftlichen Voraussetzungen zu bewirken.
2. Ihre Absicht ist darüber hinaus, auf die Lehrerbildung einzuwirken und die an den lehrerbildenden Hochschulen vermittelte Geschichte der Erziehung und des Unterrichts von der Fixierung auf die reine Ideengeschichte zu befreien, wegzukommen vom Reden über die Theorien und Entwürfe der großen Pädagogen, um sich verstärkt auch mit der tatsächlichen Erziehungsrealität der Vergangenheit auseinanderzusetzen und daraus für die Gegenwart etwas zu lernen.
3. In Verbindung damit möchte sie daran mitarbeiten, die erziehungswissenschaftliche Forschung in der Bundesrepublik einen Schritt weiter zu bringen, indem sowohl historisch als auch aktuell ein Hauptaugenmerk auf die materiellen Grundlagen und Bedingungen aller Erziehung gelegt wird, z.B. auf die Fragen des Schulbaus und der Schulausstattung, der Schulhöfe, der Unterrichtsorganisation, der Klassenfrequenzen, der Lehr-Lernmittel, des Lehrermangels, der Lehrerarbeitslosigkeit.
4. Nicht zuletzt besteht ihr Wunsch darin, einen Beitrag leisten zu können zur Entwicklung der Museumspädagogik und Ausstellungsdidaktik, die (trotz mancher Bemühungen der letzten 10 Jahre) in der Bundesrepublik noch immer hinter den besten Beispielen anderer Länder (wie Schweden, Dänemark, Holland) weit zurück ist.

Alles, was hier konzipiert, projektiert und erprobt wird, soll also nicht nur Pädagogisches zum Inhalt haben, sondern selbst pädagogisch sein. Museum und Ausstellung werden von uns als Medien, d.h. als Lernmittel (im allgemeinsten Sinn des Wortes) und als Kommunikationsorte verstanden. Ob und wie das mit den bescheidenen Mitteln verwirklicht werden kann, die hierzulande für derartige Pionierprojekte zur Verfügung gestellt werden, das wird noch diskutiert werden müssen.

Die Arbeitsgruppe hat damit begonnen, wissenschaftliche Tagungen zu veranstalten, um sich mit Experten sowohl der Schul- und Erziehungsgeschichte als auch der Museumspädagogik und Ausstellungspraxis über die anstehende Problematik zu verständigen. Gleichzeitig wurde eine kleine Zeitschrift – „Mitteilungen und Materialien der Arbeitsgruppe Pädagogisches Museum" – gegründet, die unter anderem auch die Referate und Diskussionen dieser Tagungen veröffentlicht. Tagungen und Zeitschrift dienen außerdem dazu, allen Interessierten einen Überblick über die zur Zeit in der Bundesrepublik (und ihren Nachbarländern) bestehenden pädagogikgeschichtlichen Sammlungen zu vermitteln, auf wenig bekannte Publikationen, Museen und Aktivitäten hinzuweisen.

Dabei wird ein Begriff von Geschichte zugrundegelegt, der

- Geschichte als ein historisches Kontinuum versteht, d.h. von der Gegenwart aus ohne Lücken, Leerstellen und Tabuzonen rigoros in die Vergangenheit zurückfragt, nichts ausklammert und vor allem die Geschichte nicht als das ganz andere von der Gegenwart abkoppelt und unter die Glasglocke der wertfreien Wissenschaftlichkeit stellt, sondern im Gegenteil: die Gegenwart selbst historisch zu begreifen versucht,
- der die einzelnen Disziplinen der Geistes- und Wirtschafts-, Kultur- und Sozialgeschichte nicht voneinander isoliert, sondern gerade zur Zusammenarbeit bringen will, und
- der schließlich der Kultur und Lebensweise der breiten Masse der Bevölkerung ebensoviel Aufmerksamkeit widmet wie der der je herrschenden Oberschichten und z.B. die

Sozialisation und Erziehung von Proletarierkinder für nicht minder forschungswürdig hält, als die von Bürger- oder Aristokratenkindern.

Die Arbeitsgruppe Pädagogisches Museum arbeitet – als eine freie Assoziation von Wissenschaftlern – vollkommen ehrenamtlich. Ihre Arbeit dient nicht der Einzelqualifikation der beteiligten Personen für eine Stellung im akademischen Berufsfeld, sondern wird als gemeinschaftliche Forschung im Interesse einer sozialen Aufklärung verstanden. Es ist zugleich der Versuch, in selbstbestimmter Kooperation die sonst an den Hochschulen herrschende Vereinzelung der wissenschaftlichen Arbeit zu überwinden. Die Tätigkeit für die Arbeitsgruppe Pädagogisches Museum ist daher durchweg unentgeltlich und freiwillig, sie wird neben dem Beruf in der Freizeit geleistet. Wie so oft werden auch hier Forschungsvorhaben in den Geistes- und Sozialwissenschaften nicht vom Staat finanziert, sondern von engagierten Wissenschaftlern in unbezahlter Freizeitarbeit durchgeführt. In dieser Weise wurde auch das Konzept für diese Ausstellung und der gesamte Inhalt von Katalog und Ausstellung erarbeitet. Alle vom Berliner Zahlenlotto bereitgestellten Mittel wurden ausschließlich für die technische und materielle Realisierung der Ausstellung verwendet.

2. Die Ausstellung

Die Ausstellung „Hilfe Schule“ wendet sich an alle,

- bei denen die Erinnerung an die eigene Schulzeit ein hilfloses Stöhnen hervorruft,
- die sich beim Nachdenken über Schulpolitik hilfesuchend umsehen,
- die immer wieder versuchen, ders Schule zu helfen,
- für die Schule hilfreich gewesen ist oder noch ist,
- die darüber nachdenken, wozu Schule eigentlich verhelfen soll,
- die wissen wollen, ob und wie Schule welchen Kindern tatsächlich hilft und welchen sie gar nicht oder nur sehr wenig hilft und warum,
- die fragen, ob eine andere Schule mehr oder besser helfen könnte,
- die darüber diskutieren, wie man es unter gegebenen gesellschaftlichen Bedingungen erreicht, daß Schule denen am meisten hilft, die Hilfe am bittersten nötig haben,

also an alle, die erfahren haben, wie hilflos und hilfreich, wie hilfsbedürftig und helfend Schule sein kann, und an alle, die sich für Geschichte aus der Perspektive des Alltags der einfachen Leute interessieren.

Durch mehrfache Kürzungen der ursprünglich beantragten und unverbindlich zugesagten Mittel mußte das Konzept der Ausstellung erheblich verändert werden – und zwar leider so, daß auf räumliche Realisationen weitestgehend verzichtet werden mußte. Was ursprünglich als begehbares und begreifbares Raum- und Objekterlebnis geplant war, muß nun durch Schrift und Bild vermittelt werden. Wenn die Ausstellung nun zu Teilen doch den Eindruck herkömmlicher Bild- und Textpräsentation macht, so liegt das an der unzureichenden Finanzierung, die kostspielige Inszenierungen und Environments ausschloß.

Wir hoffen dennoch, hiermit den Beweis angetreten zu haben, daß Pädagogik (Erziehung, Unterricht, Sozialisation) ausstellbar ist und daß ein Museum nicht nur ein Ort für kostbare, künstlerisch elaborierte Gegenstände sein muß. Wir hoffen, daß es gelungen ist, klar zu machen, daß man Schule und Erziehung nicht isoliert betrachten darf, sondern in den jeweiligen gesellschaftlichen Kontext stellen muß.

Was mit dieser Ausstellung weiter geschehen wird, ist noch ungewiß. Fest steht nur, daß sie an dem Ort, an dem sie jetzt gezeigt wird, nicht bleiben kann. Ob sie dann noch an anderen Stellen aufgebaut werden wird, bevor sie möglicherweise auseinandergenommen und aufgelöst wird, läßt sich heute noch nicht sagen. Ob, wie und wann in Berlin so etwas wie ein pädagogisches Museum als institutionelle Absicherung der hier vorgestellten Arbeit entstehen kann und ob diese Ausstellung als Anstoß und Grundstock dafür dienen kann, wird auf der politischen Ebene entschieden.

3. Der „Katalog“

Zu dieser Ausstellung wird hiermit ein „Katalog“ vorgelegt, der eigentlich keiner ist, sondern ein Buch, genaugenommen sogar zwei Bücher. Warum? Im Verständnis der Arbeitsgruppe kommt es nicht so sehr darauf an, Exponate abzubilden, sondern Zusammenhänge zu präsentieren, wie das ja auch die Ausstellung selbst zeigt. Da aber eine Ausstellung ein anderes Medium ist als ein Buch, war es notwendig, eine Form der Präsentation zu entwickeln, die dem Medium Buch entspricht und trotzdem ihre Verbindung mit dem Medium Ausstellung nicht ganz abschneidet. Eine bloße Abbildung der Exponate kam nicht in Frage. Die Ausstellung abzufotografieren wäre eine Idee gewesen, hätte aber zum Zeitpunkt der Arbeit am Katalog nicht durchgeführt werden können, da die Ausstellung erst viel später fertig wurde. Außerdem war das Interesse der Arbeitsgruppe vor allem auf handlungsanleitendes Erkennen gerichtet, was durch die langfristige Zugänglichkeit eines Buches eher als durch eine auf kurze Zeit befristete Ausstellung gewährleistet wird. Das Bilder-LeseBuch ist der endlich gefundene Kompromiß.

Was das von der Arbeitsgruppe – erstmals übrigens bei Ausstellungen – gesondert vorgelegte Kinderbuch zur Ausstellung betrifft, so versteht es sich bei diesem Thema beinahe von selbst, eine spezielle Präsentation für diejenigen zu entwickeln, die als Hauptbetroffene doch wohl ein Recht haben, über die Institution, in der sie über die Hälfte ihrer Kinderzeit verbringen, mehr zu erfahren als nur Oberflächliches über die Außenseite. Wie weit die Umsetzung dieser Absicht gelungen ist, wird zu diskutieren sein.

Die Idee der Arbeitsgruppe ist es, mit dem Katalog/Buch eine breite Öffentlichkeit anzusprechen, d.h. möglichst alle, die mit Schule zu tun haben oder hatten, und nicht nur die professionell mit ihr Beschäftigten und die Experten. Ein schneller Blick über die Seiten kann zeigen, wie diese Idee zu realisieren versucht worden ist: Die Kombination von umfangreichen Bildteilen mit knappen Kurzkommentaren und möglichst konkreten Einzelbeiträgen soll zum – wenn auch punktuellen – Einsteigen reizen, Interesse wecken und zum verweilenden Lesen anregen. Den Anspruch, in einem Zuge gelesen zu werden, hat das Buch nicht.

Der zweite, längere Blick auf die Beiträge macht dann aber klar, daß weder wir noch auch alle unsere Autoren (ehrlicherweise müssen wir sagen: die meisten von ihnen noch eher als wir selbst) schon in der Lage sind, unser Wissen auch in angemessener Form für diejenigen zu vermitteln, für die wir forschen und arbeiten. Das liegt sicherlich zum Teil daran, daß die Fähigkeit zu einfacher Darstellung komplexer Zusammenhänge bzw. die systematische Information der Öffentlichkeit über für sie wichtige wissenschaftliche Erkenntnisse in verständlicher Weise in unserer Gesellschaft von den Hochschulen nicht allgemein verlangt wird. Entsprechende Fähigkeiten prägen sich daher hierzulande eher bei wissenschaftlich engagierten Journalisten aus. Es liegt zu einem anderen Teil aber auch am Forschungsstand. So soll nicht verschwiegen werden, wie schwierig es war, eine über den Zeitraum von 1827 bis heute reichende Entwicklungslinie der Schule als einer gesellschaftlichen Institution und eine entsprechende Einschätzung ihrer gesellschaftlichen Funktion historisch belegbar, systematisch plausibel und in zugleich verständlicher Weise herauszuarbeiten. Als Vorarbeiten standen dafür auch heute noch nur die (den Experten bekannten) Arbeiten von Robert Alt bzw. die schon 1957 veröffentlichte „Geschichte der Erziehung" zur Verfügung. Erst im letzten Augenblick sozusagen erschien die überaus hilfreiche Darstellung von Herrlitz u.a.[1]. So war streckenweise wirkliche Forschungsarbeit notwendig, was sich in Ausstellung und Katalog wahrscheinlich kaum unmittelbar wahrnehmen läßt.

Für einen Umstand meinen wir uns geradezu entschuldigen zu müssen: Ursprünglich bestand die Absicht, den aktuellen Zustand des Berliner Schulwesens in seinen Höhen und Tiefen durch unmittelbaren Einbezug von Lehrern und Schülern, ihrer Beobachtungen und Erfahrungen, ihrer Wünsche und Träume abzubilden. Dies ist aus Zeitmangel und Arbeitsüberlastung nicht geglückt. Wir empfinden das als einen deutlichen Mangel und fürchten, daß die Hoffnung, mit dem Buch intensive konkrete Diskussionen auslösen zu können, dadurch stark beeinträchtigt wird, daß diejenigen, die die Diskussion führen sollten, selbst nicht unmittelbar zu Wort kommen.

*

Die Arbeitsgruppe Pädagogisches Museum wird auf jeden Fall weiter arbeiten, freilich mit dem Anspruch, daß ihr nun auch Mittel für eigene Räume und für Personal zur Verfügung gestellt werden. Durch erhebliche ehrenamtliche Vorleistungen ist ein Fundament gelegt worden, auf dem nun mit staatlichen Mitteln weiter gebaut werden könnte. Die Chance, die sich damit bietet, sollte genutzt werden. Um zu verhindern, daß der jetzt erreichte Wissensstand, die nun zusammengetragenen Informationen und Kenntnisse brachliegen oder wieder auseinanderfließen, wäre es notwendig, nun wenigstens eine Geschäftsstelle der Arbeitsgruppe Pädagogisches Museum in Berlin zu errichten, die einen Zentralkatalog der pädagogischen Sammlungen der Bundesrepublik erarbeiten könnte. Im Gegensatz zu den großen Kunstmuseen sehen wir unsere Aufgabe nicht darin, kostbare Sammlungsgegenstände zusammenzutragen, in Magazinen zu lagern und in Schausammlungen zu zeigen. Uns kommt es vielmehr darauf an, die Möglichkeit zu erhalten und zu sichern, immer wieder mit Ausstellungen wie dieser an die Öffentlichkeit treten zu können und so die Diskussion über Geschichte und Gegenwart der Erziehung lebendig zu erhalten.

Freilich bedarf es dazu auch der Gegenstände, an denen Erinnerung und Diskussion sich entzünden können. Diese Gegenstände, die oft von nur geringem ästhetischen und ökonomischen Wert sind, müssen gefunden und gerettet werden. Sie für die Nachwelt zu erhalten, ist eine kulturelle Pflicht, die natürlich auch Zeit und Geld kostet. Nach den Zerstörungen der Kriege und den zerstörerischen Folgen von Renovierungen und Umbauten ist in den Schulen heute kaum noch etwas zu finden, was über frühere Schulverhältnisse Auskunft geben kann. Viele seltene Bilddokumente und Objekte sind durch Unachtsamkeit, Nachlässigkeit, Gleichgültigkeit verlorengegangen. Es ist an der Zeit, die letzten noch greifbaren Dokumente der pädagogischen Vergangenheit zu retten, bevor es endgültig zu spät wird. Gegenwärtig stirbt die Generation aus, die ihre Kindheit noch in der Kaiserzeit verbracht hat. Heute könnte man die alten Menschen noch befragen und könnte noch einiges von ihrem Spielzeug, ihren Kinderzeichnungen und Schulheften, ihren Fotoalben und

Tagebüchern retten. Noch schwerer und noch wichtiger wird es sein, dabei gerade auf die Dinge zu achten, die keinen besonderen ästhetischen Reiz haben und sich nicht als Wert- und Sammlungsgegenstände gleichsam von selbst im Antiquitätenhandel einfinden. Wie sah die gegenständliche Erfahrungswelt eines Berliner Arbeiterkindes um 1913 oder um 1923 aus? Womit und wo hat dieses Kind gespielt, von wem und was hat es gelernt? Derartige Fragen werden sich bald nicht mehr beantworten lassen, wenn man sich jetzt nicht darum kümmert.

Wenn unser Staat es sich angelegen sein läßt, dem Verein Deutscher Ingenieure zu seinem 125. Geburtstag mit einer ebenso riesigen wie teuren Ausstellung zu gratulieren, wenn die Stadt Berlin das Mammutprojekt eines Museums für Verkehr und Technik mit großem Einsatz von Steuermitteln fördert, so ist es vielleicht nicht vermessen, wenn wir anläßlich des 153. Geburtstags der Berliner Gemeindeschule vorschlagen, mit einem Bruchteil der dafür aufgewendeten Mittel – ein Fünftel oder Sechstel würde schon genügen – die Frage zu erforschen, wo und wie denn alle diese Menschen erzogen und unterrichtet worden sind, die später jene technischen Hochleistungen hervorgebracht haben, auf die unsere Gesellschaft heute so stolz ist.

Arbeitsgruppe Pädagogisches Museum

Anmerkung:

1 Herrlitz, H.-G., W. Hopf, H. Titze: Deutsche Schulgeschichte von 1800 bis zur Gegenwart. Königstein/Ts. 1981

Kapitel I

1827 — Gründung der Kommunal-Armenschule: die erste öffentliche Schule für die sozialen Unterschichten

Napoleon zieht am 27. Oktober 1806 durch das Brandenburger Tor in Berlin ein

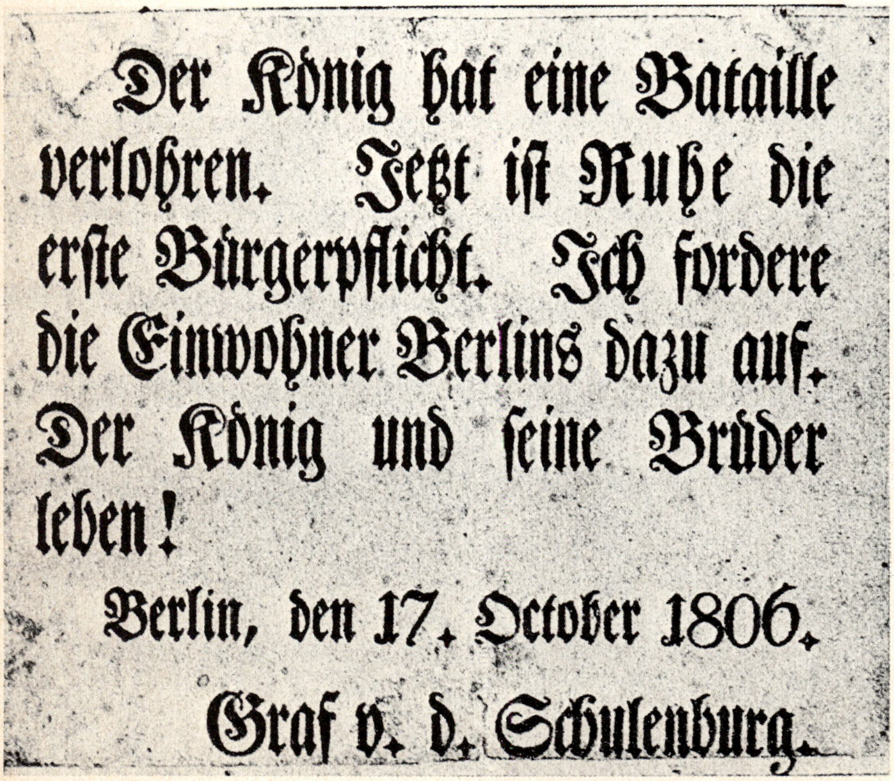

Der König hat eine Bataille verlohren. Jetzt ist Ruhe die erste Bürgerpflicht. Ich fordere die Einwohner Berlins dazu auf. Der König und seine Brüder leben!

Berlin, den 17. October 1806.

Graf v. d. Schulenburg.

Plakatanschlag des Gouverneurs von Berlin

Als Folge der Niederlage des absolutistischen Preußen gegen das bürgerliche Frankreich besetzen französische Truppen Berlin. Der damit eingeleitete Zusammenbruch Preußens wird von den alten Machthabern zwar als Verlust lediglich einer „Bataille“ ausgegeben; gleichwohl schafft er die Voraussetzungen für umfassende Reformen, mit denen man in Preußen den Rückstand gegenüber den entwickelteren bürgerlichen Gesellschaften aufzuholen hofft: die Agrarreform (1807) sollte die feudalen Beschränkungen der persönlichen Freiheit beseitigen und den Boden frei verfügbar machen; die Städteordnung (1808) stellte die kommunale Selbstverwaltung wieder her und regelte die Wahl der Stadtverordnetenversammlung; die Gewerbereform (1810) hob den Zunftzwang auf und gab die Wahl des Gewerbes frei.

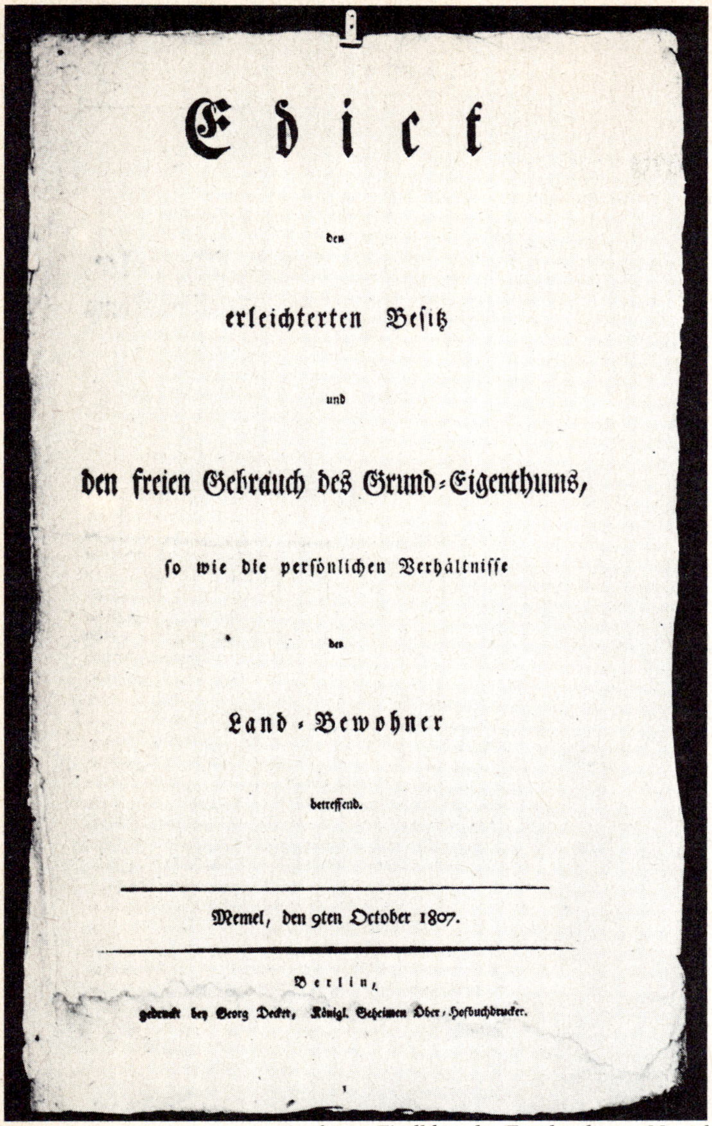

Edict

den

erleichterten Besitz

und

den freien Gebrauch des Grund-Eigenthums,

so wie die persönlichen Verhältnisse

der

Land-Bewohner

betreffend.

Memel, den 9ten October 1807.

Berlin,
gedruckt bey Georg Decker, Königl. Geheimen Ober-Hofbuchdrucker.

Agrarreform: Titelblatt des Erstdrucks aus Memel

Die ersten Berliner Stadtverordneten empfangen 1808 in der Nicolaikirche ihren Segen

Städteordnung von 1808, Relief am Denkmal Steins in Berlin

Aufhebung der Erbuntertänigkeit, Relief am Denkmal Steins in Berlin

Ansicht von Berlin, um 1850

Parochialstraße, um 1831

Alexanderplatz, um 1830

Trotz der grundlegenden Reformen und des starken Zuzugs bleibt das Erscheinungsbild Berlins bis in die 30er Jahre weitgehend erhalten. Während sich die Zahl der Einwohner von 1828 bis 1847 mehr als verdoppelt, beträgt der Zuwachs an Wohnhäusern im gleichen Zeitraum weniger als 30 %. Die durchschnittliche Bewohnerzahl eines Hauses steigt von 26 auf 45 an. Die Verknappung des Wohnraums treibt die

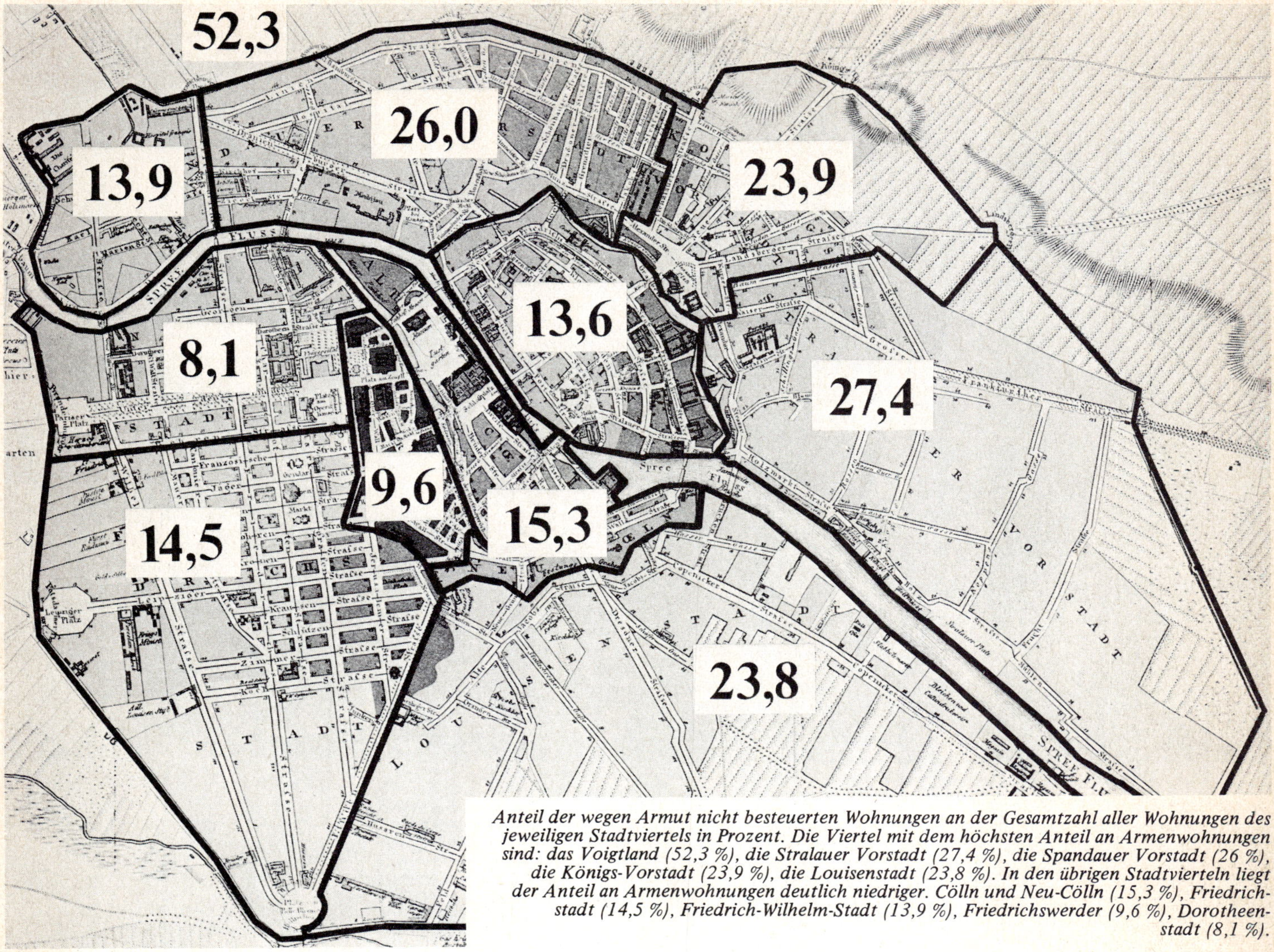

Anteil der wegen Armut nicht besteuerten Wohnungen an der Gesamtzahl aller Wohnungen des jeweiligen Stadtviertels in Prozent. Die Viertel mit dem höchsten Anteil an Armenwohnungen sind: das Voigtland (52,3 %), die Stralauer Vorstadt (27,4 %), die Spandauer Vorstadt (26 %), die Königs-Vorstadt (23,9 %), die Louisenstadt (23,8 %). In den übrigen Stadtvierteln liegt der Anteil an Armenwohnungen deutlich niedriger. Cölln und Neu-Cölln (15,3 %), Friedrichstadt (14,5 %), Friedrich-Wilhelm-Stadt (13,9 %), Friedrichswerder (9,6 %), Dorotheenstadt (8,1 %).

Mieten hoch und zwingt die Familien verarmter Berliner Handwerker, in die neu entstehenden Viertel vor den Toren der Stadt auszuweichen, wo sich auch viele der Zuwanderer ansiedeln. Auf diese Notlage reagieren Spekulanten mit dem Bau von Mietskasernen für die Herausgedrängten und Hereindrängenden, in deren Einraum-Wohnungen oft acht und mehr Menschen auf durchschnittlich 20 qm leben müssen.

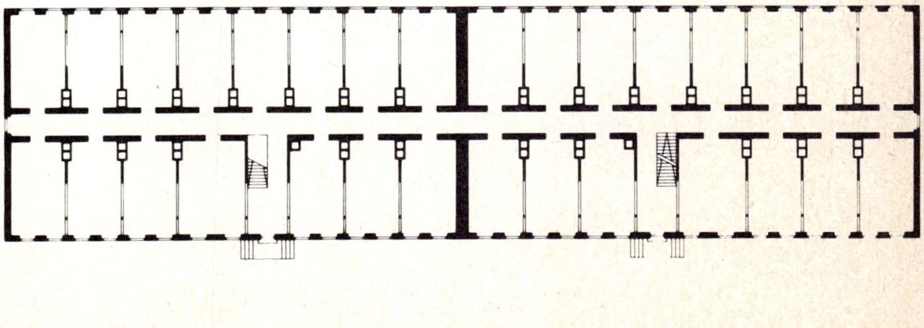

Rekonstruktion einer frühen Mietskaserne, Wülcknitzsche Familienhäuser, um 1824

Die Königliche Eisengießerei, um 1810

Die Gießhütte der Borsig'schen Maschinenbauanstalt, 1837

Die wichtigste, die Struktur der Stadt und ihre weitere Entwicklung entscheidend bestimmende Veränderung brachten jedoch nicht die Reformen, sondern die Mitte der 30er Jahre einsetzende Industrialisierung. Die Königliche Eisengießerei, in der 1815 die erste Lokomotive des Kontinents gebaut wird, vergrößert die Zahl der Beschäftigten zwischen 1804 und 1823 von 6 auf 88. Die Zahl der Fabrik- und Gewerbegebäude in Berlin wächst von 102 (1819) auf 634 (1847). Die erste Dampfmaschinenbau-Fabrik wird 1816 gegründet. Borsigs Fabrik, die er 1837 mit 50 Arbeitern beginnt und die 10 Jahre später bereits 1001 Arbeiter beschäftigt, liefert 1846 die 100. und 1854 die 500. Lokomotive aus.

Das „Borsig'sche Etablissement zu Moabit", um 1860

Der neue Packhof in Berlin

Das Wasserwerk am Stralauer Tor, um 1856

Der Bahnhof der Berlin-Potsdamer Eisenbahn, um 1840

Gasbeleuchtung in der neuen Wilhelmstraße

Spittelmarkt mit Gertraudenkirche, 1833

Die Industrialisierung beginnt erst – Haupterwerbsquelle ist nach wie vor das traditionelle Handwerk und Gewerbe. Doch wird die Notwendigkeit, rationeller zu arbeiten, um dem Druck der Konkurrenz und der ausländischen und industriell gefertigten Waren standhalten zu können, deutlich spürbar. Nur wenigen gelingt jedoch die Umstellung: Die meisten Handwerker und Gewerbetreibenden unterliegen dem Druck, verarmen oder verlieren ihre Existenz.
Die erste Generation der Berliner Arbeiter bildet sich in diesen Jahren heraus. Sie setzt sich in der Hauptsache aus Handwerksgesellen, aus Manufakturarbeitern, aus im Konkurrenzkampf ruinierten Handwerksmeistern und Gewerbetreibenden sowie aus den massenweise nach Berlin zuziehenden Landarbeitern und Bauern zusammen.

Werkstatt des Berliner Schlossermeisters Hauschild, 1839

Wohnung des Berliner Schlossermeisters Hauschild, 1843

Schuhmacherfamilie in Berlin, 1845

Die Unruhen gegen die Willkür der Berliner Polizei von 1830 führen zu drakonischen Strafen: „Die höchste Polizeistrafe war 14 Tage Arbeitshaus. Ein zwölfjähriger Tuchmacherlehrling erhielt als Strafe 12 Peitschenhiebe, ein vierzehnjähriger Schuhmacherlehrling wurde sogar mit 20 Peitschenhieben bestraft, ebenso zwei fünfzehnjährige Seidenwirkerlehrlinge."

Bericht über die sogenannte „Schneiderrevolution", Berlin 1830

Kinderstube, um 1825

Unsichere Arbeit, Einkünfte noch unterhalb des Existenzminimums, einseitige Ernährung und Krankheit, enge und überfüllte Behausungen, teure Mieten, Abhängigkeit von Wohnungsspekulanten und völlige Perspektivlosigkeit bestimmen die Lebensverhältnisse des Berliner Frühproletariats. Die Ungunst der Verhältnisse und das Unvermögen der ehemals Abhängigen, sich auf die neuen Bedingungen einzustellen, lassen die Gefahr der Verwahrlosung ihrer Kinder entstehen – und provozieren staatliche Eingriffe.

Im Rinnstein fischende Kinder, 1844

Armenwächter, um 1830

Im Rinnstein spielende Kinder, 1830

Stadtsergeant, um 1830

Für ein Revier von ungefähr 12,000 Seelen sind nur 2 und zwar entlegene Schulen bestimmt, welche von den Kindern aus den Familienhäusern am allerwenigsten besucht werden. Schickt man sie auch pro Forma ein oder das andere Jahr in die Schule, so müssen sie doch bald zum Unterhalt der Familie, als Spuler, oder in Kattun- und anderen Fabriken, als Ziehjungen bei Seidenwirkern u. s. w. arbeiten, und fangen nun an, ihre erste Bildung zu Taugenichtsen und Lotterbuben zu bekommen — (wovon man überzeugt wird, wenn man diese Kinder des Abends von ihrer Arbeit zurückkehren und in den benachbarten Straßen, Zoten singend, Unanständigkeiten ausüben sieht). Oft ohne lesen zu können, werden sie zum Religions-Unterricht gelassen, den sie gewöhnlich von ihrem 12ten Jahre an, meistens sehr unregelmäßig frequentiren, eben weil sie schlecht vorbereitet, das Ernste und Heilige desselben gar nicht verstehen und empfangen den Segen, ohne im Innern nur das Geringste des Christenthums zu besitzen. Wie ist es auch möglich, daß zwei Prediger einer so zahlreichen Gemeinde von circa 60,000 Seelen und darüber, als eigentliche Seelsorger (die jedes Familienglied kennen sollten, um wohlthätig auf die Schwachen und Irrenden zu wirken) walten können, da sie wohl kaum im Stande sind, die äußere Seite, das Ceremonielle und Unwesentlichere ihres hohen Amtes zu bestreiten. Wenige dieser unglücklichen Voigtländer besuchen die Kirche. — Können 2 Stunden wöchentlichen Religions-Unterrichts alle die Uebel, welche die Kinder täglich zu Hause üben sehen, aus der Wurzel vertilgen?

Auf Verbesserung und größere Verbreitung der Schulen und auf eine ausgedehntere Seelsorge, dürfte meiner Ansicht nach, hier besonders zu sehen sein. —

Bericht des Berliner Armenarztes Dr. Thümmel, 1827

Polizeikommissar, um 1830

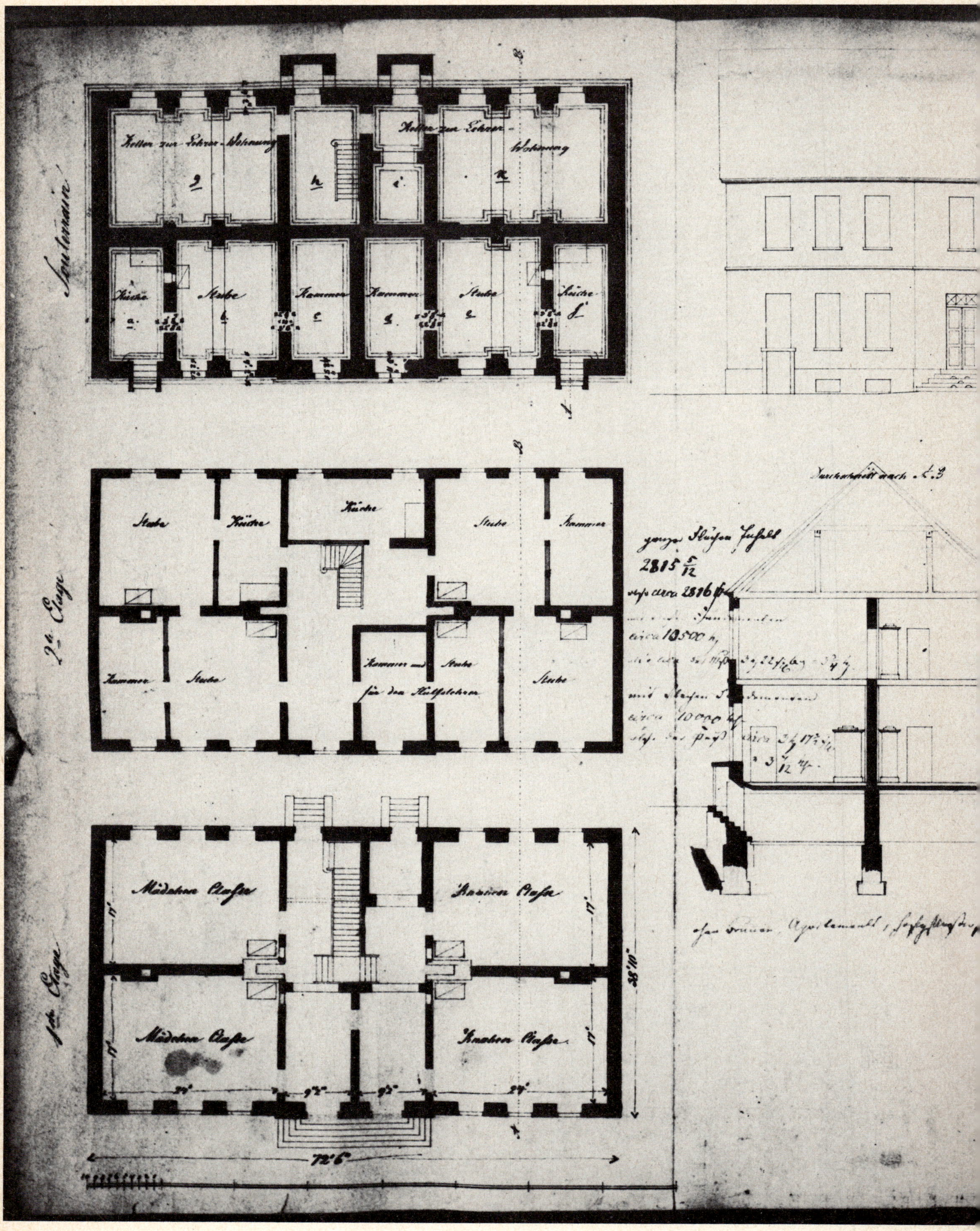
Souterrain
Keller zur Lehrer-Wohnung
Küche
Stube
Kammer
Kammer
Stube
Küche
2te Etage
Stube
Küche
Küche
Stube
Kammer
Kammer
Stube
Kammer und Stube für den Hülfslehrer
Stube
1te Etage
Mädchen Classe
Knaben Classe
Mädchen Classe
Knaben Classe
17'
17'
17'
17'
24'
9'2"
9'2"
24'
28'10"
72'6"
2815 5/12

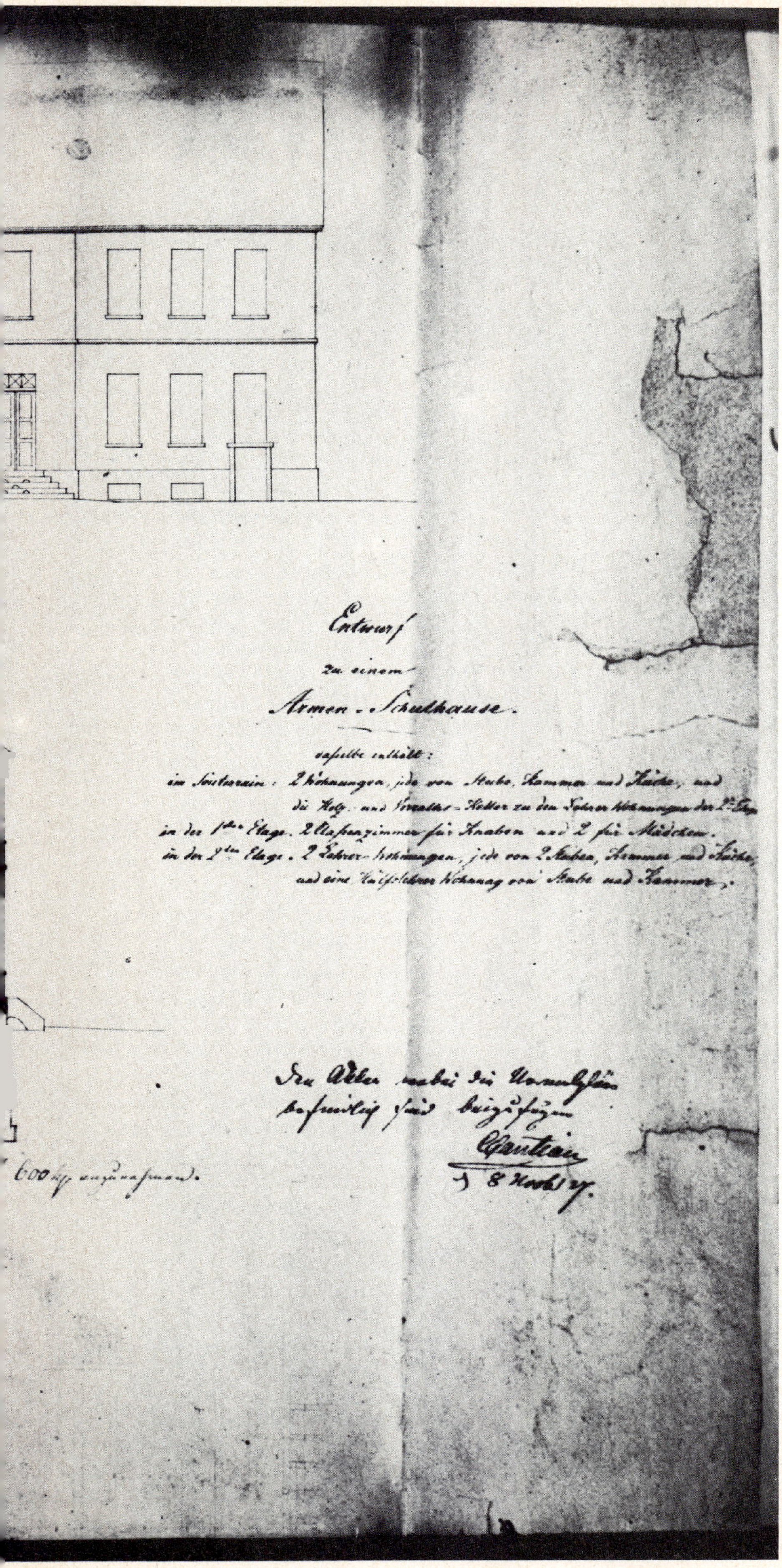

Der „Normalplan zu den neu zu erbauenden Armenschulhäusern", Berlin 1827

Weil ein Fünftel der schulpflichtigen Kinder in Berlin nur unregelmäßigen oder gar keinen Schulunterricht erhält, werden ab 1827 öffentliche Armenschulen errichtet. Diese „Communal-Armenschulen" sind besser und billiger als die Privatschulen – für gänzlich mittellose Kinder sogar kostenlos. Sie schließen die für die Armenkinder entstandene Unterrichts- und Sozialisationslücke.

Schule nach der Methode der Engländer Bell und Lancaster

Pestalozzi als Lehrer

Alte Dorfschule: Schneider als Lehrer

Wilhelm v. Humboldt, 1808:
„Es gibt schlechterdings gewisse Kenntnisse, die allgemein sein müssen, und noch mehr eine gewisse Bildung der Gesinnungen und des Charakters, die keinem fehlen darf. Jeder ist offenbar nur dann ein guter Handwerker, Kaufmann, Soldat und Geschäftsmann, wenn er an sich und ohne Hinsicht auf seinen besonderen Beruf, ein guter, verständiger, seinem Stande nach aufgeklärter Mensch und Bürger ist. Gibt ihm der Schulunterricht, was hierzu erforderlich ist, so erwirbt er die besondere Fertigkeit seines Berufs nachher sehr leicht und behält immer die Freiheit, wie im Leben so oft geschieht, von einem zum andern überzugehen."

Ludolph Beckedorff, 1818:
„Die natürliche Ungleichheit der Menschen ist kein Hindernis, sondern im Gegenteil das eigentliche Band der Gesellschaft; sie soll daher keineswegs aufgehoben, sondern vielmehr befestigt und gesichert werden . . .
Nicht auf eine allgemeine und gleichartige Volksbildung kommt es an, auf ein Tüchtigmachen aller und jeder zu allem Möglichen, auf ein Abrichten für alle Fälle; sondern darauf, daß ein jeder zu dem Stande oder Berufe, wozu er durch Geburt oder elterlichen Willen oder eigene Entschließung bestimmt worden ist, auch mit allem Ernste von früher Kindheit auf gründlich und vollständig auferzogen und vorgebildet werde . . ."

Schulrat Reichhelm, 1826:
„Wir wollen, daß aus unseren Armenschulen Knaben und Mädchen entlassen werden, frommen Sinnes, vertraut mit Gottes Wort, zufriedenen Gemüthes, gewöhnt an Gehorsam und Fleiß, wohlunterrichtet in den unentbehrlichsten Kenntnissen und Fertigkeiten des gemeinen Lebens."

Schule für Arme war bis zur Gründung der Kommunal-Armenschule vor allem ein Nebenerwerb für stellenlose oder einkommensschwache Handwerker. Aufgrund ihrer eigenen sozialen Lage und ihrer pädagogischen Inkompetenz waren sie unfähig, den verwahrlosenden Kindern der Unterschichten eine den Anforderungen der sich entwickelnden bürgerlichen Gesellschaft angemessene Bildung, d.h. Kenntnisse, Einstellungen und Verhaltensweisen zu vermitteln. Zwei zur damaligen Zeit in Europa bereits berühmte Vorbilder versuchten, dieses Problem unterschiedlich zu lösen: Während die Engländer Bell und Lancaster sich auf die quantitativen Möglichkeiten der Methode konzentrierten und eine fabrikmäßig organisierte Form zur gleichzeitigen Beschulung von bis zu 300 Kindern entwickelten, begriff der Schweizer Pestalozzi die Notwendigkeit der Herausbildung einer neuen, bürgerlichen Persönlichkeit, was eine Revolutionierung der Inhalte und der Methoden zur Folge hatte. Die Übereinstimmung mit solchen Gedanken veranlaßt den preußischen Bildungsreformer Wilhelm von Humboldt, bei der Entwicklung seines Konzepts einer gestuften Einheitsschule auf Pestalozzi zurückzugreifen. Das 1826 für die Berliner Kommunal-Armenschulen verbindlich gemachte oberste Lehrziel zeigt, was unter den gegebenen Bedingungen von idealen Modellen und weitreichenden Plänen übrigblieb.

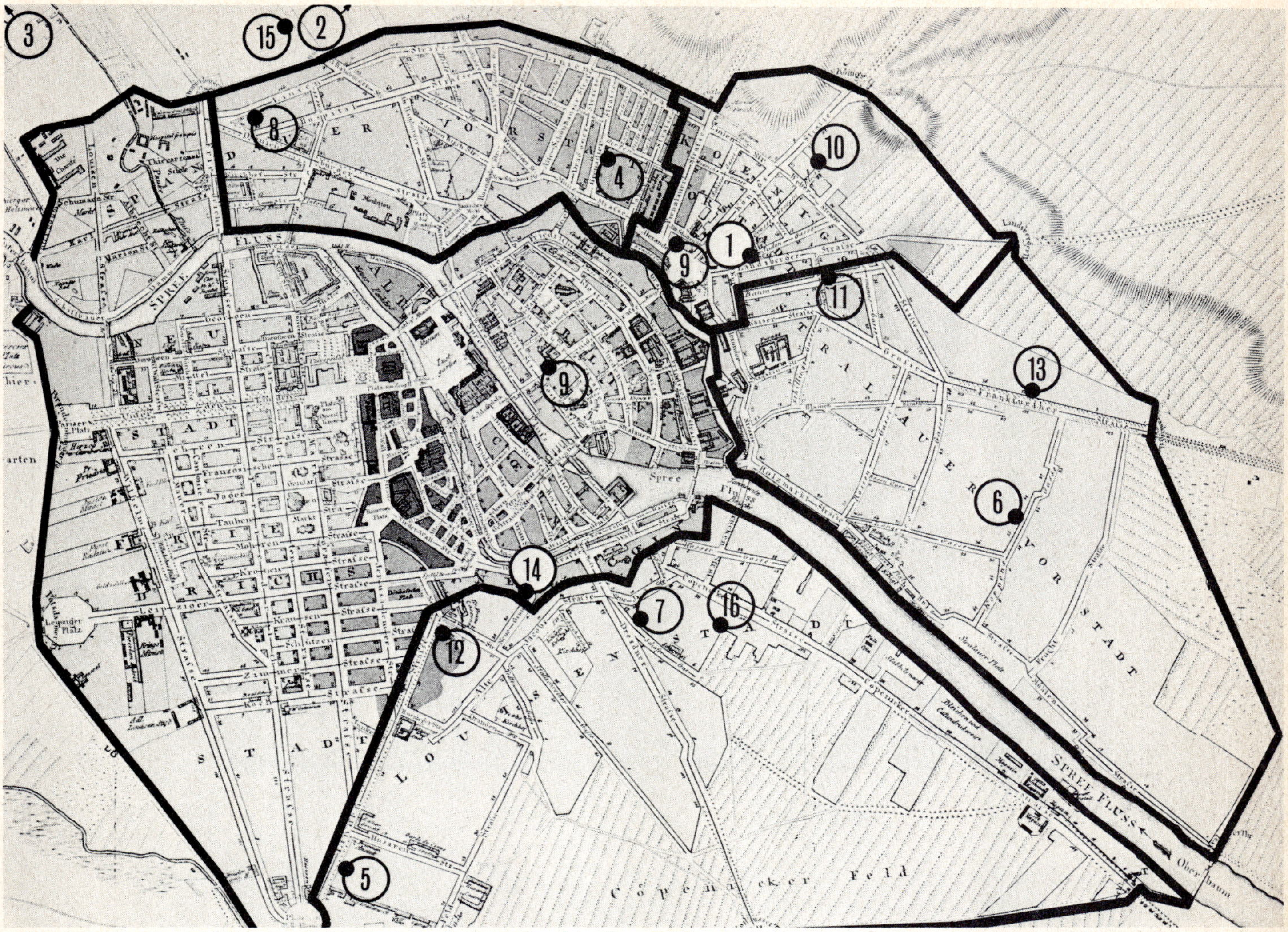

Standorte der ersten 16 Kommunal-Armenschulen in der Reihenfolge ihrer Eröffnung. Sie liegen mit einer Ausnahme in den Armenquartieren der Stadt: in der Königs-Vorstadt (1, 9, 10), in der Stralauer Vorstadt (6, 11, 13), in der Louisenstadt (5, 7, 12, 14, 16), im Voigtland (2, 3, 15) und in der Spandauer Vorstadt (4, 8).

Trotz aller Einschränkungen ist die Kommunal-Armenschule wie eine moderne Schule bereits gekennzeichnet durch gesellschaftliche Institutionalisiertheit, öffentliche Verwaltung, öffentliche Finanzierung, systematische Stufung des Lehrplans, Schulbesuchskontrolle, planmäßige Ausbildung, Prüfung und Besoldung der Lehrer.

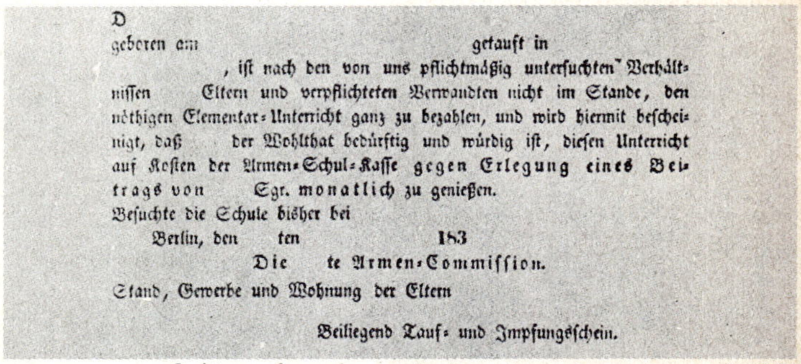

D
geboren am gekauft in
, ist nach den von uns pflichtmäßig untersuchten Verhältnissen Eltern und verpflichteten Verwandten nicht im Stande, den nöthigen Elementar-Unterricht ganz zu bezahlen, und wird hiermit bescheinigt, daß der Wohlthat bedürftig und würdig ist, diesen Unterricht auf Kosten der Armen-Schul-Kasse gegen Erlegung eines Beitrags von Sgr. monatlich zu genießen.
Besuchte die Schule bisher bei
Berlin, den ten 183
Die te Armen-Commission.
Stand, Gewerbe und Wohnung der Eltern

Beiliegend Tauf- und Impfungsschein.

Quittungsformular der Berliner Armenkommission, ab 1830

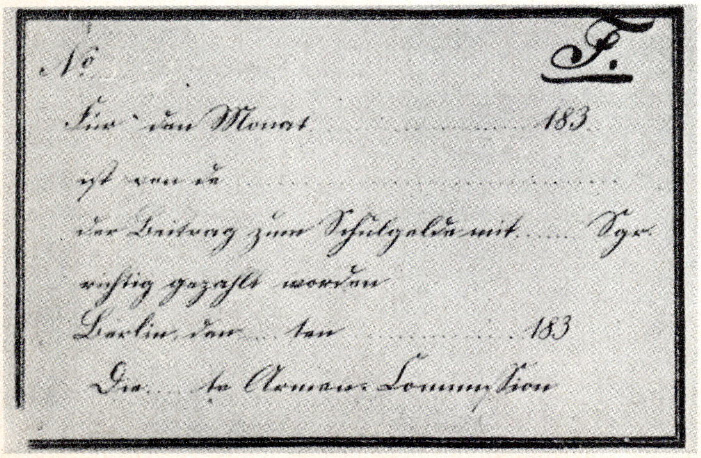

No. F.
Für den Monat 183
ist von ....
der Beitrag zum Schulgelde mit ..... Sgr.
richtig gezahlt worden
Berlin, den ... ten ... 183
Die ... te Armen-Commission

Formular der Berliner Armenkommission, 1838

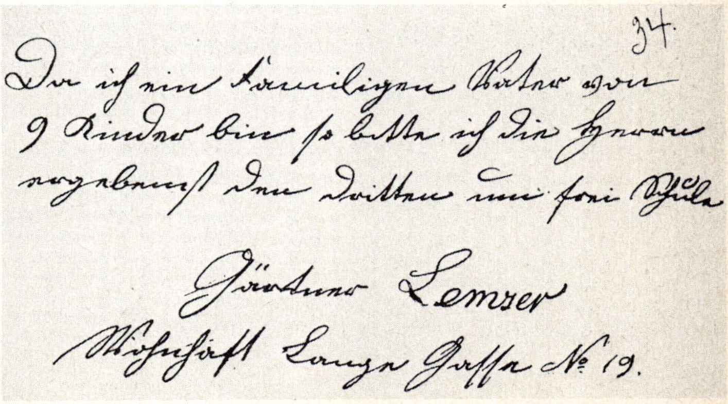

34.
Da ich ein dürftiger Vater von 9 Kinder bin so bitte ich die Herren ergebenst den dritten um freie Schule
Gärtner Lemzer
Wohnhaft Lange Gasse No 19.

Antrag eines Berliner Vaters auf Schulgeldbefreiung

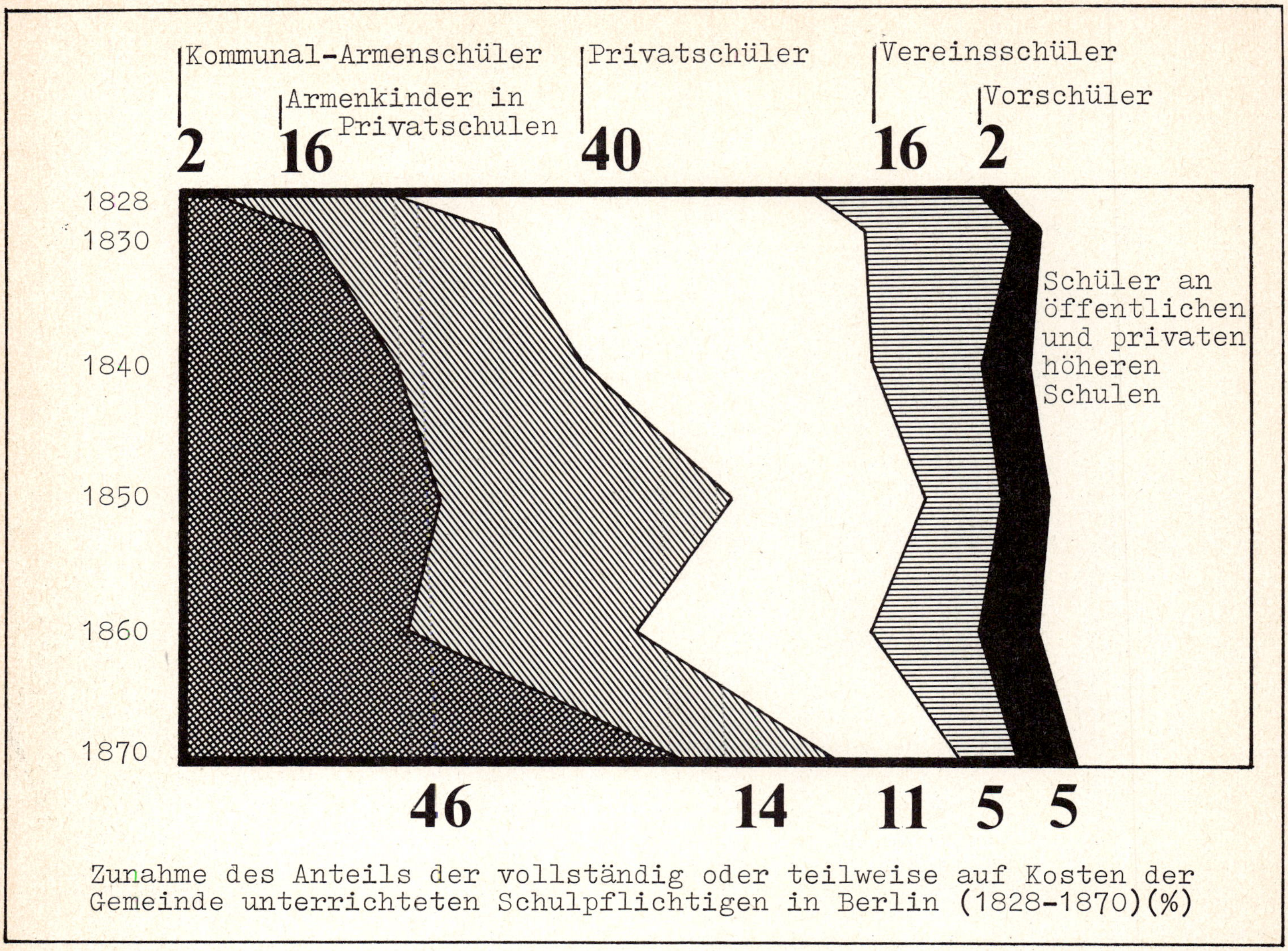

Die Mehrheit der schulpflichtigen Berliner Kinder besucht zum Zeitpunkt der Eröffnung der ersten reorganisierten Kommunal-Armenschule (1827) schulgeldpflichtige Privatschulen. Mit der zunehmenden Proletarisierung des Berliner Handwerks wächst aber – schneller als von den Behörden angenommen – der Anteil unter den Schulpflichtigen, der vollständig oder teilweise auf Kosten der Gemeinde unterrichtet werden muß (in Kommunal-Armen- bzw. Privat-Elementarschulen als „Kostenschüler"). Vereinsschulen sind Elementarschulen besonderer Religionsgemeinschaften oder z.B. der französischen Gemeinde Berlins. Der Anteil mit öffentlichen Mitteln unterstützter Schüler überschreitet um 1865 die 50-Prozent-Marke, seitdem sich seit 1863 die Anzahl der „Gemeindeschulen" (so heißt die öffentliche Berliner Volksschule seit 1855) schnell erhöht. Eine Privatschule nach der anderen geht ein oder wird von der Stadt übernommen; insgesamt verlieren die Privat-Elementarschulen von 1828–1870 drei Viertel ihres Anteils an den Berliner Schulpflichtigen. 1869/70 wird schließlich, unabhängig von der Bedürftigkeit der Familie, die Gemeindeschule jedem Kind kostenlos zugänglich gemacht.

Vorderansicht des Schulhauses für die Kommunal-Armenschule in Berlin, 1827

Mit Eröffnung der ersten Kommunal-Armenschule am 8. Oktober 1827 in der Landsberger Straße Nr. 27 sind die alten Schulverhältnisse noch nicht überwunden: Bis weit in die zweite Hälfte des 19. Jahrhunderts kann der regelmäßige Schulbesuch der Unterschichtkinder nur mit Hilfe der – jetzt allerdings staatlich kontrollierten – Privatschulen garantiert werden. Das Schulgeld wird z.T. von der öffentlichen Armenkasse übernommen.

Billige Privatschule (Winkelschule), um 1816

Teure Privatschule, 1823

Streichholzverkäufer, um 1805

Kinder in der Seifensiederwerkstatt

Milchjunge, 1846

Auszug aus einem Verzeichnis Berliner Armenkinder, die wegen Notwendigkeit zu arbeiten den Tagesunterricht der Armen-Schule nicht besuchen können (1828)

Name	Alter	Arbeit	Schulbesuch
Heinrich Meyer	12	Ziehjunge	nicht mehr
Caroline Meyer	10	unbestimmt	früher einmal
Carl Krinn	10	Fabrikarbeit	Abendschule
Caroline Michaelis	14	beim Seidenwirker	nicht mehr
Henriette Sommer	9	Fabrikarbeit	Abendschule
Friedrich Moeser	11	Streichjunge	nicht mehr
Wilhelmine Bonn	10	in der Kattundruckerei	früher einmal
Carl Ollmann	12	Streichjunge	Abendschule
Friederike Michaelis	12	spult zu Hause	nicht mehr
Theodor Bowe	13	beim Seidenwirker	angeblich früher
Wilhelm Kuntze	10	Streichjunge	–
Friedrich Dietze	13	zu Haus am Webstuhl	noch nie
Christiane Jachstiess	12	Streichmädchen	Abendschule

Zeitungsmädchen, 1845

„Streichjunge" in der Textilindustrie

Amtliche Zusammenstellung der in Fabriken und bei Gewerbetreibenden arbeitenden Kinder. Berlin 1818

Kattundruckereien	601
Seidenfabrik	246
Tuch- und Wollfabrik	90
Wollspinnereien	72
Tabakfabriken	58
Knopffabrik	27
Weberei	19
Frangenknüpfen	9
Lackierfabrik	5
Kartenfabrik	5
Steingutfabrik	6
Färberei	4
Steingutfabrik	3
Blumenfabrik	3
Pfeifendeckelfabrik	3
Instrumentenmacher	3
Seiler	2
Zichorienfabrik	2
Summe	1153

Sandjunge, 1847

Allein um ihre Existenz aufrechterhalten zu können, sind viele Familien der städtischen Unterschicht immer noch darauf angewiesen, daß ihre Kinder zum Lebensunterhalt beitragen. Die Not des Tages verhindert die Vorbereitung für die Zukunft – Schulbesuch, gar regelmäßiger, ist unter diesen Bedingungen nicht möglich.

Entscheidend aber ist dieses: Menschen, die es gewohnt waren, daß ihr Leben in festen, unveränderlichen Bahnen verlief, konnten nur schwer verstehen, daß es jetzt notwendig war, sich auf ständig wechselnde Verhältnisse einstellen zu können. So sind die Schwierigkeiten verständlich, Kindern von ehemals Leibeigenen begreiflich zu machen, daß sie lernen müssen, für sich selbst zu sorgen.

Fortschrittlichen Pädagogen war klar,

Liebevolle Zuwendung

Staatliche Aufsicht

Lust am Lernen

Zwang zum Lernen

daß so tiefgreifende Einstellungsänderungen nur zu erreichen waren über eine neue Erziehung, die mit persönlicher Zuwendung und Liebesentzug statt mit Vorschriften und Prügelstrafen arbeitet. Gegen die traditionelle Pädagogik der Außenlenkung setzten sie die neue bürgerliche Pädagogik der Innenlenkung.

Klassen:	Knaben: I.	Knaben: II.	Mädchen: I.	Mädchen: II.
Lehrgegenstände.	Stundenzahl.			
Religion	6	6	6	4
Lesen	4	10	4	8
Deutsche Sprache und Rechtschreiben	6	—	2	—
Schönschreiben	4	4	4	2
Rechnen	4	4	4	3
Formenlehre	2	—	—	—
Welt- und Vaterlandskunde	4	—	2	—
Gesang	2	2	2	1
Weibliche Handarbeiten	—	—	8	8

Wochen-Lektionsplan für eine 4-klassige Kommunal-Armenschule im Jahre 1827

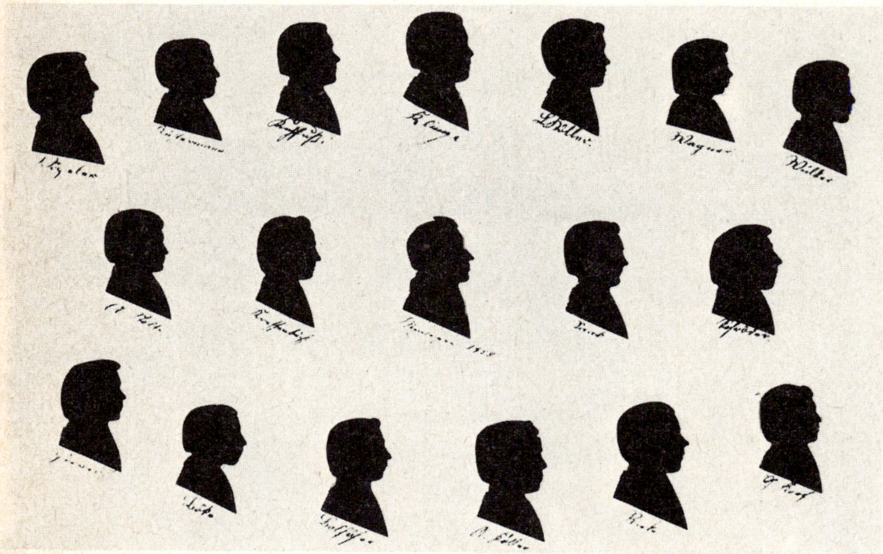

Lehrerseminarklasse, 1856/1858

Absolventen eines Lehrerseminars, 1861

„Weniges, dies wenige aber recht und gründlich", ist das glaubwürdige Lehrplanprinzip der Berliner Kommunal-Armenschule von 1827. Zwar beherrscht Religion weiterhin den Unterricht, aber in der Aufnahme der „allgemeinsten Anfangsgründe der Naturkunde, der Geographie und der Geschichte" in den Lehrplan werden bereits vorsichtige Anpassungstendenzen an das bürgerliche Leben und Denken erkennbar. Zugleich vereinheitlicht und normiert der Lehrplan Unterrichtsinhalt und Methode und schafft die Voraussetzungen für die wirkungsvolle öffentliche Beaufsichtigung des Unterrichts wie des Lehrers.
Neben der Strukturreform des städtischen Schulwesens und der Lehrplanreform ist die Verbesserung der Volksschullehrerausbildung von größter Bedeutung für die Anhebung des Niveaus der Schule für die Unterschichten. In Preußen entstehen zwischen 1806 und 1840 27 neue Lehrerseminare, in der die zukünftigen Volksschullehrer planmäßig und pädagogisch angemessen ausgebildet werden. Sie spielen eine wichtige Rolle für die Entwicklung des Selbstbewußtseins der Lehrer.

Lehrer als Küster

Verlotterte Dorfschule

Lehrer beim landwirtschaftlichen Nebenerwerb

Vor allem in den Schulen, in denen die Lehrer vom Schulgeld ihrer Schüler lebten, war die Lage der Lehrer vor den Reformen bestimmt durch den Kampf um das tägliche Brot und eine angemessene soziale Stellung. Die Notwendigkeit von handwerklichem oder landwirtschaftlichem Nebenerwerb und die Abhängigkeit von den sie verachtenden Geistlichen behinderten sowohl die Entstehung eines geregelten Unterrichts als auch eines ausgeprägten Standesbewußtseins.

Schneider als Lehrer

Pestalozzi als Lehrer (an der Wand zwei seiner Anschauungstabellen), um 1797

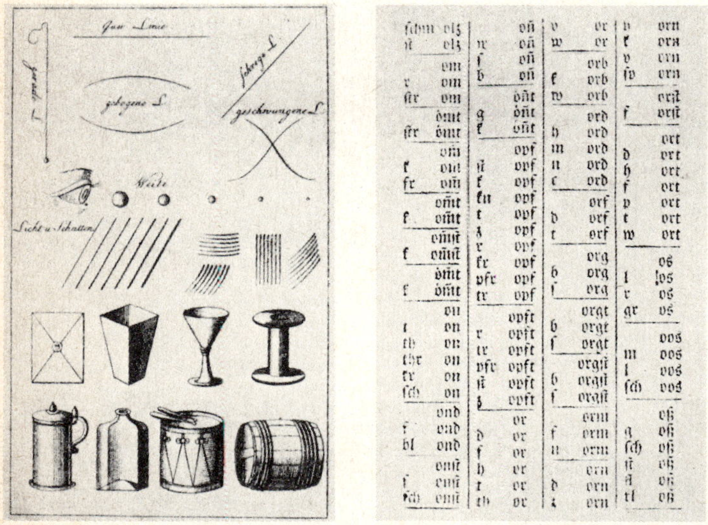

Anwendung der Pestalozzischen Methode auf den Zeichenunterricht und den Leseunterricht, Anfang 19. Jh.

Anwendung der Pestalozzischen Methode auf den Geographie-Unterricht, 1837

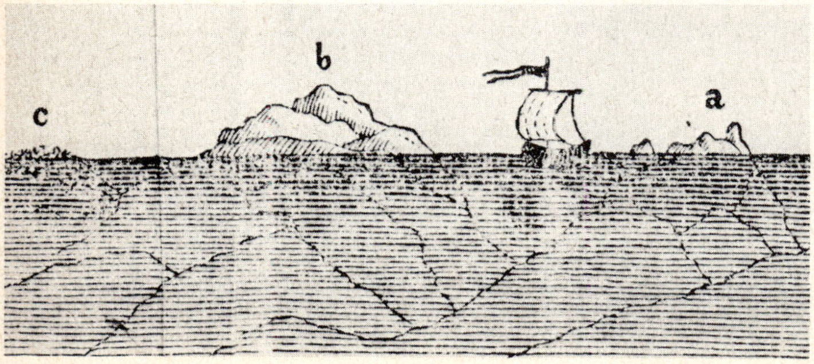

Veranschaulichung von Inseln, Klippen und Riffen, 1812

„Lesemaschine" zur Erleichterung des Lesenlernens, Anfang 19. Jh.

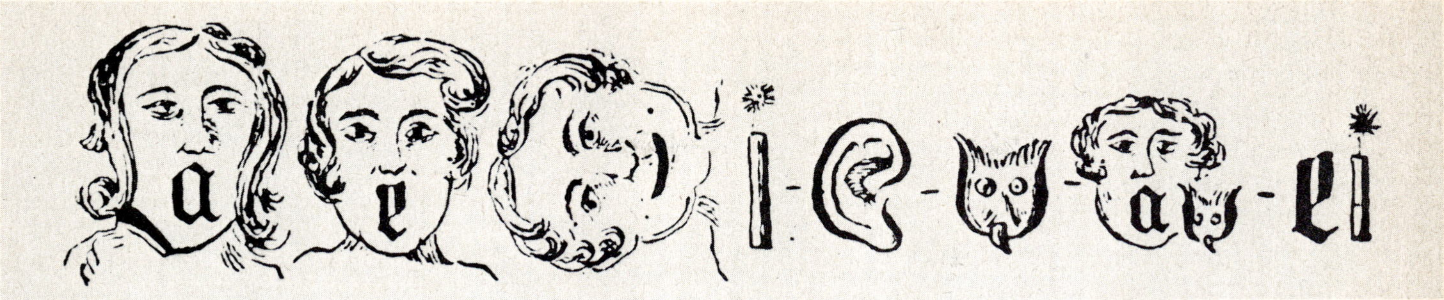

Verballhornung des Anschauungsprinzips in einer Fibel, Mitte 19. Jh.

Körperformen als vermeintliche Hilfen zum Buchstabenlernen, aus Fibeln von 1835 und 1830

Ausgehend von der Erkenntnis, daß alles Komplizierte sich aus Einfachem zusammensetzt und sich jeder noch so komplexe Gedanke oder Gegenstand selbständig aneignen läßt, wenn seine Elemente gefunden und die Stufenfolge ihrer Zusammensetzung begriffen werden, entwickelt Pestalozzi seine Elementarmethode. Alle Unterrichtsgegenstände werden so auf ihre Elemente zurückgeführt, daß sie das Kind, ausgehend von der sinnlichen Wahrnehmung (Anschauung), sich selbständig aneignen kann. Entsprechend der jeweiligen Fassungskraft des Schülers muß der Unterricht stufenweise erfolgen. Durch seinen planvoll geordneten Aufbau kann das Kind von der ersten sinnlichen Anschauung zu begrifflicher Erkenntnis geführt werden. Ziel der Elementarmethode ist es, die intellektuellen, emotionalen und physischen Kräfte des Kindes so auszubilden, daß es auf die wechselnden Aufgaben des Lebens angemessen vorbereitet ist.
Viele Erzieher versuchten, die Pestalozzischen Prinzipien anzuwenden – und oft verkam dabei das Elementar- und Anschauungsprinzip zu bloß formalen Spielereien.

Tabelle und' Erläuterung des Evangeliums am 5. Sonntage nach heil. drei Königen, bei Matth. am 13. Kap. vom 24 bis 31. v.

Zu S. 85.

I. D G.
d J.

E M ſ g S a ſ A;
S F k, d o L ſ, ſ U;
D U l ſ ſ;
D K v ſ, w d U h; ſ w h e z ſ, w e d H g;
D H ſ d K: d U k v F;
E w n, d ſ e ſ, u d e d W v;
E b, e w z l b z Ae;
D w e d S b:
S d U z B; d W ſ i m S.

Ein anderer Versuch, den Lehrstoff faßlicher zu machen: J.I.v. Felbigers Tabellenmethode, 1782. Der gesamte auswendig zu lernende Lehrstoff wurde auf die Anfangsbuchstaben der Wörter reduziert und in Tabellenform gebracht. Die Buchstaben vor der Klammer bedeuten: I. das Gleichnis, der Inhalt. Die erste Zeile hinter der Klammer bedeutet: Ein Mensch säete guten Samen auf seinem Acker.

Unterricht nach der Tabellenmethode, 1782

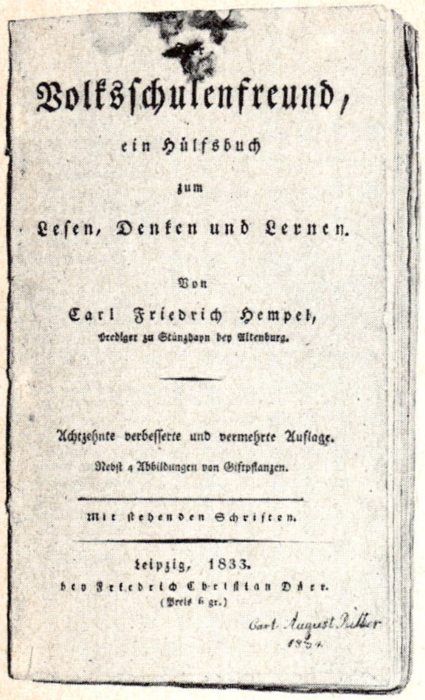

Volksschulenfreund,
ein Hülfsbuch
zum
Lesen, Denken und Lernen.
Von
Carl Friedrich Hempel,
Prediger zu Stünzhayn bey Altenburg.
Achtzehnte verbesserte und vermehrte Auflage.
Nebst 4 Abbildungen von Giftpflanzen.
Mit stehenden Schriften.
Leipzig, 1833.
bey Friedrich Christian Dürr.
(Preis 6 gr.)

Inhalt. XIII

Achte Abtheilung.

Von der bürgerlichen Gesellschaft, von den Rechten und Pflichten ihrer Mitglieder.

Neunte Abtheilung.

Erster Anhang. Etwas über Zahlen, Münze, Maaß und Gewicht.

Zweyter Anhang. Etwas über die Rechtschreibung.

Dritter Anhang. Kurze Geographie.

284 Achte Abtheilung.

auszuüben. Wahnsinnige und Blödsinnige erhalten daher einen Vormund; so wie auch offenbar leichtsinnige Verschwender, Trunkenbolde zuweilen unter die Aufsicht eines Vormundes und Verwalters ihres Vermögens gesetzt werden.

c) Unverheyrathete elternlose Frauenspersonen und Witwen erhalten ebenfalls Vormünder.

III. Von den Pflichten des Staatsbürgers.

A. Gegen seine Mitbürger.

256 Alle jene Rechte können wir nur haben und benutzen, wenn wir auch die Pflichten übernehmen, die uns das bürgerliche Gesetz auflegt. Es sagt überhaupt: Du sollst nicht die Rechte Deines Mitbürgers verletzen. Die einzelnen Pflichten lehrt auch die Sittenlehre.

1) Du sollst keinen Menschen tödten, verstümmeln, ungesund machen. Nur im äußersten Falle der Nothwehr, wo Du, angegriffen von Räubern und Mördern, kein anderes Mittel Dich zu retten hast, und im Kriege hebt sich dieses Verbot auf. Allein muthwilliges Morden, Martern, Mißhandeln, Verstümmeln und tückischer Meuchelmord sind schändliche Verbrechen.

2) Du sollst keinem Menschen die Freyheit rauben, oder sie wider die Gesetze beschränken. Der Sklavenhandel, der Menschenraub sind abscheulich. Den Dieb, Räuber, Mörder fange ein; die Obrigkeit verwahre ihn. Verrückte und den, der nicht den vollen Gebrauch seines Verstandes hat, nimm oder gib unter gute Aufsicht, wo möglich in solche Krankenhäuser, wo sie vernünftig behandelt und vielleicht hergestellt werden. Du sollst aber nicht vergessen, sie bleiben Menschen, und haben Ansprüche auf eine menschliche Behandlung. Hast Du Schulkinder in Deinen Diensten, gieb ihnen Freyheit, in die Schule zu gehen und zu lernen. Halte nicht Deine Leute vom Gottesdienste ab, und gestatte ihnen die freye Anwendung der Stunden und Tage, wie sie ihnen nach dem Gesetze zukommt.

3) Du sollst nicht des Andern Ehre kränken, noch sie ihm rauben durch Verleumdung, Lügen, Beschimpfung, Pasquille oder Schmähschriften.

4) Du sollst nicht des Andern Eigenthum wider seinen Willen und gegen die Gesetze benutzen, beschädigen, an Dich

Von der bürgerlichen Gesellschaft rc. 285

bringen und verderben. Das siebente Gebot enthält die einzelnen Fälle. Auch der Leichtsinn mit Feuer gehört hierher.

5) Du sollst Dein Versprechen, Deine Verträge oder Contracte, so weit als es irgend möglich ist, halten. Die Klugheit räth, vor dem Abschluß zu überlegen, in wichtigen Fällen Sachverständige zu befragen, Zeugen dazu zu nehmen, oder den Contract durch die Obrigkeit bestätigen zu lassen; die Pflicht fordert Treue. Auch pflegt man wol etwas darauf zu geben, eine Summe voraus zu bezahlen. Nur bey offenbarem Betrug, oder wenn der Andere die Bedingungen nicht erfüllt, hebt sich der Vertrag auf. Ueber unerlaubte Dinge sollst Du keinen Vertrag machen, er ist ungültig! Aber ein gehörig ausgefertigter Contract ist für Dich ein Gesetz.

B. Von den Pflichten gegen den Staat selbst und die ihn regieren.

Die Erfüllung der vorher angegebenen Pflichten gegen die einzelnen Mitbürger befördert das Wohl des Ganzen. Denn das Ganze besteht aus dem Einzelnen. Doch soll es gut mit ihm stehen, so fordert es noch von jedem seiner Mitglieder:

1) Du sollst auch einen Beytrag zur Erhaltung desselben geben, die Lasten und Abgaben übernehmen, die dazu nöthig sind, auch wenn sie in schweren Zeiten groß wären.

2) Du sollst zu verhüten suchen und der Obrigkeit anzeigen, was dem Vaterlande zum Verderben gereichen kann: die Anschläge aller Störer der öffentlichen Ruhe und Sicherheit, der Diebe, Räuber, Mordbrenner, Pasquillanten, Vaterlandsverräther, Mörder, so bald sie Dir bekannt werden.

3) Du sollst das Vaterland nach Deinen Kräften gegen Unterdrückung mit vertheidigen helfen, und ihm nicht etwa gerade in der Zeit der Noth, wo Du zu seinem Dienst aufgerufen wirst, Deinen Beystand durch Auswanderung, Selbstverstümmelung, Selbstmord feigherzig und undankbar für das Gute, das Du in demselben genossen hast, entziehen.

4) Du sollst Dir nicht selbst Recht mit Gewalt zu verschaffen suchen, denn damit hört Ordnung und Sicherheit auf, da sich Viele bey dem größten Unrecht einbilden, sie haben Recht. Wende Dich an Deine Obrigkeit, und ist die

286 Achte Abtheilung.

Sache wichtig, und nach dem Urtheil sachverständiger, aber auch gutdenkender Personen gerecht, selbst an Deinen Landesherrn; aber vergiß dabey nicht, daß auch Deine Vorgesetzten an manche alte Gesetze und Verfahrungsarten (Formen) gebunden sind, wo sie nicht, wie Du denkst und wünschest, entscheiden können. Ist Deine Sache unwichtig oder zweifelhaft, so denke des alten Wortes, daß ein magerer Vergleich von jeher besser war, als ein fetter Prozeß.

5) Du sollst alle und auch die Gesetze und Verordnungen befolgen, die eben nur für gewisse Zeiten und unter besondern Umständen gegeben worden, und in andern Ländern vielleicht nicht statt finden, Dir vielleicht als einzelner Person nachtheilig sind, aber von denen, die das Ganze leiten, nothwendig und zweckmäßig gefunden werden. Dahin gehören die Verbote, gewisse Waaren ein- oder auszuführen; in fremde Kriegsdienste zu treten; auszuwandern; Vorkehrungen bey Seuchen, sie mögen Menschen oder Thiere betreffen; Verbote mancher Vergnügungen, gefährlicher Spiele, als der Hazardspiele, d. h. wo der Ausgang und Gewinn bloß vom Zufall abhängt, und wobey gewöhnlich Gauner betrügen, gewinnen und Andere zu Bettlern und Zuchthausgästen machen; Feuerordnungen; Tag- und Nachtwachen.

6) Du sollst die Verarmung des Staates (eine große Gefahr!) zu verhüten suchen; daher Dich selbst anständig nähren, Deine Kinder zu einem nützlichen Beruf erziehen und mit Deinem Eigenthum vernünftig haushalten. Es ist schlecht Vater oder Mutter seyn, aber nicht für seine Kinder sorgen, ja zuletzt selbst seine und ihre Ernährung dem Gemeinwesen aufbürden zu wollen. Der freche Bettler, der leichtsinnige Verschwender finde endlich seine Herberge im Zuchthaus; nur dem schuldlosen Unglück bauet der weise Menschenfreund eine Freystätte.

7) Du sollst das Ansehen Deines Landesherrn und Deiner Obrigkeit, das sie nöthig haben, zu erhalten und zu vermehren suchen; daher nicht voreilig urtheilen und unbescheiden absprechen, wenn sie Etwas fordern oder anordnen; nicht Unruhen Rebellionen anstiften, denn Aufruhr und Bürgerkrieg ist die größte Strafe für ein Volk. Die Kunst zu regieren ist schwer, und von seinen Vorgesetzten, als Menschen, das Uebermenschliche, Allmacht,

Rechte und Pflichten des Staatsbürgers im Volksschullesebuch

Gesellschaftliche Entwicklung und Schule
Thesen zur Analyse der Funktion der Schule in der bürgerlichen Gesellschaft

I

Wie es scheint, ist Schule ins Gerede gekommen – und wie jeder in solchen Fällen gibt auch sie dabei ein höchst widersprüchliches Bild ab: Einerseits wird sie als Hilfe verstanden, andererseits als Anlaß, um Hilfe zu rufen. Sie wird als notwendig für die individuelle Entwicklung bzw. als eben gerade dafür hinderlich betrachtet. Man bezeichnet sie als demokratische Leistungsschule, aber auch als Verteilungsmechanismus ungleicher Sozialchancen, sieht sie als Mittel für gesellschaftlichen Fortschritt oder als gesellschaftliches Unterdrückungsinstrumentarium, als „dominierenden ideologischen Staatsapparat einer Vergesellschaftung von oben" oder als Institution einer „systematischen Korrektur von Alltagsbewußtsein durch Verwissenschaftlichung ihrer Inhalte und tendenziellen Abbau von Ideologie"[1]. Man leidet an ihr (bis zum Selbstmord) und duldet sie zugleich. Man haßt sie und man liebt sie.

Jedoch darf man sich nicht täuschen lassen: Die Widersprüchlichkeit, die hier verhandelt wird, ist weder bloß Ausdruck eines akademischen Streits noch regelmäßig wiederkehrender individueller Schülerschwierigkeiten, sondern eine gesellschaftliche Auseinandersetzung. Ins Gerede kommt, um im Beispiel zu bleiben, wessen man sich nicht mehr sicher ist: Fragwürdig ist die Funktion der Schule in unserer Gesellschaft angesichts veränderter gesellschaftlicher Bedingungen. Um sie geht daher der Streit.

Die Widersprüchlichkeit der Diskussion ist aber darüber hinaus Ausdruck der Unsicherheit des pädagogischen Handelns, dem, wie es scheint der Ansatzpunkt der Veränderung abhanden gekommen ist. Wer also dem Chor der Stimmen des Streits nicht nur eine weitere hinzufügen will, muß die Frage nach der Funktion der Schule heute so bearbeiten, daß gehandelt werden kann. Dazu reichen lediglich beschreibende Analysen der allzu offensichtlichen sozialen Ungerechtigkeiten schulischer Ausleseprozesse ebensowenig aus wie flammende Proteste gegen den Leistungsdruck. Die bloße theoretische Denunziation ungerechter oder als ungerecht empfundener sozialer Funktionen der Schule und die durch sie begründeten Aufrufe zur schlichten Verweigerung gegenüber den staatlich verordneten Ansprüchen der Schule bleiben heute so folgenlos wie frühere Anstrengungen im Bereich der Entwicklung programmatischer Konzepte: etwa Humboldts Modell einer gestuften Einheitsschule von 1809 oder das Programm der Berliner Lehrerversammlung auf dem Tivoli von 1848 oder die Schulforderungen der SPD von 1900, die Schulstreiks der KPD von 1928 oder die Alternativschulkonzepte von heute.

Allerdings erweist derselbe Blick in die Geschichte, daß sich die Schule ohne jeden Zweifel verändert hat. Es kommt daher darauf an, die tatsächliche historische Entwicklung zu analysieren, um diejenigen Faktoren herauszufinden, die die Veränderungen verursacht haben bzw. die gesellschaftlichen Bedingungen zu entdecken, die jene Veränderungen erst möglich machten. Wenn es also gelänge, im Nachvollzug der Entwicklung der Schule die gesellschaftlichen Bedingungen und Ursachen der Entstehung ihrer gegenwärtigen Struktur und Funktion festzustellen, dann – so meinen wir – müßte man darin auch die Ansatzpunkte einer weiterführenden Veränderung sehen dürfen.

II

So plausibel diese Annahme erscheint, so schnell entdeckt sie ihre Probleme. Was denn hat sich eigentlich verändert? Und wie? Was an feststellbaren Veränderungen ist denn überhaupt wichtig? Woran sind wichtige Veränderungen feststellbar? Nimmt man etwa das Äußere der Schule als Indikator, dann lassen sich durchaus Gestaltwandlungsprozesse architektonisch identifizieren. Aber abgesehen davon, daß innerhalb ein und derselben baulichen Gestalt von Schule höchst unterschiedliche Prozesse abgelaufen sind, liegt die besondere Schwäche eines solchen Kriteriums darin, daß architektonische Aspekte der Schulentwicklung über ihre Bedeutung als gesellschaftliche Institution nur sehr wenig aussagen können. Dieselbe Einschätzung ergibt sich dem, der eine solche Analyse an Merkmalen des Inneren der Schule, z.B. an die Gestaltung des Klassenzimmers knüpfen würde. Ohne Zweifel könnte man dabei sehr viel Interessantes entdecken. Aber auch hier würde sich zeigen, daß z.B. die Schulbänke über 100 Jahre im wesentlichen gleichgeblieben sind, ohne daß man daraus etwas schließen könnte, daß sich deshalb auch die Unterrichtsprozesse nicht geändert hätten. Selbst wenn man sich den Prozessen direkt zuwendet und etwa die Veränderung der Unterrichtsmethoden, der Lehrer, der Schüler und des Schullebens betrachtet, kommt man damit dem Ganzen der Schule als einer gesellschaftlichen Institution und ihrer Bedeutung allenfalls ein Stück näher. Will man sich mit Stückwerk aber nicht zufrieden geben, dann sollte man sich klarmachen, daß man für eine Untersuchung der Schulentwicklung folgende Vorfragen klären muß: Was für eine Gesellschaft war das eigentlich, in der Schule plötzlich notwendig wurde?

Warum mußte diese Gesellschaft mit einem Male eine neue Einrichtung hervorbringen für etwas, das die Menschen in der ganzen bisherigen Geschichte im helfenden Mitvollzug der praktischen Arbeit selbst lernen konnten? Was am Leben der Menschen hatte sich geändert, wenn es auf einmal nicht mehr unmittelbar hergab, was die Menschen zur Bewältigung des Lebens brauchten?

III

Ganz allgemein und in der hier allein möglichen Verkürzung kann man sagen: Es war die neue Weise der Menschen, ihr Leben zu produzieren, die beginnende Auflösung des in der mittelalterlich-feudalen Gesellschaft noch weitgehend vorhandenen unmittelbar gewußten Zusammenhangs der produzierenden Menschen durch die „bürgerliche Warenproduktion". Obwohl dieser Zusammenhang derjenige einer Klassengesellschaft war, konnten ihn sich selbst noch die Angehörigen der unterdrückten Klassen in der unmittelbaren Teilhabe am alltäglichen Leben aneignen, d.h. sich bilden, da alle seine Elemente ihnen jederzeit und unmittelbar präsent waren oder notfalls mit unmittelbaren Gewaltmaßnahmen präsent gemacht wurden. Allerdings stand dieser Zusammenhang ihnen ebenso ersichtlich als eine sie unterdrückende Macht gegenüber.

Zu wirklicher individueller Selbstbestimmung gegenüber den Bedingungen ihres Lebens ermächtigte sie ihre Bildung nicht. Die „bürgerliche Warenproduktion" bricht – so unsere These – diesen unmittelbaren Zusammenhang auf. Mit diesem Begriff wird eine Produktionsweise bezeichnet, in der der einzelne Produzent nicht mehr für einen konkreten, im Feudalherrn persönlich repräsentierten allgemeinen Zweck, sondern für einen privaten Zweck produziert. Mit seiner privaten Arbeit produzierte er so viele Waren, daß deren Äquivalent für seinen Lebensunterhalt ausreichte. Der privat über seine Produktionsmittel verfügende „Bürger" (wörtlich: Stadtbewohner) war als privat produzierendes Individuum gegenüber allen anderen Produzenten von persönlicher Abhängigkeit frei und verstand sich gegenüber der feudalen Gesellschaft und deren Ansprüchen einer gottgewollten Hierarchie als selbstbestimmtes Subjekt seiner individuellen Praxis.

Allerdings setzte dies voraus, daß er seine Produkte gegen andere tauschen konnte. M.a.W.: Nur innerhalb einer warenproduzierenden Gesellschaft mit ihrem anonymen Markt war der freie Warenproduzent und seine Selbstbestimmung als bürgerliches Individuum im Unterschied zu der feudalen Einbildung aller Menschen in einen unmittelbaren Herrschaftszusammenhang möglich. Allerdings hatte die individuelle Teilarbeit des einzelnen Handwerkers zwar das Ganze der gesellschaftlichen Produktion als einen materiellen und ideologischen Zusammenhang faktisch zur Voraussetzung, bezog sich auf ihn jedoch nur mittelbar, nämlich mittels des Marktes, nicht unmittelbar, etwa mittels eines auf das Ganze der Lebenssicherung aller Menschen gerichteten Plans. Das aber bedeutet: Die privat produzierenden Bürger mußten den unmittelbaren Zusammenhang der feudalen Form *gesellschaftlicher* Selbstbestimmung in der mittelalterlichen Gesellschaft zerschlagen um sich wirklich *individuell* selbstbestimmen zu können. Andererseits war ihnen die Form der individuellen Selbstbestimmung nur in der Weise der privaten Produzenten, deren gesellschaftlicher Zusammenhang ihnen nur noch mittelbar gegeben war, d.h. unter Verlust der Beteiligung an der direkten gesellschaftlichen Selbstbestimmung möglich. Aus den unmittelbaren Beziehungen der Menschen im Feudalismus wurde so ein gesellschaftlicher Zusammenhang privater Produzenten, dessen materielle und ideologische Bedingungen in ihrer Gesamtheit aus dem alltäglichen Leben nicht mehr direkt zu entnehmen waren. Wollten sich die Menschen gleichwohl zur Teilhabe am Ganzen der gesellschaftlichen Praxis befähigen, genügte der unmittelbare Mitvollzug des täglichen Lebens nicht, mußte ihnen dieser Zusammenhang als ein gesonderter außerhalb ihres Alltags vermittelt werden. Dabei war diese Vermittlung keineswegs bloße Erfindung eines Legitimationszusammenhangs seitens der Herrschenden, denn nur unter Voraussetzung gewisser Minimalkenntnisse vom Ganzen der Gesellschaft – wie auch immer die Umfangsgrenzen dieses Minimums historisch aussahen und wie immer interessengeleitet das Ganze gefaßt war – war der einzelne Produzent zur adäquaten Lebensbewältigung in der Lage. Er konnte die mit seiner individuellen Tätigkeit, d.h. seiner beruflichen Spezialbildung, gegebenen Grenzen seiner Selbstverwirklichung nur dann überschreiten, wenn er sich vermöge einer auf die Gesellschaft als Ganze bezogenen Bildung, d.h. seiner Allgemeinbildung, zur selbstbestimmten Teilhabe an der gesellschaftlichen Praxis befähigte. Kurz gesagt: Das Ganze der warenproduzierenden Gesellschaft funktionierte nur auf der Grundlage gebildeter Bürger.

Aus der Auflösung des direkt erfahrenen gesellschaftlichen Zusammenhangs aller Individuen im Feudalismus ergibt sich somit „logisch" die Notwendigkeit und die Charakteristik der bürgerlichen Schule:

– Was nicht mehr unmittelbar gegeben war, mußte jetzt vermittelt werden: Aus der relativen Trennung von Arbeit und Bildung folgt die *Notwendigkeit* der bürgerlichen Schule als einer gesellschaftlichen Institution zur Vermittlung.
– Was für das Bürgertum galt, mußte für alle gelten: Aus dem Anspruch des Bürgertums auf gesellschaftliche Herrschaft folgt der Anspruch auf *Allgemeinheit* der bürgerlichen Schule.
– Was nicht mehr im Leben gelernt werden

konnte, mußte jetzt vor Eintritt in das Leben gelernt werden: Aus der Auflösung des unmittelbar gesellschaftlichen Lebens als Bildungszusammenhang folgt die *Trennung* der bürgerlichen Schule *vom Leben*. – Da die individuelle Teilarbeit den Bezug auf die gesellschaftlichen Bedingungen der Gesamtgesellschaft nicht mehr unmittelbar enthielt, mußte dieser Zusammenhang jetzt getrennt von den Anforderungen des Berufs vermittelt werden: Aus der Verwandlung des unmittelbaren Zusammenhangs der gesellschaftlichen Praxis in einen mittelbaren folgt die *Unterscheidung von Allgemeinbildung und Spezialbildung* und die Notwendigkeit der bürgerlichen Schule als einer wesentlich allgemeinbildenden Anstalt.

IV

An dieser Stelle muß betont werden, daß dies das Ergebnis einer systematischen Betrachtung ist, die historisch lange Zeiträume zusammenrafft und Entwicklungsprozesse auf ihren Kern verkürzt. Bei historischer Betrachtung müßte z.B. dargestellt werden, daß sich die Allgemeinheit der bürgerlichen Schule, obwohl von Anfang an in Schulprogrammen und Bildungstheorien propagiert und ab 1717 in Preußen als allgemeine Unterrichtspflicht sogar verordnet, real jedoch nur sehr langsam hergestellt hat, ja daß sie als öffentliche Institution erst im 19. Jahrhundert durchgesetzt worden ist. Ebenso müßte in historisch detaillierter Sicht gezeigt werden, daß Bildung auch in der warenproduzierenden Gesellschaft anfänglich zum größten Teil immer noch in der direkten Teilhabe am handwerklich betriebenen Arbeitsprozeß weitergegeben wurde und erst allmählich notwendige allgemeine Elemente herausgelagert und getrennt vom unmittelbaren Mitvollzug vermittelt wurden, so daß die Allgemeinbildung als eine das Ganze umfassende Vorstellung und die Schule als allgemeinbildende Anstalt erst nach und nach entstanden sind. Und schließlich dürfte bei genauem Nachvollzug der geschichtlichen Entwicklung nicht übergangen werden, daß sich auch die Funktion der bürgerlichen Schule modifizierte: Im Zuge der Entwicklung der bürgerlichen Produktionsweise wurde immer deutlicher, daß sich der Markt gegenüber dem einzelnen Produzenten verselbständigt hatte und ihn seinen Gesetzen unterwarf. Über diesen mit der Warenproduktion eingehandelten neuen Abhängigkeitszusammenhang konnte der einzelne nicht frei verfügen. Angesichts der dadurch gegebenen Unfreiheit konnten die einzelnen Individuen ihren Anspruch auf Selbstbestimmung nur aufrecht erhalten, indem sie in sich den Menschen vom Bürger und damit die Allgemeinbildung von der Spezialbildung unterschieden: Für den Bürger anerkannten sie die Notwendigkeit einer an der realen gesellschaftlichen Praxis orientierten, den Anforderungen der Produktion unterworfenen Spezialbildung. Für den Menschen in sich reklamierten sie die Möglichkeit einer Befähigung zu uneingeschränkter Verfügung über diese gesellschaftliche Praxis. Dies war aber real nur möglich, indem sie die beabsichtigte Allgemeinbildung auf den Bereich verlagerten, innerhalb dessen sie zur freien Verfügung in der Lage waren: das Denken. Mit diesem Verständnis von Allgemeinbildung als Geistesbildung vermochten sie dann die Notwendigkeit der bürgerlichen Gesellschaft als allgemeine Bedingung individueller Selbstbestimmung einzusehen.

V

Für wichtiger noch als die Kenntnis der historischen Entwicklung im einzelnen halten wir die Erkenntnis, daß sich die wesentlichen Strukturmomente der bürgerlichen Schule wie auch ihre Funktion im Zuge der gesellschaftlichen Entwicklung der bürgerlichen Gesellschaft abänderten, ohne daß sich die bürgerliche Schule als Ganze änderte. Diese Feststellung veranlaßt uns zu der Hypothese, daß dies auch für den weiteren Verlauf der Geschichte der bürgerlichen Gesellschaft gilt. Negativ gesprochen: Die Perioden der Entwicklung der bürgerlichen Schule in der kapitalistischen Gesellschaft lassen sich weder allein vom Qualifikationsbedarf aufgrund von Produktivkraftentwicklung, noch allein aus Überfüllungskrisen der Schulsysteme, noch auch allein als Ausdruck des Sozialisationsdrucks politischer Herrschaft oder der systematischen Korrektur von Alltagsbewußtsein oder auch bloß als Ergebnis des politischen Klassenkampfs begreifen. Wir sind vielmehr der Auffassung, daß sie bestimmt werden müssen als durch die Entwicklungsschritte der kapitalistischen Gesellschaft bedingte Qualitätsmodulationen der allgemeinen Funktion der bürgerlichen Schule (was noch deren Verkehrung ins Gegenteil einschließt). Erst eine solche an der gesellschaftlichen Entwicklung des Bildungsproblems orientierte Untersuchung wäre eine wirklich pädagogische Analyse der Schulgeschichte. Die folgenden Ausführungen verstehen sich als erster thesenartiger Entwurf der Grundlinien einer solchen Analyse.

VI

Die Konzentration vieler Produktionsmittel in der Hand Weniger, die zugleich über das notwendige Kapital ihrer profitablen Verwendung verfügten, sowie die Umwandlung der privaten Produktion des einzelnen durch planmäßige Arbeitsteilung und Kooperation in die gesellschaftliche Produktion der Masse der Lohnarbeiter bereitete die spätere Zerteilung des ehemals Ganzen der gesellschaftlichen Produktion auf zwei Klassen vor. Dies ist der Kern des Übergang der einfachen Warenproduktion in die kapitalistische Produktion. Jedoch bleibt auch in ihr dem einzelnen Kapitalisten das Ganze der gesellschaftlichen Produktion nur mittelbar gegeben. Auch er produziert, um sein Kapital gewinnbringend zu verwerten, nicht nach gesamtgesellschaftlichen Zwecken. Angebot und Nachfrage regulieren sich naturwüchsig über den anonymen Markt. Ausdruck der Trennung der einzelnen Kapitalisten von der gesellschaftlichen Produktion sind Konkurrenz und Anarchie der Produktion und dementsprechend Krisenzyklen und unkontrollierte Vergeudung gesellschaftlichen Reichtums. In der kapitalistischen Produktion verlieren die Produzenten endgültig die Herrschaft über ihre eigenen gesellschaftlichen Beziehungen. Der Staat wird als Verkörperung des Allgemeinen und als Regulator der Anarchie notwendig. In dieser Anarchie der gesellschaftlichen Produktion setzt sich aber das gesellschaftlich Notwendige als Zwangsgesetz der Konkurrenz durch, das jeden einzelnen und sein ökonomisches Verhalten regiert. „Das Produkt beherrscht die Produzenten." (MEW 20, 253) Als Bildungsproblem formuliert: Durch die Spezialbildung des einzelnen zur (zwangsweise) konkurrierenden individuellen Selbstbestimmung hindurch setzte sich die gesellschaftliche Selbstbestimmung naturwüchsig durch, „hinter dem Rücken" der Produzenten, anarchisch, d.h. so, wie es der Bildung als Befähigung zur bewußten geplanten Verfügung über die gesellschaftlichen Bedingungen des Lebens gerade nicht entspricht.

Anders, wenngleich eher noch radikaler, verlief die Trennung der Lohnarbeiter von der Verfügung über die gesamtgesellschaftliche Praxis. Obwohl sie bereits gesellschaftlich produzieren, wurde ihnen die Beteiligung an der Zwecksetzung ihrer Produktion ebenso vorenthalten wie die Aneignung des von ihnen selbst geschaffenen gesellschaftlichen Reichtums. Das volle Ausmaß ihrer Ohnmacht gegenüber den gesellschaftlichen Bedingungen ihres Lebens kommt darin zum Ausdruck, daß sie durch ihre Arbeit eben den gesellschaftlichen Wert vermehren, der ihnen dann als Kapital entgegentritt und sie beherrscht.

Als Bildungsproblem formuliert: In der unmittelbaren Teilhabe an der entfremdeten gesellschaftlichen Arbeit bilden sich die Lohnarbeiter so, daß sie sich spontan darin nicht zur Verfügung über diese befähigen. M.a.W.: Sie bilden sich unmittelbar in der Form der Entbildung.

Das Bildungsproblem stellt sich also in der Phase der kapitalistischen Produktion einerseits für beide Klassen notwendig – Allgemeinbildung als Vermittlung der Teilhabe an der gesellschaftlichen Praxis wird nunmehr endgültig zur allgemeinen, für alle Menschen dringenden Notwendigkeit –, aber es stellt sich für beide spezifisch.

Auf der Seite des Kapitals: Notwendig werden jetzt neue, den Verwertungsinteressen und -bedingungen des Kapitals entsprechende Berufsqualifikationen, d.h. Spezialbildungen für alle. Als Qualifikation zu spezieller Tätigkeit ist Spezialbildung zugleich Befähigung zur Konkurrenz der einzelnen untereinander und insofern Entgegensetzung der einzelnen zum Ganzen ihrer gesellschaftlichen Existenz. Ihre Spezialbildung negiert das Ganze. Im Interesse der Verfügung über das Ganze ihrer gesellschaftlichen Existenz sind sie genötigt, eine Allgemeinbildung zu entwickeln, die so auf das Ganze gerichtet ist, daß sie zur Herrschaft über es befähigt und die Spezialbildung negiert. In der kapitalistischen Produktion entzieht sich das Ganze aber – wie wir sahen – gerade der unmittelbaren Verfügung und setzt sich nur „hinter dem Rücken" der Menschen durch. Um den Anspruch auf Verfügung trotzdem aufrechtzuerhalten, muß die herrschende Klasse ihre Allgemeinbildung so gestalten, daß darin die Klassengesellschaft mit der menschlichen Gesellschaft schlechthin, das Klasseninteresse mit dem allgemeinen Menschheitsinteresse, der Bürger mit dem Menschen und die gesellschaftlich produzierten Gesetze der kapitalistischen Produktion mit den allgemeinen Naturgesetzen zusammenfallen, d.h. ihr besonderes Bildungsinteresse als allgemein menschliches erscheint.

Daß dadurch der Widerspruch von Spezialbildung und Allgemeinbildung jedoch nicht aufgehoben werden kann, wird in dem Maße deutlich, wie die Entwicklung der Produktivkräfte dazu zwingt, immer mehr praktische Elemente der Arbeitswelt als verallgemeinerte Momente der Spezialbildung in die ursprünglich als Geistesbildung konzipierte Allgemeinbildung aufzunehmen.

Das allgemeine Bildungsproblem der herrschenden Klasse ist der Antagonismus von Allgemeinbildung und Spezialbildung und es ist eine der spannendsten Fragen an die Geschichte der bürgerlichen Schule, wie sie diesen Antagonismus bewältigt.

Auf der Seite der Lohnarbeit: Faktisch arbeiten die wirklichen Produzenten nicht mehr privat, sondern kooperativ, tendenziell gesellschaftlich. Für sie ist der gesellschaftliche Zusammenhang ihrer Arbeit daher, anders als für den Kapitalisten, unmittelbar bewußt, wenn auch als entfremdeter. Auch die Proletarier müssen spezielle Qualifikationen besitzen, also Spezialbildung. Anders als der Kapitalist hat er aber, weil Mitglied in der gesellschaftlichen Produktion, über seine Spezialbildung unmittelbar an der arbeitsteiligen gesellschaftlichen Praxis als Gesamtzusammenhang teil, auch wenn dieser ihm fremd gegenübersteht. Je mehr er nun darüber verfügen will, um so mehr sind die anderen speziellen Momente der arbeitsteiligen Teilhabe (Spezialbildungen) nicht – wie beim Kapitalisten – Momente, die ihn bloß als privates Individuum bestimmen und so aus dem Gesamtzusammenhang ausschließen, sondern geradezu solche, die ihn integrieren. Das proletarische Allgemeinbildungsinteresse kollidiert daher nicht nur nicht mit seiner Spezialbildung, es ist vielmehr nichts als deren reale Verallgemeinerung. Das Proletariat hat deshalb auch kein objektives Interesse an der Trennung von Allgemeinbildung und Spezialbildung.

Trotzdem muß es sich der herrschenden Klasse, bzw. der herrschenden Bildung unterordnen, solange die herrschende Klasse und ihr besonderes Interesse der historischen Notwendigkeit entspricht. Das Bildungsproblem des Proletariats in dieser Etappe besteht demnach darin, sich der herrschenden Allgemeinbildung unterordnen zu müssen, ohne sein objektives Bildungsinteresse aufzugeben.

Die Entwicklung der Produktivkräfte erzwingt einerseits immer neue Spezialbildungen und verallgemeinert bereits vorhandene. Immer mehr Anforderungen, die zunächst zur Spezialbildung gehörten, werden jetzt allgemein, d.h. zur Voraussetzung für andere. Dazu gehören etwa: technische Inhalte, praktische Inhalte aus Wirtschaft und Arbeitswelt, Grundfertigkeiten der Materialbehandlung usw.

Die bürgerliche Allgemeinbildung wird dadurch gezwungen, diese verallgemeinerten Inhalte der Spezialbildung in sich aufzunehmen. Sie tut dies z.B. durch die Verstärkung der naturwissenschaftlichen Inhalte, durch quantitative Anreicherungen der sogenannten Realien wie auch durch die Einführung neuer Fächer wie Werken, Zeichnen (Arbeitslehre), aber auch durch die Einrichtung neuer spezieller Schulen für die Berufsvorbereitung bzw. berufliche Fortbildung. Diese Tendenz ist jedoch nicht problemlos; denn mit den neuen Inhalten ist methodisch die Form ihrer empirisch-wissenschaftlichen Erfassung verbunden, die der Form der klassisch-bürgerlichen Allgemeinbildung nicht entspricht. Entscheidend aber ist, daß die neuen Inhalte zusammen mit den alten kein Ganzes mehr bilden können, weil die bürgerliche Allgemeinbildung für sie keinen tragfähigen Rahmen mehr abgibt. Die neuen Inhalte bilden daher eher eine enzyklopädische Anhäufung von Detailkenntnissen, die die bürgerliche Allgemeinbildung real überfordert und brüchig werden läßt. Die objektive Aufgabe einer Integration der verwissenschaftlichten Elemente der Spezialbildung zu einem wissenschaftlichen Weltbild kann sie ebensowenig mehr erfüllen wie die sich darin ausdrückende Aufgabe der Vermittlung einer Befähigung zu materieller Verfügung über die gesellschaftlichen Lebensbedingungen auf der Grundlage der Verallgemeinerung und Integration materieller Fähigkeiten. Dieser verschärfte Antagonismus von auf ideelle Verfügung gerichteter Allgemeinbildung einerseits und auf materielle Verfügung drängender Spezialbildung andererseits überschreitet den Rahmen der Leistungsfähigkeit der bürgerlichen Bildung.

Dieser Antagonismus bringt zum Ausdruck, daß die Vergesellschaftung der Produktion inzwischen so weit vorangeschritten ist, daß die kapitalistische Form ihrer Entwicklung längst von einem Befördernis zu einem Hindernis geworden ist. Die Mehrheit der Menschen ist jetzt real in die gesellschaftliche Produktion eingegliedert, hat also unmittelbar an ihr teil, ohne jedoch bereits darin auch die notwendige Befähigung zur Verfügung über sie zu erhalten. Angesichts der realen gesellschaftlichen Möglichkeit einer solchen Befähigung wird das Festhalten der Bourgeoisie an der privaten Form ihrer Verfügung zum Vorenthalten. Was bisher historisch notwendig war, wird jetzt anachronistisch.

Folgerichtig entwickelt das Proletariat, das sich in dem gekennzeichneten Prozeß von der Klasse an sich zur Klasse für sich entwickelte, selbst Elemente seiner objektiven Bildung und auch Ansätze zur Realisierung seines Bildungsinteresses. Wichtigste Inhalte seiner Bildungsforderungen sind die Verwissenschaftlichung der Inhalte, die Aufnahme der Arbeitswelt in das Curriculum und die Verbindung der Produktion mit dem Unterricht, d.h. die Aufhebung der Trennung von Schule und Leben, und schließlich die Entwicklung eines polytechnischen Verständnisses von Allgemeinbildung. In den Inhalten der Arbeiterbildungsvereine, der gewerkschaftlichen Bildungsprogramme und der sozialdemokratischen Schulforderungen kommen sie unmittelbar zum Ausdruck. Da es solche Forderungen für die Schule jedoch noch nicht allgemein durchsetzen kann, entwickelt es ansatzweise sogar eigene Formen der Realisierung.

Marx charakterisierte diese Situation des Bürgertums mit den Worten: Die Bourgeoisie muß die Dummheit der Massen fürchten, wo sie konservativ sind, und ihre Klugheit, wo sie revolutionär sind. Tatsächlich ist die Bourgeoisie nicht nur gezwungen, die neuen, sich aus der Entwicklung der Wirklichkeit aufdrängenden Inhalte so aufzunehmen, daß sie ihre subversive, die alte Allgemeinbildung sprengende Wirkung nicht entfalten. Sie muß auf die durch dieselbe Entwicklung objektiv gestützten Bildungsansprüche, da sie objektiv auf Herrschaft über die Gesellschaft gerichtet sind, so reagieren, daß sie deren Objektivität und in der unmittelbaren Erfahrung der Menschen begründete Vernünftigkeit bestreitet oder doch wenigstens so verschleiert, daß diese Vernünftigkeit den Menschen nicht unmittelbar bewußt wird. Sie muß ideologischen Klassenkampf betreiben. Das unlösbare Problem für die Bourgeoisie ist, daß sie diesen Kampf um die Wirklichkeit auf der Ebene rationaler Auseinandersetzung nicht führen kann. Sie wird daher zunehmend irrationaler, verliert an Realitätshaltigkeit und entfernt sich von den realen Bedürfnissen der Menschen.

Georg Rückriem

Anmerkungen

1 Vergl. dazu die Auseinandersetzung von A. Rang/B. Rang und R. Nemitz in: Die Wertfrage in der Erziehung. Schule und Erziehung VIII. Argument-Sonderband AS 58. Berlin 1981

Weiterführende Literatur

Tomberg, F.: Menschliche Natur in historisch-materialistischer Definition. In: Rückriem, G. (Hrsg.): Historischer Materialismus und menschliche Natur. Köln 1978, S. 42–79

Veränderungen in der Sozialstruktur der Berliner Bevölkerung im Verlauf des 19. Jahrhunderts

Berlin entwickelte sich im 19. Jahrhundert von einem handwerklich geprägten Gewerbezentrum zu einer Industriegroßstadt – von einer „kleinen Residenz" zur Hauptstadt des Deutschen Reiches, in der über die Hälfte der Beschäftigten in der gewerblich-industriellen Wirtschaft arbeiteten. Seine Einwohnerzahl stieg von 173440 im Jahre 1801 auf 397001 im Jahre 1846; bis zum Jahr 1900 hatte sie sich verzehnfacht: sie betrug 1888848 (vgl. Tabelle 1).

Tabelle 1: Bevölkerung Berlins 1801–1914

Jahr	absolut	Index	Jahr	absolut	Index
1801	173 440	100	1875	966 858	557
1822	206 309	119	1880	1 122 330	647
1831	248 196	143	1885	1 315 287	758
1840	322 626	186	1890	1 578 794	910
1846	397 001	229	1895	1 677 304	967
1849	412 154	237	1900	1 888 848	1089
1855	434 367	250	1905	2 040 148	1176
1861	547 571	316	1910	2 071 907	1195
1867	702 437	405	1914	1 835 094	1058
1871	825 937	476			

Quellen: Bevölkerungs-, Gewerbe- und Wohnungs-Aufnahme vom 1. Dec. 1875 H. 1. Berlin 1878, S. 30–31; Statistisches Jahrbuch der Stadt Berlin. 30. Jg. T. 2. Berlin 1907, S. 14; a.a.O., 34. Jg. Berlin 1920, S. 4.

Heinrich Friedrich Karl Freiherr vom Stein (1757–1831) Von 1807 bis 1808 preußischer Minister

Karl August Fürst v. Hardenberg (1750–1822) Von 1810 bis 1822 preußischer Staatskanzler

Von wem wurde dieses rasche Wachstum getragen? Die Bevölkerungsentwicklung des 19. Jahrhunderts ist in Deutschland allgemein gekennzeichnet durch eine sinkende Sterblichkeit, deren Ursache Fortschritte in der Medizin und Hygiene, eine gesündere Ernährungsweise sowie bessere Wohnverhältnisse in der Stadt und auf dem Lande gewesen sein mögen. In den ersten Jahrzehnten des 19. Jahrhunderts kam eine leicht ansteigende Geburtenhäufigkeit hinzu, möglicherweise begründet im sinkenden Heiratsalter und der zunehmenden Heiratshäufigkeit der jungen Menschen.

Doch die sinkende Sterblichkeit und die steigende Geburtenhäufigkeit allein erklären nicht hinreichend das enorme Bevölkerungswachstum Berlins. Vielmehr ist die Bevölkerungszunahme in Berlin in erster Linie, und zwar zu 93%, auf Zuzug zurückzuführen; lediglich 7% sind Resultat des Geburtenüberschusses.

Wenn wir nach den Ursachen für die außerordentliche Anziehungskraft Berlins fragen, müssen wir berücksichtigen, daß es Haupt- und Residenzstadt der preußischen Könige und ab 1871 des deutschen Kaisers und damit Verwaltungszentrum des preußischen Staates und des Deutschen Reiches, aber auch Garnisonsstandort war. Vor allem aber zog die sich lebhaft entwickelnde Industrie bestimmte Bevölkerungsgruppen an: viele und gerade junge Menschen vom Lande und aus kleineren Städten der näheren Umgebung sowie aus den ferneren preußischen Provinzen kamen in die Haupt- und Industriestadt mit der Hoffnung, in Berlin Arbeit zur Sicherung ihres Lebensunterhalts zu finden.

Ursache der Wanderungsbewegung der Bevölkerung seit Anfang des 19. Jahrhunderts, die in großem Gegensatz zur überwiegenden Seßhaftigkeit der Menschen in der vorangegangenen Zeit steht, war die liberale Wirtschafts- und Gesellschaftspolitik, die Preußen 1806, anderen Staaten folgend, einleitete. Sie bewirkte entscheidend die Auflösung der feudalen und die Entstehung der kapitalistischen Gesellschaft. Zu den Reformen, die am wesentlichsten das Wachstum der Bevölkerung und den Wandel der Sozialstruktur bewirkten, zählen die *Bauernbefreiung*, die *Gewerbefreiheit* und die *Einführung der städtischen Selbstverwaltung*.

I.

Das Leben der Bauern auf dem Lande war durch eine doppelte, sich vererbende Gebundenheit an den Grundherrn bestimmt: sie waren persönlich und besitzrechtlich von ihm abhängig. Ohne seine Erlaubnis durften sie weder den Ort noch den Beruf wechseln. Auch über den von ihnen bewirtschafteten Grund und Boden konnten sie nicht frei verfügen, sondern mußten für ihr Nutzungsrecht Abgaben und Dienste leisten. Durch das *Reformedikt vom 9. Oktober 1807* und weitere, bis 1850 folgende Erlasse wurden sie persönlich frei und erhielten das bewirtschaftete Land zu freiem Eigentum – allerdings unter einer Bedingung: sie hatten ein Drittel bis ein Viertel davon an den Grundherren abzutreten oder eine festgesetzte Entschädigungssumme zu zahlen.

Für die meisten Bauern hatten diese Reformmaßnahmen negative Auswirkungen. Nur wenige waren so begütert, die geforderte Entschädigungssumme aufzubringen – die meisten Bauern mußten ihr Land abtreten. Sie wurden Kleinbauern, die oft nur mühsam ihre Familie ernähren konnten. Wenn der Bodenbesitz zu gering war, um eine Familie zu unterhalten, mußten sie ihr Land ganz abgeben und als Tagelöhner, als billige ländliche Lohnarbeiter auf den Feldern der Großgrundbesitzer arbeiten oder sich in außerlandwirtschaftlichen Tätigkeite auf dem Lande, in der Stadt oder im Ausland Arbeit und Lohn suchen.

Auch die unterbäuerlichen Schichten waren von der Agrarreform negativ betroffen. Sie wurden von der Aufteilung des bis dahin von allen Dorfbewohnern gemeinschaftlich genutzten Landes, der Allmende, ausgeschlossen und verloren dadurch einen wichtigen Anteil zur Deckung ihres Lebensunterhalts. Ihnen blieb nur eine Tagelöhnertätigkeit, eine gewerbliche Beschäftigung auf dem Lande oder die Abwanderung in die Städte oder ins Ausland.

Die eindeutigen Gewinner der Agrarreform waren die Großgrundbesitzer, in Preußen meist adlige Rittergutsbesitzer. Ihre Anbauflächen vergrößerten sich, sie konnten sie nun rationeller bewirtschaften und durch Produktivitätssteigerungen höhere Gewinne erzielen. Ihnen stand in ausreichendem Umfang die billige Arbeitskraft der Tagelöhner zur Verfügung, die sie als freie Landarbeiter je nach Bedarf einstellen und entlassen konnten. Die persönlichen Verpflichtungen der Gutsherren gegenüber den ehemals personenrechtlich abhängigen Gutsuntertanen waren nun ebenfalls beseitigt und in ein freies Arbeitsmarktverhältnis umgewandelt worden.

II.

Mit den am 2. November 1810 und am 7. September 1811 verkündeten Erlassen wurde die *Gewerbefreiheit* eingeführt: die Eröffnung eines Gewerbebetriebes war damit nicht mehr von der Zugehörigkeit und Billigung einer Handwerkerzunft abhängig. Dennoch blieben die Zünfte erhalten und behielten Einfluß auf die Lehrlingsausbildung, die Arbeitsverhältnisse und das Prüfungswesen. In den Städten führte die Gewerbefreiheit vor allem zu einer gesteigerten Mobilität der Handwerker, die nun zwischen Handwerksbetrieb, Verlagsbetrieb und Industriebetrieb wechseln konnten und vom Land in die Stadt oder umgekehrt ziehen durften. Auch ein Landarbeiter konnte nun in einen handwerklichen Beruf überwechseln. Die Gewerbefreiheit schuf zusammen mit den übrigen Freizügigkeiten einen freien gewerblichen Arbeitsmarkt, auf dem die zunehmend entstehenden Industriebetriebe ihre Fachkräfte anwerben konnten.

In dem meisten Teilen Preußens und auch in Berlin hatte die Gewerbefreiheit viele negative Folgen für die Handwerker. Die Zahl der Beschäftigten im Handwerk stieg rasch an und der Handwerkerstand begann sich aufzuspalten. Nur wenigen Handwerkern gelang es, zu Unternehmern aufzusteigen; der überwiegenden Mehrheit drohte das Absinken zu lohnabhängigen, von Arbeitslosigkeit bedrohten, gering entlohnten Arbeitern.

Am härtesten traf die Handwerksgesellen die Gewerbefreiheit. Einerseits konnten sie kein Interesse an der Aufrechterhaltung des Zunftwesens haben, denn es bot ihnen eine – gegenüber den Meistern – benachteiligte Rechtsstellung, geringeres soziales Ansehen und nur den wenigsten den Aufstieg zum Meister. Dennoch: ihr Ziel und ihre Hoffnung war es, eines Tages Meister zu werden und einen, über das Zunftwesen garantierten, sicheren Platz in der Gesellschaft zu erringen. Andererseits gehörten sie jetzt, nach Aufhebung des Zunftzwanges, zu den wirtschaftlich am härtesten getroffenen und sozial am ehesten Entwurzelten unter den Handwerkern. (Dies mag einer der Gründe dafür sein, daß sie einer der Träger der Revolution von 1848 und der organisierten Arbeiterbewegung wurden.)

III.

Die *Steinsche Städteordnung* vom 19. November 1808 verlieh den Bürgern der Stadt das Recht, den Magistrat (Stadtregierung) und die Stadtverordneten zu wählen und zu kontrollieren. Damit trat neben die staatliche Verwaltung eine Selbstverwaltung der Städte (die allerdings in der späteren Städteverordnung von 1853 wieder eingeengt wurde). Das Wahlrecht war an den Besitz von Grundstücken innerhalb der Stadtmauern und eine bestimmte Einkommenshöhe gebunden. Folglich war auch in Berlin nur der kleine Kreis des städtischen Besitzbürgertums zur politischen Mitbestimmung über das Geschehen in ihrer Stadt berechtigt, während die Mehrzahl des handwerklichen Kleinbürgertums und die zuwandernde Bevölkerung davon ausgeschlossen blieb; auch das 1850 eingeführte Dreiklassenwahlrecht, das die Stimme jedes Stadtbewohners in Preußen nach seiner Steuerleistung maß, brachte keine politische Mitbestimmung für die Mehrzahl der Einwohner. Das Bürgerrecht wurde darüberhinaus nur an diejenigen verliehen, die innerhalb der Berliner Mauern wohnten; der Bevölkerung in den zu dieser Zeit besonders stark wachsenden Vorstädten außerhalb der Stadtgrenzen blieb es versagt.

Innerhalb dieser Stadtgrenzen folgte aus all diesen Bestimmungen der schnelle Anstieg der Bodenpreise und die dichte Bebauung der Grundstücke. Die Stadtverordneten, selbst Grundbesitzer, waren aus diesen Gründen nicht an einer Stadterweiterung interessiert und verzögerten den Wohnungsbau, so daß der ständig wachsenden Nachfrage in keiner Weise entsprochen werden konnte.

Die Wohnansprüche wurden zunehmend heruntergedrückt und den unbemittelten Familien immer kleinere, unzulänglichere Wohnungen zu immer höheren Mietpreisen angeboten.

IV.

Es ist festzuhalten, daß die liberalen Reformen die wichtigste Voraussetzung für die gesteigerte Wanderung der Bevölkerung im 19. Jahrhundert bildeten. Sie erklären aber nicht, weshalb Berlin zum wichtigsten Einwanderungszentrum im östlichen Preußen wurde. Entscheidender Faktor war hier die wachsende Wirtschaftskraft Berlins; die günstige Verkehrslage im Straßen-, Kanal- und später auch im Eisenbahnnetz trug mit dazu bei, daß Berlin sich rasch zur größten Industriestadt im östlichen Preußen entwickeln konnte. Auch die liberalen Reformen mit ihren Auswirkungen auf das Gewerbe stärkten die Wirtschaftskraft der Stadt. Zwar stürzten sie viele Handwerkszweige in eine tiefe Krise – gleichzeitig förderten sie aber andere Produktionszweige wie den Maschinenbau, die Metallverarbeitung und das Bekleidungsgewerbe in ihrem zuerst langsamen und dann immer rascheren Aufschwung, der die Stadt zu einem Mittelpunkt der kapitalistisch organisierten Wirtschaft aufsteigen ließ.

Damit änderte sich der wirtschaftliche Charakter der Stadt. Die weithin bedeutenden Hauptstadtaufgaben wurden in der Zeit der frühen Industrialisierung bis etwa 1871/73 von den neuen handwerklichen und industriewirtschaftlichen Aufgaben in den Schatten gestellt; so waren im Jahr 1849 knapp 54%, 1861 knapp 62% der Beschäftigten in Industrie und Handwerk tätig; 1875 waren es knapp 61% und im Jahr 1907 sogar über 67%. Prägend für die Industrie Berlins waren die arbeitsintensiven ‚Intelligenzindustrien', die qualifizierte Arbeitskräfte benötigten und fortgeschrittene Technologien anwandten oder selbst entwickelten, also Maschinenbau, Metallindustrie, später auch Elektroindustrie und Chemie. Daneben baute auf der Vielzahl unqualifizierter und minder qualifizierter, insbesondere weiblicher Arbeitskräfte das weltberühmte Bekleidungsgewerbe auf. So waren die liberalen Reformen und die Entwicklung Berlins zu einem Industriestandort maßgebend für die Zusammensetzung der einwandernden Bevölkerung; zugleich beförderten die Zuwanderer ihrerseits die Entwicklung der handwerklichen und industriellen Wirtschaft (vgl. Tabelle 2).

Die nach Berlin einströmende Bevölkerung setzte sich vor allem aus vier Gruppen zusammen: arbeitslose Handwerksmeister und -gesellen, Dienstboten, freigesetzte Bauern, die sich von ihrem Land nicht mehr ernähren konnten, sowie Landarbeiter oder Tagelöhner.

Barrikadenscene am Alexanderplatz, 1848

Tabelle 2: Die soziale Zusammensetzung der Zuziehenden im Jahre 1851

	weggezogen	zugezogen	vermehrt um
Selbständige 1. Gruppe: (Beamte, Gutsbesitzer, Kaufleute, Rentiers, Gastwirte, Künstler usw.)	1 124	1 775	651
Selbständige 2. Gruppe: (Meister)	102	251	149
Selbständige gesamt:	1 226	2 026	800
Unselbständige:			
Studierende	1 168	1 234	66
Gewerbegehilfen	6 003	11 098	5 095
Lehrlinge	279	643	364
Tagelöhner	1 362	2 399	1 037
Dienstboten	4 268	9 654	5 386
Frauen und Kinder	2 681	3 463	782
Unselbständige gesamt:	15 761	28 491	12 730
Wegzug/Zuzug/Bevölkerungsvermehrung gesamt:	16 987	30 517	13 530

Quelle: Baar, L.: Die Berliner Industrie in der industriellen Revolution. Berlin (DDR) 1966, S. 174

Alle suchten einen Arbeitsplatz und ein Einkommen über dem Existenzminimum; setzten dafür sich der harten großstädtischen Konkurrenz auf dem Arbeitsmarkt aus. Viele scheiterten, und insbesondere die Unqualifizierten unter ihnen waren von ständiger Arbeitslosigkeit bedroht. Bessere Chancen hatten die qualifizierten Handwerker; sie konnten in den seit den vierziger Jahren des 19. Jahrhunderts entstehenden Industriebetrieben eine Facharbeitertätigkeit ausüben. Erst in der zweiten Hälfte des 19. Jahrhunderts bot die Industrie zunehmend mehr Arbeitsplätze auch für ungelernte Arbeiter. Eine besonders große Gruppe bildeten die ledigen Mädchen aus ländlichen oder kleinstädtischen Gebieten, die von ihren Familien als Dienstboten nach Berlin geschickt wurden, um hier für den eigenen Lebensunterhalt und zum Teil auch für den der daheimgebliebenen Familie zu sorgen. Im Vergleich zu dieser Gruppe fiel das Bürgertum unter den Zuwanderern genauso wenig ins Gewicht wie die Soldaten, die nach ihrer Dienstzeit in den preußischen Garnisonen in Berlin ansässig wurden. Die ehemaligen Soldaten nahmen entweder ihre alten Berufe wieder auf oder sie wechselten in Dienstbotenberufe über und wurden Kutscher, Hausknecht oder Hausdiener.

V.

In unmittelbarem Zusammenhang mit den Zuwanderungen stand in Berlin die Konstituierung der Fabrikarbeiterschaft als einer neuen Gesellschaftsklasse. Sie setzte sich aus den Mitgliedern dreier Unterschichten zusammen: den ehemaligen, meist ländlichen Tagelöhnern, den Handwerkern (Gesellen oder in die Unselbständigkeit herabgesunkene Meister) und den Heimarbeitern, denen im Bekleidungsgewerbe überdurchschnittlich viele Frauen angehörten. (Ihr jeweiliger Anteil an der Fabrikarbeiterschaft kann nicht genau bestimmt werden. Es ist jedoch nachgewiesen, daß die von außerhalb Zuziehenden entscheidend an der Herausbildung der Arbeiterklasse beteiligt waren.)

Den Kern des Berliner Industrieproletariats bildeten die qualifizierten, aber im Zuge der ökonomischen Entwicklung ruinierten Handwerksmeister und -gesellen. Sie wurden die sozialen Träger der Revolution von 1848 und der sich allmählich herausbildenden klassenbewußten Arbeiterbewegung, die demokratische Freiheits- und Gleichheitsgedanken von Auslandsorganisationen und ausgewanderten Intellektuellen übernahm. Berlin wurde ein Mittelpunkt politischer und sozialer Kämpfe der Arbeiterklasse und ein Zentrum der Arbeiterbewegung. Um diesen aus hochqualifizierten Facharbeitern bestehenden Kern des Industrieproletariats lagerten sich die minderqualifizierten Fabrikarbeiter und die unqualifizierten Handlanger, zum großen Teil ehemalige Landarbeiter, an.

Doch nicht alle Zuwanderer gingen im Industrieproletariat auf. In den ersten Jahrzehnten des 19. Jahrhunderts wuchsen sogar noch manche Handwerkszweige; namentlich im Nahrungs- und Genußmittelgewerbe und in den Reparaturbranchen sowie im Einzelhandel blieb der Handwerkerstand noch lange erhalten (vgl. Tabelle 3).

Im Vergleich zum Handwerker war das soziale Ansehen des Fabrikarbeiters sehr gering, auch dann, wenn er mehr verdiente als ein Handwerker in seinem Werkstattbetrieb. Der Wechsel vom Handwerkerstand zur Arbeiterklasse wurde vor allem aus diesem Grund als sozialer Abstieg bitter empfunden, denn die wirtschaftliche Lage der meisten Handwerker ähnelte in vielem der Situation der Fabrikarbeiter; ihr Verdienst unterschied sich unwesentlich, und auch ihre Existenz war ständig durch Arbeitslosigkeit und Armut bedroht.

Viele Arbeitssuchende fanden weder in der Industrie noch im Handwerk eine ausreichende Beschäftigung. Sie vermehrten die Armee der Arbeitslosen, die kurzfristig als Tagelöhner im staatlichen Straßen- und Eisenbahnbau, bei städtischen Straßen- und Kanalisationsbauten oder anderen Gelegenheiten eine Tätigkeit zu Minimallöhnen fanden, die kein menschenwürdiges Leben zuließen.

In Berichten der Berliner Armenverwaltung tauchen immer wieder Weber auf, die mit ihren Familien in Armenhäusern am Rande der Stadt ihr Leben fristeten. Der Aufschwung der Industrie traf sie besonders hart. Die industrielle Massenproduktion drückte die Preise, und sie erhielten für ihre Produkte so niedrige Entgelte, daß sie selbst bei Arbeitszeiten von 12 – 16 Stunden am Tag im Elend und am Rande des absoluten Existenzminimums lebten.

Nur die Mitarbeit der Frauen und Kinder sicherte den verelendeten Handwerkern und Tagelöhnern in vielen Fällen das Überleben. Mit der Einführung der Maschinenarbeit wurde für manche Arbeitsvorgänge auf ungelernte und billige Arbeitskräfte zurückgegriffen; dies waren Frauen und Kinder. Erst im Laufe des 19. Jahrhunderts konnte die Kinderarbeit schrittweise eingeschränkt und dann verboten werden. Überwiegend Frauenarbeit blieb in den geringst entlohnten Gewerbezweigen, der Kleiderkonfektion und der Wäscheproduktion, als eine typische Erscheinung des großstädtischen Arbeitsmarktes erhalten.

Nur sehr langsam besserten sich die Lebensverhältnisse des Berliner Proletariats seit dem 19. Jahrhundert; dies war vor allem ein Erfolg der erstarkenden deutschen Arbeiterbewegung.

Ingrid Thienel-Saage

Tabelle 3: Handwerker und Fabrikarbeiter in Berlin 1801 bis 1861

		Handwerker						Fabrikarbeiter	
Jahr	Bevölkerung absolut	Selbständige absolut	in % von Sp. 1	Abhängige absolut	in % von Sp. 1	insgesamt	in % von Sp. 1	absolut	in % von Sp. 1
0	1	2	3	4	5	6	7	8	9
1801	173 000	8 500	5,0	11 000	6,4	19 600	11,3	6 000	3,5
1846	389 300	14 700	3,7	30 100	7,7	44 800	11,7	22 500	5,8
1849	412 445	– –	–	– –	–	40 000	–	19 600	4,7
1858	458 600	17 800	3,9	35 800	7,8	53 600	11,7	22 900	5
1861	547 200	– –	–	– –	–	69 186	12,6	37 400	6,8

Quelle: Bergmann, J.: Das Berliner Handwerk in den Frühphasen der Industrialisierung. Berlin 1973, S. 134.

Weiterführende Literatur

Bergmann, J.: Das Berliner Handwerk in den Frühphasen der Industrialisierung. Berlin 1973.
Büsch, O. (Hrsg.): Untersuchungen zur Geschichte der frühen Industrialisierung vornehmlich im Wirtschaftsraum Berlin/Brandenburg. Berlin 1971.
Hegemann, W.: Das steinerne Berlin. Geschichte der größten Mietskasernenstadt der Welt. Berlin 1963.
Thienel, I.: Städtewachstum im Industrialisierungsprozeß des 19. Jahrhunderts. Das Berliner Beispiel. Berlin 1973.

„Lernt doch, arme Menschen, euch selber versorgen, es versorgt euch niemand auf Erden." (Pestalozzi) Die Berliner Kommunal-Armenschule von 1827

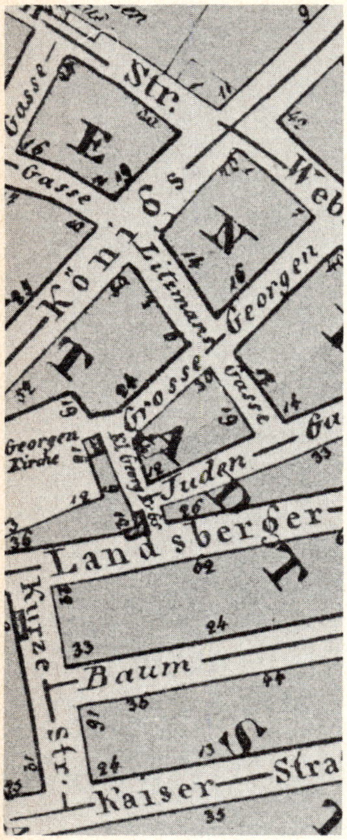

Landsberger Str. 27 (Ecke Kleine Georgen-Kirch-Gasse), Standort der ersten, nach dem Reorganisationsplan Reichhelms eröffneten Kommunal-Armenschule 1827.

I.

„Sie haben sich mit der Eröffnung dieser ersten Kommunal-Armenschule in Berlin, der 13 weitere folgen werden, als wahre Väter der Stadt erwiesen. Die große Zahl unglücklicher Kinder, die unter bedauernswürdigen häuslichen Verhältnissen und gänzlich ohne jeden Schulunterricht heranwachsen, hat Sie veranlaßt, einen wahrhaft einmaligen Schulplan der Verwirklichung entgegenzubringen. Bis auf diesen Tag gibt es keine Stadt von zweimal hunderttausend Einwohnern und dreißigtausend schulfähigen Kindern, welche ein in allen seinen Teilen geordnetes Schulwesen hätte. Berlin wird den Vorzug haben, die erste zu sein.

Für die Einrichtung des niederen und ganz vorzüglich des Armenschulwesens haben Sie großzügig eine erhebliche Summe Geldes aus Ihrem Etat bereitgestellt. Damit begegnen Sie auf wirksamste Weise dem unberechenbar verderblichen Einfluß, den eine in Verwilderung und Verwahrlosung aufgewachsene Generation, aus der sich die Klasse der städtischen Tagelöhner und das Gesinde ersetzt, auf die Sitten im allgemeinen und namentlich auf das häusliche und das Familienleben des Mittelstandes ausübt.

Aber alles Geld, was Sie zu diesem Zweck verwenden, trägt nicht nur in der vermehrten Sittlichkeit der unteren Stände die reichlichsten Zinsen, sondern wird auch für die Zukunft eine Quelle wirklicher Ersparnis, indem durch die verminderten Ausgaben an Almosen und für Armenhäuser, Spitäler und Gefängnisse reichlich wieder eingebracht werden wird, was den Schulen gewidmet worden ist. Gar nicht zu gedenken des großen, auch finanziellen Vorteiles, den jede Privat-Familie davon ernten wird, wenn die unterste arbeitende Klasse zum Fleiß, zur Mäßigkeit, zur Treue und Ehrlichkeit erzogen worden ist."[1]

So oder ähnlich könnte die Ansprache gelautet haben, die der Berliner Stadtschulrat vor den versammelten Honoratioren Berlins am 8. Oktober 1927 zur Eröffnung der ersten von vierzehn geplanten öffentlichen Elementarschulen für die soziale Unterschicht hielt. Mit dieser Schule, der „11. Communal-Armenschule", so bezeichnet nach dem 11. Berliner „Armenbezirk" im Nordosten der Stadt, begann in Berlin die planmäßige öffentliche Beschulung der sozialen Unterschicht. Damit hatte das seit den bürgerlichen Reformen nach 1806 (Bauernbefreiung, Gewerbereform, Städte- und Militärreform) aufgeworfene Problem, die den veränderten wirtschaftlichen und sozialen Gegebenheiten angemessene Bildung jedes einzelnen, eine Lösung gefunden, die sich auch langfristig als tragfähig erweisen sollte. Sie entsprach zwar nicht mehr den konsequenteren Plänen Humboldts für eine Einheitsschule, die allen eine allgemeine und abstrakte Bildung vermitteln sollte, dafür aber den gesellschaftlichen Verhältnissen der Restaurationszeit.

Das auch 1827 noch ganz und gar der herkömmlichen ständestaatlichen Gesellschaft entsprechende Berliner Unterrichtswesen wurde mit der öffentlichen Elementarschule für „Arme" der dramatischen Veränderung der städtischen Sozialstruktur angepaßt, die sich seit den einschneidenden bürgerlichen Reformen vollzogen hatten. Eine neue Unterschicht war entstanden, ohne Einschränkung der persönlichen Freiheit, aber auch ohne Sicherung der materiellen Existenz. Fanden diese Menschen kein Auskommen als selbständige Handwerker oder Händler, als Tagelöhner, Hausbedienstete oder Arbeiter, so waren sie mit ihren Familien auf öffentliche Unterstützung angewiesen. Ihren Kindern mußte das Schulgeld aus der städtischen Armenkasse bezahlt werden, wenn sie nicht ohne jede Schulerziehung aufwachsen sollten, was jedoch allzu häufig geschah.

Für die historisch neue soziale Schicht unterhalb der wirtschaftlich selbständigen Stadtbürger war bis 1827 im berufsständisch gegliederten Berliner Unterrichtswesen kein Platz vorgesehen. Er konnte nicht vorhanden sein, weil nach dem traditionellen ständischen Selbstverständnis der städtischen Gesellschaft Armut kein Stand war, auf den man mit einer speziellen Schule hätte vorbereitet werden müssen. Dem entsprach die kompensatorische Praxis, Kindern verarmter Bürger auf Kosten der Gemeinde einen ihrem Stand entsprechenden Schulbesuch zu ermöglichen. Ein öffentlich finanziertes Unterrichtswesen für eine ganze Schicht war mit dieser Absicht weder zu legitimieren noch auch notwendig.

II.

Den Initiatoren der bürgerlichen Reformen war die Notwendigkeit einer Bildungsreform bewußt. Sie verfolgten damit ein doppeltes Ziel.

Da die Freisetzung des einzelnen aus allen überkommenen Abhängigkeiten Sinn und Zweck ihrer Reformen war, mußten diese notwendigerweise auch eine Strategie enthalten, um den von seiner Abhängigkeit Befreiten zu befähigen, seiner neuen Lage gemäß, d.h. eigenverantwortlich zu handeln. Von dieser Umwandlung der Leibeigenen und Abhängigen in zur Selbstbestimmung fähige Menschen erhofften sich die Reformer zugleich eine Absicherung ihres Reformwerkes gegen staatliche Eingriffe und ständische Obstruktion. Nur so konnte die zunächst ohne Unterstützung durch die Massen und gegen den

Widerstand des Adels begonnene Reform von oben durchgesetzt werden.

Das reformierte Unterrichtssystem sollte einheitlich sein und in einem kontinuierlichen Erziehungsprozeß umfassende Allgemeinbildung vermitteln. Die Einheitlichkeit sei möglich und erforderlich, so Humboldt, weil es „auf die ganze Masse der Nation" berechnet sei und „diejenige Entwicklung der menschlichen Kräfte zu befördern (sucht), welche allen Ständen gleich notwendig ist und an welche die zu jedem einzelnen Beruf nötigen Fertigkeiten und Kenntnisse leicht angeknüpft werden können."[2] Es brauche kein nach Berufsständen differenziertes Unterrichtssystem mehr zu geben, sondern „bloß ... drei Stadien des Unterrichts. . ., drei Gattungen auf einander folgender Anstalten"[3]. „Jeder, auch der Ärmste," sollte „eine vollständige Menschenbildung, jeder überhaupt eine vollständige, nur . . . verschieden begrenzte Bildung" erhalten[4]. Deshalb nahm die Reform der Elementarschule und ihres Unterrichts in Humboldts Plänen eine Schlüsselstellung ein.

Spätestens mit dem Einsetzen der politischen Restauration nach 1815 setzten sich im Kultusministerium wieder die Konservativen durch. Leitbild ihrer Bildungspolitik war nicht mehr der selbstbewußt-aktive Staatsbürger, sondern der gehorsame und selbstgenügsame Untertan. Für die Reform des Berliner Schulwesens war jetzt im Kultusministerium z.B. Ludolph Beckedorff zuständig, ein Mann, der den von Humboldt inspirierten Unterrichtsgesetzentwurf von 1819 vernichtend kritisiert hatte. Die nun gültige konservative Bildungspolitik ging davon aus, „daß die Menschen von Natur ungleich sind" und bleiben sollten, weshalb es „nicht auf eine allgemeine und gleichartige Volksbildung (an)kommt", „auf ein Tüchtigmachen aller und jeder zu allem Möglichen, auf ein Abrichten für alle Fälle", sondern auf Standeserziehung. Die Gesellschaft bedürfe nicht neuer allgemeiner Schulen, „sondern nach bisheriger alter Weise, guter Bauern-, Bürger- und Gelehrtenschulen", damit jeder seiner „künftigen Bestimmung" entsprechend vorbereitet werden könne[5]. Praktische, im unmittelbaren Lebenskreis anwendbare Kenntnisse und zweckgerichtetes Wissen sollten wieder vermittelt werden – Freiheit und Selbstbewußtsein bewirkende Allgemeinbildung war politisch nicht mehr erwünscht.

III.

Diesem bildungspolitischen Vorgehen entsprechend hatte Reichhelm, der 1826 auf Drängen des Kultusministeriums zum ersten Berliner Stadtschulrat ernannt worden war, ein pädagogisches und organisatorisches Konzept für eine öffentliche Schulerziehung der „untersten Volks-Klasse" Berlins zu entwickeln, das praktikabel war und von der Stadtgemeinde finanziell getragen werden konnte – und wollte[6].

Ohne Zweifel hatte nicht zuletzt die Angst vor den hohen Kosten eines Unterrichts für *alle* zahlungsunfähigen Schulkinder die Selbstverwaltungsorgane der Stadt von einer durchgreifenden Reform abgehalten. Die Stadt litt unter einer schweren Wirtschaftskrise von ungewöhnlicher Dauer. Die existenzbedrohende Lage der städtischen Handwerker und Gewerbetreibenden als Folge der Gewerbefreiheit, die neue Konkurrenz billiger und besserer ausländischer Industrieprodukte und der nicht abreißende Strom mittelloser Zuwanderer, die zwar hofften, in Berlin Arbeit zu finden, aber allzuoft schließlich als Fürsorgefälle nur den öffentlichen Haushalt belasteten, bestimmten die wirtschaftliche und soziale Lage der Stadt. Weshalb sollten die Berliner Besitzbürger ein besonderes Interesse an der Erziehung der zumeist vor den Toren der Stadt Hausenden und häufig erst seit kurzem Ansässigen haben? Es ist zumindest verständlich, daß den in den Berliner Selbstverwaltungsorganen vertretenen Besitzbürgern – nach der Städteordnung von 1808 waren nur Hausbesitzer oder Bürger mit einem Jahreseinkommen über 200 Taler wählbar, ganze 8 Prozent der erwachsenen Bevölkerung – das Hemd näher war als der Rock.

Zwar gelang es der Stadtverwaltung, die Zahl der auf Kosten der Gemeinde in Armen- oder Privatschulen unterrichteten „Armenkinder" nach 1821 innerhalb von fünf Jahren von 1200 auf 3861 anzuheben, aber dennoch gab es weiterhin über 5000 Schulpflichtige, die keine Schule besuchten. Das war 1827 immerhin ein Fünftel aller Berliner Schulpflichtigen! Aber die Probleme spitzten sich weiter zu. Bald lebten 20 bis 25 Prozent der Bevölkerung unterhalb des steuerpflichtigen Einkommens. Allmählich wurde auch dem biedermeierlichen Berliner Besitzbürger deutlich, daß die Lebensumstände in den Armenvierteln gefährliche Konsequenzen für die *gesamte* Gemeinde haben konnten. So heißt es in einem zeitgenössischen Bericht: „Die ärmeren Teile der Stadt, einige Teile in den Vorstädten, die Kirchhöfe und andere freie Plätze wimmeln zu allen Stunden des Tages in der günstigeren Jahreszeit von Kindern verschiedenen Alters, und nicht selten schon durch das schlechte Beispiel der Eltern verdorben, teilen sie hier den Spielkameraden ihre bösen Neigungen mit, und so entstehen bei der zartesten Jugend Laster, so begehen halb unmündige Kinder Vergehungen, die, tritt nicht strengere Zucht ein, in verbrecherische Bosheit ausarten."[7]

Offenbar leuchtete angesichts dieser Problemlage den Berliner Bürgern in den Verwaltungsbehörden der Sinn von Pestalozzis Diktum „Lernt doch, arme Menschen, euch selber versorgen, es versorgt euch niemand auf Erden"[8], wenigstens in einem auf spießbürgerlichen Eigennutz reduzierten Sinn ein. Dies war auch Tenor eines Erlasses, in dem Kultusminister Altenstein bereits im Juli 1823 die Berliner Schulpolitik kritisierte und die Bürger von der Nützlichkeit

Berliner Schulverhältnisse 1794:

Im Jahre 1794 bittet „ein A. F. Schüler um eine Concession zur Errichtung einer Privat-Schule im Königsviertel. Bei der von ihm vor dem Ober-Consistorialrath Zöllner abzulegenden mündlichen Prüfung giebt er so sonderbare Antworten, daß Zöllner ihn einige der, an ihn gerichteten Fragen schriftlich beantworten läßt, was er in folgender Weise wörtlich thut:
1. Frage: Welches sind die vornehmsten Flüsse Deutschlands und welche stehen mit einander von Natur oder durch Kunst in Verbindung?
Antwort: Die Elbe, Ronne, Schwienemünde.
2. Frage: Was ist unter der Cosmographie zu verstehen?
Antwort: Die Weltbeschreibung, hierzu bedient man sich zweier Kugel, die eine die Himmels und die andere die Erd-Kugel, der Himmel wird in zwei Theile eingetheilet, erstlich in das Firmament wo sich die Sonne Mond und Sterne befinden, zweiten in dem Empyräischen oder höchsten Himmel, wo jener unermeßliche Raum, wozu unsere einbildungs-Kraft zu schwach dieses zu ergründen, nachdem giebt es auch die Admosphäre oder Dunst Kreiß, welches uns gleichsam zu einer Decke diene. (. . .)
Man sollte glauben, daß bei so evident bewiesener Unfähigkeit selbst in damaliger Zeit Abstand von Ertheilung einer Concession wäre genommen worden. Das war indeß nicht der Fall. Vielmehr erhielt der o.e. Schüler Erlaubnis, eine Schule anlegen zu dürfen, nur mit der Einschränkung, daß er selbst außer dem Rechen-Unterrichte keinen Unterricht in seiner Anstalt ertheilen dürfe. Der darauf von ihm eingereichte Lectionsplan weist nach, daß Geographie, Naturgeschichte, Weltbeschreibung, Historie von dem Prof. Thiernagel, Französisch von Mr. Dubeau, Schreiben, Deutsch, Rechnen von Schüler gelehrt werden sollen; von Religion ist auf dem Lectionsplane merkwürdigerweise gar keine Rede."

Aus: Rittershausen, D.: Beiträge zur Geschichte des Berliner Elementarschulwesens. Von der Reformation bis 1836, in: Märkische Forschungen. Bd. IX. 1865. S. 279 ff.

Der Berliner Magistrat über Ursachen und Folgen zunehmender Verarmung der Bevölkerung (1829):

„Unkundig der Lasten und Sorgen, welche auf einem Familienvater ruhen, der zahlreichen Ansprüche, die mit dem Anwachsen der Familie an ihn gemacht werden, meist selbst unkundig des Gewerbes, durch welches sie ihr Brod zu erwerben beabsichtigen, da keine gesetzlichen Bestimmungen mehr von ihnen verlangen, daß sie sich dazu fähig machen, und nur durch den Wunsch geleitet, ihr eigener Herr zu sein, sich zu verheirathen etc., schaffen sich viele leichtsinnig dieses geträumte Glück das ihnen dann nur zu bald wieder verrinnt, für sie und für die unterdessen erzeugten Kinder aber eine Quelle des Elends wird, und die Sorge für die Erhaltung und Erziehung der letzteren auf die Commune abwälzt."

„Unter den armen Familien befinden sich aber auch viele, die schon lange hier lebten, sonst in Wohlstand waren, aber durch Conjuncturen, und besonders durch das Zuströmen so vieler neuer Familien so heruntergekommen sind, daß sie, nicht nur keine Abgaben entrichten können, sondern wohl gar von der Commune unterstützt werden müssen, auch oft nicht einmal eigene Wohnungen haben, sondern in Schlafstelle liegen." (. . .) „Für das Communal-Interesse und für finanzielle Verhältnisse der Stadt ist . . . die zunehmende Bevölkerung der Stadt keineswegs vorteilhaft, denn sie hat das Resultat herbeigeführt, daß für 9.664 Familien mehr an Communal-Bedürfnissen aller Art, besonders an Schulen, Armen-, Kranken-, Waisenhaus-, Hospital- und selbst Arbeitshaus-Anstalten zu sorgen ist, daß dagegen von 9.243 dieser Familien gar keine Steuer gezahlt wird, daß diese also nichts zu den, durch sie nothwendig gewordenen, Ausgaben beitragen."

Aus: Statistische Übersicht von der gestiegenen Bevölkerung der Haupt- und Residenz-Stadt Berlin in den Jahren 1815 bis 1828 . . . Berlin 1829. Hier zit. nach Geist, J. F., Kürvers, K.: Das Berliner Mietshaus 1740–1862. München 1980. S. 138 u. 141.

eines öffentlichen Armenschulwesens zu überzeugen gesucht hatte[9]. Endlich wurden die bereits vor 1826 unternommenen Versuche, das Berliner Unterrichtswesen den verallgemeinerten Bildungsanforderungen anzupassen, als unzureichend erkannt: Befangen in dem Bestreben, die Kosten niedrig zu halten, vielleicht auch aus Rücksicht gegenüber den Privatschullehrern, hatte man versucht, die Beschulung der Armenkinder im Rahmen des bestehenden Unterrichtswesens zu bewerkstelligen. Die Kinder der zahlungsunfähigen Bürger wurden einfach auf Kosten der Gemeinde in die billigsten Privatschulen eingeschult. Bei der unzulänglichen Qualität der Berliner Privatschulen konnte dieses Verfahren keine wirkliche Lösung des Problems bringen; es lief darauf hinaus, diese mangelhaften Schulen direkt aus dem öffentlichen Haushalt zu finanzieren, ohne einen Einfluß auf ihre pädagogische Qualität ausüben zu können, denn die Privatschullehrer waren juristisch unabhängige Privat*unternehmer*. Eine Anhebung der Qualität der verbleibenden Privatschulen wäre bei diesem Verfahren ebenso wenig zu erreichen gewesen. Das war aber dringend nötig, weil Berlin noch über einen längeren Zeitraum nicht auf Privatschulen verzichten konnte. Eine dritte Schwierigkeit, die auf diesem Wege nicht zu lösen war, lag in der mangelhaften Kontrolle des Schulbesuchs in den Privatschulen.

IV.

Reichhelm konnte also davon ausgehen, daß die Berliner Behörden nach diesen Erfahrungen jetzt bereit waren, die Kosten für *öffentliche* Armenschulen zu übernehmen. Nur mit öffentlichen Schulen war sein schulpolitisch-pädagogisches Konzept zu realisieren, mit der Armenschule einen vollständigen Ersatz für die unzulängliche Erziehung in den Familien der städtischen Unterschicht anzubieten, der für die gänzlich Mittellosen *kostenlos* war.

Im Kern ist Reichhelms Reformplan für das Armenschulwesen denkbar einfach. Im ersten Schritt *reformierte* er die bereits bestehenden städtischen Armenschulen. Er wies ihnen ein eindeutiges und realisierbares Erziehungsziel zu, sicherte die Beaufsichtigung der Lehrer, überprüfte deren Qualifikation und unterstellte sie seiner Disziplinargewalt. Öffentlicher Aufsicht unterstellt wurden ferner Unterricht, Lehrpensum, Einschulung und Schulbesuch. Es wurden Normalfrequenzen für Klassen und Schulen festgelegt – ein wesentliches Mittel zur Sicherung der Unterrichtsqualität.

Im zweiten Schritt *verdrängten* die in den schulisch am meisten vernachlässigten Armenvierteln neu eröffneten Kommunal-Armenschulen die unzulänglichsten Privat-Elementarschulen am untersten Ende der Qualitätsskala der Berliner Schulen. Indem die Kommunal-Armenschulen den Privatschul-Unternehmen in ihrem Umkreis die Schüler abzogen, verloren letztere ihre Existenzgrundlage. Qualitativ waren die Kommunal-Armenschulen den meisten Privatschulen überlegen. Trotzdem waren sie billiger; 5 bis 10 Silbergroschen monatlich mußte bezahlen, wer von der Armenkommission nicht gänzlich vom Schulgeld befreit worden war. Eine Privatschule konnte das Dreifache kosten.

Mit dieser doppelgleisigen Strategie drängte Reichhelm in der Folgezeit allmählich die schlechteren Privat-, Parochial- und Winkelschulen aus dem Berliner Unterrichtswesen heraus und konfrontierte die verbliebenen Privatschulen mit Qualitätsnormen. In letzter Konsequenz bestimmte der Stadtschulrat, also die öffentliche Verwaltung, auf diese Weise die Minimalqualität des Berliner Elementarschulwesens und damit das Niveau der schulischen Allgemeinbildung, ohne der Gemeinde die Kosten eines vollständig vergesellschafteten Unterrichtssystems aufbürden zu müssen. Eine wahrhaft etatschonende Schulreform!

Die ersten Kommunal-Armenschulen hatten je eine Ober- und Unterklasse für Jungen und Mädchen, also insgesamt vier Klassen. In der Unterklasse saßen die Anfänger. Wer „elementarisch richtig lesen" konnte, wurde in die Oberklasse versetzt, wo er bis zu seinem 13. Lebensjahr blieb. Jede Klasse bot 75 Kindern Platz und hatte ihren eigenen Lehrer. Für den Handarbeitsunterricht der Mädchen gab es eine nicht geprüfte Lehrerin, meist die Frau des Armenschullehrers[10].

Das Unterrichtsziel, das nach sechs Jahren Schulzeit mit wöchentlich 26 (Unterklasse) bzw. 32 (Oberklasse) Unterrichtsstunden erreicht werden sollte, waren „Knaben und Mädchen. . ., frommen Sinnes, vertraut mit Gottes Wort, zufriedenen Gemütes, gewöhnt an Gehorsam und Fleiß, wohlunterrichtet in den unentbehrlichsten Kenntnissen und Fertigkeiten des gemeinen Lebens."[11]

Um dieses Ziel trotz der „gewöhnlich verderblichen Einwirkungen häuslicher Umgebung"[12] innerhalb von sechs Schuljahren erreichen zu können, verlangte Reichhelm, daß die neuen Armenschulen vier pädagogische Maximen erfüllten:

– Sie sollten *„vollständige Elementarschulen"* sein, „weniges (unterrichten, K.W.), dies Wenige aber recht und gründlich", damit jeder Schüler grundlegende Lese-, Schreib- und Rechenfertigkeiten sowie einige Natur- und Geographiekenntnisse erlange[13];
– sie sollten einen *„religiösen Grundcharakter"* haben, der sich im Unterrichtsinhalt und in der „strengen Zucht" der Unterrichtsdisziplin gleichermaßen auszudrücken hatte[14];
– sie sollten einen *„langandauernden, in seinen Fortschritten geregelten Unterricht"* vermitteln, weil nur so mit einiger Wahrscheinlichkeit die erwünschten Persönlichkeitsmerkmale durch Gewohnheit zu dauerhaften werden könnten[15];
– sie sollen *„eine würdige Persönlichkeit des Lehrers"* als „eingreifendstes" Erziehungs-

mittel einsetzen können[16].

Die „Armenschulen" wurden ausdrücklich als „Erziehungs-Anstalten" eingerichtet[17]; nicht nur für die Vermittlung von Kenntnissen und Fertigkeiten wurde der Unterricht organisiert, sondern hauptsächlich für die gewohnheitsmäßige Fixierung von Wahrnehmungs-, Denk-, Bewertungs- und Handlungsweisen für das Leben am Fuße der sozialen Hierarchie. Eine passend zurechtgestutzte christliche Moral sollte „die unterste Volks-Klasse, aus welcher das Gesinde und der Tagelöhnerstand in der Regel hervorgeht"[18], mit ihrem Stand versöhnen.

Unterschichten zuerst an der Stelle der sozialen Hierarchie ein, wo die private Erziehung nicht mehr ausreichte, und er griff so ein, wie es ihm und den gesellschaftlichen Anforderungen entsprach: Politisch restaurativ – den ständisch-feudalen Obrigkeitsstaat ohne jedes Mitspracherecht für die Mehrheit der Bevölkerung wiederherstellend –, und ökonomisch-progressiv – mit liberaler Wirtschaftspolitik den industrie-kapitalistischen Fortschritt ermöglichend – erzog er in den „Armenschulen" Menschen, die als Untertanen gehorsam und zufrieden, als Arbeiter arbeitsfähig und arbeitswillig sein sollten.

Lehrplan der „Communal-Armenschule" 1827:

„1. Religionslehre (Bibelkunde und Katechismuslehre) streng nach den positiven Wahrheiten des Christenthums ertheilt.
2. Deutsche Sprache:
   a. in Hinsicht auf Bildung des Sprach- und Denk-Vermögens;
   b. in Bezug auf deutliches und verständiges Lesen und Rechtschreiben;
   c. in Rücksicht auf die allgemeinsten Regeln der Sprache und auf eine angemessene Fertigkeit im mündlichen und schriftlichen Ausdrucke.
3. Die Zahlenlehre, und hierauf gegründet das praktische Rechnen (die Lehre von den Brüchen und die Lehre von dem Dreisatz mit eingeschlossen.)
4. Das Schönschreiben.
5. Die Gesanglehre, vornehmlich zur mehrstimmigen Einübung der Kirchenmelodien.

Zu diesen unerläßlichen Lehrgegenständen sollen hinzutreten.
A. Für die obern Knabenklassen.
   a. die allgemeinsten Anfangsgründe der Naturkunde, der Geographie und der Geschichte in besonderer Beziehung auf den preußischen Staat.
   b. die Anfangsgründe der Form- und Maaßverhältnißlehre, in Verbindung mit Uebungen im Zeichnen zur Bildung des Sinnes für die Raumverhältnisse.
B. Für die Mädchenschulen.
   Unterweisungen in den einfachsten Handarbeiten. (Stricken, Stopfen, Nähen, Wäsche zeichnen)."

Aus: Genehmigter Plan für die Einrichtung des städtischen Armenschulwesens in Berlin, S. 183 f., siehe Anm. 1.

Das Bildungsziel der „Communal-Armenschule" 1827:

„*Bete* (voll Demuth und Vertrauen) und *arbeite* (mit Heiterkeit und Anstrengung) – so lautet der Machtspruch, den unsere Armenkinder nicht im Munde führen, sondern dereinst als die güldene Regel ihres Lebens zu ihrem eigenen Heil und zur Wohlfahrt der Gesellschaft bethätigen mögen."

Aus: Genehmigter Plan für die Einrichtung des städtischen Armenschulwesens in Berlin, S. 182, siehe Anm. 1.

An der pädagogischen Konzeption der Kommunal-Armenschule fällt sofort ihre Separierung vom übrigen Elementarschulwesen der Stadt auf. Sie stand neben den Elementar- und mittleren Bürgerschulen für die zahlende Bevölkerung, weil sie speziell auf die Erziehungs- und Unterrichtserfordernisse der Berliner Unterschicht zugeschnitten war. Deshalb war es auch nicht vorgesehen, die „Kinder gebildeter aber verarmter Eltern" gemeinsam mit den Armenkindern zu unterrichten. Kindern, „deren Eltern oder Angehörige einst den mittleren Klassen der bürgerlichen Gesellschaft beigesellt, durch Unglücksfälle heruntergekommen waren", würde die Armenschule ihren „natürliche(n) Anspruch auf eine erweiterte Bildung" entziehen, der „sie allein befähigen kann, in der durch die Geburt ihnen zugewiesenen Klasse der Gesellschaft dereinst einen selbständigen Platz zu erringen"[19]. Sie wurden deshalb auf Kosten der Stadt in die teureren „besseren Privatschulen" eingeschult.

Die Kommunal-Armenschulen waren Elementarschulen für die städtische Unterschicht, nicht allgemeine Elementarschulen. Ihr Ziel war elementare Standesbildung, nicht „elementare allgemeine Menschenbildung", wie sie Humboldt rund 20 Jahre zuvor auch für die „Ärmsten" vorgesehen hatte.

Der preußische Staat der Restaurationszeit griff mit öffentlicher Ersatz-Erziehung der

Auf den ersten Blick erinnert an der Berliner „Communal-Armenschule" von 1827 vieles an die alte, feudal-absolutistische Zeit. Sie war eine soziale Klassenschule mit klassenspezifischem Bildungsauftrag. Aber selbst in dieser Form ist sie nur als Konsequenz der Bildungsanforderungen einer bereits bürgerlichen Gesellschaft erklärbar; genauer betrachtet ist hinter den ständestaatlich-restaurativen Zügen der Kommunal-Armenschule die bereits bürgerliche Schule erkennbar: Mit der Gründung der Kommunal-Armenschulen in Berlin

- wird Schule *öffentlich*: abgesehen von den traditionell öffentlichen Gymnasien für eine Minderheit der Bevölkerung ist die Kommunal-Armenschule ein erster Schritt in Richtung auf die Vergesellschaftung des Unterrichtswesen;
- wird Schule *allgemein*: in Berlin besteht jetzt ein prinzipiell der gesamten Bevölkerung, also allen sozialen Klassen und Schichten zugängliches Schulwesen;
- wird Schule *allgemeinbildend*: Die Kommunal-Armenschule hat einen modernen Lehrplan und eine Unterrichtsmethode, die es ermöglichen, jedem Schüler die elementaren Kulturtechniken zu vermitteln. Der Analphabetismus geht in der Folgezeit deutlich zurück. Damit hat auch die soziale Unterschicht grundsätzlich die Möglichkeit zu vernunftbestimmtem Handeln, Meinungsaustausch und

Wissenserwerb gewonnen.

Trotz der Absage an das egalitäre Erziehungsziel und die einheitliche Schulorganisation Humboldts vollzieht die Reichhelmsche Armenschule einen deutlichen Schritt vorwärts in Richtung auf die Anhebung des Bildungsniveaus der Unterschichten. Die auf ersatzweise Erziehung und Unterrichtung der Kinder des Berliner Vor- und Frühproletariats zielende Berliner „Communal-Armenschule" steht am Anfang bürgerlicher Vergesellschaftung in Berlin.

Klaus Wiese

Anmerkungen

1) Diese „fiktive" Rede folgt ziemlich eng einer Passage aus einem Reskript des preußischen Kultusministers von Altenstein an die Stadtverordneten v. Berlin v. 3. Juli 1823, in: Jahrbücher des Preußischen Volksschul-Wesens, hrsg.. von Ludolph Beckedorff, Bd.4, Berlin 1826, S. 199–204, hier: S. 200.
Der Satz über die Einmaligkeit der Berliner Schulreform ist dem Vorwort Beckedorffs zu dem Reichhelmschen Plan für die Einrichtung des städtischen Armen-Schulwesens in Berlin entnommen, in: Jahrbücher, a.a.O., S. 170.
2) Humboldt, W.: Gesammelte Schriften. Hrsg. Königlich Preußische Akademie der Wissenschaften. Bd.1–17. Berlin 1903–1936. Hier: Bd.10, S. 205.
3) Humboldt, a.a.O., Bd.13, S. 262.
4) Humboldt, a.a.O., S. 266.
5) Alle Zitate aus Beckedorffs Beurteilung des Süvernschen Unterrichtsgesetzentwurfs von 1819. Hier zit. nach Lundgreen, P.: Sozialgeschichte der deutschen Schule im Überblick. Teil I: 1770 –1918. Göttingen 1980. S. 59ff.
6) Zu Vorgeschichte und Verlauf der Reorganisation des Berliner Armenschulwesens vgl. Müller, D.K.: Sozialstruktur und Schulsystem. Göttingen 1977. Insbes. S. 185–196. Bericht über die Verwaltung der Stadt Berlin in den Jahren 1829 bis incl. 1840. Hrsg. von den Städtischen Behörden. Berlin 1842, S. 265ff., bes. S. 266–273, S. 296–304, S. 311–321.
7) Berlin wie es ist. Ein Gemäde des Lebens dieser Residenzstadt. . . Berlin 1831. S. 103.
8) Pestalozzi, J.-H.: Sämtliche Werke. Bd.13. Berlin und Leipzig 1932, S. 131. Hier zit. nach: Günther, K.-H. u.a.: Geschichte der Erziehung. Berlin/DDR 1966. 7. Aufl., S. 189.
9) Siehe Anm. 1.
10) Vgl. Genehmigter Plan für die Einrichtung des städtischen Armen-Schulwesens in Berlin, a.a.O., S. 182ff.
11) Vgl. Genehmigter Plan, a.a.O., S. 180 und S. 182.
12) Genehmigter Plan, a.a.O., S. 182.
13) Genehmigter Plan, a.a.O., S. 180. Vgl. a. S. 183f.
14) Genehmigter Plan, a.a.O., S. 180.
15) Genehmigter Plan, a.a.O., S. 182. Vgl. a. S. 187.
16) Genehmigter Plan, a.a.O., S. 187.
17) Genehmigter Plan, a.a.O., S. 181.
18) Verfügung des Kultusministeriums an den Magistrat von Berlin vom 12. Aug. 1824, in: Jahrbücher, a.a.O., S. 215.
19) Genehmigter Plan, a.a.O., S. 174f.

Weiterführende Literatur

Müller, D.K.: Sozialstruktur und Schulsystem. Göttingen 1977.

Ein Tag im Leben eines Berliner Arbeiterkindes zu Beginn der Industrialisierung
Eine historisch-biografische Rekonstruktion

Am Morgen

Der Tag beginnt früh in dem von Handwerkern und Arbeitern bewohnten Armenviertel vor den Toren der Stadt im Norden Berlins. Das Voigtland, wie das Gebiet vor dem Oranienburger Tor und Hamburger Tor genannt wird, hat viele der nach Berlin strömenden Landarbeiter und Handwerker aufnehmen müssen. Nur wenige der Handwerker können allerdings der Konkurrenz von Manufaktur und Fabrik noch widerstehen. Ein großer Teil ist gezwungen, in die Armenwohnungen der sogenannten Familienhäuser zu ziehen. Materiell besser geht es den Arbeitern, die in den neuentstandenen Maschinenbauanstalten vor dem Oranienburger Tor arbeiten. Lebensverhältnisse aller Arbeiter und Handwerker hier im Voigtland haben allerdings gemeinsame Kennzeichen: Not, Abhängigkeit und Unsicherheit. Sie bestimmen den ganzen Tag, das ganze Leben der Menschen.

Es ist gerade fünf Uhr, als Carl Eduard Schön sich von dem Bett erhebt und aus der Schlafkammer in die Stube tritt. Er fröstelt an diesem kühlen Herbstmorgen des Jahres 1843; schnell geht er durch die dämmrige Stube auf den Stuhl beim Kochherd zu, auf dem seine Arbeitshose und sein Leinenkittel liegen. Seine Frau Luise ist bereits mit den beiden älteren Kindern vor einer Stunde aufgestanden. Sie hat das Feuer in dem eisernen Kochherd angemacht und sich dann angezogen. Der dreizehnjährige Carl hat ihr das noch ein wenig klamme Kienholz gereicht und ist dann zur Pumpe auf den Hof gegangen, um Wasser zu holen. Carls Schwester, die zwölfjährige Klara hat die Wohnung bereits verlassen. Ihre Arbeit in der Zigarrenfabrik beginnt um fünf Uhr. Der Kanten Schwarzbrot in ihrer Hand muß bis abends ausreichen.

Das Frühstück der übrigen Familie, zu der sich jetzt auch der vierjährige Heinrich gesellt hat, ist auch nicht wesentlich reichhaltiger. Brot, Kaffee aus Zichorie und einigen Bohnen, etwas Hafergrütze – besonders für den Vater. Die schwere Arbeit in der Gießerei der Borsig'schen Maschinenbauanstalt, das wissen und respektieren alle, macht auch eine Mittagsmahlzeit erforderlich. Ein wenig Brot und fetten Speck steckt er für das zweite Frühstück gegen 9.00 Uhr im Werk ein. Viel Zeit nimmt das Frühstück nicht in Anspruch. Auch ohne Uhr sagen die Geräusche auf der Straße und in den Nebenwohnungen, daß es Zeit ist zu gehen. Punkt sechs Uhr wird die Glocke am Werk läuten und der Fabrikherr an der Eingangstür, wie fast jeden Tag, den respektvoll grüßenden Arbeiter zunicken. In das immer stärkere Rattern von Webstühlen aus den benachbarten Wohnungen und Stuben mischt sich das Schlürfen von Holzschuhen und der helle Ton genagelter Stiefel. Aus der Chausseestraße ist vereinzelt das Zischen der Dampfkessel zu hören und bereits der eine oder andere Schlag von Dampfhämmern. Ein langer Arbeitstag für die Handwerker und Industriearbeiter des Mietshauses in der Gartenstraße hat begonnen.

Auf Arbeitssuche

Auch für den älteren Jungen wird es Zeit zu gehen. In der Färberei und Druckerei W. Spindler sollen Streichjungen gesucht werden. Gegen acht Uhr wird der Vorsteher der Druckerei aus seinem Komtoir kommen und aus den herumstehenden Arbeitssuchenden die in seinen Augen geeignetsten aussuchen. Um diese Zeit weiß er genau, ob alle bereits angestellten Streichjungen gekommen und die Maschinen angelaufen sind.

Bis zu Spindler in der Wallstraße ist es ein weiter Weg. Und vorher muß Carl noch seinen kleinen Bruder in der Kleinkinderschule des Privatvereins in einem der Nachbarhäuser abgeben. Er wird dort mit 140 anderen zwei- bis sechsjährigen Kindern für sechs oder acht Stunden beaufsichtigt und unterrichtet. So entlastet kann die Mutter den Haushalt besorgen und zu Hause feine weiße Handschuhe für die Bürger und Adeligen der Stadt nähen. Von Zeit zu Zeit kann die gelernte Weberin dann auch in einer benachbarten Weberwerkstätte aushelfen. Aber das kommt nicht oft vor; und noch seltener kann sie einen Auftrag für den eigenen Webstuhl erhalten.

Die Gartenstraße hinunter auf das Hamburger Tor zu läßt Carl den jüngst gebauten Stettiner Bahnhof hinter sich. Hier hat er bis vor zwei Monaten gearbeitet; Akkordarbeit, intensiv und schwer, zwölf- bis vierzehn Stunden am Tag – in einem „Schacht“, einer Arbeitsgruppe von mehr als hundert Arbeitern. Verdient hat er dabei nur 5 Silbergroschen, weniger als die Hälfte des normalen Lohnes der Erwachsenen. Nach der Fertigstellung der Bahnanlagen und kurz vor der Einweihung des Bahnhofs hat ihn der Schachtmeister zusammen mit siebzig anderen entlassen. Der Rest ist mit tausenden anderen zum Bau weiterer Eisenbahnen gezogen. Schaufel und Picke, die er für die Arbeit mitbringen mußte, hat Carl gegen ein Paar kräftige Arbeitsstiefel eingetauscht für die kalte Zeit. Und damit steht er besser da, als die meisten jungen Arbeiter. Für einige Minuten wird seine Aufmerksamkeit ganz von dem Zischen und Rattern einer Lokomotive, die aus einem der an die Straße grenzenden Schuppen fährt, angezogen. Auch andere Passanten bleiben stehen. Zu phantastisch sind diese kupfernen, Rauch und Dampf speienden Kraftmaschinen. Es ist beinahe nicht zu glauben, aber er hat es auch bei einem seiner Besuche in der Abendschule gehört: für den Weg nach Stettin braucht ein Zug mit dieser Maschine nur vier bis fünf Stunden. Ein Mensch, der gut zu Fuß ist, braucht für die gleiche Strecke fünf bis sechs Tage! „Bernau, Neustadt-Eberswalde, Angermünd, Passow, Tantow und dann Stettin“. Die Stationen hat der Instruktor der Abendschule voller Stolz auf die neue Eisenbahnlinie und den Bahnhof vor den Toren der Stadt auswendig lernen lassen. Carl kennt niemanden, der mit einem solchen Zug gefahren ist; zwar arbeitet sein Vater bei Borsig seit zwei Jahren an der Herstellung solcher Maschinen mit, und er selbst hat an der Eisenbahnlinie mitgebaut, aber mitzufahren, das wagt er sich in seinen kühnsten Träumen nicht vorzustellen.

Auf die Teilhabe an den Vorteilen, Freuden und Genüssen des Industriezeitalters müssen die Bewohner des Voigtlandes noch sehr lange warten. Zwar sind mit dem Bau der Bahn auch einige Straßen gepflastert worden und die Abwässer in den Rinnsteinen mit Granitplatten bedeckt worden, aber die Straßenbeleuchtung bleibt der Innenstadt vorbehalten und die Benutzung der Bahn denjenigen, die Geld und Zeit haben.

Jetzt muß Carl eilen. Mißtrauisch betrachten die Torwachen den mit großen Schritten hastenden Jungen. Was will ein Arbeiterjunge in einer zu großen Hose und einem ebenso großen, verschlissenen Arbeitskittel um diese Zeit noch auf der Straße? Betteln? Das wird drakonisch bestraft! Es ist Carls Glück, daß ihr Blick auf die Stiefel fällt. Wer solche Stiefel besitzt, braucht noch nicht zu betteln. Und dennoch: ins Gefängnis oder das Arbeitshaus am Alexanderplatz mit der gefürchteten Tretmühle kommt unnachgiebig, wer innerhalb der Tore Berlins auch nur den Anschein der Bettelei oder des Müßigganges erweckt.

Das Arbeitshaus am Alexanderplatz, genannt „Ochsenkopf“.

Der lange Weg war vergebens: vor ihm haben bereits zwölf weitere Jungen gewartet, und keiner hat Arbeit bekommen. Ein Stück weiter durch die mit Händlern und einkaufenden Dienstmägden und Hausfrauen belebte Stadt versucht Carl vergebens sein Glück in einigen der größeren Kattunfabriken an der Köpenicker Straße. Enttäuschungen ist Carl in

Das Hamburger Tor um 1860, von der Gartenstraße aus gesehen

Ein Zeitgenosse über das Arbeitshaus am Alexanderplatz:

„Das Arbeitshaus am Alexanderplatz, ein unfreiwilliges Asyl für Arbeitscheue, Bettler und Obdachlose, wurde allgemein „Der Ochsenkopf“ genannt. Es wurde in den Jahren von 1756–58 erbaut, weil das bis dahin zur Unterbringung arbeitsscheuer Vagabunden dienende Schlächtergewerkshaus am Belleallianceplatz Nr. 11, welches nach seinem Schilde „Der Ochsenkopf“ hieß, für diesen Zweck nicht mehr ausreichte. (...)
Der Ochsenkopf war mehr gefürchtet als ein Zuchthaus oder Gefängnis, denn in ihm wurden die Arbeitsscheuen zur „Tretmühle“ verurteilt – einer schweren anstrengenden Arbeit, die in stundenlangem Treppensteigen und der Knute des Aufsehers bestand. Durch Treten der Stufen wurde nämlich die betreffende Mühle in Bewegung gesetzt, und da Treppensteigen bekanntlich eine anstrengende Arbeit ist, so haben dort wohl viele den Keim zur Schwindsucht bekommen oder befestigt. Es war eine grausame, der Tortur ähnliche Erfindung, die dort noch in den fünfziger Jahren in Betrieb und Anwendung war. (...)
Nicht allein Ehrlosigkeit und Arbeitsscheu konnten in den „Ochsenkopf“ führen, auch bloße Armut des redlichsten Menschen. Er brauchte nur in Not und in die Kalamität geraten, aus seiner Wohnung exmittiert zu werden und keine neue finden zu können, so stand ihm das Arbeitshaus mit seiner Familie offen.“

Aus: Roller, H.: Humoristische Erinnerungen aus dem alten Berlin. Neuruppin 1884. Zitiert nach: Berliner Leben 1806–1847. Hrsg. von R. Köhler und W. Richter. o.O. 1954, S. 303 f.

den letzten Wochen gewöhnt. Mädchen mit flinken Händen werden gebraucht, hat er in der Kattunfabrik gehört. Wenn es Arbeit gibt, ist er hier zu alt, dort zu teuer. Und in einer der Maschinenbauanstalten von Egells, Borsig, oder Wöhlert, wo Carl gerne arbeiten würde, nimmt man Arbeiter erst nach der Einsegnung, mit vierzehn oder fünfzehn Jahren also. Die Aussichten für ihn sind schlecht. Viele Betriebe legen im Winter eine Ruhezeit ein. Im Handwerk finden immer weniger ihr Auskommen, als Kaminjunge ist Carl schon zu kräftig – er paßt nicht mehr in die enggebauten berliner Kamine – und selbst die Flickschuster nehmen lieber jüngere und weniger anspruchsvolle Gehilfen. Seit über vier Stunden ist er jetzt von zu Hause weg, und gegen den Hunger hat er nichts. Nach 1 1/2 Stunden steht er wieder vor dem Hamburger Tor. Für einen Fußgänger ist jetzt kein Durchkommen. Eine stadtauswärtsfahrende Kalesche füllt die Spur der Tordurchfahrt und einem von der anderen Seite kommenden schwerfälligen Bauernwagen gelingt es nicht, zurückzusetzen. Seit die Straßen vor dem Tor gepflastert sind, der Bahnhof gebaut wurde und die Maschinenbauanstalten vergrößert worden sind, ist für den stärker gewordenen Verkehr hier alles zu eng geworden.

In der Maschinenbauanstalt von Borsig

Über seinen Mißerfolg braucht er der Mutter nicht zu berichten. Wortlos gibt sie ihm einen Teller mit Kartoffelsuppe und einen kleinen Kanten Brot. Beide wissen: auch wenn Carl Eduard Schön als langjähriger Gießer bei Borsig mehr verdient als viele andere Familienväter – um die Wohnung in einem ordentlichen Mietshaus halten zu können, um heizen zu können und um auch in der bevorstehenden stillen Zeit, in der die Gießerei für sechs oder acht Wochen geschlossen ist, genügend Nahrung im Hause zu haben, braucht die Familie den Verdienst des Dreizehnjährigen.

Jetzt soll er seinem Vater das Mittagessen bringen und auf dem Rückweg den kleinen Bruder aus der Schule abholen. Zu Borsig ist es nicht weit. Die Dampfhämmer sind bereits in Ruhestellung gegangen und die Mittagsglocke hat geläutet. Fast fünfhundert Arbeiter strömen auf die Straße. Manche gehen in die nahegelegenen Wohnungen, einem Teil wird das Essen in kleinen Blechgefäßen gebracht, andere haben etwas Kaffee an den heißen Dampfkesseln aufgewärmt und essen Brot dazu. Carls Vater ist nicht herausgekommen. Manchmal dauert ein Gießvorgang länger und, das weiß Carl, dann darf die Arbeit nicht unterbrochen werden. Gießerei und Formerei befinden sich gleich in dem der Straße zugewandten Gebäude. Tatsächlich ist Carls Vater noch mit etwa zwanzig Anderen bei der Arbeit. Ein Kran, der von zwei Leuten bedient wird, bringt gerade das glühende Erz an die Modellformen. Carl Eduard Schön und ein anderer Arbeiter kippen mit einer langen Eisenstange das schwere Transportgefäß und das glühende Eisen fließt in die Formen. Trotz des kühlen Tages ist es in der Halle unerträglich heiß, dazu ist der Raum noch voller Dämpfe und Rauch. Auch hier wird im Akkord gearbeitet. Eine Arbeitsform, die sich immer mehr durchsetzt. Davon sind die Arbeiter im Maschinensaal an den Drehbänken, Bohrmaschinen und Hobelmaschinen nicht ausgenommen – ebensowenig wie die Arbeiter im Zusammensetzungssaal, in dem zur Zeit acht Lokomotiven montiert werden. 15 Silbergroschen erhält der Facharbeiter Schön am Tag.

Die Maschinenbauanstalt von August Borsig hat jetzt schon Weltgeltung. Als Carl Eduard Schön in der Gießerei des Fabrikanten Egells, auch in der Chausseestraße, anfing, leitete Borsig diese Werkstatt. 1837 war Schön einer unter den ersten fünfzig Arbeitern der gerade gegründeten Fabrik von August Borsig. Zeitweilig haben Borsig und Schön sogar im gleichen Egellschen Mietshaus gewohnt. Aber jetzt laufen die Entwicklungen auseinander: und dennoch bedingen der Aufstieg des Handwerkers Borsig und die Proletarisierung des Arbeiters Schön einander.

Das Gießhaus in Borsig's Eisengießerei 1848

In der Schule

Das Mittagsbrot für einen halben Silbergroschen ist aufgegessen und auch die Pause ist schon vorbei. als Carl in den Schulsaal der Kleinkinderschule in der Gartenstraße tritt. Die drei- und vierjährigen Kinder antworten im Chor auf die Fragen des Lehrers. Wie heißt das Buch, in dem Gott mit uns spricht? Was für Teile hat die Bibel? Was für Lehranstalten gibt es in Berlin? Was für Beamte?

Aus den fast vier Jahren seines eigenen Schulbesuchs ist Carl diese Art von Fragen und die entsprechenden Antworten gut bekannt. Zudem hat er auf der billigen Privatschule nach Hornungs Lesebüchlein leidlich buchstabieren und lesen gelernt. Beim gelegentlichen Besuch einer abends stattfindenden Nachhilfeschule für arbeitende Kinder hat er schließlich auch die Grundregeln des Rechnens, besonders des Subtrahierens und des Addierens begriffen. Als Tochter eines Handwerksmeisters weiß besonders Frau Schön um den Wert der Bildung, immer wieder hält sie ihre Kinder an, die Abendschule zu besuchen. Aber die Arbeitstage sind lang und die Schulstunden oft schon vorbei, wenn die Arbeitszeit der Kinder zu Ende geht. Nein, die Schule spielt keine große Rolle im Leben der Proletarierkinder.

Zu Hause am Nachmittag

Die Zubereitung des Essens hat nicht viel Zeit von Frau Schön in Anspruch genommen, denn die Kost ist weder abwechslungsreich noch reichhaltig. Auch das Reinhalten der Stube, möbliert mit einem Tisch, Stühlen, einer Ablage für die Gerätschaften, einer einfachen Truhe, dem Schlaflager für die älteren Kinder und schließlich dem Herd, geht schnell – ebenso wie das Herrichten der Schlafstellen für die Eltern und das jüngste Kind in der Kammer. Aber die alltäglichen Dinge zu besorgen, das Geld auf die Woche zu verteilen, die Kleider und Wäschestücke in Ordnung zu halten, fällt dann doch sehr schwer, wenn jede Minute genutzt werden muß, um durch Heimarbeit mitzuverdienen.

In den Proletarierfamilien muß die Frau am meisten und am anstrengendsten arbeiten. Ihr Tag beginnt zuerst und endet zuletzt.

Carl und der kleine Heinrich treten bei ihrer Heimkehr in eine Stube voller Dampf. Frau Schön hat den kühlen aber sonnigen Herbsttag genutzt, um einige Wäschestücke zu kochen. Carl kann den großen Suppentopf mit der Wäsche gleich in den Hof bringen und die Wäsche an der Pumpe auswaschen. Eigentlich ist das vom Hauswirt verboten worden, denn das Wasser hat keinen richtigen Abfluß und überschwemmt den nur mit groben Steinen gepflasterten Hof.

Das Kochen des Essens und der Wäsche hat den Holzvorrat fast aufgebraucht. Jetzt im Herbst und Winter wird ohnehin fast täglich für mehr als 1 1/2 Silbergroschen Holz verbraucht werden müssen. Das macht im Monat mehr als 1 1/2 Thaler. Hinzu kommen fast 4 Thaler Miete und 5 Thaler für Nahrungsmittel: Brot, Kartoffeln, Mehl, Speck, Kaffeebohnen und Zichorien und ganz selten etwas Fleisch, Tabak, Branntwein oder Halbbier. Auch das Öl für die Beleuchtung schlägt stark zu Buche – 22 Silbergroschen im Monat, also acht Silbergroschen weniger als ein ganzer Thaler. Ohne Kleidung und sonstige Kosten wie die wöchentlichen 3 Silbergroschen für die Verwahrschule sind das insgesamt 11 Thaler und 7 Silbergroschen. Zwar verdient Herr Schön im Durchschnitt des Jahres über 11 Thaler im Monat. Frau Schön erarbeitet auch 1 1/5 Thaler und Klara etwa 2 1/2 Thaler im Monat. Aber das alles ist nicht sicher, und es darf keiner in der Familie erkranken. Besondere Ausgaben, ein Ausflug etwa, die Unterstützung der Großeltern oder Kleider für die Einsegnung bereiten große Probleme.

Am Abend

Es wird früh dunkel an diesem Herbstabend. Noch einmal ist Carl unterwegs in die Stadt. Er soll Holz und Kartoffeln besorgen. Seine Schwester kann ihm auf dem Heimweg beim Tragen helfen, wenn er sie gegen 8 Uhr vor dem Laden des Zigarrenfabrikanten in der Königsstraße trifft. Mit dem Schlag der Turmuhr auf der Nikolaikirche strömen Arbeiter und Arbeiterinnen aus den Tabaksfabriken. Feuchter Nebel ist aufgekommen, der von den Gasflammen der Straßenbeleuchtung kaum durchdrungen wird. Müde und schweigend gehen die Geschwister der Vorstadt zu. Für Klara war heute Zahltag. Sie rechnet nach, wieviel jede Stunde eingebracht hat, die sie angestrengt in der Fabrik gearbeitet hat, und bringt endlich heraus, daß es für die 14 Stunden etwa 4 Pfennig je Stunde gewesen sind. Hinter dem Hamburger Tor wird es vollends dunkel. Die Gasbeleuchtung hat aufgehört und auch in den Familienhäusern der Gartenstraße brennt nur noch vereinzelt Licht und rattert ein Webstuhl. Ein langer, aussichtsloser Tag ist zu Ende.

Werner Siebel

Anmerkungen

1 Der Beitrag entstand im Zusammenhang mit einem Seminar an der Technischen Universität Berlin zum Thema: Industriekultur. Zielsetzung des Seminars war es, Einsicht zu gewinnen in die Lebens- und Arbeitsweise der verschiedenen Bevölkerungsgruppen zur Zeit der Industrialisierung. Äußerst hilfreich für unsere Arbeit war das Buch von J. F. Geist und K. Kürvers über die Entwicklung des Berliner Mietshauses. Exemplarisch und vorbildlich wird hier die Entwicklung der sogenannten Familienhäuser im Voigtland und die Sozialgeschichte ihrer Bewohner dokumentiert.
Folgende Mitglieder der Projektgruppe Industriekultur sind an dem vorliegenden Beitrag beteiligt: R. Grebenstein, H. Kopp-Degethoff, H. J. Kukero, H. J. Naßer, E. Thießen, C. Wendel, A. Worm, R. Voget.

Weiterführende Literatur

Dronke, E.: Berlin. Frankfurt 1843. Neudruck Darmstadt und Neuwied 1974.
Fabrik, Familie, Feierabend. Beiträge zur Sozialgeschichte des Alltags im Industriezeitalter. Hrsg.: Reulecke, J. / Weber, W., Wuppertal 1978.
Geist, J. F. / Kürvers, K.: Das Berliner Mietshaus 1740–1862. München 1980.
Proletarische Lebensläufe. Autobiografische Dokumente zur Entstehung der Zweiten Kultur in Deutschland. Band 1: Anfänge bis 1914. Band 2: 1914 bis 1942. Hrsg.: Emmerich, W.; Reinbeck 1975.

Befreiung und Leiden
Schulerfahrungen im Spiegel der Autobiographie des 19. Jahrhunderts

Über Schulformen, Schulgesetze, Unterrichtspläne und Lehrerausbildung des 19. Jahrhunderts gibt es eine Reihe von Darstellungen. Sie beziehen sich auf die Konzeption von Schule und Unterricht, auf den Lernstoff, auf schulorganisatorische Fragen und auf Seminar und Universität als Stätte der Lehrerausbildung. Damit geben sie zwar über den Zustand des Bildungswesens Auskunft; sie erwähnen aber nicht – und das ist meistens auch gar nicht ihr Ziel –, wie Schule und Unterricht von den Betroffenen, in erster Linie den Schülern, wahrgenommen werden. In diesem Beitrag wird daher versucht, Schulerfahrungen von einzelnen Schülern aufzunehmen: Was haben sie in der Schule tatsächlich gelernt? Sind sie gern zur Schule gegangen, oder war ihre Schulzeit mit Ängsten verbunden? Wie haben sie ihre Lehrer erlebt? Waren sie gütig oder strafend, erfüllt von ihrem Beruf oder, als Angehörige einer unteren Schicht, an ihrem Stand leidend und deshalb um so härter zu den Schülern? Welche Wünsche und Hoffnungen haben die Schüler an die Schule gebunden, und welche Auswirkungen hat die Schule für ihren späteren Lebensweg gehabt? Fragestellungen dieser Art werden hier anhand autobiographischer Äußerungen erörtert, an einzelnen Fällen wird dabei das Typische verdeutlicht. Die Schüler, deren Erfahrungen aufgegriffen werden, stammen aus unterschiedlichen sozialen Schichten; ihre Schulzeit, die sich in den meisten Fällen auf die Zeit ihrer Schulpflichtigkeit zwischen dem 5. und 14. Lebensjahr beschränkt oder noch kürzer ist, spielt sich zwischen 1820 und 1890 ab.

I.

Die ältesten hier aufgenommenen Schulerfahrungen stammen von dem Dichter Friedrich Hebbel, der 1813 in Wesselburen in Schleswig-Holstein geboren wird. Er wächst zwar in häuslicher Armut auf – der Vater ist Maurer, die Mutter muß im Tagelohn arbeiten, um den Familienunterhalt zu sichern – erfährt aber dennoch die Geborgenheit und Gemeinschaft des dörflichen Lebens. Seine Familie gehört zu jener Schicht kleiner Handwerker, deren Existenz vor der Industrialisierung noch annähernd gesichert war, die jedoch mit Einsetzen der Industrialisierung häufig dem Pauperismus anheimfiel. Hebbels Schulerfahrungen sind ambivalent: Mit dem, was er lernt, kann er sich Erfolg verschaffen – so trägt es ihm in der kleinen Hausgemeinschaft großes Ansehen ein, daß er, noch nicht sechsjährig, den Abendsegen ohne Stocken lesen kann –, zugleich aber fühlt er schon als kleiner Junge die soziale Ungerechtigkeit, die die Schule reproduziert: „In meinem vierten Jahre wurde ich in eine Klippschule gebracht. Eine alte Jungfer, Susanna mit Namen, hoch und männerhaft von Wuchs, mit freundlichen blauen Augen, die wie Lichter aus einem graublassen Gesicht hervorschimmerten, stand ihr vor. Wir Kinder wurden in dem geräumigen Saal, der zur Schulstube diente und ziemlich finster war, an den Wänden herum gepflanzt, die Knaben auf der einen Seite, die Mädchen auf der andern; Susannas Tisch, mit Schulbüchern beladen, stand in der Mitte, und sie selbst saß, ihre weiße tönerne Pfeife im Munde und eine Tasse Tee vor sich, in einem Respekt einflößenden urväterlichen Lehnstuhl dahinter. Vor ihr lag ein langes Lineal, das aber nicht zum Linienziehen, sondern zu unserer Abstrafung benutzt wurde, tönerne Pfeife im Munde und eine Tasse Tee vor sich, in einem Respekt einflößenden urväterlichen Lehnstuhl dahinter. Vor ihr lag ein langes Lineal, das aber nicht zum Linienziehen, sondern zu unserer Abstrafung benutzt wurde, wenn wir mit Stirnrunzeln und Räuspern nicht länger im Zaume zu halten waren; eine Tüte voll Rosinen, zur Belohnung außerordentlicher Tugenden bestimmt, lag daneben. Die Klapse fielen jedoch regelmäßiger als die Rosinen (. . .)“[1]. Dieses Straf- und Belohnungssystem hat nicht nur unmittelbare Folgen für den Verlauf des Unterrichts, es verschafft dem jungen Friedrich Hebbel auch das Erleben von Ungerechtigkeit, denn Susanna verteilt ihre Gaben sehr parteiisch: „Die Kinder wohlhabender Eltern erhielten das Beste und durften ihre oft unbescheidenen Wünsche laut aussprechen, ohne zurechtgewiesen zu werden; die Ärmeren mußten mit dem zufrieden sein, was übrigblieb, und bekamen gar nichts, wenn sie den Gnadenakt nicht stillschweigend abwarteten. Das trat am schreiendsten zu Weihnacht hervor. Dann fand eine große Verteilung von Kuchen und Nüssen statt, aber in treuster Befolgung der Evangeliumsworte: ‚Wer da hat, dem wird gegeben‘. Die Töchter des Kirchspielschreibers, die Söhne des Arztes usw. wurden mit halben Dutzenden von Kuchen, mit ganzen Tüchern voll Nüsse beladen; die armen Teufel dagegen, deren Aussichten für den Heiligen Abend im Gegensatz zu diesen ausschließlich auf Susannas milder Hand beruhten, wurden kümmerlich abgefunden. Der Grund war, weil Susanna auf Gegengeschenke rechnete, wohl auch rechnen mußte (. . .)"[2]. Das ist der Moment, in dem Hebbel den „Zauberkreis der Kindheit" überschreitet. Diesen „Zauberkreis" hatte ihm seine Umwelt geschaffen, an die er sich – wohl in idealisierender Weise – erinnert: freundliche Nachbarn, Spielmöglichkeiten, die seinem Erfahrungsbereich entsprechen, Umgang mit Tieren und – nicht zuletzt – eine verständnisvolle Mutter. Von Kinderarbeit ist hier noch keine Rede. Aber – die Schule macht bereits hellhörig und klarsichtig für soziale Ungerechtigkeiten.

Die Erkenntnis jener sozialen Ungerechtigkeit, die oft so schmerzlich am eigenen Leibe erfahren wird, hat häufig einen umso stärkeren Bildungswillen bei den Betroffenen zur Folge. Der aber läßt sich nur in den seltensten Fällen realisieren, nach der Industrialisierung und der Entstehung der Arbeiterklasse vielleicht noch weniger als zuvor. Das haben viele lernen müssen, so auch Moritz Theodor William Bromme, der jüngste der hier herangezogenen Zeugen für Schule und Unterricht, der 1873 in Leipzig geboren wird. Er ist bei den Lehrern wohlgelitten und hatte aufgrund seiner Begabung zunächst Stipendien erhalten. Seinen Traum vom Studium aber muß er endgültig begraben, als er in die erste Mittelschulklasse eingetreten ist und das Ende seiner Schulpflicht naht. Er selbst weist auf die soziale Zusammensetzung seiner Schulklasse hin: „Nur 14 Schüler waren wir. (. . .) Die Väter aller dieser Kinder waren 2 Geistliche, 2 Getreidehändler, 1 Gastwirt, 1 Agent, 1 Sträfling (der meinige), 1 Gutsbesitzer, 1 Hutmacher und 4 Knopffabrikanten. Ein Schüler hatte keinen Vater mehr"[3]. Diese Aufstellung läßt Brommes weitere Chancen bereits erahnen. So kommt es denn auch zu jener Situation, in der ihn der „ ‚Alte' ins Direktionszimmer kommen" läßt und zu ihm sagt: „ ‚Bromme, mache dir keine Illusionen. Es wird nichts daraus. Dein Vater ist Sozialdemokrat. Aber merke Dir: Der Sohn soll nicht in die Sünde der Väter fallen!' Es war also aus mit den Luftschlössern"[4].

Über Schule kann zwar die ersehnte Bildung erlangt werden, die Teilhabe am geistigen Leben verspricht; Schule ist aber zugleich jene Instanz, die – im neunzehnten Jahrhundert – von Bildung ausschließt, aufgrund der gegebenen gesellschaftlichen Herrschaftsstrukturen ausschließen muß. So wird der Bildungshunger auch außerhalb der Schule gestillt, und zwar über Lektüre. Luise Zietz, die Tochter eines Webers in Bargteheide, in deren Familie, obwohl der Vater Zunftmeister ist, nur mühsam und unter Mitarbeit der Kinder das Existenzminimum gesichert werden kann, beschreibt, wie sie allwöchentlich Bücher aus der Schulbücherei entleiht: „Ich las leidenschaftlich gern, vielleicht um so lieber, weil ich sehr wenig Zeit dazu übrig hatte. In mein Buch vertieft, vergaß ich alles um mich her. Da lebte ich in einer andern Welt, die das Buch mir erschloß. Unablässig beschäftigte sich meine Phantasie mit dem Gelesenen und oft habe ich mir vorgenommen, den Helden der Erzählungen, die mir besonders gefielen, nachzueifern"[5]. Die Lektüre – über schulische Bildung ermöglicht – schafft Distanz zu der erdrückenden Umwelt, sie befreit von dem belastenden Alltag und eröffnet eine andere Welt. Die gleiche Funktion hat das Lesen auch bei Adelheid Popp, die 1869 in Inzersdorf als fünfzehntes Kind eines Webers geboren wird. Trotz ihrer von den Lehrern bestätigten Begabung muß sie mit zehn Jahren und dem Zeugnis für die vierte Volksschulklasse die Schule verlassen, um Geld zu verdienen. Das Lesen dient ihr als Befreiung aus ihrer sozialen Lage: „Ich las gerne. Ich las wahllos, was ich in die Hände bekommen konnte, was mir Bekannte liehen, die auch nicht zwischen Passendem und Unpassendem unterschieden und was ich im Antiquariat der Vorstadt, für eine Leihgebühr von zwei Kreuzern, die ich mir vom Munde absparte, erhalten konnte. Indianergeschichten, Kolportageromane, Familienblätter, alles schleppte ich nach Hause. Neben Räuberromanen, die mich besonders fesselten, interessierte ich mich lebhaft für die Geschicke unglücklicher Königinnen. Neben ‚Rinaldo Rinaldini' (der mein besonderer Liebling war), die ‚Katarina Kornaro', neben ‚Rosa Sandor', die ‚Isabella von Spanien', Eugenie von Frankreich', ‚Maria Stuart' und andere. ‚Die weiße Frau in der Hofburg' zu Wien, alle Kaiser-Josef-Romane, ‚Die Heldin von Wörth', ‚Kaisersohn und Baderstochter' vermittelten mir geschichtliche Kenntnisse. Ihnen reihten sich die Jesuitenromane an und in weiterer Folge die Romane mit hundert Heften, vom armen Mädchen, das nach Überwindung vieler und grauenerregender Hindernisse zur Gräfin oder mindestens zur Fabrikantens- und Kaufherrnsgattin gemacht wurde. Ich lebte wie in einem Taumel"[6]. Das Lesen, über Schule vermittelt, schafft Möglichkeiten zur Identifikation und Projektion, der Lesestoff bindet die Phantasie außerhalb der ausbeuterischen Arbeitswelt. Das ist eine Art der Sublimierung des Elends, die nicht gesellschaftsverändernd wirkt, in der bestehenden Situation jedoch Erleichterung und Befreiung verschafft.

II.

Die Widersprüchlichkeit der Institution Schule, die zum einen die Chance gibt, sich aus den bestehenden Bindungen an die Schicht zu lösen, also Freiheit über Bildung verheißt, die zum andern aber auch bestehende soziale Verhältnisse reproduzieren hilft, wird in vielen Selbstzeugnissen angesprochen. Dabei geht es manchmal weniger darum, eine zukunftsorientierte Perspektive zu entwickeln, um den bestehenden sozialen Verhältnissen zu entkommen, nein, Schule wird viel lebensnaher und konkreter als Freiraum genutzt, und zwar gerade von den Kindern, die in proletarischen Lebensverhältnissen aufwachsen und in früher Kindheit schon in Arbeitszusammenhänge eingespannt werden. Hermann Enters berichtet darüber. Er wird 1846 in Unterbarmen als ältestes von neun Kindern eines Webers geboren und spürt die Arbeitsbedingungen im frühindustrialisierten Textilgewerbe am eigenen Leibe: Wohnungselend, Arbeitslosigkeit, Alkoholismus des Vaters, Krankheiten und mangelnde ärztliche Versorgung der Familienmitglieder[7]. Mit fünf Jahren muß er schon spulen, zugleich wird ihm aber auch vom Vater das ABC beigebracht: „Ich hatte also so schon eine Vorschule, und es war auch von Nutzen für mich, denn ich war in der Klasse und Abteilung immer einer der Besten im Lesen, Schreiben und Rechnen“[8]. Später, als der Junge schulpflichtig ist und die Eltern ihn immer mehr einspannen in die häuslichen Arbeiten des Webens und Spulens, wird ihm die Schule gleichsam zum Freiraum. Mit einem zwei Jahre älteren Weberssohn, der zur gleichen Schule geht, läuft er „in den Busch“: sie werfen „ihre Schulsachen in die Hecke zwischen Brennesseln“ und genießen offensichtlich die Freiheit, die ihnen durch diese Institution ermöglicht wird, im häuslichen Bereich jedoch versagt bleibt; da muß Hermann Enters ständig am Spulrad sitzen und sogar um die Erlaubnis bitten, seine „Notdurft verrichten“ zu dürfen[9]. Hiebe gelten zu Hause als selbstverständliches Mittel der Erziehung, sie sind an der Tagesordnung; die Prügel in der Schule müssen sich dagegen geradezu gering ausgenommen haben. Für eine Gruppe unter jenen Ärmsten der Armen muß Schule damit offensichtlich eine Möglichkeit gewesen sein, den organisierten Arbeitszusammenhängen für kurze Zeit zu entkommen: Schuleschwänzen ist möglich, sich dem Unterricht durch Nichtaufpassen zu entziehen ist ebenfalls möglich, und vielleicht war der Lehrer manchmal sogar freundlicher zu den Kindern als die Eltern.

Das trifft auch für die traurige Lebensgeschichte der 1860 geborenen „Kathrin“ zu. Ihre ersten Schulerfahrungen sind für sie positiv: „Als ich sechs Jahre alt war, mußte ich in die Schule, ging sehr gern, führte mich gut auf; ich weiß nie, daß ich wegen lachen oder schwätzen oder sonst Dummheiten Schläge bekommen habe, ich weiß nur noch, daß mich der Lehrer gern hatte“[10]. Zuhause muß sie dagegen arbeiten, muß ins Holz oder – als Kind eines Webers – auf die Wechselstühle. Nach einem Schulwechsel ergeht es ihr dann allerdings schlechter: „Da ging es gar nicht so gut, denn ich bekam da viel Schläge wegen dem Rechnen. Der Lehrer zählte mit dem Lineal alle mal auf drei, wenn ich rechnen mußte. Ich wußte es manchmal, aber vor Furcht wußte ich es nicht mehr; mußte nach der Schule oft eine halbe Stunde rechnen“[11]. Hier gerät Kathrin in der Schule in jenen Teufelskreis von Angst vor dem Versagen, aus dem wiederum Versagen resultiert; ein Teufelskreis, der in vielen Schulerfahrungen, und nicht nur in denen von Proletarierkindern aus dem 19. Jahrhundert, beschrieben wird. Damit wird eine weitere Funktion von Schule deutlich: Sie wirkt sich nicht nur in sozialer Hinsicht sowohl positiv als auch negativ aus – als Mittel zum sozialen Aufstieg ebenso wie als Bewahrerin bestehender sozialer Ungerechtigkeiten; ihre Ambivalenz zeigt sich auch in der Wirkung auf die Psyche einzelner Schüler: Erfolge in der Schule wecken und verstärken Selbstbewußtsein, Mißerfolge dagegen entfachen Angst und Unsicherheit. Sie werden verstärkt hervorgerufen, wenn das Elternhaus keinen Ausgleich für die Erfahrungen in der Schule bietet. Bei den Schülern aus der Unterschicht ist das nur selten der Fall; die Zucht im elterlichen Haus ist eher noch strenger als die in der Schule, obwohl die Lehrer Kopfnüsse verteilen und die Kinder manchmal geradezu maltraitieren, wie der Lehrer, der ein Kind zur Strafe „entblößt auf einen heißen Ofen“ setzt[12]. Solche Lehrer fügen sich ein in den Erziehungsmechanismus der Unterschichten, der insgesamt Unterdrükkungscharakter hat. Die Lehrer stammen aus der gleichen Schicht, und das mag ihre Unterdrückung sowohl erklärlich als auch erträglich werden lassen.

III.

Getrennt von solchen Erfahrungen, wie sie die Mehrheit der schulpflichtigen Kinder macht, erleben die Kinder der bürgerlichen Schicht Schule. Sie beginnen ihre Schulzeit in den Städten in der Regel auf einer der den höheren Schulen zugeordneten Vorschulen, auf dem Lande häufig noch mit Privatunterricht, der auf den Besuch des Gymnasiums vorbereitet. Über ihren Unterricht heißt es in der Rückschau oft, daß er ihnen Spaß gemacht habe, eine Einschätzung, die wohl auch darauf zurückzuführen ist, daß sie im bürgerlichen Leben aufgrund ihrer durch Bildung erworbenen Berechtigungen und Privilegien Erfolg haben. Die Lehrer werden mit gehöriger Distanz geschildert: sehr treffend bei Richard M. Meyer, der 1860 in Berlin geboren wird und später einen Lehrstuhl an der dortigen Universität erhält: „Meine Lehrer vertraten die üblichen Typen; es fehlte weder der Pedant, noch der Reserveleutnant, weder der ‚stille Gelehrte‘, noch der Phraseur“[13]. In den Schulerfahrungen dieser Schüler folgt dann oft die Beschreibung eines einzelnen Lehrers, der die Herzen seiner Schüler zu gewinnen weiß, entweder durch eine Sache, für die er seine Schüler begeistert, oder einfach dadurch, daß er sich als „wahrer Jugendfreund“ erweist, „dem seine Klasse seine Welt“[14] ist.

Aber auch unter diesen bürgerlichen Jugendlichen sind einige, denen die Schule zur

Qual wird. So empfindet auch Theodor Lessing – späterer Privatdozent der Philosophie – 1872 als Sohn eines jüdischen Arztes in Hannover geboren. Er erhält zunächst Hausunterricht: „Ein eisgraues Männchen trat eines Morgens in das Spielzimmer, um mich für die neue Welt vorzubereiten. Er zog eine Handvoll vergoldeter Nüsse aus der Tasche, legte eine Nuß vereinzelt und dann eine zweite dazu und fragte, wie viele Nüsse das seien, und da ich antwortete ‚zwei Nüsse', so lobte er mich und sagte: ‚Jetzt kannst du rechnen.' "[15] Aber dieser Erfolg hält nicht an, Theodor Lessing verweigert die Antworten auf die unangenehmen vertrackten Fragen, die ihm beim Rechnen wie auch beim Lesen gestellt werden, und man beschließt, ihn in eine öffentliche Schule zu geben, aber „da begann erst das richtige Trauerspiel"[16]. Ständiger Nachhilfeunterricht soll dazu verhelfen, die Ansprüche und Anforderungen des akademisch gebildeten und angesehenen Vaters zu erfüllen: „Schon auf der Vorschule begann jenes unheimliche Nachhilfe-System, das während der ganzen Schuljahre anhielt. Man konnte meinem Vater nicht verdenken, daß er an der Tauglichkeit seines Sohnes verzweifelte, denn es war nicht möglich, daß mehr für die Nachhilfe eines Schülers getan wurde als für mich geschah. Die Primaner, Lehramtskandidaten, Privatlehrer, Bonnen, denen meine Nachhilfe anvertraut wurde, dürften eine kleine Legion bilden. Bis zum dreizehnten Lebensjahr, bis Untertertia, wurde ich immer noch gerade eben mitgeschoben. Zwar blieb ich stets der Schlechteste in der Klasse, wurde aber dann zu Ostern unter etwelchen Bedingungen der Nachhilfe doch noch eben mitversetzt. Denn entweder waren meine Lehrer Patienten des Vaters oder waren mit irgendwelchen Klienten verwandt oder sie wurden von meinem Vater aufgesucht – (er nannte das ‚Kanossagänge' machen) – und gebeten, mir Nachhilfestunden zu geben oder wenigstens einen Hilfslehrer zu empfehlen"[17].

Schule wird hier eingesetzt, um die Zugehörigkeit zur bürgerlichen Schicht nicht zu gefährden. Damit wird sie zur Sicherung eines bestehenden Vorteils genutzt. Den Proletarierkindern verweigert die Schule das Privileg der Bildung, dem jungen Theodor Lessing wird Bildung um seiner Schichtzugehörigkeit willen aufgezwungen. Beide Prozesse sind schmerzliche Erfahrungen für die davon Betroffenen.

Margret Kraul

Anmerkungen

1) Hebbel, F.: Aufzeichnungen aus meinem Leben. Hebbels Werke. Bd.2. Leipzig 1941. S. 226f.
2) Hebbel, a.a.O., S. 228
3) Bromme, M.: Lebensgeschichte eines modernen Fabrikarbeiters. Hrsg.: P. Göhre, Jena 1905. Neudruck Frankfurt/Main 1971 (Hrsg.: B. Neumann). Zitiert nach: Proletarische Lebensläufe. Bd.1: Anfänge bis 1914. Hrsg.: Emmerich, W., Hamburg 1974, S. 198.
4) Bromme, a.a.O., S. 199.
5) Zietz, L.: Aus meinem Leben. Wie wir Kinder den Eltern beim Brotverdienen helfen mußten. In: Die Kämpferin. H.2 1919 (Beilage). Zitiert nach: Proletarische Lebensläufe, a.a.O., S. 182.
6) Popp, A.: Jugend einer Arbeiterin. Hrsg.: Schütz, H.; Berlin u.a. 1978, S. 37.
7) Vgl. Enters, H.: Die kleine, mühselige Welt des jungen Hermann Enters. Erinnerungen eines Amerika-Auswanderers an das frühindustrielle Wuppertal. Hrsg.: Goebel, K., Voigt, H.; Wuppertal 1979.
8) Enters, a.a.O., S. 30.
9) Enters, a.a.O., S. 34.
10) (Katrin).: „Dulden". Aus der Lebensbeschreibung einer Armen. Hrsg.: Bleuler, E., München 1910. Zitiert nach: Proletarische Lebensläufe, a.a.O., S. 169.
11) Ebd.
12) Vgl. Hebbel, a.a.O., S. 245.
13) Meyer, R.M.: (Schulerinnerungen). In: Graf, A.: Schülerjahre. Erlebnisse und Urteile namhafter Zeitgenossen. Berlin 1912. S. 89.
14) Gurlitt, A.: (Schulerinnerungen). In: Graf, A.: Schülerjahre. Erlebnisse und Urteile namhafter Zeitgenossen. Berlin 1912, S. 89.
15) Lessing, Th.: Einmal und nie wieder. Gütersloh 1969. Zitiert nach: Hardach-Pinke, I./Hardach, G. (Hrsg.): Deutsche Kindheiten. Autobiographische Zeugnisse 1700–1900. Kronberg/Ts. 1978, S. 326.
16) Ebd.
17) Lessing, a.a.O., S. 328f.

Weiterführende Literatur

Bertlein, H.: Jugendleben und soziales Bildungsschicksal. Reifungsstil und Bildungserfahrung werktätiger Jugendlicher 1860–1910. Hannover u.a. 1966.
Deutsche Schulzeit. Erinnerungen und Erzählungen aus drei Jahrhunderten. Hrsg.: Gregor-Dellin, M., München 1979.

Der untertänige König
Zum Verhältnis von preußischem Staat und Volksschullehrer um die Mitte des 19. Jahrhunderts[1]

Gründe, den Volksschullehrerberuf zu ergreifen (1864):

In seinem Aufsatz für die Aufnahmeprüfung in ein preußisches Lehrerseminar schrieb der 16jährige Josef Steimer:
„Meine Eltern sind zu arm an Vermögen, damit ich einen höheren Rang behaupten könne, und man in diesem Stande noch an Kenntnissen und Wissenschaften wachsen kann, denn, der nicht höher steigt, der fällt tiefer. Jedoch hat auch der Lehrstand wie jeder andere seine Plagen, Beschwerden und Mühseligkeiten, welche Gott den Menschen zuschickt, um sie in der Geduld, Demuth, Sanftmuth und Selbstleugnung zu üben und für seine Gnade empfänglich zu machen ...“.

Aus: Vorbildung der Lehreraspiranten für das Seminar in Brühl, 1863–1870. Josef Steimer, Prüfungsarbeit 1864. In: Staatsarchiv Koblenz, Regierungsbezirk Trier, 442/854–855.

Nachdem der Volksschullehrer Kornel Gutmann an der Revolution von 1848/49 teilgenommen hatte, wurde er entlassen und durfte in seiner Heimat Baden bis zur Generalamnestie von 1855 nicht mehr unterrichten. 1859 nahm er den Unterricht wieder auf und bat 1861 das Innenministerium, von einer erneuten Prüfung zum Nachweis seiner Lehrbefähigung befreit zu werden. Zu diesem Schritte hätten ihn, führt er in seinem Schreiben an, die intensiven Bemühungen der Regierung ermutigt, die Revolution Vergangenheit sein zu lassen und nicht alte Wunden wieder aufzureißen. Diese Bitte nahm Minister Lamey zum Anlaß, ihn und andere, die sich in ähnlicher Lage befanden, im Jahr 1861 von der Prüfung zu befreien[2].

Der Fall Gutmann war höchstwahrscheinlich nicht der einzige. In allen Gebieten Deutschlands waren Lehrer, die an der Revolution teilgenommen hatten oder sich andere politische Unbotmäßigkeiten erlaubt hatten, dankbar dafür, daß sie eine zweite Chance bekamen, vom Staat wiedereingestellt zu werden. Besonders Württemberg und Baden bemühten sich, nach einigen Jahren der Strenge diese Lehrer zurückzugewinnen; zum einen wegen des erheblichen Lehrermangels, der in diesen Ländern zwischen 1850 und den frühen 70er Jahren herrschte, zum anderen, und das war ein wichtigerer Grund für die Nachsichtigkeit der Regierungen, weil die deutschen Staaten sich um die Mitte des 19. Jahrhunderts bildungspolitisch und administrativ auf die Durchsetzung der Elementarschulpflicht festgelegt hatten. Eine solche Selbstverpflichtung war jedoch ohne ausreichendes Lehrpersonal nutzlos und hätte als Äußerung der Unfähigkeit des Ministeriums interpretiert werden können. Demzufolge waren die Volksschullehrer für die Pläne des Staates selbst unerläßlich, unter der Voraussetzung allerdings, daß ihnen in politischer Hinsicht vertraut werden konnte. Um hier sicherzugehen, unterlag in der nachrevolutionären Zeit sowohl die Lehrerausbildung wie auch der Lehrer selbst strenger und umfassender staatlicher Kontrolle.

I.

Der formalen Ausbildung der Volksschullehrer hatte von jeher das besondere Interesse des Staates gegolten. Sie vollzog sich unter den wachsamen Augen der Seminardirektoren, die fast durchweg akademisch gebildete Theologen und treue Diener des Staates waren. Vor der Aufnahme ins Seminar absolvierten die zukünftigen jungen Lehrer eine Art zweijähriger Lehre (Präparandie), gewöhnlich bei ihren eigenen Volksschullehrern; als Präparanden halfen sie bei der Aufsicht, reinigten das Schulhaus und vertraten gelegentlich den Lehrer während seiner Abwesenheit. Danach, im Alter von 16 oder 17 Jahren, absolvierte der Präparand eine mündliche Vorprüfung, die vom Orts- oder Kreis-Schulinspektor abgenommen wurde. Bestand er diese Prüfung, so reiste er zum Seminar, gegebenenfalls auch in die Kreisstadt, wo ihn der Seminardirektor oder dessen Vertreter erneut prüfte.

Das Leben als Präparand war trotz der ständigen Anwesenheit des Schulmeisters wahrscheinlich angenehm für einen Jungen im Alter von 15–17 Jahren. Älter als die anderen Kinder, mit einer gewissen Autorität ihnen gegenüber, begann der Präparand, sich in den Status seines Berufes hineinzufinden. Im Klassenzimmer war der Lehrer König. Seine Freude an der „Macht“ wurde jedoch von der Pädagogik und vom Pflichtlehrplan des Lehrerseminars erheblich eingeschränkt.

Die Seminarjahre waren zweifellos der am meisten disziplinierende Abschnitt der Laufbahn eines Volksschullehrers – eine Art langwährendes Übergangsritual zum Zweck der Einführung in das Amt eines Staatsdieners. Die extreme Aufmerksamkeit, die die Staatsbürokratie der Lehrerausbildung zukommen ließ, deutet daraufhin, wie stark das amtliche Interesse am potenziellen politischen Dienst des Volksschullehrers für den Staat war. Kein anderer Bereich des Unterrichtswesens – nicht einmal die Gymnasien – wurde so häufig und so eingehend inspiziert und kontrolliert.

In Baden, Württemberg und Preußen hatten die Seminaristen etwa 40 Stunden Unterricht in der Woche und wurden während des 3-jährigen Kurses, der bis in die 60er Jahre des 19. Jahrhunderts in diesen Ländern üblich war, in 24 verschiedenen Fächern unterrichtet. Im Mittelpunkt standen das Auswendiglernen, musikalische Fertigkeiten im Klavier-, Geigen- und häufig auch Orgelspielen sowie der deutsche Aufsatz. In vielen Lehrerseminaren wurden versuchsweise Fächer wie Seidenraupenzucht, besondere landwirtschaftliche Fertigkeiten, technisches Zeichnen, Körperpflege und Gymnastik zusätzlich zum Standardlehrplan unterrichtet.

Es fällt schwer, nicht den konservativen Kritikern der Seminare zuzustimmen, daß diese Massierung von Fächern in keinem Verhältnis zu den Unterrichtsfächern der Volksschule selbst, speziell der einklassigen Landschule, stehe. Sowohl die evangelischen als auch die katholischen staatlichen Lehrerseminare bestärkten ihre Absolventen in ihrem Selbstbild als umfassend und gründlich Gebildete, die viele Wissensgebiete beherrschten und fähig waren, die Kinder des Volkes vorwärts zum Glück des Lernens zu führen. Das war die Belohnung, die der Volksschullehrer dafür bekam, daß er sich durch das Seminar gekämpft, seine Mühsal, harte Disziplin und strenge Planmäßigkeit ausgehalten hatte. Die jungen Lehrer mußten jedoch bald einsehen, daß sie für ihren Beruf überqualifiziert waren. Das muß eine vernichtende Konfrontation mit der Wirklichkeit gewesen sein! Sie fühlten sich durch den Umfang ihrer Fachkenntnisse überlegen und wurden doch nur, als Seminarabsolventen, älteren Schulmeistern als Hilfslehrer zugewiesen – Schulmeistern, die oft ihre Unerfahrenheit ausnutzten und sich über ihren Stolz lustig machten.

II.

Besonders nach der Revolution wurde man sich in den Unterrichtsbehörden der Tatsache bewußt, daß diese Konfrontation überqualifizierter Lehrer mit der bedrückenden Dorfschulwirklichkeit bei Lehrern und Landgemeinden Unzufriedenheit hervorrufen mußte. Die jungen Lehrer fühlten sich entweder betrogen und wurden widerspenstig oder verließen ihren Beruf und zwangen somit den Staat, mit dem Lehrermangel fertig zu werden. Die Landgemeinden waren über den Stolz dieser jungen dünkelhaften Leute verärgert und tadelten sie wegen ihrer Gottlosigkeit, ihren skandallösen Moralauffassungen und ihren demokratischen Ansichten. In der Folge wurde daher von den deutschen Staaten nach 1848 eine Reform der Seminare angestrebt, die sie so vereinfachen sollte, daß sie den Anforderungen an die Ausbildung speziell von Landlehrern entsprachen und – wichtigstes Ziel vor allem – die politische Loyalität der Absolventen garantierte.

Der preußische Verwaltungsexperte für Volksschulangelegenheiten, Ferdinand Stiehl, wies darauf hin, daß die Kontrolle der Lehrerseminare wichtiger sei als die Kontrolle der Volksschulen selbst. Durch die Kontrolle der wenigen Seminare habe man den möglichen Ursprung von Inkompetenz, Korruption und politischer Abweichung in tausenden von Volksschulen in staatlichen Händen. Ebenso setzte sich Stiehl mit seiner Auffassung durch, daß das bildungspolitische Ziel der Volksschule nicht mehr die wirkliche Emanzipation des Volkes im wirtschaftlichen, sozialen und politischen Sinne sei. Die Aufgabe der Volksschule sei es vielmehr, das Volk mit dem auszustatten, was es brauche, um dem Staat gehörig dienen zu können. Es benötige Lese- und Schreibfähigkeiten, mathematische Fertigkeiten und vielleicht sogar oberflächliche Fähigkeiten im technischen Zeichnen, wenn der Staats gedeihen solle, und es müsse gehorsam, loyal und fromm sein. Auf allen Ebenen sollte „religiöse und moralische Erziehung" vorherrschen, besonders aber auf den Seminaren.

Das allererste der drei Stiehlschen Regulative zur Kontrolle der evangelischen Volksschulen Preußens betraf die Seminare, den vermeintlichen Ursprung des Problems im öffentlichen Erziehungswesen. Es regelte Lehrplan, Lesestoff und die persönliche Führung der Seminaristen[3]. Die Regulative zielten auf jene Seminare, die von der ursprünglichen Konzeption von Volksbildung abgewichen waren und, Diesterwegs Pädagogik folgend, Fürsprecher des abstrakten Lernens geworden waren und den Seminaristen außergewöhnliche Intelligenz und Kenntnisse abverlangt hatten. Stiehls Maßnahmen in Preußen und ähnliche Reformen anderswo im deutschen Reich betonten wieder die Notwendigkeit eines einfachen, direkten und praktizistischen Seminars, eines Seminars, wie es die preußische Lehrerbildungspolitik am Anfang des Jahrhunderts hervorgebracht hatte.

Paradoxerweise waren Diesterwegs Position und die der preußischen Regierung oberflächlich nicht sehr weit voneinander entfernt. Im Oktober 1824 schrieb Diesterweg eine leidenschaftliche, wenn auch diplomatische Rechtfertigung der in Internaten organisierten Seminarausbildung an den Oberpräsidenten der Rheinprovinz, von Ingersleben[4]. Er betonte darin den Gewinn an Fachkenntnissen, der erreichbar wäre, wenn junge Lehrer für einige Monate in einem Gebäude versammelt werden würden. Im gleichen Jahr äußerte der preußische Unterrichtsminister Baron Karl von Altenstein, daß der Zweck der Lehrerausbildung nicht nur in der Wissensvermittlung besteht, sondern auch darin, „. . . sittlich bewährte, fromme und gottesfürchtige Schullehrer zu bilden"[5].

Diese Qualitäten, die sich in einer Prüfung nicht messen lassen, sollten seinerzeit in staatlich kontrollierten Seminaren, in denen die Kandidaten 2–3 Jahre wohnen mußten, erzeugt werden. Diese Internatsseminare wurden den privat geführten Instituten vorgezogen. Diesterweg war an den Seminaren wegen der in ihnen praktizierten Ausbildung interessiert – Altenstein interessierte die Loyalität, die sie bei den zukünftigen Lehrern hervorrief.

Altensteins Konzeption blieb in Preußen das gesamte 19. Jahrhundert über bestimmend und wurde auch von nichtpreußischen Staaten geteilt. Baden und Württemberg studierten das preußische Seminarsystem und übernahmen es. Hierin kommt die wesentliche Übereinstimmung der deutschen Volksschulverwaltung des 19. Jahrhunderts zum Ausdruck – sowohl vor wie auch nach der vermeintlichen Wasserscheide der revolutionären Jahre und zwischen dem angeblich liberalen Südwestdeutschland und dem vergleichsweise konservativen Preußen.

III.

Die Regulative müssen im Zusammenhang mit den Maßnahmen gesehen werden, die Preußen nach der Revolution ergriff, um seine Beamten,

Im April 1850 verbietet der preußische Kultusminister von Ladenberg den Lehrern die Mitgliedschaft in der Staatsregierung feindseligen Vereinen:
„In die Kategorie einer feindseligen Parteinahme gegen die Staatsregierung fällt aber unzweifelhaft die Theilnahme an Vereinen, welche statutenmässig oder faktisch eine der der Staatsregierung feindselige Tendenz verfolgen, eine systematische Opposition gegen dieselben unterhalten und betreiben, den bestehenden verfassungsmässigen Zustand zu untergraben suchen, die Pflicht der Treue gegen das Oberhaupt des Staats, den König, gering achten und anstatt die Regierung zu unterstützen, ihr in allen Massnahmen entgegen zu treten bemüht sind."

Aus: Ministerial-Blatt für die gesamte innere Verwaltung in den Königlich Preussischen Staaten. 1850, S. 96.

Aus einem Handbuch über die Disziplin in der Volksschule 1876:

„Die Schule ist also eine Gemeinde im Kleinen und da diese das Prototyp (Urbild) des Staates ist, so ist die Schule auch ein Staat im Kleinen, dessen Haupt der Lehrer, dessen Bürger die Kinder sind. Der Lehrer ist hier König, die höchste Autorität, sein Wille das Gesetz in dessen Schranken sich das Kind bewegen lernen muss, gerade so, wie es in Zukunft als Bürger des Staates (bei aller sonstigen Freiheit der Bewegung) der Autorität des Gesetzes sich zu bewegen hat."

Aus: Die Disziplin der Volksschule. Ein Leitfaden für Seminaristen und Lehrer. Nördlingen 1876, S. 26.

Aus dem Referat eines Volksschullehrers, gehalten auf einer vom Staat genehmigten und überwachten Lehrerkonferenz in der Rheinprovinz im Jahr 1856:

„In der Schule soll der Mensch als Kind schon lernen, gehorsam sein, und zwar aus dem zweifachen Grunde, 1.) damit Unterricht und Erziehung in der Schule überhaupt nicht ein Ding der Unmöglichkeit sei; 2.) damit der Mensch da, wo es Pflicht ist zu gehorsamen, auch gehorsam sein kann . . .
Der Gehorsam ist im Himmel zu Hause. Wo er herabsteigt, um unter nach göttlichem Gesetz regierten Menschen zu wohnen, da weilt der Friede, die Eintracht, die heilige Ordnung, diese segensreiche Himmelstöchter; wo er verschwindet, da herrscht Zwietracht, Unordnung, Aufruhr und Empörung mit ihren unberechenbaren Folgen."

Aus: Die Lehrer-Konferenzen am Seminar zu Brühl 1854. Referat Lehrer Schmitz, 27. August 1856. In: Staatsarchiv Koblenz, Regierungsbezirk Koblenz, 441/3568.

und hier besonders die Lehrer, zu disziplinieren. Kultusminister von Ladenberg wies im April 1850 seine Beamten darauf hin, daß sie nicht, wie andere Bürger, das Recht hätten, politischen Organisationen beizutreten, schon gar nicht solchen, die der Regierung feindlich gesinnt waren. Zuwiderhandelnden drohte er die Amtsenthebung an.

Begründet war dieser Hinweis mit dem Mißtrauen, das in dem Jahrzehnt unmittelbar nach der Revolution allen Versuchen der Lehrer, ihre Professionalisierung voranzutreiben, entgegengebracht wurde. Neben dem Verbot bestimmter Lehrerorganisationen überwachten die deutschen Regierungen Lehrerzeitungen, -zeitschriften und Lesematerial oder strebten zumindest an, die Lehrertätigkeit in diesen Bereichen einzuschränken. Berühmt-berüchtigt waren die von den Stiehlschen Regulativen veranlaßte Zensierung der in den Lehrerseminaren benutzten klassischen deutschen Literatur; „Die Räuber" von Schiller und Goethes Stücke über das klassische Griechenland waren verboten.

In dieser pädagogischen Restaurationsphase kehrten die Regierungen zu bildungspolitischen Maßstäben zurück, die längst überwunden schienen. So wurden z.B. Volksschullehrer angeleitet, von ihren Schülern dieselbe Ehrerbietung zu fordern, wie umgekehrt der Staat sie von den Lehrern verlangte.

Wie die alte preußische Aristokratie sich – als Gegenleistung für die Vorrechte über ihre Leibeigenen – der Krone unterordnete, so ließ der Lehrer seinen Schülern gegenüber strenge Disziplin walten und war umgekehrt selbst seinem Fürsten untertänig. Über die Aufgabe des Lehrers hieß es dementsprechend: „. . . das Kind soll von zarter Jugend an, allmählich darauf vorbereitet werden, den Ernst des Lebens zu ertragen."[5] Mit Gewißheit verstärkten die einkommensbedingten schwierigen Lebensverhältnisse des Lehrers diese hierarchische und ziemlich bedrückende Weltanschauung.

Zusätzlich zu den eindringlichen Stellungnahmen von seiten staatlicher Beamter und Geistlicher, den Lehren prominenter Pädagogen und dem Einfluß der Lehrerkonferenzen wurden Volksschullehrer auch durch Schul- und Lesebücher, die für Volksschulzwecke bestimmt und zugelassen waren, in ihrem autoritären Verhalten gegenüber den Schülern und der entsprechenden Unterwürfigkeit gegenüber dem Staat unterstützt. Jedes Unterrichtsfach der Volksschule – sei es Geschichte, Erdkunde, Naturkunde oder die elementareren Fächer wie Lesen, Religion und sogar Rechnen – wurden bezogen auf die Erziehung zum Gehorsam und zur Vaterlandsliebe. Das wichtigste Lesebuch war die Bibel selbst. Bis Mitte der 50er Jahre war sie die weitverbreitetste Fibel, die besonders in evangelischen Volksschulen für Leseübungen in Verbindung mit Religionsunterricht benutzt wurde. Selbst diese Praktik diente indirekt den Interessen des Staates ebenso wie denen der Kirche, da die religiösen Texte mit stark autoritären Prinzipien durchsetzt sind.

Wegen ihres didaktischen, erhebenden und patriotischen Wertes war es dem Volksschullehrer nicht erlaubt, deutsche Geschichte und Literatur zu vernachlässigen. Nach der Einführung von nicht-religiösen Fibeln und Lesebüchern lernten deutsche Jungen und Mädchen zusammen mit dem Lesen und Schreiben den patriotischen Gehorsam aus der Vergangenheit ihrer eigenen Nation.

Nicht nur über die Schulinhalte wachte der Staat: Übereinstimmend suchten die deutschen Regierungen die Beziehungen des Lehrers zur Gemeinde, zu seinen Vorgesetzten und Kollegen, zu den anerkannten kirchlichen Institutionen, zu den Eltern seiner Schüler und schließlich zu den Kindern in seinem Klassenzimmer zu regeln.

Die Unterrichtsverwaltungen der deutschen Staaten schienen ihre Hauptaufgabe darin zu sehen, die Lehrer möglichst umfassend in den Griff zu bekommen. Diese Behördentätigkeit prägte mehr als alles andere die Auffassung des Lehrers von seiner Rolle und seinen Aufgaben – sie führte ihm vor Augen, wie er werden sollte und wie er tatsächlich war.

IV.

Bei all der Manipulation und Einmischung des Staates in Berufs- und Privatleben der Volksschullehrer könnte man annehmen, daß sie als Vollstrecker sozialer Kontrolle gänzlich ungeeignet waren. Sieht man jedoch auf die Zeugnisse, die die Mehrheit der Lehrer als tatkräftige Patrioten und politisch Konservative porträtieren, so erscheint diese Annahme als nicht richtig. Der Volksschullehrer vertraute darauf, daß seine wirtschaftlichen und emotionalen Wünsche durch die paternatilistische Verwaltungspolitik letztendlich doch befriedigt würden. Er akzeptierte, daß der Staat seine Aufgaben als Volksschullehrer auf allen Ebenen vorschrieb und bestimmte; innerhalb der ihm gesetzten Grenzen war er bereit, seine Schule, so gut er konnte, zu führen – als selbst untertäniger König unter unreifen Untertanen.

Douglas Skopp

Anmerkungen

1) Bei diesem Beitrag handelt es sich um die gekürzte Bearbeitung eines Kapitels aus meiner Dissertation „The Mission of the Volksschule: Political Tendencies in German Primary Education 1840 to 1870", Brown University 1974. Für die Bearbeitung danke ich Klaus Wiese.

2) Die von den katholischen Volksschul-Kandidaten nach ihrer Aufnahme als solche an einem der katholischen Schullehrerseminare abzulegende vorzugsweise praktische Prüfung behufs ihrer Anstellung als Hauptlehrer. 1857–1862. Gutman an Lamey, 20. Juni 1861. In: Generallandesarchiv Koblenz, Kultursministerium, 235/16347.
3) Regulative für den Unterricht in den evangelischen Schullehrerseminaren der Monarchie, 1. Oktober 1854. In: Ministerial-Blatt für die gesamte innere Verwaltung in den Königlich Preußischen Staaten. Berlin 1854. S. 200 ff.
4) Die Besetzung der Schullehrerstellen. Bd.1 1824–1898. 12. Oktober 1824. In: Staatsarchiv Koblenz, Ober-Präsidium der Rheinprovinz, 403/10334.
5) Ebd., Altenstein an Ingersleben, 29. Dezember 1824.
6) Die Lehrerkonferenzen am Seminar zu Brühl 1854. Referat Lehrer Schmitz, 27. August 1856. In: Staatsarchiv Koblenz, Regierungsbezirk Koblenz, 441/3568.

Weiterführende Literatur

Meyer, E.: Schule der Untertanen. Lehrer und Politik in Preußen 1848–1900. Hamburg 1976.

Lehrerstand und Volksbildung

Ein Blick auf die jüngere sozialhistorische Forschung über den Lehrerberuf und die Politik der Lehrerorganisationen gibt auf die Frage nach dem Verhältnis von Lehrern und ‚niederem Volk' – und d.h. auch auf die Frage nach dem Verhältnis von Lehrern und Arbeiterkindern – zunächst eine ernüchternde Antwort: Für die Mehrheit der Lehrer, sowohl an niederen wie an höheren Schulen, war das leitende Prinzip ihres berufspolitischen Handelns nicht das Wohl des Kindes oder die spezifische Rücksicht auf die unterschiedlichen Lebensverhältnisse der Schuljugend oder gar die Parteinahme für eine demokratisch-sozialistische Entwicklung des Gesellschaftssystems. Das dominante Ergebnis und seit der zweiten Hälfte des 19. Jahrhunderts mehr und mehr auch das bewußte Interesse des Kampfes der Mehrheit der Lehrer war vielmehr die Verbesserung ihres eigenen sozialen Status und ihrer eigenen Arbeitsbedingungen. In ideologiekritischer Wendung schließt diese These ein, daß man auch die bei den Lehrern selbst gepflegte Rechtfertigung ihrer Politik problematisiert. Die Formel des 19. Jahrhunderts, es gehe um die „Hebung der Volksschule" – wie sie vom Deutschen Lehrerverein, dem größten Verein der Volksschullehrer, vorgetragen wird – gerät dann ebenso ins Zwielicht wie die Behauptung, der Kampf um die Gesamtschule diene nur der Realisierung von Chancengleichheit, wie man von der GEW gegenwärtig hören kann. Die Kritiker der Lehrer sehen darin nur Formeln, die das Eigeninteresse der Lehrer an mehr Rechten und Privilegien verdecken sollen.

I.

In dieser hier sehr knapp skizzierten These wird man nicht einfach einen Ausdruck konservativ-reaktionären politischen Ressentiments sehen können, das den Esel – sprich: die Lehrer – schlägt und den Sack – sprich: den legitimen Anspruch auf ein gerechtes Bildungssystem – meint. Solches Ressentiment gibt es sicherlich, und sein Interesse ist eindeutig. Schon die berühmte, wenn auch in ihrer Authentizität umstrittene Rede des preußischen Königs Friedrich Wilhelm IV. von 1849 belegt, daß die Lehrer und die „Afterbildung" der städtischen Seminare als Sündenbock für politische Konflikte dienen können. Die Aschermittwochsrede des preußischen Kultusministers, der die Forderungen der Lehrer desavouiert, indem er sie in die Nähe der Sozialdemokratie rückt – 1880 –, ließ sich ebenso in diesen Kontext einreihen, wie, ganz aktuell, die aus der Position der Privilegierten vorgetragenen Thesen über ‚Mut zur Erziehung'. In solchen Argumenten ist die Parteilichkeit für das Bestehende offenkundig und deshalb leicht zu entkräften. Die sozialhistorischen Aussagen über „Interessenwidersprüche zwischen Lehrern und Arbeiterkindern" sind ernster zu nehmen. H. Giesecke, reaktionärer Neigungen unverdächtig, hat sie deutlich im Kontext der Gesamtschuldebatte ausgesprochen.[1] Er konstatiert, daß der „Fortschritt der Schule . . . doch nur ein solcher der Lebens- und Arbeitsbedingungen der Lehrer" war; daß ihr eigenes, durch die Berufswissenschaft Pädagogik verfestigtes Selbstverständnis dazu führte, daß sie „das proletarische Kind . . . (als) eine Art von beruflichem Eigentum" interpretierten, das die Lehrer benutzten, „um es für ihre interne bürgerliche Emanzipationsstrategie einsetzen zu können." Seit dem ausgehenden 19. Jahrhundert sieht Giesecke diese gravierenden Folgeprobleme einer „totalen Pädagogisierung des kindlichen Lebens": Ausblendung der wirklichen sozialen Lage des Kindes, seiner Bildungsbedürfnisse und berechtigten Emanzipationsansprüche zugunsten einer reformpädagogischen, psychologisierenden Deutung der Volksbildung. Damit sei zugleich die Identität von allgemeinem, rechtfertigungsfähigen Interesse an ‚Volksbildung' und von speziellem Interesse des Lehrers an ‚Hebung der Volksschule' auseinandergebrochen, wie sie Giesecke noch für das Revolutionsjahr 1848 behauptet.

II.

Eine genauere Betrachtung der Lehrerpolitik 1848 kann freilich zeigen, daß schon mit der Konstitution des neuzeitlichen Lehrberufs selbst die Probleme gegeben sind, die Giesecke erst für die gegenwärtigen Verfallsformen politischer Aktivität der Lehrer behauptet. An der

Friedrich Wilhelm IV. in einer Aussprache vor Seminardirektoren und -lehrern im Februar 1849:

„All' das Elend, das im verflossenen Jahre über Preußen hereingebrochen, ist Ihre, einzig Ihre Schuld, die Schuld der Afterbildung, der irreligiösen Menschenweisheit, die Sie als echte Weisheit verbreiten, mit der Sie den Glauben und die Treue in dem Gemüte Meiner Untertanen ausgerottet und deren Herzen von Mir abgewandt haben. Diese pfauenhaft aufgestutzte Scheinbildung habe Ich schon als Kronprinz aus innerster Seele gehaßt und als Regent Alles aufgeboten, um sie zu unterdrücken. Ich werde auf dem betretenen Wege fortgehen, ohne Mich irren zu lassen; keine Macht der Erde soll Mich davon abwendig machen. Zunächst müssen die Seminarien sämtlich aus den großen Städten nach kleinen Orten verlegt werden, um den unheilvollen Einflüssen eines verpesteten Zeitgeistes entzogen zu werden. Sodann muß das ganze Treiben in diesen Anstalten unter die strengste Aufsicht kommen. Nicht den Pöbel fürchte Ich, aber die unheiligen Lehren einer modernen frivolen Weltweisheit vergiften und untergraben Mir Meine Bureaukratie, auf die bisher Ich stolz zu sein glauben konnte. Doch so lange Ich noch das Heft in Händen führe, werde Ich solchem Unwesen zu steuern wissen."

(Die Authentizität der Rede ist umstritten.)
Aus: Michael, B. / Schepp, H.-H. (Hrsg.): Politik und Schule von der Französischen Revolution bis zur Gegenwart. Bd. 1. Frankfurt/Main 1973, S. 313 f.

Lehrerpolitik von 1848 läßt sich zeigen, daß die Bildung eines Lehrerstandes und die Verbesserung seiner sozialen Lage seit Beginn in einem prekären Verhältnis stand zur Bildung des Volkes und der Veränderung seiner gesellschaftlichen Situation. Preußen, voran Berlin, zeigen auch hier deutlicher als andere Länder die bisher ungelösten Schwierigkeiten.

Einerseits, das Jahr 1848 ist und bleibt nicht nur für die gesellschaftliche Entwicklung im Ganzen, sondern auch für die Themen von Volksbildung und Lehrerberuf eine Erinnerung an eine noch einzulösende Zukunft. In den Schriften der Protagonisten der Lehrerbewegung, der Diesterweg, Wander, Kapp oder Thaulow wird das bessere Erbe der bürgerlichen Pädagogik eindrucksvoll vor Augen geführt; und wenigstens für eine kurze Zeit, sicherlich aber für die Ereignisse in Berlin, wird man sagen können, daß sich hier nicht nur die Elite des Berufs mit ihren Problemen, sondern die allgemeinen Fragen von Volksbildung und Lehrerberuf ausdrücken.

Dieses Urteil wird deutlich belegt durch die zu Recht als bedeutsam eingeschätzten Lehrerversammlungen. Neben der Gründungsversammlung eines Allgemeinen Deutschen Lehrervereins – 1848 in Eisenach – zählt die Versammlung der Lehrer auf dem Tivoli in Berlin zu den bemerkenswertesten Zeugnissen bildungspolitischer Aktivität der Lehrer. In der von einem späteren Kritiker verfaßten Beschreibung wird noch der Aufbruchscharakter, die revolutionäre Bedeutung dieser Versammlung erkennbar: „Ihrer 600 eilten da, als noch die blutigen Wellen durch Deutschland schäumten, auf den Kreuzberg zu, wie die Sturmvögel durch das tosende Meer.“[2]

Diese Versammlung am 26.4.1848 sorgte dafür, daß der „Einfluß des Geistes der Hauptstadt“[3] sich nicht auf die Hauptstadt beschränkte, sondern die Diskussionen bis in die Frankfurter Nationalversammlung mit beeinflussen konnte. Die zentralen Aussagen dieser Versammlung waren vorbereitet worden durch einen Aufruf des Berliner Seminarlehrers Hintze. Parallel mit Hintze, wenn auch nicht mehr in seiner Sprache, forderten die Lehrer als Ausdruck der gesellschaftlichen Umwälzung auch eine entsprechende Veränderung des Erziehungssystems der Nation, d.h. eine Reorganisation der Behörden, der Schulen, der Lehrerausbildung und der Lehrerverhältnisse. „Intellektuelle und moralische Bildung des Volkes und segensreiche Wirksamkeit für den Lehrer“ – das war für die Lehrer nur mehr vorstellbar, wenn ein einheitliches, staatliches, unentgeltliches Schulwesen eingerichtet würde, das in Stufen aufeinander folgend – und insofern mit den Absichten der heutigen Gesamtschulbefürworter vergleichbar – den gesamten Bereich der Schuleinrichtungen bis zur Universität umfassen sollte. Einheitlichkeit des Bildungssytems galt ihnen auch als Gestaltungsprinzip der Bildung aller Lehrer. Schon um den „Kastenunterschied“ zwischen den Lehrern zu beseitigen und die Gleichwertigkeit aller Bildungsgänge auszudrücken, sollten an einem „Zweig der zu erweiternden Universität“ alle Lehrer ihre theoretische und praktische Ausbildung erhalten. Dieser Plan der Berliner Lehrer auf dem Tivoli schließt auch schon – durchaus im Bewußtsein der Folgeprobleme der ‚großen Industrie‘ – vorschulische Erziehung ein, wenn er vorschlägt, „Kleinkinderbewahranstalten“ mit den Volksschulen zu verbinden. Sogar die Bildung der Frauen und Mädchen wird zum Thema gemacht, freilich mit der männerspezifischen Reserve, daß „zu deren Leitung die Frau der Natur nach nicht geeignet sein kann“.[4]

Dem großen umfangreichen Plan und seinen Begründungen ist auch ein Neun-Punkte-Katalog von Sofortmaßnahmen beigegeben:

„1. Sofortige Entfernung der Geistlichen von der Schulaufsicht und damit zusammenhängend sofortige Einberufung von Schulinspektoren aus dem Lehrerstande.
2. Sofortige Aufnahme der Lehrer in den Schulvorstand.
3. Begründung von regelmäßigen Konferenzen zur theoretischen und praktischen Fortbildung der Lehrer unter Leitung der Schulinspektoren.
4. Trennung des Rektorats vom Pfarramte.
5. Befreiung des Lehrers vom Küsterdienst.
6. Sofortige Aufhebung der geheimen Konduitenlisten.
7. Sofortige Aufhebung des Gesetzes, nach welchem die Lehrer auf administrativem Wege ihres Amtes entsetzt werden können.
8. Möglichst schnelle Verbesserung der Lehrergehälter auf das angesetzte Minimum, mit besonderer Berücksichtigung der Stellen, auf denen ein Emeritus ist.
9. Augenblickliche Aufhebung der Landschulkassen zum Besten der Lehrer und der Erben derer, die dadurch beeinträchtigt worden sind.“[5]

Diese Sofortmaßnahmen zeigen deutlicher als der große Plan, an welchen Stellen den Lehrern unmittelbar und verständlicherweise zuerst der Schuh drückte: Bei den elenden materiellen Verhältnissen, die kaum das Existenzminimum abdeckten – da war eine Gehaltsforderung zwischen 250 und 400 Talern berechtigt –, bei der fachfremden, theologisch-kirchlichen Aufsicht ihrer praktischen Arbeit in den Schulen, bei der politischen Kontrolle ihres privaten und amtlichen Lebenswandels in den Konduitenlisten, bei der Versorgung ihrer Nachkommen.

III.

Diese auf dem Hintergrund der sozialen Lage der Lehrer und der politischen Kontrolle des Bildungssystems verständlichen Forderungen führen aber auch zur anderen Seite der Lehrerpolitik. Es scheint nämlich kein Zufall, daß in den Sofortmaßnahmen von der Gesamtthematik des nationalen Erziehungssystems, vom Volk und seiner Bildung gar nicht mehr die Rede ist. Die Bildung des Lehrers und die Verbesserung seiner Lage treten eindeutig in den Vordergrund. Für die Lehrer in Berlin mag das als politisch-taktische Maßnahme seine guten Gründe gehabt haben; in den Folgediskussionen der Nationalerziehungspläne und hier besonders auf „dem platten Lande" zeigt sich – neben der Fraktionierung innerhalb der Lehrerschaft – ein weiterer Grund für diese Enthaltsamkeit. Die Lehrer hatten nämlich mit dem wirklichen Volk erheblich mehr Schwierigkeiten als mit ihren Vorstellungen vom Volk, wie sie in den Plänen enthalten sind. In ihrer Tätigkeit in der Volksschule hatten die Lehrer das Volk nämlich keineswegs nur als bildungswilliges Publikum der Schulen erlebt, sondern zunächst einmal als den resistenten Steuerzahler, den die Schullasten drückten, als Kritiker der Lehrer, dem sie Standesdünkel vorwarfen, und als Agenten des Staates, der den Schulzwang mit durchsetzte. Nicht nur scheinheiligen Fabrikherren, die um billige Arbeitskräfte fürchteten, auch den Eltern des gemeinen Volkes, denen mit der bedrohten Kinderarbeit Einkommen zu entgehen drohte, war der Lehrer als Repräsentant der Pflichtschule ein nur wenig geliebter Agent des Staates. Die Forderung der Lehrer wiederum, die Schule als Staatsanstalt einzurichten, hat auf diesem Hintergrund auch den Sinn, von den widerspenstigen Gemeinden und ihren Bewohnern unabhängig zu werden: „Der Gemeinde die Schule allein in die Hand geben, hieße wahrlich, der Schule den Todesstoß versetzen. Das Volk in Masse ist noch zu wenig gebildet, hat zu wenig Interesse für die höhere Bildung seiner Kinder, sondern hängt zu sehr am materiellen."[6]

Es zeichnet die Lehrer aus, daß sie trotz der bis dahin erfahrenen sozialen Randstellung die historische Bedeutung einer allgemeinen Volksbildung noch erkennen und auch in der Verstaatlichung der Schule die politische Möglichkeit zur Veränderung des Erziehungssystems festhalten – trotz der schlechten Erfahrungen, die sie auch hier gemacht hatten. Schon vor der Revolution war innerhalb der Lehrerschaft die Begründung für den Schulzwang ja deutlich ausgesprochen worden: „Der Schulzwang ist jetzt das einzige Mittel, welches der Staat als Obervormund der armen Volksjugend anwendet, um ihr ihre Kindheit und Menschlichkeit zu retten, und sie gegen Habsucht der Reichen und die Sklaverei der Noth zu schirmen."[7]

Es spricht andererseits für wenig bildungspolitisch-strategisches Geschick, die Gemeinden, besonders die Eltern, für den Transformationsprozeß fast ganz zu ignorieren. Ein entsprechender Antrag – der einzige seiner Art! – einen „Gemeindefamilienrath unter Vorsitz des Lehrers" einzurichten fand auf der Provinzialkonferenz in Merseburg bei den Lehrern keine Mehrheit.[8] So hinterlassen die Beschlüsse der Lehrerversammlungen den gleichen Eindruck wie Schriften der zeitgenössischen Pädagogen, deren Verhältnis zu den Massen D. Kerbs knapp so charakterisierte: „Man braucht sie, aber man verachtet sie."[9]

Für die politische Strategie der Lehrerbewegung insgesamt wird diese Distanz vom Volk – gepaart mit einem idealistischen Volksverständnis – in den 48er Kämpfen dann ebenfalls signifikant. Nicht anders als das Bürgertum insgesamt verspricht sich auch der Lehrerstand insgesamt die Erfüllung seiner Forderungen dann doch eher vom Staat als von revolutionären Aktionen mit dem Volk. Innerhalb der Lehrerschaft können dann auch bald Protagonisten einflußreich werden, die für ein Zusammengehen mit dem Staat plädieren, den Lehrern Bescheidenheit und das Verbleiben in ihrem Lebenskreis empfehlen und für Kompromisse eintreten. Das Scheitern der Revolution macht dann allen hochfliegenden Plänen sowieso ein Ende. Für die Lehrer kehrt wieder der schlechte Alltag ein. Neben dem Spott der wiedererstarkten Reaktion, neben politischer Kontrolle und Überwachung, dem Verbot allgemeiner Vereine bringt dieser Alltag auch – in den Stiehl'schen Regulativen von 1854 – innerhalb der Lehrerbildung und der Gestaltung der Schulen genügend Einsicht in das, was die rechten Lehrervertreter ‚realistische Politik' nannten. Diesterweg, der 1848 die Berliner Lehrer rühmte, daß sie „überhaupt in der neuen Zeit, wie ganz Berlin, die Initiative ergriffen haben und vorausgegangen sind"[10], muß bei der Herausgabe seines Jahrbuchs 1850 feststellen, daß gerade bei den Lehrern in Berlin die „Verschüchterung am größten" ist.[11]

Friedrich Adolph Wilhelm Diesterweg (1790–1866)

IV.

Nimmt man die Entwicklung der politischen Organisationen der Lehrer bis 1933, dann hat anscheinend die Mehrheit der Lehrer aus den Erfahrungen von 1848 zunächst den Schluß gezogen, daß das Bündnis mit dem Staat unverzichtbar ist. Das schließt zwar liberale, mehr und mehr auf Aufstiegsdenken orientierte ‚Einheitsschulpläne' nicht aus, schließt aber – für die Mehrheit der Lehrer – auch nicht das politische Bündnis mit der Arbeiterbewegung ein. Der politische „Weg in die Anpassung" und die berufspolitische Orientierung am eigenen Stand, seinen Rechten und Privilegien wird dann auch für liberale Volksschullehrer die zentrale Perspektive. Zu diesem Konzept der Lehrerverbände gehörte es schließlich auch, daß sie gesellschaftliche Probleme in Berufsprobleme umdefinieren und die Bildungsfragen ihrer Schuljugend, statt sie als gesellschaftlich verursachte zu begreifen, pädagogisch wenden und innerhalb der Bahnen des gegebenen oder nur modifizierten Bildungssystems als Aufstiegsprobleme behandeln. Statt mit den Problemen des Volkes schlägt man sich dann mit Konzepten volkstümelnder Bildung herum.

Die andere, die alternative Lehre der 1848er Lehrerbewegung ließ sich freilich nicht ganz unterdrücken: Die seit dem frühen 20. Jahrhundert existierende gewerkschaftliche Bewegung innerhalb der Lehrerschaft, immer eine kleine radikale Minderheit, hält daran fest, daß Bildungsprobleme allein im gesellschaftlichen Kontext angemessen diskutiert werden können. Trotz vieler Fraktionskämpfe innerhalb dieser Lehrerbewegung ist damit auch für die Theoriebildung innerhalb der Erziehungswissenschaft zugleich die Einsicht bewahrt worden, daß nicht erst im Klassenzimmer, im Verhältnis von Lehrer und Schüler oder gar in privaten reformpädagogischen Inseln sich das Bildungsproblem entscheidet, sondern gerade für das ‚Volk' primär auf der Ebene der Organisation des gesamtstaatlichen öffentlichen Bildungssystems. Zumindest diese richtige Perspektive darf auch die Gesamtschulkritik nicht verschütten. Dem landläufigen Vorurteil zum Trotz kommt eben nicht alles auf den Lehrer an. Das mindert freilich nicht seine unmittelbaren Handlungsprobleme und den damit immer naheliegenden Weg, in ‚Sofortmaßnahmen' das Heil zu suchen. Das soll auch nicht verdecken, daß in der Erfahrung der Schüler und generell zwischen den Schulverhältnissen des 19. Jahrhunderts, die den Lehrer zum Prügelpädagogen fast nötigten, und gegenwärtigen inneren Reformen zu Recht eine Differenz besteht, die Sofortprogramme rechtfertigen kann. Wenn es heute wie 1848 so einfache Lösungen für das allgemeine Interesse an Volksbildung gäbe, dann wären auch diese Fragen einfacher zu diskutieren. Und was die Rolle des Lehrers angeht, da ist man vor Überraschungen nie sicher: „Ich hatte schlechte Lehrer" – sagt A. Astel – „das war eine gute Schule". *Heinz-Elmar Tenorth*

Anmerkungen

1 Giesecke, H.: Bildungsreform und Emanzipation. München 1973. S. 67, 75, 79, 67.
2 Superintendent Hupe in: Pädagogischer Jahresbericht für Deutschlands Volksschullehrer, Hrsg. von K. Nacke, 4(1849), S. 3.
3 Pädagogischer Jahresbericht, a.a.O., 3(1848), S. 348.
4 Die Tivoli-Beschlüsse sind abgedruckt bei König, H. (Hrsg.): Programme der bürgerlichen Nationalerziehung in der Revolution von 1848/49. Berlin/DDR 1971. S. 115, 123, 124, 122, 120.
5 Ebd., S. 127 f.
6 Pädagogischer Jahresbericht, a.a.O., 4(1849), S. 37.
7 Pädagogischer Jahresbericht, a.a.O., 3(1847), S. 389.
8 Pädagogischer Jahresbericht, a.a.O., 4(1849), S. 88.
9 Kerbs, D.: Die ästhetische Erziehung und das ‚niedere Volk'. In: Zeitschrift für Pädagogik 24(1978), S. 735.
10 Diesterweg, F.A.W.: Sämtliche Werke, Hrsg. von D. Deiters u.a. Bd. VII. Besorgt von R. Hohendorf. Berlin/DDR 1964. S. 379.
Das Zitat verdanke ich der Einleitung zu H. König, Programme der bürgerlichen Nationalerziehung, a.a.O.
11 Diesterweg, F.A.W.: Jahrbuch für Lehrer und Schulfreunde. 1(1850), S. VI.

Weiterführende Literatur

Keiner, E./Tenorth, H.E.: Schulmänner – Volkslehrer – Unterrichtsbeamte. In: Internationales Archiv für die Sozialgeschichte der Literatur 1980. S. 287–311.
Meyer, F.: Schule der Untertanen. Hamburg 1976.
Stöhr, W.: Lehrer und Arbeiterbewegung. Entstehung und Politik der ersten Gewerkschaftsorganisationen der Lehrer in Deutschland 1920 bis 1933. Marburg 1978.

Preußens Schulen sind besser
Urteile ausländischer Beobachter aus der ersten Hälfte des 19. Jahrhunderts

I.

Sozial- und Wirtschaftsgeschichte ist nie an und für sich studiert worden, sondern um den politischen Lauf der deutschen Geschichte zu klären. Deshalb neigt man dazu, alle Institutionen nur in Beziehung zur autoritären Natur des damaligen Regimes zu sehen und sie fast ausnahmslos als Stützen der herrschenden anti-demokratischen Kräfte zu interpretieren. Während die Forschung vor dem ersten Weltkrieg die deutsche Vergangenheit unkritisch glorifizierte, besteht heute durch die Bank weg die Tendenz, sie zu verdammen.

Eine parallele Entwicklung hat in der westlichen Erziehungsgeschichte stattgefunden. Wurde vor einem oder zwei Jahrzehnten die Ausbreitung von Elementarerziehung im 19. Jahrhundert in Großbritannien und Amerika als ein Mittel für Demokratie und soziale Mobilität positiv interpretiert, so ist die Stoßrichtung der gegenwärtigen Forschung z.B. über amerikanische und britische Erziehung, die Schulpflicht als einen Mechanismus sozialer Kontrolle zur Indoktrination von Kindern hervorzuheben. Auch wird die Schulerziehung der Vorbereitung für die eintönige industrielle Arbeit zugeordnet und ihre Nützlichkeit für den Staat bei der nationalen Integrierung einer zunehmend urbanisierten und ethnisch disparaten Bevölkerung hervorgehoben.

Ähnlich wird heute auch über Preußen geurteilt. So betont z.B. Eugene Anderson, daß die preußische Volksschule den Massen nur eine minimale, gerade für Militärdienst und Steuereinziehung hinreichende Lese- und Schreibfähigkeit eingebläut habe und kennzeichnet die Volksschule als einen sozialen Trennungsmechanismus, da sie die Schüler nicht auf das Gymnasium vorbereitet habe.[1]

Bernhard Schwenk stößt sich daran, daß kontroverse politische Themen im Klassenraum vermieden wurden und die Pädagogik der Zeit keine freie Meinungsäußerung zuließ, die die Schüler zu einer von ihren Lehrern abweichenden Schlußfolgerung hätten bringen können.[2]

Am Ende einer intensiven Untersuchung von Schulen in Preußen, Baden und Württemberg kommt Douglas Skopp zu der Einschätzung, daß vor allem in Preußen die Schule „Bastion der sozialen Ordnung" und „Instrument sozialer Kontrolle" gewesen sei.[3]

Hartmut Titze ist in seiner Einschätzung noch kompromißloser und sieht in dem Schulsystem „die erste Gesinnungsdiktatur in Preussen"[4], die dazu dienen sollte, die Privilegien der Eliten zu bewahren und die Kosten der Armenfürsorge durch die Schaffung einer Industriebevölkerung zu senken. Was die liberalen Pläne von Süvern und Diesterweg betrifft, so tut er diese ab, weil sie keine Durchsetzungschance unter dem autoritären und den Ideen menschlicher Gleichheit feindlichen Regime gehabt hätten. Im gleichen Sinne folgert Folkert Meyer, die Hauptaufgabe der preußischen Volksschule sei es gewesen, die „geschichtslosen Massen zu integrieren" und die zukünftigen Staatsbürger ausschließlich in ihre Pflichten einzuüben – sie auf eine Untertanenrolle zu reduzieren.[5]

II.

Preußen war der erste größere Staat, der die Schulpflicht einführte, der seine Lehrer in 42 pädagogischen Seminaren ausbildete, als anderswo solche kaum existierten, und in dem die Lese- und Schreibfähigkeit trotz seiner ökonomischen Rückständigkeit außerordentlich weit verbreitet war. Dieser Tatsache wird gegenwärtig wenig Gewicht beigemessen. Ebenso wird übersehen, daß der Schulalltag nicht unbedingt immer mit den Wünschen des autoritären Herrschaftssystems übereinstimmte – immerhin ist es möglich, daß konservative Intentionen zu sehr wenig konservativen Endprodukten führen. Daß dies übersehen wird, mag daran liegen, daß die Kritiker sich auf Pläne, Absichtserklärungen und die Memoranden von Ministern statt auf die eigentliche Alltagspraxis, d.h. die konkrete Realität in den Schulen beziehen.

Ein weiterer Grund für eine andere Einschätzung der preußischen Volksschule ist die bedeutende Rolle, die die Volksschullehrer in der Revolution von 1848 gespielt haben.

In vielen Gemeinden dienten Lehrer wegen ihrer Fähigkeiten als Sekretäre revolutionärer Komitees. Verschiedene große, mit der Revolution sympathisierende Lehrerversammlungen fanden im Laufe des Jahres 1848 statt, auf denen Petitionen verabschiedet wurden, die deutlich machten, daß preußische Lehrer nicht bloße Automaten waren, die den Willen der preußischen Eliten ausführten. Seit der Berliner Lehrerversammlung im April 1848 auf dem Tivoli umfaßten die Forderungen folgendes: Alle Schulen hätten frei zu sein und müßten vom Staat statt von religiösen Trägern verwaltet werden. Lehrer müßten an Universitäten ausgebildet werden. Es sollten öffentliche Kindergärten eingerichtet und Komitees von Lehrern und Bürgern gewählt werden, um die Leitung der einzelnen Schulen zu überwachen. Kirchliche und staatliche Würdenträger wurden ausgebuht und gezwungen, das Rednerpult zu verlassen. Diesterweg, der in Moers und Berlin Seminardirektor gewesen war, trat für ein staatliches und demokratisches Schulsystem in einem demokratischen vereinten Deutschland ein. Im reaktionären Nachspiel zur Revolution stachen die Lehrer besonders unter denen hervor, die inhaftiert, ins Exil gezwungen oder denen Berufsverbot erteilt wurde.

Die politische Reaktion war im Erziehungswesen besonders scharf, da die Behörden bemerkten, daß ihre früheren Bemühungen um die Schaffung gehorsamer Lehrer nur in einem sehr oberflächlichen Sinne Erfolg gehabt hatten.

Nach meiner Einschätzung gründen die neueren Kritiker der preußischen Volksschule ihre Argumente auf ziemlich moderne und idealistische Maßstäbe, die sie auf das frühe 19. Jahrhundert anwenden, anstatt darauf, was in Preußen machbar oder sogar in jeder Nation zu dieser Zeit praktikabel gewesen wäre. Indem sie allein das betonen, was nicht durchgesetzt wurde, ignorieren sie das fortschrittliche Potential des Erreichten.

Ich versuche im folgenden zu einer realistischeren Beurteilung der preußischen Volksschule zu kommen, in dem ich ausländische Berichte über sie untersuche. Mit dieser Methode internationalen Vergleichs hoffe ich, einige der Irrtümer zu vermeiden, die ich oben angedeutet habe – und ich hoffe, ein besseres Verständnis der Faktoren zu erlangen, die die Form der Massenerziehung bestimmten. Der internationale Vergleich ist der einzige Forschungsansatz, der letztlich das Paradox lösen kann, weshalb das liberale England ein so rigides undemokratisches Schulwesen hervorbrachte, während das hierarchische Deutschland ein wesentlich offeneres entwickelte.

III.

Die Quellen, die ich untersucht habe, sind Produkt einer plötzlichen und weit verbreiteten Betonung der Elementarerziehung in der ersten Hälfte des 19. Jahrhunderts.

In *England* wurden parlamentarische Kommissionen berufen, um sich mit dieser Frage zu beschäftigen, und sowohl die anglikanische Kirche wie auch die Dissidentenkirchen begannen, ein ausgedehntes Netz von Schulen zu finanzieren. In *Amerika*, besonders in Massachusetts, wurde Erziehung mit der Berufung von Horace Mann zum Vorsitzenden der Erziehungsbehörde als Problem akzeptiert. In den *deutschen Staaten* waren die ersten Jahrzehnte des 19. Jahrhunderts die formenden Jahre der Volksschule. In *Frankreich* setzte der französische Premierminister Guizot in Bewunderung der deutschen Initiative 1833 ein Gesetz durch, das die Elementarerziehung erweiterte. Eine Form dieser explosiven Verausgabung von

Eduard Sack, radikaler demokratischer Kritiker der preußischen Volksschule, nimmt 1883 Stellung zu den Berichten, die im Ausland über das preußische Volksschulwesen veröffentlich wurden:

Großen Wert legt man gewöhnlich auf die Berichte von Ausländern, welche deutsche Schulen, oft im Auftrage ihrer Regierungen, besuchten. Ich habe wiederholt Gelegenheit gehabt, solche Reisende kennen zu lernen und zu sehen, wie sie das Material zu ihren Berichten sich beschaffen. In die Schulen auf dem Lande und den kleinen Städten kommen sie fast gar nicht; es müßte denn sein, daß in einem fern ab von der großen Heerstraße liegenden Winkel etwas Apartes zu sehen wäre. Wollen sie irgend welche Schulanstalten aus eigener Anschauung kennen lernen und namentlich dem Unterrichte beiwohnen, dann müssen sie die Erlaubnis dazu von der Behörde erbitten. Die Behörde hat dann in der Regel die Freundlichkeit, dem Fremden diejenigen Schulen zu bezeichnen, in denen er das für seinen Reisezweck oder seinen Auftrag Erforderliche finden könne. Sie hat ferner die Freundlichkeit, den betreffenden Direktoren mitzuteilen, ein Fremder, der ihre Schulen kennen zu lernen wünsche, werde sie besuchen. Selbstverständwird dieser überall nach seinem Karakter empfangen und geleitet. Dabei ist's gewiß bloßer Zufall, wenn von der Behörde stets nur solche Schulen empfohlen werden, auf die sie sich etwas einbildet."

Aus: Sack, E.: Über den Ruhm der deutschen Volksschule. In: Die Neue Zeit, 1. Jg. (1883), S. 161

Energie bestand in ausgedehnten Studienreisen, die Erzieher und Gelehrte in andere Länder unternahmen, um ausländische Triumphe und Fehlschläge einzuschätzen und so Verbesserungen in ihrem eigenen System anzuregen. Diese Vorläufer der heutigen Jet-Set-Erziehungsmanager verbrachten irgendwo drei bis zwölf Monate mit dem Besuch von Klassenzimmern. Erkundigungen bei Lehrern und Rektoren und zuweilen mit Interviews von Eltern. Unter den prominenteren Besuchern befanden sich aus Amerika Horace Mann, Henry Barnard, Calvin Stowe und Alexander Bache, aus England Joseph Kay-Shuttleworth, Mark Pattison, Matthew Arnold und aus Frankreich Victor Cousin. Ihre Beobachtungen wurden im Detail festgehalten und in ihren Heimatländern gedruckt. Im Falle von Mann und Cousin wurden die Bücher auch im Ausland veröffentlicht.

Gegen diese Quellen können verschiedene Einwände erhoben werden. Einige der Autoren könnten beschuldigt werden, daß sie fremde Systeme nur als Druckmittel benutzten, um erwünschte Veränderungen in ihrem eigenen Lande durchzusetzen; anderen könnte man Preußenfreundlichkeit vorwerfen, obwohl das vor 1870 eine seltene Krankheit war. Ernsthafter jedoch ist der Einwand, diese Aussagen als die von Befürwortern sozialer Kontrolle abzutun, die in Preußen neue und bessere Methoden zur Perfektionierung ihrer Techniken suchten. Nach der sorgfältigen Lektüre dieser Werke bin ich nicht der Meinung, daß diese Einwände gerechtfertigt sind. Wenn überhaupt etwas klar ist, dann betrachteten die meist progressiven, wenn nicht gar republikanischen Autoren das autoritäre Preußen mit großem Mißtrauen. Immerhin kamen sie mit offener und interessierter Geisteshaltung auf den Kontinent, und sie besaßen als Lehrer, Inspektoren und Administratoren einen großen Erfahrungsschatz. Der Wert ihrer Äußerungen besteht für den Historiker darin, daß sie konkret sind, daß sie auf Erfahrungen im Unterricht statt auf einer Untersuchung von Absichtserklärungen beruhen, und daß sie außerdem im Bewußtsein des Vergleichs mit den Schulen in ihren eigenen politisch fortgeschritteneren Nationen gesammelt wurden.

Fast alle Beobachter kommentieren die umfassende Ausbildung, die die preußischen Lehrer in den 42 Seminaren erhielten, die zur einheitlichen Qualifizierung der Lehrer eingerichtet worden waren.

Joseph Kay war beeindruckt, daß ein Land mit solch kargen Ressourcen so viele Institutionen finanzieren konnte. Victor Cousin kommentierte die ungewöhnliche Verbindung von spartanischer Disziplin, geistiger Freiheit und der Liebe zu Wissenschaft und Literatur. Die Ausbilder erhielten von ihm Komplimente dafür, daß sie den Geschmack und die Manieren ihrer recht ländlichen Studenten erfolgreich verfeinerten.[6] Lemuel Stephens vom Girard College in Philadelphia teilte dem Vorsitzenden des Pennsylvania Board of Education seine Bewunderung für die pädagogischen Methoden preußischer Erzieher mit, die er auf die in Seminaren und Lehrerkreisen zirkulierenden Zeitschriften zurückführte.[7] Calvin Stowe, der von dem neuen Staat Ohio den Auftrag erhalten hatte, europäische Schulen zu studieren, entwarf das Bild eines idealen Systems und schrieb über Preußen: „Das oben beschriebene System ist kein visionärer Entwurf, der aus der Kammer eines Einsiedlers stammt, sondern ein Entwurf einer Richtung der Lehre, wie sie jetzt von tausenden von Lehrern tatsächlich in den besten Kreisschulen, die je organisiert wurden, verfolgt wird ..., wenn man das in Preußen machen kann, kann man das auch in Ohio machen, das weiß ich."[8]

Mark Pattison von der Universität Oxford brachte nach seiner Untersuchung des deutschen Erziehungswesen für die Newcastle-Kommission seine Überraschung darüber zum Ausdruck, daß die Seminare sich bemühten, das Wissen und Verständnis des Studenten zu vermehren, anstatt die Gedächtnisleistung zu steigern.[9] Alexander Bache, der Preußen im Auftrag des Girard College in den späten dreißiger Jahren des letzten Jahrhunderts besuchte, kommentierte die Wertschätzung, mit der man Lehrern, trotz ihres kümmerlichen Gehalts gewöhnlich entgegenkam.[10] Mann war von der Gelehrsamkeit der Lehrer beeindruckt, die, wie er wiederholt beobachtete, auf Übungsbücher während ihres Unterrichts verzichten konnten. Er bewunderte den Enthusiasmus und den Eifer der Lehrer ebenso wie das von ihm erlebte Experiment, die Kinder in die einzelnen Klassenzimmer entsprechend Alter und Fähigkeit aufzuteilen.[11]

Zusammenfassend kann gesagt werden, daß die Besucher in Preußen den Eindruck gewannen, daß die Elementarschullehrerausbildung ernst genommen wurde, und daß es einen Kern von gut ausgebildeten Lehrern mit einem Sinn von Professionalismus gab, der aus Seminaren stammte, in denen man Pestalozzis pädagogische Methoden neben Didaktik, Psychologie und Anthropologie studierte. Diese positiven Reaktionen sind nicht überraschend, wenn man sich klar macht, daß noch 1891 75 % der amerikanischen Lehrer ihre Ausbildung mit der allgemeinbildenden high school bereits abgeschlossen hatten. Von 2206 Lehrern in New York City hatten 1868 nur 267 eine über die high school hinausgehende Aubildung genossen. Nach einer zeitgenössischen Schätzung konnte 1838 ein gelernter Arbeiter 400 Dollar verdienen, ein ungelernter 200, ein Lehrer in Massachusetts 114, in New York 72 Dollar und in Pennsylvania noch weniger.

In den Elementarschulen New Yorks war es nicht ungewöhnlich, wenn Kinder ihre Lektionen in den Sand schrieben, um die Ausgabe für den Kauf von Papier zu vermeiden. Viele englische und amerikanische Schüler wurden immer noch von Helfern, das sind gute Schüler der Oberklasse, unterrichtet – eine Praxis, die die Preußen schon zu Beginn des 19. Jahrhunderts abgelehnt hatten. In beiden Ländern war die Unterrichtung von Kindern immer noch so etwas wie eine Nebenbeschäftigung, von der man nicht annahm, daß sie eine formale Vorbereitung erforderte.

IV.

Angesichts der eindeutigen Memoranden von Kabinettsmitgliedern über die Notwendigkeit, gefügige Untertanen zu schaffen, würde man nicht erwarten, Belege über die Aufforderung zu kritischer Geisteshaltung in den Schulen zu finden. Auch die Besucher, die sich des preußischen Despotismus wohl bewußt waren, erwarteten nicht viel in dieser Hinsicht. Ihr eigenes Erstaunen, ja sogar Erschrecken wird deutlich, wenn sie in ihren Schriften die Ermutigung zur Meinungsfreiheit bezeugen. Als 1843 George Combe an Horace Mann schrieb, um ihn auf das vorzubereiten, was ihm in Berlin begegnen würde, sagte er voraus, daß ein paar Jahre mehr der Schulausbildung, wie er sie in Preußen gesehen hatte, „zu der Entwicklung von freien Institutionen führen wird".[12] Mann kam mit dem gleichen Eindruck zurück und versuchte die Lehrer in seinem eigenen Heimatstaat davon zu überzeugen, daß preußische Kinder „unterrichtet würden, um für sich selbst zu denken".[13] Er sagte voraus, daß die Schulerziehung, die er beobachtet hatte, schließlich zu der Forderung nach einem verfassungsmäßigen Staatswesen führen würde. Bache fand ein System vor, daß wie er meinte, zu sehr geistige Tätigkeit zum Nachteil praktischer Ausbildung fördere. Henry Barnard, ein führender amerikanischer Erzieher, staunte darüber, daß die Lehrer darauf aus waren, mehr als bloße Lesefähigkeiten zu vermitteln, und sich um die volle Entwicklung vom Geist und Körper bemühten.[14] Die von Pestalozzi inspirierte preußische Volksschulpädagogik des Vormärz werte tendenziell auch das in England und Amerika vorherrschende mechanische Lernen ab, um echtes Verstehen beim Kinde zu fördern. Dieses System des rein mechanischen Auswendiglernens bei militärischer Disziplin wurde von den angelsächsischen Lehrern wegen der damit verbundenen Kostenersparnis beständig angepriesen. 1844 veröffentlichten 31 Lehrer einen Essay über Erziehung, in dem es hieß: „Da nun Furcht als natürlicher Begleiter von Schwäche und Abhängigkeit, besonders in der Kindheit, überwiegt, sollten wir sie ausnutzen und guten Zwecken dienstbar machen. Aber wenn wir den Gebrauch von Furcht für die Erreichung von Gehorsam zulassen, müssen wir folglich auch den Gebrauch der Strafe zulassen." Physischer Schmerz „hat seine eigene Geltungssphäre ... während Menschen und Kindern dennoch menschlich bleiben."[15] Diese Worte stammen nicht aus der Feder von preußischen Einpaukern, sondern sind die Antwort von Lehrern aus Boston auf Horace Manns Beobachtung, daß in zahlreichen preußischen Schulen, die er besucht hatte, körperliche Züchtigung selten stattfand. Er hatte auch nie Angst auf den Gesichtern der Kinder gesehen und keine Lehrer getroffen, die Spott, Sarkasmus oder Tadel benutzten, wenn die Schüler in ihrer Arbeit Fehler machten. Die ungläubigen Lehrer aus Boston zweifelten die Wahrhaftigkeit der Berichte Manns an. Wenn dieser Zweifel noch heute, nach 135 Jahren, besteht, so war doch Mann zu seiner Zeit mit diesem Urteil nicht allein. Vielleicht wurden die Besucher von Potemkinschen Dörfern getäuscht. Dennoch drehten sich ihre Erklärungen um den abgeklärten Professionalismus der Lehrer, deren pädagogische Ausbildung eifrige und engagierte Schüler zum Ergebnis hatte. Insbesondere Payne fand, daß sich die Schüler nicht, wie in England, Tagträumen hingaben, und führte dies auf den Verzicht von Lehrmethoden zurück, die auf mechanischem Auswendiglernen beruhten.[16]

V.

Als die Beobachter aus England, Frankreich, und den Vereinigten Staaten sich daran machten, die Erziehung preußischer Kinder mit dem zu vergleichen, was sie von zu Hause gewohnt waren, fiel das Urteil einhellig aus. Kay konnte nicht verstehen, warum seine Nation, „mit der wohlhabendsten und aufgeklärtesten Aristokratie, der reichsten und einflußreichsten Kirche und der unternehmungsfreudigsten Mittelklasse die Ignoranz der Mehrheit der Bevölkerung" weiterhin duldete. Er sah das preußische Schulwesen als nachahmungswürdiges Modell an.[17] Friedrich Engels, sicherlich kein Freund Preußens, war entsetzt über die Betonung von Auswendiglernen, Dogmatismus und Sektiererei in englischen Schulen im Gegensatz zu denen in Deutschland und kam zu der Schlußfolgerung, daß „die englische Bourgeoisie so kurzsichtig und engstirnig in ihrem Egoismus ist, daß sie sich noch nicht einmal die Mühe macht, den Arbeitern die gängigen Moralvorstellungen einzutrichtern."[18] Bache befand in den dreißiger Jahren die englischen Schulen amerikanischer Nachahmung unwürdig, und Mann, der Preußen und Sachsen an die Spitze der Rangfolge internationaler Erziehung setzte, relegierte England zusammen mit Rußland und der Türkei an das Ende.[19] Harkort, preußischer Industrieller und Bewunderer Englands auf vielen Gebieten, wunderte sich über die englische Behandlung der Kinder „als eine barbarische Kolonie statt als aufgeklärte Teile eines zivilisierten christlichen Staates."[20] Payne beklagte, daß das zu Hause angestrebte Ziel in Preußen die alltägliche Realität sei. In Deutschland habe er echte Erziehung kennengelernt, die sich von der bloßen Unterrichtung in England abhebe. Arnold schrieb mit Begeisterung und Bewunderung über das, was er in Preußen kennengelernt hatte.[21]

Der Franzose Cousin und der Amerikaner Bache wichen nicht von diesen Urteilen ab. Cousin fragte sich, ob nicht die Zeit gekommen sei, wo Frankreich in Deutschland statt in England nach einem Modell Ausschau halten solle. Bache berichtete seinen akademischen Gönnern, daß sein Aufenthalt in Deutschland der ertragreichste Teil seiner Reise gewesen sei und gab den Ratschlag, daß die preußischen Schulen „genauso gut in einer Republik wie in einer Monarchie Anwendung finden könnten."[22] In Übereinstimmung damit sah Stephens im preußischen Erziehungswesen einen „strengen Tadel" für die kurzsichtigen und bequemen Lösungen, die man in Amerika versucht hatte. Trotz seiner demokratischen Institutionen verurteilte Mann Massachusetts wegen eines Schulwesens, in dem „man das Kind lehrte, *nicht zu denken*!"[23] E.C. Wines, ein Erzieher aus Pennsylvania, schloß widerwillig: „Auch einiges Gute kann aus Nazareth kommen. Lassen wir uns nicht die abscheuliche Beschränktheit zuschulden kommen, es abzulehnen, das wirklich Ausgezeichnete gutzuheißen und nachzuahmen, nur weil es zufälligerweise von Monarchisten anstatt von Republikanern ausgeht."[24]

Die Kombination einer despotischen Regierung mit einem vernünftigen Ausbildungskonzept bezeichnete er als „außerordentliches Schauspiel".

VI.

Das preußische System resultierte aus Handlungen von oben, und seine Befürworter wollten eindeutig eine gefügige Bevölkerung. Ein darauf zurückzuführendes Ergebnis ist, daß die Lesefähigkeit der Volksschulabgänger ziemlich dürftig waren. Auch kam Preußen überhaupt nicht an den enormen Ausstoß von Flugschriften des späten georgianischen England heran, wo – trotz ihrer Unzulänglichkeit – private städtische Schulen aufgrund der öffentlichen Nachfrage in Blüte standen. Ebensowenig besteht Zweifel darüber, daß die Pläne radikaler Reformer wie Diesterweg und Süvern für ein auf Gleichheit beruhendes System nicht durchgesetzt wurden; eine soziale Grundlage für ein egalitäres Schulwesen bestand zu der Zeit noch nicht. Aber die Betonung dessen, was nicht geschah, verstellt den Blick auf die echten Leistungen des verwirklichten Systems. Wenn Lesefähigkeit, wie einige Anthropologen behaupten, die kritische Trennlinie zwischen linearem und nicht-linearem Denken ist, dann hat Preußen durch die gesetzliche Einführung der Schulpflicht einen großen Schritt in Richtung Modernisierung gemacht. Es war wesentlich progressiver, massenhafte Lesefähigkeit zu verlangen, als die Bevölkerung, wie in Rußland, in Ignoranz zu lassen, auch wenn die Intentionen auf größere soziale Kontrolle abzielten. Das Ausmaß der pädagogischen Debatte war in Preußen weitaus größer als in England, wo eine klassengebundene Ausbildung als unabdingbar galt, und wo niemand, der Diesterwegs Ideen vertreten hätte, eine Zuhörerschaft gefunden hätte.

Es wäre in der Tat richtig, Preußen als den Vorläufer eines Großteils dessen anzusehen, was heute unter Modernisierung der Erziehung verstanden wird, vergleichbar der Rolle Englands bei der Industrialisierung. Insbesondere hinsichtlich der Professionalisierung des Lehrerberufs (der Ersetzung von Amateuren durch gut ausgebildete Fachleute) wurde in Preußen Pionierarbeit geleistet, die im Laufe des 19. Jahrhunderts in Amerika und Großbritannien Nachahmer fand.

In Preußen bestand zwischen dem politischen und dem Erziehungssystem von 1819 bis zum Nachspiel der gescheiterten Revolution eine strukturelle Diskontinuität. Henry Barnard beendete seine Beobachtungen über Preußen mit der Voraussage, daß entweder die Schulen einen radikalen Wandel der politischen Institutionen bewirken oder das umgekehrte eintreten würde.[25] Unglücklicherweise für Deutschlands Zukunft erwies sich die letztere Alternative als die durchsetzungsfähigere: mit der Einführung der Stiehlschen Regulative 1854 gewann die ultrakonservative Richtung die politische Oberhand in Preußen. *Kenneth Barkin*

Anmerkungen

1 Anderson, E.: The Prussian Volksschule in the 19th Century. In: Ritter, G.A. (Hrsg.): Entstehung und Wandel der modernen Gesellschaft. Berlin 1970. S. 267–281.
2 Schwenk, B.: Unterricht zwischen Aufklärung und Indoktrination. Frankfurt/Main 1974. S. 16.
3 Skopp, D.: The Mission of the Volksschule: Political Tendencies in German Primary Education 1840 to 1870. Diss. phil. Brown University 1974. S. 157.
4 Titze, H.: Die Politisierung der Erziehung. Frankfurt/Main 1973. S. 82.
5 Meyer, F.: Schule der Untertanen. Hamburg 1977. S. 12f.
6 Cousin, V.: Report of the state of public instruction in Prussia. London 1834. S. 206.
7 Zitiert in Barnard, H.: National education in Europe. Hartford, Connecticut 1854. S. 44.
8 Stowe, C.: Report to the Assembly of Ohio in 1837 on Prussian schools. In: Knight, E. (Hrsg.): Reports on European education. New York 1930. S. 307.
9 Pattison, M.: Report on the state of elementary education in Germany. In: The state of popular education in England. Papers of the Newcastle commission 1861. Bd. IV. S. 263.
10 Bache, A.: Report on education in Europe to the trustees of Girard College for orphans. Philadelphia 1839. S. 325.
11 Mann, H.: Reply to the remarks of thirty-one Boston Schoolmasters. Boston 1844. S. 93.
12 Zitiert in Messerli, J.: Horace Mann. New York 1971. S. 405.
13 Mann, a.a.O., S. 83.
14 Bache, a.a.O., S. 250.
15 Mann, a.a.O., S. 104, 129.
16 Payne, J.: A visit to German schools. London 1876. S. 134.
17 Kay, J.: The education of the poor in England and Europe. London 1846. S. 141.
18 Engels, F.: The condition of the working class in England in 1844. London 1892. S. 143f.
19 Mann, H.: Report of an educational tour. London 1846. S. 36.

20 Harkort, F.: Bemerkungen über die Hindernisse der Civilisation und Emancipation der unteren Klassen. Elberfeld 1844. In: Jeismann, K.-E. (Hrsg.): Schriften und Reden zur Volksschule und Volksbildung. Paderborn. S. 88.
21 Arnold, M.: Schools and universities on the continent. London 1868. S. 155.
22 Bache, a.a.O., S. 172.
23 Mann, Reply to the remarks, a.a.O., S. 101.
24 Wines, E.C.: Hints on a system of popular education. Philadelphia 1838. S. 110–115.
25 Barnard, a.a.O., S. 87.

150 Jahre Proletariat und Schule
1827 — Gründung der Kommunal-Armenschule: die ersten öffentlichen Schulen für die sozialen Unterschichten

Der Zusammenbruch der feudalen Großmacht Preußen unter den Schlägen der französischen Bürgerheere von 1806 war durchaus mehr als eine militärische Niederlage. Es war ein ökonomischer, sozialer und moralischer Zusammenbruch, der zum Ausdruck brachte, daß die bürgerliche Warenproduktion sich über das Verlagswesen und die Manufaktur so weit entwickelt hatte, daß der Absolutismus als politische und der Merkantilismus als ökonomische Form den neuen Möglichkeiten der bürgerlichen Produktionsweise und den Bedürfnissen der Menschen längst nicht mehr entsprachen.

Die preußischen adeligen Reformer, die die bürgerlichen Gesellschaften in Europa aus eigener Anschauung kannten und z.T. eingehend studiert hatten, ja sogar – wie jedenfalls Stein – über eigene, eigentlich bürgerliche Praxis in der Verwaltung verfügten, und die die Bedingungen in Preußen in Richtung auf bürgerliche Verhältnisse organisieren wollten, standen dabei vor einer mehrfach widersprüchlichen und schwierigen Situation: Die neuen politischen Möglichkeiten der bürgerlichen Organisation des Landes wurden ihnen immerhin auf den Spitzen ausländischer Bajonette angeboten – und das noch von den Soldaten einer bürgerlichen Gesellschaft, die selbst von der Republik zur napoleonischen Diktatur übergegangen war. Im Land selbst fanden diese Möglichkeiten noch keinen Träger, der bereits hinreichend stark für eine eigene Revolution gewesen wäre, so daß die beabsichtigten Strukturen nur über die Organe des Staates, d.h. von oben allgemein durchgesetzt und verankert werden konnten. Der Staat aber war immer noch feudal. Das von den Reformern entwikkelte Modell einer Umwälzung der Verhältnisse von oben konnte insofern nur funktionieren, wenn der König es akzeptierte. Im Klartext: Wenn er in die Forderung nach einer Verfassung einwilligte. Schlimmer noch: Die politische Selbstbestimmung der Nation war nur zu erreichen, wenn man den eingedrungenen Verursacher der neuen Verhältnisse selbst verjagte – was nur mit Hilfe der alten Feudalmächte möglich war, die sich an der Vertreibung Napoleons aber aus ganz anderen Gründen beteiligten.

Jedoch mußte andererseits der König im Interesse der Identifikation der Bürger mit seinen „Befreiungskriegen", die nur ihn selbst von den Bürgerheeren Frankreichs, nicht aber die Bürger von den feudalen Verhältnissen befreiten, wichtige Zugeständnisse im wesentlichen wirtschaftspolitischer Art machen, die die Reformer ihm um so eher abringen konnten, als sie in ihren Anfängen durchaus noch in der Linie merkantilistischer Interessenpolitik lagen und nicht unbedingt als offener Bruch mit dem Feudalismus empfunden werden mußten. Faktisch waren es aber eben diese Zugeständnisse, die durch die Freigabe der Schranken des Manufakturwesens die Vergesellschaftung der Produktion entscheidend vorantrieben, auch nachdem die Reaktion wieder eingesetzt hatte, ja selbst noch dann, als diese jene Zugeständnisse Stück für Stück wieder zurückzunehmen versuchte. Die Dynamik rührte daher, daß die Reformer noch in der Form merkantilistischer Wirtschaftsförderungsmaßnahmen, die sich im Interesse einer ökonomischen und militaristischen Reorganisation des Feudalstaates als unabdingbar erwiesen, diejenigen Bedingungen geschaffen hatten, die den Übergang zur kapitalistischen Produktion unaufhaltsam in die Wege leiteten.

Was die Reformen bewirkten, war eine Tendenz zur massenhaften Trennung der einzelnen Produzenten von ihren Produktionsmitteln: Wer als Handwerker angesichts der Massenarbeitslosigkeit und der gesunkenen Nachfrage infolge überteuerter Mieten erst einmal in den Mietskasernen der Berliner Vorstadt gelandet war, der war dann auch bald gezwungen, sein Handwerkszeug zu versetzen, um überhaupt am Leben zu bleiben. An eine Fortsetzung seiner Existenz als Handwerker war dann aber in der Regel nicht mehr zu denken. Und wer als ehemaliger hand- und spanndienstpflichtiger Bauer sein gesamtes Land hatte abgeben müssen, um sich von den Feudallasten freikaufen zu können, dem blieb – wie auch dem ehemaligen Leibeigenen – als Hoffnung, „sein Glück zu machen", nur noch die Stadt. Hier war die Massenhaftigkeit dieses individuellen Schicksals die Voraussetzung dafür, die Produktionsmittel in Fabriken zu versammeln, d.h. sie in gesellschaftliche Produktionsmittel zu verwandeln und innerhalb der Fabrik einer planmäßig organisierten Arbeitsteilung zu unterwerfen, wie das in Berlin nicht zuletzt die Maschinenfabrik-Gründungen zeigen. Die Industrialisierung setzte jedoch erst gegen Ende der 30er Jahre ein und die mit ihr verbundene gesellschaftliche Organisation der arbeitslosen Armen als Lohnarbeiter entsprechend spät. Von einem Proletariat als Klasse kann man folglich erst danach sprechen. Bis dahin stellte sich das Bildungsproblem daher zunächst für eine soziale Unterschicht in einer im Übergang befindlichen bürgerlichen Gesellschaft.

Allgemeinbildung als Einordnung in diese Gesellschaft bedeutete für die sozialen Unterschichten die Übernahme bürgerlicher Wahrnehmungs-, Denk-, Bewertungs- und Handlungsschemata:

– Die früher als Handwerksgesellen, Leibeigene oder Gesinde vom Heiratsverbot Betroffenen mußten lernen, eine eigene Familie zu gründen, ihre Kinder zu erziehen, auf Sauberkeit, Ordnung, Gesundheit und hinreichende Kleidung zu achten.
– Wer vorher Mitglied eines für ihn sorgenden Großverbandes – sei es die Familie des Handwerkermeisters, oder des Gutsherrn – war, der mußte jetzt lernen, einen eigenen Haushalt zu führen, billig zu wirtschaften, zu sparen, einzuteilen, zu planen, Vorsorge zu treffen.
– Wer sonst auf einer von anderen abhängigen Stelle gewohnt war, daß ihm die notwendigen Arbeitsschritte angewiesen wurden, der mußte jetzt lernen, seine Arbeit selbst zu organisieren. Er mußte die gesellschaftlichen Bedingungen der Arbeit kennen, um Verdienstmöglichkeiten zu finden; mußte sich aktiv um Arbeit bemühen und auch der Möglichkeit von Beschäftigungen unterhalb und außerhalb der eigenen Ausbildung bzw. gewohnten Tätigkeit nachgehen sowie begrenzte Aufträge oder Tagelöhnerarbeit akzeptieren, auch wenn das zunächst außerhalb seiner gewohnten Vorstellungen lag. Vor allem aber mußte er sich daran gewöhnen, auch dann hart und kontinuierlich zu arbeiten, wenn es niemand von ihm verlangte, d. h. er mußte Eigenschaften wie Regelmäßigkeit, Pünktlichkeit und Arbeitsdisziplin entwickeln, kurz: Außenlenkung durch Innenlenkung ersetzen.

Allgemein: Die Menschen mußten lernen, die veränderten Verhältnisse als gegebene zu akzeptieren und sich auf sie einzustellen – „lernen, als Arme ihr Leben zu leben" (Pestalozzi). Sie konnten dies, weil bzw. sofern sie das Ganze dieser Verhältnisse als gottgewollte Ordnung der Welt betrachteten und darin – gemessen an den historischen Möglichkeiten durchaus objektiv – die Lohnarbeit als Form der bürgerlichen Freiheit und Selbstbestimmung bzw. die individuelle Leistung auch für sich als Weise, sich seinen Platz in der Gesellschaft selbst zu erkämpfen, d.h. als Fortschritt begriffen.

Lernten sie also einerseits auf diese Weise und in dieser Zeit schon die Grundvoraussetzungen für die notwendigen Arbeitstugenden sowie Reproduktionsfähigkeiten in der kapitalistischen Produktion und andererseits eine Anschauung vom Ganzen der bürgerlichen Gesellschaft, in der diese als die menschliche Gesellschaft schlechthin erschien, so hatten sie in dieser Bildung doch nicht bloß die Voraussetzung dafür, überhaupt am Leben zu bleiben, sondern zugleich das, was für ihre individuelle Selbstbestimmung in dieser Übergangszeit sowohl notwendig wie auch möglich war.

Die Diskussion um die Einrichtung einer Schule für die Vermittlung einer solchen Bildung an die soziale Unterschicht stieß jedoch auf höchst unterschiedliche Einschätzungen.

Für die *Fabrikherren* bedeutete die Einführung einer öffentlichen Schule und die Realisierung der Unterrichtspflicht den unmittelbaren Verzicht auf die Kinder als billige Arbeitskräfte – für sie Grund genug, in zahlreichen Eingaben gegen die dadurch bewirkte Einschränkung ihrer Konkurrenzfähigkeit zu protestierten.

Aber auch für viele *Eltern* aus der Unterschicht war die Einführung von Schule und Unterrichtspflicht hart, da sie auf die zusätzlichen Einkünfte ihrer Kinder nicht verzichten konnten.

Die *Stadtbürger*, die aufgrund der neuen Städteordnung jetzt auch die Verantwortung für die Regulierung des Armenwesens und die Verwaltung des Schulwesens übernehmen mußten, sahen in erster Linie die zusätzlichen Kosten. Angesichts der hohen Rückzahlungsverpflichtungen, die der Stadt im Rahmen der nach 1806 dem Land Preußen zudiktieren Wiedergutmachungslasten auferlegt wurden, scheuten sie vor den Folgekosten – Bau, Ausstattung und Erhaltung von Schulhäusern, Lehrergehälter und Lehrerausbildung, Aufsicht und Verwaltung usw. – die mit der Übernahme eines öffentlichen Schulwesens auf sie zukommen mußten. Sie mußten erst darauf hingewiesen werden, daß der Verzicht auf schulische Einflußnahme auf die Sozialisation der unter solchen Umständen heranwachsenden Generation die Unkosten in Form von Ausgaben für die Armenunterstützung und die polizeiliche Kontrolle der Vorstädte in wenigstens die gleiche Höhe treiben würde.

Für *Wilhelm von Humboldt*, der im Rahmen der Reformen zunächst die Verantwortung des Staates für die Organisation des Schulwesens und der Universität übernommen hatte und der zur Zeit der Entwicklung seiner Schulpläne – 1807–1809 – das volle Ausmaß der Auswirkungen der Reformen noch gar nicht absehen konnte, waren die von den Reformen Betroffenen in erster Linie vom Feudalismus befreite *Bürger*. Daß sie in Wirklichkeit von der bürgerlichen Produktionsweise abhängige Lohnarbeiter waren oder zu werden im Begriff waren, konnte er noch nicht sehen. Folglich konnte er sich auf sie auch noch gar nicht als auf eine unterhalb der Klasse der Bürger befindliche Schicht von Produzenten ohne Produktionsmittel beziehen, sondern betrachtete sie immer noch als Bürger, d.h. privat autonome Subjekte ihrer individuellen Praxis, deren spezialisierte Teilarbeit für ihn die einzige Ursache der gesellschaftlichen Ungleichheit war. Durch sie allein wurden die Menschen an der Entfaltung ihrer menschlichen Fähigkeiten in ihrer Totalität gehindert. Sein Konzept einer gestuften Einheitsschule zur Vermittlung von allgemeiner Menschenbildung an alle Menschen vor jeder berufsbezogenen Spezialbildung bezog sich daher auf die Menschen als Bürger in der Weise, wie sie es längst nicht mehr alle waren. Eben dadurch aber wurde seine auf konsequente Vermittlung der Befähigung zur verfügenden Teilhabe an der gesellschaftlichen Praxis an alle in für alle gleicher Weise in der gegebenen Situation zur Kritik. Humboldt wurde zum antikapitalistischen Bürger, ohne es zu wollen.

Für *Ludolph Beckedorff,* einen der schärfsten Kritiker und Amtsnachfolger Humboldts, waren die Auswirkungen dagegen bereits voll ersichtlich. Er hätte daher, wollte er sie kritisieren, die sie verursachende Gesellschaft unmittelbar mit kritisieren müssen. Umgekehrt mußte er, sofern er die gegebene Gesellschaft akzeptierte, auch ihre Auswirkungen hinnehmen, ja legitimieren. Er tat dies mit der Auffassung, daß die Menschen von Natur ungleich seien, „und vor allen Dingen der einmal ungleich ausgeteilte Besitz eine natürliche Verschiedenheit unter allen einzelnen begründet" – und präsentierte damit wie auch mit seinen Plänen für eine ständisch gegliederte Schule durchaus die der bürgerlich-kapitalistischen Gesellschaft angemessene Vorstellung von Allgemeinbildung. Obwohl dem Feudalstaat verpflichtet, betrieb Beckedorff so die notwendige Schulpolitik der kapitalistischen Übergangsgesellschaft, selbst gegen die bornierten Stadtbürger und Fabrikherren –, ohne es zu wollen.

Als nach langem Zaudern und langwierigen Auseinandersetzungen 21 Jahre nach dem Zusammenbruch die Kommunal-Armenschule tatsächlich gegründet wurde, geschah dies mit Bezug auf ein quantitatives Argument, das man zum Anlaß nahm: Die in der ersten schulstatistischen Untersuchung in Berlin festgestellte – wenngleich in ihrer Höhe umstrittene – Zahl von und 5000 nicht beschulten Kindern führte dazu, daß 1827 die erste einer in schneller Folge sich anschließenden Reihe von Kommunal-Armenschulen gegründet wurde. Trotz des zufälligen Anlasses und obwohl eher als Maßnahme zur Schließung einer Sozialisationslücke für von der Verwahrlosung bedrohte Kinder einer sozialen Unterschicht gedacht, obwohl also als spezielle Schule für die Armenkinder gegründet, beginnt mit der Kommunal-Armenschule in Berlin die Entwicklung der öffentlichen bürgerlichen Schule für das Proletariat. Ihre Einrichtung bringt zum Ausdruck, daß trotz der Kollision mit vielen Einzelinteressen – sei es der Fabrikherren, der Gutsherren, der Kirche oder auch der Arbeitereltern – die Schule bereits in ihrer Allgemeinheit, d.h. als Vermittlungsinstanz eines – wenn auch klassenspezifisch besonderten – Allgemeininteresses begriffen wurde.

Ihre Übernahme in die Kommunalhoheit machte Kontrolle, Planung und Verwaltung sowohl der Schulen als auch der Lehrerausbildung notwendig. Diese Maßnahmen setzten eigentlich bereits entwickelte Beurteilungskriterien voraus oder zogen sie jedenfalls nach sich und verursachten so die Standardisierung des Schulbetriebs. Dies in Verbindung mit Kontinuität und Regelmäßigkeit und vor allem mit der Verbilligung des Schulbesuchs machte die Kommunal-Armenschulen schnell besser und beliebter als die vorhandenen Privatschulen, die daher bald verdrängt wurden, und bewirkte so auch die reale Verallgemeinerung der Kommunal-Armenschulen. Die Schnelligkeit der aufeinanderfolgenden Neugründungen wie auch ihr Umfang sind deutliche Indizien dafür, was sich u.a. auch im Abwerfen des sie auf die Armen beschränkenden Namens zeigt: Ab 1855 heißt sie Kommunalschule, ab 1863 Gemeindeschule. Die feudale Reaktion konnte diese Entwicklung nicht nur nicht verhindern, sie trug selbst durch ihre Bornierungsversuche noch ein Übriges zu ihrer Durchsetzung bei. Indem sie aus ideologisch-politischer Sorge die staatliche Kontrolle der Inhalte als Bremsinstrument entwickelte, förderte sie eben dadurch die Vereinheitlichung und Konsolidierung der organisatorischen und administrativen Form der Schule und damit ihre Vergesellschaftung.

Die Trennung der Schule vom Leben kollidierte in dieser Zeit – wie wir sahen – durchaus noch mit privaten Interessen, selbst bei Eltern von Armenkindern, solange Kinderarbeit allgemein noch unvermeidbar war. Andererseits ist offenkundig, daß diese Trennung damals mit den Interessen der Kinder übereinstimmte und dies nicht nur negativ sondern auch positiv: Schule war nicht nur der Freiraum und die von erschöpfender Fabrikarbeit freie Zeit, in der man sich ausschlafen und von besseren Zeiten wenigstens träumen konnte, sondern auch die Stätte, an der man Kenntnisse und Fähigkeiten erwerben konnte, mit deren Hilfe man diese besseren Zeiten zwar noch nicht unmittelbar erreichen, aber sich selbst aus den gegebenen miserablen Verhältnissen wenigstens ein Stück weit befreien konnte. Es müßte daher geradezu verwundern, wenn in dieser Zeit – trotz Prügelpädagogik und schlechter Schulverhältnisse – *keine* Zustimmung von Armenkindern zu ihrer Schule bekannt wäre.

Der Inhalt der in der Kommunal-Armenschule vermittelten Allgemeinbildung war trotz ihrer Orientierung am herrschenden Interesse objektiv durchaus noch mit den Interessen der Unterschicht identisch. Dies wurde auch von Eltern widergespiegelt, die sich von der Schule bereits ein besseres Leben für ihre Kinder versprachen, wie Grunholzer berichtet, der um

1827 im Auftrag von Bettina von Arnim die Bewohner der Mietskasernen in der Berliner Vorstadt interviewte. Zwar wurde die vollständige Realisierung auch des bürgerlichen Leistungsprinzips durch die strenge ständische Abschottung der Schulen noch verhindert, da man dessen für das Feudalsystem schädliche Wirkung deutlich erkannte: „Auf diese Weise", so sieht Beckedorff voraus, „kommt dann nach und nach in ein Volk an die Stelle treuer und ruhiger Genügsamkeit und einer rüstigen, fördersamen Berufstätigkeit nur ein irriges, unstetes und veränderungssüchtiges Treiben und eine unbestimmte, unfruchtbare Geschäftigkeit" (zit. n. Herrlitz, 48). Gleichwohl wurde die Schule zu einer anerkannten gesellschaftlichen Institution auch im Lebenszusammenhang des Proletariats, und der reduzierte Inhalt der Allgemeinbildung aufgrund seiner nicht vermeidbaren Allgemeinheit zu einer – wie wir meinen – nicht unwesentlichen bewußtseinsmäßigen Voraussetzung für die aufsehenerregende Entwicklung, die der preußische Staat in der Folgezeit nahm.

Georg Rückriem
Klaus Wiese
Ilona Zeuch

Kapitel II

1900 — die soziale Klassenschule

Einzug der siegreichen Truppen in Berlin am 16. Juni 1871

Nach dem Scheitern der bürgerlichen Revolution 1848 führt Bismarcks „Revolution von oben" zur politischen Einigung der Nation unter kleindeutschem Vorzeichen. Am 18. Januar 1871 wird der preußische König deutscher Kaiser. Berlin avanciert zur Reichshauptstadt.

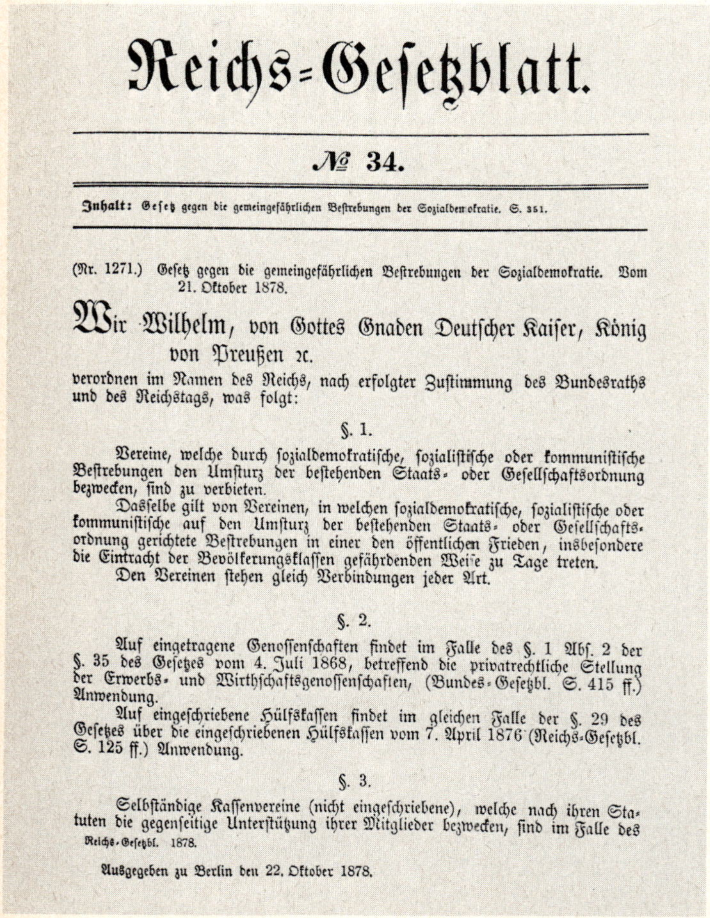

Reichs-Gesetzblatt.

№ 34.

Inhalt: Gesetz gegen die gemeingefährlichen Bestrebungen der Sozialdemokratie. S. 351.

(Nr. 1271.) Gesetz gegen die gemeingefährlichen Bestrebungen der Sozialdemokratie. Vom 21. Oktober 1878.

Wir Wilhelm, von Gottes Gnaden Deutscher Kaiser, König von Preußen ꝛc.

verordnen im Namen des Reichs, nach erfolgter Zustimmung des Bundesraths und des Reichstags, was folgt:

§. 1.

Vereine, welche durch sozialdemokratische, sozialistische oder kommunistische Bestrebungen den Umsturz der bestehenden Staats- oder Gesellschaftsordnung bezwecken, sind zu verbieten.

Dasselbe gilt von Vereinen, in welchen sozialdemokratische, sozialistische oder kommunistische auf den Umsturz der bestehenden Staats- oder Gesellschaftsordnung gerichtete Bestrebungen in einer den öffentlichen Frieden, insbesondere die Eintracht der Bevölkerungsklassen gefährdenden Weise zu Tage treten.

Den Vereinen stehen gleich Verbindungen jeder Art.

§. 2.

Auf eingetragene Genossenschaften findet im Falle des §. 1 Abs. 2 der §. 35 des Gesetzes vom 4. Juli 1868, betreffend die privatrechtliche Stellung der Erwerbs- und Wirthschaftsgenossenschaften, (Bundes-Gesetzbl. S. 415 ff.) Anwendung.

Auf eingeschriebene Hülfskassen findet im gleichen Falle der §. 29 des Gesetzes über die eingeschriebenen Hülfskassen vom 7. April 1876 (Reichs-Gesetzbl. S. 125 ff.) Anwendung.

§. 3.

Selbständige Kassenvereine (nicht eingeschriebene), welche nach ihren Statuten die gegenseitige Unterstützung ihrer Mitglieder bezwecken, sind im Falle des

Reichs-Gesetzbl. 1878.

Ausgegeben zu Berlin den 22. Oktober 1878.

„Sozialistengesetz", 1878

Kaisers Geburtstag, 1905

Eisenwalzwerk, um 1875

Im Verlauf der kapitalistischen Industrialisierung seit der Mitte des 19. Jahrhunderts hatte sich Berlin zur größten Industriestadt Europas entwickelt. Berlin ist Weltstadt. Zwar geben Adel, Hof, Offiziere und Beamte immer noch den Ton an – die eigentlich tragende gesellschaftliche Kraft ist längst die Arbeiterklasse. Die verschärften Interessengegensätze führen zu offenen Auseinandersetzungen zwischen Bourgeoisie und Proletariat.

Arbeiter im Eisenwalzwerk

Die Siemenswerke in Charlottenburg, 1914

Schönebergerstr. 33, Hinterhaus: hier befand sich 1847 bis 1852 die erste Werkstatt von Siemens & Halske

Nach 1860 siedeln sich in Berlin vor allem die arbeitsintensiven Industrien an. Führend unter den Industriebetrieben sind die Maschinen- und die Elektroindustrie. Bedeutung erlangen weiter die Chemische Industrie, die Bekleidungsindustrie und der Fahrzeugbau. Die Firma Siemens, 1847 mit zehn Mechanikern in Berlin gegründet, beschäftigt 1905 4000 Arbeiter. Industrieanlagen und Arbeiterwohnungen dieser Firma bilden um die Jahrhundertwende bereits ein eigenes Stadtviertel. Wie Siemens expandieren viele andere Berliner Großbetriebe: Zwischen 1895 und 1907 wächst allein in der metallverarbeitenden und Maschinenbauindustrie die Anzahl der Betriebe von 230 auf 410 mit insgesamt rund 100 000 Arbeitern. Die Zahl aller Berliner Betriebe steigt im selben Zeitraum um rund 31 500. Die Zahl der Arbeitskräfte steigt fast um das Zehnfache auf rund 350 000.

Buchhaltung bei AEG, 1906

Arbeiterinnen bei AEG, 1914

Konstruktionsbüro bei AEG, 1906

In der modernen Industrie arbeiten nicht mehr nur ungelernte Arbeiter und Handwerker, sondern jetzt auch Kaufmännische Angestellte, technische Intelligenz, zunehmend im eigenen Unternehmen ausgebildete Facharbeiter sowie Frauen. Immer mehr Arbeitsarten und Bevölkerungsteile werden dem kapitalistischen Produktionsprozeß untergeordnet.

Werkstatt bei Siemens & Halske, um 1900

Alexanderplatz, 1906

Pferdebahn, 1865

Schwebebahn (Versuchsstrecke Brunnenstr.), 1907–13

Berlin war nicht nur eine universelle Industriestadt, in der neben Maschinen, Apparaten, Fahrzeugen und chemischen Produkten auch Papier, Tapeten, Möbel, Musikinstrumente, Schmuckwaren, Kautschukwaren, Damenkonfektion, Wäsche, Lederwaren, Geldschränke hergestellt und Bier gebraut wurde. Ebenso ausgeprägt waren die öffentliche und private Verwaltung, das Bankwesen und der Handel, die in Berlin ihr nationales Zentrum hatten. Am Vorabend des ersten Weltkriegs waren die sechs größten Berliner Banken durch ihre Direktoren und Vorstandsmitglieder in 751 Industriegesellschaften vertreten.

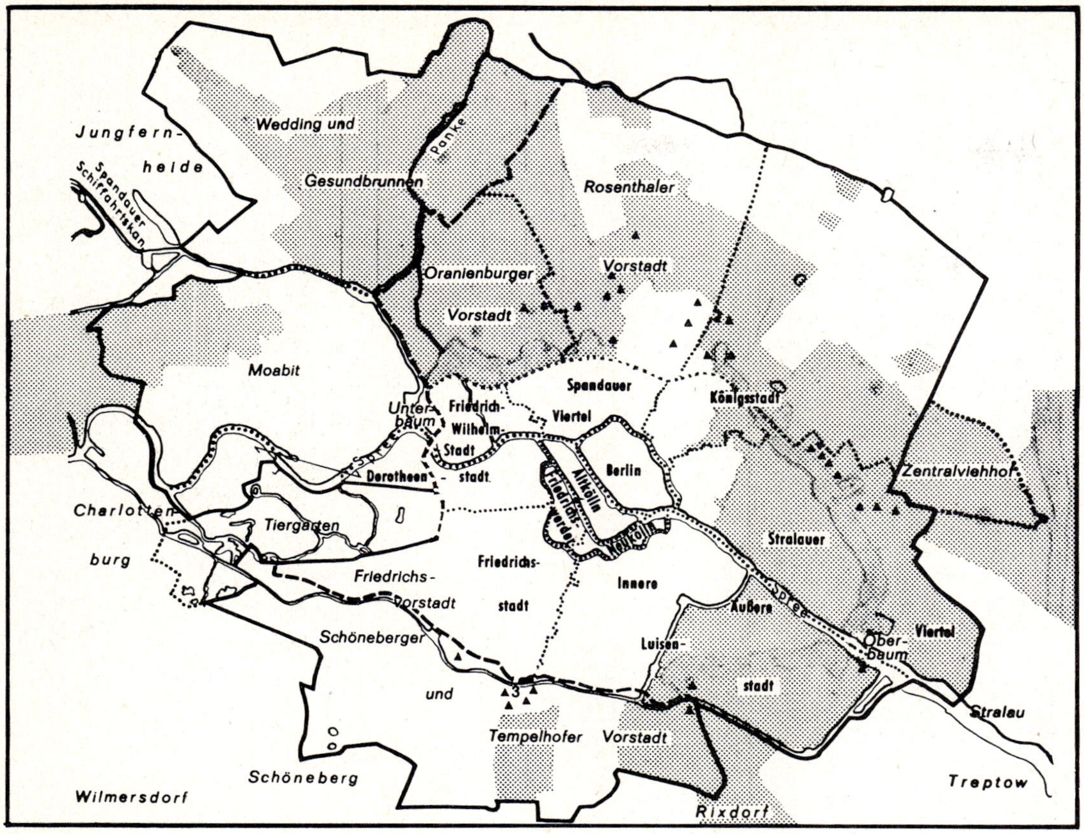

Der Dreiviertel-Ring der Berliner Arbeiterviertel (1900) Stadtgebiete, in denen mehr als 42% der Bevölkerung in Wohnungen mit höchstens einem heizbaren Zimmer (einschließlich Küche!) lebten.

Der Entwicklung des Kapitals folgte der allgemeine Ausbau und die technische Vervollkommnung der Nah- und Fernverkehrsmittel. Täglich pendelten mit Fahrzeiten bis zu zwei Stunden 76000 Berufstätige aus den Vororten zur Arbeit nach Berlin, und 20 000 Berliner fuhren in die Vororte.

Der Wohnungsbau hatte mit der Entwicklung der Stadt nicht Schritt gehalten.

In den Gründerjahren kam es an etlichen Stellen vor den Toren der Stadt zu regelrechten Slumgründungen; sogar auf dem Alexanderplatz wurde ein Barackenlager errichtet, das, weil es dem Repräsentationsbedürfnis der Reichshauptstadt nicht entsprach, mit Polizeigewalt wieder eingerissen wurde.

Arbeiter der Bergmann-Elektrizitätswerke nach Fabrikschluß auf dem Weg zum Vorstadtbahnhof, 1912

Obdachlose in Berlin, 1872

Gewaltsame Zusammenstöße auf dem Opernplatz, 1892

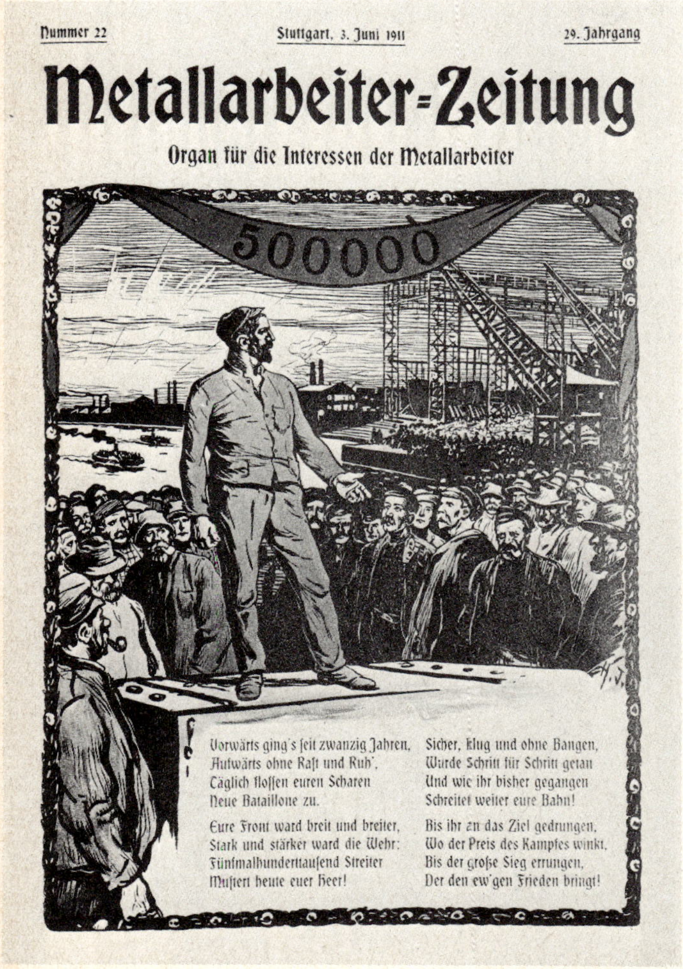

Nummer 22 Stuttgart, 3. Juni 1911 29. Jahrgang

Metallarbeiter-Zeitung

Organ für die Interessen der Metallarbeiter

500000

Vorwärts ging's seit zwanzig Jahren,
Aufwärts ohne Rast und Ruh',
Täglich flossen euren Scharen
Neue Bataillone zu.

Eure Front ward breit und breiter,
Stark und stärker ward die Wehr:
Fünfmalhunderttausend Streiter
Mustert heute euer Heer!

Sicher, klug und ohne Bangen,
Wurde Schritt für Schritt getan
Und wie ihr bisher gegangen
Schreitet weiter eure Bahn!

Bis ihr zu das Ziel gedrungen,
Wo der Preis des Kampfes winkt,
Bis der große Sieg errungen,
Der den ew'gen Frieden bringt!

Metallarbeiter-Zeitung

Obwohl das Proletariat bereits die Mehrheit der Bevölkerung ausmacht, ist es aufgrund des undemokratischen Dreiklassenwahlrechts von politischer Mitbestimmung so gut wie ausgeschlossen. Versuche, mit Hilfe gewerkschaftlicher und politischer Organisationen wenigstens partiell die Interessen des Proletariats durchzusetzen, werden von der Staatsgewalt brutal niedergeschlagen.

Arbeiterinnen-Versammlung, 1890

VIII. Jahrgang. 1893. Nr. 45.

Verlag: Dr. Otto Eysler. Humoristische Wochenschrift. Redaction: Alex. Moszkowski. Marimilian Kraemer. A. Gottwald.

Abonnement pro Quartal Zwei Mark (ohne Porto). Man abonnirt bei allen Buchhandlungen, Postanstalten (Zg.-Nr. 3906) und bei der Expedition: Berlin SW., Charlottenstraße 11.

Die „Hebung" des Mittelstandes.

(Zur Dreiklassenwahl.)

Warum gilt ein Reicher bei den preußischen Wahlen mehr als hundert Unbemittelte?
Aus schwerwiegenden Gründen!

Karikatur auf das Dreiklassenwahlrecht, 1893

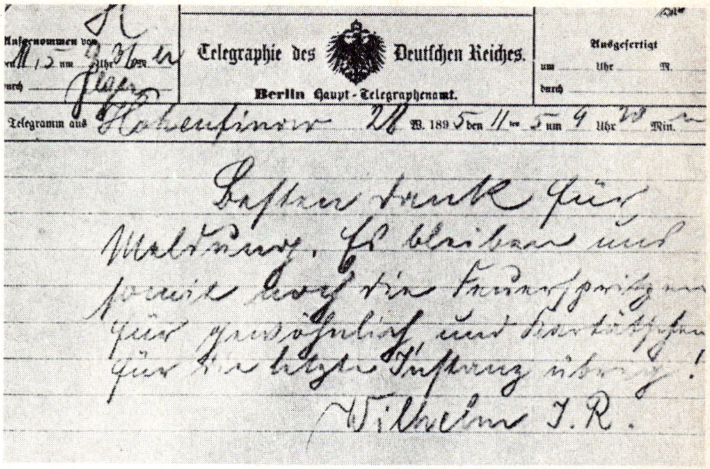

Telegraphie des Deutschen Reiches.
Berlin Haupt-Telegraphenamt.

Angenommen von ... durch ...
Ausgefertigt um ... Uhr ... M. durch ...

Telegramm aus Hohenfinow ... W. 1895 den 11. 5. um 9 Uhr ... Min.

Besten Dank für Meldung. Es bleiben uns sonst noch die Feuerspritzen für gewöhnlich und Kartätschen für die letzte Instanz übrig!
Wilhelm I.R.

Offenes Telegramm Wilhelms II. vom 11. Mai 1895 an den Reichskanzler

Wilhelm Liebknechts Begräbnis, 12. August 1900

Verhaftung eines Streikpostens in Moabit, 1910

Mietskasernen

Wohnungen des Mittelstands

Auch im Wohnungsbereich vergrößern sich die Gegensätze zwischen arm und reich. Dementsprechend prägt sich der Charakter der Stadtteile immer deutlicher aus: Der Norden und Osten der Stadt wird zum Standort der Fabriken, Werkstätten und elenden Arbeiterquartieren; in der Innenstadt konzentrieren sich Büros, Restaurants und Geschäfte; die südlichen und westlichen Stadtteile sind bevorzugte Wohngebiete der besseren Leute.

Wohnungen der Reichen

Pferdestall des Adels

Kellerwohnung, bestehend aus Stube und Küche, 1912

Weil jetzt auch der Wohnungsbau ausschließlich profitorientiert betrieben wird, verbessert sich trotz der immensen Vergrößerung der Stadt die Wohnsituation der Unterschichten weder quantitativ noch qualitativ. So liegen z.B. um die Jahrhundertwende allein 26000 Wohnungen im Keller. Viele von ihnen grenzen an enge und lichtlose Hinterhöfe. 3/4 Millionen Menschen leben in Ein- bzw. Zweiraum-„Wohnungen" mit bestenfalls *einem* heizbaren Raum. Die Einraumwohnungen sind mit 6–13 Personen belegt. Noch fast 30000 Familien beherbergen Schlafgänger oder Untermieter. 2/3 aller Volksschüler haben kein eigenes „Bett". Die Masse der Arbeiter verdient höchstens 100 Mark im Monat; Zusatzverdienste von Frauen und Kindern sind daher notwendig. Etwa 200000 Arbeiter erreichen nicht einmal das Existenzminimum. Zur selben Zeit kostet eine Zweizimmerwohnung schlechtester Qualität im 4. Stock eines Weddinger Vorderhauses um 30 Mark im Monat. „Quartalsumzüge" gekündigter Mieter gehören um Stadtbild. In den Arbeitervierteln des Nordens und Ostens liegt die Säuglingssterblichkeit bei 22%, in den westlichen Stadtvierteln z.T. unter 10%.

Vielköpfige Familie, 1907

Quartalsumzug

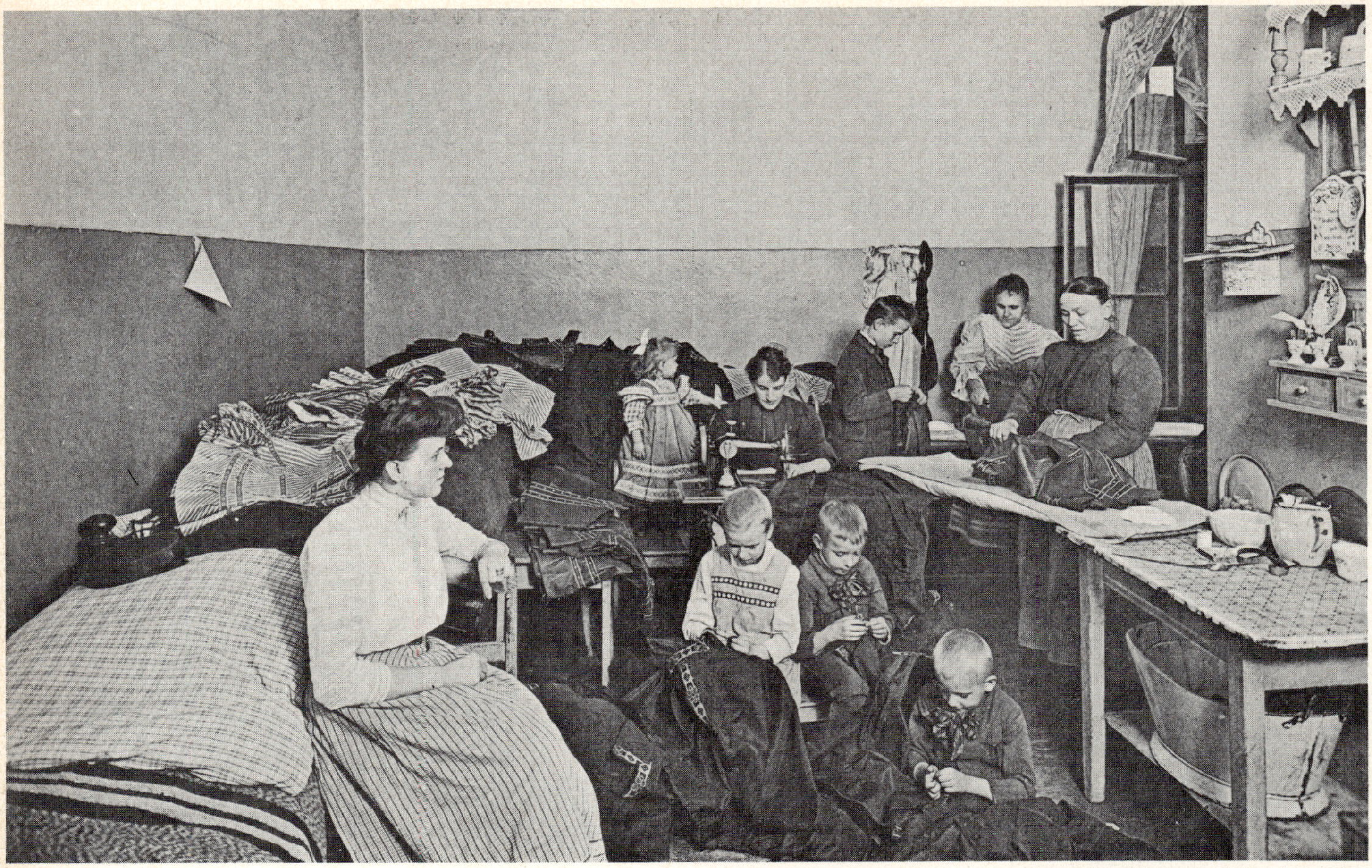

Schürzenkonfektion in Heimarbeit, 1911

Zigarrenherstellung in Heimarbeit, 1910

Vom Lohn des Vaters allein können die kinderreichen Arbeiterfamilien nicht leben. Mutter und Kinder müssen regelmäßig zum Familieneinkommen beitragen. Um 1907 setzt sich das durchschnittliche Familieneinkommen eines ungelernten Arbeiters von insgesamt 1738 Mark jährlich folgendermaßen zusammen:

Arbeitslohn des Vaters	1324 Mark (75%)
Nebenerwerb des Vaters	32 Mark (3%)
Zuverdienst der Mutter	133 Mark (8%)
Zuverdienst der Kinder	46 Mark (3%)
Untervermietung	83 Mark (5%)
Sonstige Einnahmen	112 Mark (7%)
Naturaleinnahmen	18 Mark (1%)

Die Ausgaben derselben Familie im Jahr verteilen sich auf:

Lebensmittel	52 %
Wohnung	18 %
Kleidung	11 %
Heizung und Beleuchtung	4 %
Geistige und gesellige Bedürfnisse	3,5%
Vor- und Fürsorge	3,1%
Gesundheit und Körperpflege	1,3%
Schulgeld und Unterrichtsmaterial	0,4%

Nicht einmal 2 % des Einkommens verbleiben für Ersparnisse und Schuldentilgung. Familienmitglieder mit regelmäßigem Einkommen erhöhen das Familienbudget und ermöglichen eine bescheidene, aber spürbare Steigerung des Lebensstandards.

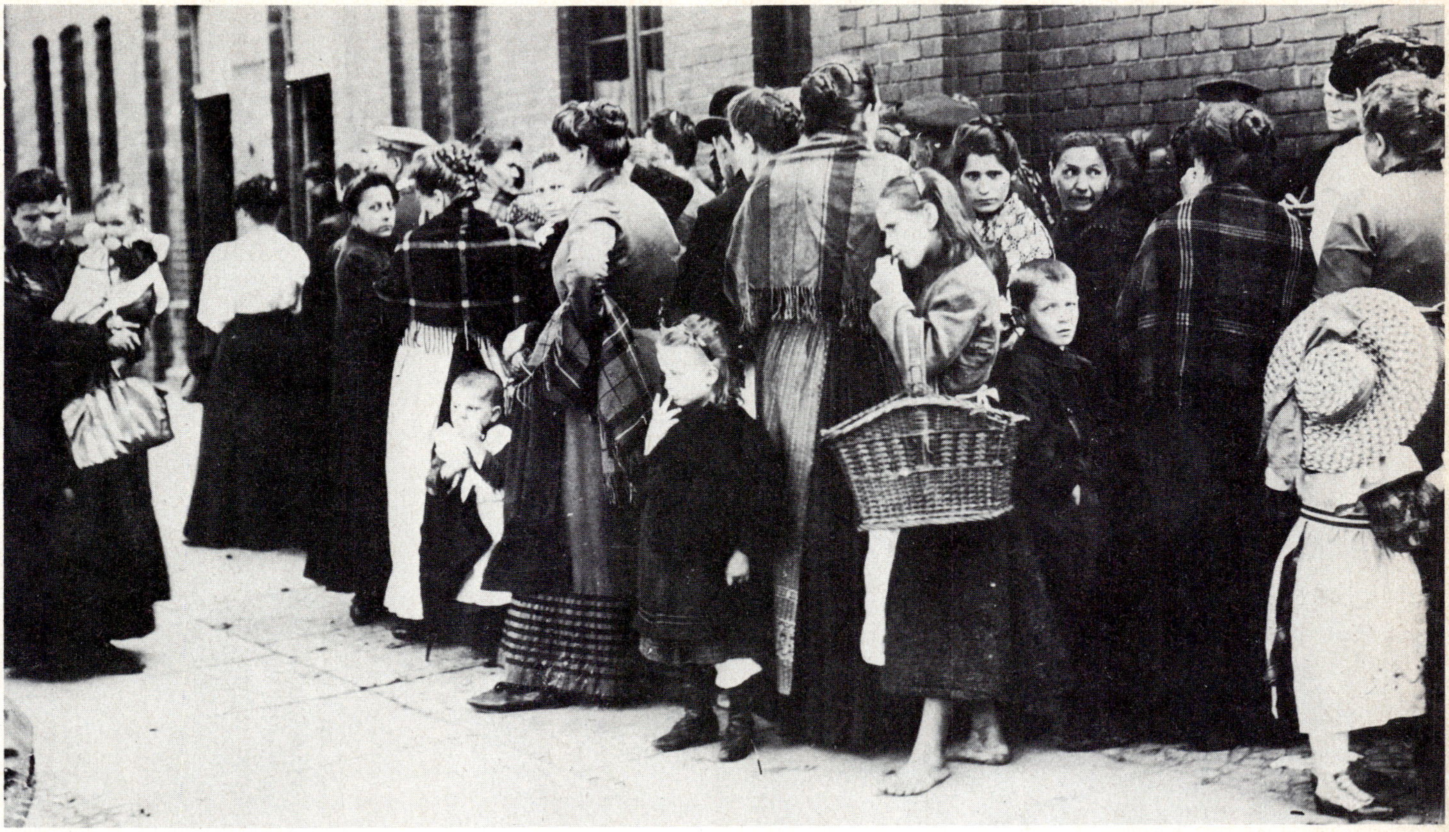

Lebensmittelnot in Berlin: Schlange vor der Freibank, 1910

Kinder beim Markentausch am Belle-Alliance-Platz, 1913

Hoffest

Sonntagnachmittag im Schrebergarten

Kinder vor der Knobelsdorff-Brücke in Charlottenburg, um 1900

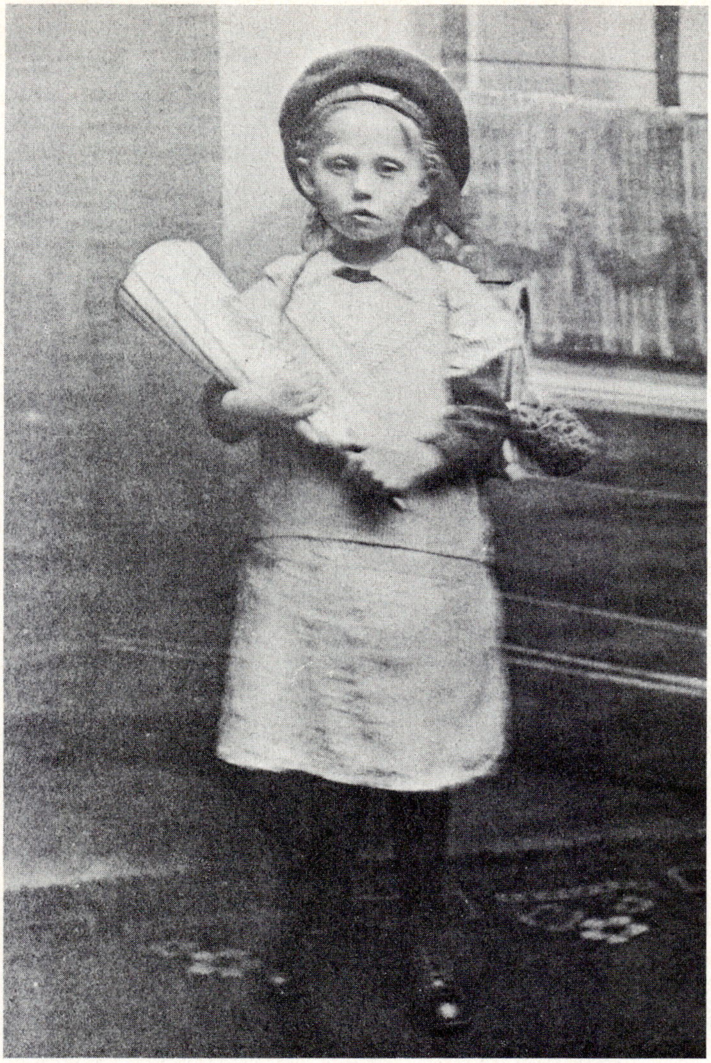

Gemeinde-Schülerin

Gymnasiast

Um 1900 ist aus der zweiklassigen Kommunal-Armenschule die achtklassige Gemeindeschule geworden, die von Kindern aller sozialer Schichten besucht wird und kostenlos ist. Sie hat die privaten Elementarschulen so gut wie verdrängt. Wer es sich leisten kann, nimmt sein Kind nach der vierten Klasse von der Gemeindeschule, um es auf eine schulgeldpflichtige Mittel- oder höhere Schule zu schicken. Schon das Schulgeld versperrt den Arbeiterkindern diesen Weg. Im Jahre 1900 gehen von den mindestens 11000 Arbeiterkindern eines Altersjahrgangs ganze 74 Knaben auf eine Mittelschule, und von diesen erwerben ca. 34 die mittlere Reife. Nur etwa fünf Arbeiterkinder machen das Abitur.
Bis auf verschwindend geringe Ausnahmen verbringen also die Arbeiterkinder ihre Schulzeit auf der Gemeindeschule. Doch auch hier schafft es noch nicht einmal ein Drittel, die letzte Klasse abzuschließen.

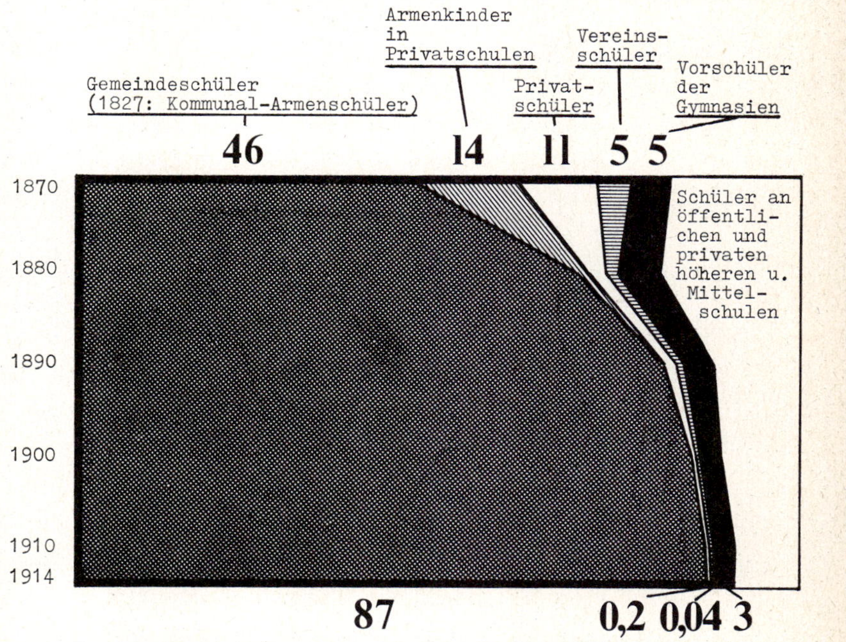

Zunahme des Anteils der in Gemeindeschulen unterrichteten Schulpflichtigen in Berlin 1870-1914 (in Prozenten)

1890 wird die letzte Privat-Elementarschule aufgelöst. Innerhalb von weniger als 70 Jahren ist aus einer Schule für die Minderheit am untersten Ende der sozialen Hierarchie die Schule der Bevölkerungsmehrheit geworden

Gemeinde-Schule in der Genthiner Str. (Tiergarten), um 1900

Unterrichtssituation, 1914/15

Klassenphoto (198. Gemeinde-Schule)

Die Lernbedingungen der Arbeiterkinder haben sich seit 1827 deutlich verbessert. Auch wenn im Jahr 1900 die Richtfrequenz in den ersten beiden Klassen noch bei 69 Schülern liegt, so sind insgesamt die Klassen im Durchschnitt nur noch mit 50 Schülern belegt – das sind 30% weniger als 1827.

Mädchen und Jungen werden nach wie vor getrennt unterrichtet.

1906 sind bereits ein knappes Fünftel des Lehrerkollegiums Frauen – 1827 durften sie Mädchen lediglich in Handarbeit unterrichten.

Lehrerkollegium einer Gemeinde-Schule

Die erste Schulrektorin in Berlin, Margarete Frist, um 1912

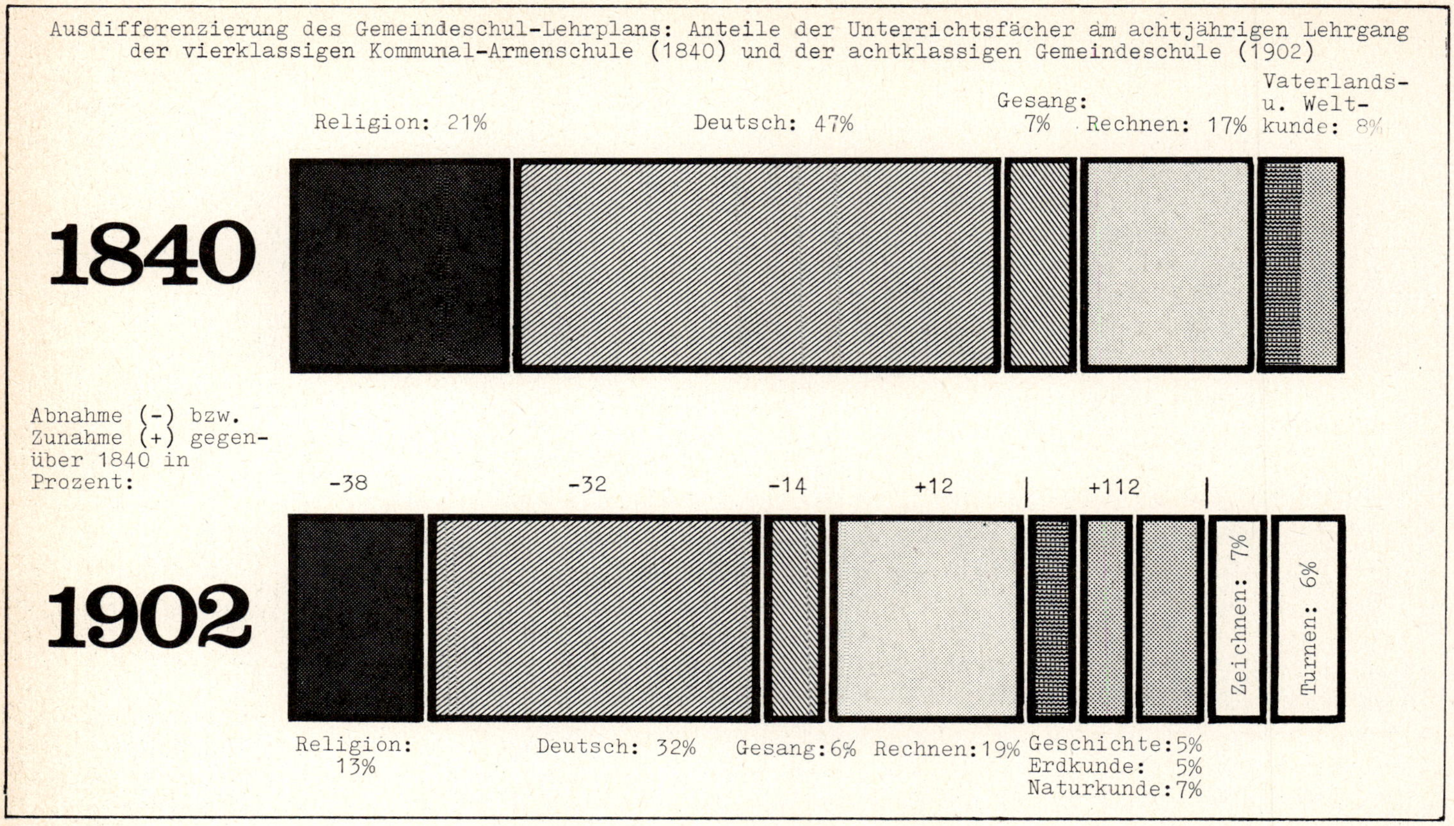

Arbeiterkinder lernen nicht das Gleiche wie Bürgerkinder: Religion ist der wichtigste Unterrichtsstoff; Kaiserverehrung und Militarismus gehören ebenso wie Hetze gegen die Sozialdemokratie zum Unterricht. Parieren und Auswendiglernen sind wichtiger als Zweifeln, Fragen und Problemlösen. Trotzdem: Niemals zuvor konnten Arbeiterkinder in der Schule so viel Wissen erwerben!

Berlin, den 18. Oktober 1890.

Seine Majestät der König haben am 1. Mai 1889 nachstehende Allerhöchste Ordre an das Staatsministerium zu erlassen geruht.

Schon längere Zeit hat Mich der Gedanke beschäftigt, die Schule in ihren einzelnen Abstufungen nutzbar zu machen, um der Ausbreitung sozialistischer und kommunistischer Ideen entgegenzuwirken. In erster Linie wird die Schule durch Pflege der Gottesfurcht und der Liebe zum Vaterlande die Grundlage für eine gesunde Auffassung auch der staatlichen und gesellschaftlichen Verhältnisse zu legen haben. Aber Ich kann Mich der Erkenntnis nicht verschließen, daß in einer Zeit, in welcher die sozialdemokratischen Irrthümer und Entstellungen mit vermehrtem Eifer verbreitet werden, die Schule zur Förderung der Erkenntnis dessen, was wahr, was wirklich und was in der Welt möglich ist, erhöhte Anstrengungen zu machen hat. Sie muß bestrebt sein, schon der Jugend die Ueberzeugung zu verschaffen, daß die Lehren der Sozialdemokratie nicht nur den göttlichen Geboten und der christlichen Sittenlehre widersprechen, sondern in der Wirklichkeit unausführbar und in ihren Konsequenzen dem Einzelnen und dem Ganzen gleich verderblich sind. Sie muß die neue und die neueste Zeitgeschichte mehr als bisher in den

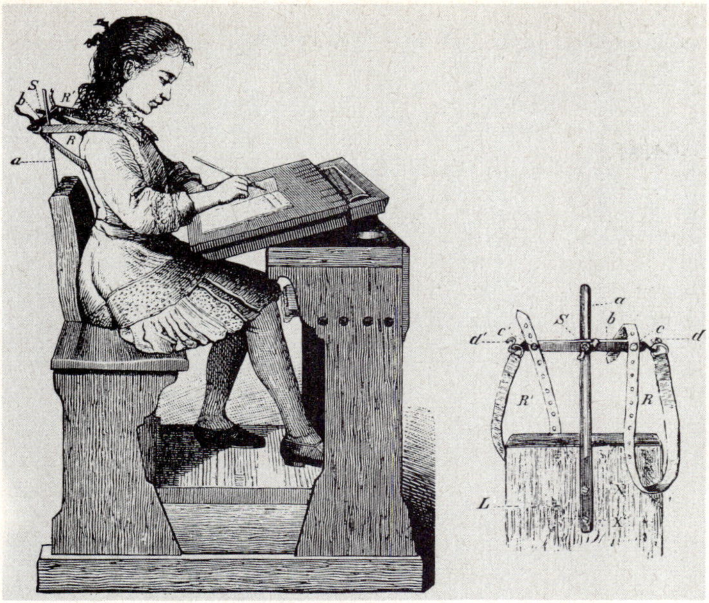

„Ein neuer Geradehalter für Schulkinder“ (Zeitschriften-Annonce)

Auch wenn in der Gemeindeschule der Unterricht hauptsächlich als starrer Frontalunterricht durchgeführt wird, in dem fast ausschließlich der Lehrer das Wort hat und die Schüler sich nur passiv verhalten dürfen, gibt es bereits Ansätze, die autoritäre Lehrform zu überwinden. Einzelne Lehrer beginnen, dem – wie sie es nannten – Formalismus und Schematismus der alten Lern- und Buchschule neue Unterrichtsinhalte und Methoden entgegenzusetzen. Ihr Unterricht sollte lebensnah, lebendig und interessant sein. Die neue Pädagogik wollte vom Kind ausgehen und ihm durch Selbsttätigkeit das Lernen erleichtern.

Karikatur auf die Prügelstrafe:
Inspektor, die Klasse betretend: „Um Gottes willen, was machen Sie denn?“ Religionslehrer: „Ich bereite den Boden für die Aufnahme von Gottes Wort!“
(aus: Der wahre Jacob, 1905)

Unterrichtssituation in der Charlottenburger Arbeitsschule, um 1915

Unterricht an der Schreibmaschine, ebendort, um 1915

Naturkundeunterricht auf dem Schulhof, ebendort, um 1915

Heimatkunde auf der Straße, um 1912

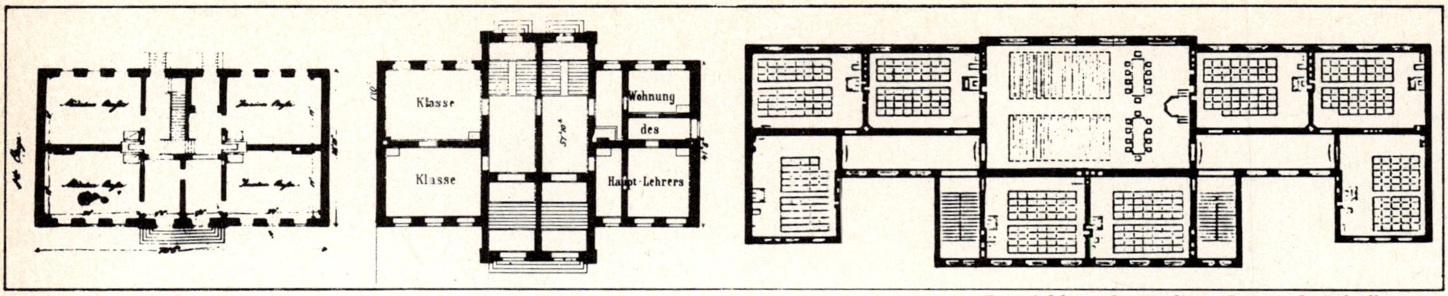

Entwicklung des Berliner Gemeinde-Schulhauses:
Entwurf für das Kommunal-Armenschulhaus 1827 mit 4 Klassenräumen, Kommunal-Armenschulhaus 1846 mit 10 Klassenräumen (Erdgeschoß), Gemeinde-Doppelschulhaus 1875/76 mit 31 Klassenräumen und Aula (3. Stockwerk)

Schulhaus auf dem Lande, 1893

Standard-Schule, um 1900

Gemeinde-Doppelschule, Christburger Str.

Vier Klassenzimmer hatten die ersten Schulhäuser der Kommunal-Armenschule; 36 Klassenzimmer, Aula und Turnhalle gehören seit 1885 zum Standard der Gemeindeschulen. Die Schülerzahl ist von 300 auf 1400 pro Schulhaus angestiegen. 1900 stehen für die 210 098 Gemeindeschüler 241 Gemeindeschulen zur Verfügung. Trotzdem müssen 12% der Klassen in gemieteten Gebäuden untergebracht oder als „fliegende Klassen" geführt werden. Bis 1914 steigt die Anzahl der Schulen auf 310 und die Zahl der Schüler auf 226 471, die von 5353 planmäßigen Lehrern unterrichtet werden, so daß auf einen Lehrer durchschnittlich 42 Gemeindeschüler entfallen. Die Berliner Arbeiterkinder gehören seit 1902 zu den insgesamt nur 425 000 preußischen Volksschülern, die in achtstufigen Schulen unterrichtet werden:

Preußen 1906: Volksschüler in Schulen mit

	absolut	%
einer o. zwei aufsteigenden Klassen	1.799.888	29,2
drei bis fünf " "	1.756.740	28,5
sechs bis sieben " "	2.182.056	35,4
acht " "	425.316	6,9
Summe	6.164.000	100

Trotz der eindrucksvollen Fassaden, die sich kaum noch von denen städtischer Gymnasien unterscheiden, und unverkennbarer qualitativer Fortschritte war die Berliner Gemeindeschule eine soziale Klassenschule, die das Bildungsmonopol der Besitz- und Bildungsbürger garantierte. Dagegen kämpfte die organisierte Berliner Arbeiterbewegung politisch und mit eigener Aufklärungs- und Bildungsarbeit.

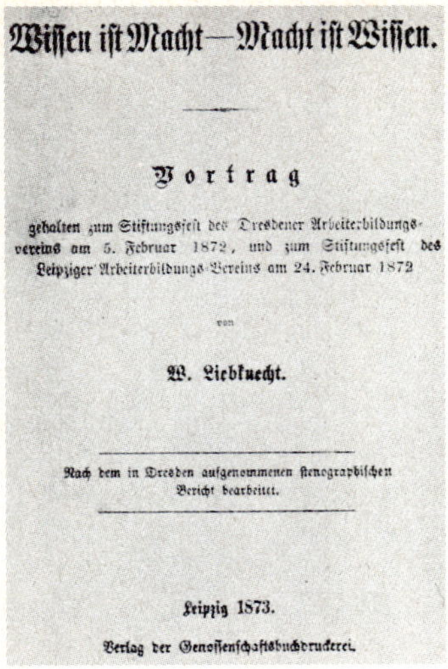
Wissen ist Macht—Macht ist Wissen.

Vortrag

gehalten zum Stiftungsfest des Dresdener Arbeiterbildungsvereins am 5. Februar 1872, und zum Stiftungsfest des Leipziger Arbeiterbildungs-Vereins am 24. Februar 1872

von

W. Liebknecht.

Nach dem in Dresden aufgenommenen stenographischen Bericht bearbeitet.

Leipzig 1873.

Verlag der Genossenschaftsbuchdruckerei.

Die Schulfrage

Referat, gehalten auf der dritten
:: Frauenkonferenz in Bremen ::

Von
Clara Zetkin

Berlin 1904
Verlag:
Expedition der Buchhandlung Vorwärts

Otto Rühle:

Kinder=Elend

Proletarische Gegenwartsbilder

Preis 75 Pfennig

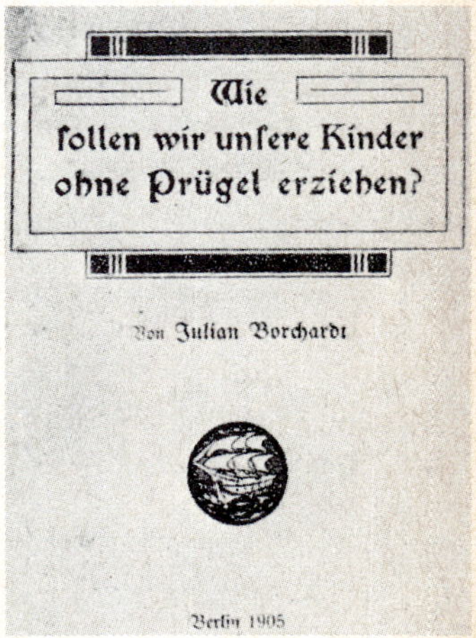
Wie sollen wir unsere Kinder ohne Prügel erziehen?

Von Julian Borchardt

Berlin 1905

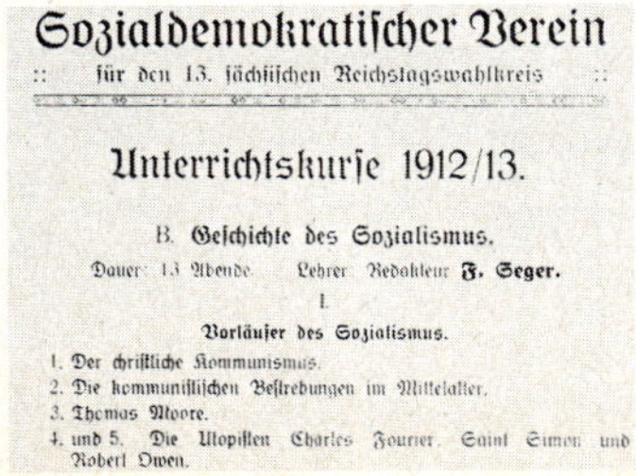
Sozialdemokratischer Verein
:: für den 13. sächsischen Reichstagswahlkreis ::

Unterrichtskurse 1912/13.

B. Geschichte des Sozialismus.

Dauer: 13 Abende. Lehrer: Redakteur F. Seger.

I.

Vorläufer des Sozialismus.

1. Der christliche Kommunismus.
2. Die kommunistischen Bestrebungen im Mittelalter.
3. Thomas Moore.
4. und 5. Die Utopisten Charles Fourier, Saint Simon und Robert Owen.

Sturmglocken. Organ zur Förderung freier Volksbildung

Denken und Streben schafft neues Leben.

Nr. 4. Leipzig, am 1. April 1895. 2. Jahrg.

An unsere Gesinnungsgenossen!

Der Männerchor als Träger socialistischen Gefühls.

44. Kommunal-Wahlbezirk.

Montag, den 21. Oktober, abends 8 ½ Uhr

Oeffentl. Volks-Versammlung

im Saale der

Brauerei „Patzenhofer“, Turmstr. 25|26

Tages-Ordnung:

1. Vortrag des Stadtverordneten Hermann Schubert über:

Die Sünden des Freisinns auf dem Gebiete der Schule.

2. Diskussion.

Lehrlinge im Unterricht

SPD-Parteischule, 1908

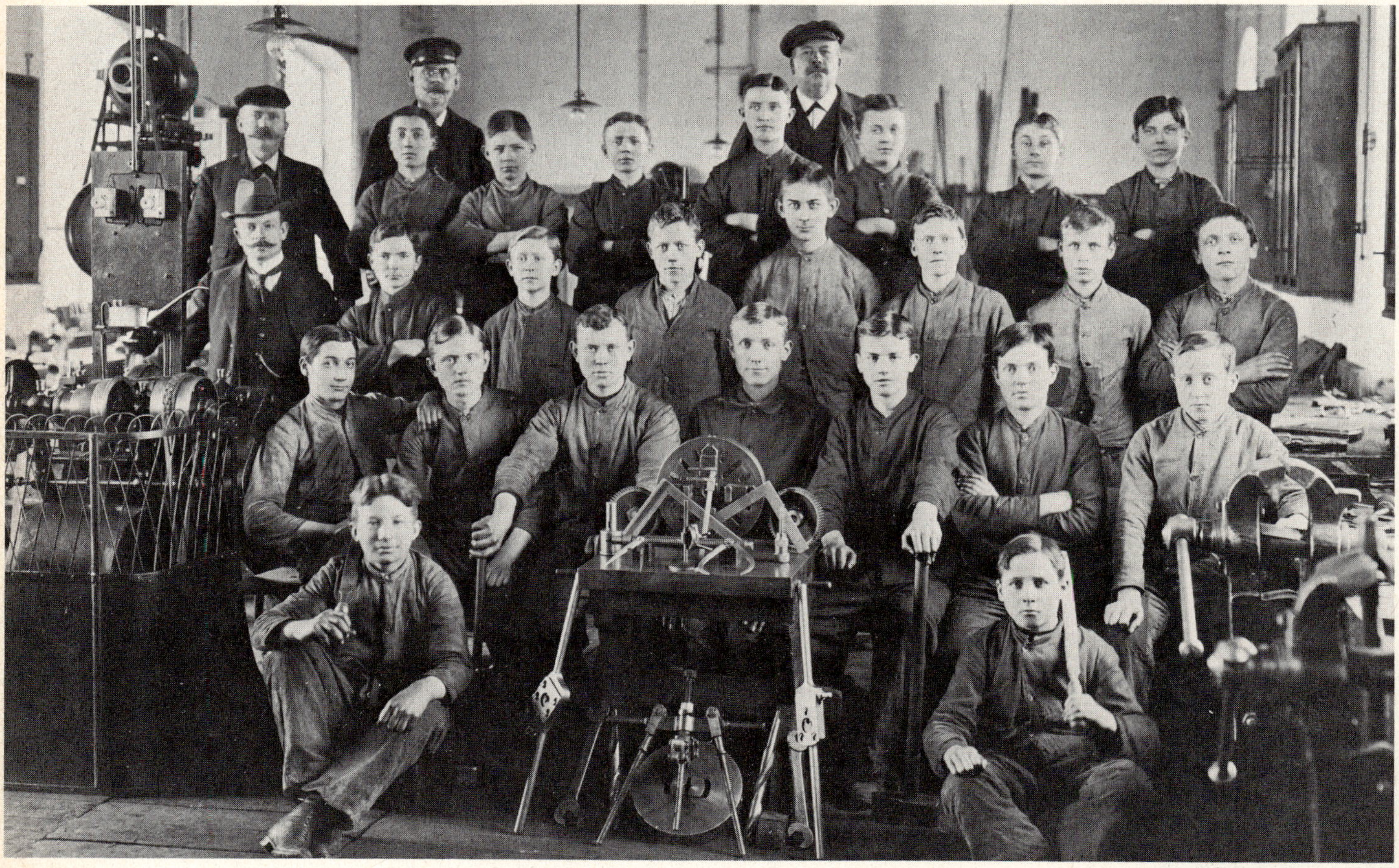

Lehrlingswerkstatt, 1912

Holzschulschiff „Iltis" im Grunewald, 1910

Proletarische Kindheit in Berlin um 1900

In diesem Aufsatz berichten Berlinerinnen und Berliner über ihre Kindheit in der Zeit der Jahrhundertwende. Die Beteiligten kommen also selbst zu Wort. Was sie erzählen, ist sicher nicht repräsentativ, kann uns aber in seiner individuellen Ausprägung eine Lebensgeschichte vermitteln, wie wir sie in schriftlichen Quellen nicht finden.

Arbeit

Hören wir heute das Stichwort „Kinderarbeit", dann denken wir vor allem an Länder, die außerhalb unseres Lebensbereiches liegen: an Länder der Dritten Welt und besonders an die sogenannten Billigexportländer, wo Kinder für einen kümmerlichen Lohn stricken, häkeln oder knüpfen. Dabei übersehen wir leicht, daß noch vor wenigen Jahrzehnten auch bei uns gerade für die Kinder armer Leute das Geldverdienen eine Selbstverständlichkeit war, die untrennbar zu ihrer Kindheit gehörte. Carl L. z.B. erinnert sich deutlich: Seine Mutter machte Heimarbeit für die Bekleidungsindustrie. Neben Aufwarten oder Wäschewaschen war dies gerade für verheiratete Frauen eine der wenigen Möglichkeiten, Geld zu verdienen. „Mutter nähte zu Hause Hemden. Sie bekam fürs Dutzend 60 Pfennig, und wenn's weiße Hemden waren, gab's 30 Pfennig mehr. An jedem Hemd waren 5 Knöpfe, das sind fürs Dutzend 60 Knöpfe. Die hab' ich angenäht und dafür hab' ich 'n Sechser gekriegt und war der glücklichste Mensch von der Welt." Er verknotete das Geld in einem Taschentuch, und „wenn Mutter wissen wollte, wat ick hatte – ‚ick habe nischt, ick habe nischt!' "; er krempelte seine Hosentaschen nach außen: sie waren leer. Er half nicht nur der Mutter bei der Näharbeit, sondern verdiente auch zusammen mit seinen Geschwistern selbständig Geld: „Wenn Weihnachtszeit war, dann haben wir mit Wunderkerzen gehandelt. Da war in der Danziger Straße die alte Post, da standen wir dann: drei Schachteln Wunderkerzen 25 Pfennige und acht verschiedene Weihnachtskerzen einen Groschen". Ihren Verdienst brauchten die Geschwister zu Hause nicht abzugeben. „Jeld ham wir immer jemacht, denn jenascht ham wir ja och janz jern". Dafür kauften sie Lebensmittel billiger ein, als die Mutter berechnete: „Wenn wir zum Beispiel Zucker billiger kaufen konnten, nämlich für 18 statt für 20 Pfennige, da ham wir denn, woll'n mal sagen, eben Schmu jemacht. Auf diese Art und Weise ham wir uns auch über Wasser gehalten."

Viele andere Arbeiterkinder trugen dagegen durch ihren Verdienst dazu bei, das oft allzu schmale Einkommen der Familie etwas aufzubessern. So berichtet Helene G.: „Mutter war Witwe und hatte elf Kinder zu versorgen. Da mußten alle mitarbeiten. Wir haben bei Nachbars Kinder gehütet oder beim Fleischer Waren ausgetragen. Das Geld haben wir nie für uns behalten, das gab's gar nicht. Im Gegenteil: wir waren immer so froh darüber, daß wir was nach Hause bringen konnten, daß wir's gerne abgeliefert haben."

Womit konnten Berliner Arbeiterkinder damals Geld verdienen? Nach einer amtlichen Untersuchung von 1898 wurden fast drei Viertel aller befragten Kinder als Laufjungen oder -mädchen beschäftigt[1]. In einer Zeit, in der das Telefon noch keine Selbstverständlichkeit war, lag es nahe, Kinder als billige und flinke Nachrichtenüberbringer einzusetzen. Auch das Ausliefern kleiner Warenmengen übernahmen Kinder. Sie überbrachten die beim Kaufmann, Fleischer oder Konditor bestellten Waren und lieferten die frisch geplättete Wäsche aus. Am weitesten verbreitet aber war eine andere Art der Liefertätigkeit. Über die Hälfte der als Laufjungen und -mädchen tätigen Berliner Kinder war mit dem Austragen von Brötchen oder Zeitungen beschäftigt.

Das Austragen von Backwaren oder Zeitungen war alles andere als ein Zuckerlecken: schier endlos ging es treppauf, treppab in den vielgeschossigen Berliner Mietskasernen. Hinzu kam das frühe Aufstehen. Ausgetragen werden mußte meist noch vor Beginn des Schulunterrichts. So zählte die Kinderschutzkommission der Sozialdemokratischen Partei bei einer Stichprobe zur Kinderarbeit in Berlin in der Zeit von fünf bis sieben Uhr morgens mehr als zweitausend Kinder, die mit dem Austragen von Brötchen, Milch und Zeitungen beschäftigt waren. Das Kinderschutzgesetz von 1903, die größte gesetzgeberische Maßnahme gegen Kinderarbeit im Kaiserreich, hatte keine Einschränkung der Kinderarbeit gebracht. Es verbot zwar die Arbeit fremder Kinder unter zwölf Jahren bzw. eigener Kinder unter zehn Jahren und darüber hinaus die Arbeit der älteren Schulkinder vor dem Vormittagsunterricht. Allerdings sah das Gesetz Ausnahmebestimmungen für die Lieferantentätigkeit vor: Vor Unterrichtsbeginn durfte maximal eine Stunde Arbeit auch von Kindern geleistet werden. Daß diese Höchstarbeitszeit in der Realität allerdings kaum eingehalten wurde, zeigen die oben erwähnten Beispiele.

Neben den bis jetzt geschilderten Bereichen von Kinderarbeit gab es aber noch einen weiteren, an den meist nicht gedacht wird, wenn von Kinderarbeit die Rede ist: die Arbeit im Haushalt. Mit ‚Hausarbeit' verbindet man vorschnell meist nur Reinigungstätigkeiten wie Staubputzen, Abwaschen oder Aufräumen. Tatsächlich umfaßte Hausarbeit aber sehr viel mehr, wie sich Grete D. erinnert: „Ich mußte immer mit dem alten Kinderwagen zum Görlitzer Bahnhof ziehen, um Bruchkohle zu holen. Die gab's dort billiger. Damit wir Kleinholz hatten, ging ich zur Kistenfabrik, Abfälle holen, zog dann mit den langen Brettern nach Hause, machte sie auf dem Hauklotz klein und stapelte die Stücke." Diese Art der Arbeit war zwar kein

Vor der Schule:
„Plitsch-platsch-plitsch, platsch! So lief vor mir an einem kalten, regnerischen Herbsttage der Semmeljunge Kurt, mein Schüler. Es mochte etwa 1/2 8 Uhr sein. Der Junge trug als äußeres Zeichen seiner Würde ein kleines Laternchen am Gürtel und einige Backwarenbeutel, die ihren Kunden noch zugestellt werden mußten. Da gings denn jetzt vor Schulanfang noch drei- oder viermal vier Treppen auf und ab, nicht gar zu flink mehr, denn Kurt war seit vier Uhr auf den Beinen, da wird ein zwölfjähriges Kind matt. Fünfunddreißig Kunden hatte er zu bedienen und die meisten wohnten ‚vom Himmel aus Parterre'. So kam er denn, wie gewöhnlich, auch heute wieder zehn Minuten nach Schulanfang zum Unterricht."

Aus: Agahd, K.: Die Erwerbstätigkeit schulpflichtiger Kinder. Bonn / Berlin / Leipzig 1897, S. 4f.

In der Schule:
„Mit feuchten Kleidern nimmt er seinen Platz ein. Die angenehme Wärme des Zimmers thut ihm wohl. Er wird müde. Wie wär's mit einem kleinen Morgenschläfchen? Gesagt, gethan! Wenn doch das laute Chorsprechen nicht wäre! Wenn doch der Lehrer nicht auch ihn durch Fragen oder aufgezwungene Wiederholungen von Antworten aufwekken und belästigen wollte!"

Aus: Agahd, a.a.O., S. 5

Berlin 1897: Arbeiterin vor Gericht
„Als Illustration dieses Elends mag folgende Mitteilung der Presse über eine Gerichtsverhandlung Anfang 1897 dienen: Auf der Anklagebank vor der zweiten Strafkammer des Landgerichts I befand sich die Zimmermannsehefrau K. D., die durch Fahrlässigkeit den Tod ihres Kindes verschuldet haben sollte. Sie entrollte folgendes trübe Bild aus dem Arbeiterleben. Sie sei Mutter von sechs lebenden Kindern, von denen das älteste 10 Jahre alt sei. Mit ihrem Ehemann und dessen Vater hatten sich neun Personen in die aus Stube und Küche bestehende Wohnung zu teilen. Die beiden Männer mussten schwer arbeiten, nach genossenem Abendbrot pflegten sie sich zur Ruhe zu legen. Aber auch sie sei von früh bis spät mit Arbeit überhäuft, wenn sie ihre Wohnung und ihre sechs Kinder in Ordnung halten wolle. Am Morgen des 17. Januar sei sie wie gewöhnlich um drei Uhr aufgestanden, die beiden Männer mussten früh zur Arbeit und vorher Kaffee trinken. Sie habe in der Küche Wasser warm gemacht und einen Eimer lauwarmen Wassers in die Stube getragen, da sie ihr acht Wochen altes Kind baden wollte. Sie stellte den Eimer neben sich und setzte sich auf die Bettkante, um dem Kinde vorher Nahrung zu geben. Ob sie nun hierbei einen Ohnmachtsanfall gehabt, oder ob sie vor Uebermüdung eingeschlafen sei, wisse sie nicht. Plötzlich sei sie aufgeschreckt, sie vermisste das Kind, das an ihrer Brust gelegen. Zu ihrem Entsetzen erblickte sie den kleinen Körper, mit dem Kopfe nach unten im Eimer liegend. Das Kind war dem kraftlosen Arme entglitten und in den Eimer gefallen. Es war bewusstlos, als die Mutter es emporzog und zu ihrem Manne ins Bett legte, den sie erst wecken musste. Dann eilte sie zum nächstwohnenden Arzt – er lehnte es ab zu kommen. Ein zweiter Arzt folgte ihrem Ruf, jedoch waren die von ihm angestellten Wiederbelebungsversuche erfolglos. Der Sachverständige begutachtete im Termin, dass das Kind den Erstickungstod erlitten habe. Der Staatsanwalt hielt eine Fahrlässigkeit vorliegend, für die er das zulässig niedrigste Strafmass – einen Tag Gefängnis – beantragte. Der Gerichtshof sprach die Angeklagte frei. Der Vorsitzende führte aus, dass man es nicht als eine Fahrlässigkeit bezeichnen könne, wenn eine dermassen mit Arbeit überbürdete Frau wie die Angeklagte sich unter den vorliegenden Umständen vom Schlafe überwältigen liess."

Aus: Hirschberg, E.: Die soziale Lage der arbeitenden Klasse in Berlin. Berlin 1897, S. 23 f.

Geldverdienen, wohl aber Geldsparen: Kohlen und Holz wurden dort geholt, wo sie billiger oder umsonst zu haben waren. Daß diese Arbeit für ein knappes Familienbudget ebenso wichtig war wie Geldverdienen, versteht sich fast von selbst. Die Übernahme von Hausarbeiten dieser Art durch Kinder hatte aber auch noch einen anderen Zweck. Die Mutter konnte so freigesetzt werden von eigener Hausarbeit: für Erwerbsarbeit, die immer dann unumgänglich war, wenn der Verdienst des Ehemannes nicht ausreichte, die Familie zu ernähren. Die Arbeit im Haus war die Domäne der Mädchen. Sicherlich gab es auch zahlreiche Jungen, die wie Carl L. der Mutter bei der Näharbeit halfen oder im Haushalt mit anfaßten. Dennoch finden wir die Jungen überwiegend bei der Arbeit außer Haus. Sie machten den weitaus größten Teil der als Lieferanten tätigen Kinder aus. Sie und eben nicht die Mädchen arbeiteten in den Lokalen als Kegelaufsetzer.

Schule

Es liegt auf der Hand, daß die Kinder unter diesen Bedingungen kaum in der Lage waren, dem Schulunterricht zu folgen. Unpünktlichkeit, Unaufmerksamkeit und Übermüdung waren die unausbleiblichen Folgen der anstrengenden Arbeit schon in den frühen Morgenstunden.

Wir wir sahen, konnte die gesetzliche Einschränkung der Kinderarbeit keine wirkliche Hilfe für die Kinder bedeuten. Im Gegenteil: Angesichts der ökonomischen Notlage, in der sich weite Teile der Arbeiterschaft befanden, war die Erwerbsarbeit der Kinder unverzichtbar für die Familie. Für viele Arbeiterfamilien war es daher notwendig und selbstverständlich, daß die Kinder mitverdienten. Dieser Konflikt zwischen Arbeit und Schule wurde jedoch, wie schon das ganze 19. Jahrhundert hindurch, nur mit Hilfe schulischer Disziplinierungsmaßnahmen behandelt. Unterrichtspflicht und Schulanwesenheit wurden rigoros durchgesetzt, unerlaubtes Fernbleiben hart bestraft. Wie weit dies gehen konnte, zeigen die Ausführungsbestimmungen des Kinderschutzgesetzes für Hamburg, Württemberg und Bayern. Sie wiesen den Lehrern die Aufgabe zu, „durch Vermittlung der Schulbehörde die Gewerbeinspektion zu benachrichtigen, falls Kinder durch Unaufmerksamkeit beim Unterricht infolge von Müdigkeit die Vermutung erwecken, daß sie gesetzwidrig zur Erwerbsarbeit angehalten werden."[2] Woraufhin dann die Gewerbeinspektion die näheren Umstände zu recherchieren hatte. Diese Maßnahme, gedacht zum Schutz der Kinder, konnte den Konflikt zwischen Arbeit und Schule nicht nur nicht lösen, sie verschärfte ihn eigentlich noch und zwar auf Kosten der Kinder, die für ihre umständebedingte Müdigkeit auch noch bestraft wurden.

Kein Wunder, daß unter solchen Umständen das Spielen manchmal wichtiger war und die Schularbeiten erst kurz vor Unterrichtsbeginn gemacht wurden. „Das Klo lag eine halbe Treppe tiefer, und da hab' ick denn öfter rasch meine Schularbeiten jemacht, wenn ick nachmittags zu faul jewesen war. Ich hatte Freunde, die ein, zwei Jahre älter waren als ich. Die hatten ein Diarium, wo die Schularbeiten vom ganzen Jahr drin waren, und da hab' ich immer von ablesen können."

Spielen und Wohnen

Neben Arbeit und Schule war das Spielen wichtiger Bestandteil des Kinderlebens auch um 1900. Zentrale Spielorte der Großstadtkinder waren die zahllosen Höfe, Straßen, Wege, Plätze und Kreuzungen. „Ich hab' oft auf unserm Hof gespielt. Die Kellertür, die bestand aus zwei schrägen Klappen, die auf- und zugeklappt werden konnten. Einmal – ich war vielleicht fünf Jahre alt – waren gerade Leute im Keller, als wir spielten, und dabei fielen mir die Klappen zu. Jetzt hab' ich nun in meiner Angst gedacht, die Leute kommen nicht mehr raus aus dem Keller und bin weggerannt." „Wir wohnten in der Fidicinstraße (in Kreuzberg) und haben viel draußen gespielt. Gegenüber lag eine Brauerei, und an der Mauer haben wir immer Ballspiele gemacht, so rum und so rum und so weiter." Parks, Plätze und in den Außenbezirken auch Felder boten weitere Spielmöglichkeiten: „Von der Fidicinstraße aus sind wir in den Viktoriapark gegangen und haben dort gespielt und im Winter gerodelt. Wir sind auch oft aufs Tempelhofer Feld gelaufen. Das war damals noch nicht bebaut. Dort machten die Gebrüder Wright Flugversuche. Für die Fliegerei haben wir uns weniger interessiert, aber um die dort aufgestellten Buden sind wir oft rumgetigert."

Die Wohnungen waren meist zu eng und zu klein für Spielecken oder gar Spielzimmer, denn Wohnraum war knapp und teuer in Berlin. Die Einwohnerzahl der Stadt hatte sich in den knapp dreißig Jahren zwischen 1871 und 1900 mehr als verdoppelt, und entsprechend schnell waren die vielgeschossigen Mietskasernen mit ihren Seitenflügeln, Hinterhäusern und engen Höfen aus der Erde geschossen. Daß eine Familie in einer Ein-Zimmer-Wohnung mit oder auch ohne Küche wohnte, war auch jetzt noch durchaus keine Seltenheit. In einer größeren Wohnung wurden oft ein oder zwei Zimmer untervermietet, um so die hohen Mietkosten zu senken. Auch das Abvermieten einzelner Schlafgelegenheiten – etwa eines Bettes oder eines Sofas – an sogenannte Schlafgänger war nichts Außergewöhnliches. Ein eigenes Bett für ein Kind war ein Luxus, den selbst Erwachsene oft nicht hatten. Helene B.: „Im Ehebett der Eltern (die Mutter war Witwe) schliefen meine Mutter, meine Tante und ich. Mein Bruder schlief in der Küche." Margarete G., die als Einzelkind aufwuchs, erzählt: „Wir hatten ein Zimmer. Ich schlief bei meiner Mutter im Bett, und als ich größer wurde, mußte ich auf dem Sofa schlafen." Helene G.: „Ich hatte zehn Geschwister, acht Brüder und zwei Schwestern. Natürlich war nicht für jedes Kind ein eigenes Bett da. Aber wenn es im Winter kalt war, sind wir auch gerne zusammengekrochen."

Wohnraumknappheit bedeutete häufig genug völlig Überfüllung der Räume. Hinzu kommt, daß die Wohnungen oft in miserablem Zustand waren. Dunkle, feuchte und kalte Wohnungen begünstigten die Entstehung von Krankheiten, allen voran die Tuberkulose.

Ernährung und Kleidung

Nicht nur über die Wohnsituation erlebten Berliner Arbeiterkinder, was es heißt, arm zu sein. Auch Lebensmittel und Kleidung waren knapp. Helene G.: „Ich bin großgeworden von Pellkartoffeln, Quark und Hering. Wenn Mutter zehn Hemden fertiggenäht hatte, bekam sie 1 Mark 50 dafür. Für eine Mark hat sie 20 Heringe gekauft. Davon wurde die Hälfte zu Mittag gegessen und die andere Hälfte wurde eingelegt." Not zog auch meist unweigerlich dann in die Familien ein, wenn das Einkommen des Hauptverdieners durch Krankheit oder Unfall plötzlich ausfiel, denn Rücklagen waren nur selten vorhanden. Grete D.: „Einmal hatte Vater sich das Bein gebrochen und lag drei Wochen im Urbankrankenhaus. Da haben wir als Krankengeld 3 Mark 50 die Woche gekriegt, für drei Personen, stellen Sie sich das mal vor: 3 Mark 50! Ich weiß noch, ich bin einmal zur Schlächtersfrau gegangen und sollte ein Pfund Knochenfleisch holen. Das hat 20 Pfennig gekostet. Da sagt sie: ‚Ist euer Vater noch im Krankenhaus?' ‚Ja.' Und wissense, da hat mir die eingepackt, für 20 Pfennig Knochenfleisch, das war soo'n Berg, und das war mehr Fleisch als Knochen. Ja, ja, also Armut gibt der Armut gern." Lucie D. erzählt über ihre Großmutter: „Wenn Winterwetter war und die Kinder draußen Schlitten gefahren sind oder Schlittschuh, dann saß sie immer drinnen und hat aus dem Fenster geguckt und gedacht, die sind unten und du kannst ja gar nicht raus. Du hast ja keine Schuhe anzuziehen und gar keinen Mantel. Und dann hat sie mal 'n Mantel gekriegt, der war ihr viel zu groß. Der reichte bis auf die Erde. Und da hat ihre Mutter immer gesagt: ‚Na ja, aber in Jahren paßt er dir!' Na ja, nur, in Jahren . . .".

Familienleben

Die Mittagspause des Vaters reichte selten für eine Mahlzeit mit der Familie. So war es üblich, daß die Kinder ihm das Mittagessen zur Arbeitsstelle brachten. „Wenn ich aus der Schule kam, mußte ich Vatern das Essen bringen. Wir wohnten damals in der Mariannenstraße, er arbeitete am Moritzplatz – ein Fußweg von 20 bis 25 Minuten." In den meisten Familien kam der Vater erst abends nach Hause, oft abgekämpft

Die Wohnung besteht aus Stube und Küche. In der Stube (4m lang, 3,60m breit, 3m hoch) schlafen 7 Personen. (1904)

und müde. Zeit und Energie für die Kinder blieb so oftmals nicht mehr.

Zeitgenössischen Beobachtern geriet die Darstellung des Familienlebens jedoch leicht zur Schwarzweißmalerei, die durch Aussagen von heute 80jährigen nicht immer bestätigt werden kann. Ein Gegenbeispiel schildert Carl L.: „Einmal habe ich beim Fußballspielen eine Scheibe eingeschlagen. Die kostete sehr, sehr viel Geld damals. Dennoch hat der Vater nicht mit mir geschimpft, sondern nur gesagt: ‚Das kann jedem Jungen passieren.' "

Zeit für gemeinsame Familienaktivitäten und -ausflüge gab es meist nur am Wochenende. „Sonntags, das war früher usus, da sind wir im Sommer mit Pferd und Wagen rausgefahren. (Der Vater war selbständiger Fuhrmann, R.B.) Da wurden zwei Bänke draufgestellt und zwei Kissen drüber, und dann stieg die ganze Familie ein. Dann fuhren wir raus, nach Haselhorst, Saatwinkel, und zweimal im Jahr ging's nach Wannsee. Das war was Besonderes. Die Pferde gingen schon immer an den Kneipen nicht vorbei, wo mal gehalten werden mußte, und denn kriegten wir 'ne große Weiße raus, und wir Kinder ham ooch wollen was trinken, und denn ham wir dran gelutscht und weiter konnten wir nicht, denn die stach inne Neese, so stark war die." Auch Grete D. erinnert sich: „Sonntags fuhren wir immer nach Alt-Stralau. Dort hatten wir ein Boot und einen Angelkahn." Arbeit und Vergnügen wurden hier miteinander verbunden: Der Sonntagsausflug wurde auch zum Angeln genutzt. Die gefangenen Fische kamen auf den Tisch und entlasteten so das Haushaltsbudget.

Proletarische Kindheit sieht heute anders aus als noch vor wenigen Jahrzehnten. Kinderarbeit mit ihren allzu oft katastrophalen Folgen gehört zumindest in unserer Gesellschaft der Vergangenheit an. Schule und Schularbeiten sind für alle Kinder wesentlicher Bestandteil des Tagesablaufs. Dennoch behält dieser historische

Zu Hause:
„Reichenberger Strasse 133, rechter Seitenflügel, 4 Treppen. Wieder ein Bild des Jammers und Elends. Die an Bronchialkatarrh erkrankte Patientin bewohnt mit fünf Personen eine Stube, die feucht ist. Bereits auf dem Korridor macht sich stokkige, stinkige Luft bemerkbar. Schwarze, schmierige Wände besagen, dass Reparaturen wohl noch niemals vorgenommen worden sind. Die ehemalige Farbe ist nicht mehr erkennbar, die Fensterrahmen sind geschwärzt. Im Raum befindet sich eine Kochmaschine und ein eiserner Ofen, da es im Winter im Zimmer sonst nicht warm wird. In dem einen Raum wird gewaschen und gekocht sowie geschlafen."

Aus: Kohn, A.: Unsere Wohnungsenquete im Jahre 1908. Im Auftrage des Vorstandes der Orts-Krankenkasse für den Gewerbebetrieb der Kaufleute, Handelsleute und Apotheker bearbeitet. Berlin 1909, S. 40.

Fortschritt einen faden Beigeschmack. Immer noch kann man mit Recht von der Benachteiligung der Arbeiterkinder im Bildungssektor sprechen. Auch hat sich schulisches Lernen mehr und mehr von der Umwelt der Kinder entfernt. Ein unmittelbarer Zugang zur Arbeitswelt ist gänzlich verloren gegangen. Die Erfahrungswelt der Kinder ist verarmt.

Rosmarie Beier

Anmerkungen

1) Gewerbliche Kinderarbeit außerhalb der Fabriken auf Grund der Erhebung vom Jahre 1898. In: Vierteljahreshefte zur Statistik des Deutschen Reiches, hrsg. vom Kaiserlichen Statistischen Amt, 9. Jg. (1900) H.3, S. 97–147.
2) Zietz, L.: Die Wirksamkeit des Kinderschutzgesetzes. In: Die Neue Zeit, 24. Jg. (1905/06), S. 587.

Weiterführende Literatur

Johansen, E.: Betrogene Kinder. Eine Sozialgeschichte der Kindheit. Frankfurt/Main 1978.
Muchow, M./Muchow, H.H.: Der Lebensraum des Großstadtkindes. Bensheim 1978 (Reprint der Erstausgabe von 1935).
Quandt, S. (Hrsg.): Kinderarbeit und Kinderschutz in Deutschland 1783–1976. Paderborn 1978.

Ein Tag im Leben eines Berliner Gemeindeschülers
Versuch einer Rekonstruktion

Seine Majestät, Wilhelm II., ist im fünfzehnten Jahr Kaiser des Deutschen Reiches, Kanzler von Bülow betreibt offensive Weltpolitik, im damals für den freien Handel schon gar nicht mehr so fernen Südafrika geht der Burenkrieg zu Ende: wir befinden uns im Jahre 1902.

Karl ist acht Jahre alt. Früh am Morgen hatte er sich aus dem Bett gewälzt, das er mit seinem größeren Bruder teilen mußte und auf das schon ein Schlafbursche, der um 7 Uhr von der Schicht kam, wartete. Nachdem er etwas Brot mit Zichorienbrühe verdrückt hatte, eine Art von Kaffeersatz, war er zu einer Niederlassung der Meierei Bolle gegangen, um ein paar Pfennige mit Milch- und Brötchenaustragen zu verdienen. Nicht mehr ganz frisch befindet sich Karl nun, wie über 200 000 Kinder der Reichshauptstadt Berlin, auf dem Weg zu einer der 258 Gemeindeschulen, wo er die dritte Klasse besucht. Seine Erscheinung muß man wohl schäbig nennen. Die meisten Kinder hier im Norden der Stadt, wo Karl mit seinen vier Geschwistern und seinen Eltern in einer Zweizimmerwohnung ohne Komfort lebt (für 29 Mark Miete im Monat, während sein Vater 82 Mark verdient), kommen aus ärmlichen Verhältnissen. Mit seinem fast kahlgeschorenen Kopf, seinen knielangen, hinten mehrfach ausgebesserten Hosen, die von breiten Trägern gehalten werden, seinem gestreiften Hemd mit abgestoßenem Kragen, seinem zu kleinen, dünnen Stoffjäckchen und den abgetretenen Schnürstiefeln unterscheidet er sich nicht von den anderen Knaben. Trotz seiner Wollstrümpfe fröstelt Karl an diesem feuchtkalten Morgen. Unterwegs trifft er andere Schuljungen, so seinen Freund Paul, der mit seinen zehn Jahren bereits zwei Klassen wiederholen mußte, aber auch bezopfte Mädchen in ihren Kittelschürzen.

Knabenklasse am Tag der Einschulung mit ihrem Lehrer

Karls Schule ist eine jener kasernenartigen Backsteinbauten, wie man sie seit den 70er Jahren im Einheitsstil errichtet hat, um mit der sprunghaft wachsenden Zahl schulpflichtiger Kinder Schritt zu halten. Das Gebäude steht auf einem Hinterhof und beherbergt eine Schule für Jungen und eine für Mädchen, denn die Geschlechtertrennung wird streng eingehalten.

Diese Gemeindeschulen, so heißen sie seit 1863, werden von den Kommunen verwaltet und von Staat und Kirche beaufsichtigt. Ursprünglich aus dem Armenschulwesen hervorgegangen, stehen sie jetzt kostenlos allen Bevölkerungsschichten offen. Dies wird in letzter Zeit von verantwortlicher Seite besonders betont. Man meint, es könne sich nur günstig auf den sozialen Frieden auswirken, wenn alle Kinder – ob arm oder reich – die gleiche Schulbank drücken und nach denselben Grundsätzen erzogen werden. Denn gerade der Volksschule ist seit jeher nicht nur der Unterricht in Lesen, Schreiben und Rechnen, sondern vor allem die Gesinnungs- und Charakterbildung anvertraut. Die Schüler sollen als gottesfürchtige und vaterlandsliebende, königs- und kaisertreue Untertanen die Schule verlassen, gehorsam, arbeitsam, wehrhaft, gewappnet gegen die „vaterlandslosen Volksverführer", wie man höherenorts die Sozialdemokraten nennt. Natürlich besuchen die Kinder bessergestellter Eltern die schulgeldpflichtigen Vorklassen der höheren Lehranstalten.

Am mürrisch blickenden Hausmeister, der im Erdgeschoß des Schulhauses wohnt, rennt Karl vorbei auf den Schulhof, wo man sich klassenweise sammelt und in Zweierreihen Aufstellung nimmt. Mit dem Klingelzeichen um 8 Uhr tritt der Klassenlehrer, Herr Gransow, aus dem Schulgebäude, mustert kritisch seine Schülerschar und führt sie durch das weiträumige Treppenhaus in das Klassenzimmer im ersten Stock.

Gransow, im dunklen Anzug, mit Vatermörder, Brille, kurzem Haar und breitem Schnurrbart, war selbst einmal Volksschüler und kam mit vierzehn Jahren auf eine „Präparandenanstalt", wo er sich drei Jahre auf die Aufnahmeprüfung für ein Lehrerseminar vorbereitete. Hier erfuhr er einiges über das Wirken bedeutender Pädagogen, vor allem J.F. Herbarts und seiner Schüler und wurde in die allgemeine Erziehungs- und Unterrichtslehre und die Aufgaben des Schulamts eingeführt. Nach drei Jahren legte er sein erstes Examen ab, dem das zweite nach vierjähriger Bewährung als Hilfslehrer folgte. Weitere vier Jahre hatte er warten müssen, um eine feste Anstellung zu bekommen. In Berlin arbeitet er erst seit wenigen Jahren. Wie die meisten Berliner Gemeindeschullehrer kommt er vom Lande. Er ist im Berliner Lehrerverein organisiert und mit einer Kollegin verheiratet, die deshalb freilich ihren Dienst quittieren mußte, weil Lehrerinnen unverheiratet zu sein hatten. Bei seinen neun Dienstjahren verdient er etwa 220 M im Monat, eine gemessen an früheren Zeiten und seinem Dorfschullehrergehalt annehmbare Bezahlung. Da Lehrer, die mit dem Staat unzufrieden sind, schwerlich zu staatstreuer Gesinnung erziehen werden, hat man die Gehälter seit kurzem beträchtlich angehoben.

Vom Lehrerpult aus läßt Gransow seinen Blick über die Bankreihen schweifen, neben denen die Schüler sich zur morgendlichen Begrüßung aufgestellt haben. Da und dort sind Plätze leer geblieben. Von den 60 Kindern fehlen heute 13, was durchaus als normal gelten kann, denn viele Volksschüler leiden infolge mangelhafter Ernährung und schlechter Wohnverhältnisse an Skrofulose, Rachitis oder Tuberkulose. Außerdem müssen einige mit Heimarbeit und Botengängen zum Lebensunterhalt der Familie beitragen, obwohl offiziell Kinderarbeit verboten ist.

Herr Gransow begrüßt die Kinder, spricht mit ihnen das Morgengebet, greift zur Geige und intoniert den Choral „Ach bleib mit deiner Gnade". Das alles sitzt schon recht gut, sichtlich zufrieden läßt er sie Platz nehmen. Doch da öffnet sich die Tür und ein Spätankömmling tritt kleinlaut ein. Bei derartigen Verstößen gegen die Schulordnung kennt Gransow keine Gnade, die fällige Bestrafung wird er in der Pause nach der ersten Stunde vollziehen.

Religion steht als erstes auf dem Stundenplan. Nach Inhalt und Zweck hält Gransow den Unterricht in diesem Fach gerade in der Volksschule für den wichtigsten und zugleich schwierigsten. Denn hier soll den Kindern jene sittliche Grundhaltung vermittelt werden, die sie brauchen, um später am kirchlichen Leben teilnehmen und als Bürger ein schickliches, gottgefälliges Leben führen zu können. Gerade heute, wo sozialistische Ideen bedrohlich um sich greifen und die Jugend sittlich gefährden, kommt dem Religionsunterricht eine entscheidende Bedeutung zu, worauf auch der Kaiser in seiner Eigenschaft als oberster Bischof der Kirche des öfteren hingewiesen hat. Das bloße Auswendiglernen und Herunterleiern von Bibelsprüchen, wie man es früher pflegte, ist dazu wenig geeignet, so unverzichtbar das Memorieren sein mag. Deshalb war die Zahl der während der acht Schuljahre zu lernenden Lieder auf etwa fünfzig, die der Bibelsprüche auf etwa neunzig verringert worden, entsprechend die Zahl der Wochenstunden von früher sechs auf drei (später vier). Der beherrschenden Stellung des Religionsunterrichts in der Volksschule tut dies jedoch keinen Abbruch. Nicht nur das eigentliche Fach, sondern der gesamte Unterricht soll vom sittlich bildenden Geist der Religion durchdrungen sein.

Gransow erzählt heute die Geschichte vom barmherzigen Samariter, die er mit der Bibelillustration des bekannten Malers J. Schnorr von Carolsfeld veranschaulicht. Er will in die Herzen der Kinder tief eindringen, darum versucht er, eine gewisse Spannung zu erzeugen, indem er die Personen direkt reden läßt. In einfachen und anschaulichen Worten spricht er von dem Mann, der unter die Räuber gefallen war und dem weder Priester noch Levit, sondern ein Geächteter aus der Not half. Lehrer Gransow will die Schüler von der Anschaulichkeit der Geschichte zu einer Vorstellung ihres Sinnes führen. Er stellt jetzt einige helfende Fragen nach dem Manne, seinem Vorhaben, seinem Mißgeschick, was denn die Räuber taten und gegen welches Gebot sie verstießen. Nach längerer Bedenkzeit wird das siebente genannt. Gransow läßt es mehrfach im Chor wiederholen, um es fest einzuprägen. Er beherrscht die Kunst, klare Fragen zu stellen, und er erwartet Antworten in vollständigen Sätzen. Um das Bewußtsein für das Unrecht gehörig zu schärfen, stellt er den Kindern zunächst eindringlich vor Augen, daß

Mädchenklasse mit Lehrerin, 198. Gemeindeschule (Wedding, Graunstr. 11)

Vorschriftsmäßige Sitzhaltung

schon, wer des Nachbarn Griffel oder Feder stiehlt, dem göttlichen Gebot zuwiderhandelt. Dann fragt er weiter nach dem Verhalten des Priesters und des Leviten, warum sie nicht halfen, warum aber der Samariter sich erbarmte und was uns dies lehrt. Darauf weiß zunächst keiner eine Antwort.

Karls Gedanken waren schon längst auf andere Dinge abgeschweift. Wie die meisten seiner Mitschüler mag er dieses Fach nicht. Stattdessen – in Betrachtung des Kaiserportraits über dem Lehrerpult versunken – sinnt er der wesentlich interessanteren Frage nach, was er am Nachmittag unternehmen könnte. Doch die harte Schulwirklichkeit holt ihn unsanft wieder ein. Gerade von ihm will Gransow jetzt die Antwort. Natürlich weiß Karl nichts hervorzubringen, und damit handelt er sich einen strengen Verweis ein. Zum Glück kann Heinrich Wilhelm die Stelle im 3. Buch Mose nennen, die von dem Gebot der Nächstenliebe handelt. Er, der Sohn eines Kanzleivorstehers, der im Matrosenanzug und immer adrett zum Unterricht erscheint, ist der Musterschüler der Klasse. Wer denn unser Nächster sei und warum man ihn lieben solle, will Gransow nun wissen. Methodisch geschickt stellt er weitere vorbereitende Fragen, um schließlich von der kaiserlichen Familie zu erzählen, wie sie in liebevoller Gnade allen Untertanen Schutz und Hilfe gewährt und ganz von Nächstenliebe beseelt ist. Das nächste Mal wird Gransow die Geschichte nacherzählen lassen. Dabei wird er nach lehrreichen Beispielen aus der Erlebniswelt der Kinder fragen. Pünktlich um 9 Uhr endet die Stunde mit dem Vaterunser und einer Choralstrophe.

Während die anderen zehn Minuten Pause haben und austreten dürfen, holt Gransow die Rute aus dem Schrank und zitiert den Zuspätgekommenen zu sich. Auf schwere Verstöße, wozu Unpünktlichkeit zweifellos zählt, steht bei ihm die Prügelstrafe, die er in der Ruhe und Besonnenheit eines strengen, aber gerechten Vaters zu vollziehen pflegt. Wegen der abstumpfenden Wirkung greift er jedoch möglichst selten zu dieser härtesten aller Strafmaßnahmen, hält sie aber – abgesehen von der erzieherischen Wirkung dieser „heilsamen Arznei" – schon alleine wegen der großen Klassen für unverzichtbar. Vor Jahren waren öffentliche Klagen über die in den Volksschulen angeblich praktizierte Prügelpädagogik laut geworden, in einzelnen Fällen mußte gar gerichtlich entschieden werden, ob der Lehrer sein Züchtigungsrecht überschritten habe und der Tatbestand der Körperverletzung erfüllt sei. Glücklicherweise sind die Paragraphen, die eine juristische Verfolgung ermöglichten, unter Minister Studt auf Druck der Lehrerschaft entschärft worden. Gransow trägt nach Vollzug den Vorfall und die „Maßnahme" in das Strafverzeichnis ein.

„Anschauung" steht als zweites Fach auf dem Stundenplan. Damit wird eigentlich kein Unterrichtsgegenstand, sondern eine bestimmte Methode bezeichnet. Im Seminar hatte Gransow einiges über den folgerichtigen Unterrichtsaufbau und die Prinzipien des Lehrens und Lernens gehört. Ihm ist einsichtig, daß der Anschauungsunterricht sich vorzüglich dazu eignet, das Interesse der Kinder zu wecken, ihr Denken und Sprechen und auch ihre sittlich-religiösen Vorstellungen zu entwickeln. Gransow bemüht sich, an der unmittelbaren Lebenswelt der Schüler anzuknüpfen, ihnen einen ersten Einblick in Natur, Heimat, Geschichte und Gesellschaft zu geben. So fragt er heute, was sie täten, wenn sie von der Schule nach Hause kommen. Es dauert eine Weile, bis Heinrich Wilhelm das Mittagessen nennt. Gransow holt nun eine Bildtafel hervor, die eine Familie betend am Mittagstisch in ihrer Wohnstube zeigt. Er läßt die Dinge auf dem Bild benennen, die Handlung erläutern und fragt, wer an dem Essen beteiligt sei, was dazu benötigt werde, woher die Nahrung komme, wer sie wachsen lasse und warum man Gott dafür danken müsse. Oft hat er berlinernde Ausdrücke zu verbessern, die sich leicht einschleichen, wenn die Kinder zur Schilderung ihrer häuslichen Verhältnisse angeregt werden. Er erhofft sich von diesem Unterricht nicht zuletzt, daß sich die Eßsitten bei den Arbeitern ein wenig verfeinern.

Mit dem Klingelzeichen führt er seine Schüler geschlossen zur Pause auf den Schulhof, der durch eine Mauer von dem der Mädchen getrennt ist. Man darf das Aborthäuschen aufsuchen und unter der Aufsicht des verantwortlichen Lehrers im Kreis herumgehen. Karl ißt seine Stulle mit breitgequetschter Kartoffel als Aufstrich.

Nach der zwanzigminütigen Pause beginnt die Deutschstunde. Gransow läßt die 48 Schüler auf seine Kommandos die Lesebücher herausnehmen: „Eins – zwei – drei!" – die Kinder holen die Bücher hervor, halten sie hoch und legen sie auf das Pult. Das klappt gleichförmig und geräuschlos, weil Gransow es immer wieder mit ihnen geübt hat. Es erfüllt den Lehrer mit Stolz, wenn seine Schüler wie kleine Soldaten gehorchen. Die Gewöhnung an ernste Arbeit, Ordnung, Fleiß, Gehorsam und Selbstüberwindung durch strenge Zucht sind das beste, was er ihnen ins Leben mitgeben kann.

Von den Fabeln, Tiergeschichten, Rätseln, Sprichwörtern und Gedichten im Lesebuch hat Gransow eine zum Thema des Anschauungsunterrichts passende Familienszene ausgewählt: man liest, wie Kinder aus der Schule kommen und sich zum Mittagessen in der Wohnstube einfinden, wie der Vater hinzukommt, die Magd die Suppe bringt, ein Mädchen betet, die Kinder nach dem Essen in den Garten spielen gehen, die Mutter die Reste in den Keller räumt, der Vater zur Arbeit zurückkehrt. Die Schüler sitzen kerzengerade vor ihren Fibeln und lesen langsam Satz für Satz, während der rechte Zeigefinger der Schrift folgt. Gransow erklärt die Schreibweise einiger schwieriger Wörter, läßt im Chor sprechen und das Lesestück mit Beachtung der richtigen Betonung wiederholen. Nun stellt er die Verbindung zu der vorangegangenen Stunde wieder her, überprüft, inwieweit das dort Erlernte noch gegenwärtig ist, um schließlich das Ganze in einem Sinnspruch zusammenzufassen, den er an die Wandtafel schreibt: „Gott, dessen Güte immer währet, du gibst uns liebreich, was uns nähret. Laß deine Gaben uns gedeih'n, laß dankbar uns und mäßig sein."

Dieser Satz soll zum bleibenden Besitz der Kinder werden. Er wird im Chor gelesen und auswendig gelernt. Sobald er halbwegs eingeprägt ist, wischt Gransow ihn aus, auf Kommando verschwinden die Bücher und die Schreibhefte werden hervorgeholt. Zur Auflockerung läßt Gransow noch einige Rumpf- und Kniebeugen ausführen. Nun soll der Sinnspruch aus dem Gedächtnis aufgeschrieben werden. Für einige Minuten kehrt Ruhe ein, nur das Kratzen der Federn auf dem Papier ist zu hören. Abschreiben kann man nicht, Gransows Augen sind allgegenwärtig. Mit einem „Achtung!" beendet er die Schreibarbeit und macht, die Bankreihen abschreitend, da und dort Stichproben. Sein Blick fällt auch auf Karls Werk. Wie üblich ist es fehlerhaft geraten. Gransow läßt sich zu einer Ohrfeige hinreißen, obwohl diese Strafe offiziell verboten ist. Aber Karl ist abgehärtet, sein Vater hat mehr Kraft als so ein Lehrer. Weitaus mehr schmerzt ihn, daß er zum Nachsitzen verdonnert wird, damit er in Ruhe üben kann. Seine Pläne für den Nachmittag sind zunichte.

Nach der kleinen Pause folgt Rechnen. Karl rechnet gerne, denn rechnen muß man können im Leben, das ist klar. Der Lehrer stellt Aufgaben. Mit Zahlen kann Karl schnell und sicher umgehen, Herr Gransow hat ihn deshalb schon gelobt. Dann wird mit Maßen und Gewichten gerechnet. Wäre das Nachsitzen nicht, der Tag wäre für Karl nach dieser Stunde gelaufen, so aber ...

Neben den vier Stunden Rechnen, neun in Deutsch (einschließlich zwei Stunden Schönschreiben), zwei in Anschauung und drei in Religion stehen auf dem wöchentlichen Stundenplan noch zwei Zeichenstunden, zwei Stunden Gesang, die den Chorälen und dem deutschen Liedgut gewidmet sind, sowie zwei Turnstunden, die der Erziehung zur Wehrhaftigkeit dienen. In der Halle oder meist auf dem Schulhof werden Ordnungs- und Freiübungen und Spiele veranstaltet, wovon einige Schüler jedoch gelegentlich wegen kränklicher Verfassung befreit werden. In den Mädchenschulen gibt es vom dritten Schuljahr an Handarbeitsunterricht, erst zwei, später sogar vier Stunden die Woche. Dafür fallen Rechen- und Geschichtsstunden aus.

Wenn Karl im kommenden Frühjahr die Versetzungsprüfungen besteht, wird (nach dem neuen Lehrplan für die achtklassige Gemeindeschule, der den von 1893 für die sechsklassige abgelöst hat) auch Geschichts- und Naturkundeunterricht auf seinem Stundenplan stehen. In Geschichte wird er mehr über deutsche Staatsmänner, ruhmreiche Schlachten, den Aufstieg des preußischen Staates, besonders aber über die Wohltaten des derzeitigen Kaisers erfahren. In Naturkunde werden die Ansätze aus dem Anschauungsunterricht weitergeführt. Schließlich wird Karl in Erdkunde seine Heimatstadt Berlin, sein Vaterland und dessen Stellung in der Welt kennen- und liebenlernen.

Doch ob er auch den Raumlehreunterricht noch erleben wird, muß als unsicher gelten: der Lehrplan der Volksschule ist übervoll, das Pensum auf wenige gute Schüler zugeschnitten. Nur zwei oder drei Schüler – Heinrich Wilhelm wird sicher dazu zählen – werden nach ein paar Jahren zur höheren Bürgerschule überwechseln dürfen, die anderen können froh sein, mit dem Ende ihrer Schulpflicht die achte Klasse erreicht zu haben. Viele werden schon nach der siebenten von der Schule gehen, etwa zehn Schüler nur die fünfte, fünf gar nur die vierte Klasse erreichen.

Wenn Karl seine Schulzeit glücklich hinter sich gebracht hat, hofft er, als Lehrling die Fortbildungsschule – wir nennen sie heute Berufsschule – besuchen zu dürfen und als Kaufmannsgehilfe Arbeit zu finden. Er wird dann für 4 – 5 M die Woche 10 – 13 Stunden am Tag arbeiten. Wahrscheinlicher aber ist, daß ihn das gleiche Los wie seinen Vater treffen wird, der als Schichtarbeiter bei Borsig gerade soviel verdient, wie die Familie allein für Lebensmittel braucht. Vielleicht rafft ihn allerdings die Schwindsucht vorzeitig dahin oder das Vaterland ruft ihn zu den Waffen.

Doch noch befinden wir uns im Jahre 1902. Über sein Heft gebeugt, sitzt Karl allein in der Klasse. Unter den gestrengen Augen seines Lehrers schreibt er:

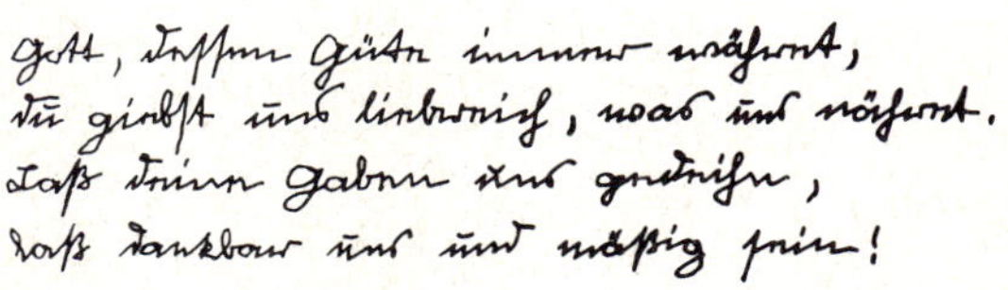

(Gott, dessen Güte immer währet, / du giebst uns liebreich, was uns nähret. / Laß deine Gaben uns gedeihn, / laß dankbar uns und mäßig sein!)

Albrecht Decke-Cornill/Ulrich H. Schneider

Weiterführende Literatur

Berg, Ch.: Die Okkupation der Schule. Eine Studie zur Aufhellung gegenwärtiger Schulprobleme an der Volksschule Preußens (1872–1900). Heidelberg 1973.
Grundlehrplan der Berliner Gemeindeschule. Berlin 1902.
Rühle, O.: Die Volksschule, wie sie ist. Berlin 1909.

Aus einem Lesebuch von 1905:
Des deutschen Knaben Tischgebet

Das war einmal ein Jubeltag!
Bei Sedan fiel der große Schlag!
Mac Mahon war ins Garn gegangen,
der Kaiser und sein Heer gefangen.
Und blitzschnell flog die Siegespost
am Draht nach Süd und Nord und Ost;
da gab's ein Jubeln ohne Maßen,
von Flaggen wogten alle Straßen.
Viel tausend stimmig scholl Hurra;
und waren noch Kanonen da,
so schoß man auch Viktoria.
Doch jedenfalls die Wacht am Rhein
ward angestimmt von groß und klein;
denn auch durch der Unmünd'gen Mund
wird Gottes Lob von alters kund.

Und einer von den kleinen Jungen,
der hat am lautsten mitgesungen.
Die bunte Mütze auf dem Ohr,
die Höschen flott im Stiefelrohr,
marschiert er wacker mit im Chor,
beteiligt sich den Morgen lang
an jedem Schrei und jedem Sang;
so wichtig nahm's der kleine Wicht,
als ging's ohn' ihn entschieden nicht,
war so mit Leib und Seel' dabei,
als ob er selbst die Rheinwacht sei,
hat drum den Glockenschlag vergessen
und kam zu spät zum Mittagessen.

Mit heißen Wangen, rotem Kopf,
mit offner Brust, verwehtem Schopf
erscheint er endlich, siegesmatt –
die andern waren schon halb satt –
grüßt obenhin, setzt sich zu Tisch
und greift nach seinem Löffel frisch.

Jedoch der biedre Vater spricht:
„Fritz, ungebetet ißt man nicht!"
Worauf mein Fritz vom Stuhl ersteht,
die Hände faltet zum Gebet,
und weil sein Kopf noch stark zerstreut,
gibt's wie der Geist ihm just gebeut,
spricht: „Lieber Gott, magst ruhig sein,
fest steht und treu die Wacht am Rhein!
Amen."

(Gerok)

Aus: Deutsches Lesebuch. Ausgabe A in zwei Teilen. Zweiter Teil: Für die oberen Stufen mehrklassiger Schulen. Hrsg. von A. Büttner, unter Mitwirkung von F. Wetzel. Berlin, 23. Aufl. 1905. S. 268 f.

Über Arbeiterkinder, die gern in die Volksschule des 19. Jahrhunderts gingen

Im folgenden Artikel geht es von vielen möglichen Absichten um eine: Ich möchte einem inzwischen ebenso verbreiteten wie – auf den ersten Blick hin – verständlichen Mißverständnis korrigierend entgegenwirken. Das Mißverständnis ist in der Vorstellung enthalten, *in die Armen-, Elementar- und Volksschulen des 19. Jahrhunderts könnten die Betroffenen nur ungern gegangen sein;* denn es habe sich sowohl hinsichtlich der sozialen Herkunft der Schüler als auch hinsichtlich des Bildungs- und Erziehungsauftrags dieser Schulen um eine ‚Klassenschule' gehandelt; und deren hauptsächliche Ziele und Wirkungen hätten in der Disziplinierung, Unterdrückung und Verdummung (oder Dummhaltung) der Bauern-, Handwerker- und Arbeiterkinder bestanden. Daß trotzdem eine solche Schule wenn nicht von allen, so doch von vielen dieser Kinder gern besucht worden ist, bedarf der Erklärung. Sie ist von mir als historische Erklärung gemeint, d.h. sie hat mit einer ‚Verteidigung' der Volksschulen des 19. Jahrhunderts nichts, viel jedoch mit dem Versuch zu tun, undialektische und unhistorische, desorientierte und desorientierende Vorstellungen über das Wesen der bürgerlichen Schule abbauen zu helfen. Dabei ist an einen wichtigen Aspekt zu erinnern, den sowohl die klassischen bürgerlichen Pädagogen (u.a. Rousseau, Condorcet, Pestalozzi, Humboldt, Herbart, Diesterweg) als auch – über 100 Jahre später – der führende Kopf der kommunistischen Partei Italiens im Auge hatten: daß nämlich, wie Antonio Gramsci es in seinen Gefängnisnotizen ausdrückte, im bürgerlichen „Kulturstaat" die Schulen und die Gerichte zu den wichtigsten Staatsaktivitäten gehören und daß dabei den Gerichten eine unterdrückende und negative, *den Schulen eine positive erzieherische Funktion*[1] *zufällt.* Mit dem, was das – der historischen Tendenz nach – für Volksschüler des 19. Jahrhunderts bedeuten konnte, beschäftigen sich die folgenden Hinweise.

In den Armen-, Elementar- und Volksschulen des 19. Jahrhunderts waren auf dem Lande die Bauern-, in den Städten die Arbeiterkinder fast immer unter sich. Bürgerkinder erhielten Privatunterricht oder besuchten die Vorschulen der Gymnasien. Und so waren auch sie unter sich. Schule war mithin damals das, was wir heute eine ‚schichtenspezifische Institution' nennen. Aber daß man unter seinesgleichen war, aus den gleichen ärmlichen Verhältnissen kam, ärmliche Kleidung trug wie fast alle anderen Mitschüler – das hat die Volksschulen des 19. und des beginnenden 20. Jahrhunderts nicht schon zu Schulen gemacht, in denen sich jeder zuhause und wohlfühlen konnte. Denn Schule bestand ja nicht nur aus den Mitschülern, nicht nur aus der ‚Klassengemeinschaft' (im doppelten Sinne des Wortes). Schulen – das waren auch Gebäude mit kärglicher Ausstattung und mit schlecht beheizten, schlecht belüfteten Klassenzimmern, in denen an vielen Orten weit über 100 Kinder buchstäblich zusammengepfercht waren und in denen oft auch Angst und Schrecken herrschten: denn es gab Lehrer und Hilfslehrer, die – schlecht ausgebildet und schlecht bezahlt – ihre Autorität als ‚Steißtrommler' zu untermauern versuchten; Lehrer, die zivilisierend und kultivierend wirken, zur ‚Gesittung' erziehen sollten – und doch selber roh, unzivilisiert, beschränkt und manchmal auch Sadisten gewesen sind.

Hinzu kam anderes. Zwar herrschte in vielen Schulen nicht etwa, wie es das Vorurteil will, eiserne Zucht und Disziplin, sondern es ging eher drunter und drüber. Aber soviel ist sicher: Bis in unser Jahrhundert hinein waren die meisten Volksschulen Anstalten, in denen die Hauptsache, das Lernen, eher mechanisch erfolgte. Zuhören, Nachsprechen, Stillsitzen, Üben und Auswendiglernen überwogen; die vergleichsweise passive Seite der Lerntätigkeit hatte Vorrang. Kreativität, Selbsttätigkeit, Schülerinitiativen, Problemlösungsverhalten – davon hatten die Volksschullehrer des 19. Jahrhunderts kaum je gehört. Kein Wunder also, daß ihre Schüler in vieler Hinsicht zu kurz kamen, – und daß auf diese Weise die sowieso schon Benachteiligten in der Schule noch einmal benachteiligt wurden.

Insofern hat die Volksschule von den vielen Bibelsprüchen, die in ihr auswendig zu lernen waren, zumindest einen Spruch unfreiwillig bestätigt: „Wer hat, dem wird gegeben; wer nicht hat, dem wird genommen."

So weit, so schlecht. Denn wer nur das bisher Gesagte im Kopf hat, kann vermeintlich treffsichere Urteile abgeben: Die Volksschule habe der Disziplinierung der Arbeiterkinder gedient, sei ein bürgerliches Instrument für die Unterdrückung und Verdummung der Volksmassen gewesen, habe die bürgerliche Ideologie (Gehorsam, Unterordnung, Pflichtbewußtsein, Staats- und Kaisertreue) ins Bewußtsein der Arbeiterkinder eingepflanzt – und weil das alles so gewesen sei, müsse man die Volksschulen des 19. (und im Grunde auch die des 20.) Jahrhunderts das nennen, was sie waren und sind: *Klassenschulen.* Nur: Wer so urteilt, bleibt ratlos, sobald man ihm Dokumente zeigt, aus denen hervorgeht, daß im 19. Jahrhundert viele Arbeiterkinder *gern* in diese ‚Klassenschule' gegangen sind. Waren sie dumm und rückständig oder von der herrschenden Klasse bestochen? Haben sie gar nicht bemerkt, daß man sie für dumm verkaufte? Sind sie der bürgerlichen Ideologie blind zum Opfer gefallen? Waren sie gar Masochisten, die sich an den Quälereien der Lehrer lustvoll erfreuten? Wer die Sozialgeschichte der bürgerlichen Gesellschaft (und damit zugleich die Entwicklung der Schule, des Proletariats und der Arbeiterbewegung) kennt, der weiß, daß solche Fragen ins Leere zielen und eher zur Verwirrung als zur Klärung beitragen.

Also muß anders gefragt, in anderer Richtung überlegt werden. Erste Frage: Dürfen wir sicher sein, daß die Volksschule die ihr vom damaligen Staat verordnete und von manchen heutigen Wissenschaftlern zugeschriebene Ideologisierung überhaupt erfolgreich bewirkte? Haben die Arbeiterkinder die für sie bestimmten Schulen als disziplinierte Treudeutsche, als unterwerfungsbereite Kaiseranhänger, als hochmütig-aggressive Nationalisten verlassen? Nein. Sie haben vielmehr als Erwachsene – trotz der jährlichen Sedanfeiern, trotz des preußisch-national orientierten Geschichtsunterrichts, trotz des zu Demut und Pflichterfüllung anhaltenden Religionsunterrichts – in stets wachsendem Maße Sozialdemokraten in den Reichstag gewählt. Mit anderen Worten: Sie haben sehr oft genau das Gegenteil von dem getan, was die Schule politisch-ideologisch bei ihnen zu erreichen versuchte.

Zweite Frage: Ist dieses ‚abweichende Verhalten' allein dadurch erklärbar, daß man auf die soziale Lage der Arbeiterkinder, den Einfluß ihrer Eltern, die Wirksamkeit der Programmatik und des Kampfes der Arbeiterbewegung verweist? Gewiß waren das wichtige Einflußfaktoren, – aber es waren nicht die einzigen. *Auch die Schulen selber haben ungewollt dazu beigetragen!* Diese These mag überraschend klingen, aber sie führt immerhin auf die Ausgangsfrage zurück: Wie kommt es, daß es zahlreiche Arbeiterkinder gab, die *gern* in die Volksschule gingen? „Aus dem wirtschaftlich gedrücktesten Proletariat stamme ich", so schrieb der Arbeiter Wilhelm Bock; und wenig später: „Meine Schulzeit machte mir keine Beschwerden. Ich ging gern zur Schule, obgleich mir Schule und Arbeit nur wenig Zeit zu jugendlichem Spiel mit den Kameraden übrigließen."[2] Der Glasarbeiter Josef Peukert erinnerte sich in ähnlichem Sinne: „Nach vollendetem 11. Lebensjahre wurde ich trotz allen Sträubens aus der Schule genommen, um die verschiedenen Zweige des Geschäftes zu erlernen. Meine Lern- und Wißbegierde war so groß, daß ich so etwas wie ‚Schulschwänzen' gar nicht kannte; und ich erinnere mich, daß ich wiederholt in mit Lumpen zusammengehaltenen Schuhen im tiefsten Schnee noch zur Schule ging, um ja keine Stunde zu versäumen; und es war das schrecklichste Leid für mich, wenn ich einmal aus einem triftigen Grunde nicht zur Schule durfte."

Aus diesem Zitat wird deutlich, was heute vielen kaum noch bewußt ist: daß für die Bauern- und Arbeiterkinder des 19. Jahrhunderts der Schulbesuch nicht nur ein Zwang, etwas von außen Auferlegtes, sondern zugleich eine positive Chance, ja in bestimmter Weise ein *Privileg* gewesen ist. Denn Lernarbeit war für sie besser als Kinderarbeit. Daß sie zur Schule gehen *mußten*, hat der Staat ohnehin erst gegen Ende des 19. Jahrhunderts – zumindest in den Städten – voll durchgesetzt. Dem stand gegenüber, daß viele von ihnen – getrieben von „Lern- und Wißbegierde" – von sich aus zur Schule gehen *wollten* und bekümmert waren, wenn man sie aus Gründen der Not vorzeitig aus der Schule nahm oder vom Schulbesuch zurückhielt: „Ich habe während der acht Schuljahre nur wenige Male meine Schularbeiten machen können; wir Kinder mußten die Schule meistens schwänzen, um durch Arbeit bei den Bauern für unsere Familie verdienen zu helfen. Wenn wir schon einmal die Schule besuchen durften, mußten wir gleich nach Schulschluß mit den Büchern aufs Feld, um bis in den späten Abend hinein bei der Arbeit zu helfen."

Im Rahmen dieser Skizze bleibt nur noch kurz einzugehen auf die Frage, worauf denn eigentlich sich damals die Lern- und Wißbegierde der Arbeiterkinder bezogen hat. Gewiß nicht an erster Stelle auf Bibelsprüche und Gesangbuchverse, Hohenzollernlegenden und preußisch-deutsche Schlachtengeschichte; wohl aber darauf, Lesen, Schreiben und Rechnen zu erlernen und – wenn auch in elementarster Weise – Grundkenntnisse zu erwerben in den Bereichen, die man in der damaligen Volksschule (und bis über die Adenauer-Zeit hinaus) Erdkunde, Naturkunde und Naturlehre nannte. Der schlichte und doch so wichtige Prozeß der Alphabetisierung war dort, wo er gelang, ein Weg, auf dem man weitergehen, ein Mittel, das man nutzen konnte, um unter Umständen eines Tages anderes zu lesen als Chamissos Hohelied auf die alte treue Waschfrau. Das Entsprechende galt für den Sprach- und Deutschunterricht und für die sogenannten ‚Realien', d.h. für alle natur-, sach- und geschichtsbezogenen Schulfächer. Deren Anteil am Lehrplan gewann im Verlauf des 19. Jahrhunderts zunehmend an Bedeutung und hat die Stundenzahlen des Religionsunterrichts entsprechend verringert. Zumal in diesen neuen, wichtiger werdenden, weltlich orientierten Schulfächern konnten Bauern-, Handwerker- und Arbeiterkinder – trotz des nur elementaren Anspruchsniveaus und trotz der in der Regel schlecht ausgebildeten Lehrer – immerhin erste Denkanstöße und Anregungen gewinnen und wenigstens etwas von dem lernen, was ihnen zuhause niemand beibringen konnte und worauf späterer, zusätzlicher Kenntniserwerb aufzubauen vermochte. Hier gab es mithin Lernbereiche und Lernmöglichkeiten, die – inmitten der Klassenschule – eher der historischen Tendenz der *Entideologisierung* als derjenigen der Ideologisierung zugehörten. Und wenn dann noch

Glück und Zufall es wollten und ein fähiger und engagierter, an der Förderung der Arbeiterkinder interessierter Lehrer zur Stelle war, dann konnte es passieren, daß Arbeiter, zurückblickend auf die Schule, ihr sogar ein Stück ihres proletarisch-politischen Bewußtseins zu verdanken glaubten: „Die Schule hat auf meine geistige Entwicklung einen starken und guten Einfluß ausgeübt, was vor allem dem Lehrer zu verdanken war. Er war tüchtig und fähig, er lehrte im Geschichtsunterricht nicht nur die Schlachten, die Fürsten und Generale geschlagen hatten, er machte uns auch mit der Kulturentwicklung der Völker vertraut, so daß sich mein Gesichtskreis erweiterte und ich in späteren Jahren leichter als mancher andere begriff, um was es sich beim Sozialismus handelt."

Adalbert Rang

Anmerkungen

1) Hoare und Smith (Hrsg.): Selections from the Prison Notebooks of Antonio Gramsci. London 1971, S. 258: „a positive educative function".
2) Dieses und alle weiteren Zitate aus Emmerich, W. (Hrsg.): Proletarische Lebensläufe. Autobiographische Dokumente zur Entstehung der zweiten Kultur in Deutschland. Bd.1: Anfänge bis 1914. Reinbek b. Hamburg 1974. Vgl. außerdem: Rang, A. und Rang, B.: Schule und Ideologie. In: Die Wertfrage in der Erziehung (= Schule und Erziehung VIII. Argument-Sonderband Nr. 58). Berlin 1981.

Weiterführende Literatur

Emmerich, W. (Hrsg.), a.a.O.
Rang, A. und Rang, B., a.a.O.

Indoktrination und Disziplinierung: Die Fortbildungsschule in Berlin um 1900

Fortbildungsschulen in Berlin um 1900

Städtische Schulen:
- Städtische Fortbildungsschulen für Jünglinge
- Städtische Fortbildungsschulen für Mädchen
- Städtische Fortbildungsanstalten
- Städtische Fortbildungsschule für Taubstumme
- Städtische Fortbildungsschule für Blinde

Von Vereinen oder Korporationen geleitete Fortbildungsschulen:
- Fortbildungsschule des Handwerkervereins
- Kaufmännische Fortbildungsschulen der Korporation der Kaufmannschaft von Berlin
- Fortbildungsanstalt für Mädchen

Gewerbliche Unterrichtsanstalten:
- Städtische höhere Webschule
- Zwei Handwerkerschulen
- Baugewerbeschule
- Tischlerschule
- Zwanzig Fachschulen der Innungen

I

Mit der Entlassung aus der Volksschule war für ein Berliner Arbeiterkind bis ins 20. Jahrhundert hinein die Schulpflicht beendet. Was allen Angehörigen der unteren Schichten für das Leben als gute und nützliche Bürger guttat, war staatlicherseits damit abgegolten, auch wenn nur ein Teil der Gemeindeschüler die ohnehin nur bescheidenen Ziele der Volksschule erreichte. Bildung über die Volksschule hinaus war – zumindest für Handwerker und Arbeiter in Berlin – lange Zeit eine freiwillige Angelegenheit. Hier existierte um 1900 ein breit gefächertes Angebot von sogenannten „Fortbildungsschulen" und „Gewerblichen Unterrichtsanstalten", das auf die Bedürfnisse derjenigen zugeschnitten war, die nach dem Volksschulbesuch eine berufliche Qualifikation als Gehilfe, Geselle, Meister oder Techniker anstrebten. Jugendliche, die sofort nach der Schulentlassung die zahlreichen nicht- bzw. niedrigqualifizierten Arbeitsplätze besetzten, hatten kaum einen Grund, diese freiwilligen Bildungsangebote – die z.T. noch Geld kosteten – wahrzunehmen. Betrachtet man diese Schulen von ihren Unterrichtsinhalten her, so muß man unterscheiden zwischen den Schulen, die vor allem der Festigung und Ergänzung der Volksschulbildung dienten (Städtische Fortbildungsschulen), Schulen, die eine höhere Allgemeinbildung vermittelten (Städtische Fortbildungsanstalten und Kaufmännische Fortbildungsschulen) und Schulen, die beides in sich vereinten (Fortbildungsschule des Handwerkervereins und Fortbildungsschulen für Mädchen). Entsprechend gliederte sich das gewerbliche Unterrichtswesen in niedere Fachschulen (Innungsfachschulen, Tischlerschule), die u.a. auf die Lehrlingsausbildung bezogene Inhalte anboten, höhere Fachschulen, die theoretisches Fachwissen für Fortgeschrittene vermittelten (Höhere Webschule, Baugewerkschule) und in Mischtypen, die beides im Programm hatten (Handwerkerschulen, Gewerbesaal).

Das Problem dieser Schulen war – neben der Unterrichtszeit (am Sonntagvormittag und abends bis 22.00 Uhr), der mangelhaften Unterrichtsorganisation (offenes Kurssystem) und dem ungleichen Bildungsstand ihrer Schülerschaft – vor allem die Freiwilligkeit ihres Besuchs.

„Regelmäßigkeit und Pünktlichkeit des Schulbesuchs", so der Leiter einer Schule, ließen „viel zu wünschen übrig. Jede Gelegenheit wird benutzt, um die Schule zu versäumen." (. . .) „Wenn der Unterricht beginnen soll, sind häufig nur die Hälfte, ein Viertel oder wohl auch noch weniger da"[1]. Trotz dieser offenkundigen Mängel hielt man in Berlin an der Freiwilligkeit dieser Schulen fest, und das, obwohl bereits seit 1869 laut § 120 der Gewerbeordnung für den Norddeutschen Bund (die 1871 für das gesamte Deutsche Reich übernommen wurde) „durch Ortsstatut Gesellen, Gehülfen und Lehrlinge, sofern sie das 18. Lebensjahr nicht überschritten haben, zum Besuch einer Fortbildungsschule des Ortes, Arbeits- und Lehrherrn aber zur Gewährung der für diesen Besuch erforderlichen Zeit verpflichtet werden"[2] konnten und obwohl andere Länder (wie z.B. Sachsen) seit 1873/74 die Fortbildungsschulpflicht in ihren Volksschulgesetzen festgeschrieben hatten.

Es ist offenkundig, daß wirtschaftliche Zentren wie Berlin davor zurückscheuten, die Verfügungsgewalt von Handwerk, Handel und Industrie über die jugendliche Arbeitskraft durch die Statuierung des Fortbildungsschulzwanges einzuschränken. Der Schöpfer des fakultativen Fortbildungs- und Fachschulwesens in Berlin, der Stadtschulrat Heinrich Bertram, hatte folglich auch die Freiwilligkeit des Fortbildungsschulbesuchs zum absoluten

Dogma erhoben, dem Stadtverordnetenversammlung und Magistrat unerschütterlich anhingen.[3] Das Desinteresse der großen Städte an der Schaffung obligatorischer Fortbildungsschulen für *alle* Lehrlinge und jugendlichen Arbeiter geriet indes im letzten Drittel des 19. Jahrhunderts in zunehmendem Maße mit übergreifenden ökonomischen und gesellschaftlichen Entwicklungen in Konflikt, für deren Bearbeitung sich die Einführung der obligatorischen Fortbildungsschule geradezu anbot. So hatten das überproportionale Bevölkerungswachstum nach 1870, der fortschreitende Zusammenbruch traditionaler Erziehungsfunktionen von Familie und Handwerk im Gefolge der Industrialisierung und die seit 1887 massiv zunehmende Politisierung breiter Bevölkerungsschichten die schon früher konstatierte Erziehungslücke „zwischen Schulentlassung und Militäreinstellung"[4], die „große Jugendwüste" (Dörpfeld), zu einem Massenproblem werden lassen, das die bürgerliche Gesellschaft nicht mehr länger ignorieren konnte. Das Staatsinteresse erforderte es spätestens jetzt, an der Jahrhundertwende, die gesellschaftlichen Zersetzungstendenzen einzudämmen, die von der geistig und sittlich gefährdeten, für sozialdemokratische Agitation anfälligen kleinbürgerlichen und proletarischen Jugend ausgingen. Es galt, die Sozialdemokratie ideologisch zu neutralisieren, die gefährdeten Jugendlichen mit Nachdruck auf den geraden Pfad bürgerlicher Normen und Werte zu verweisen.[5]

Bei der Bewältigung dieser Aufgabe sollte nach dem Willen liberaler und konservativer Politiker die obligatorische Fortbildungsschule eine zentrale Rolle spielen – auch nach dem Willen der zentralen Bürokratie (die Fortbildungsschulen waren in Preußen dem Handelsministerium unterstellt), die im Zuge der Einführung dieser Institution das gesamte Fach- und Fortbildungsschulwesen in Preußen neu zu organisieren trachtete.[6] Diesem Interessenverbund für die Einführung der obligatorischen Fortbildungsschule gesellte sich die in den Stadtverordnetenversammlungen vertretene Sozialdemokratie hinzu, die für eine Teilhabe aller arbeitenden Jugendlichen an den Bildungsgütern und für eine Stärkung von deren Erwerbschancen eintrat.

II

Der Kampf um die Einführung bzw. Abwehr der allgemeinen Fortbildungsschulpflicht wurde in Berlin von den beschriebenen Kontrahenten besonders hartnäckig geführt und dauerte daher auch entsprechend lange – von 1891 bis 1904. Exemplarischen Rang erhält er durch die Rolle, die die Sozialdemokratie in dieser Auseinandersetzung spielte, eine Rolle, die ein fast tragisch zu nennendes Mißverständnis von Bildung offenbart und das bis heute gestörte Verhältnis der Sozialdemokraten zu Berufsschule und beruflicher Bildung in paradox verkehrter Weise antizipiert. Dreimal (1891, 1897 und 1902) brachte in Berlin die SPD den Antrag ein, „den Magistrat zu ersuchen: in Gemäßheit des § 120 Absatz 3 der Gewerbeordnung den Entwurf eines Ortsstatuts vorzulegen, durch welches den männlichen Arbeitern unter 18 Jahren die Verpflichtung zum Besuch einer Fortbildungsschule auferlegt wird."

Erst nach elf Jahren ging dieser Antrag an den Magistrat, der dann 1904 das Ortsstatut vorlegte. Von dem preußischen SPD-Landtagsmitglied Paul Hirsch wird der Vorgang als Triumph für die Sozialdemokratische Fraktion gefeiert, der mit großer Beharrlichkeit gegen die ablehnende Haltung der anderen Fraktionen errungen worden sei.[7] Der Hauptstrang der SPD-Argumentation für die Fortbildungsschulpflicht bewegte sich entlang der von Wilhelm Liebknecht ausgegebenen, aber mißverstandenen Parole „Wissen ist Macht". Ihr ging es um die Jugendlichen, die bislang nicht teilhatten an weiterführenden Bildungsmöglichkeiten, es ging um deren „Verkümmerung auf geistigem Gebiete".

Für die SPD war klar, daß sie mit den „dumpfen und stumpfen Massen" den großen Sieg nicht erringen konnte; je gebildeter und je mehr mit Wissen die jungen Leute ausgerüstet seien, desto mehr würden sie die großen Gesichtspunkte des Sozialismus erfassen können, so meinte man. Neben der Sicherung der Reproduktionsfähigkeit des Arbeiters durch Bildung erwartete die SPD von der obligatorischen Fortbildungsschule auch die Hebung des Klassenbewußtseins. Vor allem sollte der Unterricht Aufklärung bringen über die sich aus dem Arbeitsverhältnis ergebenden Rechte und Pflichten des Arbeiters sowie über die soziale Gesetzgebung.

Die Forderung nach obligatorischem Unterricht wurde u.a. damit begründet, daß nur die Hälfte der in Frage kommenden Jugendlichen an den freiwilligen Schulen teilnehme und dies in der Regel, weil die Meister oder auch die Eltern sie hinderten. Man war sich jedoch im klaren darüber, daß nach Einführung des Pflichtbesuchs der staatliche Zwang sich nicht nur gegen jene, sondern auch gegen die uneinsichtigen Jugendlichen selbst sich richten mußte.

Als die Debatte 1897 von der SPD wieder aufgenommen wurde, mit dem Hinweis auf die um sich greifende Rohheit und Zügellosigkeit, die ihren Grund in der frühen Erwerbstätigkeit der Kinder habe, und mit der Forderung, den Jugendlichen durch ethische Erziehung „Halt und Anhalt" zu geben, wurde der Antrag erneut abgewiesen.

Erst im Jahre 1902 gelang der Durchbruch. Inzwischen hatte sich in Kreisen des Handwerks und der Kaufmannschaft die Erkenntnis durchgesetzt, daß ohne Vermittlung gewisser Kenntnisse, die im Betrieb selbst nicht anzueignen waren, das Geschäft nicht florieren

Schriften der Centralstelle für Arbeiter-Wohlfahrtseinrichtungen. Nr. 21.

Die Fürsorge für die schulentlassene gewerbliche männliche Jugend.

Vorberichte und Verhandlungen der X. Konferenz vom 6. und 7. Mai 1901 in München.

Berlin.
Carl Heymanns Verl[illegible]

Konservative und Liberale argumentieren gegen die obligatorische Fortbildungsschule:
„Das erste Argument war pädagogischer Art: Mit dem Hineinzwingen von Lernunwilligen störe man zum einen die bislang dort Versammelten, zum anderen gäbe es mit jenen ständig Disziplinprobleme.
Das zweite Gegenargument betraf die Belastungen, die damit auf die Gemeinde zukämen, die Kosten für Gebäude, Lehrer, für die neu zu schaffende Kontrollbürokratie.
Mit dem dritten Argument hielt man zunächst hinter dem Berg, doch handelte es sich dabei wohl um das Entscheidende, nämlich, „daß die Sache doch tief eingreift in das gewerbliche Leben, in die Rechte der Meister usw."."

Aus: Stenografische Berichte über die öffentlichen Sitzungen der Stadtverordneten-Versammlung der Haupt- und Residenzstadt Berlin. 18. bis 31. Jahrgang. 1891–1904. Berlin 1892–1905. Hier: 1893, S. 245.

konnte und nur bei allgemeinem Zwang die Konkurrenzbedingungen gleichgehalten werden konnten. Von dieser Seite wurden in der Debatte 1902/04 dann auch ausdrücklich Pflichtfortbildungsschulen gefordert, da die fakultativen Schulen offensichtlich nicht mehr befriedigen konnten. Nur 8 % der Lehrlinge im Handel, so klagte dessen Vertreter, gingen freiwillig zur Schule. In der obligatorischen Fortbildungsschule sahen die Kleingewerbetreibenden nun plötzlich „das einzige Heilmittel" zur Überwindung ihrer wirtschaftlichen Schwierigkeiten[8]. Mit der Orientierung am Mittelstand werde der Schule zugleich jede sozialdemokratische Wirkung genommen: das Erlernen von Buchführung wecke den Wunsch, sich selbständig zu machen, stehe also kollektivistischen Tendenzen entgegen.

Als der Magistrat dann 1904 endlich sein Ortstatut für die Pflichtfortbildungsschule vorlegte, ging er in der Begründung der Schulpflicht von der Ineffizienz der fakultativen Schulen aus. Vor allem, so wurde argumentiert, gehe ihnen die erzieherische Wirkung ab, in einer Zeit, „in welcher der dem Knabenalter Entwachsende so manchem verderblichen Einfluß ausgesetzt" sei. Gerade deshalb habe man sich „nicht entschließen können, die sog. ‚ungelernten' Arbeiter von der Wohltat der Pflichtfortbildungsschule auch nur vorübergehend auszuschließen"[9]. An erster Stelle wird konsequenterweise als Aufgabe der Schule die Bewahrung vor sittlicher Verrohung genannt, an zweiter Stelle erst die Vermittlung von Berufskenntnissen. Die Schüler sollten nach Berufen in drei aufsteigenden Klassen sortiert werden; die Ungelernten wurden in spezielle Klassen abgesondert. Für sie waren vier Abendstunden Unterricht vorgesehen; die sechs Unterrichtsstunden für die übrigen Schüler sollten – je nachdem, wie es den Gewerben genehm war – in der Zeit von morgens 7 bis abends 7 Uhr liegen.

Kreuzberg, Wassertorstr. 4. Älteste Pflichtfortbildungsschule (seit 1905) für Mechaniker, Schlosser, etc. 1867 als Gemeindeschule gebaut; heute Musikschule Kreuzberg.

§ 1 des Ortstatuts der Berliner Pflichtfortbildungsschule, genehmigt am 20. Januar 1905:
„Alle männlichen Arbeiter (Lehrlinge, Gesellen, Gehilfen u. s. w.) welche in einem gewerblichen oder kaufmännischen Betriebe im Weichbilde der Stadt Berlin beschäftigt werden, unterliegen, sobald sie nicht mehr volksschulpflichtig sind, bis zum Schlusse des Schulhalbjahres, in welchem sie das 17. Lebensjahr vollendet haben, der Verpflichtung, die von der Stadt Berlin eingerichtete Fortbildungsschule zu besuchen und an deren Unterricht teilzunehmen. Der Unterricht erstreckt sich auf Deutsch, Rechnen und Zeichnen unter möglichster Berücksichtigung der beruflichen Ausbildung und soll im Jahresdurchschnitt 6 Stunden wöchentlich nicht überschreiten, doch soll die wöchentliche Stundenzahl nicht unter 4 betragen. Tag, Stunde und Ort des Unterrichts werden vom Magistrat in der ortsüblichen Weise bekannt gemacht."

Nur wenige der fakultativen Schulen wurden als Ersatzschulen anerkannt. Die übrigen wurden darauf verwiesen, sich künftig der Fort- und Fachbildung von Gesellen und Meistern zu widmen. Die Mädchen blieben – bis 1913 – vom Schulzwang ausgeschlossen. Am 24. November 1904 wurde das Ortsstatut für die Pflichtfortbildungsschule zu Berlin von der Stadtverordnetenversammlung angenommen. In einer Koalition von Verwaltung, Kleingewerbe und Sozialdemokraten wurde die Sache gegen den schwächer werdenden Widerstand der „Alten Linken", der Vertreter der liberalen Gewerbeförderung, durchgesetzt.

Die Sozialdemokraten setzten dabei auf die aufklärende und emanzipierende Wirkung jeder Art institutionalisierten Unterrichts, obwohl sie von den anderen Gruppen nicht darüber im Zweifel gelassen wurden, daß dies eine gegen sie gerichtete Schule sein würde, eine Schule, die verstärkt den Kampf gegen die „Sozialdemokratischen Irrtümer" und „roten Umsturzlehren" führen sollte. Kann man noch von Ironie reden, wenn ein sozialdemokratischer Sprecher sich folgendermaßen an die Liberalen wandte?:

„Meine Herren, es ist gesagt worden, der Antrag sei kein sozialdemokratischer; er würde im Gegenteil bei seiner Erfüllung der Sozialdemokratie Abbruch thun. Sie sehen meine Herren, wie selbstlos wir sind. Wir geben Ihnen die Waffen, die Sie gegen uns brauchen wollen, selbst in die Hand."[10]

III

Damit sollte der Redner recht behalten: Die Hauptaufgabe der gewerblichen Pflichtfortbildungsschule, wie sie am 1. Mai 1905 in Berlin eröffnet wurde, war die Integration der proletarischen Jugendlichen in den bürgerlichen Staat. In dreierlei Weise war die Schulrealität auf dieses Ziel abgestellt: (1.) Auf der Ebene der Unterrichtsinhalte, die konservative Gesellschaftsbilder tradierten, (2.) als unmittelbarer Zwang, der in der Androhung oder Anwendung rigoroser Strafen geltend gemacht wurde, (3.) in der Form staatlicher Jugendpflege, die – verankert in der Fortbildungsschule – auch die Freizeit der Jugendlichen unter Kontrolle bringen sollte.

Der ideologischen Indoktrination waren im Lehrplan zwei der sechs bzw. vier Unterrichtsstunden vorbehalten, zunächst als „Deutsch in Verbindung mit Gewerbekunde", später als „Berufs- und Bürgerkunde". Eine ausführliche theoretische Begründung für die Verbindung von staatsbürgerlicher Erziehung und Berufsbildung hatte Georg Kerschensteiner[11] geliefert: Für die Unterschichten sei die Erziehung zum Beruf das Fundament der staatsbürgerlichen Erziehung; nur die Berufserziehung fördere die Entwicklung jener bürgrlichen Tugenden, die als Grundlage aller höheren sittlichen Bildung und aller wichtigen Staatsbürgertugenden zu betrachten seien.

Diesen Grundgedanken spiegeln die damaligen Unterrichtsbücher wider[12]. Eines, das weite Verbreitung genoß, kann hier als exemplarisch gelten: Gehrig, H. / F. Stillke: Lese- und Lehrbuch für gewerbliche Fortbildungsschulen und andere gewerbliche Lehranstalten, 5. Auflage, Leipzig/Berlin 1906. Das Inhaltsverzeichnis beginnt mit dem Stand und Beruf des Handwerkers, geht weiter über Haus und Heim des Gewerbetreibenden zu den sittlichen, wirtschaftlichen und kulturellen Grundlagen des Gewerbes, um nach dem Kapitel über den Gewerbetreibenden in Gemeinde und Staat mit Betrachtungen zu den landesväterlichen Bestrebungen der Hohenzollern und ihrer Sorge für das Gewerbe zu enden. Durchgängig findet sich in den Büchern die Verabsolutierung der vorindustriell-ständischen, handwerklichen Welt. Die Industriegesellschaft und ihre Probleme – in der Wirklichkeit allgegenwärtig – bleiben so gut wie unerwähnt.

Das handwerkliche Berufsethos und die nationale Bedeutung des Mittelstandes als gesellschaftlicher Ordnungsfaktor werden gerühmt und der kaiserliche Obrigkeitsstaat als Garant allen Glücks gepriesen. Die Geschlossenheit und Beständigkeit der handwerklichen Produktionsform, die durch staatliche Protektion aufrechterhalten wurde, diente so als ideologische Grundfigur, mit der der Klassenstaat gegen jede auf Veränderung zielende Kritik immunisiert werden sollte.

Die staatsbürgerliche Erziehung im Medium der Berufserziehung war jedoch nur für diejenigen ein praktikables Modell, die in einer Berufsausbildung standen. Für die Ungelernten, immerhin ein gutes Drittel der Schüler, bestand die Erziehung vor allem in der Unterwerfung unter den Schulzwang. Dieser richtete sich nicht nur subjektiv sondern unter den gegebedürfnisse der Jugendlichen, war doch die Schule alles andere als an ihren Qualifikationsinteressen interessiert.

Nur mit einer jährlich steigenden Zahl von Strafen gelang es den Behörden, die Besuchsziffern von Jahr zu Jahr etwas anzuheben.

Die Strafstatistik der Verwaltungsberichte macht in ihrer ganzen Trockenheit den Charakter der Zwangsanstalt Pflichtfortbildungsschule klar. Laut § 10 des Ortsstatuts konnten bei Verstoß gegen das Statut Geld- oder Haftstrafen verhängt werden; 1908 kamen noch Arreststrafen dazu. Die Strafanzeigen gegen Arbeitgeber zwischen 1907 und 1913 liegen in Berlin bei durchschnittlich 300 pro Jahr, mal sind es mehr, mal weniger. Dagegen zeigt die Kurve der Schülerstrafen einen steilen Anstieg. Strafanzeigen gegen Schüler: 1907: 565, 1908: 968, 1909: 411, 1910: 800, 1911: 2.034, 1912: 2.261, 1913: 2.765. Und die gegen Schüler verhängten Arreststrafen: 1908: 1.843, 1909: 2.116, 1910: 4.432, 1911: 6.716, 1912: 6.448, 1913: 5.748. Das Abfallen dieser zweiten Kurve ist zu erklären aus dem Ansteigen der ersten, vermehrte Strafanzeigen bedeuteten weniger Arresstrafen.

Daß von den Strafen in erster Linie die Ungelernten betroffen waren, betroffen sein mußten, liegt auf der Hand: für sie brachte die Pflichtfortbildungsschule nur eine Verlängerung der unfreien Zeit im Anschluß an den Arbeitstag.

Es ist einsichtig, daß unter solchen Umständen die Unterrichtserfolge viel zu wünschen übrig ließen. Der Staat mochte sich mit den Möglichkeiten der sozialen Kontrolle, die die gesetzlich vorgeschriebene Unterrichtszeit bot, nicht lange zufrieden geben. Seit 1908 gruppieren sich – nach einem Erlaß des Handelsministeriums – um die Fortbildungsschule als organisatorischem Mittelpunkt Veranstaltungen der staatlichen Jugendfürsorge und -pflege. Man wollte die Jugend von der Straße und vom Wirtshaustisch fernhalten und ihr statt dessen „Anregung für die nützliche Verwendung der freien Zeit" bieten. Das Angebot umfaßte Unterhaltungsabende, Vorträge, Theateraufführungen, Ausflüge, Turnen, Gesang und Aufklärung über die „Gefahren des Sexuallebens". Diese Veranstaltungen nahmen bis zum Kriege einen immer breiteren Raum ein. Dieser Eingriff des Staates in die Freizeit der Jugendlichen war weniger motiviert durch die Gefährdung der Jugendlichen, als vielmehr durch die Gefährdung des Staates selbst, die von dieser Jugend ausging, von ihrer mangelhaften Wehrtauglichkeit und ihrer tendenziellen Unkontrollierbarkeit, vor allem von ihrer beginnenden Selbstorganisation.

Zur gleichen Zeit nämlich, zu der der Magistrat sein Ortstatut vorlegte, wurde in Berlin der „Verein der Lehrlinge und jugendlichen Arbeiter" gegründet, im Herbst 1904[13]. Der Verein schuf sich sogleich in seinen ersten Mitgliederversammlungen im Dezember sein eigenes Organ: „Die Arbeitende Jugend" (später als „Arbeiterjugend" fortgeführt). Von Anfang an war für den Verein die Fortbildungsschule der Ort, wo er seine Agitation entfaltete, wo mit Flugblättern zu den Versammlungen eingeladen wurde; andererseits war die Fortbildungsschule Zielscheibe von kritischen Artikeln in den Spalten der Zeitung.

Oft geschah es, daß Mitglieder des Vereins, die vor den Schulen Flugblätter verbreiteten, nach Denunziation durch den Rektor verhaftet wurden. Von der Polizei wurde darauf geachtet, daß bei den Versammlungen die Fortbildungsschule nicht kritisiert wurde, da es sich hierbei um eine Staatseinrichtung handle, mit denen sich der Verein laut Vereinsgesetz nicht beschäftigen durfte. Während die Fortbildungsschule sich immer wieder als entschiedener Gegner der Arbeiterjugendbewegung hervortat, öffnete sie bürgerlichen Gruppierungen Tür und Tor, damit diese die proletarischen Jugendlichen ihrer eigenen Organisation abspenstig machten.

Die Realität der 1905 in Berlin eingeführten Pflichtfortbildungsschule bis 1914 zeigt nur allzu deutlich: Die SPD hatte die an sich richtige Forderung nach Bildungsmöglichkeiten für das Proletariat ohne Rücksicht auf ihren historisch bedingten Inhalt forciert durchgepaukt und damit sich selbst und den Jugendlichen einen Bärendienst erwiesen.

Wolf-Dietrich Greinert / Georg Hanf

Der Arbeitstag eines Fünfzehnjährigen:
„Nachts gegen 2 Uhr tritt der fünfzehnjährige Arbeiter seinen Dienst bei der Meierei C. Bolle an, und gegen 2 Uhr mittags des nächsten Tages darf er nach Hause gehen. Dann wird er sich stärken an Speise und Trank. Ist es so etwa nach 3 Uhr nachmittags geworden, so wird man ihm die verdiente Ruhe nach der schweren Arbeit gönnen. Aber um 5 Uhr heißt es bereits in der Fortbildungsschule sein. Dort muß er bis 7 Uhr aushalten. Einem Kollegen war das denn doch zu viel. Er war nach zwölfstündiger ununterbrochener Arbeit und nur dreistündiger Ruhepause noch zu müde, um frischen Geistes dem Unterrichte beizuwohnen. Wurde ihm die Pause doch noch durch die weiten Wege von der Arbeitsstätte nach der elterlichen Wohnung und von dort wieder nach der Schule um 2 Stunden verkürzt. Also eine 14stündige ununterbrochene Arbeitszeit und noch dazu in der Nacht. Und dann soll er noch am Fortbildungsunterricht teilnehmen."

Aus: Peters, M.: Der Weg zum Licht. Ein Weckruf an die deutsche Jugend. Berlin 1907. S. 12.

Anmerkungen

1 Sangkohl, W.: Obligatorische oder fakultative Fortbildungsschule für Berlin? Berlin 1903. S. 15.
2 Gewerbeordnung 1869, S. 269
3 Michaelis, C.: Der gegenwärtige Stand und die nächsten Aufgaben des Berliner Fortbildungsschulwesens. In: Schriften der Gesellschaft für soziale Reform, Ortsgruppe Berlin: Fragen der kommunalen Sozialpolitik in Groß-Berlin. Jena 1911. S. 72 bis 130.
4 Pache, O.: Handbuch des deutschen Fortbildungsschulwesens. 7 Teile. Wittenberg 1896–1905.
5 Greinert, W.-D.: Schule als Instrument sozialer Kontrolle und Objekt privater Interessen. Hannover 1975.

6 Harney, K.: Die preußische Fortbildungsschule. Weinheim/Basel 1980.
7 Hirsch, P.: 25 Jahre sozialdemokratische Arbeit in der Gemeinde. Berlin 1908. Elfter Abschnitt. Das Fortbildungsschulwesen. S. 385–401.
8 Stenografische Berichte über die öffentlichen Sitzungen der Stadtverordneten-Versammlung der Haupt- und Residenzstadt Berlin. 18.–31. Jahrgang. 1891–1904. Berlin 1892–1905. Hier: 1902, S. 217, 221.
9 Vorlagen für die Stadtverordnetenversammlung 1904. Berlin 1905. S. 465 und 466.
10 Stenografische Berichte, a.a.O., S. 222.
11 Kerschensteiner, G.: Staatsbürgerliche Erziehung der deutschen Jugend. Erfurt 1901.
12 Greinert, a.a.O., S. 92 ff.
13 Korn, K.: Die Arbeiterjugendbewegung. Berlin 1922.

Weiterführende Literatur

Greinert, W.-D.: Schule als Instrument sozialer Kontrolle und Objekt privater Interessen, Hannover 1975.

Krieg und Schule 1914—1918

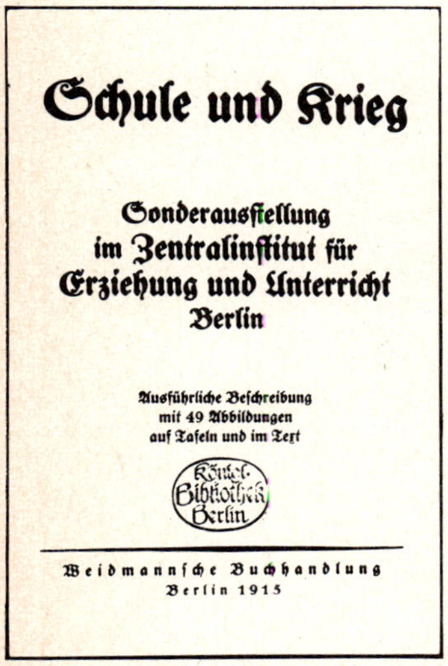
Schule und Krieg

Sonderausstellung im Zentralinstitut für Erziehung und Unterricht Berlin

Ausführliche Beschreibung mit 49 Abbildungen auf Tafeln und im Text

Weidmannsche Buchhandlung
Berlin 1915

Titelblatt des Ausstellungskatalogs

„Unermeßliche geistige Gaben raubt jetzt der Krieg dem deutschen Volke. Es ist ein Gebot der Stunde, alle Geister aufzurufen, um allen aus der Volksgemeinschaft nach oben Strebenden den Weg zu bereiten."

Aus: Apel, M.: Begabungsschule. Freie Bahn der deutschen Jugend. Berlin 1917. S. 12.

Schülerzeichnung aus: Katalog „Schule und Krieg"

I.

Während des Ersten Weltkrieges wurden in der schulpolitischen Diskussion Positionen allgemein akzeptabel, die zuvor als umstürzlerisch und gemeingefährlich galten. Die Ideen der Einheitsschule und des schulischen Aufstiegs für jeden „Tüchtigen" wurden auf breiter Front gepriesen. Dem Propagandaspruch „Ein Volk – ein Heer!" folgten die Schlagworte „Ein Volk – eine Schule!" und „Freie Bahn dem Tüchtigen!". Nach dem Krieg blieb von den Reformplänen wenig übrig.

Doch was war los mit der Schule *im* Krieg, als der Kaiser rief und (leider) alle, alle kamen? Kurz ließe sich antworten: Der Mobilmachung des Heeres folgte die Mobilmachung der Schule. In rascher Folge publizierten die „deutschen Schulmänner" Aufsätze, Broschüren und Bücher zum Thema „Schule und Krieg". Flugs erklärten sie den Krieg zum besten Erzieher aller Zeiten, die Zeiten selbst als die größten und gemeinsam beschworen sie den ‚neuen Geist': die Kriegspädagogik. Vergessen war das „Jahrhundert des Kindes" und vorüber sollte es sein mit der Verweichlichung, dem „‚Feminismus' im üblen Sinne" und es galt „alles, was Herz und Hand schwächen kann, zurückzudrängen"[1]. Mars regierte schließlich die Welt und freudig wurde er in die Schulstuben gebeten. Siegten die deutschen Truppen – und in den Anfangsmonaten siegten sie laut Kriegsberichterstattung dauernd –, dann durften die Schüler „Hurra!" schreien, denn sie erhielten „siegfrei". Doch sonst wurde es ernst, mit zunehmender Kriegsdauer todernst, auch in der Schule. In Lehrerzeitungen wurden die Namenslisten der mit dem Eisernen Kreuz Ausgezeichneten kürzer, die Listen der Gefallenen länger. Trauerfeiern waren angesagt. Auch das Brot wurde knapper und der Geist des Durchhaltens gefragter. Die Schule trug dem Rechnung.

Wie sie das tat und wie schnell das geschah, davon berichtet der Katalog einer Ausstellung „Schule und Krieg", die bereits im März 1915 eröffnet worden ist. Diese Ausstellung orientierte sich an folgenden Fragen: 1. Was können Schüler und Schülerinnen unmittelbar für den Krieg leisten? 2. Was wissen sie vom Kriege? 3. Wie kann man sie über den Krieg belehren und ihre innere Anteilnahme wecken? 4. Wie kann die Jugend für den späteren Militärdienst vorbereitet werden?

Die Antworten kamen reichlich; über 60% der Berliner Gemeindeschulen beteiligten sich mit Kriegsaufsätzen, am Zeichnen praktisch alle, denn es gab sogenannte Kriegszeichenwochen. Auch sonst waren die Berliner Gemeindeschulen an fast allen Bereichen der Ausstellung beteiligt, deren Spektrum nichts ausließ: es reichte von Hinweisen zur kriegsgerechten Ausrichtung der einzelnen Schulfächer, über Vorschläge zur Anlage von Kriegsmuseen, zur Gestaltung von Kriegsweihnachten und Kaisergeburtstag bis hin zur Darstellung der „Kriegshilfe" und des „Kriegsliebeswerks" der Schulen.

Mit viel Genugtuung wurden im Ausstellungskatalog gewisse Veränderungen des Schulklimas beschrieben: Endlich näherte sich der Schulalltag den pädagogischen Idealvorstellungen, waren Ziele wie Ordnung, Gehorsam, Fleiß, Ehrfurcht und Pflichttreue keine hohlen Phrasen mehr; endete unter dem Einfluß des großen, wirklichen Krieges der alltägliche Kleinkrieg zwischen Lehrern und Schülern; liebten und betrauerten die Schüler ihre Lehrer; brach „flammendste Begeisterung" los, wenn der verwundet vom „Feld der Ehre" heimgekehrte Lehrer vom Schlachtengetümmel erzählte; merkte auch der störrischste Hinterbänkler, wie nötig „gute Schulzucht" ist, sah auch er die Verzahnung von Disziplin in der Schule und im Heer. Endlich auch wuchs die Schule in ihre Rolle als „Rückgrat der Volkserziehung" hinein. Was ihre professionellen Träger wünschten, wurde unter dem Einfluß der vorübergehend vaterlosen Weltkriegsgesellschaft immer wahrscheinlicher: Schule als Lebensgemeinschaft und Familienersatz, Schule als Glaubensgemeinschaft und staatliche Propagandazentrale, die über Elternabende und was sonst die Kinder aus den Schul- in die Wohnstuben trugen (Merkblätter, Aufrufe zu Kriegsanleihen, Anleitungen für die Kriegsküche u.ä.), „dem Ferment vaterländischen Empfindens in der Gesamtmasse des Volkskörpers günstige Bedingungen verschafft"[2].

Wie sich die Kriegsmoral – die im wesentlichen nichts anderes war, als die herrschende Moral der Friedenszeit – auf die Schule auswirkte, zeigte ein Pfarrer, der ‚seinen' Kindern predigte: „Der Punkt auf dem ‚i' ist in der Schule so nötig, wie ein gezielter Schuß aus der Kanone."[3] Und Punkt für Punkt referierte er die soldatischen Tugenden als idealtypische, als für die Schule unverzichtbare innere Werte. Bei der „deutschen Kameradschaftlichkeit" angekommen, warnte er vor einem möglichen Mißverständnis: um Gottes willen, Kameradschaftlichkeit: „Nicht so, daß man sich gemeinsam gegen die Anordnungen der Lehrer auflehnt – das ist Verschwörung und eine recht große Sünde –, nein, daß man in gegenseitiger Hilfestellung zusammensteht."[4] Im Klartext hieß das: Liebe deinen Lehrer wie der Soldat den Kaiser und verinnerliche den Spruch: „Was ich bin und was ich habe, dank ich dir, mein Vaterland."[5]

II.

Weil nun aber, wie die Kriegspädagogen meinten, Vaterlandsliebe nicht gleich triebhaft erfolgt wie Elternliebe und Jugendfreundschaft, bedurfte es planmäßiger Unterrichtsarbeit[6]. In wenigen Monaten wurde der gesamte Lehrplan auf den Krieg zentriert. Kaum ein Schulbuchautor ließ die Chance ungenutzt, keine pädagogische Zeitschrift verzichtete auf ausführliche und dauernde Diskussion der Kriegspädagogik, keine Lehrerzeitung auf entsprechende Unterrichtsentwürfe. Zunächst erschienen kriegsgemäße Ergänzungshefte, dann neue Schulbücher und sortimentsweise Lehrmittel. Das Angebot war lückenlos und bezog sich keineswegs nur auf Fächer wie Religion, Geschichte, Lesen oder Gesang. Dem „Heil Dir im Siegerkranz" (Liederbuchtitel) folgte in der Lesestunde ein „Gloria Viktoria" (Gedichte für den Unterricht) oder „Fritz der Flieger" (Lesebuch) jagte durch die Kinderköpfe, wenn nicht in Lesebüchern wie „Die Trommel schlug zum Streite" oder „Deutschland über alles" geblättert wurde. Wurde in der Deutschstunde nicht gelesen, gab es „Kriegsdiktate" oder „Kriegsaufsätze".

Danach lagen Schulbücher aus einer anderen Fächergruppe auf dem Tisch, Bücher mit Titeln wie „Der Physikunterricht im Dienst der Marine", „Die Chemie im Kriege", „Natur und Krieg", „Der große Krieg in Zahlen" oder „Kriegsgeographie"[7]. Dabei übten die Schüler „kriegsmäßige Vermessungskunde", lernten sie das Abschätzen von Entfernungen, lösten sie „Geometrische Aufgaben mit militärischem Einschlage", verfolgten sie Frontverläufe und Truppenbewegungen oder sie befaßten sich mit dem Thema „Unsere Haustiere im Kriege". Bei Sonnenschein klemmten sie sich in den Zeichenstunden einen Geländezeichenblock unter den Arm und probten „Freihandzeichnen", regnete es, bot sich ein Ausweichen auf das Illustrieren von Feldpostkarten oder der Entwurf kriegerischen Wandschmucks an. Im Handarbeitsunterricht bastelten die Knaben Modelle von Kriegsflugzeugen, U-Booten, Schützengräben, während die Mädchen mit ihrem gerühmten Sinn fürs mehr Praktische Socken und Pulswärmer für die Soldaten im Feld häkelten oder sie strickten, um denen das Totschießen im Winter zu erleichtern, mit viel Raffinesse einen auf- und zuknöpfbaren „Schießhandschuh".

Schießhandschuhe
aus: Katalog „Schule und Krieg"

Der Haushaltungsunterricht stand im Zeichen der Kriegsküche, wie, um das Bild abzurunden, natürlich im Turnunterricht das Militärische vollends triumphierte. Wobei neben Strammstehen und Marschieren auch das spielerische Moment zur Geltung kam: aus Völkerball wurde Kriegsball, aus Wettkampfgruppen „Engländer", „Franzosen", Russen" bzw. „Deutsche" und „Österreicher". Selbstverständlich war es Ehrensache, daß dabei ein „tapferer Deutscher" wenigstens zwei „stolze Franzosen" oder „raffinierte Engländer" und eine handvoll „dummer Russen" aufs Kreuz legte. Kein Wunder, hatten die Schüler doch selbst in der Rechenstunde ausgerechnet, wieviel Feinde so gefangen oder sonstwie kampfunfähig werden, wenn die Deutschen kommen:

„*Aufg. 6.* Englands Verluste bis zum 5. Februar 1915 betrugen 100000 Mann. Vielleicht hatte England bis dahin 900000 Mann zur Front. Wieviel % Verluste?
Aufg. 7. Frankreich verlor in der Winterschlacht in der Champagne von 180000 Kämpfern 45000. Wieviel %?"[8]
Und beim vierten Kapitel im Rechenbuch von Göhrs und Lücke angelangt, das „Von unseren blauen Jungen" handelt, rechneten sie die Überlegenheit der deutschen U-Bootwaffe aus:
Aufg. 6. U 9 (Weddigen) hat mit 3 Schüssen zu 15000 M 3 englische Panzerkreuzer in den Grund gebohrt. Wieviel M vernichtete 1 M? Ein Panzerkreuzer kostet ohne Munition 36,5 Millionen M."[9]

An das vaterländische Gewissen und die Opferbereitschaft rührten schließlich Aufgaben wie die folgende:
„Die 42 Schüler einer Dorfschule sammelten 14 Tage Eicheln, die 12 Schüler einer Oberstufe täglich je 38 Pfund, die 16 der Mittelstufe je 26 Pfund, die der Unterstufe je 14 Pfund. Für das Pfund erhielten sie 2 Pfennig. Von dem Gelde behielten sie 20 M zur Deckung kleiner Unkosten zurück. Für das übrige kauften sie ein Schwein, 100 Pfund zu 46 M. Würste, Speck und Schinken wurden von den Eltern geräuchert. 85% vom Lebendgewicht konnten sie ins Feld schicken. Sie machten Pfundpakete davon, deren Inhalt 450 g wog. Wieviel solcher Pakete sandten die braven Schüler ins Feld?"[10]

Anzeigen aus der Zeitschrift „Der Volksschullehrer“, Nr. 9 (1905)

„Ohne unsere deutschen heldenhaften Frauen und ihr mannhaftes Eintreten in diesen Weltkrieg wären wir lange verloren.“

Aus: Hassenstein, I.: Die deutsche Frau im Weltkriege. Allenstein 1917. S. 5.

Zwar konnten die Berliner Großstadtkinder kaum selber Schweine züchten, aber zur Kriegshilfe taugten sie allemal.

Ähnlich wie im Kriegs-Rechenunterricht waren auch in anderen Schulfächern meinungsbildende Merkmale (z.B. Stimulierung des Feindbildes) eng verwoben mit Aufforderungen zur aktiven Kriegshilfe. Es sollte „aller Unterricht auf *einen* Ton abgestimmt sein“ und schnörkellos im „feldgrauen Gewande“ erscheinen[11]. Als ein letztes Streiflicht zum Kriegsunterricht sei hier noch der von zwei Schulklassen angezettelte „Federkrieg gegen England“ erwähnt, der darauf abzielte, die in Deutschland seinerzeit häufig verwendeten englischen Schreibfedern aus „patriotischem Pflichtbewußtsein“ nicht mehr zu kaufen.

III.

Mit zunehmender Kriegsdauer mischten sich allmählich drohende Untertöne in die Appelle an die Schuljugend. Denn auch die höchsten Wellen der Kriegsbegeisterung kamen auf Dauer nicht gegen die kriegsbedingt zunehmenden sozialen Probleme an: Die Lebensmittel wurden knapper, schlechter und rationiert, die Realeinkommen sanken drastisch. An den Fronten starben die Väter und Brüder schneller, noch mehr Reserven – und damit die anfangs nicht eingezogenen Lehrer – wurden einberufen. Bereits 1915 berichtete der „Volksschullehrer“, daß stellen- und zeitweise ein Lehrer 200 bis 250 Schüler zu unterrichten hatte. Parallel dazu entwickelte sich eine erhebliche Zunahme der Frauenerwerbsarbeit; immer mehr Frauen arbeiteten vorübergehend in sogenannten „Männerberufen“, mit der Folge, daß ihre Kinder ohne Betreuung oder Aufsicht bleiben mußten.

Die Kriegsbegeisterung wich allgemeiner Ernüchterung. Kinder und Jugendliche, die sich auf den Straßen herumtreiben mußten, bildeten Cliquen, gaben ihr selbstverdientes Geld aus (Kinderarbeit), rauchten und tranken und wurden bei Gelegenheit auch kriminell (Bandenbildung). Zeitgenössische Beobachter sahen bereits „sittliche Verwahrlosung“ und „Verwilderung“ um sich greifen; das „Straßenkind“ rückte zum ersten Mal ins öffentliche Bewußtsein[12]. Die Klagen über die Kriegskriminalität und Kinderprostitution wurden lauter, der Ruf nach Abhilfe unüberhörbar. Nachdem die Militärs erst die Familie, dann die Schule funktionsunfähig gemacht hatten, traten sie folgerichtig als ideelle Gesamtväter auf den Plan. Mit Erlassen versuchten sie der Schuljugend u.a. folgendes zu verbieten: Rauchen, Alkohol und Wirtshausaufenthalte, ganz besonders das „zwecklose Umherbummeln“ und das Ausgehen in den Abendstunden und nachts, schließlich sogar Kino-, Theater- und Varietébesuche. Auf die schulentlassene Jugend zielten besondere Sparerlasse und regionale Militärbehörden verhängten eine „Arbeitspflicht für Jugendliche“, natürlich ausgenommen reicher Leute Kinder[13].

Im letzten Kriegsjahr mehrten sich die Stimmen, die ernsthaft ein „Reichs-Jugendwehr-Gesetz“ verlangten, um besonders die „Knaben während der Schulzeit körperlich und geistig planmäßiger für den Heeresdienst“ vorbereiten zu können. Besondere Beachtung an diesem Satz verdient die Steigerung des Adjektives „planmäßig“, denn das verrät schon ein Stück der Antwort auf eine der noch zu stellenden Fragen: War die Kriegspädagogik ein Spuk, ausgefallen und abwegig, der nur für kurze Zeit wie Unkraut in einem ansonsten gepflegten Gärtchen in die Höhe schoß? Und wie stand es um die innere Verwandtschaft von Schule und Militär vor dem Krieg?

IV.

Allgemeine Schulpflicht und Wehrpflicht, beides Kinder der französischen Revolution und zentrale Stützen des modernen Staates im Zeitalter des Imperialismus, ergänzten sich nicht nur im Ernstfall. Die Mobilisierung der Schule für den Krieg wurde nicht von wenigen fanatischen Nationalisten, sondern allgemein betrieben. Groß war dabei nicht nur die subjektive Bereitschaft der Beteiligten, groß waren auch die Chancen zur Verwirklichung. Denn die Wurzeln der Kriegspädagogik reichen weit in die Schulpädagogik der Vorkriegszeit zurück. Die Pädagogik selbst hatte einen „militärischen Zuschnitt“, der in den Kriegsjahren offen zum Ausbruch kam. Die Schule sollte wehrfähigen und kriegsbereiten Nachwuchs erziehen. Der Staat, so lautete eine der zentralen Begründunge für die Schulhygiene, die den gesunden Geist im gesunden Körper verlangte, „bedarf vollkommener körperlicher Eigenschaften seiner Bürger zum Zweck der Vertheidigung, soweit es sich auf die Männer – der Erzeugung gesunder Kinder, soweit es sich auf beide Geschlechter bezieht“[14].

Praktische Ergebnisse und Wirkungen der schulhygienischen Forderungen dokumentieren exemplarisch die Fotos vom Pausenturnen Berliner Gemeindeschüler. Diese wurden 1912 in einem offiziellen Bericht über die „Schulgesundheitspflege der Stadt Berlin“ veröffentlicht. Die zweifellos gestellten Fotos sagen sicher wenig über das normale, alltägliche Pausenverhalten von Berliner Volksschülern, dafür aber umso mehr über militärisch-kriegerische Züge der Schulhygiene und -pädagogik. Sie versinnbildlichen Wunschvorstellungen und Ordnungsträume, die einer der wenigen demokratischen Kritiker der preußischen Schule, Eduard Sack, bereits 1874 heftig kritisiert hatte: „In den letzten Jahren etwa hat's der Militarismus verstanden, auch in den Schulen zu beinahe unumschränkter Herrschaft zu gelangen. Die ganze Pädagogik hat einen militärischen Zuschnitt erhalten, und schon jetzt drücken wir uns ziemlich richtig aus, wenn wir nur noch von Kriegsschulen reden.“[15]

Eduard Sacks Kritik entfaltete sich auf dem Hintergrund der preußischen Schule. Hat sein Wort von der „Kriegsschule“ nur für Preußen Bedeutung? War die Kriegspädagogik des Ersten Weltkriegs ein spezifisch preußisch-deutsches Ereignis? Bleiben wir zunächst diesseits der damaligen Front: Die kriegsmäßige Ausrichtung der Schulen war nicht begrenzt auf Preußen, sie fand auch in den übrigen Staaten des Deutschen Reiches und im verbündeten Österreich statt. Jenseits der Front, im „Feindesland“, ereignete sich ähnliches, auch dort wurden die Schulkinder „mobilisiert“. Entsprechende Vorwürfe wurden auf beiden Seiten erhoben. Vergleicht man die Nationalbibliographien aus der Zeit des Ersten Weltkrieges, dann spricht vieles dafür, daß die Kriegspädagogik in Deutschland intensiver betrieben wurde, als in Endland und Frankreich; wenig jedoch dagegen, daß dort verwandte Bestrebungen zu finden sind. Auf beiden Seiten wurden die (Schul-)Kinder in die Kriegspropaganda einbezogen, als Objekte propagandistischer Aufrüstung ebenso, wie als Träger vaterländischer Ideologie in der Propaganda selbst.

Ulrich Bendele

Pausenturnen von Gemeindeschulkindern auf dem Schulhof in der Esmarchstraße.

Anmerkungen

1) Keller, H.: Krieg und Schule. In: Zeitschrift für angewandte Psychologie (1917) H.12, S. 129.
2) Schule und Krieg, Sonderausstellung im Zentralinstitut für Erziehung und Unterricht, Berlin 1915. S. 16.
3) Eisen, W.: Was der Krieg unsere Schulkinder lehrt. Heidelberg 1914/15, S. 13.
4) Eisen, a.a.O., S. 11.
5) Klauke, W.: Das deutsche Kind im deutschen Krieg. Frankfurt/Main 1915, S. 6.
6) Amrhein, H. (Hrsg.): Der Weltkrieg im Unterricht. Beiträge zur Theorie und Praxis des Gegenwartsunterrichts. Bielefeld und Leipzig 1916, S. 15.
7) Alle Titel aus: Keller, a.a.O.; vgl. auch: Deutsches Bücherverzeichnis 1915–1920, Stichwort „Weltkrieg“, Abteilung „Jugend, Schule und Krieg“.
8) Göhrs, Fr., Lücke, G. (Hrsg.): Kriegs-Rechenbuch 1914/15. 2., erw. Auf. Leipzig 1915.
9) Ebd.
10) Ebd.
11) Schule und Krieg, a.a.O., S. 48.
12) Hellwig, A.: Der Schutz der Jugend vor erziehungswidrigen Einflüssen. Langensalza 1919, S. 7 und 9.
13) Hellwig, a.a.O., S. 25.
14) Baginsky, A., Janke, O.: Handbuch der Schulhygiene, Bd.1, Stuttgart 1898, S. 31.
15) Sack, E.: Unsere Schulen im Dienste gegen die Freiheit. Braunschweig 1874. Hier zit. nach dem Wiederabdruck in: Sack, E.: Die preußische Schule im Dienste gegen die Freiheit. Schulpolitische Kampfschriften. Ausgew., eingel. u. erl. v. Karl-Heinz Günther. Berlin/DDR 1961, S. 69.

Weiterführende Literatur

Schule und Krieg. Sonderausstellung im Zentralinstitut für Erziehung und Unterricht, Berlin. Berlin 1915.
Keller, H.: Krieg und Schule. In: Zeitschrift für angewandte Psychologie (1917) H.12.

Gesetzliche Schulpflicht und Berliner Schulwirklichkeit im 19. Jahrhundert

Zu Beginn des 19. Jahrhunderts war jeder Berliner gesetzlich verpflichtet, seine Kinder entweder in seinem Hause unterrichten zu lassen oder sie bereits nach vollendetem fünften Lebensjahr zur Schule zu schicken. Das Allgemeine Landrecht hatte bestimmt: „Der Schulunterricht muß so lange fortgesetzt werden, bis ein Kind nach dem Befunde seines Seelsorgers die einem jeden vernünftigen Menschen seines Standes notwendigen Kenntnisse gefaßt hat.“ Die Schulpflicht war also – genaugenommen – eine *Unterrichts*pflicht, für die im übrigen jeder aus seinem eigenen Geldbeutel aufzukommen hatte; für die zahlreiche Armenbevölkerung gab es in besonderen Armenschulen und in den seinerzeit üblichen Privat-Elementarschulen kostenlosen oder verbilligten Unterricht. Nicht nur die Armen, sondern die meisten Berliner konnten nie einen Hauslehrer bezahlen; die gesetzliche *Unterrichts*pflicht bedeutete daher praktisch immer *Schul*pflicht. Nach 1827, als in Berlin die ersten städtischen Armenschulen („Kommunal-Armenschulen“) planvoll eingerichtet worden waren, mußten die Armen maximal 10 Silbergroschen monatlich Schulgeld bezahlen; nicht jedoch diese Summe, sondern vielmehr die

Kinderarbeit war das Haupthindernis eines regelmäßigen Schulbesuchs der Berliner Armenkinder.

I.

Wieviele von den unterrichtspflichtigen Berliner Kindern in den zwanziger bis vierziger Jahren des 19. Jahrhunderts tatsächlich zur Schule gingen, läßt sich nur ungenau ermitteln. So zuverlässig die überlieferten Zahlen für den Besuch der höheren Schulen sind, so zweifelhaft sind die Zahlen für die Kommunal-Armenschulen und insbesondere für die privaten Elementarschulen. Den Lehrern war das Führen der Klassenlisten aus vielerlei Gründen eine schwierige Verpflichtung; unter anderem deshalb, weil Eltern, wenn sie meinten, eine Schule tauge nichts, ihre Kinder spontan in eine andere schickten und weil der Schulbesuch oft aus Not ausgesetzt oder vorzeitig abgebrochen wurde. Dies gilt vorrangig für die Nachhilfe- und Sonntagsschulen für arbeitende Kinder. Da die Lehrer auf das Schulgeld angewiesen waren, führten sie einmal angemeldete Kinder möglichst lange in den Klassenlisten weiter. Vor allem die auf Betreiben der städtischen Armendirektion (Fürsorgebehörde) eingeschulten Kinder dürften die Schule kaum regelmäßig und fortlaufend besucht haben. Vielen ihrer Eltern, die ein Leben am Rande oder unterhalb des Existenzminimums fristen mußten, wird kaum einsichtig geworden sein, weshalb sie zugunsten regelmäßigen Schulbesuchs ihrer Kinder auf dringend benötigtes Zusatzeinkommen aus der Kinderarbeit verzichten sollten. Viele werden angesichts ihrer Lebensbedingungen im vor- und frühindustriellen Berlin den möglichen Sinn von Schulunterricht nicht deutlich gesehen haben. Vielleicht ist die Schule auch als Einrichtung der Obrigkeit und wegen ihrer strikten Auflagen von Pünktlichkeit, Wohlverhalten und ordentlicher Kleidung abgelehnt worden.

So ist nicht auszuschließen, daß die Klassenlisten, die die Lehrer zu führen hatten und nach denen sich der öffentliche Zuschuß zu ihrem Einkommen errechnete, nicht nur gelegentlich fehlende Kinder enthalten haben, sondern auch die Namen solcher Kinder, die nach ihrer Einschulung selten oder nie am Unterricht teilnahmen. Unter diesen Bedingungen sind die von der Berliner Stadtverwaltung aus den Klassenlisten jährlich ermittelten Schulbesuchsziffern mit großem Mißtrauen zu betrachten. Auch ist denkbar, daß der Magistrat aus Ersparnisgründen das wirkliche Bild zu beschönigen suchte: War die Unterrichtspflicht aller Kinder auf dem Papier erfüllt, so brauchten keine teuren Schulhäuser auf Gemeindekosten errichtet werden.

Noch schwieriger als die Zahl der Eingeschulten ist festzustellen, welcher Anteil der Unterrichtspflichtigen in keiner Schule angemeldet war. Dazu müßte die Gesamtzahl aller unterrichtspflichtigen Berliner Kinder bekannt sein. Bis in die sechziger Jahre des 19. Jahrhunderts gibt die Berliner Bevölkerungsstatistik keine exakte Auskunft über die unterrichtspflichtigen Kinder. Die Listen der Kirchen enthielten stets nur die Getauften und erfaßten nicht die Zu- und Wegziehenden. Obwohl die polizeiliche Kontrolle von Zu- und Wegzügen allmählich strenger durchgeführt wurde, erreichte sie erst im Zusammenhang mit den Sozialistenverfolgungen seit Mitte der 1870er Jahre in Berlin die bekannt gewordene preußische Präzision.

Als der Berliner Magistrat, vom preußischen Kultusministerium aufgefordert, um 1825 an den Aufbau eines umfassenden städtischen Armenschulwesens ging, mußte der neue Stadtschulrat Reichhelm also ohne genaue Kenntnis der Anzahl unterrichtspflichtiger Armenkinder planen. Die zuständige Verwaltung hielt eine Ermittlung „bei dem Mangel an eigentlicher Kontrolle des Schulbesuchs und bei dem ununterbrochenen Wechsel der Wohnungen, insbesondere armer Leute“, für „eine so lästige und zeitraubende Arbeit . . ., daß man, bei der Aussicht, ein höchst unzuverlässiges Resultat zu gewinnen, weder den unbesoldeten Armenkommissionen eine solche bedeutende Mühewaltung anmuten, noch den Entwurf für das städtische Armenschulwesen auf so lange Zeit verschieben dürfe“[1].

1828, nach der Eröffnung der ersten neuen Kommunal-Armenschulen, wurde in der innerstädtischen Kirchengemeinde St. Georg gut ein Drittel der Kinder ohne Unterricht festgestellt, obwohl dies keine ausgesprochene Armengemeinde war. Der Stadtschulrat hatte aber bei seinen Bedarfsrechnungen nur ein Sechstel Schulloser allein in der Armenbevölkerung angenommen, eine demnach viel zu niedrige Ziffer. Dafür, daß der Stadtschulrat den tatsächlichen Schulbesuch überschätzte, spricht auch eine Ermittlung des Direktors vom preußischen Statistischen Büro: Ihrzufolge besuchten 1840 nur rund zwei Drittel der sechs- bis vierzehnjährigen Berliner (auf dem Papier) eine Schule. Damit stand Berlin – abgesehen vom Regierungsbezirk Bromberg (im Osten Preußens) – am negativen Ende der Skala im gesamtpreußischen Vergleich[2].

II.

Der Berliner Magistrat versuchte fortan mit mehr Nachdruck, die unterrichtspflichtige Bevölkerung zur Einschulung und zu regelmäßigerem Schulbesuch anzuhalten. Er bediente sich seit 1845 der von der Stadtverordnetenversammlung in die Schulkommissionen gewählten Bürger; meist Selbständige und Gemeindeangestellte ließen sich die unbesoldete Aufgabe übertragen: Sie hatten die Eltern der Schulsäumigen aufzusuchen, zu ermahnen und ihnen die Strafwürdigkeit von Schulversäumnissen ohne ausreichende Entschuldigung klarzumachen; Wiederholungsfälle wurden der übergeordneten städtischen Behörde, der Schuldeputation, gemeldet, die daraufhin Geld- und Haftstrafen verhängen konnte[3]. Die Einrichtung der Schulkommission wurde, ebenfalls 1845, durch polizeiliche Kontrollen ergänzt. Nach jedem Umzug mußte bei der obligatorischen Meldung auf der Polizeidienststelle für alle schulpflichtigen Familienangehörigen je eine „Schulbesuchskarte" vorgelegt werden.

Über den wirklichen Umfang der von Polizei, Armen- und Schulkommissionen ermittelten Schulversäumnisse und unterbliebenen Einschulungen geben die Verwaltungsberichte des Berliner Magistrats nicht Auskunft. Die wegen Schulversäumnissen jährlich verhängten Geldstrafen sind zwar aufgeführt, gestatten jedoch keinen Rückschluß auf das tatsächliche Ausmaß. Von den besonderen Schwierigkeiten mit der Einschulung der Kinder der Zuziehenden ist ebenfalls nicht die Rede, obwohl gerade unter ihnen Armut und Kinderarbeit verbreitet gewesen sein müssen.

III.

Die Durchführung der Schulpflicht blieb lange ein amtlicherseits ungern erörtertes Thema. Kritiker der Schulverhältnisse suchte man von offizieller Seite zu korrigieren, so z.B. Goldschmidt, einen Mitarbeiter des Statistischen Seminars und Vorsteher einer Berliner Armenkommission. Ausgehend von allgemein zugänglichen Daten für das Jahr 1864 (also einer Zeit wirtschaftlichen Aufschwungs und steigender Reallöhne) errechnete er, daß 21,5% der Sechs- bis Vierzehnjährigen in Berlin nicht in Schulen nachgewiesen seien. (Das mußte nicht bedeuten, daß diese nie eine Schule besucht hatten oder nicht noch eine besuchen würden.) Goldschmidts Anklage gewann zusätzliche Schärfe dadurch, daß er eine seit 1858 rückläufige Schulbesuchsquote herausstellte. Für diesen Rückgang des Anteils der tatsächlich Beschulten an den Unterrichtspflichtigen insgesamt machte er die Bevölkerungszunahme verantwortlich, mit der der Schulausbau nicht Schritt gehalten habe. Auf seiner Rangliste der Schulbesuchsquoten von 1864 stand Berlin im gesamtpreußischen Vergleich am unteren Ende; nur die ländlichen Regierungsbezirke Ost- und Westpreußens und die Provinz Posen hatten noch schlechtere Quoten[4].

Goldschmidts Kritik wurde von einer als Entgegnung gemeinten Äußerung des Direktors des Königlichen Preußischen Statistischen Büros, E. Engel, im Grunde bestätigt. Er argumentierte, das Ziel der Volksschule ließe sich auch in kürzerer Frist erreichen, insofern sei gegen spätere Einschulung, frühere Entlassung und längere Beurlaubungen vom Unterricht nicht immer etwas einzuwenden[5]. Um die beunruhigend hohe Zahl von 21,5% Schulloser herunterzuspielen, führte Engel also die vielfältig geübten Praktiken der Schulverkürzung als anscheinend legitim an. Ihnen aber wollten das Kultusministerium, der Berliner Magistrat und die Schuldeputation entgegenarbeiten und einen achtjährigen Schulbesuch anstreben. Daß die Unterrichtspflicht zu dieser Zeit in Berlin nur unzulänglich und unvollständig erfüllt wurde, läßt sich auch mit Aussagen der städtischen Schuldeputation belegen. Sie beklagte noch 1866, daß infolge der zahlreichen Befreiungen der Zwölf- bis Vierzehnjährigen die obersten Klassen sich merklich leerten und „eine kleinere, meist aus unreifen Schülern bestehende Zahl zurückbleibt, welche es den Lehrern erschwert, das volle Pensum der Elementarschule zu verarbeiten"[6]. In der Regel lernten die Frühabgänger das Lehrangebot der Oberstufenjahrgänge kaum kennen.

Trotzdem argumentierte die Schuldeputation in ihren Äußerungen zur Schulbesuchsquote genau wie E. Engel. Sie reduzierte einfach *rechnerisch* die Gesamtzahl der nicht Eingeschulten oder im Hause Unterrichteten um mehr als einen vollen Schülerjahrgang, um den bei der Volkszählung 1867 ermittelten alarmierend hohen Anteil von 23% Schullosen zu drücken. Die Schuldeputation behauptete, die Reduktion entspräche dem Anteil zu spät Eingeschulter und vorzeitig von der Schulpflicht Befreiter (Dispensierter). Dank dieses Rechenkunststücks verblieb ein Rest von „nur" 8057 Schullosen[7]; das waren immer noch fast ein Zehntel aller Schulpflichtigen und rund ein Sechstel aller Elementarschüler. Diese Minderheit am unteren Ende der sozialen Hierarchie war quanitativ fast genau so stark wie die vielbeachtete Schülerschaft an Gymnasien, Realschulen und höheren Privatschulen zusammengenommen.

Den Zahlen der sechziger Jahre zufolge blieben Jungen häufiger als Mädchen ohne jeden Unterricht oder erhielten verkürzten Untericht. Die Eltern, die die Notwendigkeit zusätzlichen Einkommens nachwiesen, konnten ihre Kinder mit zwölf Jahren vom Vollzeitschulbesuch befreien und in den vierstündigen Nachhilfe-Unterricht am Sonntagvormittag überweisen lassen. Obwohl diese Schulbefreiung 1862 erschwert wurde, weil sie als Rückfall in die Tradition des 18. Jahrhunderts der offiziellen Schulpolitik widersprach, stieg die Zahl der Antragsteller. Die Schuldeputation reagierte darauf mit der Schließung der Sonntagsschulen. Kinder, die nach dem zwölften Lebensjahr eine Arbeit in Fabriken oder anderen Betriebsstätten aufnehmen mußten oder im elterlichen Haushalt (z.B. für die Beaufsichtigung jüngerer Geschwister) gebraucht wurden, sollten – wenn sie noch voll beurlaubt wurden – die Schulen entweder vormittags oder nachmittags besuchen. Das bedeutete, daß sie an dem in der Oberstufe angebotenen Realien- und Raumlehreunterricht nicht teilnehmen konnten und die Anforderungen in Lesen, Schreiben, Rechnen (und Religion) rascher bewältigen mußten.

Wieviele Kinder auf den verkürzten Unterricht angewiesen waren, ist nicht bekannt, da die Halbtagsschüler in der Statistik wie Ganztagsschüler gezählt wurden. Bereitwillig Auskunft gab die Berliner Schulbehörde nur über die Fabrikkinder, für die das damalige Kinderschutzgesetz allein galt: 1862 besuchten insgesamt 46 Schüler, 1877 noch 17 Schüler den für „jugendliche Arbeiter in Fabriken" eingerichteten Vor- oder Nachmittagsunterricht[8].

Die Kinderarbeit konzentrierte sich allmählich auf den Dienstleistungssektor und die Haus- bzw. Heimarbeit, wo sie sich leichter zeitlich mit dem Schulbesuch vereinbaren ließ. Wenn man sich vergegenwärtigt, daß nach einer Untersuchung von 1898 noch 12,8% der Volksschulpflichtigen in Berlin gewerblich tätig waren[9], dann spricht einiges für die Annahme, daß in den sechziger Jahren nicht weniger in Betrieben arbeiteten; und schätzungsweise weitere 20% werden regelmäßig zu Hause beschäftigt worden sein. Diese ca. 33% der schulpflichtigen Berliner Kinder waren der täglichen Doppelbelastung durch Arbeit *und* Schule – in manchen Fällen verkürzte Schule – ausgesetzt, es sei denn, sie besuchten überhaupt keine Schule.

Die Folgen von Schullosigkeit und verkürztem Schulbesuch sind schwer zu belegen. Die Statistik über Analphabetismus unter den Rekruten des preußischen Heeres kann dafür nicht herangezogen werden. Aussagekräftiger ist der Ruf nach „Fortbildungs-" oder „Sonntagsschulen" zur nachträglichen Verbesserung der Elementarschulkenntnisse in Lesen, Schreiben, Rechnen und etwas Raumlehre. Auffallend ist die große Zahl der Tischlerlehrlinge in der Berliner Sonntagsfreischule für Handwerkslehrlinge: 1866 waren es 192 von 449 Sonntagsfreischülern, 2867 rund 500 von 2793 Teilnehmern. Die Tischlerlehrlinge versuchten hier „einige Fertigkeit in den Anfangsgründen der Schulkenntnisse" zu erwerben, weil dies die Voraussetzung für die Aufnahme in die Handwerksfachschule der Tischlerinnung war[10]. Leider wird nicht gesagt, wieviele Tischlerlehrlinge sich um einen Platz in der Fachschule beworben hatten. Immerhin geben die Teilnehmerzahlen eine gewisse Vorstellung davon, wie unzulänglich die Schulbildung selbst der Berliner Jugendlichen war, die ein Handwerk erlernen wollten.

IV.

Die Zwischenbilanz Ende der sechziger Jahre vermittelt dennoch den Eindruck deutlicher Veränderungen in Richtung auf regelmäßigen Schulbesuch. Er zeigt sich am ehesten in den öffentlichen Schulen, zu denen immer mehr Kinder von den privaten Elementarschulen abwanderten. Steigende Ausgaben für Schulbau und Lehrerstellen, die Aufhebung des Schulgeldes für die ehemalige Kommunal-Armenschule, die seit 1863 Gemeindeschule hieß, und immer perfektere Kontrollmaßnahmen ließen die Schulbesuchsziffern ansteigen. Nicht nur die Polizei sorgte für Erfüllung der Unterrichtspflicht, sondern vor allem verfeinerte Methoden der Schulbürokratie verschafften den offiziellen Ansprüchen allmählich Geltung.

Die Kontrolle der Versäumnisse und die Ermittlung der Einschulungsquoten profitierten von der fachinternen Entwicklung der Statistik; so wurde auch die Schulstatistik immer verläßlicher[11]. Die Mitgliederzahl der ehrenamtlichen Schulkommissionen wurde im Verhältnis zum Bevölkerungswachstum überproportional vermehrt, damit wöchentlich jedem gemeldeten Schulversäumnis nachgegangen werden konnte, auch „in denjenigen Volksklassen, welche sich in einer beständigen Fluktuation befinden". Bereits 1870 kam auf ein bis zwei Schulklassen ein Beamter der Schulkommissionen[12]. Die Zahl der verfügten Strafen wegen wiederholter unentschuldigter Versäumnisse erreichte 1872 das Maximum mit über 20.000 Fällen die 3.600 Eltern betrafen; jedoch wurde bei fast der Hälfte der Fälle das Strafmaß schließlich auf die Androhung reduziert[13]. Erst allmählich wurde diese Art der Elternerziehung eingeschränkt und eine Mahnung durch den Rektor als geeigneteres Mittel angesehen.

V.

Zusammenfassend kann die Geschichte der Schulpflicht in drei Phasen gegliedert werden; deren letzte – die Durchführung eines im ganzen regelmäßigen und bei der Mehrzahl der Gemeindeschulkinder achtjährigen Schulbesuchs – beginnt erst gegen Ende des Jahrhunderts.

Phase 1: Noch um 1840 besuchte sicherlich jedes dritte Berliner Kind selten oder nie eine Schule. Die Unterrichtspflichtigen teilten sich in drei Gruppen, die verschiedenen sozialen Schichten entsprechen: a) Jungen und noch häufiger Mädchen ohne jeden Unterricht; b) die Besucher der Privat-Elementarschulen, der Kommunal-Armenschulen und der wenigen, kaum darüber stehenden mittleren Schulen; c) die Besucher von Vorschulen der höheren Schulen und der höheren Schulen selbst (ausschließlich Jungen). Bei Annahme einer niedrigen Gesamtzahl von Schulpflichtigen betrug der Anteil dieser Gruppe bestenfalls 10%, wahrscheinlich aber nur rund 5%.

Phase 2: Nach den Entwicklungen der vierziger

bis sechziger Jahre stellte die Gruppe der Schullosen noch einen Anteil von etwa 10–20%, während die Kinder in Gemeinde- und Privat-Elementarschulen jetzt rund 70–75% der Unterrichtspflichtigen ausmachten. Neben der beachtlichen Minderheit der Schullosen sind alle Kinder mit verkürzter Unterrichtspflicht, mit Teilzeit- und unregelmäßigem Schulbesuch zu berücksichtigen. Es ist zu vermuten, daß dies für ein Drittel der Gemeindeschüler zutraf.

Phase 3: Für 1910 kann man sagen, daß so gut wie alle Unterrichtspflichtigen eingeschult waren. Rund 80% von ihnen besuchten die Gemeindeschule, die übrigen mittlere und höhere Schulen, letztere jetzt auch Mädchen. Die Gemeindeschülerschaft von 1910 stellte eine geschlossenere Gruppe dar als die der früheren Phasen – trotz immer noch vorgekommener Versäumnisse und häufiger Kinderarbeit. Die allgemeine Durchsetzung des Schulbesuchs vereinheitlichte die Lebens- und Berufschancen, soweit die Schule sie mitzubestimmen vermochte. Für die am meisten Benachteiligten waren das weiterhin die schlechtesten Chancen, obwohl sie sich – verglichen mit den elenden Lebensbedingungen der Armen in den zwanziger bis vierziger Jahren – deutlich verbessert hatten.

Als Folge der Verallgemeinerung des Schulbesuchs stellten sich auch in den sozialen Unterschichten Berlins die Eltern allmählich darauf ein, die Schule als Bestandteil ihres Lebenszusammenhangs zu akzeptieren. Ob dies aus Einsicht in die Notwendigkeit allgemeiner Bildung geschah oder in der Hoffnung auf (minimalen) sozialen Aufstieg der Kinder, ob es auf blindes Gehorchen oder auf widerstrebend entsprochenem sozialen Druck zurückging, der gegebenenfalls mit Polizeigewalt verstärkt wurde, ist schwer auszumachen. Jedes dieser Motive wird bei der praktischen Durchsetzung der Unterrichtspflicht mitgewirkt haben, die sich für das Berliner Proletariat nie anders als im Schulzwang darstellte. Nicht zuletzt wird auch der Wunsch vieler Armen-, Arbeiter- und Handwerkerkinder, ihr mühseliges, von Kinderarbeit, elenden Wohn-, Familien- und Lebensverhältnissen bestimmtes Kinderleben ein paar Schulstunden lang hinter sich zu lassen, zur Durchsetzung regelmäßigeren Schulbesuchs beigetragen haben.

Marion Klewitz

Anmerkungen

1) Jahrbücher des Preußischen Volksschulwesens. Hrsg. L. Beckedorff. Berlin, Bd.6 (1827), S. 172.
2) Vgl. Hoffmann, J.G.: Sammlung kleiner Schriften staatswirtschaftlichen Inhalts. Berlin 1843, S. 156–158.
3) Vgl. Beaufsichtigung des Schulbesuchs und des Konfirmanden-Unterrichts der Jugend in Berlin. In: Schulblatt für die Provinz Brandenburg 10.Jg. (1845), S. 507–516.
4) Vgl. Schulpflicht und Schulbesuch in Berlin. In: Zeitschrift des königlich preußischen statistischen Büros, 7. Jg. (1867), S. 249–251.
5) Schulpflicht, a.a.O., S. 250 und Engel, E., in: Zeitschrift des kgl. . . . Büros, 9.Jg. (1869), S. 107; dagegen Schwabe, H. und Bartholomäi, F.: Über Inhalt und Methode einer Berliner Schulstatistik. In: Städtisches Jahrbuch für Volkswirtschaft und Statistik, 4.Jg. (1870), S. 2–76, hier S. 32f.
6) Communal-Blatt der Haupt- und Residenz-Stadt Berlin, 7.Jg. (1866), S. 250.
7) Communal-Blatt . . . 9.Jg.(1868) Beilage: Magistratsbericht für 1867, S. 6f.
8) Communal-Blatt. . . . 4. Jg.(1863), S. 41; Statistisches Jahrbuch der Stadt Berlin, 5. Jg. (1879), S. 213.
9) Preußisches Volksschularchiv, 1.Jg.(1902), S. 199.
10) Communal-Blatt. . . 9.Jg.(1868), S. 671 (Zitat); a.a.O., 10.Jg.(1869) Beilage, S. 3.
11) Vgl. Schwabe, H. und Bartholomäi, F., a.a.O., besonders S. 5–25 (Die allgemeinen Requisiten der Schulstatistik) sowie S. 25–29 (Die Methode der Erhebung).
12) Vgl. Centralblatt für die gesamte Unterrichts-Verwaltung in Preußen 1872. S. 43, 44 (Zitat).
13) Vgl. Statistisches Jahrbuch . . . 4.Jg.(1878), S. 180.

Weiterführende Literatur

Eine neuere Darstellung zu diesem Thema fehlt. Vgl. deshalb den Bericht über die Verwaltung der Stadt Berlin in den Jahren 1829 bis incl. 1840, hrsg. von den städtischen Behörden, Berlin 1842, S. 321 ff., und die Verwaltungsberichte für die folgenden Jahre.
Fischer, L.H.: Die ersten 75 Jahre der Berliner Gemeindeschule. Berlin 1903. Auch in: Mitteilungen der Gesellschaft für deutsche Erziehungs- und Schulgeschichte, 13.Jg. (1903), S. 42 ff.
Müller, D.K.: Sozialstruktur und Schulsystem. Aspekte zum Strukturwandel des Schulwesens im 19. Jahrhundert. Göttingen 1977.
Lundgreen, P.: Sozialgeschichte der deutschen Schule im Überblick. Teil I: 1770–1918. Göttingen 1980.

Blaue Blume und rote Fahne
Die bürgerliche und die proletarische Jugendbewegung zwischen 1900 und 1930

I.

Um die Jahrhundertwende war die Kritik am preußischen Gymnasium nicht mehr zu überhören. Sie wurde nicht nur von wohlmeinenden Pädagogen vorgetragen sondern auch von Gymnasiasten. Sie kritisierten den kasernenhofartigen Zwang des Schulalltags, die Weltfremdheit ihrer Studienräte, die Langeweile der Unterrichtsstoffe, mit denen sie belästigt wurden. Sie fanden, das Leben spiele sich ganz woanders ab: außerhalb der Schule, außerhalb der Familie, außerhalb der Großstadt. Sie gründeten im November 1901 im Steglitzer Ratskeller – dort, wo heute der erschreckende „Kreisel" steht – den ‚Wandervogel, Ausschuß für Schülerfahrten'. Der Grundgedanke war, daß Gymnasiasten wenigstens einmal im Jahr in den Schulferien unter Führung jugendbewegter Studenten der Sofakultur ihres Elternhauses entfliehen und sich in „Räuberzivil", mit Rucksack, Hordentopf und Zupfgeige die weitere Heimat erwandern konnten. Die Fahrten gingen nach Belzig und Fürstenwalde, nach Rheinsberg und

(Simplizissimus-Karikatur) „Wir wollen ihnen die freideutsche Jugendkultur schon austreiben! Ich sperre jeden ein, der nach frischer Natur riecht!"

Wanderfahrten in die Märkische Schweiz und Demonstrationen am Berliner Wedding waren die unterschiedlichen Wochenend-Aktivitäten bündischer Jugendgruppen und sozialistischer Arbeiterjugendvereine. Die einen suchten nach der Blauen Blume der Vergangenheit, die anderen hofften auf die solidarische Kraft ihrer roten Fahnen.

in die Märkische Schweiz, in die Lüneburger Heide und nach Schwaben, an die Saale, ins Unstruttal und in den Westerwald. Der Wandervogel wurde unter der akademischen Jugend bald etwas wie eine Massenbewegung: 1909 organisierte der Alt-Wandervogel insgesamt 2860 Fahrten mit 33539 ‚Vaganten', ‚Burschen' oder ‚Scholaren'. Die Begriffe deuten an, daß Umgangston und Verkehrsformen dem studentischen Verbindungsleben entlehnt waren. Arbeiterkinder hatten kaum eine Chance, und Mädchen wurden nur in den Gründungsjahren in manchen Gruppen geduldet. Später suchten sie sich eigene bündische Organisationsformen und Aktivitäten.

Typisch für die Organisationsform der bürgerlichen Jugendbewegung war (und ist) der kleine aber feine Bund von Gleichgesinnten, die nur mit großen Vorbehalten Bündnisse mit anderen Bünden eingehen. Typisch für den Bund ist nicht die Vereinigung, sondern die Spaltung. Kräche, Auszüge, Gegengründungen waren an der Tagesordnung: man spaltete sich solange, bis man wieder unter sich war. So gesehen war es ein Höhepunkt der ersten Phase dieser Jugendbewegung, als 1913 ein Dutzend Jugendbünde zu einem gemeinsamen Freideutschen Jugendtag auf dem Hohen Meißner bei Kassel aufriefen. Abgestossen vom preussischen Hurra-Patriotismus der Erwachsenen wollten sie auf ihre Weise die Hundertjahrfeier der Völkerschlacht bei Leipzig gegen die Revolutionsheere Napoleons festlich begehen und der Öffentlichkeit dokumentieren, daß sie ‚unabhängig von den trägen Gewohnheiten der Alten und von den Geboten einer häßlichen Konvention sich selbst ihr Leben gestalten wollten'. Diese löbliche Absicht, die uns auch heute wieder vertraut anmutet, konnte nicht verhindern, daß die Mehrzahl der jugendbewegten Wandervögel singend und jubelnd in den Ersten Weltkrieg zog. Viele von ihnen kamen darin um. Kurz vor seinem Tod schrieb Hans Breuer, Herausgeber des Wandervogel-Liederbuches *Zupfgeigenhansel*, im Vorwort der Neuauflage des Jahres 1915: „Der Krieg hat dem Wandervogel recht gegeben, hat seine tiefe nationale Grundidee los von allem Beiwerk stark und licht in unsere Mitte gestellt. Wir müssen immer deutscher werden. Wandern ist der deutscheste aller eingeborenen Triebe, ist unser Grundwesen, ist der Spiegel unseres Nationalcharakters überhaupt."

Nach dem Zusammenbruch des Kaiserreiches organisierten sich die Jugendbewegten neu. Ihr Kern schloß sich im Frühjahr 1926 zur Deutschen Freischar zusammen. Rechts von ihr bildete sich vier Jahre später die Freischar junger Nation. Links von der Deutschen Freischar gründete der Württemberger Eberhard Köbel, der sich tusk nannte, seine ‚deutsche jungenschaft vom 1.11.1929' (d.j.1.11.) und trat 1932 demonstrativ in die KPD ein.

Ohne Zweifel ist die Jugendbewegung eine originelle Leistung der Jugend des deutschen Bildungsbürgertums in diesem Jahrhundert. Sie war sensibel gegenüber den Verfallserscheinungen des Kaiserreiches, sie lehnte später den Pluralismus des Weimarer Parteienstaates ab. Auf der Flucht vor der heil-losen Gegenwart suchten viele ihrer Bünde, wie die Romantiker ein Jahrhundert früher, ‚die blaue Blume der Vergangenheit'. Politisch zu ungebildet, um sich den Siegeszug des deutschen Faschismus anders erklären zu können als ein Naturereignis, leisteten sie sprachlosen Widerstand – und wurden von Baldur von Schirachs ‚Hitlerjugend' vereinnahmt und beerbt.

II.

„Unser Lohn war jämmerlich gering. . . wenn wir auch nicht hungerten, so war doch keiner recht satt, meist waren wir müde und abgespannt. Wir sahen nicht, wie die Bäume grünten und die Blumen blühten, wir sahen nicht die Schönheiten der Natur und der Landschaft, die andere, sozial bessergestellte Jugendliche im gleichen Alter in Liedern und Gedichten besangen. Immer dachten wir ans Essen. Wir hatten eine Gruppe von vier Jugendlichen gebildet, die jeden Sonntag in einer verräucherten Kneipe Karten spielten. Der Erlös wanderte in eine gemeinschaftliche Kasse, damit wurde in gewissen Zeitabständen ein großes Wurstessen veranstaltet."

Das schreibt Willi Münzenberg in seinen Erinnerungen eines bolschewistischen Revolutionärs über die Anfänge der Arbeiterjugendbewegung in den ersten Jahren dieses Jahrhunderts. Die jungen Arbeiter hatten in der Tat andere Sorgen als die Gymnasiasten. Sie erhielten keine vernünftige Ausbildung, keinen ausreichenden Lohn, ihre Arbeitszeit war ungeregelt – aber sie mußten seit früher Jugend arbeiten, um ihre Familie mit-ernähren zu können. 1904 erhängte sich im Berliner Grunewald ein Lehrling, weil er von seinem Meister mißhandelt worden war.

Sein Freitod gab den Anstoß zu zahllosen lokalen Arbeiterjugend-Vereinigungen, die sich bald in Norddeutschland zur ‚Vereinigung der freien Jugendorganisationen Deutschlands' und in Süddeutschland zum ‚Verband junger Arbeiter und Arbeiterinnen' zusammenschlossen. Der Zulauf von Lehrlingen und Jung-Arbeitern war so groß, daß die konservativen Fraktionen im Reichstag 1908 ein neues Vereinsgesetz durchsetzten, das Jugendlichen unter 18 Jahren die Mitgliedschaft in einem politischen Verein verbot. Der Gewerkschaftsflügel innerhalb der SPD war bereit, die Auflösung der Jugend-Vereinigungen hinzunehmen, weil er in ihnen Konkurrenz-Organisationen zur gewerkschaftlichen Arbeit sah. Der linke Flügel der SPD – ihre Sprecher in dieser Frage waren Clara Zetkin und Karl Liebknecht – wollte die Jugend-Vereinigungen auch unter dem neuen Vereinsrecht erhalten und ausbauen. Der Kompromiß: 1908 wurden in allen Parteigliederungen Jugendausschüsse gebildet, in denen Partei- und Gewerkschaftsmitglieder und Vertrauensleute der Jugendlichen ‚unter Hinzuziehen der Jugendlichen selbst' zusammenarbeiten sollten. Ihre Arbeit wurde durch eine Zentralstelle für die arbeitende Jugend in Berlin koordiniert. Dort wurde auch das Zentralorgan ‚Arbeiter-Jugend' herausgegeben, das nach kurzer Zeit 100000 feste Abonnenten zählte. 1919, nachdem das alte Vereinsgesetz mit der Monarchie und dem Reichstag untergegangen war, gründeten sich die Jugendausschüsse als ‚Verband der Arbeiterjugend-Vereine Deutschlands' neu und nannten sich ab 1922 ‚Sozialistische Arbeiterjugend' (SAJ). Die Aufgaben der Arbeiter-Jugend waren die Herstellung und Verbesserung des Arbeits- und Rechtsschutzes für arbeitende Jugendliche, die Selbsterziehung in Gruppen proletarischer Jugend und die Bildung, insbesondere durch Aneignung von geschichtlichen, naturwissenschaftlichen und volkswirtschaftlichen Kenntnissen, die von den Volksschulen nicht oder nur verfälscht vermittelt wurden.

Im Gegensatz zur bürgerlichen Jugendbewegung war die Arbeiterjugendbewegung in engem Zusammenhang mit der Arbeiterbewegung selbst entstanden, blieb organisatorisch mit ihr verbunden und machte notgedrungen auch deren politische Entwicklungen und Spaltungen mit. Über das Berner Sekretariat der sozialistischen Jugend-Internationale baute die KPD nach dem Ersten Weltkrieg ihre Jugend-Organisation nach zentralen Vorgaben auf, arbeitete aber von Fall zu Fall in jugendpolitischen Fragen mit Funktionsträgern von USPD und SPD zusammen.

III.

Eine besondere Bedeutung hatte in den letzten zehn Jahren der Weimarer Republik die sozialistische ‚Kinderfreunde-Bewegung' mit rund 200000 kindlichen, jugendlichen und erwachsenen Mitgliedern (1930). Sie geht auf die österreichischen Kinderfreunde zurück – eine Mischung aus Komsomolzen und Pfadfindern, deren Erziehungsideale von dem sozialistischen Psychologen Alfred Adler geprägt waren. In Deutschland hat Kurt Löwenstein, sozialdemokratischer Reichstagsabgeordneter und Stadtrat für Volksbildung in Berlin-Neukölln, die Kinderfreunde-Organisation entscheident beeinflußt und geprägt. „Die Bourgeoisie raubt uns unsere Kinder. Jedes hungernde, frierende Kind, jedes Kind, das von der Tuberkulose heimgesucht wird, jedes ausgebeutete Kind ist ein Raub der Bourgeoisie an der Arbeiterklasse. Jedes Kind, das im Geiste der bürgerlichen Weltanschauung heranwächst, jedes Kind, das ideologisch festgehalten wird in den Werturteilen der Bourgeoisie, jedes Kind, dessen Hoffen und Sehnen sich in Ergebenheit an die Mächte der Vergangenheit verliert, ist ein Verlust im Klassenkampf. *Darum muß die Arbeiterklasse aktiv werden in der Wahrnehmung ihrer heiligsten Interessen. Darum muß die Arbeiterklasse bestimmenden Einfluß gewinnen auf das Wachstum ihrer Kinder.*" (Löwenstein, 1924).

Arbeiterkinder sollten im bewußten Gegensatz zur Volksschulerziehung zu kreativem und solidarischem Handeln befähigt werden. In kleinen Gruppen, in denen Jugendliche und Erwachsene als Berater, nicht aber als Führer oder Leiter mitwirkten, sollten sie über das Selbstbewußtsein in ihrer Gruppe zum Selbstbewußtsein als Teil ihrer Klasse finden. Dazu war es notwendig, daß die erwachsenen Helfer selbst zum Proletariat gehörten und daß sie in den Kindern keine Erziehungsobjekte, sondern Klassengenossen sahen.

Spektakulärste Ereignisse der Kinderfreunde-Bewegung waren ihre großen, internationalen Roten Kinderrepubliken: Zeltlager von

1000 bis 2500 Teilnehmern, die in Dörfer von jeweils 200 Kindern und Helfern eingeteilt waren. Diese Kinderrepubliken wurden von den Kindern selbst aufgebaut, eingerichtet und verwaltet – die erwachsenen Helfer sorgten lediglich für die organisatorische Infrastruktur, im Lager-Parlament hatten sie keine Mehrheit gegenüber den Delegierten der einzelnen Zelte und Dörfer. Von der Reaktion wurden die Kinderfreunde vor allem wegen ihrer konsequenten Koedukation angegriffen. In jeder Altersgruppe schliefen, lebten und arbeiteten Mädchen und Jungen gemeinsam.

Im Gegensatz zur bürgerlichen Jugendbewegung gingen die Repräsentanten der proletarschen Jugendbewegung davon aus, daß nur eine radikale Veränderung der kapitalistischen Machtverhältnisse auch die menschlichen Verkehrsverhältnisse verändern und vermenschlichen könnte. Im Rahmen dieser Einschätzung spielten Schulpolitik und Schulreform eine wichtige Rolle. Deshalb war Kurt Löwenstein zum Beispiel nicht nur ein hervorragender Kinderpädagoge, sondern einer der wichtigsten schulpolitischen Sprecher der USPD und später der SPD. Als Stadtrat für Volksbildung in Berlin-Neukölln half er die erste deutsche Gesamtschule gründen. Er nannte sie Karl-Marx-Schule.

C. Wolfgang Müller

Weiterführende Literatur

Kindt, W. (Hrsg.): Grundschriften der deutschen Jugendbewegung. Düsseldorf 1963.
Löwenstein, K.: Sozialismus und Erziehung. Eine Auswahl aus seinen Schriften 1919–1933. Berlin 1976.
Münzenberg, W.: Die dritte Front. Vom sozialdemokratischen Lehrlingsverein zur kommunistischen Jugend-Internationale. Berlin 1929. Neudruck Frankfurt 1972.

150 Jahre Proletariat und Schule
1900 — die soziale Klassenschule

Die 1827 mit den Kommunal-Armenschulen identifizierten Tendenzen der bürgerlichen Schule setzten sich zunächst kontinuierlich bis zur Kaiserzeit fort und konsolidierten sich. Die ursprünglich für eine soziale Randgruppe der Berliner Bevölkerung konzipierte Kommunal-Armenschule hatte sich durch Erweiterung ihrer sozialen Basis und durch inneren Ausbau zur „Volksschule" (Bezeichnung in Berlin: Gemeindeschule), d.h. zur Schule für die überwiegende Mehrheit der Schulpflichtigen entwickelt: Die Gemeindeschule war tendenziell allgemeine Elementarschule für die 6–8jährigen und sie war 5jährige Sekundarschule für die 9–14jährigen aus den sozialen Unterschichten. Die über 9jährigen Kinder der Mittel- und Oberschicht besuchten fast ohne Ausnahme die Mittel- bzw. vor allem die Höheren Schulen, während die Kinder der Arbeiter, Handwerker, kleinen Gewerbetreibenden und Unterbeamten – die insgesamt etwa 90 % eines Jahrgangs stellten – bis zur Ableistung ihrer Schulpflicht Gemeindeschüler bleiben. D.h.: Die Gemeindeschulen beschulten – mit Ausnahme der wenigen Schüler der Vorschulen der Gymnasien – alle 6–8jährigen Berliner Kinder gemeinsam und nach gleichem Lehrplan, so daß davon gesprochen werden kann, daß zu diesem Zeitpunkt in Berlin die Vereinheitlichung des Unterrichtssystems für die ersten 3–4 Jahrgänge de facto hergestellt war.

Die staatliche Schule ist also zur Regelschule geworden. Dem entsprach, daß die privaten Elementarschulen nahezu verdrängt waren und um 1900 nur noch einen verschwindenden Prozentsatz ausmachten, daß die Kinderarbeit fast ganz abgeschafft war und der Analphabetismus stark zurückgedrängt worden war. Die Schulzeit war als Teil der Kindheit gesellschaftlich allgemein eingerichtet.

Im Zusammenhang damit ist die Schule auch strukturell der gesellschaftlichen Entwicklung angepaßt worden und zwar durch

- Differenzierung, d.h. Herausbildung verschiedener Schultypen und -formen sowie durch die volle Durchgliederung nach Jahres-Jahrgangsklassen (wenigstens in den Städten);
- Vereinheitlichung, d.h. Formalisierung der inneren Ausstattung wie auch äußeren Gestalt (Architektur) auf der Grundlage der äußeren Differenzierung;
- Normierung, d.h. Entwicklung von Standards für den geregelten Unterrichts- und Schulbetrieb;
- Verrechtlichung, d.h. Regelung der Staats- und Fachaufsicht, die eine im Prinzip staatliche war, auch wenn sie zeitweise noch an die Kirchen delegiert wurde;
- Professionalisierung, d.h. Institutionalisierung und Regelung der Lehrerausbildung für alle Schultypen, Einrichtung der Pädagogik als Universitätsdisziplin mit eigenen Lehrstühlen, Entstehung einer eigenen Unterrichtsmittelproduktion mit staatlich kontrolliertem Bewilligungsverfahren, Entwicklung und Verbreitung von Lehrervereinen usw.

Ganz allgemein kann gesagt werden: Die Schule ist als Institution der bürgerlichen Gesellschaft in ihrer besonderen Funktion der Einführung in das Allgemeine fest etabliert.

Bildungspolitische Diskussionen darüber, ob Schule als eine gesellschaftliche Institution für alle überhaupt notwendig sei, finden nicht mehr statt. Insofern bietet die Schule um 1900 durchaus das voll entwickelte Bild einer 1827 erst in Umrissen oder Ansätzen erkennbaren Gestalt.

Gleichwohl zeigt sie zugleich Züge einer qualitativen Veränderung, die es erforderlich machen, von einer neuen Etappe der Schulentwicklung zu sprechen. Auch diese Veränderung ist jedoch nur im Zusammenhang mit der Veränderung der bürgerlichen Gesellschaft selbst zu begreifen.

Im Zuge der nach 1837 einsetzenden gewaltigen Revolutionierung der industriellen Produktion mit ihrer zunächst extensiven, dann intensiven Ausbeutung immer größerer Volksmassen einerseits, mit der „Revolutionierung" der gesellschaftlichen Verhältnisse durch Bismarck andererseits, der mit der Durchsetzung des kleindeutschen Nationalstaates die letzten feudalen Barrieren der kapitalistischen Produktionsweise beiseite räumte und damit die Voraussetzungen für ihren imperialistischen Aufschwung schuf, formierte sich unter der immer dünner werdenden Decke der feudalen Überformung der Grundwiderspruch der bürgerlichen Gesellschaft real aus. Dem voll entwickelten Kapital stand jetzt das Proletariat als Klasse an sich gegenüber, das sich bereits Organisationsformen geschaffen hatte und anschickte, sich in gesellschaftspolitischen Programmen und Forderungen zu artikulieren. Die Klassenauseinandersetzung wurde zur beherrschenden Wirklichkeit dieser Gesellschaft.

Diese Prozesse erfaßten auch die Schule. Der ihr als bürgerlicher Schule immanente Widerspruch zwischen universalem Anspruch und besonderem Klasseninteresse wurde jetzt offenbar. Sie wurde zur sozialen Klassen-Schule.

Einerseits: Gegenüber 1827 vermittelte sie jetzt ungleich mehr an „Realien", d.h. an objektivem Wissen, und dies in wachsendem Maße. Niemals zuvor konnten Arbeiterkinder so viel Wissen erwerben. Und in einem Maße wie nie zuvor ist dieses Wissen wirklichkeitsbezogen, d.h. nicht an Religion und Bibel sondern an Wissenschaft orientiert. Andererseits lernten Arbeiterkinder nicht das Gleiche wie Bürgerkinder. Religion war immer noch der wichtigste Unterrichtsstoff. Kaiserverehrung und Liebe zur Monarchie waren selbstverständliche Lernziele in allen Fächern. Militarismus war ein ebenso zentrales Unterrichtsprinzip wie Hetze gegen die Sozialdemokratie. Gehorsam und gutes Gedächtnis waren wichtiger als Kritikfähigkeit und selbständiges Denken. Endgültig sichergestellt wurde die Fixierung der öffentlichen Pflichterziehung am Klasseninteresse der Bourgeoisie durch den schulorganisatorischen Ausschluß der Proletarierkinder von der Höheren Bildung und durch ein staatlich kontrolliertes Berechtigungssystem, das den Zugang zu wichtigen Positionen im Beschäftigungssystem an bestimmte Schulabschlüsse koppelte, die ihnen nicht zugänglich waren. Auf diese Weise wurde die Mobilität der Unterschichten nach oben ebenso in engsten Grenzen gehalten wie die der privilegierten Schichten nach unten. So konnte die eine –„niedere" – Abteilung des Unterrichtssystems die pädagogische Reproduktion der sozialen Unterschichten stützen, die andere – „höhere" – die der Privilegierten. Innerhalb jeder Abteilung konnte das Leistungsprinzip voll zur Anwendung gebracht werden, ohne dadurch die Grenzen der Mobilität ernsthaft zu gefährden. Obwohl wenigstens in den ersten Jahrgängen längst Schule für alle, fungierte die Gemeindeschule so faktisch als Schule zur Erziehung der Lohnarbeiter. Was 1827 angesichts des geringen Entwicklungsgrades des preußischen Staates noch adäquat war, das wurde im entwickeltsten Industrieland der Welt zur unmittelbaren Unterdrückung.

Das Proletariat reagierte auf diesen Widerspruch unterschiedlich. Einerseits artikulierte es in den Programmen der Arbeiterbildungsvereine, der gewerkschaftlichen Bildungsarbeit und den Schulforderungen der Sozialdemokratie durchaus offensiv die objektiven Bildungsinteressen, die in der Forderung nach einer einheitlich gestalteten Schule und einem polytechnisch ausgerichteten Bildungskonzept kulminierten. Andererseits empfand es den Widerspruch noch nicht als so unerträglich, daß es sich schon als Ganzes oder in nachdrücklichen Aktionen gegen ihn zur Wehr gesetzt hätte. Zu sehr war es in dieser Zeit noch in sich selbst differenziert, ja sogar durch Gegensätze zersplittert. Dem leisteten objektiv vorhandene Aufstiegsmöglichkeiten innerhalb des Proletariats Vorschub, die dem einzelnen die faktischen Grenzen der Klassengesellschaft verschleierten. So konnte er sich immer noch der Illusion hingeben, daß Schule eine Hilfe sei für die Selbstverwirklichung in Form des individuellen Aufstiegs auch im Kapitalismus.

Dem entsprach ein hierarchisch durchgegliedertes Schulwesen mit geteiltem Leistungsprinzip, das – in begrenztem Maße zwar, aber immerhin – Aufstieg durch Leistung ermöglichte. Die Durchlässigkeit des Schulwesens blieb jedoch sehr begrenzt. Obwohl unter den Lebensverhältnissen der Unterschicht selten der Wunsch entstand, die Kinder auf die Höhere Schule zu schicken, machten zusätzliche Hemmnisse deren Besuch so gut wie unmöglich: Neben den finanziellen Gründen wie Schulgeld, Lernmittelkosten und Verdienstausfall sorgten Lehrstoff, Leistungsniveau und die Didaktik der Gemeindeschule dafür, daß sich ihre Schüler in aller Regel für die Höhere Schule nicht qualifizieren konnten: Von den mindestens 11000 Arbeiterkindern eines Jahrgangs um 1900 in Berlin gingen 74 Knaben auf die Mittelschule und erwarben 34 die mittlere Reife. Nur 5 von ihnen machten das Abitur!

Entscheidend aber war der Zusammenbruch der traditionellen Allgemeinbildung, deren auf Geistesbildung, d.h. ideelle Fähigkeiten gerichtete Allgemeinheit, die neuen Inhalte einer auf materielle Fähigkeiten gerichteten Spezialbildung nicht mehr integrieren konnte, deren Vermittlung aber auch in der Gemeindeschule infolge der sprunghaften Entwicklung der Produktivkräfte unabdingbar geworden war. Diese aus der gesellschaftlichen Produktion resultierenden Sachgehalte, „Realien", konnten nicht mehr auf der Grundlage des religiösen Weltbildes vermittelt und aufgenommen werden, sondern erforderten – wenigstens tendenziell – wissenschaftliche Formen der Behandlung und Erfassung. Eben damit überforderten sie die Leistungsfähigkeit der traditionellen Allgemeinbildung, die die Voraussetzungen für die Integration der wissenschaftlichen Inhalte in ein neues wissenschaftliches Weltbild nicht besaß und auf der Grundlage ihrer Voraussetzungen auch nicht entwickeln konnte.

Pädagogische Konsequenz dieser widersprüchlichen Anforderungen an die Gemeindeschule ist ein widerspruchsvolles Gemenge fortschrittlicher und konservativer Bildungspolitik, wissenschaftlicher und vorwissenschaftlicher Inhalte: einerseits Durchsetzung des Schulbesuchs der 6–14jährigen, Beseitigung des Analphabetismus, deutliche Anhebung des Ausbildungsniveaus, Zurückdrängung der Kinderarbeit sowie Verbesserung der äußeren und inneren Rahmenbedingungen des Volksschulunterrichts, wie z.B. der Lehrerausbildung, der Klassenfrequenzen, der Lehrmittel, auch der Methoden und damit der Qualität des Volksschulunterrichts, Verstaatlichung der Schulaufsicht sowie Einführung der Industrielehre und der Fortbildungsschule; andererseits Orientierung von Schulbetrieb, Lehrplan und Didaktik auf Verhaltens- und Bewußtseinsprägung statt auf Entwicklung selbständiger Denk- und Handlungsfähigkeit. Beredter Ausdruck dessen: das juristisch garantierte Züchtigungsrecht. Erziehung zum Nationalismus und Militarismus, die Verharmlosung der sozialen Konflikte und die Vorspiegelung einer unter dem Landesherrn harmonisch geordneten Gesellschaft waren Kern der Schulerziehung. Ziel war die auf Gott, Kaiser und Vaterland fixierte autoritäre Persönlichkeit mit antisozialdemokratischem Ressentiment – das „Vaterland" aber war ohne Zweifel ein hoch entwickeltes kapitalistisches Land mit objektiven Anforderungen selbst an die sozialen Unterschichten.

Georg Rückriem
Klaus Wiese
Ilona Zeuch

Kapitel III

1927 — die „Begabungs“-Schule

Bedienstete verlassen das Berliner Stadtschloß, November 1918

Massenkundgebung am Bismarck-Denkmal, November 1918

Ansprache eines Arbeiters vor dem Schloß, November 1918

47 Jahre nach seiner Gründung bricht das Kaiserreich unter den Folgen des von ihm begonnenen und verlorenen Krieges und spontaner revolutionärer Aktionen zusammen. Dem Vorsitzenden der stärksten Reichstagsfraktion, dem Sozialdemokraten Friedrich Ebert, wird am 9. November 1918 von der alten kaiserlichen Regierung das Reichskanzleramt übertragen. Der Versuch der sozialistischen und kommunistischen Bewegung, eine sozialistische Räterepublik zu installieren, findet keine politische Basis. Stattdessen gelingt es einer Koalition von Mehrheitssozialdemokratie und demokratischem Bürgertum, eine der Form nach demokratische Republik zu errichten, ohne jedoch der alten konservativen und reaktionären Elite ihre Machtpositionen zu entziehen. Ohne gesellschaftliche Voraussetzungen und eine klare politische Mehrheit für die parlamentarische Demokratie scheitert schon nach 14 Jahren die erste Republik auf deutschem Boden.

In der Nationalversammlung in Weimar wird die Wahl Friedrich Eberts zum Reichspräsidenten verkündet

Reichstagswahl
Wahlkreis Berlin

1	Nationalsozialistische Deutsche Arbeiter-Partei (Hitlerbewegung) Dr. Goebbels – Graf zu Reventlow – Schuhmann – Dr. Fabricius	1 ○
2	Sozialdemokratische Partei Deutschlands Crispien – Aufhäuser – Frau Bohm-Schuch – Litke	2 ○
3	Kommunistische Partei Deutschlands Thälmann – Pieck – Torgler – Kasper	3 ○
4	Deutsche Zentrumspartei Dr. Brüning – Dr. Krone – Schmitt – Wermuth	4 ○
5	Deutschnationale Volkspartei Laverrenz – Berndt – Mischewski – Koch	5 ○
5a	Radikaler Mittelstand Mollus – Dr. Wörbelauer	5a ○
6a	Interessengemeinschaft der Kleinrentner und Inflationsgeschädigten Pilat – Stoinski – Jochens – Bierkow	6a ○
7	Deutsche Volkspartei Dr. Mahler – Dr. Müller – Frau Haß – Müller	7 ○
8	Deutsche Staatspartei Dr. Schreiber – Colosser – Dr. Goepel – Frau Boeranson	8 ○
9	Christlich-sozialer Volksdienst (Evangelische Bewegung) Hartwig – Frau Ulbrich – Lüthje – Kogelschatz	9 ○
9a	Deutsch-hannoversche Partei Meyer – Preße – Meier – Salfer	9a ○
10	Reichspartei des deutschen Mittelstandes Mollath – Koch – Gröger – Heinicke	10 ○
13	Deutsches Landvolk Dr. Pousick – Barcker	13 ○
14	Volksrecht-Partei D. Dr. Graf Posadowsky-Wehner – Banser – Beink – Menée	14 ○
15	Gerechtigkeits-Bewegung-Meißner Meißner – Brandt	15 ○
17	Sozial-Republikanische Partei Deutschlands (Hörsing-Bewegung für Arbeitsbeschaffung) Hörsing – Hauff – Dr. Hamburger – Krystek	17 ○
18	Sozialistische Arbeiter-Partei Deutschlands Ledebour – Seydewitz – Dr. Zweiling – Dr. Sternberg	18 ○
19	Polenliste Kwiatkowski – Labecki – Sieralowski – Staniszewski	19 ○
21	Freiwirtschaftliche Partei Deutschlands (F.P.D.) Partei für krisenfreie Volkswirtschaft Grabke – Banzhaff – Lok – Wir	21 ○
25	Kampfgemeinschaft der Arbeiter und Bauern Müller – Wewerziuck – Hirschfeld – Rücker	25 ○
26	Haus- und Landwirtepartei (Bund für Wirtschaftsreform) Stargemann – Borchert – Meinen – Sakalowski	26 ○
27	Kleinrentner, Inflationsgeschädigte und Vorkriegsgeldbesitzer Beer – Sielmann – Huba – Dungert	27 ○
28	Deutsche Bauernpartei (National-Republikanische-Partei) Sohan – Wist	28 ○
29	Radikaldemokratische Partei Eude – Frau Brinckmann – Dr. Danielewicz – Frau Straßer	29 ○
31	Enteigneter Mittelstand Krämer – Hellwig – Herfort	31 ○
32	Handwerker, Handel- und Gewerbetreibende Richter – Rößeler	32 ○
33	Für Hindenburg und Papen (Nationalistische Kampfbewegung) Preukschat – Frau Tangermann – Boje	33 ○
35	Unitarisches Union Deutschlands (Einheitsbewegung aller Schaffenden) Kraft – Siebert – Wildhorn – Patzschke	35 ○
36	Mittelstands-Partei (Unitaristen) Schacht – Keraszki – Kunert	36 ○

Wahlzettel zur Reichstagswahl 1932

Die „Scala“-Girls vor dem Eingang ihres Etablissements in der Lutherstraße, 1929

U-Bahn-Bau am Alexanderplatz, 1930/31

Nach der Eingemeindung seiner Vororte am 1. Oktober 1920 wird Berlin die flächenmäßig größte und der Einwohnerzahl nach (4 Millionen) drittgrößte Stadt der Welt. Berlin ist Weltstadt ersten Ranges, industrielles, kulturelles und geistiges Zentrum. Hier steht jetzt jeder zwölfte deutsche Betrieb und fast jeder zehnte Erwerbstätige Deutschlands arbeitet hier. Die Vergrößerung und Modernisierung der Stadt ändern jedoch nicht ihr widersprüchliches Gesicht. Vielmehr verschärfen die Folgen des verlorenen Krieges und des Versailler Vertrages die Kluft zwischen arm und reich. Die Kriegslasten werden zugunsten der Industrie und des Großgrundbesitzes auf die Arbeiter und die Mittelschicht abgewälzt. Zwischen den von Inflation und Auslandskrediten ermöglichten Riesengewinnen der Berliner Großindustrie und dem elenden Leben der Berliner Arbeiterfamilien, zwischen Glanz

Essensausgabe in einer Wärmehalle, 1920

Räumung der Mulackstraße, 1923

Streik bei Leiser: Verkäuferinnen als Streikposten, Januar 1931

und Glitzer des weltstädtischen Nachtlebens und dem Betteldasein vieler Rentner, Arbeitsloser und Kinder liegen Welten. Gewerkschaftliche, soziale und politische Kämpfe bestimmen das Leben der Berliner und prägen das Bild der Weimarer Republik.

Montage von Rundfunkempfängern am Fließband (AEG), 1929

Straßenbau, 1930

Akkordarbeit

Die Entwicklung Berlins wie Deutschlands nach 1918 ist bestimmt von in kurzer Folge einander abwechselnden krisenhaften Störungen und Perioden schnellen wirtschaftlichen Wachstums. Inflationskonjunktur (1919–23), Stabilisierungskrise, Stabilisierung (1925–29) und Weltwirtschaftskrise folgen in einem Zeitraum von nur 14 Jahren aufeinander. Den exportorientierten deutschen Industriekonzernen

Metallarbeiterstreik, Oktober 1930: Streikposten vor der AEG

gelingt es, trotz – oder besser: wegen – dieser Bedingungen und mit staatlicher Hilfe ihre technisch überalterten Produktionsanlagen zu erneuern und nach amerikanischem Vorbild zu rationalisieren. So können Produktion und Gewinne zunehmen, während gleichzeitig Arbeiter entlassen und Löhne gekürzt werden. Die Frauenlöhne liegen ein Drittel unter denen der Männer. Neben der Arbeit an Fließbändern und hochmodernen Industrieanlagen existieren längst veraltete Produktionsmittel fort. Trotz Konjunktur sind 1926 in Deutschland 2 Millionen (= 10 %) ohne Arbeit, in Berlin Anfang 1927 300.000. Ein Wochenlohn deckt nur noch zwei Drittel des Existenzminiums. Nach 1929 spitzt sich die Krise in Deutschland so rasch zu, daß selbst erfolgreiche Streiks nichts mehr ausrichten können.
Die Arbeitslosenziffern in Berlin steigen von Anfang 1930 bis Oktober desselben Jahres von 293.037 auf 450.000. 1933 ist in Deutschland jeder Vierte ohne Arbeit.

Demonstration für Fürstenenteignung, 1926

Bruttoverdienste der Arbeiter (1928 = 100)			Tariflöhne der Industriearbeiter (Rpf)	
			Tarifmäßige Stundenlöhne der	
Jahr	Nominallöhne je Woche	Reallöhne je Woche	Facharbeiter	Hilfsarbeiter
1913/14	61	93	65,9	39,7
1925	75	81	82,9	58,3
1927	88	89	96,6	69,1
1929	103	102	101,1	79,4
1931	84	94	97,4	76,6
1933	71	91	78,5	62,3

Arbeitslose, 1931

Arbeitslosigkeit Jahr	Arbeitslose 1000	in % d. abhängigen Erwerbspersonen
1921	346	1,8
1922	215	1,1
1923	818	4,1
1924	927	4,9
1925	682	3,4
1926	2025	10,0
1927	1312	6,2
1928	1391	6,3
1929	1899	8,5
1930	3076	14,0
1931	4520	21,9
1932	5603	29,9
1933	4804	25,9

Um 1930

In der Massenarbeitslosigkeit findet die andauernde Krise ihren Ausdruck. Außer 1925 und 1927 vergeht seit 1922 kein Jahr ohne Steigerung der Arbeitslosenquote. Die Arbeitslosenversicherung bricht faktisch zusammen. Erhalten 1928 noch zwei Drittel aller Arbeitslosen Arbeitslosenversicherung, so ist es 1932 nur noch jeder Zehnte. Immer mehr Arbeitslosen wird der Rechtsanspruch auf Unterstützung entzogen, so daß ein zunehmender Anteil fast ausschließlich von der Fürsorge unterstützt werden muß; rund 60 Prozent müssen ohne jede materielle Unterstützung zu leben versuchen.

Arbeitslose als Bettelmusikanten, um 1930

Wilder Handel am Alexanderplatz, Winter 1927

Kriegsblinde als Straßenmusikanten, um 1920

Glücksspiel auf der Straße, 1919

Am Tag nach der Aufhebung der Fleischzwangswirtschaft, 1921
Der Zentral-Viehhof

Vor der Freibank

Suche nach Heizmaterial auf den Schutthalden, 1922

Tausch von Kartoffelschalen gegen Brennholz

Infolge Lebensmittelmangel in der Entwicklung zurückgebliebene 8-jährige Jungen, 1920

Kinder auf der Suche nach Essbarem, 1919

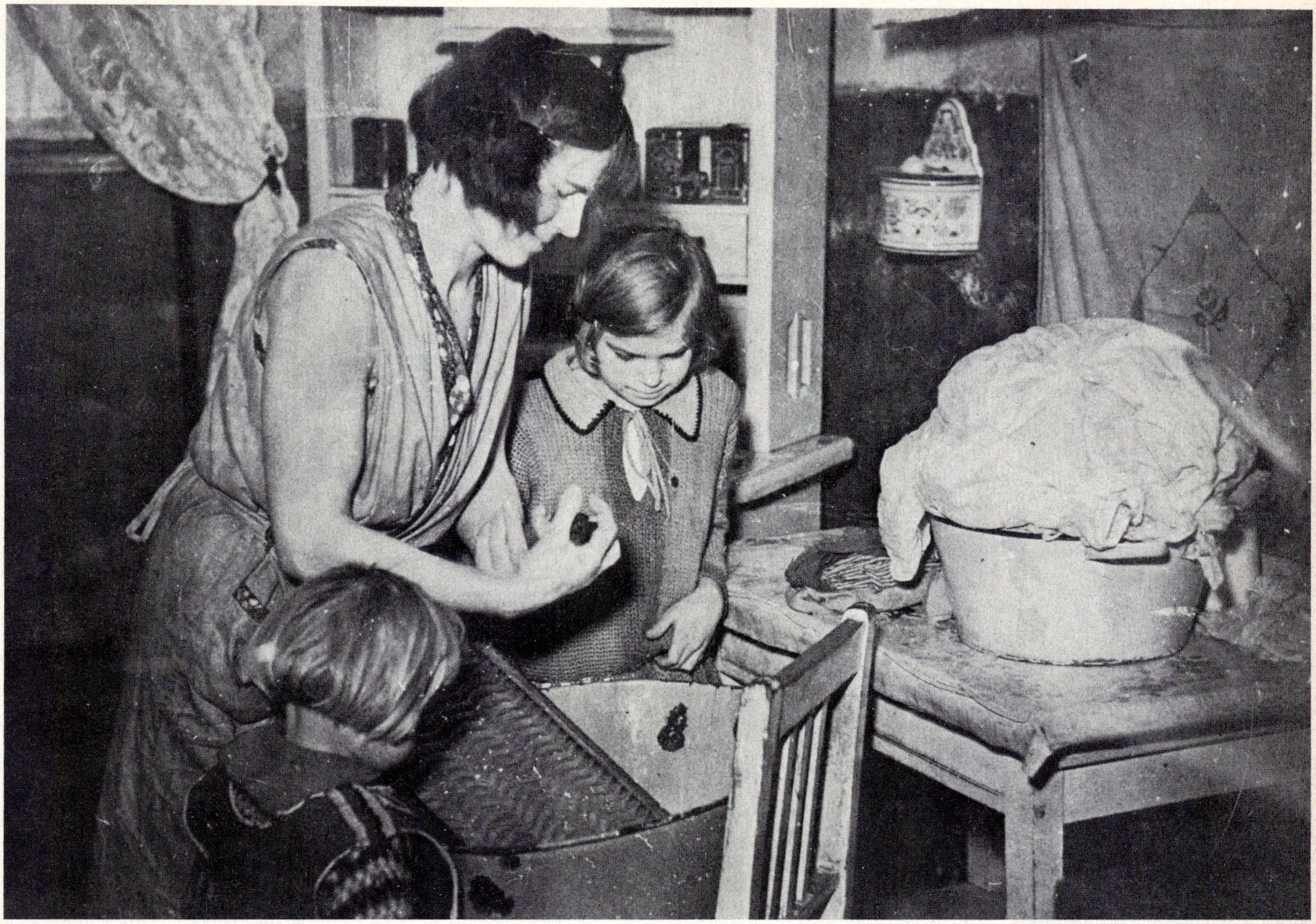

In der Kellerwohnung eines Berliner Droschkenchauffeurs, um 1932

14 Jahre Weimarer Republik – für die Arbeitslosen und schlecht Bezahlten 14 Jahre Entbehrungen, Hunger, Krankheit, Kinderelend, Wohnungsmangel, soziale Unsicherheit, persönliche und gesellschaftliche Perspektivlosigkeit, Verzweiflung und nichts als die vage Hoffnung auf bessere Zeiten.

Mietstreik in der Köpenicker Straße, September 1932

Währungsreform 1924/25: alte Geldscheine

Straße im Wedding, 1923

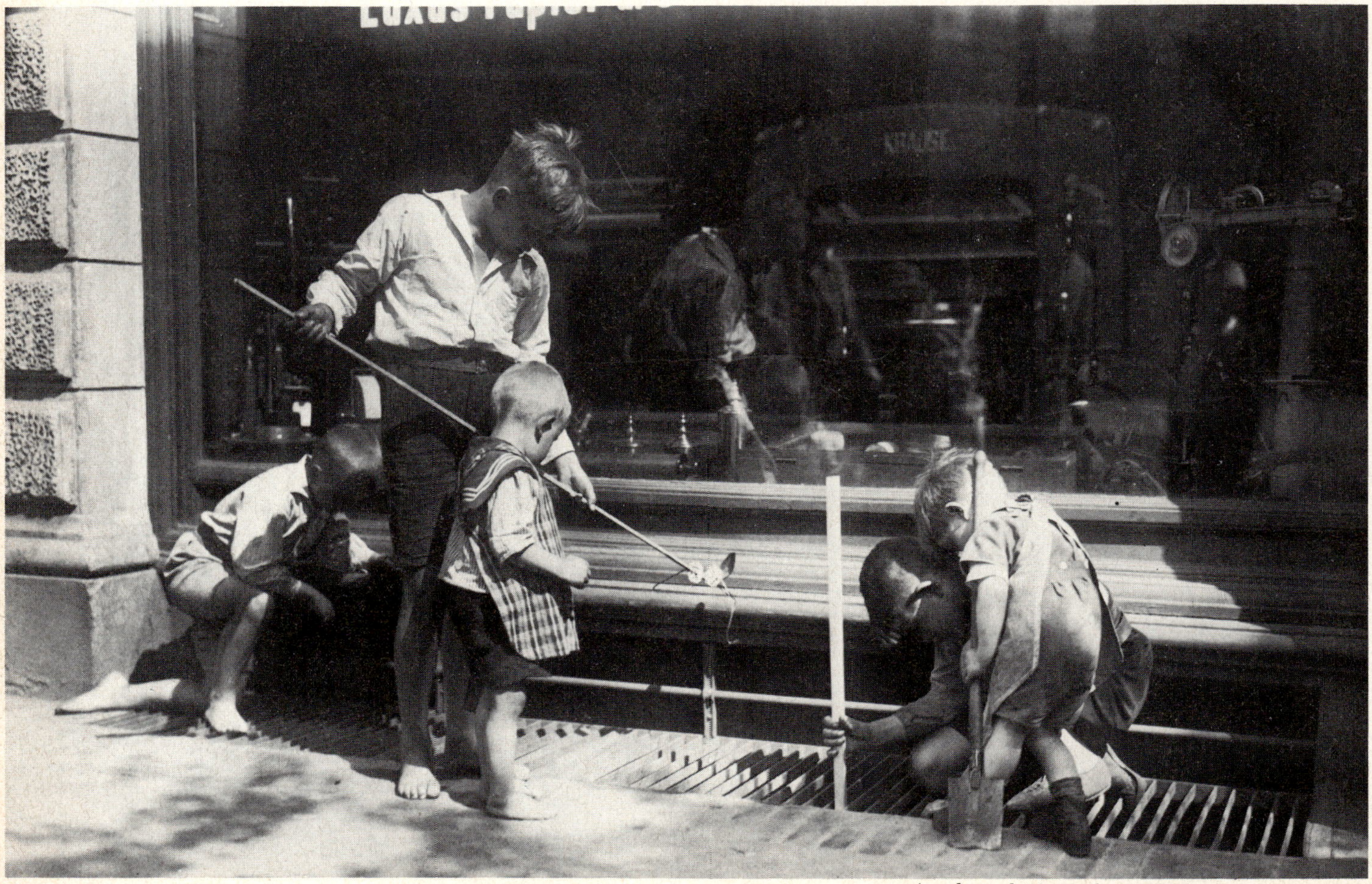

Angeln nach Wertsachen im Kellerschacht, um 1930

Kohlen organisieren, November 1923

Wie den Erwachsenen bleibt den Kindern in den Berliner Arbeitervierteln wenig erspart. Sie sind mit auf der Suche nach zusätzlichem Einkommen, nach Lebensmitteln, Heizmaterial und anderem Verwert- und Genießbarem. Sie arbeiten als Straßenhändler, Bettler, Diebe und prostituieren sich, um der Not zu entkommen. Sie leben in Familien ohne Wohnung (1925: 6%) oder in Haushalten, die die Wohnung mit anderen Familien (12%), Untermietern (34%) oder Schlafgängern (12%) teilen müssen.

Brennholzsammler

Jugendliche Straßenhändler beim Einkauf im Engros-Laden, 1928

Schulspeisung um 1920

Dem Wachstum der Schulkinder angepaßte Schulbänke, 1923

Die Uneinheitlichkeit und Widersprüchlichkeit der Stadt – 1920 aus insgesamt 94 einzelnen Gemeinwesen entstanden, darunter Groß-, Mittel- und Kleinstädte, 59 Landgemeinden und sogar 27 Gutsbezirke – entspricht ihr heterogenes Schulwesen. Voll entwickelten Schulsystemen auf der einen stehen einklassige Dorfschulen auf der anderen Seite gegenüber. Um nur den geordneten Ablauf im Rahmen des vorrepublikanischen status quo sicherzustellen, bedarf es einer umfassenden Neuorganisation von Schule und Verwaltung.
Vor allem anderen belasten politische kriegs- und Inflationszeit politische Auseinandersetzungen um die Demokratisierung des überkommenen Klassenschulsystems und die allgemeine Not den Berliner Schulbetrieb. Permanente Krise der öffentlichen Haushalte aufgrund ausfallender oder wertloser Steuerzahlungen, Hunger und Elend bei Schülern und Lehrern ergänzen einander und machen Unterricht häufig nur unter schwierigsten Bedingungen möglich. Jahr für Jahr finden z.B. wegen Kohlenmangel wochenlange „Kohlenferien" statt, und auch die Belegung der Schulen und Turnhallen als Notkasernen führt zu Unterrichtsausfällen. Besorgniserregend ist der Gesundheitszustand von Schülern und Lehrern. Besonders Berliner Arbeiterkinder leiden unter den Folgen von Unterernährung und Mangelkrankheiten. Tuberkulose grassiert. Während der Inflation können sich sogar mittelständische Berliner Familien nicht mehr ausreichend ernähren. Trotz der Unterstützung durch in- und ausländische Wohlfahrtsverbände, die z.T. über die Schule organisiert wird, kann noch nicht einmal die größte Not gelindert werden. Schulärzte stellen bei ihren Untersuchungen neben kaum für möglich gehaltenen körperlichen Verfallserscheinungen oft das Fehlen der notwendigsten Wäsche fest.

Klasse der Berliner Mädchen-Gemeindeschule in der Gartenstraße, um 1929

Demonstration gegen die Konfessionsschule

Demonstration gegen die Prügelstrafe

Auch nach Beseitigung des Dreiklassenwahlrechts für die Landes- und Gemeindeparlamente reichen die Mandate für die Parteien der Arbeiterbewegung und des liberalen Bürgertums nicht aus, um gegen Konservative und Reaktionäre die Demokratisierung des Bildungssystems durchzusetzen. Vertikal gegliedertes Unterrichtssystem, Konfessionsschule und Bildungsprivilegien werden vom Besitz- und Bildungsbürgertum hartnäckig verteidigt. Außerparlamentarische Schulkämpfe der Arbeiterbewegung und ihrer Kinder- und Jugendorganisationen und der Einfluß des größten deutschen Lehrervereins vermögen nicht mehr als einen dürftigen Schulkompromiß zu erreichen. Auch wenn die Arbeiterbewegung deutlich Mehrheiten aufzuweisen hat, konzentrieren sie sich doch auf Berlin und andere Großstädte und Industriezentren, und diese sind wie „Inseln“ in dem noch weitgehend agrarisch-kleinbürgerlichen Deutschland. Lediglich dort, wo auf lokaler Ebene Arbeitereltern, Jugendorganisationen, Lehrer und linke Parteien relativ selbständig handeln können, sind weitergehende Reformen möglich.

Schulstreik in Neukölln

Chronik eines Schulstreiks

Dienstag, den 1.4.1930:
Eltern der Volksschulen in der Lessing- und Rütlistraße in Neukölln beschließen einen Schulstreik, weil an Lehr- und Lernmitteln, Beihilfen für Schülerwanderungen und an der Schulspeisung gespart und Lehrer entlassen werden sollen.

Mittwoch, den 2.4.1930:
Ältere Schüler und Mitglieder des kommunistischen Jungspartakusbundes, aber auch der sozialdemokratischen Roten Falken und der Kinderfreunde stehen Streikposten. Nach heftigen Diskussionen und vereinzelten Prügeleien mit Eltern von „schulwilligen" Kindern verjagt die Polizei die Streikposten. Eine spontane Schülerdemonstration verläuft friedlich.

Donnerstag, den 3.4.1930:
In einzelnen Klassen der beiden Streikschulen findet wieder Unterricht statt. Den Eltern, die den Streik fortsetzen, wird mit Geld- und Gefängnisstrafen gedroht. Sozialdemokratische Eltern- und Lehrerorganisationen sprechen sich gegen den Streik aus.

Freitag, den 4.4.1930:
Im Verlaufe einer Protestdemonstration der Schüler und Eltern setzt die Polizei Gummiknüppel ein, beschlagnahmt mehrere Schilder und Transparente und verhaftet u.a. fünf Schüler.

Samstag, den 5.4.1930/ Montag, den 7.4.1930:
Nachdem der Streik nur noch von einer kleineren Zahl von Eltern und Schülern fortgesetzt wird, beschließt eine Elternversammlung, den Streik zu beenden, um ihn später in einer größeren Zahl von Schulen wieder aufzunehmen. Die Entlassung der Lehrer wird teilweise rückgängig gemacht.

Aktion des Berliner Jugendamtes: Kinder tauschen Schundhefte gegen „gute“ Literatur, 1922

Nach der Turnstunde, 1931

Täglicher Unterricht im Freien, 1919

Trotz permanenter Finanznot sinkt die durchschnittliche Schülerzahl in den Klassen der Berliner Volksschulen. Auch wenn sie nach wie vor 20 bzw. 26 Prozent voller sind als die der Mittel- und höheren Schulen, so sitzen 1928 nur noch 34 Schüler in einer Klasse, 19 Prozent weniger als 1914. Die Verteilung der Schüler auf die verschiedenen Schulzweige verschiebt sich – wenn auch sehr langsam – zugunsten weiterführender Schulen. Die vorsichtige soziale Öffnung der höheren Schulen für jeden ,,Begabten“ läßt zum ersten Mal in der Geschichte der Berliner Schule regelmäßig Arbeiterkinder die höheren und Hochschulen erreichen – allerdings immer noch weniger als ein Zwanzigstel aller Abiturienten und Studenten.
Der Volksschüleranteil sinkt von 78 auf 74 Prozent, der Anteil der Mittel- und höheren Schüler steigt von 2,7 auf 3,2 bzw. von 17,4 auf 20,4 Prozent.
Der autoritäre Pauk- und Drillbetrieb wird weiter zurückgedrängt. Lehrer und Schulverwaltung suchen und fördern neue Unterrichtsinhalte und -methoden, die Selbsttätigkeit, Anschauung, leichte Auffassung und die Entwicklung von Kreativität ermöglichen.

Telephonunterricht im Hof der Charlottenburger Arbeitsschule, um 1920

Verkehrsunterricht auf dem Schulhof

Unterricht in der Karl Marx-Schule in Neukölln, 1931

Heimatkunde am Sandkasten (5. Volksschule, Berlin-Pankow)

Werkunterricht in einer Grundschulklasse

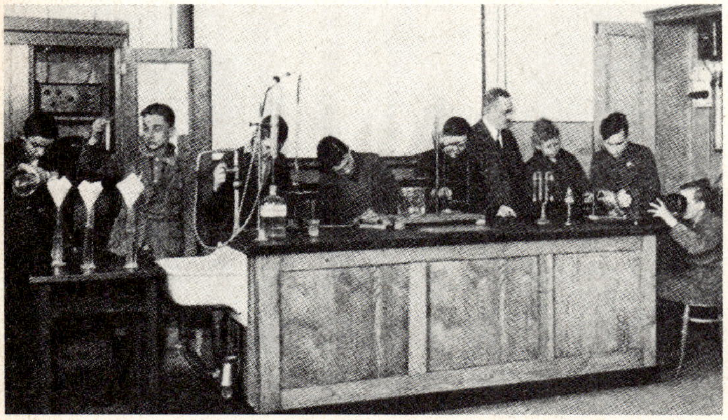

Physikunterricht (25. Volksschule, Berlin-Lichtenberg)

Erdkundeunterricht in Arbeitsgruppen (45./46. Lebensgemeinschaftsschule)

Erstes Schulkino in Berlin-Pankow, um 1925

Die neue Pädagogik „vom Kinde aus“ reformiert Unterrichtsablauf und -thematik, die Präsentation der Lerninhalte und -gegenstände, Schülertätigkeit, Sitzordnung, Schulalltag, die Schüler-, Schüler-Lehrer- und Lehrer-Elternbeziehung und betritt dabei Neuland für die Massenerziehung in der öfffentlichen Schule. Eine noch größere Vielfalt pädagogischer Reforminitiativen entfaltet sich außerhalb der staatlichen Regelschule. Schule wird vielseitiger, kindgemäßer, interessanter und alltagsverbundener. Doch die Neuerungen beschränken sich auf die pädagogische Arbeit und akzeptieren mit dieser Beschränkung die sozialen Voraussetzungen und die soziale Bestimmtheit von Schule, Erziehung, Lehrer und Schüler.

Märchen über den Bildprojektor (Charlottenburger Arbeitsschule), um 1922

Mietstreik in der Köpenicker Straße, September 1932

Die proletarische Großstadtfamilie um 1930

Die Entwicklung der Familie ist auch im deutschsprachigen Bereich seit etlichen Jahren zu einem Schwerpunkt sozialgeschichtlicher Forschung geworden, die sich bislang aber noch kaum ins 20. Jahrhundert voranbewegt hat. Über die Lebensweise deutscher Arbeiterfamilien in den 1920er und 1930er Jahren weiß man deshalb weniger als über die Verhältnisse in der Industrialisierungsepoche des 19. Jahrhunderts. Aber nicht nur aus diesem Grund verspricht der Titel dieses Beitrags mehr, als eingelöst werden kann. Er enthält darüber hinaus eine vereinfachende Fiktion, denn *die* proletarische Großstadtfamilie gab es nicht. So sehr auch die ökonomische Position der lebenslangen Lohnabhängigkeit ein kollektives Arbeiterbewußtsein schuf, das die Gesellschaft als ein streng zweigeteiltes Gebilde begriff, in dem es ein „Oben“ und ein „Unten“ gibt, so sehr gilt es doch, die Spannweite der Lebensform innerhalb der städtischen Arbeiterschaft zu beachten. „Das Familienleben ist in den untersten Lagen oft völlig zerrüttet, in den wirtschaftlich begünstigten vom Kleinbürgertum nur insofern verschieden, als sich der Familienverband wegen der schichtüblichen kürzeren Ausbildungsdauer des Nachwuchses früher auflöst.“[1]

Innerhalb der Arbeiterklasse gab es also eine differenzierte Schichtung, die auch das Familienleben prägte. Nur einige dieser Schichtungsmerkmale sollen hier genannt werden: Die Einkommensunterschiede zwischen den Arbeiterberufen waren teilweise beträchtlich; eine deutliche Trennlinie auf der Lohnskala verlief zwischen Gelernten und Ungelernten, zwischen Männern und Frauen, die fast durchweg den untersten Lohngruppen angehörten; und in der Weltwirtschaftskrise wurden die Arbeitslosen vollends eine Schicht für sich, als nämlich Arbeitslosigkeit von einer vorübergehenden Erscheinung, die stets zum typischen Lebensschicksal von Arbeitern gehört hatte, zu einem Dauerzustand wurde. Arbeiterfamilien, in denen der Vater eine dauerhafte Beschäftigung innehatte, besaßen einen anderen Lebenszuschnitt als Familien, deren Lebensrhythmus von unsicheren Arbeitsmöglichkeiten bestimmt blieb. Die Chancen für eine langfristige Lebensplanung wirkten sich in der Wohnungsausstattung ebenso aus wie in der Sorgfalt, mit der die Ausbildung der Kinder geplant wurde. Zu den innerproletarischen Schichtungsdifferenzierungen, die in der Lebensweise von großstädtischen Arbeiterfamilien sichtbar werden, müssen aber auch Merkmale wie das Ausmaß religiöser Bindungen sowie die soziale und regionale Herkunft gezählt werden, denn davon konnten die gesellschaftlichen Orientierungen und die Formen der Lebensgestaltung von Arbeiterfamilien in erheblichem Maße bestimmt werden. Eine gewichtige Prägung der Lebenschancen bedeutete auch die Art der Stadt bzw. des Stadtteils, in dem man lebte. Junge Industriestädte wie die Ruhrgebietsstädte mit überdurchschnittlich hohem Arbeiteranteil boten geringere Möglichkeiten, einen bürgerlichen Lebensstandard zu erreichen, als ältere Industriestädte mit einer langfristig gewachsenen, stärker gemischten Sozialstruktur oder gar als „Rentnerstädte“ wie Wiesbaden oder das 1920 in Groß-Berlin eingemeindete Wilmersdorf, wo das Steueraufkommen höher, das kulturelle Angebot reicher, der Wohnungsmarkt vielgestaltiger und die Versorgung mit Schulen günstiger war. Großstadt war also nicht gleich Großstadt! Und schließlich muß die politisch-gewerkschaftliche Orientierung von Arbeitern als prägendes Element für die Lebensgestaltung von Arbeiterfamilien beachtet werden. Was derartige Differenzierungen für die Lebensweise von proletarischen Großstadtfamilien in den 1920er Jahren bedeuteten, ist bislang allenfalls ansatzsweise bekannt. Die folgende Skizze kann deshalb nur einen noch ganz unzureichenden Zugangsversuch bieten.

Versuchen wir zunächst, uns zu verdeutlichen, wie sich die Rahmenbedingungen für das Leben großstädtischer Arbeiterfamilien zwischen 1900 und 1930 veränderten. Der säkulare Wandel der Bevölkerungsentwicklung erreichte in der Zwischenkriegszeit seinen Abschluß: Geburten- und Sterberaten pendelten sich auf einem niedrigeren Niveau ein. Damit wurde zwar eine Entwicklung fortgesetzt, die bereits seit etwa der Jahrhundertwende zu beobachten war, doch Bevölkerungswissenschaftler und ein Teil der Politiker werteten dies als einen Beleg dafür, daß das „Weimarer System“ „auch in biologischer Hinsicht unser Volk in seiner Lebenskraft und seinem Lebenswillen gelähmt“ hat[2]. Diese (sachlich unzutreffende) nationalistische Bevölkerungsideologie bereitete den antidemokratischen Forderungen nach einer politischen und zugleich „biologischen nationalen Erneuerung“ den Boden.

Verbunden war der Rückgang des Bevölkerungswachstums mit einer Verlangsamung des Verstädterungsprozesses. Zwischen 1900 und 1930 hatte sich die geographische Mobilität, ohne die das stürmische Wachstum deutscher Städte bis zum I. Weltkrieg nicht möglich gewesen wäre, drastisch verringert. Während 1900 in Berlin 254 Wanderungsfälle auf je 1000 Einwohner kamen, waren es 1930 nur noch 128. Die Auswirkungen dieses Rückgangs auf die Lebensverhältnisse von großstädtischen Arbeiterfamilien können kaum überschätzt werden. Im Kaiserreich hatte vor allem die Arbeiterschaft die „sozialen Kosten“ der riesigen Bevölkerungsverschiebungen getragen. Die Wanderungswellen liefen gewissermaßen durch die Arbeiterfamilien hindurch, die in ihre kleinen Wohnungen vielfach „Schlafgänger“ aufnehmen mußten, so daß sich eine halb-offene Familienstruktur herausbildete, die keine Intimität des Familienlebens zuließ, was bürgerlichen Kritikern als Kulturverfall und Sittenlosigkeit erschien. Erst der

Rückgang der hohen Mobilitätsziffern schuf für großstädtische Arbeiterfamilien eine grundlegende Voraussetzung, sich bürgerlichen Lebensstandards anzunähern. Ob dies mit einer Übernahme bürgerlicher Verhaltensmuster im Familienleben verbunden war, wird noch zu prüfen sein.

Zu den wichtigen Veränderungen zählt auch die zunehmende Erwerbstätigkeit von Frauen, die verstärkt seit dem I. Weltkrieg in Arbeitsplätze einrückten, die zuvor von Männern besetzt worden waren. Obgleich der größte Anteil der erwerbstätigen Frauen 1933 noch im Agrarbereich arbeitete (etwa 40%) und die städtischen Arbeiterinnen überwiegend in den unteren Lohngruppen der Konsumgüterindustrien tätig waren, hatte die steigende Quote an erwerbstätigen Frauen doch antifeministische Vorurteile verstärkt, die sich auf seiten der politischen Rechten besonders massiv äußerten, aber bis in die Reihen der sozialistischen Arbeiterbewegung reichten. Zwar zeigten auch die forcierten Anstrengungen der Nationalsozialisten nach 1933, die Frau auf ihr „Schlachtfeld", wie Hitler es nannte, die Familie und das Gebärlager, abzudrängen, nicht die erhofften Wirkungen, da die Wirtschaft auf die Frauenarbeit nicht verzichten konnte. Doch es wurde den erwerbstätigen verheirateten Frauen „ein schlechtes Gewissen suggeriert"[3], denn sie entsprachen nicht dem von J. Goebbels beschworenen Bild der „Vogelfrau": „Sie putzt sich für ihren Mann und brütet für ihn die Eier aus. Dafür sorgt der Mann für die Nahrung. Sonst steht er auf der Wacht und wehrt den Feind ab."[4] Dies mag im Rückblick nur noch lächerlich klingen, doch wie sehr die zunehmende Berufstätigkeit der Frauen, ihre in der Weimarer Republik erreichte politische Gleichberechtigung (Frauenwahlrecht) und das steigende Selbstbewußtsein der Frauen breite Kreise der Gesellschaft verunsichert hatten, belegen die vielen kulturpessimistischen Klagen über den „schrankenlosen Individualismus", der zur „Zerschlagung der Familie und jeder Sexualmoral"[5] geführt habe. Der Sozialforscher Hendrik de Man bestätigte nur weitverbreitete Vorurteile über die Auflösung moralischer Bindungen, als er aus seinen Mitte der 1920er Jahre durchgeführten Befragungen unter Arbeiterinnen und Arbeitern die zotenhafte Unterhaltung über Sexuelles als Hauptgesprächsbereich in den Fabrikbetrieben und eine „Auffassung der Sexualbetätigung als Amüsement"[6] heraushörte.

Schon vor 1933 ging aus derartigen kulturellen Verfallsklagen ein Mutterkult hervor, den kürzlich Karin Hausen am Beispiel der Mutterpropaganda untersucht hat, – einer Propaganda, in der Geschäftsinteressen mit nationalistischen Ideologien zusammenliefen, die gegen den „Verfall unserer Volksgemeinschaft", für „Rassenhygiene" und die Stärkung des „Willens zur Mutterschaft" zu Felde zogen, um „hohe Werte wieder zu wecken und frei zu machen, die in der Zeit des inneren Zusammenbruchs von 1917–23 gänzlich verschüttet wurden"[7].

Was über die deutsche Familie der Zwischenkriegszeit geredet wurde, läßt sich vergleichsweise leicht aus der zeitgenössischen Publizistik rekonstruieren, wenngleich auch dies noch viel zu wenig geschehen ist. Erheblich schwieriger ist es jedoch festzustellen, ob und wie sich das Familienleben tatsächlich verändert hat. Was heißt „proletarische Großstadtfamilie", wenn nach familiären Lebensformen gefragt wird? Eine vielversprechende Möglichkeit, Antworten auf diese einfache Frage zu geben, bieten Befragungen von Zeitgenossen. In der Bundesrepublik laufen seit wenigen Jahren zwar an etlichen Orten derartige Untersuchungsprojekte, doch verwertbare Ergebnisse liegen bislang noch nicht vor. Die besten Aufschlüsse bieten zur Zeit noch die in den 1920er Jahren durchgeführten Erhebungen. Auch hier gilt jedoch vielfach, daß die bürgerlichen Kritiker sich nur ihre eigenen Vorurteile bestätigten, wenn sie die gesammelten Schaustücke aus dem Alltagsleben der Arbeiterschaft zu einer exotischen Sammlung zusammenstellen, in deren Anblick man das eigene Anderssein sich schaudernd bestätigen konnte. So zum Beispiel die auf „systematischer Beobachtung, auf Fragebogenerhebung, planmäßigen Familienbesuchen, Gesprächsprotokollen und didaktisch-pädagogischem Experiment" beruhende Untersuchung von Heinrich Kautz[8]. Die Industriearbeiterfamilien vermittelten ihm den „Eindruck verkommenden und versinkenden Menschentums"[9], eine bloße Versorgungsgemeinschaft, geprägt von Zuchtlosigkeit und Sittenverfall, den er vom gemischten Wandern ebenso ausgehen sah wie von der „lüsternen Dunkelheit des Sensationskinos" und der „aufpeitschenden Glut der Cafemusik"[10]; kurz: eine „grobe und rohe Belustigungskultur"[11]. Das Ergebnis seiner durchaus lesenswerten und damals vielbeachteten Studien lautet: „Der Industriemensch kennt keine feste Hausordnung, keine Einordnung in das Gemeinschaftsleben, kein Füreinander, keinen Sonntag im Familienkreis, keinen gemütlichen Abend, kein rechtes Familienfest"[12].

Zeitgenössische Arbeiten, die sich mehr auf das Registrieren von Beobachtungen konzentrierten oder die Befragten selbst zu Worte kommen ließen, anstatt dem Leser moralisierende Betrachtungen aufzunötigen, vermitteln einen erheblich anderen Eindruck. In einer 1930 unter etwa 5000 Berliner Jugendlichen durchgeführten Untersuchung über das „Freizeitleben der Großstadtjugend" erwies sich die Familie als stabiler emotionaler Kern im Leben der Jugendlichen. „Auch in rein proletarischen Kreisen", so faßte der Berichterstatter Robert Dinse zusammen, „finden sich die typischen Formen des sogenannten bürgerlichen Familienlebens"[13]. Darunter verstand er die Zentrierung des Freizeitlebens der Jugendlichen auf die Familie und die hohe Wertschätzung eines „gemütlichen Heims". Die Ansprüche der Arbeiterjugend an ihre Familie waren den Lebensverhältnissen der Eltern entsprechend bescheiden: „In einer Ecke unserer Stube steht ein Stuhl, da kann ich mich in aller Ruhe ausruhen“; „Ich habe es sehr gut bei meinen Eltern. Ich habe mein eigenes Bett und kann mich sehr breit machen“[14].

Zu den spannendsten Fragen zählt, ob die unterschiedlichen politisch-gewerkschaftlichen Orientierungen von Arbeitern deren Familienleben geprägt haben. Verhielten sich sozialistische und kommunistische Arbeiter in ihren Familien anders als politisch indifferente oder politisch anders orientierte? Wirkte sich das Bekenntnis zur Arbeiterbewegung emanzipationsfördernd in den Arbeiterfamilien aus? Sieht man Berichte von Textilarbeiterinnen durch, so liegt es nahe, diese Fragen zu verneinen. Auch wenn beide Ehe-„Partner“ voll erwerbstätig waren, blieb die gesamte Hausarbeit fast durchweg nur den Müttern und Töchtern überlassen. Eine Arbeiterin, die wie ihr Ehemann aktiv in der Gewerkschaft sowie in der Sozialdemokratie und in sozialdemokratischen Nebenorganisationen tätig war, berichtete: „Um 6 Uhr früh weckt mich mein Wecker und damit beginnt auch mein Arbeitstag. Waschen und Anziehen ist meine erste Arbeit, zum Kämmen gibt es nicht viel, denn ich habe kurz geschnittene Haare.“ (Den „Bubikopf“-Schnitt, der in den 1920er Jahren aufkam, zählten viele Kulturpessimisten zu den Zeichen dafür, daß die Frauen die ihnen „angeborene“ Rolle verließen). „Nun setze ich Kaffeewasser auf und mache für mich und meinen Mann die Stullen zurecht. Bin ich damit fertig, ist es auch Zeit, meinen Mann zu wecken, denn er hat eine halbe Stunde mit dem Rad zu fahren bis zu seiner Arbeitsstätte. In der Zeit, in der sich mein Mann anzieht, mache ich sein Rad zurecht. Ich pumpe Luft auf und mache seine Brottasche fest.“ Von 7.15 Uhr bis 11.30 Uhr und von 13 Uhr bis 17 Uhr ging die Berichterstatterin selbst zur Arbeit in eine Buntweberei. In der Mittagspause kochte sie das Essen. „Ist es aber 5 Uhr geworden, dann gehe ich mit fröhlichem Herzen heim in mein Stübchen. Nun kommt auch bald mein Mann und ich gebe mir große Mühe, daß er pünktlich sein Essen bekommt. Ich wasche dann das Geschirr ab und mein Mann liest mir dabei die Zeitung vor. Wenn ich fertig bin, gehen wir noch spazieren. Hätte ich Kinder, würde ich wohl zu Hause bleiben müssen.“[15]

Nur selten berichten einzelne Arbeiterinnen von der Mithilfe ihres Mannes im Haushalt. Außerhäusliche Aktivitäten müssen dem „zweiten Arbeitstag“ in der Familie mühsam abgerungen werden. Daß die Erwerbstätigkeit der Frau Selbstbewußtsein erzeugte, ohne jedoch bereits zu einer Teilung der familiären Lasten zu führen, belegt der Bericht einer Arbeiterin, die aufgrund ihrer Betriebsratspflichten häufiger spät nach Hause kam: „Nun schnell nach Hause (nach einer Betriebsratssitzung gegen 19.30 Uhr). Feuer in den Ofen und das Essen für meinen Mann für den nächsten Tag gekocht. Inzwischen wird das Abendbrot eingenommen. Mein Mann brummt, weil es so spät ist. Bleib doch bald drin. Wann

Wohnzimmer mit Blick ins Schlafzimmer in einem Berliner Mietshaus (1932).

kommst du morgen abend nach Hause? Morgen ist Kartellsitzung, da komme ich erst heim und fahre um 8 Uhr wieder rein. Da brummt er wieder, na ja, ohne dich geht es ja nicht. Ich spreche: bitte, ich gehe arbeiten, da laß ich mir keine Vorschriften machen. Deine Ordnung hast du doch, also bitte, was noch? Er geht voller Grimm schlafen. Ich muß noch abwaschen . . ., meinem Brummbär ein paar Knöpfe an die Hose nähen und die Zeitung lesen.“[15]

Daß diese Form der „Arbeitsteilung“ keine Ausnahme in Arbeiterfamilien gewesen sein kann, geht aus mehreren Erhebungen im Wien der 1920er Jahre hervor: Die Verkürzung der Arbeitszeit, die vermehrten Freizeitangebote kamen vor allem den Männern zugute, die ihre arbeitsfreie Zeit auf Kosten ihrer Ehefrauen erweiterten, deren „Wochenende“ in der Regel auf wenige Stunden des Sonntags beschränkt blieb. Auch im sozialistisch regierten „roten Wien“ zeigte sich, daß das Bekenntnis zu den politisch ökonomischen Emanzipationszielen der Arbeiterbewegung keineswegs selbstverständlich mit emanzipationsförderndem Verhalten innerhalb der eigenen Familie verbunden war.

Bestätigt wird dieser Befund durch die Studie Erich Fromms, für die 1931 im Rahmen des Frankfurter Instituts für Sozialforschung Erhebungen durchgeführt worden waren. Er fand, die „Forderung nach Gleichheit und Freiheit der Frauen“ entspreche zwar „voll und ganz den antiautoritären Intentionen der sozialistischen Philosophie“, doch die Befragungsergebnisse verdeutlichen, „daß eine große Anzahl der Sozialisten und Kommunisten mit diesen ideologischen Grundprämissen ihrer Parteien nicht übereinstimmten“[16]. Zwar fand sich die „autoritäre Persönlichkeit in ihren reinsten und extremsten Ausprägungen am ehesten bei den Angehörigen der unteren Mittelklassen“[17],

Eine Arbeiterin, die wie ihr Ehemann aktiv in der Gewerkschaft sowie in der Sozialdemokratie und in sozialdemokratischen Nebenorganisationen tätig war, berichtete: „Um 6 Uhr früh weckt mich mein Wecker und damit beginnt auch mein Arbeitstag. Waschen und Anziehen ist meine erste Arbeit, zum Kämmen gibt es nicht viel, denn ich habe kurz geschnittene Haare“ (Den „Bubikopf“-Schnitt, der in den 1920er Jahren aufkam, zählen viele Kulturpessimisten zu den Zeichen dafür, daß die Frauen die ihnen „angeborene“ Rolle verließen). „Nun setze ich Kaffeewasser auf und mache für mich und meinen Mann die Stullen zurecht. Bin ich damit fertig, ist es auch Zeit, meinen Mann zu wecken, denn er hat eine halbe Stunde mit dem Rad zu fahren bis zu seiner Arbeitsstätte. In der Zeit, in der sich mein Mann anzieht, mache ich sein Rad zurecht. Ich pumpe Luft auf und mache seine Brottasche fest.“ Von 7.15 Uhr bis 11.30 und von 13 Uhr bis 17 Uhr ging die Berichterstatterin selbst zur Arbeit in eine Buntweberei. In der Mittagspause kochte sie das Essen. „Ist es aber 5 Uhr geworden, dann gehe ich mit fröhlichem Herzen heim in mein Stübchen. Nun kommt auch bald mein Mann und ich gebe mir große Mühe, daß er pünktlich sein Essen bekommt. Ich wasche dann das Geschirr ab und mein Mann liest mir dabei die Zeitung vor. Wenn ich fertig bin gehen wir noch spazieren. Hätte ich Kinder, würde ich wohl zu Hause bleiben müssen.“

Aus: Mein Arbeitstag – Mein Wochenende. 150 Berichte von Textilarbeiterinnen. Berlin 1931, S. 80.

Kinderlied vom Sparen

Ene, mene, kille, kille,
Menschenkinder, seid mal stille!
Det ihr alle et erfahrt:
In Berlin wird jetzt jespart!

Ene, mene, Jummischlauch!
Ach, Herr Lehrer, mir knurrt der
Bauch,
knurrt der Magen noch so laut,
die Kinderspeisung ist jeklaut.

Ene, mene, ick muß schon lachen,
Herr Lehrer, wir wollen einen
Ausflug machen.
Da faßt a sich an Zickenbart:
„So seht ihr aus, jetzt wird
jespart.“

Ene, mene, Kunterbunter,
der Kalk fällt von de Decke
'runter,
durch det Fenster zieht es doll,
die Klassen wern jetzt doppelt
voll.

Ene, mene, Lausebene,
jetzt kenn wa det Lied schon janz
alleene,
an allet sparn se fürchterlich,
bloß mit Dresche sparn se nich!

Aus: Lieder der Arbeiterkinder, Heft 6.
Aus: „Das Lied – im Kampf geboren. Lieder der Arbeiterkinder, Heft 6. Leipzig 1960. S. 86 f.

So sah Lehrer Mümmelmann aus, als er die ersten Kinderdemonstrationen sah!

Ein evangelischer Pfarrer schildert das „gotteslästerliche Treiben“ auf einer der ersten Kinderdemonstrationen im Rahmen der Roten Schulwoche im Herbst 1921: „Neukölln veranstaltete im Herbst 1921 eine besondere Rote Schulwoche, die der Werbung für die weltliche Schule dienen sollte. Den Abschluß bildete eine Straßenkundgebung, an der wohl 2500 Personen, darunter 2/3 Kinder aus den weltlichen Schulen Neuköllns, teilnahmen. Dem Zuge wurden die Fahnen der drei sozialistischen Parteien vorangetragen. Musikchöre und Sängerchöre waren im Zuge verteilt. Beachtenswert waren die Plakate, die man mitführte: „Eltern befreit uns vom Religionsunterricht!“, „Wir fordern sozialistische Lehrer!“, „Nieder mit dem Geist von Potsdam!“, „Wahrhaft hohe Sittlichkeit ist Gott- und Teufelslosigkeit“. „Such neuen Geist und scheuch das Uebel, die Forderung bringt dir Glück, und nicht die Bibel“.

Aus: Foertsch, K.: Eltern an die Front! 10 Jahre evangelischer Elternbund. Berlin 1930. S. 61.

doch verbreitet war sie auch unter Arbeitern.

Es wäre jedoch vorschnell, angesichts dieser Ergebnisse nur von einem Versagen der Arbeiterbewegung als umfassender gesellschaftlicher Emanzipationsbewegung zu sprechen, denn die Antworten auf die familienbezogenen Fragen (Berufstätigkeit der Frau, Erziehung der Kinder, Haltung zur Familienplanung) unterschieden sich deutlich, je nach politischem Standort der Befragten. Sozialdemokraten, vor allem aber Kommunisten und Linkssozialisten erklärten sich stärker als Anhänger anderer politischer Richtungen bereit, den sich vollziehenden gesellschaftlichen Wandel anzuerkennen und auch im Familienleben zu fördern. Ob man jedoch im eigenen Leben diese im Interview bekundeten Vorsätze schon verwirklichen konnte, steht auf einem anderen Blatt. Skepsis erscheint angebracht.

Dieter Langewiesche

Anmerkungen

1) Geiger, Th.: Die soziale Schichtung des deutschen Volkes. Darmstadt 1972, S. 96 (1. Auflage 1932)
2) Burgdorfer, F.: Volk ohne Jugend, Berlin 1937, S. 438.
3) Winkler, D.: Frauenarbeit versus Frauenideologie. In: Archiv für Sozialgeschichte (1977) H.7, S. 104
4) Mosse, L.: Der nationalsozialistische Alltag, Königstein 1978.
5) Vgl. Mittelungen der Arbeitsgemeinschaft für Volksgesundung (1927) H.3.
6) de Man, H.: Der Kampf um die Arbeitsfreude, Jena 1927. S. 133.
7) Zitiert nach Hausen, K.: Mütter zwischen Geschäftsinteressen und kultischer Verehrung. In: Huck, G. (Hrsg.): Sozialgeschichte der Freizeit. Wuppertal 1980, S. 267.
8) Kautz, H.: Im Schatten der Schlote, Einsiedeln 1928, S. 9.
9) Kautz, a.a.O., S. 22
10) Kautz, a.a.O., S. 56
11) Kautz, a.a.O., S. 241
12) Kautz, a.a.O., S. 191
13) Dinse, R.: Das Freizeitleben der Großstadtjugend, Berlin 1932, S. 17.
14) Dinse, a.a.O., S. 13
15) Mein Arbeitstag – Mein Wochenende. 150 Berichte von Textilarbeiterinnen, Berlin 1931, S. 80.
16) Mein Arbeitstag, a.a.O., S. 116
17) Fromm, E.: Arbeiter und Angestellte am Vorabend des Dritten Reichs. Stuttgart 1980, S. 182
18) Fromm, a.a.O., S. 183

Weiterführende Literatur

Niethammer, L. (Hrsg.): Wohnen im Wandel, Wuppertal 1979.
Niethammer, L. (Hrsg.): Lebenserfahrung und kollektives Gedächtnis, Frankfurt 1980.
Reck, S.: Arbeiter nach der Arbeit, Lahn-Gießen 1977

Schülerstreiks in Berlin (1919—1933)

Schülerstreiks waren im Berlin der 20er Jahre an der Tagesordnung. Schulen, Lehrer und Schüler waren in die Auseinandersetzungen ihrer Zeit ganz anders als heute einbezogen. Berliner Lehrer mußten sich dem Problem der Schülerstreiks von rechts und links stellen. Auf die Frage „Ist Schulstreik statthaft?“ antwortete ein Lehrerhandbuch allerdings auch von 1929, zehn Jahre nach dem Zusammenbruch des monarchistischen Obrigkeitsstaates: „Schulstreik ist als verbotene Eigenmacht der Staatsbürger zu betrachten. Ein Recht, im allgemeinen Rahmen des Schulstreiks die Kinder vom Schulbesuch fernzuhalten, besteht nicht.“[1]

Erstaunlicherweise waren die reaktionären Kreise der Weimarer Republik – die Offiziere, Bankiers, Unternehmer, Adligen etc. – die Ersten, die sich über dieses Verbot hinwegsetzten und ihre Kinder – vor allem höhere Schüler – zum Schulstreik anhielten, um ihre schulpolitischen und politischen Ziele durchzusetzen. Streiks gab es z.B. gegen die Entfernung von Kaiserbildern aus den Klassenräumen, gegen die Zulassung von Karl Liebknechts Sohn zum Abitur und zur Unterstützung des gegen die Republik gerichteten Kapp-Putsches im März 1920.

Auf Seiten der Berliner Arbeiterklasse bietet sich ein anderes Bild. Anlaß für die ersten proletarischen Schul- und Schülerstreiks war die Stellung der Religion in Unterricht und Erziehung; gefordert wurde die weltliche Schule, d.h. eine Schule ohne Religionsunterricht, und darüber hinaus die strikte Trennung von Staat und Kirche. Streitigkeiten um die Einrichtung weltlicher Schulen veranlaßten in Berlin die meisten Schulstreiks. Besonders die Einrichtung weltlicher Schulen in einigen innerstädtischen Bezirken war in der zweiten Hälfte der zwanziger Jahre von Schulstreiks begleitet, weil hier die Arbeiterklasse nicht so stark war und in den christlichen Elternbünden einen gut organisierten Gegner hatte.

Für die Entwicklung der proletarischen Schulpolitik in der Weimarer Republik spielten neben den Streiks für weltliche Schulen besonders die Schülerstreiks gegen das materielle Elend in vielen Volks- und Berufsschulen und die allgemeinen Sparmaßnahmen im Schulwesen ein zentrale Rolle. Es läßt sich zeigen, daß SPD und KPD gegensätzliche Positionen zu Schul- und Schülerstreiks hatten. Die KPD und ihre Jugendorganisationen wandten von Anfang an den Schulstreik als politisches Kampfmittel an, während die SPD und ihre Jugendorganisationen gegen (fast) alle Schulstreiks Stellung bezogen. Dies soll an zwei Berliner Schulstreiks exemplarisch dargestellt werden.

Ein erfolgreicher Streik der Berliner Fortbildungsschüler im Sommer 1919

Zweimal, dreimal oder gar viermal in der Woche nach schwerer Arbeit noch die Schulbank zu drücken, ohne wirklich etwas zu lernen, Unterricht abends oder am Sonntag, dem einzigen freien Tag in der Woche, körperliche Züchtigung, Nachsitzen, Sonntagsarrest, Beschwerdebriefe an den Lehrmeister – das waren einige der gröbsten Übelstände in den preußischen wie den Berliner Fortbildungsschulen, den Vorläufern unserer heutigen Berufsschulen. Dagegen wehrten sich Berliner Schüler mit ihrem ersten großen Schulstreik und erreichten wesentliche Verbesserungen: die Verlegung des Unterrichts in die Arbeitszeit und seine Anrechnung auf die 48-Stundenwoche, die Einschränkung von Prügel- und Arreststrafen sowie die Anerkennung des Rechts auf Bildung von Schülerräten und Durchführung von Schülerversammlungen nach der Schulzeit. Heute ganz selbstverständliche Regelungen im Berufsschulwesen gehen auf diesen Schülerstreik zurück – Grund genug, etwas genauer zu wissen, was sich damals abgespielt hat.

Die Bewegung gegen die Verhältnisse an den Berliner Fortbildungsschulen ging von den Betrieben und Werkstätten aus. Im Frühjahr 1919 fanden in Berlin durchschnittlich jede Woche 30 bis 40 Betriebsversammlungen statt, auf denen Vertrauensleute gewählt wurden, die sich auch für die Interessen der Jugendlichen einsetzten. Bald gab es auch an vielen Berliner Fortbildungsschulen solche Vertrauensschüler, die einen Schülerrat bildeten.

Ende Juni 1919 war es soweit: nach Vorbereitung durch Mitglieder der Freien Sozialistischen Jugend (FSJ), beschloß eine Versammlung von einigen tausend Schülern in den Räumen der Bötzowbrauerei den Streik. Für rund eine Woche blieben die meisten Berliner Fortbildungsschulen ab 16 Uhr leer, ca. 25.000 Fortbildungsschüler standen im Streik – ein beispielloses Verhalten!

Der Streik und der Kampfgeist der Jugendlichen versetzte so manchen in Schrecken. Die Berliner Schulbehörde wußte sich nur mit einem bewährten Polizeimittel zu helfen: Sie schickte den streikenden Schülern Drohbriefe und Strafmandate bis zu 30 Mark ins Haus (um 1925 verdiente ein Lehrling im vierten Lehrjahr zwischen sieben und zehn Reichsmark in der Woche). Gelegentlich griff die Polizei direkt ein. In einer Schule wurden die Schüler sogar gewaltsam am Verlassen des Gebäudes gehindert.

Aber die Jugendlichen ließen sich nicht beirren. Sie setzten ihre Streikaktionen sogar nach den Sommerferien, im August, noch fort, nachdem die Zugeständnisse des Berliner Magistrats den Schülerräten und Vertretern der FSJ nicht weit genug gingen. Daraufhin wurde in verschiedenen Zeitungen der bürgerlichen Presse die Verhaftung der Initiatoren des Schülerstreiks verlangt.

Die SPD, die ja den Berliner Magistrat stellte, lehnte den Streik der Fortbildungsschüler von Anfang an als politisch falsches Mittel ab: „Die Fortbildungsschule ist eine gemeinnützige Einrichtung, die in erster Linie den Interessen der Jugend dient. Sie hat gewiß ihre Mängel und bedarf noch sehr des inneren Aufbaues; aber dessenungeachtet ist sie doch eine wertvolle Einrichtung und gibt der berufstätigen Jugend Gelegenheit, ihr Wissen zu vervollständigen und sich in ihrem Berufe fortzubilden. Gerade die arbeitende Jugend mit ihrer unzulänglichen Volksschulbildung muß jede Möglichkeit, zu lernen, restlos ausnutzen. ... Was bei einem Streik von längerer Dauer in dieser Beziehung versäumt wird, läßt sich kaum wieder nachholen; ... Außerdem wird dadurch der Gedanke des Lernens selbst diskreditiert und daran hat die arbeitende Jugend am allerwenigsten ein Interesse. Man kann daher eigentlich nur von einem *Lernstreik* reden, der sich allein gegen den Lernenden richtet. . .“[2]

Aber auch von solchen Argumenten ließen sich die streikenden Fortbildungsschüler nicht beeindrucken. Der Magistrat war schließlich gezwungen, weitere Zugeständnisse zu machen; unter anderem wurde die Vorverlegung des Schulschlusses um eine Stunde auf 17 Uhr durchgesetzt. Die Streikenden konnten sogar den Triumpf auskosten, den Magistratsvertreter zur Schlußverhandlung an einen von ihrer Delegation bestimmten Ort zitiert zu haben.

In der Schlußresolution der Streikenden hieß es über die Streikperspektive:
„Unser Schulstreik soll nicht um Reformen in der Schule gehen, sondern um Beseitigung der heutigen Klassenschule. Das wird nur gelingen durch den Sturz der kapitalistischen Gesellschaft, an deren Stelle die neue sozialistische Gesellschaft errichtet werden muß. Unser Schulstreik war ein Mittel, der Jugend diese Erkenntnis beizubringen. Er hat dazu gedient, die großen Massen der Jugend aufzurütteln und für neue Kämpfe reif zu machen. Wir brechen heute den Schulstreik ab mit der Parole: ‚Kampf für unsere Forderungen in der Schule, Wahl von Schülerräten gegen den Willen der Behörden und, wenn die Verhältnisse es fordern, einen neuen Schulstreik! Hinein in die Freie Sozialistische Jugend!‘ “[3]

Viele Fortbildungsschüler folgten diesem Aufruf: Der Berliner Bezirksverband der FSJ wuchs von 2500 Mitgliedern Anfang 1919 auf 6000 im Oktober 1919 an. (In ganz Deutschland stieg die Mitgliederzahl der FSJ um das Neunfache auf 35 000 Mitglieder.)

Zum Abschluß des Streiks sammelte die FSJ die den Schülern zugestellten Strafmandate in mehreren Waschkörben und verbrannte sie öffentlich am 7.9.1919 anläßlich einer Massendemonstration zum Internationalen Jugendtag auf dem Potsdammer Platz.

Die Theorie vom Schulstreik

Die Berliner Schülerstreiks der folgenden Jahre waren weniger erfolgreich. Dennoch gehörten sie in mehr oder weniger spontaner Form auch weiterhin zu den Mitteln, mit denen Arbeiterkinder ihren Widerstand gegen Schule, Unterricht und Lehrer zum Ausdruck brachten.

Auf diesen Streikerfahrungen aufbauend entwickelte sich in der kommunistischen Kinder- und Jugendbewegung eine Theorie vom

Einer der Organisatoren des Streiks, Anton Saefkow, später Mitglied des ZK des KJVD und antifaschistischer Widerstandskämpfer, berichtet von einer Flugblattaktion vor den Toren seiner Schule in der Wassertorstraße:
„Mit einigen hundert neuen Flugblättern bewaffnet, die bereits von den ersten Erfolgen in den verschiedensten Schulen berichteten, ging ich zur Wassertorstrasse. Eine halbe Stunde vor Beginn des Unterrichts war ich am Eingang der Schule und verteilte Flugblätter mit der Aufforderung, nicht in die Schule hineinzugehen . . . Zwei ehemalige Kameraden der Volksschule halfen alsbald kräftig mit. Die Arbeit war nicht schwer, denn alle Schüler warteten nur auf den Anstoß zum Streik, und der war jetzt da . . . Sieben Uhr (19 Uhr – G. Sch.). Nur vier Schüler von den vielen Hunderten übten Streikbruch. ... Wir anderen gingen fünfzig Schritt weiter, scharten uns um eine Sandkiste, und die Streikversammlung war eröffnet . . . Einstimmig war der Streikbeschluß. Einstimmig der Beschluß zur sofortigen Demonstration.

Aus: Saefkow, A.: Schulstreik in Berlin. Zitiert nach: H. König (Hrsg.): Beiträge zur Bildungspolitik und Pädagogik der revolutionären deutschen Arbeiterbewegung in der Zeit der Novemberrevolution und der revolutionären Nachkriegskrise 1918–1923. Teil 2. Berlin 1968. S. 132.

Edwin Hoernle (1883–1952)

Schulabbau 1931
Ausschnitt aus den in Berlin bereits durchgeführten und geplanten Schulsparmaßnahmen:
1. Erhöhung der Klassenbesetzung, besonders der Grundschulklassen.
2. Einziehung von Klassen, die nach Ansicht der Schulverwaltung als schwach besetzt gelten.
3. Herabsetzung der Wochenstundenzahl für die Oberstufe der Volksschule.
4. Fortsetzung der seit 1929 bestehenden Einstellungssperre.
5. Durchführung der Anstellungssperre.
6. Einziehung von Lehrer- und Lehrerinnenstellen.
7. Wegfall des Kurzschrift-Unterrichts in Volksschulen.
8. Fortfall des Esperanto-Unterrichts, der in einigen Schulen eingeführt war.
9. Kürzung von Schreibhilfen und Registraturbeihilfen.
10. Kürzung der Wandergelder für unbemittelte Schüler bei ein- und mehrtägigen Schülerwanderungen.
11. Einschränkung der Freilieferung von Milch und Obst für unbemittelte Kinder.
12. Herabsetzung der Beträge für freie Lernmittel an arme Schüler.

(. . .)

24. Starke Einschränkung der Schülervorstellungen.
25. Verminderung der Mittel für Schüler- und Lehrerbüchereien.
26. Herabsetzung der Wirtschaftsbeihilfen für wirtschaftlich schwache Eltern, deren Kinder weiterführende Schulen besuchen.
27. Zusammenlegung mehrer Mittelschulen.
28. Sperrung der Zuschüsse für den Besuch von Landschulheimen.
29. Keine Einstellung von sogen. „Krankheitsvertretern".
30. Kürzung der Mittel für Reparaturen an Turngeräten.
31. Auflösung von 8 Schulen im Laufe dieses Jahres schon und 25 Schulen zum 1. April 1932.
32. Entlassung von 500 Hilfslehrkräften aus Volks-, Mittel- und Sonderschulen.

Aus: Umfang und Wirkungen des Volksschulabbaus. Hrsg. von Geschäftsführenden Ausschuß des Deutschen Lehrervereins. o.O. 1932. S. 20 f.

Schulstreik, die vor allem von Edwin Hoernle formuliert wurde. „Der Kampf in der Schule", schreibt Hoernle, „ist . . . eine Vorschule unserer jungen Kämpfer für den späteren Kampf in Betrieb und Staat"[4]. In diesem Sinne wurden etwa ab 1929/30 von kommunistischen Jugendorganisationen wieder verstärkt Schulstreiks organisiert. Auch in Berlin nahmen Schulstreiks von Volksschülern wieder zu. Sie richteten sich gegen Sparmaßnahmen im Schulwesen, gegen wachsenden Nationalismus und revanchistischen Geist, wie er z.B. bei der Wahl Hindenburgs zum Reichspräsidenten und zu den Verfassungsfeiern („Verfassungsrummel") jeweils im August – besonders zum zehnjährigen Bestehen der Weimarer Verfassung im August 1929 – entfacht wurde, sowie gegen „Schulfaschismus". Ein Schwerpunkt solcher Streikaktivitäten in Berlin waren die weltlichen Schulen – Schulen ohne Religionsunterricht – und die Lebensgemeinschaftsschulen – Schulen mit einem pädagogischen Reformkonzept –, weil sich an ihnen politisch aktive Arbeiter konzentrierten, die alle Verschlechterungen und politischen Verschärfungen sehr bewußt wahrnahmen und zu bekämpfen wußten.

Die Zeiten werden härter: Neuköllner Schulstreik gegen Sparmaßnahmen 1930

Im April 1930 rauschte es im bürgerlichen Blätterwald: „Kinder-Revolution in Neukölln" (BZ am Mittag), „Der Schulputsch der Kommunisten" (Tempo), „Kommunistenterror gegen Schulkinder" (Kreuz-Zeitung), „Schulkinder an die rote Front! Kommunisten wollen mit Kindern Revolution machen" (Der Abend). Was war geschehen?

An vier Neuköllner Volksschulen waren Eltern und Schüler in den Streik getreten, um gegen geplante Sparmaßnahmen zu protestieren. Es waren die 31. und 32. Volksschule in der Rütlistraße – eine Lebensgemeinschafts-Schule – und die 15. und 16. Volksschule in der Lessingstraße (heute Morusstraße) – eine weltliche Schule –. Diese Doppelschule liegt mitten in dem Gebiet, in dem im Mai 1929 blutige Kämpfe gegen das Demonstrationsverbot des sozialdemokratischen Polizeichefs Zörgiebel stattgefunden hatten – man sprach vom „Moskauer Viertel", den „Karpathen Neuköllns".

Die Schule in der Rütlistraße, kurz Rütlischule genannt – ein Name, den sie auch heute noch trägt –, war eine der bekanntesten Berliner Reformschulen, die besonders durch ihren ersten Rektor, den Reformer Adolf Jensen, weit über die Grenzen Berlins hinaus bekannt geworden war. Über die soziale und politische Zusammensetzung der Elternschaft der Schule vermerkt das Schul-Protokollbuch am 19. Mai 1930 anläßlich einer Diskussion über „Maßnahmen gegen die politische Verhetzung der Jugend":

„Die Eltern unserer Schule gehören zum größten Teil der Arbeiterschaft an, wozu ein kleiner Prozentsatz fortschrittlicher Intellektueller kommt. Sie sind fast durchweg in politischen und gewerkschaftlichen Verbänden organisiert und in ihnen zum großen Teil als Funktionäre tätig. Daraus resultiert eine bewußte politische Haltung, die bei den radikaler eingestellten Eltern durchaus nicht staatsbejahend ist. Diese Feststellungen gründen sich auf unsere Beobachtungen in zahlreichen Elternversammlungen und Elternausschußsitzungen. Dabei ist nicht zu verkennen, daß pädagogische Fragen und Probleme der inneren Ausgestaltung unserer Schule mit lebhaftem Interesse diskutiert werden. Die kritische Haltung kommt vor allem bei der Diskussion schulpolitischer Fragen zum Ausdruck.

Selbstverständlich ist, daß unsere Kinder bei der politisch bewußten Haltung der Eltern viel früher und viel intensiver von politischen Gedankengängen bewegt werden als die Kinder anderer Schulen. Im Unterricht ergibt sich daher von selbst, daß die Einflußnahme der Eltern durch bestimmte Äußerungen in Erscheinung tritt. Doch ist es bisher immer möglich gewesen, diese Dinge zum Ausgangspunkt sachlicher Diskussionen zu machen.

Das Zusammenleben der Klassen und der Unterricht sind durch die vorhandenen politischen Beeinflussungen der Kinder nicht gestört worden."[5]

An der Rütlischule war der Einfluß der Kommunisten besonders stark. Die Initiative für den Streik ging von ihnen aus und richtete sich unter anderem gegen den in Neukölln zuständigen sozialdemokratischen Volksbildungsstadtrat Löwenstein und gegen die von einzelnen Sozialdemokraten mitgetragenen Sparmaßnahmen im Schulwesen. SPD und KPD – das waren auch die Fronten unter Eltern und teilweise unter Schülern: Bei den Elternbeiräten stand die sozialdemokratische Liste „Schulaufbau" gegen die kommunistische Liste „Proletarischer Schulkampf"; bei den Schülern Rote Falken und Kinderfreunde auf der einen Seite, Jungsparkakusbund auf der anderen Seite. In der bürgerlichen Presse wurden diese parteipolitischen Fronten herausgestrichen und der Schulstreik zu einer Parteiangelegenheit „kommunistischer Drahtzieher" erklärt und diffamiert.

Aber die Wirklichkeit sah etwas anders aus: Von den Sparmaßnahmen waren alle Arbeitereltern und alle Schüler betroffen, ganz gleich, welcher politischen Richtung sie verpflichtet waren; eingeschränkt wurden Zuschüsse für Schülerwanderungen, für Schulspeisungen, für Lehr- und Lernmittel, Schulklassen sollten zusammengelegt, Lehrer entlassen werden. Einzelne Maßnahmen der Schulgesundheitspflege sollten gekürzt oder ganz gestrichen werden.

Dieser Schulstreik dauerte vom 2. April bis zum 5. April. Am ersten Tag waren an der Rütlischule rund 75% aller Schüler beteiligt, am letzten Streiktag ging die Zahl auf rund 35% zurück. Vor den Toren der Streikschulen zogen jugendliche Streikposten auf, die die „schulwilligen“ Schüler am Betreten der Schule hinderten. Es kam zu erregten Diskussionen, vereinzelt zu tätlichen Auseinandersetzungen. Bald war die Polizei zur Stelle, verjagte die Streikposten und nahm einzelnen Kindern Plakate und Flugzettel weg – aber der Unterricht fiel dennoch aus. Ähnliche Szenen spielten sich an den folgenden Tagen ab, aber es gelang nicht, weitere Schulen in den Streik einzubeziehen und den Unterricht an den Streikschulen vollständig zu verhindern. Am Freitag, den 4. April 1930 führten rund 200 Arbeiterkinder eine Demonstration durch, bei der auch Transparente mit der Aufschrift „Arbeitereltern unterstützt den Schulstreik in Neukölln“ getragen wurden. Wieder griff die Polizei ein und verhaftete fünf Schüler mit Flugzetteln und einen kommunistischen Landtagsabgeordneten wegen „Aufreizung zum Schülerstreik“. In einer Ansprache am Schluß der Demonstration erklärte der KPD-Stadtverordnete und spätere DDR-Unterrichtsminister Fritz Lange: „Wenn der Magistrat das Geld, welches er für die Polizei verschleudert, für die Arbeiterkinder verwenden würde, wären keine Sparmaßnahmen notwendig und brauchten sie auch heute nicht zu demonstrieren.“[6]

Am Montag, den 7. April 1930 beschloß eine Elternversammlung in Kliems Festsälen einstimmig, den Streik zu beenden, um ihn später bei einer größeren Zahl von Schulen wieder aufzunehmen.

Ein erster Eindruck: Verglichen mit den Streiks der Fortbildungsschüler von 1919 kein glänzender Erfolg, keine Einbeziehung der Mehrheit von Schülern und Eltern, ein isoliertes Neuköllner Ereignis. Hat dieser Streik dennoch etwas gebracht?

Die SPD und KPD über den Neuköllner Schulstreik

Die SPD war der Meinung, daß der Streik schädlich gewesen sei. Stadtschulrat Löwenstein bewertete ihn als eine weitere der von der KPD gesteuerten „kommunistischen Machenschaften an den Sammelschulen“[7].

In der Schülerzeitung „Der Schulkampf“, an der kommunistische und sozialistische Schüler mitwirkten, wurde die Wirkung auf die Öffentlichkeit hervorgehoben und herausgestellt, daß mit dem Streik „bei allen Proletariereltern die Bereitschaft geweckt wurde, im entscheidenden Augenblick in breiterer Front aufzustehen und den Kampf zu führen“[8].

In seiner Stellungnahme zum Schulstreik kann sich Löwenstein nicht aus dem Widerspruch befreien, einerseits mit Rücksicht auf die Basis der SPD verbal gegen Sparmaßnahmen aufzutreten, andererseits aber gezwungen zu sein, schulpolizeiliche Maßnahmen gegen Abwehrkämpfe von Eltern und Schülern einzusetzen. Aus dieser Sicht eines für Ruhe und Ordnung an den Schulen zuständigen Kommunalbeamten begrüßte er, daß der Streik von Tag zu Tag abbröckelte und die „übliche schulpolizeiliche Verwarnung genügte, um viele Eltern zu veranlassen, das Fehlen ihrer Kinder mit allen möglichen Gründen zu entschuldigen“[9].

So wird verständlich, daß sich gerade der „linke“ Löwenstein wegen seines Verhaltens im Schulstreik heftiger Kritik seitens der KPD ausgesetzt sah, wenn auch die Bezeichnung „Schulfaschist“ den sektiererischen Fehler der Sozialfaschismustheorie widerspiegelt, die damals in der KPD verbreitet war.

Polizei vor einer bestreikten Schule

*

Auf die eigenen Kräfte vertrauen und sich mit politischen Mitteln zur Wehr setzen – das war es, was Schüler und Eltern in Neukölln gemacht

Schülerdemonstration in Neukölln 1930

hatten. Sie entwickelten die Mittel direkter schulpolitischer Einflußnahme weiter, die von den Berliner Fortbildungsschülern bereits 1919 angewendet worden waren. Der Neuköllner Schulstreik setzte die offensiven, unmittelbaren Formen der Einwirkung auf die Schule fort, die besonders an den rund 50 Berliner weltlichen und Lebensgemeinschaftsschulen seit 1918 zum Tragen gekommen waren. Schüler und Eltern hatten sich Forderungen und Kampfformen gegen die Verschlechterung der Lernbedingungen ihrer Kinder einfallen lassen und hatten ihre Interessen öffentlich artikuliert; eine Aktion kommunistischer, sozialdemokratischer und parteiloser Schüler und Eltern für ihre gemeinsamen proletarischen Bildungsinteressen war im Ansatz verwirklicht worden. Sie half mit, den falschen Gegensatz von alt und jung, von Schülern und proletarischen Eltern zu überwinden. Nach 1945 ist es noch nicht wieder gelungen, an diesen Erfahrungen anzuknüpfen.

Volker Hoffmann

Anmerkungen

1) 1000 Fragen des preußischen Volksschullehrers im Amt und in der Vorbereitung auf das Amt. Hrsg. Draeger u.a., Köln 1929, S. 120.
2) Arbeiterjugend (1919) Nr. 18, S. 149 („Schule oder Lernstreik?").
3) Schiller, P.: Der Schülerstreik an den Fortbildungs- und Gewerbeschulen im Jahre 1919. In: Deutschlands Junge Garde. 50 Jahre Arbeiterjugendbewegung. Berlin 1955, S. 187.
4) Hoernle, E.: Grundfragen proletarischer Erziehung. Frankfurt/Main 1973 (1. Aufl. 1929), S. 234.
5) Protokollbuch der Rütlischule Berlin-Neukölln. Eintragung am 19.5.1930, S. 4f.
6) Rote Fahne (1930) Nr. 81, 1. Beilage (v.5.4.1930).
7) Vgl. Löwenstein, K.: Die Lehren des Neuköllner Schulstreiks. In: Sozialistische Erziehung (1930) Nr. 5, S. 36.
8) Karl: Im Kampf gegen die Spardiktatur – Die Volksschüler streiken. In: Der Schulkampf (1929) Nr. 4, S. 5.
9) Löwenstein, a.a.O.

Weiterführende Literatur

Von Werder, L.: Sozialistische Erziehung in Deutschland. 1848–1973. Frankfurt/Main 1974.

Voigt, B.: Bildungspolitik und politische Erziehung in den Klassenkämpfen. Frankfurt/Main 1973.

Von Werder, L., Wolff, R. (Hrsg.): Schulkampf. Frankfurt/Main 1970.

Die Karl-Marx-Schule in Berlin-Neukölln — — erste öffentliche Einheitsschule in Deutschland?

Am 21. Februar 1933 – eine Woche bevor das Gebäude des Deutschen Reichstags brannte – verbreiteten sämtliche Sender des deutschen Rundfunks die Nachricht, die Karl-Marx-Schule in Berlin–Neukölln werde „umorganisiert", Oberstudiendirektor Dr. Fritz Karsen, ihr Leiter, sei von seinen „Dienstgeschäften" beurlaubt worden. Als Begründung ließ der NS-Reichskommissar für das Preußische Kultusministerium Rust am nächsten Tag im „Völkischen Beobachter" lapidar mitteilen, daß man diese Maßnahme „in Würdigung der seit langem gegen Geist und Verfassung der Karl-Marx-Schule . . . erhobenen Beschwerden" getroffen habe.

Mit dem wahren Sachverhalt vertraute Beobachter ebenso wie alle politisch schärfer blickenden Staatsbürger dürften eine solche Erklärung als allzu durchschaubaren Vorwand zur Bemäntelung einer gewaltsamen Maßregel des neuen Regimes eingeschätzt haben; sie konnte der Schlag gegen Karsen nicht weiter verwundern.

Fritz Karsen (1875–1951)

I.

Als entschiedener Schulreformer hatte Karsen sich in einem auch international beachteten beispielhaften Versuch als ein Pädagoge ausgewiesen, der die „alte Schule" des 1918 zusammengebrochenen Obrigkeitsstaates entschlossen hinter sich ließ und sie durch eine umfassende, trotz ihrer Vielfalt ganzheitliche Schule ersetzte – eben jene „neue Schule" in Neukölln, die im Jahre 1930 den Namen Karl-Marx-Schule erhielt, ohne daß dies von Karsen und seinem Kollegium zunächst mehrheitlich gewünscht worden wäre. Dabei handelte es sich eigentlich um einen Komplex von Schulen: Er umfaßte das frühere Kaiser-Friedrich-Realgymnasium, dessen Leitung Karsen zunächst im Herbst 1921 übertragen bekommen hatte; sodann die zu Ostern 1922 eröffnete, überwiegend von Kindern proletarischer Herkunft besuchte Aufbauschule als Kernstück des Ganzen, drittens die 1923 eingerichteten Arbeiter-Abiturientenkurse als Institution des in Berlin erstmals beschrittenen Zweiten Bildungsweges; außerdem gehörten dazu die 1924 begonnene Deutsche Oberschule als weiterer Typ einer grundständigen höheren Schule und die 1927 angegliederte Volksschule mit dem Rektor Karl Linke. Abgerundet wurde das Ganze gleichsam noch durch das von Karsen und mehreren Mitgliedern seines Kollegiums gestaltete Versuchsseminar für Studienreferendare; es war 1929/30 aus der von Karsen geleiteten „Arbeitsgemeinschaft für wissenschaftliche Pädagogik" und dem ihm ebenfalls übertragenen Anstaltsseminar hervorgegangen.

In Karsens Schulenkomplex, vornehmlich in der Aufbauschule und in den Arbeiter-Abiturientenkursen, sollten die Lernenden – zu denen seit 1925 auch Schülerinnen gehörten – vor allem anderen „auf das Leben in der Gesellschaft unserer Zeit vorbereitet" werden, und zwar unter Bildungsaspekten der Arbeiterklasse. Dementsprechend wurde ein schuleigener, an der gesellschaftlichen Realität orientierter „offener" Lehrplan entwickelt. Er ging von der Lebenssituation und den Lebenskreisen der Schülerschaft aus, ohne die in den amtlichen Richtlinien verzeichneten Inhalte außer Betracht zu lassen. Didaktisch verwirklicht wurde der

Unterricht in der Karl-Marx Schule in Neukölln. November 1931.

Lehrplan, der immer auch in einen Arbeitsplan der einzelnen Klassen einmündete, vielfach in der Form sogenannter Projekte. Einflüsse der Pädagogik des Amerikaners John Dewey waren hier unverkennbar. Als Unterrichtsmethode herrschte der „Arbeitsunterricht" vor, organisiert in gegliederten Arbeitsgemeinschaften. In der (hier nur angedeuteten) Gestaltung des siert in gegliederten Arbeitsgemeinschaften. In der (hier nur angedeuteten) Gestaltung des Lehrplans und des Unterrichts sah Karsen die (von ihm so genannte) „soziale Arbeitsschule" verkörpert. Sie unterschied sich von den bekannten reformpädagogischen Arbeitsschulrichtungen dadurch, daß sie weniger auf eine effektivere Vermittlung der vorgeschriebenen Unterrichtsstoffe abzielte, sondern vielmehr die Eigenkräfte der Schüler – wie Selbständigkeit, Selbsttätigkeit, Kreativität – um einer kollektiven Produktivität willen zu fördern suchte; der grundsätzlichen Arbeitspflicht sollte dabei jeder, seinen individuellen Neigungen und Fähigkeiten entsprechend, nachkommen.

II.

Neben der Tendenz zur „sozialen Arbeitsschule" wird an Karsens „neuer Schule" in Neukölln als zweites integrierendes Moment die Tendenz zur Einheitsschule deutlich. Karsen war sich über die vielfältige Auslegung dieses schon damals schillernden Begriffs durchaus im klaren, vermied es aber, sich mit Definitionsklaubereien aufzuhalten. Im Zusammenhang mit seiner Schule sprach er von Einheitsschule in dem Sinn, daß in ihr „Volks- und höhere Schule zu einer äußeren und inneren Einheit zusammengefaßt"[1] seien. Auf dem demokratischen Gleichheitsprinzip und dem Gedanken sozialer Gerechtigkeit gründend, sollte diese Einheitsschule als „soziale Lebensschule" ihren Schülern und Schülerinnen die gleichen Lernmöglichkeiten geben und sie „auf das Leben in der Gesellschaft unserer Zeit"[2] vorbereiten.

Bevor wir zu klären vermögen, ob und in welchem Umfang Karsens Schulenkomplex in Neukölln hiernach tatsächlich eine Einheitsschule und noch dazu die erste öffentliche in Deutschland war, bedarf es weiterer Bestimmungskriterien; darum soll im folgenden versucht werden, Karsens Grundverständnis von Einheitsschule und seinen Anspruch an sie herauszuarbeiten.

Karsens prinzipielle Auffassung von „Einheitsschule" resultierte aus den Diskussionen, die er 1919/20 zusammen mit Paul Oestreich, Franz Hilker, Siegfried Kawerau und anderen Oberlehrern im „Bund entschiedener Schulreformer" geführt hatte, dem es darum ging, Formen und Wege einer radikalen Neugestaltung des Schulwesens in republikanisch-demokratischem Zuschnitt zu finden.

Als Karsen als Berichterstatter des Bundes auf der Reichsschulkonferenz im Juni 1920 dessen Leitsätze zum Beratungsgegenstand „Einheitsschule" vortrug, forderte er diese ganz allgemein als eine einheitliche Organisation des gesamten Bildungswesens vom Kindergarten bis zur Hochschule. Dieses ganzheitlich organisierte Bildungswesen sollte allen Menschen ohne Trennung nach Vermögen, Stand, Konfession und Geschlecht offenstehen und eine höchstmögliche Individualisierung zur volleren Ausgestaltung der Gemeinschaft anstreben. Die herkömmlichen Schultypen wurden darin durch eine elastische, fünf Schuljahre umfassende Mittelstufe ersetzt – mit einem „Grundunterricht", der von den „normalen Schülern" an fünf, von den „intellektuell Begabten" an drei Wochentagen absolviert werden sollte, und einem Zusatzunterricht in freien Arbeitsgemeinschaften in wissenschaftlichen Fächern, die alters- und klassenunabhängig besucht werden konnten, aber insbesondere für die schneller Lernenden gedacht waren, die ja über zwei zusätzliche Arbeittage verfügten[3].

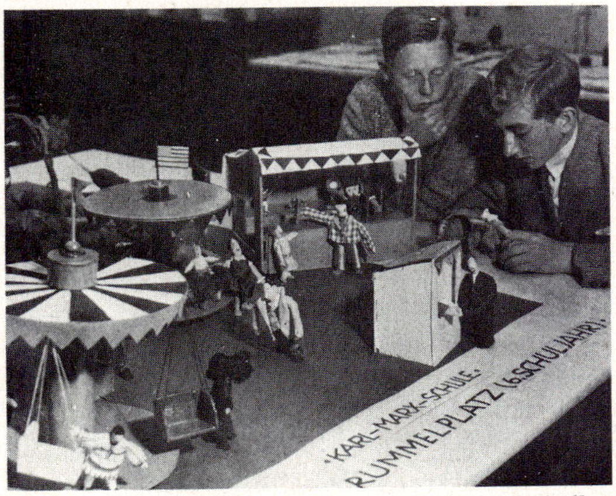

Unterricht in der Karl-Marx Schule in Neukölln. November 1931.

Es war höchst bedeutsam, daß diese erste, arbeitsmethodisch noch als „Erlebnisschule" (Karsen) und „Lebensschule" (Oestreich) begriffene Einheitsschulkonzeption des Bundes

Paul Oestreich beim Verlassen des Verwaltungsgerichts in Berlin (West) 1977

schon 1921 in einem entscheidenden Punkte revidiert worden war: Paul Oestreichs programmatisch vorgetragene „elastische Einheitsschule“ sah zwar weiterhin einen „Minimal- und wahlfreien Unterricht“, d.h. Kern- und Kursunterricht vor, verzichtete indes kategorisch auf die „Bevorzugung des Intellektualismus, die Schichtung nach einseitiger Begabung, den Glauben an ‚Führer‘züchtung und intellektualistische Graduierung“[4] im Wege der früher vorgesehenen äußeren Differenzierung, die noch Zugeständnisse an das herkömmliche Leistungsdenken der akademisch gebildeten Oberlehrerschaft enthalten hatte. Mit dieser eindeutigen Rücknahme der vordergründigen, auf intellektuelle „Bildung“ gerichteten Leistungsdifferenzierung verwarfen die Reformer um Oestreich nun aber nicht nur die Konzeption eines lediglich „in einheitlichem Geiste“ gestalteten, aber sonst „möglichst reich“ gegliederten, d.h. in verschiedene Schultypen getrennten Bildungssystems, wie sie auf der Reichsschulkonferenz in den Leitsätzen des Vertreters der „Gymnasialpartei“ Professor Dr. Binder[5] entworfen worden war; sie distanzierten sich damit zugleich noch einmal von dem Entwurf der „Deutschen Einheitsschule“ des Volksschullehrerführers Johannes Tews, dessen (teilweise ebenfalls nach Stufen) organisiertes Bildungssystem der Devise „Freie Bahn jedem Tüchtigen“ folgte[6] und einem eher liberalistischen Aufstiegsgedanken entsprach. Die Einheitsschule der entschiedenen Schulreformer dagegen wollte einer „Massen- und Gesamtvolkserziehung“ dienen – in ihr sollte die Leistungs- und Wirkungsfähigkeit der Individuen in ihren verschiedenen Begabungsrichtungen und -höhen in „soziale Aktualität und Aktivität“ übersetzt werden.

III.

Während Paul Oestreich meinte, eine derartige radikale Schulreform bedürfe einer jahrelangen agitatorischen Aufbereitung, war Karsens Denken und Handeln ganz auf Realisierung gerichtet (was Oestreichs persönliche Vorbehalte gegenüber Karsen verstärkte und eine lebenslange Trennung dieser beiden exponierten Pädagogen bewirkte). Obwohl 1921 nominell nicht mehr Mitglied des Bundes, machte Karsen sich dessen Wendung zur „ehrlichen“ Einheitsschule durchaus zu eigen und suchte diese auf der Basis der sozialistischen Mehrheit Neuköllns mit Hilfe des dortigen Volksbildungsdezernenten Kurt Löwenstein zu realisieren – allerdings ohne die gesamte berufspädagogische Seite. Als erstes suchte er die mit dem Reichsgrundschulgesetz vom April 1920 bewirkte „kleine“ Lösung der Einheitsschulfrage zu erweitern, indem er ab 1922 Neuköllner Volksschülern noch (oder erst?) nach dem siebenten Schuljahr eine weiterführende Schulbildung über den Besuch der in Preußen gerade institutionalisierten Aufbauschule ermöglichte; dadurch wollte er den überwiegend zur Unterschicht gehörenden Kindern wie deren Eltern den üblichen Wechsel auf die ihnen fremde höhere Schule herkömmlicher Art ersparen. Die damals eröffneten beiden Aufbauklassen konnte Karsen 1928 zum Anerkennungsabitur führen. Ein Jahr zuvor hatte er die hiermit erreichte (noch starre) Vorform der Einheitsschule dadurch zu stabilisieren gesucht, daß er eine eigene Volksschule in seinen Schulkomplex hineinnahm und die an der Aufbauschule erprobten didaktischen und schulpädagogischen Verfahren auch hier anzuwenden versuchte. Als Ergebnis dieser ersten Phase in der Entwicklung einer einheitlichen Schule konnte er Ende 1928 den „Plan einer Gesamtschule“ am Dammweg in Neukölln vorlegen, der zugleich Gesichtspunkte einer „Rationalisierung“ der Schule berücksichtigte[7]. Dieses auf jahrelangen konkreten Erfahrungen beruhende, in Zusammenarbeit mit dem Architekten Bruno Taut entstandene und von den Bezirksbehörden genehmigte Projekt entsprach in weitem Maße dem Grundmodell der erwähnten „elastischen Einheitsschule“ (ohne daß Karsen diesen Terminus Paul Oestreichs benutzt hätte): Auf die vierjährige Grundschule folgte eine differenzierte, in sich durchlässig („elastische“) Mittelstufe mit den fünften bis neunten Klassen, in denen die Schüler und Schülerinnen neben dem gleichen deutschkundlichen Kernunterricht entweder einen „werklich-praktisch“ oder einen „theoretisch-sprachlich“ betonten Kursunterricht erhielten; dabei sollte der Englischunterricht für den zuerst genannten Zweig wahlfrei bleiben. Nach einem weiteren (10.) Schuljahr, dem ersten der Oberstufe mit den Klassen 10 bis 13, war für Schüler beider Zweige der Abschluß mit der mittleren Reife möglich. Erst diese Oberstufe ohne die „werklich-praktisch“ orientierte Schülerschaft, die normalerweise nach der 9., zum Teil nach der 10. Klasse ins Berufsleben beziehungsweise in weiterführende Berufsschulen eingetreten war, faßte Karsen als „theoretische Schule“ auf. Sie sollte nun aber nicht mehr den „Abschluß einer fiktiven Allgemeinbildung“ vermitteln, sondern eine Art „Erprobungs-Vorschule der akademischen Berufe“ darstellen, indem sie sich in einen sozialwissenschaftlichen, sprachlichen, mathematisch-naturwissenschaftlichen und einen Kurs für die „künstlerisch begabten Schüler“ gliederte. Im Zuge der Realisierung wurde nach 1931 der mathematisch-naturwissenschaftliche Kurs in einen „mathematisch-physikalischen“ und einen „chemisch-biologischen“ Kurs gegliedert.

IV.

Obwohl das ebenso gründlich wie weitzügig angelegte Projekt durchaus realistischen Charakter trug, konnte es indessen nicht verwirklicht werden: es fiel den unausweichlichen Sparmaßnahmen des Berliner Magistrats zum Opfer und gelangte über den Bau eines von Otto Koppel-

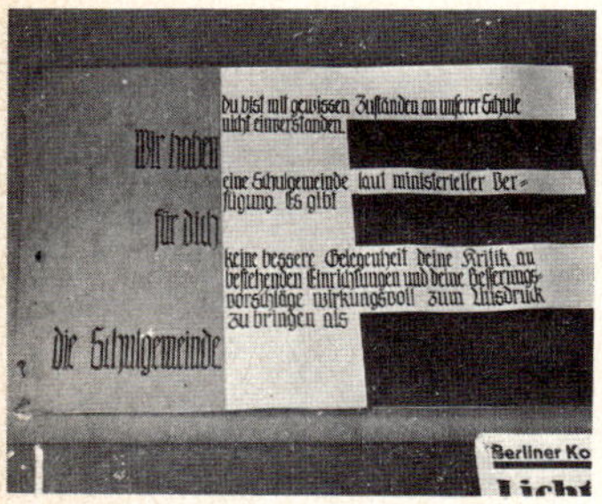

Aus der Karl-Marx Schule in Neukölln. November 1931.

Fritz Karsen:
„Unsere Schule
Seit Ostern 1925 erhielt sie die Genehmigung, auch solche Mädchen aufzunehmen, die schon vorher mit Jungen zusammen erzogen wurden, und zwar anfangend mit der untersten Klasse. Die Schüler(innen) stammten fast ausschliesslich aus Arbeiterkreisen ...
Der Sinn unserer Arbeit ist zu zeigen, daß auch die höhere Schule als Gemeinschaftsschule durchgeführt werden kann ...
Unsere Schule ist die Stätte einer sachlich kooperativen Arbeit, die, soweit wir nicht staatlichen Bestimmungen unterstehen, auf die Selbstverantwortung der Schüler, Eltern und Lehrer gestellt ist. Das heißt, jede individuelle Arbeit ist sachlich exakt durchzuführen, muß allen wissenschaftlichen Anforderungen genügen, soweit sie von der jeweiligen Altersstufe verlangt werden können. Sie bekommt aber ihren inneren Sinn erst aus der Einordnung in die Gesamtarbeit der Gruppe, der Klasse, der Schule. Über die Arbeit, die jeder leistet, muß daher jeder, da keine Zensuren ihm die Verantwortung abnehmen, muß auch die Klasse sorgfältig Bericht vor der Schule erstatten.“

Aus: Aufbau. Zeitung der Aufbauschule am K.E.R. Neukölln, (Auszüge). Berlin 1927. S. 2.

mann eingerichteten Probeklassenraums für den Erdkundeunterricht nicht hinaus. Somit waren Karsen und seine Kollegen bereits bei ihrem zweiten Ansatz zur Realisierung der Einheitsschule zu einem Versuch im Rahmen der gegebenen Verhältnisse gezwungen. Hatte man früher schon damit begonnen, die leitenden Prinzipien der „sozialen Arbeitsschule" auch auf den Unterricht und das Schulleben der angegliederten Volksschule zu übertragen, so gingen Volksschullehrer und Studienräte des Karsenschen Schulenkomplexes im Schuljahr 1930/31 unmittelbar zum organisierten Aufbau und zum didaktischen Ausbau einer Mittelstufe über, deren Schüler und Schülerinnen nicht mehr nach Schularten und Schultypen getrennt waren: die vordem einerseits in das fünfte Schuljahr, andererseits als Sexten des Realgymnasiums und der Deutschen Oberschule aufgenommenen Klassen wurden nunmehr zur fünften Jahrgangsstufe zusammengelegt, aber, wie Karsen selbst sagte, in qualitativ differenzierten Zweigen unterrichtet: der erste war mehr praktisch ausgerichtet ohne verbindliche Fremdsprache, während der theoretischere Zweig Englisch als Fremdsprache enthielt. Die Möglichkeit eines Übergangs bestand jederzeit, insbesondere nach dem siebenten Schuljahr – dem Zeitpunkt, an dem Volksschüler sich früher ohnehin für die Aufbauschule zu qualifizieren hatten (die als solche jetzt natürlich entfiel). In beiden Zweigen arbeiteten Volksschullehrer wie Studienräte. Es kann jedoch kein Zweifel sein, daß in den begleitenden Fachkonferenzen für die Kollegen derselben Fachrichtungen beziehungsweise Neigungsfächer in der Regel die Studienräte impulsgebend und federführend waren – allerdings nicht mit dem Ziel, die Volksschule an die höhere Schule und ihren Lehrplan anzunähern. Für das achte Schuljahr, das in dieser Form 1933/34 begonnen hätte, plante Karsen eine bemerkenswerte zusätzliche Differenzierung: für diejenigen, die bereits anschließend in den Beruf gehen wollten, sollte ein Abschlußjahr eingerichtet werden; die im praktisch gerichteten Zweig verbleibenden sollten – entsprechend ihrer Neigung und Befähigung – wählen können zwischen einem Kurs, dessen Inhalte sich eher am Handel ausrichteten und einem zweiten, der sich inhaltlich mehr am Gewerbe orientierte. Wegen des gewaltsamen Abbruchs 1933 konnte der organisierte Ausbau der elastisch-differenzierten Mittelstufe jedoch nicht mehr in diese Phase gelangen – ein Schicksal, dem die 1931/32 begonnene Oberstufenreform nach erst zweijähriger Versuchsarbeit zum Opfer fiel.

Ist das Fragezeichen hinter unserem Thema schon wegen des nachweislichen, wenn auch zwangsläufigen Fehlens eines definitiven Abschlusses des Karsenschen Einheitsschulversuchs nötig, so kommt noch hinzu, daß der Lübecker Stadtschulrat Sebald Schwarz, entschiedener Schulreformer wie Karsen, 1929/30 gleichfalls begonnen hatte, das Schulwesen der Hansestadt als „bewegliche Einheitsschule" zu gestalten. Freilich war Schwarz' Ansatz zunächst besonders auf eine Neuordnung des Volks- und Mittelschulwesens gerichtet und die höhere Schule nur bedingt einbezogen, aber die Motive seines Reformvorhabens trugen unverkennbare Züge der elastischen Einheitsschule Paul Oestreichs[8]. So bleibt Karsen wie Schwarz das Verdienst, deren Realisierung als erste in Gang gebracht zu haben.

Damit aber leisteten beide Pädagogen einen sehr pragmatischen Beitrag zur damaligen Diskussion um ein Schul- und Bildungsprogramm: er war einerseits geeignet, der durch die vorangegangene Bildungsexpansion bedingten Tendenz zur Auspowerung der Volksschuloberstufe zu begegnen, andererseits bot er die Möglichkeit, die infolge der Wirtschaftskrise anwachsende Jugendarbeitslosigkeit über die Schule aufzufangen. Karsen wie Schwarz standen damals auf der Seit derer, die nicht den Ausbau der Volksschuloberstufe, sondern, wie wir heute sagen würden, eine integrierte Sekundarstufe I als geeignetere Lösung des Problems ansahen.

Was aber die erste öffentliche Einheitsschule in Deutschland betrifft, so ist sie erst nach dem Zweiten Weltkrieg Realität geworden: 1946 in der damaligen sowjetisch besetzten Zone und 1948 durch das „Gesetz für Schulreform" in Berlin, das jedoch nach knapp dreijähriger Erprobung „novelliert" wurde und, soweit wir sehen, allein in der Fritz-Karsen-Schule im West-Berliner Bezirk Neukölln realisiert worden ist.

Gerd Radde

Anmerkungen

1) Karsen, F.: Der Neuköllner Versuch. Aufbau (1930), H.7, S. 215.
2) Karsen, F.: Eine Einheitsschule. Allgemeine Deutsche Lehrerzeitung (1928) Nr.5, S. 107.
Im selben Sinn verwendet Karsen auch die Bezeichnung „einheitliche Schule" und „Gesamtschule".
3) Vgl. hierzu: Die Reichsschulkonferenz 1920. Ihre Vorgeschichte und ihre Vorbereitung und ihre Verhandlungen. Leipzig 1921.
4) Oestreich, P.: Die elastische Einheitsschule: Lebens- und Produktionsschule. Vorträge, gehalten in der Pädagogischen Osterwoche 1921 des Zentralinstituts für Erziehung und Unterricht. Berlin 1921. S. 27.
5) Die Reichsschulkonferenz 1920, a.a.O., S. 81 ff.
6) Vgl. Tews, J.: Die deutsche Einheitsschule. Freie Bahn jedem Tüchtigen. Leipzig 1916.
7) Vgl. hierzu: Karsen, F.: Der Plan einer Gesamtschule in Berlin-Neukölln. Von der Aufbauschule zur Gesamtschule. Pädagogische Beilage zur Leipziger Lehrerzeitung (1928) H.35. Außerdem Karsen, F.: Die Rationalisierung der Schule. Aufbau (1928) H.1, S. 16.
8) Vgl. hierzu: Schwarz, S.: Die bewegliche Einheitsschule Lübecks. Die Volksschule (1930) H.22, S. 991. Außerdem Schwarz, S.: Der Aufbau der Volksschule in Lübeck. Aufbau (1930) H.7, S. 208.

Weiterführende Literatur

Klewitz, M.: Berliner Einheitsschule 1945–1951. Berlin 1971.
Leschinsky, A.: Sekundarstufe I oder Volksschuloberstufe? – Zur Diskussion um den Mittelbau des Schulwesens am Ende der Weimarer Zeit. Neue Sammlung (1978) H.5, S. 404–430.
Radde, G.: Fritz Karsen. Ein Berliner Schulreformer der Weimarer Zeit. Berlin 1973.
Sienknecht, H.: Der Einheitsschulgedanke. Geschichtliche Entwicklung und gegenwärtige Problematik. Weinheim/Berlin 1968.

Kämpfer der Zukunft — Bauvolk der kommenden Welt
Proletarische Erziehungsbewegungen in der Weimarer Republik

„Unsere Kinder werden entweder Opfer im Kampf um die werdende Gesellschaft oder sie werden Träger dieser Gesellschaft sein. Wahrscheinlich werden sie beides sein, wie auch wir beides sind. Aber von ihrer Erziehung hängt es ab, wie weit sie Opfer, wie weit sie Träger dieser geschichtlichen Entwicklung werden. Darum sagen wir: die Kinder des Proletariats gehören schon heute nicht mehr nur der Familie, sie gehören der gesamten Klasse, und die Arbeiterklasse hat dafür zu sorgen, daß die Bourgeoisie uns unsere Kinder nicht raubt. Die Bourgeoisie raubt uns unsere Kinder. Jedes hungernde, frierende Kind, das von der Tuberkulose heimgesucht wird, jedes ausgebeutete Kind ist ein Raub der Bourgeoisie an der Arbeiterklasse. Jedes Kind, das im Geiste der bürgerlichen Weltanschauung heranwächst, jedes Kind, das ideologisch festgehalten wird in den Werturteilen der Bourgeoisie, jedes Kind, dessen Sehnen und Hoffen sich in die Ergebenheit an die Mächte der Vergangenheit verliert, ist ein Verlust im Klassenkampf. Darum muß die Arbeiterklasse aktiv werden in der Wahrnehmung ihrer heiligsten Interessen. Darum muß die Arbeiterklasse bestimmenden Einfluß gewinnen auf das Wachstum ihrer Kinder."[1]

Es war kein Kommunist, sondern der Sozialdemokrat Dr. Kurt Löwenstein, der 1924 so die Notwendigkeit einer proletarischen Kinder- und Erziehungsorganisation begründete. Er stand auch mit seiner Ansicht nicht allein. Die Einsicht, daß es keine unpolitische, „neutrale" Erziehung gibt, daß in der Klassengesellschaft alle Erziehung so oder so Klassenerziehung ist, daß die Arbeiterkinder in der bürgerlichen Gesellschaft in jeder Hinsicht die „Dummen" sind; daß sie in ihr und von ihr nicht nur in ihrer körperlichen und geistigen Entwicklung gehemmt, sondern durch die bürgerliche Erziehungsöffentlichkeit (Kindergärten, Horte, Schulen, Kirchen und Vereine) gegen die Interessen ihrer Klasse und die politischen und sozialen Wertvorstellungen und Anschauungen ihrer Eltern im Sinne der bürgerlich-kapitalistischen Ideologie indoktriniert wurden, war die gemeinsame Überzeugung sehr vieler sozialdemokratischer, der kommunistischen und der anarchistischen Pädagogen der Weimarer Zeit. Auch die praktische Alltagserfahrung der Arbeiter bestätigte dies.

Kurt Löwenstein (1885–1939)

I.

Es waren zunächst nicht die Parteizentralen oder örtlichen Gliederungen, sondern einzelne oder kleine Gruppen von sozialistischen Lehrern, Gruppen der Arbeiterjugendorganisationen, Mitglieder der Kulturorganisationen und Arbeitereltern oder die „Arbeiterwohlfahrt", die Kindergruppen aufbauten. Einige dieser ersten Gründungen nach dem Kriege waren reine unpolitische Betreuungsorganisationen, andere zielten von Anfang an auf eine betont sozialistische Erziehung der Kinder ab. An einigen Orten – wie z.B. in Hamburg und Berlin – arbeiteten zunächst Mehrheitssozialdemokraten, „Unabhängige" und Kommunisten zusammen, an anderen Orten entstanden parallele Gruppen, Arbeitsgemeinschaften und Vereine, an denen sich Mitglieder der MSPD und der USPD beteiligten. Versuche, eine einheitliche Erziehungsorganisation der Arbeiterklasse aufzubauen, scheiterten bereits im Dezember 1920, als die KPD mit dem Aufbau einer zentral organisierten eigenen Kinderorganisation unter der Leitung von Edwin Hoernle begann und ihre Mitglieder aus den übrigen gemeinsamen Unternehmungen zurückzog.

Einer von denen, die am entschiedensten für eine einheitliche proletarische Kinderorganisation eingetreten waren, war der USPD-Reichstagsabgeordnete und Neuköllner Stadtrat für Volksbildung, Dr. Kurt Löwenstein. Er sammelte einen kleinen Kreis revolutionärer Sozialisten um sich, um mit ihnen über theoretische und praktische Möglichkeiten einer sozialistischen Kindererziehung zu beraten. Nach der Gründung der KPD und der organisatorischen Trennung ihrer Mitglieder von der USPD in den ersten Monaten des Jahres 1919, bemühte sich Löwenstein, auch die neue Partei in den entstehenden Arbeitszusammenhang hineinzuziehen – allerdings ohne Erfolg: als im Winter 1920/21 die „Arbeitsgemeinschaft proletarischer Kinderfreunde Groß-Berlin" (entscheidender Faktor bei der Entstehung der sozialdemokratischen „Kinderfreundebewegung") gegründet wurde, beteiligten sich daran nur die Arbeiterwohlfahrt, die Bildungsausschüsse von SPD und USPD und die Freien Gewerkschaften.

Dem in Deutschland politisch unbedeutenden anarchistischen und anarchosyndikalistischen Zweig der Arbeiterbewegung gelang es nicht, eine lebensfähige Kinderorganisation zu schaffen[2]. So entwickelten sich im Spannungsfeld von Revolution und Konterrevolution und der sich daraus ergebenden Lage der Arbeiterklasse und der Arbeiterparteien in Deutschland zwei unterschiedliche proletarische Kinderorganisationen mit jeweils unterschiedlichen theoretischen Konzeptionen proletarischer Klassenerziehung unter kapitalistischen Produktionsbedingungen: die kommunistischen Kindergruppen unter der Leitung von Edwin Hoernle und die sozialdemokratische Kinderfreundebewegung unter Kurt Löwensteins Vorsitz.

II.

Für die kommunistischen Kindergruppen (KKG) war es vor allem Edwin Hoernle, der – auf der

Grundlage des Marxismus-Leninismus und in Übereinstimmung mit den Richtlinien der Kommunistischen Jugendinternationale und der KPD für den Aufbau der kommunistischen Jugendorganisationen – die theoretische Konzeption für die kommunistische Kindergruppenarbeit in Deutschland entwickelte. Ihr tragender Grundsatz lautete: Erziehung zum Klassenkampf durch Klassenkampf!

Ziel dieser Erziehungsarbeit in der Kindergruppe war:

- die Befähigung zur schöpferischen Initiative, d.h. zur Selbsthilfe und Aktivität des Kindes „im Gegensatz zur entnervenden Wirkung der Armut und Lohnsklaverei, zum mechanischen Drill und dem passiven Intellektualismus der bürgerlichen Lernschule“[3]. Angestrebt wurde die aktive Kinderbewegung, nicht Kinderpflege!
- die Befähigung zur kollektiven Arbeit (polytechnische Erziehung), nicht nur durch handwerkliche Betätigung, sondern auch in der geistigen Arbeit durch Selbstverwaltung der Kindergruppe und Bildung von Arbeitsgemeinschaften;
- die Befähigung zum proletarischen Klassenkampf durch aktive „Teilnahme an Organisation, Agitation und Aktion des revolutionären Proletariats im Rahmen der kindlichen Fähigkeiten, angewandte proletarische Klassenethik im Gegensatz zum bürgerlichen Moral- und Religionsunterricht, das heißt Eingliederung in die Klassenfront der Erwachsenen“[4].

Im selben Maße, in dem das Proletariat sich aus einer kämpfenden in eine aufbauende Klasse verwandelte, sollte an die Stelle der „Kampfarbeit“ die produktive Arbeit in Werkstätten und Verwaltungen treten. Verbunden damit war außerdem noch das Bestreben, den Kindern ein materialistisches Natur- und Gesellschaftsbild zu vermitteln. Die Kindergruppe wurde als „Energiezentrale“ verstanden, aus der alle Aktivitäten der Kinder gespeist werden sollten. Das Hauptkampffeld der Kinder aber war ihr Arbeitsplatz, die Schule: Schulkampf hieß die Parole.

In der Praxis stieß die kommunistische Kindergruppenarbeit auf große Schwierigkeiten. Die Kampfmethoden der Partei und ihrer Nebenorganisationen führten mehrfach zu Verboten, durch die vor allem die Stetigkeit der Kindergruppenarbeit verhindert wurde. Entsprechend den Entwicklungsphasen der Weimarer Republik und den inneren Auseinandersetzungen in der KPD durchlief auch die kommunistische Kinderorganisation drei Phasen. Nach ihrer Gründung hatte sie zunächst große Erfolge zu verzeichnen. So verließen von rund 10.000 erfaßten Kindern und Helfern 1920 fast die Hälfte den Hamburger „Ausschuß zur Förderung der Jugendspiele“, um sich den kommunistischen „Arbeiterkinder-Gruppen“ anzuschließen. Etwa die Hälfte davon kehrte jedoch im Verlaufe eines Jahres wieder zur alten Organisation und damit zur entstehenden Kinderfreundebewegung zurück.

Immerhin konnten die KKG zumindest zeitweilig in rund 500 Gruppen ca. 25.000 bis 30.000 Kinder organisieren. Nach Aufhebung des Seeckt'schen Verbotes im Novmeber 1923 wurden die relativ lockeren KKG zum „Jung-Spartakusbund“ umorganisiert, als dessen Grundeinheiten Schulzellen zur Führung des Schulkampfes gegründet wurden. Die Zahl der Schulzellen ging jedoch von Januar 1926 bis zum Juni 1928 von 144 auf 58 und die Zahl der Mitglieder von 8.246 auf 7.039 zurück. Der Zerfall des Verbandes machte schließlich die erneute Umorganisation zum „Verband Roter Pioniere“ im Jahre 1930 notwendig, der beanspruchte, eine „überparteiliche“ Organisation der Arbeiterkinder zu sein. Ihm gelang es, durch die Organisation von „Arbeiterkinder-Clubs“ und ähnlichen Einrichtungen, zusammen mit den Pionier-Abteilungen der kommunistischen Nebenorganisationen (Sport, Rote Hilfe, Proletarische Freidenker usw.) bis zum endgültigen Verbot 1933 mehr als 50.000 Arbeiterkinder zu erfassen.

Die kommunistische Erziehungsarbeit wurde aber nicht nur durch zahlreiche Verbote im Reich oder in einzelnen Ländern, durch Verhaftung und Verfolgung ihrer Funktionäre, durch Verweigerung von Räumen und materieller Unterstützung extrem behindert. Das allein erklärt nicht die hohe Fluktuation in den einzelnen Gruppen. Die Organisation war in ihrer Praxis zum großen Teil weit davon entfernt, „aktive Kinderbewegung“ zu sein und die „schöpferische Initiative der Kinder“ zu entfalten. Vielmehr zeigte sich, daß die kommunistischen Pädagogen nicht in der Lage waren, eine dem hohen theoretischen Anspruch entsprechende Methode zu entwickeln. Die Helfer waren daher oft überfordert und die Kinder gelangweilt. Wenn die Gruppenstunden nicht zur unpolitischen Spiel- und Unterhaltungsveranstaltung verkam, erstarrte sie oft zu allzu lehrhaften, abstrakten Unterweisungen oder entartete zur Karikatur einer Parteiversammlung[5]. Wirklich gute Gruppen scheinen nicht allzu häufig gewesen zu sein. Man muß wohl auch davon ausgehen, daß die individuellen Folgen des Schulkampfs die Leidensfähigkeit vieler Proletarierkinder erheblich strapazierten und dies zum Zerfall der Schulzellen-Organisation beitrug.

Schon die Existenz von Kindergemeinschaften wirkt beeinflussend auf ihre Mitglieder, und Beispiel und Liebe sind, wie schon Pestalozzi erkannte, ihre wichtigsten Instrumente. So hat auch die Hingabe vieler namenloser Funktionäre, die Solidarität, die sie vorlebten und das „Heimat“-Gefühl, das sie vermittelten, den politischen Charakter zumindest zahlreicher Jung-Spartakisten und Jungpioniere geprägt, die über mehrere Jahre hinweg dem Verband angehörten. Die meisten

Edwin Hoernle zur Erziehung der proletarischen Kinder:
„Wenn das Proletariat seinen Nachwuchs erzieht, so muß dieser Nachwuchs vor allem ein Nachwuchs von revolutionären Kämpfern und Baumeistern des Sozialismus sein. Der Klassenkampf ist der entscheidende Lebensinhalt nicht nur für das Proletariat als Klasse, sondern auch für jeden einzelnen seiner Klassenzugehörigkeit bewußten Proletarier . . . Die politische Klassenerziehung des Proletariats ist also nicht nur historisch-theoretische Aufklärung, nicht ‚Bücherwissen‘, sondern darüber hinaus und in engster Wechselwirkung damit: Beteiligung des Kindes an den wirtschaftlichen, politischen und kulturellen Tagesaufgaben seiner Klasse bzw. der revolutionären Vorhut dieser Klasse, der Kommunistischen Partei.“

Hoernle, E.: Grundfragen proletarischer Erziehung. Frankfurt/Main 1970. S. 130.

von ihnen hielten den Anfechtungen des Faschismus stand, viele bewährten sich im Widerstand und sind noch heute vielfach politisch aktiv, wenn auch nicht immer bei der DKP.

III.

Führung und Zentralbildungsausschuß der Mehrheits-Sozialdemokraten zeigten wenig Interesse an einer eigenen Erziehungsorganisation und betrachteten die Bestrebungen ihrer Basis, sozialistische Kindergemeinschaften zu schaffen, eher mit Mißtrauen. Die „Reformisten" und „Revisionisten" in der Partei lehnten eine politische Erziehung der Kinder strikt ab und wollten allenfalls kinderpflegerische und sozialpädagogische Betreuungsmaßnahmen gelten lassen, wie sie u.a. die Arbeiterwohlfahrt an vielen Orten betrieb. Durch den Zusammenschluß von (Rest-)USPD und SPD im Jahre 1922 wurde der Einfluß der Linken, und insbesondere der „pädagogischen Linken" entscheidend gestärkt. Löwenstein, der trotz einiger Bedenken der Vereinigung zugestimmt hatte, setzte sich nun mit Nachdruck für die organisatorische Zusammenfassung der sozialistischen Erziehungsbestrebungen ein. Auf sein Betreiben gründeten im November 1923 der Reichsausschuß für sozialistische Bildungsarbeit der SPD, die Arbeiterwohlfahrt, die Arbeitsgemeinschaft sozialdemokratischer Lehrer, die Sozialistische Arbeiterjugend und der ADGB die „Reichsarbeitsgemeinschaft der Kinderfreunde Deutschlands", deren Zweck es sein sollte, „Trägerin aller erzieherischen sozialistischen Arbeit an den Kindern zu werden und damit der bestehenden Zersplitterung auf diesem Gebiet ein Ende zu machen"[6]. Auf der 1. Reichskonferenz der RAG wählten die Delegierten von 100 Ortsgruppen, die sich der neuen Bewegung inzwischen angeschlossen hatten, Kurt Löwenstein zum Vorsitzenden.

Titelblatt einer Broschüre aus dem Jahr 1930, hrsg. von der Reichsarbeitsgemeinschaft der Kinderfreunde Deutschlands, Berlin

Kurt Löwenstein über die Weimarer Republik:
„Der Staat von heute ist ein Klassenstaat . . ., weil der Klassencharakter sich in den wirtschaftlichen und sozialen Mächten dokumentiert und die politischen Mächte sich nur solange halten können, als sie in den wirtschaftlichen und sozialen Mächten einen Rückhalt finden."

Löwenstein, K.: Sozialismus und Erziehung. Berlin / Bonn / Wien 1976. S. 120.

Auch die Kinderfreundebewegung durchlief drei Phasen. Aber im Gegensatz zu den kommunistischen Organisationen entwickelte sich die Kinderfreundebewegung dabei stetig, teilweise sogar stürmisch. Nach der Phase des unkoordinierten Anfangs begann die Phase der organisatorischen und theoretisch-methodischen Vereinheitlichung, die bis etwa 1928 dauerte und überlagert wurde von der Phase der „Falkenbewegung" und der Kinderrepubliken, die um 1926 begann. Innerhalb der wenigen Jahre bis 1933 wurde sie zur größten Kinderbewegung der Republik, mit Ausnahme der Sowjetunion wahrscheinlich sogar „die größte Kinderbewegung der Welt", wie Löwenstein 1930 behauptete[7]. Damals gab es in 788 Ortsgruppen rund 4.500 Kindergruppen mit rund 120.000 „Falken", die von 10.000 Helfern bei ihrer Arbeit beraten, angeregt und angeleitet wurden. Die Helfer waren zu 65 – 75% junge Arbeiter und Lehrlinge. Daneben arbeiteten Lehrer, Mütter und ältere Arbeiter, Künstler, Ärzte u.a. als Helfer für die Bewegung. Die politisch-pädagogische Arbeit des Verbandes wurde ausschließlich von der Helferbewegung bestimmt, die sich jedoch die Zustimmung der Eltern weitgehend zu sichern suchte. In Erziehungsgemeinschaften der Kinderfreunde, in denen die Arbeitereltern mit den Grundsätzen sozialistischer Erziehung vertraut gemacht und zur Unterstützung der Bemühungen der Bewegung motiviert werden sollte, waren 1930 schon rund 70.000 Eltern zusammengefaßt.

Für den Marxisten und revolutionären Sozialisten Löwenstein war die Errichtung der sozialistischen und demokratischen Gesellschaft eine wissenschaftlich belegbare gesellschaftliche Notwendigkeit, die aber zu ihrer Verwirklichung auch das Bewußtsein von ihrer Notwendigkeit in der Arbeiterklasse, also Klassenbewußtsein, ebenso verlangte wie die Fähigkeit, diese neue Gesellschaft zu erkämpfen und zu errichten. Dieses Bewußtsein und diese Fähigkeiten könnten von der Arbeiterfamilie nicht vermittelt werden und würden es im Klassenstaat auch von der Schule nicht. Darum brauche das Arbeiterkind die proletarische Erziehungsbewegung, die Arbeiterkindergruppe: „Hier in der Gruppe merkt das Arbeiterkind, daß es nicht ein einzelnes Arbeiterkind ist, sondern daß alle, die da zusammen sind, zusammengehören, zusammensein wollen und im Spiel und Kampf zueinander halten. Nicht mit begrifflicher Klarheit, aber in seinem instinktiven Erfassen erlebt es die Befreiung aus der Ohnmacht seiner Einzelexistenz. So entstehen die Anfänge eines kollektiven Selbstbewußtsein."[8] In der Gruppenarbeit soll dieses kollektive Selbstbewußtsein sich mit dem kollektiven Selbstbewußtsein der organisierten Arbeiterklasse zum Klassenbewußtsein entwikkeln.

Klassenbewußtsein, Solidarität, Demokratie, genossenschaftliche Arbeit, Friedenswille und Antimilitarismus, Internationalismus sollten aber nicht als moralische Forderung von außen an das Kind herangetragen werden, sondern aus dem Erlebnis und der Erfahrung der Kinder selbst erwachsen. Daher mußte das Erziehungsfeld „Gruppe" so organisiert werden, daß dieses bestimmte Verhalten durch die Situation selbst für das Kind als notwendig erkennbar war und mit „Erfolg" belohnt werden konnte; nicht durch das Lob des Helfers, sondern durch das Erreichen der gemeinsam gesetzten Ziele. So konnte das vom Kind erwartete Verhalten von ihm als konkrete Aufgabe, als sein eigenes Bedürfnis erlebt und erfahren werden.

Der Helfer sollte – und tat das zumeist auch – im Kind nicht das Erziehungsobjekt, sondern seinen Klassengenossen sehen. Er war der Gruppe nicht über- sondern beigeordnet, eben „Helfer". Er unterlag der Kritik der Kinder wie jedes andere Mitglied der Gruppe. Kinderfreundehelfer sollten nicht strafen und drohen – und dennoch war ihre Arbeit so erfolgreich, daß sogar schärfste konservative Gegner die Zielstrebigkeit, Solidarität und Disziplin der „Falken" erstaunt hervorheben mußten[9].

Der Begriff „Falke" stammt wie der Name „Kinderfreunde" aus Österreich. Hier hatte Anton Tesarek innerhalb der Kinderfreunde die „Roten Falken" als Gegengewicht zu den erstarrten Strukturen in den Horten und ihrem liebevoll patriarchalischen Betreuungssystem ins Leben gerufen[10]. Der Gedanke zündete auch bei den deutschen Kindern, sie übernahmen einfach die Bezeichnung. Anders als in Österreich aber wurden Prüfungen, Leistungs-Abzeichen und Gelöbnisse – Elemente des Pfadfindertums, wie sie teilweise auch die Pionierorganisation übernahm – abgelehnt. „Falke" war keine Auszeichnung, sondern eine Bezeichnung für die Kinder in der Bewegung. Der blaue Kittel und der rote Falke auf dem Arm waren für die Kinder Symbole, die ihre Bereitschaft, sich mit der Bewegung zu identifizieren, noch verstärkte und bei Fahrten und Demonstrationen auch nach außen den kollektiven Charakter der Beweung und ihre Zusammengehörigkeit hervorhob.

Stärker noch als die Falkenbewegung mit ihrer Unterteilung der Gruppen in Nest- (8–10-jährige), Jung- (10–12jährige) und Rote Falken (12–14jährige) trugen von 1927 die „Roten Kinderrepubliken" zur Ausbreitung und Vereinheitlichung der Bewegung bei. Mit ihnen haben die deutschen Kinderfreunde eine eigenständige pädagogische Form geschaffen. Der liberale katholische Pädagoge Leo Weismantel sah in den Kinderrepubliken sogar die „pädagogische Form eines neuen Jahrtausends", was vielleicht allzu enthusiastisch klingt. Mit der ersten Kinderrepublik „Seekamp" wagten die Kinderfreunde ein pädagogisches Experiment, das vor ihnen noch niemand gewagt hatte. Sie schickten 2.300 Kinder in ein Großzeltlager, das sie nicht nur mit eigenen Händen – mit Ausnahme der sanitären Einrichtungen und der Küchen- und Lagerräume – errichteten, sondern auch weitgehend selbst verwalteten.

Zeltlager der Kinderfreunde auf der Insel Namedy (um 1929)

Hier war die Gelegenheit, gewissermaßen auf einer vorindustriellen, primitiven, aber überschaubaren Ebene, in großem Maßstab und über 4 Wochen, die Falken in Formen der Selbstorganisation, Selbstverwaltung und Selbstgestaltung, Kooperation, genossenschaftlicher Arbeit und solidarischem Verhalten einzuüben. Bis 1933 wurden insgesamt 35 Kinderrepubliken mit fast 50.000 Teilnehmern errichtet. Die Kinderrepubliken waren keineswegs „pädagogische Inseln"[11], sondern Manifestationen der gestalterischen Kraft und Stützpunkte der Agitation im Klassenkampf und darüber hinaus Schulen der Internationalität der Arbeiterbewegung. Nicht nur waren in allen deutschen Republiken sozialistische Kindergruppen aus dem Ausland zu Gast, eine Reihe von Kinderrepubliken wurde auch im Ausland durchgeführt. Insbesondere die internationale Kinderrepublik „Solidarität", die 1932 bei Paris errichtet wurde, war eine Demonstration gegen den Faschismus und für den Friedenswillen der internationalen Arbeiterklasse.

Titelseite eines Werbeblattes, hrsg. von der Reichsarbeitsgemeinschaft der Kinderfreunde Deutschlands (um 1928)

IV.

Mit einem „Sozialistengesetz für Kinder" verbot bereits 1930 die Bayerische Regierung die Teilnahme von Schulpflichtigen an Veranstaltungen der Kinderfreunde und nahm damit das endgültige Verbot der NS-Regierung von 1933 vorweg. Auch die Kinderfreunde haben unter der Herrschaft des Faschismus ihren Blutzoll zahlen müssen. Helfer und Falken bewährten sich im Widerstand, und Kurt Löwenstein, auf den die

Kinderrepublik Seekamp 1927. Antikriegsfeier der Kinder in einem zerstörten Fort. Die Fahnen und Wimpel senken sich zu Ehren der Kriegsopfer aller Völker. Löwenstein mit erhobener Faust auf dem Hügel; hinter ihm ein Falke mit der Lagerfahne.

SA in der Nacht vor dem Reichstagsbrand einen Mordanschlag verübte, starb in der Emigration, nachdem er von Paris aus die „Sozialistische Erziehungs-Internationale“ neu organisiert und zu einer kurzen, aber beeindruckenden Blüte gebracht hatte.

Gewiß ist auch bei den Kinderfreunden an manchen Orten die Praxis mehr oder weniger weit vom angestrebten Ziel entfernt geblieben, insgesamt aber ist es Löwenstein und den deutschen Kinderfreunden weit besser gelungen, ein hohes Maß an Übereinstimmung in Theorie, Methode und Praxis zu erzielen als Hoernle oder auch ihrer österreichischen Schwesterorganisation und ihren Theoretikern Max Adler und Otto Felix Kanitz.

Ferdinand Brandecker

Anmerkungen

1) Löwenstein, K.: Sozialismus und Erziehung. Berlin/Bonn/Wien 1976, S. 112.
2) S. dazu Linse, U.: Anarchistische Jugendbewegung 1918–1933. Frankfurt/Main 1976.
3) Hoernle, E.: Grundfragen proletarischer Erziehung. 2. Aufl. Frankfurt/Main 1970. S. 168f.
4) Hoernle, a.a.O., S. 69.
5) S. dazu Flach, H./Lodershausen (Red.): Das proletarische Kind (Auswahl). Berlin (DDR) 1958. Insbes. S. 250, 279ff., 285f.
6) Osterroth, F./Schuster, D.: Chronik der deutschen Sozialdemokratie. Bd.II. Berlin/Bonn–Bad Godesberg, S. 135.
7) Rede Löwensteins. Zitiert nach: Rheinische Zeitung, Köln v. 26.11.1930.
8) Löwenstein, Sozialismus und Erziehung, a.a.O., S. 219.
9) S. dazu Breitenstein, D.: Die sozialistische Erziehungsbewegung. Freiburg 1930, S. 70f.
10) Tesarek, A.: Die österreichischen Kinderfreunde 1908–1958. Wien 1958, S. 158ff.
11) Vgl. v. Werder, L.: Sozialistische Erziehung in Deutschland 1848–1973. Frankfurt/Main 1974, S. 166.

Weiterführende Literatur

Hoernle, E.: Grundfragen proletarischer Erziehung. Frankfurt/Main 1969.
Kanitz, O.F.: Kämpfer der Zukunft. Für eine sozialistische Erziehung. Frankfurt/Main 1970.
Löwenstein, K.: Sozialismus und Erziehung. Eine Auswahl aus den Schriften 1919–1933. Berlin/Bonn/Wien 1976.

150 Jahre Proletariat und Schule
1927 — die „Begabungs“-Schule

Die Vollendung der bürgerlichen Revolution in Deutschland fiel mit der proletarischen so zusammen, daß sich die bürgerliche überhaupt nur durchsetzen konnte unter der Bedingung, daß das Proletariat als Stütze der eigenen Machtansprüche aufgenommen wurde und zwar so, daß es in dem neuen Staat auch *seine* Republik sehen konnte. Den aufrecht erhaltenen Vorbehalt artikuliert das Arbeiterlied lapidar: „Das ist der Pfennig, doch wo ist die Mark?“ Und den Eindruck vom Kompromißcharakter des Erreichten drückt es so aus: „Die Republik ist wohl ein schöner Palast, doch sie steht auf einem großen Morast . . .“ Um der Identifikation des Proletariats willen mußte die Republik einige Zugeständnisse machen. Jedoch wurde im Endeffekt zwar das politische System des Kaiserreichs durch eine parlamentarische Demokratie ersetzt mit – erstmals in der politischen Geschichte Deutschlands – formal gleichen politischen Rechten für alle Bürger. Die ökonomischen Verhältnisse blieben jedoch bestehen. Sozialisierung der Schlüsselindustrien oder des Grundbesitzes unterblieben. M.a.W.: Auf der Grundlage der beibehaltenen Ökonomie wurde die entsprechende politische Form nachgeholt.

Die seit 1918 auch formell gespaltene deutsche Arbeiterbewegung konnte sich im Rahmen der bürgerlich demokratischen Verfassung zwar ungehindert politisch artikulieren und betätigen, allerdings ihre politischen Ziele in keinem wesentlichen Punkt gegen das bürgerliche Lager durchsetzen. Trotz des Wandels der politischen Form und trotz zeitweiliger Beteiligung der SPD an der Reichsregierung haben eine durchgreifende Ablösung der alten politischen Führungsschichten einschließlich des Beamtenapparates oder eine Revision der alten Wertmaßstäbe, ja überhaupt Veränderungen strukturbestimmender gesellschaftlicher Verhältnisse nicht stattgefunden. So ist es nicht verwunderlich, daß auch das Unterrichtssystem im Kern unangetastet blieb, wenngleich auch hier Zugeständnisse an das Proletariat nicht vermeidbar waren. So war z.B. der offen praktizierte und ständestaatlich legitimierte Ausschluß der Unterschichten von weiterführender Bildung politisch nicht mehr haltbar. Zwar wurden die feudalen Reste des Schulwesens in der Verfassungsnorm endgültig beseitigt, in der Verfassungsrealität blieben sie jedoch weitgehend erhalten: Die schulpolitischen Forderungen der Arbeiterbewegung sowie der größten Volksschullehrer-Organisation, des Deutschen Lehrervereins, waren gegen die Positionen des Zentrums und der Konservativen nicht durchsetzbar. Realisiert wurde lediglich die Vereinheitlichung der Primarstufe. Zwar wurde die vierjährige allgemeine Grundstufe und das Verbot der Vorschulen der Gymnasien in der Verfassung verankert, jedoch die vertikale Gliederung der Sekundarstufe nicht angerührt. Der Forderung nach Aufstiegsmöglichkeiten für jeden „Tüchtigen“ wurde nicht etwa durch generelle Öffnung der Höheren Schule entsprochen, vielmehr wurde durch ein kompliziertes Angebot von Übergängen auf Mittlere und Höhere Schulen die Illusion geschaffen, jede individuelle Begabungsausprägung zu berücksichtigen. Die Forderung nach Einheitlichkeit des Unterrichtssystems führte unter den gegebenen politischen Bedingungen zu weiteren Veruneinheitlichungen der Sekundarstufe. Von der Vereinheitlichung der ersten vier Schuljahre abgesehen überlebte also das vertikal gegliederte Unterrichtssystem des 19. Jahrhunderts.

Auch die Weltlichkeit der Schule und die Wissenschaftlichkeit des Volksschulunterrichts konnten nicht allgemein durchgesetzt werden. Trotz unterrichtsmethodischer Fortschritte blieb der Volksschulunterricht qualitativ immer noch deutlich hinter dem der Höheren Schule zurück, was mit einem angeblich eigenständigen Charakter der Bildung für das Volk begründet wurde: „volkstümliche“ Bildung durch die Volksschulen gegen wissenschaftliche Bildung durch die Höheren Schulen. Kleinere Fortschritte gab es im Berufsschulwesen, in der Volksschullehrerausbildung und bei der Beteiligung der Eltern und Schüler in Schulfragen. Einen radikalen Neubeginn jedoch gab es nirgendwo.

Die adäquate Lösung des Bildungsproblems im objektiven Interesse des Proletariats blieb also ebenso aus wie die angemessene Lösung des gesellschaftlichen Widerspruchs. Unter dem Druck des Proletariats wurden mit der Allgemeinheit des Leistungsprinzips und der Chancengleichheit lediglich zentrale *bürgerliche* Prinzipien endlich realisiert, die jedoch der Bourgeoisie angesichts der internationalen Erstarkung des Proletariats zugleich wiederum gefährlich erschienen und daher in ihrer Konsequenz gebrochen wurden. Trotz ihrer im Vergleich zur Wilhelminischen Schule weiterreichenden Allgemeinheit – in der Form der Erweiterung der allgemeinen Unterrichtspflicht bis zum 18. Lebensjahr als Ausdruck der realen Subsumption der Mehrheit der Bevölkerung unter das Kapitalverhältnis – und trotz der Durchsetzung formaler Gleichheit bleibt sowohl die allgemeine Grundschule wie auch die Volksschule eine soziale Klassen-Schule für das Proletariat, deren Allgemeinbildung als „volkstümliche“ Bildung für die „praktisch-handwerklich Begabten“ ausgestaltet wurde.

Die reale gesellschaftliche Erstarkung des Proletariats und seiner Organisationen und seine im politischen System garantierte formale Gleichheit verlangten nun aber doch eine neue Legitimationsbasis für die fortgesetzten Einschränkungen. Neue Rechtfertigungsgrundlage wurde das liberal-individualistische Chancengleichheitskonzept mit seinem statistischen Begabungsbegriff, der Begabung als erbbedingte Naturanlage faßte. In der Weimarer Verfassung wurden „Anlage und Neigung“ zu den maßgebenden Kriterien der pädagogischen Gestaltung der Schulkarrieren erklärt und den minderbemittelten, für „geeignet“ erscheinenden Kindern „Erziehungsbeihilfen“ zugesagt, die ihnen den Zugang zu Mittel- und Höheren Schulen ermöglichen sollten.

Zusammenfassend läßt sich feststellen, daß weder die dürftigen Retuschen am Unterrichtssystem noch die vielfältigen und neuen pädagogischen, schulreformerischen und bildungspolitischen Aktivitäten auf allen denkbaren Ebenen für eine demokratische Tendenzwende im Unterrichtssystem und in der Bildungspolitik ausreichten. Es gab für die sozialistischen, kommunistischen, sozialdemokratischen, radikal- und liberal-demokratischen Kräfte noch keine Möglichkeit, die Notwendigkeit einer Demokratisierung gemäß dem objektiven Interesse des Proletariats ins Alltagsbewußtsein breiterer Schichten des Kleinbürgertums, der Bauern und des Proletariats selbst zu rücken und damit auf die politische Tagesordnung zu setzen.

Georg Rückriem
Klaus Wiese
Ilona Zeuch

Kapitel IV

1937 — die „Volksgemeinschafts"-Schule

Arbeitslose vor der Städtischen Zahlstelle in Berlin, 1930

Die Auswirkungen der Weltwirtschaftskrise machen endgültig deutlich, daß in der Weimarer Republik nach dem Krieg weder eine wirtschaftliche noch gar eine politische Stabilität erreicht worden war. Die wirtschaftliche Misere hatte den demokratisch-republikanischen Interessen- und Meinungsaustausch erdrückt. Gegen den Widerstand der heillos gespaltenen Arbeiterbewegung wird unter dem Schutz der vereinigten Interessen von Großgrundbesitz, Großindustrie und Reichswehr der Weg der faschistischen Diktatur geebnet. Der Sehnsucht nach Arbeit, Brot, sozialer Sicherheit und Überschaubarkeit des individuellen und gesellschaftlichen Lebens in der Bevölkerung korrespondiert bei den konservativen und reaktionären Interessengruppen der Wunsch nach Ausschaltung der politischen Verfahren und Institutionen bürgerlicher Demokratie, insbesondere der organisierten Arbeiterbewegung. Mit der Zerstörung ihrer politischen, gewerkschaftlichen und kulturellen Organisation beraubt der Faschismus die Arbeiterbewegung ihrer Wirkungsmöglichkeiten. So hilft er den Engpaß der schweren ökonomischen Krise zu überwinden, ohne die kapitalistische Grundstruktur der Gesellschaft anzutasten. Die faschistische „Ruhe und Ordnung" wird erreicht durch einzigartige Bevorzugung des Kapitals bei gleichzeitiger terroristischer Unterdrückung der Arbeiter.

Reichsarbeitsdienst, 1934

SA besetzt das Gewerkschaftshaus in Berlin, 2. Mai 1933

Sozialdemokraten und Angehörige von Rundfunkanstalten im Konzentrationslager Oranienburg (bei Berlin), 1933

SA und SS besetzen den Reichstag (in der Krolloper), 23. März 1933

Spätestens mit der Verhaftung aller KPD- und einiger SPD-Abgeordneten vor der Reichstagssitzung am 23. März 1933 verschaffen sich die Faschisten im Verein mit den konservativ-reaktionären Kräften die Mehrheit im Reichstag. Die parlamentarische Demokratie wird so terroristisch überwältigt – und kampflos überwältigen die Faschisten die Arbeiterorganisationen. Nach der Vorgeschichte der antifaschistischen Bemühungen von KPD und SPD ist das praktisch unvermeidlich. Nicht einmal am 30. Januar 1933, dem Tag der Ernennung Hitlers zum Reichskanzler, finden beide Parteien zu einer demonstrativen gemeinsamen Aktion. Auch angesichts der faschistischen Ankündigung, jedem Mitglied der Arbeiterbewegung „das Seine" zu geben, kommt keine Aktionseinheit, etwa durch einen Generalstreik, zustande. Dabei läßt es das Wahlversprechen der NSDAP im März 1933 an Deutlichkeit nicht fehlen: „Zerstampft den Kommunismus! Zerschmettert die Sozialdemokratie!"
Die wechselseitig blockierten Beziehungen zwischen den beiden Arbeiterparteien haben sich zu diesem Zeitpunkt von den historischen Interessen der Arbeiter abgelöst. Getrennt marschierend werden die deutschen Arbeiter vereint geschlagen: Kommunisten und Sozialdemokraten schreiten Seit' an Seit' in die faschistischen Konzentrationslager.

Der gleichgeschaltete Reichstag

Politische Häftlinge im Keller der SA

Berliner Ausgabe

Berliner Ausgabe

VÖLKISCHER BEOBACHTER

Herausgeber Adolf Hitler

Adolf Hitler vor der auswärtigen Presse

Volk und Regierung müssen geistig aneinandergefesselt werden

Der Führer über die Aufgaben einer verantwortungsbewußten Presse – Kampfansage gegen den Mißbrauch nationaler Symbole – Neue Enthüllungen über den Zentrumsabgeordneten Esser

Der englisch-russische Konflikt

Einheitliche Willensbildung der Nation!

Adolf Hitler

Die unerhörte Disziplin und beispiellose Selbstbeherrschung der siegreichen Revolution

Der Führer spricht am Sonnabend zur S.A.

Gleichschaltung der Presse

... der Schule (Veranstaltung des NS-Lehrerbundes, Berlin, 1935)

... der Universität (Immatrikulationsfeier an der Friedrich-Wilhelm-Universität Berlin, 20. April 1937)

... der Justiz

... der Kirche (Generalmitgliederversammlung der „Deutschen Christen“, 1933)

Der terroristischen Befriedung von Staat und Politik folgt die Vereinnahmung aller anderen gesellschaftlichen Organisationen und Institutionen. Sogar weite Bereiche des privaten Lebens werden faschistisch gestaltet. Zwangsarbeit, Wehrpflicht, Staatskredite für die Wirtschaft und Aufrüstung haben die Massenarbeitslosigkeit beseitigt. Und weil die Menschen – wenn auch schlecht bezahlte – Arbeit haben und Sicherheit und Ordnung zu herrschen scheinen, glauben die meisten an einen neuen, besseren Anfang.

Propagandaplakat zum ersten Eintopf-Sonntag am 1. Oktober 1933

Massentrauung in der Berliner Lazaruskirche

Aushang in Geschäften während der Kriegsrede Hitlers, September 1939

Eingliederung des Pfadfinderbundes in die Hitlerjugend, 1933

Vossische Zeitung

Berlinische Zeitung von Staats- und gelehrten Sachen / Gegründet 1704

Berlin

Nummer 77 SONNABEND, 31. MÄRZ 1934 15 Pfennig

Kommende Verfassung

Abschied vom Leser

Verabschiedung der Bürgerlichen Presse

Preis 15 Pfennig

München, 21. Februar 1939
3. Jahrgang · Nummer 4

NS.-Rechtsspiegel

Zigeunerplage
Seite 7

Kampfblatt für deutsches Recht

Organ des Reichsrechtsamtes der NSDAP.

NS.-Rechtsspiegel Seite 7

Fahrendes Volk

Die Bekämpfung der Zigeunerplage auf neuen Wegen

Die Zigeuner sind für das Reich, für Volk und Staat eine akute Gefahr. Wer sie erfolgreich bekämpfen will, muß die Zigeuner zunächst – frei von allen romantischen Vorstellungen und Gefühlsduseleien – nach ihrer Herkunft, ihrer Rasse, ihren Sitten, ihrer Lebensart kennenlernen und sie sehen, wie sie wirklich sind. Zigeuner, die als mehr oder weniger „heldische" Gestalten durch moderne Operetten und Zigeunerfilme gaukeln, sind Romanfiguren, die unser Mitgefühl und unsere Sympathie erwecken sollen. Sie können uns nicht irre machen im Kampf gegen jene Zigeuner, die, wie seßhaft, immer in Horden auf Fahrt mit Karren und Wohnwagen, neuerdings sogar mit Kraftwagen umherziehen, jede ernste und ehrliche Arbeit ablehnen und unter dem Deckmantel des Hausierens oder als Schirmflicker, Scherenschleifer, Kesselflicker, Korbflechter, Siebmacher, als Wahrsager, kleine Schausteller, stets aber in Wirklichkeit durch versteckten Bettel und Eigentumsdelikte ihren Lebensunterhalt suchen.

Nicht jeder allerdings, der als „Fahrender" ein „Zigeunerleben" führt, ist auch ein Zigeuner. Die echten Zigeuner sind eine eigene, der unseren artfremde Rasse. Es sind die stammechten Zigeuner, die sich schon in ihrem Aussehen, ihrer Sprache ... von anderem „fahrenden Volk" unterscheiden, und zwar stark unterscheiden. Denn stolz ist der echte Zigeuner auf die Zugehörigkeit zu seinem Volk und zu seiner Rasse.

Heute wissen wir, daß die Zigeuner aus Indien stammen. Nach alten Chroniken tauchen sie um das Jahr 1417 zum erstenmal in Deutschland auf; damals noch in großen Gemeinschaften geführt von Zigeuner-„Königen" und „grafen". Der Weg, den sie von Indien zu uns nahmen, läßt sich aus der Zigeunersprache, die im wesentlichen indoarischen Ursprungs zu sein scheint, und zwar aus den vielen Ausdrücken feststellen, die der persischen – auch der Name „Zigeuner" wird von dem persischen Wort cengi, d. h. Musikant, hergeleitet –, arabischen, armenischen, ... griechischen und ungarischen Sprache entstammen.

In Deutschland sind sie dann besonders im Süden, und zwar im Böhmer Wald, im Schwarzwald, in Ober- und Niederbayern, in der Pfalz und in Hessen aber auch im Braunschweigischen, im Harz und in Thüringen hervorgetreten. Hier sind ihre Wanderbezirke, ... Stämmen, ... heute noch „zu Hause" und es entstanden auch

Die Lichtbilder zeigen drei typische Zigeuner. Sie gehören einer Zigeunerbande an, die seit Jahren mit Wohnwagen als Werkzeugschleifer im Reich umherzog und 1937 aufgelöst wurde. Ihre wirklichen Namen und ihre Staatszugehörigkeit waren bisher trotz umfangreicher ... Behörden geführter Verhandlungen nicht einwandfrei festzustellen. Die drei befinden sich seit fast zwei Jahren im Arbeitshaus.

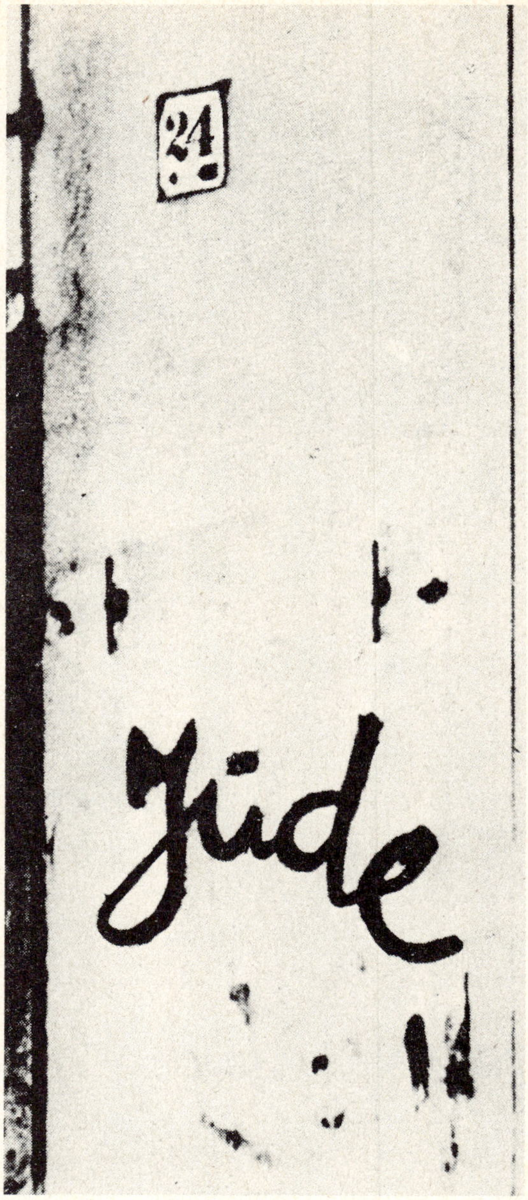

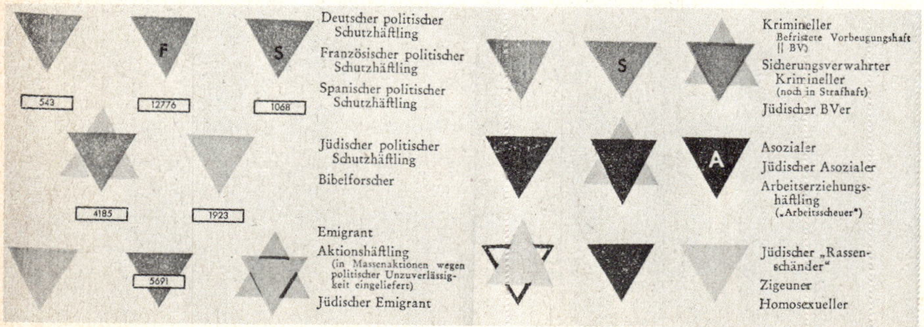

Kennzeichen für KZ-Häftlinge

Brot, Olympische Spiele, Goldmedaillen, Radio, Unterhaltungsfilme und Autobahnen – Ordnung, Ruhe, innerer Friede und Harmonie scheinen das Leben im faschistischen Deutschland zu bestimmen. Die faschistische Ideologie und harmonisierende Propaganda suchen mit der Vorspiegelung einer sogenannten „Volksgemeinschaft" die nach wie vor existierenden Widersprüche einer kapitalistischen Gesellschaft zu verdecken. Konflikte stören das Trugbild. Unter solchen Umständen wird das Anderssein innenpolitisch vielfältig nutzbar. Wer anders ist, wird als abschreckendes Beispiel für die Folgen abweichenden Verhaltens hingestellt, dient als Sündenbock und wird den um ihre Hoffnung betrogenen Bevölkerungsschichten als Aggressionsobjekt freigegeben.

Hitler beim Generalrat der Deutschen Wirtschaft, 1933

Arbeiterin in einer Bombenfabrik

Hitler eröffnet den Bau der ersten Reichsautobahn, 1933

Etwa 1937 hat der Lebensstandard der Arbeiter wieder das Niveau von 1928 erreicht, das dem des letzten Friedensjahres 1924 entspricht. Das Brot wird mit Arbeit für die Rüstung verdient. Die Kapitalisten zahlen die Löhne in Treu und Glauben an die Kreditwürdigkeit des faschistischen Staates. Als die Kredite fällig sind, der Staat aber nicht zahlen kann, setzen Hitler und das Kapital immer noch einig auf die Eroberungen des nächsten Krieges.

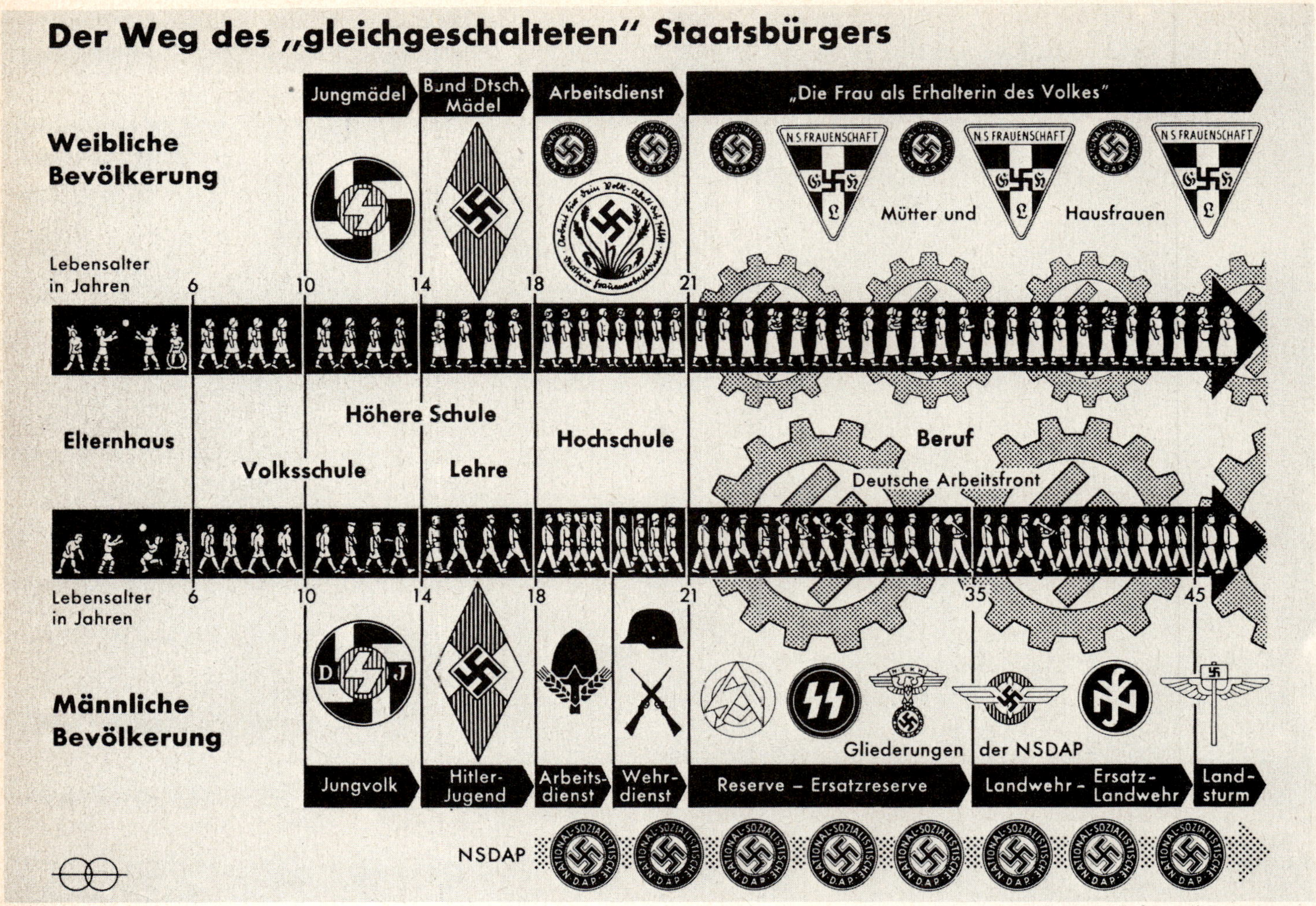

Der Weg des „gleichgeschalteten“ Staatsbürgers

„Von einer Schule wird in Zukunft der junge Mann in die andere gehoben werden. Beim Kind beginnt es, und beim alten Kämpfer der Bewegung wird es enden. Keiner soll sagen, daß es für ihn eine Zeit gibt, in der er sich ausschließlich selbst überlassen sein kann. Jeder ist verpflichtet, seinem Volk zu dienen, jeder ist verpflichtet, sich für diesen Dienst zu rüsten, körperlich und geistig vorzubereiten und zu festigen.“

Der Führer in Nürnberg 1935.

Die Konsolidierung der faschistischen Diktatur ist abgeschlossen. Ein Apparat der Propaganda, der Drohung, Bespitzelung und des Terrors ist aufgebaut, der auf der Grundlage von Zustimmung und Furcht das Leben in der „Volksgemeinschaft“ sichert. Die Institutionen des Staates und der Partei einschließlich der Justiz und Polizei sollen durch Erziehung und Propaganda eine Situation herbeiführen, in der allein der „Nationalsozialismus die Luft ist, in der wir atmen“ (Goebbels). Viele leiden dabei unter Atemnot. Ein ehemaliger SPD-Genosse berichtet im Juli 1936: „Während ich früher jeden Abend fort war, bin ich jetzt jeden Abend zu Hause. Morgens stehe ich mit dem Bewußtsein auf, daß es heute nur den ‚Betrieb‘ für mich gibt. In der Straßenbahn sehe ich mir jeden Mitfahrenden darauf an, ob er nicht ein Horcher ist, jedes Wort, das man mit einem Kollegen spricht, wird zuvor zehnmal auf der Zunge herumgedreht, bis es ausgesprochen wird. Man weiß: Ein ungeschicktes Wort und du landest anstatt gegen Abend zu Hause, gegen Mittag in irgendeiner Polizeistation . . . Die Pausen sind stumm. Und wenn der Feierabend kommt, verdrückt sich jeder so rasch als möglich, damit ihm nicht noch kurz vor Toresschluß ein unbedachtes Wort entschlüpft. Dann legt man sich nach dem Essen bald ins Bett und hat das wohltuende Gefühl, wieder einen Tag überstanden zu haben und noch ‚frei‘ zu sein.“

Ehrenpatenschaft der Stadt Berlin für kinderreiche Familien

Reichsjugendtag in Potsdam, 1934

Sonderpostkarte zu Hitlers 50. Geburtstag am 20. April 1939

Achtung! Alles hört auf mein Kommando!

Kindergarten- und Schulalter. Knaben.

Für Kleinere: Militärfahrzeuge aus Holz. Holz- und Massefiguren in geringerer Anzahl, mehr zum Einzelspiel u. Aufstellen.

Für Größere: Massefiguren in Einheiten. Plastische und flache Zinnfiguren für große Aufstellungen auch historische Uniformen.

Militärisches Gerät aller Art, naturecht, mit technischen Feinheiten.

Für Größere: Militärisches Gerät aller Art, naturecht, mit technischen Feinheiten, auch Funk- und Blinkgeräte, Spezialwaffen.

Alle Stufen: Bauten und militärische Anlagen. Zuerst Burgen, dann auch Forts, Kanonen, Schützengräben.

Waffen und Ausrüstungsgegenstände zum gemeinsamen Spiel.

Die Wehrhaftigkeit liegt jedem gesunden Knaben im Blute. Kleinere Jungen spielen meist mit den etwas größeren Massefiguren, die auch an den dazu passenden Kanonen und Fahrzeugen einzeln bewegt werden.

Größere Jungens wollen schon große Heeresteile organisieren, alle möglic Uniformen und damit Geschichte kennenlernen — und dazu sind die kleine Zinnfiguren da. Waffen, Ausrüstungen locken zum wehrhaften Spiel im Fre

Schule wird im Faschismus klein geschrieben, Staatsjugendorganisation ganz groß. Die außerschulische Erfassung der Jugend in Hitlerjugend (HJ) und im Bund Deutscher Mädel (BDM) ist wichtiger als Schulunterricht. Auf die ideologische Beeinflussung, emotionale Aufheizung, körperliche Ertüchtigung und vor allem auf die möglichst vollständige Integration der Jugend in die faschistischen Massenorganisationen kommt es an. Schule und Unterricht können aber auf fachliche Inhalte und nachprüfbares Wissen nicht verzichten und sind deshalb für die Einübung ins Führer-Gefolgschafts-Verhältnis weniger geeignet als „Lager und Kolonne“, wo ein totaler Zugriff auf die Person eher möglich ist.

Vom zehnten Lebensjahr aufwärts ist der Weg durch die faschistischen Massenorganisationen vorgezeichnet; er endet für viele im Soldatengrab oder unter den Trümmern der zerstörten Städte.

Abc-Schützen verabschieden sich beim Verlassen der Schule von Rektor und Lehrerin mit dem „Deutschen Gruß“, 1933

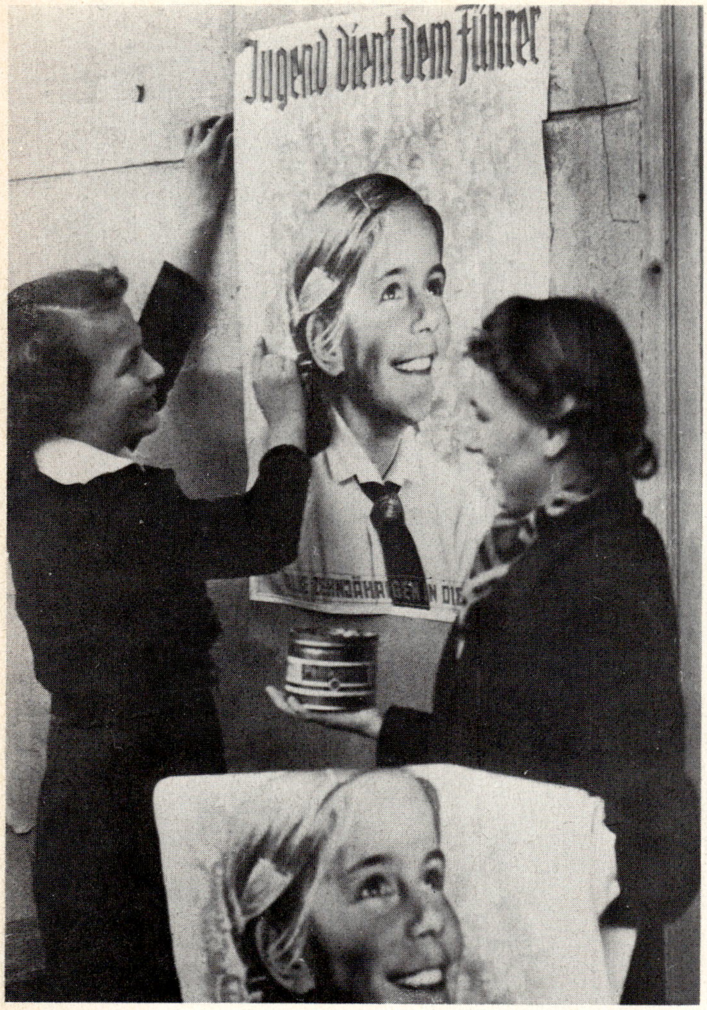

Propaganda für die HJ, 1940

Eintritt von Pimpfen in die HJ, 1938

Eintritt von Jungmädeln in den BDM, 1938

Üben von Flaggsignalen, 1937

Üben des Hitlergrußes, 1937

Die Weimarer Republik hatte auf die Forderung der Arbeiterbewegung nach einem Einheitsschulwesen mit gleichen Bildungsmöglichkeiten für alle mit einem Chancengleichheitskonzept reagiert, das den „Aufstieg der Tüchtigen" ermöglichen sollte.
Wenn auch die demokratischen und sozialistischen Kräfte ihre Forderungen nicht annähernd durchsetzen konnten, erreichten sie doch immerhin die Grundschule, eine vorsichtige soziale Öffnung der höheren Bildung, den Ausbau von Mädchenbildung und Frauenstudium sowie eine Verbesserung der Volksschullehrerausbildung. Die Faschisten dagegen wollen weder wissenschaftliche Bildung noch „Chancengleichheit durch Bildung". Als Ersatz für individuellen Aufstieg nach dem bürgerlichen Leistungsprinzip bieten sie jedem „Volksgenossen", dem Kind wie dem Erwachsenen, einen Platz in der Kolonne an, in der nach autoritärem Führer-Prinzip organisierten „Arbeitsordnung des Volkes". Diese Erziehungspolitik führt zu einer Bildungs-

Fingernägelkontrolle, 1938

Überreichung von Schulterriemen, Fahrtenmesser und HJ-Abzeichen nach bestandener Prüfung (Pimpfenprobe), 1936

Stiefelappell

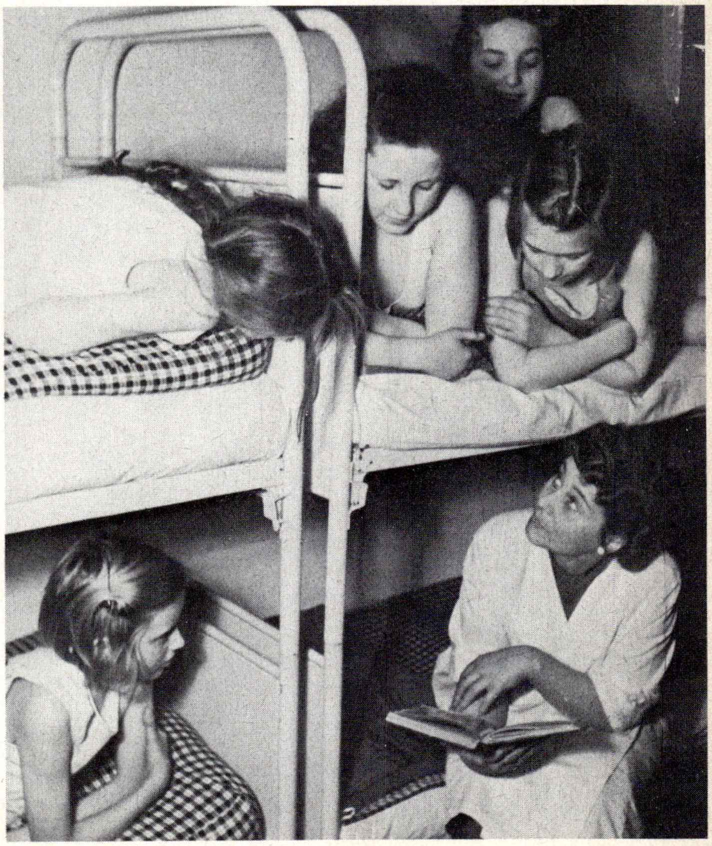

begrenzung, einem drastischen Rückfall hinter das in der Weimarer Republik bereits Erreichte. Fachliches Wissen und Können werden für die Faschisten erst zu einem Zeitpunkt wichtig, als die Kriegsvorbereitung ein höheres Ausbildungsniveau erfordert, das durch Einführung der Berufsschulpflicht erreicht werden soll.

Sammeln für das Winterhilfswerk

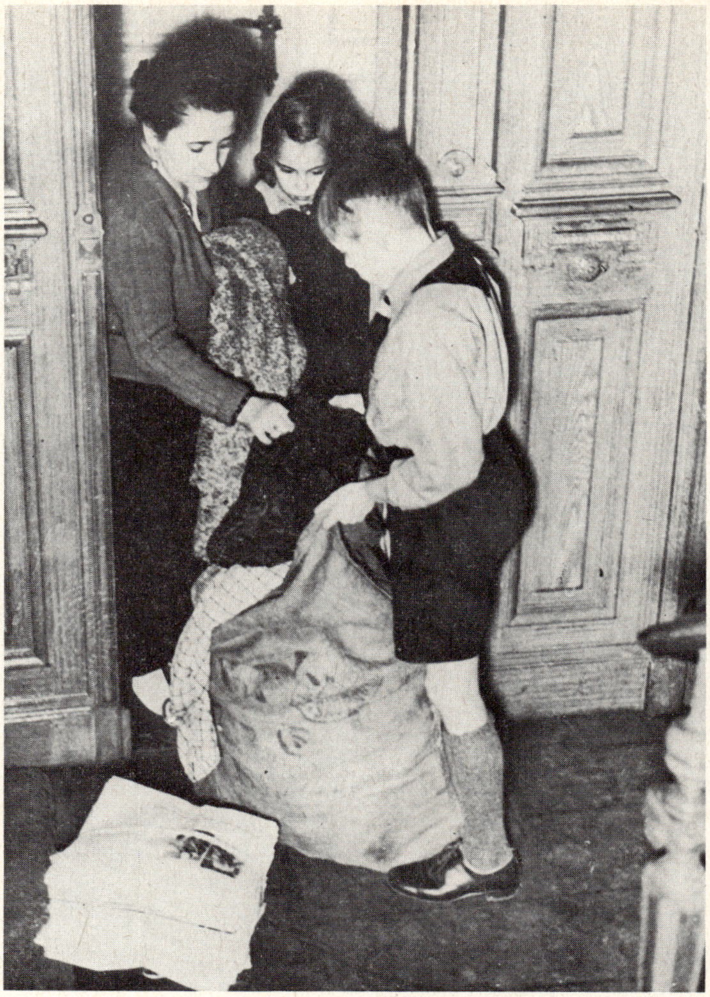

Sammeln von Altmaterial für die Parteikasse, 1937

Winterhilfswerk: Kontrolle der „Gebefreudigkeit", 1937

Mit dem Ziel, eine „gewalttätige, herrische, unerschrockene, grausame Jugend . . ., das freie, herrliche Raubtier“ zu erziehen, sind ab März 1939 alle Jugendlichen zwischen 14 und 18 Jahren gezwungen, der HJ oder dem BDM beizutreten. Selbst bei den Mädchen, deren Bestimmung das „Ganz-Frau-Sein“ ist, nimmt die körperliche Ertüchtigung noch zwei Drittel der Zeit ein. Mit Sammelaktionen haben HJ, BDM und Schulkinder „Dienst am Volk“ zu leisten. Bei jeder Gelegenheit werden sie eingesetzt. Für die Staatsjugendorganisationen wird ein ganzes Feierjahr erdacht, um die „Magie der Riten“ zur Beeinflussung der Jugendlichen zu nutzen: vom 30. Januar über den 20. April, den Geburstag Hitlers, den 1. Mai, den 21. Juni als „Tag der Sommersonnenwende“ zum „Tag der Jugend“ auf den Reichsparteitagen, zum 9. November und zum „Tag der Wintersonnenwende“. Früh geübt, „den inneren Schweinehund zu überwinden“, läßt sich später manche Schweinerei williger vollbringen.

HJ-Ferienlager, 1934

Aufmarsch der HJ zu Hitlers 50. Geburtstag, Berlin, 20. April 1939

BDM-Ernteeinsatz, 1939

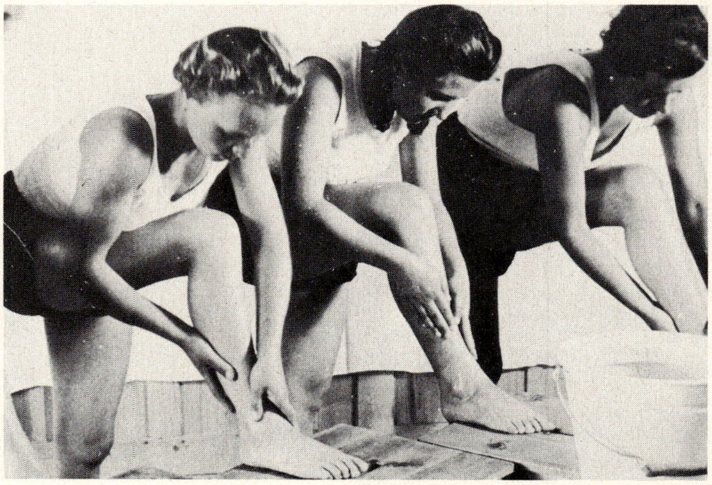

Fußpflege als Kollektiv-Veranstaltung, 1940

BDM-Zeltlager, 1937

Anfangs ist den Faschisten die Frau nur als Mutter genehm, die die „Verewigung des Volkes" garantieren soll. Auch um die Männerarbeitslosigkeit abzubauen, wird bewußt die in der Weimarer Republik begonnene Emanzipation der Frau gestoppt. Für Kriegsproduktion und als Ersatz für eingezogene Männer sind die Frauen jedoch wieder gefragt: Jetzt werden sie in die Betriebe und die soziale Verantwortung zurückgeholt.

Schuhappell

Eine Schulklasse vor selbstgezeichneten Flugzeugtypen, 1940

Wie die Frauen muß auch die Jugend zunehmend eingezogene oder gefallene Männer ersetzen. Original-Pressebildunterschrift 1940: „Deutschlands Fliegerjugend. Die Modellbauwerkstatt einer Berliner Schule. Mit unermüdlichem Fleiß und nicht ermüdendem Interesse sind die Jungen bei ihrer Arbeit. Jede freie Stunde wird für den Flugzeugmodellbau geopfert; jeder Spargroschen gegeben. Es ist Spiel – mit Lebensziel.“

Fliegerjugend – Flieger-HJ – Luftwaffe – Tod im Luftkrieg: Lebensziel im Faschismus.

Modellbauwerkstatt einer Berliner Schule, 1940

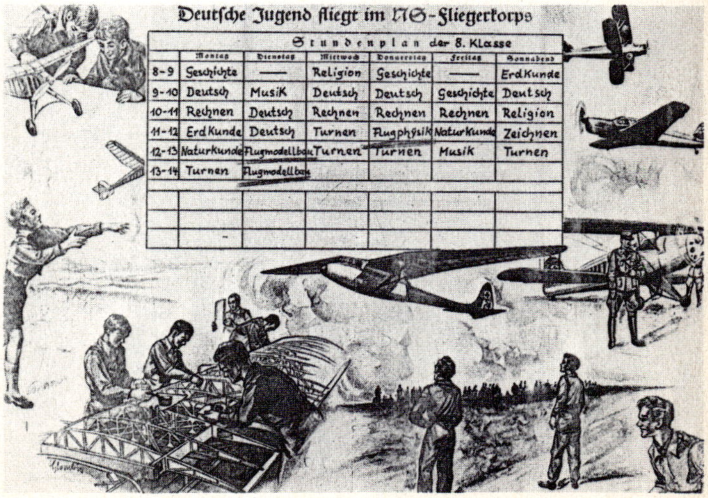

BDM – paramilitärische Ausbildung, 1936

HJ – Vormilitärische Ausbildung

HJ – Tüchtigkeitsprüfung, 1935

HJ im Kriegseinsatz

Verleihung des Eisernen Kreuzes an Hitlerjungen nach ihrem Fronteinsatz, April 1945

Die Beteiligung aller Menschen in Massenorganisationen und an Massenveranstaltungen verdeckt ihnen ihren Ausschluß von der demokratischen Regelung ihres politischen, sozialen und wirtschaftlichen Lebensprozesses. Die Faschisten finden immer neue Formen des Lager-, Kolonnen- und Gemeinschaftslebens. Teilnehmern wie Zuschauenden wird die große Illusion eines sinnerfüllten Lebens für die „Volksgemeinschaft" vorgespiegelt – millionenfach tödliche Illusionen.

KdF-Urlauber, 1936

Deutsche Arbeitsfront – bei Badefreuden, 1935

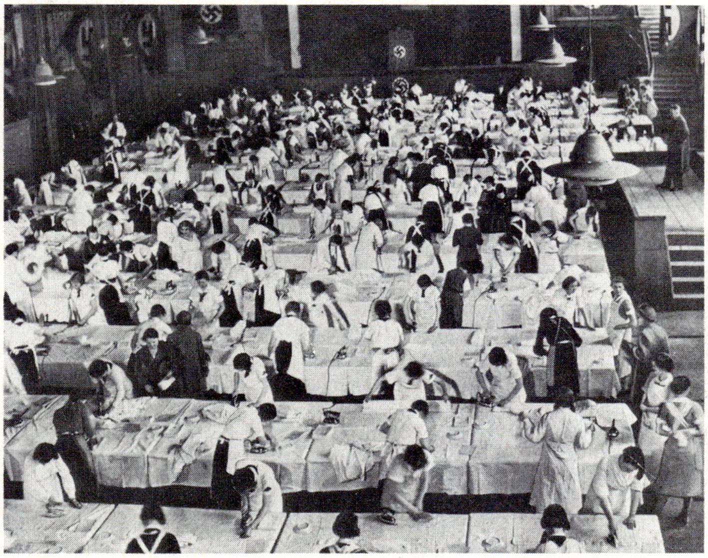

Hausfrauen – beim Bügelwettbewerb (Reichsberufswettkampf)

Arbeiter – beim Autobahnbau, 1934

Rekruten – vor der Vereidigung, 1935

Jugend – vor der Aufnahme in die Partei, 1935

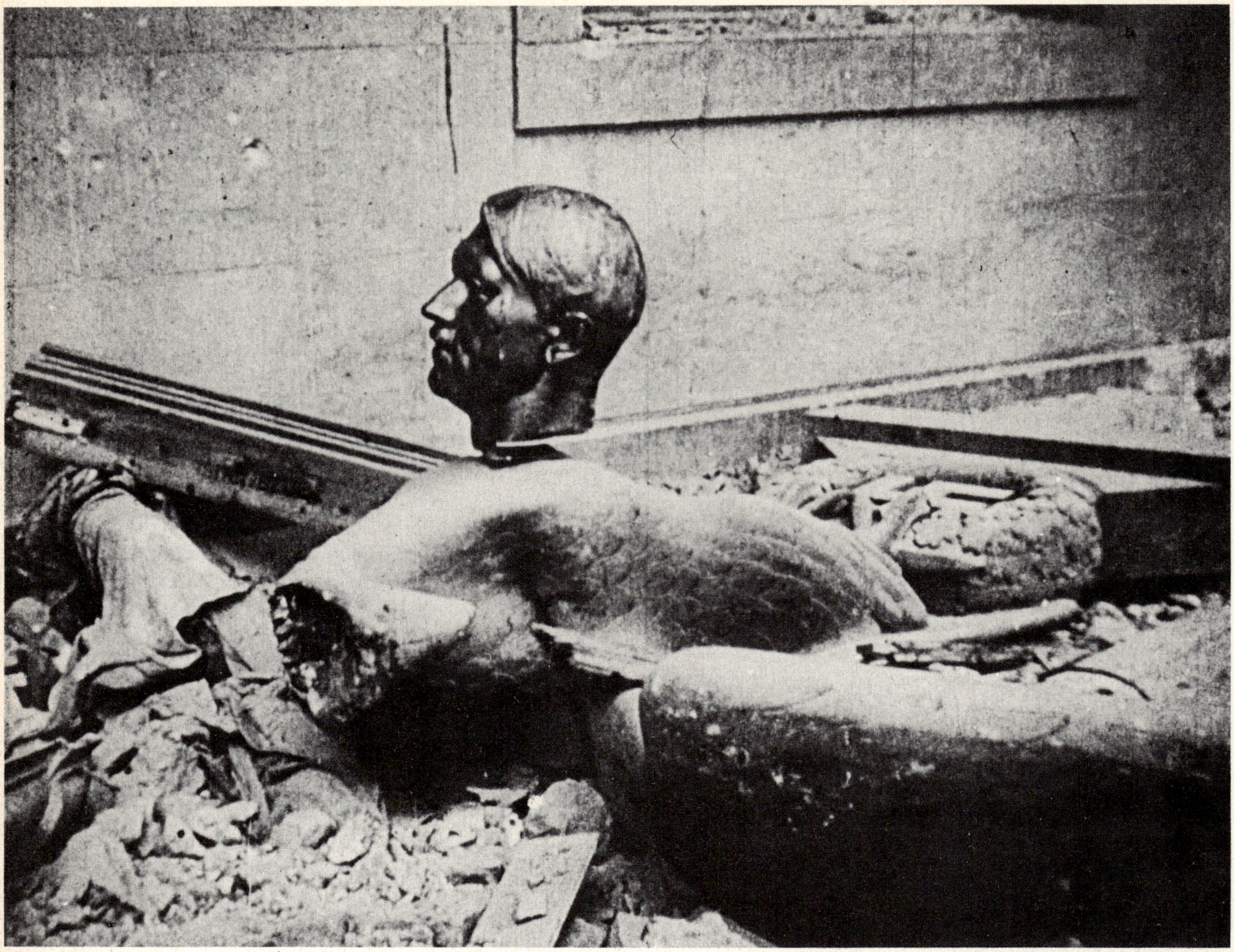

Reichskanzlei, April/Mai 1945

Uniformierung einer Generation
Die doppelte Inanspruchnahme der Jugend durch Schule und Hitlerjugend

I.

Der Wandel, dem die Schule unter dem Naziregime unterworfen war, ist angemessen nur zu erfassen, wenn man nach den Rückwirkungen der in ständiger Veränderung begriffenen politischen Situation auf die gesellschaftliche Bedeutung der Schule fragt. Die Phase der Machtkonsolidierung (1933–36) stellte der Schule andere Aufgaben als die Zeit der Machtrepräsentation (1936–40; dann erst wurden einheitliche Richtlinien für jede Schulart festgelegt). Ihr folgten 1940–43 Ansätze zur Instrumentalisierung des Schulwesens für die Zwecke der Kriegsführung (verstärkte Einrichtung von Internatsschulen, von Hauptschulen neben Volksschulen, Kombinationen von Lager und Schulunterricht in der „Kinderlandverschickung") und schließlich der Verfall der Bildungsinstitutionen in der Endphase des Krieges. Eine gewisse Logik ist dieser Entwicklung abzugewinnen, wenn man die Interessen des Regimes an seiner Herrschaftssicherung nachvollzieht. Da der (totalitäre) Anspruch nicht nur auf Kontrolle abzielte, sondern auf Manipulierbarkeit aller gesellschaftlichen Verhältnisse, war zunächst die Gewinnung einer möglichst breiten Massenloyalität erforderlich. Dementsprechend begann die politische Mobilisierung der Jugend außerhalb von Schule und Berufsausbildung. Dann kam die Phase einer offenen Konkurrenz zwischen staatlichem und politischem Erziehungsanspruch, zwischen Schule und HJ. Darauf folgte der Versuch ihrer Verschmelzung in Heimschulen und Lagern. Dabei ermöglichte die selbstprovozierte Ausnahmesituation des Krieges auch, Aggressionen im Innern des Reiches freie Bahn zu verschaffen, insbesondere gegen kirchliche Einrichtungen und die christliche Religion.

II.

Der politischen Mobilisierung (Hitler bezeichnete sie als „Erziehung", die von der Partei zu leisten sei) von jung und alt waren Organisationsformen vorgegeben, die einem Meinungs- und Willensbildungsprozeß enge Grenzen setzten. Aktivität in vorprogrammierten Bahnen war gefragt, nicht Diskussion und politische Initiative. Daß die Schulen bis 1945 einem Reichsminister unterstanden, dem der Wille zu grundlegenden Veränderungen fehlte, ist als Zeichen dafür zu werten, daß man eine Politisierung der Schule von seiten des Staates nicht wünschen konnte. Dieser Reichsminister, der in Personalunion das Preußische Kultusministerium leitete, erklärte 1934, daß man Nationalsozialist nur werde in „Lager und Kolonne". Damit war klargestellt, daß die Umerziehung nicht vom Unterricht ausgehen sollte. Politische Beteiligung bestand demnach im Mitmarschieren in den „Formationen" und in der Bereitschaft, sich vom Alltag hinweg einberufen zu lassen zu „Schulungen". Das Rezept für die Positivform von „Lagern" (es galt natürlich nicht für Konzentrationslager) lautete: In schöner landschaftlicher Umgebung mische man Körpertraining (eventuell auch Kriegsspiel) mit Feierstimmung, kameradschaftlicher Geselligkeit und politischer Information und erzeuge so in der Abgeschiedenheit vom Alltag eine Hochstimmung, in der sich neue Verhaltensweisen und Wertorientierungen, die vom Lagerleiter zu vertreten waren, leicht einüben lassen. Im Alltag sollten sich diese dann „bewähren"[1]. In Anlehnung an dieses Rezept hieß es später in der Grundsatzerklärung des Ministeriums zum Verhältnis von Erziehung und Unterricht, daß die Erziehung „vom Leibe ausgeht und die Seele ergreift und innerhalb und außerhalb der Schule auch zur Gemeinschaft erzieht"[2]. Eine solche Einstimmung in die Konformität, säuberlich abgegrenzt durch das Wörtchen „auch" von einer Gemeinschaftserziehung, die primär solidarisches Verhalten hätte einüben können, sollte dann in der „Erziehung durch Unterricht" ihre Bewährungsprobe erfahren.

III.

Die „Schule der Nation" sollte nicht erst, wie im wilhelminischen Deutschland, beim Militärdienst beginnen. Doch die Schule war aus verschiedenen Gründen nicht in der Lage, die junge Generation zur „Volksgemeinschaft" hinzuführen. Durch die „Hitlerjugend", nicht durch Schulkinder, sah Hitler seine Vision einer einigen Nation bestätigt, in der „Stände, Klassen, Berufe usw." nicht mehr von Wichtigkeit sein würden (Reichsparteitag 1935). Da dem politischen Credo die Kraft zugesprochen wurde, soziale Unterschiede auszugleichen, konnte man auch bei der (zunächst umstrittenen) frühen Differenzierung der schulischen Ausbildungsgänge im Alter von 10 Jahren bleiben. Vor diesem Alter wurde die politische Sozialisation als nicht normierbar angesehen. Das wird daran deutlich, daß Ansätze der NS-Frauenorganisation zur Einrichtung von „Kinderscharen" jüngeren Alters unterbunden wurden. Auch war sich die Schulbürokratie im klaren darüber, „daß der Geist, der in den Formen (= Institutionen) wohnt, zäher und hartnäckiger ist, als der Geist, der in den Menschen lebt"[3]. Und da es gar nicht so sicher war, wie der „Geist" der Nationalsozialisten beschaffen sein mußte, fielen auch die Erwartungen unterschiedlich aus, die man den Lehrern gegenüber äußerte. Von einer

Peter Brückner über seine Erfahrungen in einem HJ-Lager:
„In den ersten Sommerferien der Internatszeit ging ich auf große Fahrt, d.h. ich nahm am Zeltlager des Jungvolks (HJ) teil, mit Angst und mit kühnen Erwartungen.
Fürs erste war die „große Fahrt" wohl glaubhaft: Mit der Eisenbahn als bewimpeltem Schiff fuhren wir länger als einen Tag nach Birkenfeld im Hunsrück, also in die Pfalz, für einen sächsischen Jungen sehr weit weg. Danach ein Zeltlager im dörflichen Gelände.
Am zweiten oder dritten Tag schon stand ich am hölzernen Schlagbaum, der das Lager abschloß, in gehöriger Entfernung von der Wache, und sah sehnsüchtig nach den Waldstücken „im Tal"
Der Dienst bestand zu großen Teilen darin, praktische Bedingungen des Lagerlebens zu garantieren (also für Essen, Trinken, Sauberkeit zu sorgen), dazwischen oder danach: „Schulung", Spiele, ein Wettkampf; manchmal ein Ausmarsch ins Gelände. Wir hatten auch Freizeit, aber man verbrachte sie im Lager. Erst am sechsten oder siebenten Tag durften wir alle ins Dorf, sahen in Bauerngärten und -häuser, kauften uns was . . .
An einem Zeltlager der HJ habe ich nie wieder teilgenommen, so oft ich in den Ferien unterwegs war. Die Disziplinarordnung der Hitlerjugend enthielt einen lästigen Paragraphen: „Fahrten ohne Uniform, auch als Einzelwanderer, sind unzulässig", und mit Uniform war die Einzelwanderung erst verpönt, dann verboten."

Aus: Brückner, P.: Das Abseits als sicherer Ort. Kindheit und Jugend zwischen 1933 und 1945. Berlin 1980. S. 31–33.

breiten Skala zwischen zwei Extremen wäre zu berichten, die von Hitlers im „Führerhauptquartier" geäußerten Wunschvorstellungen reichte, die „Kapitulanten" der zwölfjährigen Unteroffizierslaufbahn als Lehrer unterbringen zu können, bis zur Forderung eines Ministerialbeamten im Bereich der Lehrerbildung, der selber in der bürgerlichen Jugendbewegung aktiv gewesen war, der Lehrer habe ein „Jugendführer" zu sein (Ernst Bargheer).

Einer einzigen Schule blieb es vorbehalten, Hitlers Vorstellungen von Schulerziehung buchstabengetreu zu realisieren: Der Direktor und der Unterrichtsleiter der „Reichsschule der NSDAP Feldafing" beim Schulappell.

IV.

Solange die Lebensverhältnisse unter Zuhilfenahme der Ausnahmesituation des Krieges nicht grundlegend verändert werden konnten, der Anspruch auf politische Verfügbarkeit sich also vornehmlich auf Gesinnung und Handeln der Menschen beziehen mußte, war die Institution Schule nicht das geeignete Instrument zur Herausbildung oder vielmehr zum Wachsenlassen jenes Fanatismus, den zum Kriegsende die von der HJ geprägte Generation zeigte. Erst als deutlich wurde, daß die Blitzkriegsstrategie nicht die erwünschte Machtausweitung absichern konnte, signalisierten von Hitler selbst ausgehende Eingriffe in die Schulpolitik im Herbst 1940, daß nun an eine längerfristige Absicherung einer systemkonformen Ausbildung gedacht wurde, in die das Schulsystem einzubinden war. Doch der Krieg förderte die jetzt erst beginnende Reform nicht nur, er war ihr auch hinderlich. Die imperialistischen Ziele machten eine Ausdifferenzierung der weiterführenden Bildung erforderlich, deren neue Formen nun auch politischer Kontrolle unterliegen sollten. Im „Altreich" (in den Grenzen von 1937) blieben 1942 nur noch 75,3% der Schüler beim Übergang zur 5. Klasse auf der Volksschule zurück; 1937 waren es noch 91,3%! Gleichzeitig fand unter den Volksschulabgängern die Einrichtung von „Lehrerbildungsanstalten" große Resonanz, so daß bis 1943 256 solcher Anstalten eingerichtet werden konnten. Jedoch die von der Parteizentrale so engagiert verfochtene Einführung einer Haupt- neben der Volksschule ließ sich im „Altreich" in den Kriegsjahren nicht mehr durchsetzen.

Die stärkere Nachfrage nach weiterführender Bildung setzte also erst bei den Jahrgängen ein, die ihre Schullaufbahn in der Konsolidierungsphase des Regimes begonnen hatten. Gesellschaftliche Mobilität, die anfangs durch Aufstiegsmöglichkeiten außerhalb des vom Schulbesuch abhängigen Berechtigungssystems entstanden war (man bedenke den Funktionärsbedarf in den neuen Organisationen!), wirkte zurück auf das Schulsystem und führte, zusammen mit dem Mangel an Facharbeitern, zur Forderung nach einer Leistungssteigerung der Volksschule. Entsprechend wuchs nach 1938 auch die Zahl der Hilfsschüler.

V.

Doch von der Schule wurden die Bedürfnisse der Schüler nach sozialer Anerkennung, altersgemäßer Aktivität, emotionalem Konsum (trotz einer „Erlebnispädagogik") und ihre Interessen an einer der modernen technischen Entwicklung entsprechenden Betätigung und Ausbildung weniger befriedigt als durch das zunehmend differenzierte Angebot der Hitlerjugend. Demgegenüber blieb die Attraktivität des BDM (Bund Deutscher Mädel) dürftig, zumal auch die Schulen sich stärker der hauswirtschaftlichen Ausbildung annahmen. So wurde gerade von Mädchen eine größere Mobilität innerhalb des Bildungssystems entwickelt. Während die Lehrerstellen in den Volksschulen 1941 zu 31,5% von Lehrerinnen wahrgenommen wurden, betrug 1943 der weibliche Anteil in den Lehrerbildungsanstalten 59% (also in einem Alter vor der Arbeitsdienst- und Wehrpflicht).

Die Konkurrenz der HJ hatte die Schule selber fördern müssen. Das geschah einerseits durch die Verpflichtung zur Berichterstattung über den Anteil an HJ-Mitgliedern unter den Schülern bis zur Einführung einer „Jugenddienstpflicht" für alle 10- bis 18jährigen kurz vor Kriegsbeginn. Andererseits hatten die Schulen von 1934 bis zum Erlaß des „Gesetzes über die Hitlerjugend" vom 1.12.36 den Sonnabend als „Staatsjugendtag" zur Verfügung zu stellen. Während die HJ-Mitglieder an diesem Tag ihren „Dienst" taten, mußte der ihr nicht zugehörigen Minderheit in zusammengelegten Klassenverbänden Unterricht erteilt werden. Den Lehrern wurde eine „nationalpolitische" Unterweisung auferlegt. Daß darin auch ein Risiko gesehen wurde (1936 mußten außerdem die „nationalpolitischen Lehrgänge" für Oberschüler wieder eingestellt werden), geht aus dem 1938 vertretenen Grundsatz hervor: „Die nationalsozialistische Weltanschauung ist nicht Gegenstand oder Anwendungsgebiet des Unterrichts, sondern sein Fundament."[4] Im Klartext hieß das, politischer Glaube sei vorauszusetzen, er sollte nicht zum Gegenstand einer rational verfahrenden Lehre gemacht werden.

Bei der Schaffung eines Freiraums für die schon berufstätige Jugend zum Zweck der Lagerschulung kam die HJ nur sehr langsam voran. Das geht aus einer Umfrage bei den Teilnehmern am „Reichsberufswettkampf" 1937 hervor, von der man vorsichtigerweise die in der Landwirtschaft Tätigen von vornherein ausschloß. Es stellte sich nämlich heraus, daß die „Urlaubsrichtlinie" (bei mindestens 10-tägiger Teilnahme an einem von der HJ geführten Lager grundsätzlich 18 Arbeitstage Urlaub) nur in den industriellen Ballungsgebieten einigermaßen zufriedenstellend berücksichtigt worden war5). Betrachtet man die verfügbare Zeit für „Lager und Kolonne" als Privileg im Sinne der damaligen Zeit, so war in den meisten Regionen die Jugend im ländlichen Raum deutlich unterprivilegiert. Unter umgekehrtem Vorzeichen kann man freilich auch feststellen, daß die „Erfassung" der Jugend dort allenfalls oberflächlich erfolgt sein muß. Für die schulentlassene Stadtjugend aus „wirtschaftlichen und politischen Notstandsgebieten" hatte Preußen durch das Gesetz über das „Landjahr" 1934 die Möglichkeit geschaffen, Jungen und Mädchen in ein neunmonatiges „Lager" einzuberufen.

Zwischen den HJ-Einheiten und den Schulen bestand keine organisatorische Verbindung, geschweige denn eine curriculare zwischen HJ-Schulung und Schulunterricht. Zur Durchführung von Wettkämpfen war allein die HJ berechtigt. Der Aufstieg in der Führungshierarchie – schon jeder zehnte Pimpf oder Hitlerjunge, jedes zehnte Jungmädel oder Mädel konnte sich als „Führer" Gleichaltriger oder Jüngerer betätigen – vollzog sich ohne jede Einflußnahme der Schule. Demgegenüber wurde, wenn bei HJ-Führern die Versetzung gefährdet war, oft über den „Vertrauenslehrer" die besondere Belastung durch den „Dienst" der Schule gegenüber geltend gemacht. Solche Dienstleistung wurde höher bewertet als die Schulleistung, die dem individuellen Fortkommen zugerechnet wurde. Angesichts dieser Entwicklung führte 1939 sogar der von der Parteizentrale kontrollierte „NS-Lehrerverband" öffentliche Klage über die „Entmachtung der Schule"[6]. „Lücken im Elementarwissen und geringe Beweglichkeit der Schulabgänger" wurden zurückgeführt auf „mangelnde Muße der lernenden Jugend, auf die Überfülle der Eindrücke, die sich in seelischer Verflachung und abnehmender Gedächtniskraft" niederschlage, aber auch begründet mit der außerschulischen Beanspruchung der Lehrer, mit Lehrermangel, wachsender Klassenstärke und Einschränkungen des Unterrichts durch angeordnete Aktionen.

VI.

Die Uniformierung der jungen Generation, die, rechtlich gesehen, mit Kriegsbeginn vollends

Propagandaklischee aus einem „Schulungsbrief" von 1942.

durchgesetzt wurde, stellte bewußt einen Gegensatz her zur schulischen Orientierung an kognitiven Lernleistungen. Der „Glaube" der HJ-Mitglieder drückte sich vor allem in ihren Liedern aus, im Rhythmus und in der Disziplin des Marsches. Eine britische Delegation, die an der Leibeserziehung interessiert war, zeigte sich 1937 zudem überrascht vom Ernst und Verantwortungsbewußtsein einer Jugend, die sich zusammen mit dem Militär als „Stütze der Ordnung in einer vom Untergang bedrohten Kultur" empfand[7]. Diesem Pathos, dieser verführerischen Dynamik konnte eine Schule, die in ihren Reformimpulsen gehemmt war, keine Motivation zur besseren Lebensbewältigung durch geistige Anstrengungsbereitschaft entgegenstellen.

Harald Scholtz

Anmerkungen:

1) Gamm, H.J.: Führung und Verführung. München 1964, bietet in Dokument 61 (S. 326) ein Beispiel für diese Rezeptur. Die Wirkungen des Lagers wurden analysiert von J. Ehrhardt: Erziehungsdenken und Erziehungspraxis des Nationalsozialismus. Diss. Berlin 1968, S. 126–148.
2) Erziehung und Unterricht in der Höheren Schule. Berlin 1938. „Grundsätzliches", S. 13.
3) Ebd., S. 12.
4) Ebd., S. 19.
5) Axmann, A.: Der Reichsberufswettkampf. Berlin 1938. S. 256f.
6) Erziehung und Schulung im Dritten Reich. Hrsg.: Heinemann, H., Teil 1, Stuttgart 1980. S. 39.
7) Board of Education: Physical education in Germany, Educational Pamphlets No. 109, S. 78.

Weiterführende Literatur

Klose, W.: Generation im Gleichschritt. Oldenburg 1964.
Nyssen, E.: Schule im Nationalsozialismus. Heidelberg 1979.
Kater, M.H.: Hitlerjugend und Schule im Dritten Reich. In: Historische Zeitschrift (1979), H. 228.
Erziehung und Schulung im Dritten Reich. Teil 1: Kindergarten, Schule, Jugend, Berufserziehung; Teil 2: Hochschule, Erwachsenenbildung. Hrsg. Heinemann, M., Stuttgart 1980.

Schulerziehung im Auftrag des Nationalsozialismus

Adolf Hitler über Erziehung:
„Meine Pädagogik ist hart. Das Schwache muß weggehämmert werden. In meinen Ordensburgen wird eine Jugend heranwachsen, vor der sich die Welt erschrecken wird. Eine gewalttätige, herrische, unerschrokkene, grausame Jugend will ich. Jugend muß das alles sein. Schmerzen muß sie ertragen. Es darf nichts Schwaches und Zärtliches an ihr sein. Das freie, herrliche Raubtier muß erst wieder aus ihren Augen blitzen. Stark und schön will ich meine Jugend. . . .
Ich will keine intellektuelle Erziehung. Mit Wissen verderbe ich mir die Jugend. Am liebsten ließe ich sie nur das lernen, was sie ihrem Spieltriebe folgend sich freiwillig aneignen. Aber Beherrschung müssen sie lernen. Sie sollen mir in den schwierigsten Proben die Todesfurcht besiegen lernen. Das ist die Stufe der heroischen Jugend. Aus ihr wächst die Stufe des Freien, des Menschen, der Maß und Mitte der Welt ist, des schaffenden Menschen, des Gottmenschen. In meinen Ordensburgen wird der schöne, sich selbst gebietende Gottmensch als kultisches Bild stehen und die Jugend auf die kommende Stufe der männlichen Reife vorbereiten . . ."

Aus: Rauschning, H.: Gespräche mit Hitler. Zürich/New York 1940. S. 237.
Zitiert nach: Quellen zur Geschichte der Erziehung. Hrsg. von K.-H. Günther u.a. Berlin / DDR 1968. S. 470.

I.

Schilderungen der Schule zur Zeit des Nationalsozialismus, die von den damaligen Willenserklärungen her auf die Schulwirklichkeit schließen, dürften und sollten den Widerspruch derjenigen wecken, die als heute 50- bis 60jährige diese Schulwirklichkeit noch erinnern. Erinnerungen an eine ganz und gar von der NS-Ideologie geprägte Schule dürfte es kaum geben. Verwiesen sei hier auf die Erfahrungsberichte und die romanhafte Verarbeitung von Erlebnissen, die in den letzten Jahren in großer Zahl erschienen sind (leider nur aus der Perspektive von Schülern, kaum von Lehrern)[1]. Sie sparen freilich die Volksschule aus, sei es, weil die meisten Autoren eine höhere Schule besuchten, also nur die Grundschulklassen der Volksschule kennenlernten, sei es, weil zu dieser Zeit die Volksschule nicht mehr so einprägsame Lehrergestalten hervorbrachte, wie sie früher von Romanautoren wie Holz, Bröger oder Wiechert geschildert worden sind. Zwischen einer Geschichtsschreibung, die auf die Ebene schulpolitischer Entscheidungen fixiert ist, und jener subjektiven Perspektive sucht eine Forschung zu vermitteln, die, wo sie nicht nur Anekdotisches sammelt, von den lokalen Gegebenheiten her typische Merkmale der Struktur des damaligen Alltagsgeschehens herauszuarbeiten trachtet. Wiederum muß festgestellt werden, daß es sich bei den vorliegenden Versuchen um Untersuchungen „höherer" Schulen handelt[2]. Einen weiteren Zugang zur Lernumwelt der Schüler erschließt die fachdidaktische Forschung, die aus Richtlinien und Unterrichtshilfen, aus der Diskussion in Fachzeitschriften und durch die Untersuchung von Lehrmaterial, aber auch von Jugendliteratur und außerschulischen Betätigungsmöglichkeiten, ein Bild von der Bedeutung eines Schulfachs für die Ausbildung der Schüler zu gewinnen sucht. Zunehmendes Interesse ist auch für die Ausbildungsangebote zu verzeichnen, die speziell der Frauenbildung galten.

Angesichts dieser vielfältigen, aber auch begrenzten Möglichkeiten, die Schulwirklichkeit im Nationalsozialismus zu rekonstruieren, verflüchtigt sich nur allzu leicht das Interesse desjenigen, der zunächst nach der erhellenden Widerspiegelung eigener Erfahrungen in einem größeren Zusammenhang gefragt hat; Geschichte wird denen überlassen, die professionell oder um eines akademischen Titels willen an einem „Geschichtsbild" arbeiten. Einer solchen Resignation in Sachen „Zeitgeschichte des Erziehungsalltags" kann nur eine Verständigung über die Interessen an seiner Rekonstruktion entgegenwirken. Die Bereitschaft, leicht erinnerliche Szenen, die aus damaliger Perspektive besondere Aufmerksamkeit beanspruchten, nicht gleichzusetzen mit Erinnerung schlechthin, sondern vor allem dem einst selbstverständlich Erscheinenden nachzudenken, muß dabei vorausgesetzt werden[3]. Ein Meisterstück solcher Kunst, Erinnerung an Schulvergangenheit zu provozieren, hat dem Fernsehpublikum Eberhard Fechner geliefert mit seiner zweiteiligen Sendung „Klassenphoto".

II.

Erinnerungen, die uns heute politisch bedeutsam erscheinen, verknüpfen sich meist mit Erlebnissen außerhalb der Schule. Heute scheint uns das Bild einer „politisierten" Schule nur für Randbereiche zuzutreffen, etwa für Schulferien, für besonders „linientreue" Lehrer, für die Schülerzeitschrift „Hilf mit", überhaupt für so manchen Lesestoff, der ebenso wie die „Jugendfilmstunden" handfester als die Lesebücher politische Vorstellungen vermittelten. Politisch bedeutsam war jedoch für nicht wenige auch, daß sie über die Volksschule in Ausleseprozesse für die „Napola" (Nationalpolitische Erziehungsanstalten) hineingerieten, denen ein großes Prestige zugesprochen wurde, andere gingen im Anschluß an die Volksschule zum „Landjahr" oder auf „Lehrerbildungsanstalten". Weniger auf der Ebene des Außerordentlichen, Beeindruckenden liegen Erinnerungen an die Einübung eines Verhaltens, das als zeittypisch, aber nicht gerade „nationalsozialistisch" empfunden wird. Heute spricht man vom „heimlichen Lehrplan" der Schule, wenn die Gewöhnung an Verhaltensmuster und die unkritische Hinnahme von Leitbildern bewußt gemacht wird. Als politisch bedeutsam müssen daher auch anerkannt werden die „stramme Haltung" vor dem Lehrer, die Nuancen beim Hitlergruß, die Anerkennung, die ein „ganzer Kerl" zumindest bei den meisten Lehrern fand, wenn er vital und selbstbewußt, aber nicht zu sensibel oder gar skeptisch war. Auch Eifer oder Nachlässigkeit, mit denen die Anordnung von Aktionen, besonderen Veranstaltungen aufgenommen wurden, gehören in dieses Bild vom „heimlichen Lehrplan", von dem viele geprägt wurden.

III.

Verarbeitet werden kann diese Fülle von Assoziationen mit dem Ziel einer Aufkärung über „Schulerziehung im Auftrag des Nationalsozialismus" freilich erst durch ihre Ordnung, Gewichtung und die Herstellung von Zusammenhängen. Ein Versuch, die Schulerziehung nachträglich vom leitenden Gesichtspunkt der „Willensschulung" her zu interpretieren[4], faßt zwar die Zielvorstellungen vieler Theoretiker der Zeit griffig zusammen, übersieht aber die Vielfalt von Funktionen, die die Schule in einer entwikkelten Gesellschaft notwendigerweise hat. Immerhin erinnert diese Formel „Willensschulung" daran, daß es verfehlt wäre, die Einpassung der Schule in das Herrschaftssystem nur aus der Orientierung an Disziplin und Gehorsam herzuleiten. Wer aus Hitlers Machtstellung als Diktator folgert, daß seine Machtausübung auf den Prinzipien des Obrigkeitsstaates beruhte, verfehlt die zentrale Absicht nationalsozialistischer Herrschaftspraxis, zur Identifizierung jedes Einzelnen mit dem „Führerwillen" hinzulenken. Dabei war für jedermann in einer dynamischen Zeit einsichtig, daß dieser „Führerwille" nicht ausformuliert und festgelegt sein konnte. Aufgabe einer staatlichen Verwaltung von Prozessen der Menschenführung innerhalb der Institution Schule mußte es demnach sein, bis in die pädagogische Praxis hinein diese Möglichkeit zur Identifikation offenzuhalten. Da eine solche Folgerung aus der Struktur des Systems keineswegs offen zutage lag, wurde diese Maxime nicht immer beachtet. Klar formuliert hat sie der Erziehungstheoretiker Alfred Baeumler 1942: „Was der Lehrer heute ist und was er zu tun hat, muß er sich selber aus seinem politischen Auftrag deuten."[5] Demnach gab es Willkür (positiv ausgedrückt: Freiheit), aber nur innerhalb der Grenzen eines politischen Auftrags („restlose Umwandlung der politischen Energie in scheinbar unpolitische Schularbeit"), über dessen Herkunft und inhaltliche Bestimmung nichts Genaues auszumachen war.

IV.

Beachtet man weniger, was im einzelnen geredet und geschrieben wurde, und vergleicht stattdessen die Einzelaussagen zu einer Sachfrage im Laufe jener zwölf Jahre, oder besser noch, untersucht man das tatsächliche Handeln, die Struktur von Beeinflussungsprozessen, dann gelangt man zu dem Ergebnis, daß der Auftrag des Nationalsozialismus an die Schulerziehung eher in Negation als in einer positiven Inhaltsbestimmung gesehen werden kann. Dieser Eindruck ist an einigen Beispielen zu erhärten. Ein erstes Beispiel betrifft die Unsicherheit, die hinsichtlich des erwünschten Verhaltenstypus des Lehrers vorherrschte, Welche Gemeinsamkeiten man auch zwischen einem altgedienten Feldwebel und einem „jugendbewegten" Führer in der Rolle des Lehrers finden mag, jedenfalls war nicht an einen Lehrer gedacht, der in der Schule den von der Wissenschaft zu vertretenden Wertorientierungen auf Wahrheit, Gerechtigkeit und Freiheit hin zur Geltung verhelfen sollte. Auch die „Begeisterung", die der Jugendführer wecken sollte, hatte dem „politischen Auftrag" zu gelten und nicht persönlich vertretenen Idealen. Wäre die Vorbildorientierung tatsächlich ein so grundlegendes Prinzip nationalsozialistischer Menschenführung gewesen, wie man es aufgrund von Äußerungen zum „Führerprinzip" annehmen könnte, dann hätte man sich Zurückhaltung in der so oft geübten Praxis der „Versetzung" von Lehrern auferlegen müssen. Das Gegenteil aber war in Wahrheit funktional: Im Wechsel möglichst tiefgehender Beeinflussungen sollten die Inhalte dieser Beeinflussung weniger wichtig erscheinen als die Bereitschaft, sich Vorgesetzten gegenüber willfährig zu zeigen, soweit diese mit dem „Geist der Zeit" konform gingen.

Beispiele dieser Art lassen sich nicht nur im Bereich der Sozialisations- und Kommunikationsprozesse finden, sondern auch im Bereich der ideologischen Schulung. So ist allgemein bekannt, in welches Dilemma eine schulmäßig betriebene „Rassenlehre" geraten mußte, weil die einen sie an körperlichen Merkmalen, die anderen an kulturellen Leistungen festmachen wollten. Fragt man jedoch nach einer Anweisung zur schulmäßigen Behandlung des Antisemitismus, dem der Rassenmythos letztlich dienen sollte, so erfährt man aus einer Untersuchung der Volksschule, daß nur ein einziges Land, Hamburg, die Judenfrage ausdrücklich in die unterrichtliche Behandlung einbezog. Antisemitische Äußerungen wurden bei jeder Gelegenheit gefördert, aber zum Gegenstand des Unterrichts wurden Lösungen für das so dringlich gemachte Problem nur hier. Die Gründe für diese Aussparung werden ersichtlich, wenn man erfährt, daß die Hamburger Schulkinder im Dezember 1933 lernen sollten, die „Ausrottung (Pogrome)" sei „ganz verwerflich"; „nur die klare rechtliche Scheidung zwischen Wirts- und Gastrolle . . . verspricht Erfolg." Hätte man überall diesen Unterricht so durchgeführt, wäre jedermann klargeworden, daß das politische Handeln sich nicht an vorgegebene Normen binden ließ. „Weltanschauung" führte also keineswegs zu einer rational vertretbaren politischen Ideologie, deren Aussagen zum Maßstab für das politische Handeln (nach dem bekannten Muster:

Adolf Hitler über die Lehrer:
„Lehrer werde leider nur ein bestimmter Typ von Menschen, der sich für den Kampf in freien Lebensberufen nicht eigne. Menschen, die das Zeug in sich fühlten, aus eigener Kraft etwas zu leisten und zu gestalten, werden nicht Lehrer, zumindest nicht Volksschullehrer. An die Lehrer, die durch seine Jugend gegangen seien, habe er überwiegend unerfreuliche Erinnerungen. Schon in ihrem Äußeren seien sie schmutzig gewesen und durch dreckige Kragen, ungepflegte Bärte und dergleichen aufgefallen . . ."

„Wenn man die Geisteserzeugnisse von Volksschullehrern lese, von ihren politischen Ansichten höre oder ihre Beschwerden zu Gesicht bekomme, dann könne man nur immer wieder feststellen, daß es sich bei ihnen um ein ganz besonders unselbständiges geistiges Proletariat handelt, so richtig dazu beschaffen, eine Säule des Gott sei Dank überwundenen Systems darzustellen. Wenn diese Leute sich dann noch einbildeten, nicht genug vom Staat bezahlt zu werden, dann müsse man ihnen entgegenhalten, daß jeder Feldwebel unserer Wehrmacht bessere Erziehungsarbeit leiste als sie. Denn kleinen Jungen und Mädchen das Abc beizubringen, sei ja wirklich kein Kunststück . . ."

„Da die Lehrer es überhaupt nur in sehr wenigen Ausnahmefällen verstehen, die Jugend mit absoluter Autorität zu lenken, halte er es für richtig, für die fortgeschrittenen Volksschulklassen Kapitulanten (d. s. altgediente Soldaten – d. Red.) als Lehrer heranzubilden. Da unsere Kapitulanten vor ihrem Eintritt in die Wehrmacht durch die HJ und den Arbeitsdienst gegangen seien und daher aus eigener Anschauung die menschenerzieherische Arbeit der Bewegung kennen, gingen sie von vornherein mit der richtigen Einstellung an schulerzieherische Aufgaben heran. Man müsse sie nur in den beiden letzten Jahren ihres zwölfjährigen Militärdienstes auf Präparanden-Anstalten schikken, um ihnen auch ein gutes Schulwissen für eine künftige Lehrertätigkeit mit auf den Weg zu geben."

Aus: Gamm, H.-J.: Führung und Verführung. Pädagogik des Nationalsozialismus. München 1964. S. 170 ff.
Zitiert nach; Quellen zur Geschichte der Erziehung, Hrsg. von K.-H. Günther u.a. Berlin / DDR 1968. S. 472 f.

Norm im Vergleich zur Wirklichkeit) hätten werden können. Die Propaganda lieferte im übrigen genügend Beispiele für die Nötigung zum Umdenken: England, erst ein „Brudervolk", wird zum „Raubstaat"; das Reich, erst als „Volksstaat" interpretiert, wird zum „Germanischen Reich deutscher Nation" usw. Politische Unterweisung zum Gegenstand schulmäßig betriebener Lehre zu machen, mußte sich der Nationalsozialismus scheuen, dafür gab es umso mehr politisierten Gelegenheitsunterricht.

V.

Schulerziehung tat viel mehr für den Nationalsozialismus in dem, was sie unterließ, als durch das, was sie tat. Selbst wenn man den verschiedenen Schularten zugesteht, daß sie unterschiedliche Funktionen zu erfüllen hatten, bleibt das Fazit der Schulreform eines Staates, der die Möglichkeit gehabt hätte, wenigstens in der Lehrplangestaltung über traditionelle Bildungsansprüche hinweg den Anforderungen der modernen Zeit Rechnung zu tragen, recht dürftig. Wenn kurz vor ihrer Reifeprüfung noch die Schüler einer Adolf-Hitler-Schule sich „politisches Grundwissen" erarbeiten mußten und das Parteiprogramm einpaukten[7], kann von dieser politischen „Elite" auf das Schulsystem geschlossen und geurteilt werden, daß Politisierung als „Unterrichtsprinzip" weder notwendig noch beabsichtigt zu politischer Bildung hinführte. Niemals wurde das Postulat von der „harmonischen Bildung" strikter in eine gleichmäßige Bemessung von Zeitanteilen für die Fächergruppen „Deutschkunde", Fremdsprachen, musische und Leibeserziehung sowie Mathematik und Naturwissenschaften in den höheren Schulen umgesetzt wie in dieser Zeit. Nur der Religionsunterricht wurde zurückgedrängt. Wenn überhaupt ein mit der Staatsbürger- oder Sozialkunde vergleichbares Fach eingerichtet wurde, handelte es sich zumeist um einen regelmäßigen Gelegenheitsunterricht zur Behandlung des Tagesgeschehens. Man gönnte den Schülern lieber, sich in die altgermanische Wertewelt der „Edda" zurückzuversetzen, als sie mit den Konflikten einer Industriegesellschaft zu belasten. Die „scheinbar unpolitische Schularbeit" (Baeumler) bot tatsächlich große Möglichkeiten für die Zurichtung der Vorstellungswelt der jungen Generation auf eine Welt der Mythen, der nur unter Anwendung von Gewalt in der Realität Geltung verschafft werden konnte.

VI.

Die scheinbare Jugendfreundlichkeit schlug überall da in Drill um, wo man sich eines „reflexartigen Handelns" aus dem Unterbewußtsein heraus versichern wollte[8]. Hitler soll, Rauschning zufolge, einmal geäußert haben: „Mit Wissen verderbe ich mir die Jugend. Am liebsten ließe ich sie nur das lernen, was sie ihrem Spieltriebe folgend freiwillig sich aneignen. Aber Beherrschung müssen sie lernen. Sie sollen mir in den schwierigsten Proben die Todesfurcht besiegen lernen."[9] Mögen diese Formulierungen auch nicht authentisch und keinesfalls den damals tätigen Pädagogen bekannt gewesen sein, so geben sie doch die vorherrschende Einstellung der Erwachsenenwelt gegenüber der Schule wieder. Der Ernst der Zeit sollte sich nicht in der Schule widerspiegeln. Sie hatte vornehmlich dem individuellen Fortkommen zu dienen, aber auf keinen Fall Widerstände gegen die Opferung des Lebens für die „Volksgemeinschaft" aufzubauen. Schulerziehung im Auftrag des Nationalsozialismus geschah überall, wo bedenkenlos gesungen wurde: „Unsere Fahne ist mehr als der Tod".

Harald Scholtz

Anmerkungen

1) Beispiele: Finckh, R. (Cornelia Keller): Mit uns zieht die neue Zeit. Baden-Baden 1979; Ehrentreich, A.: Pädagogische Odyssee. Weinheim 1967.
2) Popplow, U.: Schulalltag im Dritten Reich. Fallstudie über ein Göttinger Gymnasium. In: Aus Politik und Zeitgeschichte B 18/1980.
   Nixdorf, B.: Politisierte Schule? – Fallstudien zum Lehrerverhalten in der NS-Zeit. In: Informationen zur erziehungs- und bildungshistorischen Forschung (1980) H.14, S. 63–72.
3) Ein Beispiel: Gutte, R.: Horst-Wessel-Schule. In: Terror und Hoffnung in Deutschland 1933–45. Leben im Faschismus. Hrsg.: Johannes Beck u.a., Reinbek b. Hamburg 1980, S. 330–348.
4) Preising, R.: Willensschulung. Zur Begründung einer Theorie der Schule im Nationalsozialismus. Dissertation Köln 1976.
5) Baeumler, A.: Bildung und Gemeinschaft. Berlin 1942, S. 103.
6) Ottweiler, O.: Die Volksschule im Nationalsozialismus. Weinheim 1979, S. 16.
7) Scholtz, H.: NS-Ausleseschulen. Göttingen 1973, S. 391.
8) Usadel, G.: Wissen, Erziehung, Schule. Dortmund 1938, S. 12.
9) Der Nationalsozialismus, Dokumente 1933–1945. Hrsg.: Hofer, W.; Frankfurt/M. 1978, S. 88.

Weiterführende Literatur

Frank, H.-J.: Geschichte des Deutschunterrichts von den Anfängen bis 1945. München 1973.
Focke, H./Reimer, U.: Alltag unterm Hakenkreuz. Reinbek b. Hamburg 1979.

Widerstand von unten — Jugendliche gegen HJ und NS-Staat

In der öffentlichen Meinung über das Dritte Reich, vielfach aber auch in der Geschichtsschreibung über die deutschen Zustände zwischen 1933 und 1945 wird weithin unterstellt, die deutsche Jugend im NS-Staat sei nahezu ausnahmslos begeistert oder jedenfalls willig der Hitler-Jugend gefolgt. Der Widerstand der Gruppe um die Geschwister Scholl wird dabei als die Ausnahme angesehen, die die Regel nur bestätige.

Die historische Realität sah indessen anders aus. Die HJ-Sozialisation erreichte keineswegs jenen totalen Erfolg, den der NS-Staat ihr als Ziel gesetzt hatte. Trotz des Verbots aller konkurrierenden Jugendorganisationen, trotz aller Lockmittel und Repressionen des NS-Staates blieb ein nicht unerheblicher Teil der Jugend widerständig gegen die Staatsjugenderziehung, bildeten sich Oppositionsströmungen in der jungen Generation heraus, die im Verlauf der Entwicklung des Dritten Reiches an Reichweite eher zunahmen.

I.

Der Beginn der Opposition Jugendlicher gegen den NS-Staat war bestimmt durch den unmittelbar politischen Widerstand aus den Reihen der 1933 verbotenen Jugendorganisationen der Arbeiterbewegung, die sich schon vor 1933 in der Auseinandersetzung mit dem deutschen Faschismus engagiert hatten, so vor allem des „Kommunistischen Jugendverbandes Deutschlands" (KJVD), der „Sozialistischen Arbeiterjugend" (SAJ) und des „Sozialistischen Jugendverbandes" (SJV). Bei den illegalen Aktivitäten dieser Gruppen in der Zeit nach der Machtergreifung ging es nicht so sehr um die Abwehr des Zugriffs der NS-Jugenderziehung und der HJ, sondern ganz direkt um den Kampf gegen den Staat, um die Agitation für die unterdrückten Organisationen der Arbeiterbewegung. Hauptträger dieser Form des Widerstands waren die Kommunisten. Als der NS-Staat im Jahre 1933 die illegalen Kader der alten Arbeiterorganisationen terroristisch zerschlug, rückten überall junge Leute nach und versuchten, die traditionelle Aktivität politisch kämpferischer Massenorganisationen aufrechtzuerhalten. Perspektive war hier der revolutionäre Sturz Hitlers und seines Systems, was kurzfristig für möglich gehalten wurde.

Die Erwartungen, die sich mit dieser Art des jungen Widerstands verbanden, erwiesen sich als illusionär. Angesichts der gnadenlosen Verfolgung der illegalen Arbeiterbewegung durch den NS-Staat blutete die junge sozialistisch-kommunistische Opposition in den Jahren 1933 bis 1935 im Sinne des Wortes aus; hunderte von antifaschistischen Jugendfunktionären wurden ermordet, viele tausende junge Kommunisten und Sozialisten kamen in die Zuchthäuser und KZ-Lager des Dritten Reiches. Ende 1935 war die organisierte Weiterführung kommunistisch-sozialistischer Jugendorganisationen im großen und ganzen zerschlagen. Die illegalen Führungen der KPD, der SPD und linkssozialistischer Gruppen begannen sich nun auf die tatsächlichen Kampfbedingungen im deutschen Faschismus umzustellen, sie zielten auf „Einsickern" in die NS-Massenverbände, so auch in die HJ ab, verzichteten auf allzu opfervolle Außenaktionen und suchten Verbindung zu breiteren, „vorpolitischen" Oppositionsströmungen in der Jugend. Die eigenen personellen Verluste waren allerdings so stark, daß diese neue Vorgehensweise nur noch begrenzt Erfolg hatte. Nach Kriegsbeginn und vor allem nach 1941 rekrutierten sich sozialistisch-kommunistische Widerstandsgruppen, die nun neuen Auftrieb bekamen, vielfach aus den Resten der illegalen Jugendaktivität der Jahre um 1933–35. Die Masse der Jugendlichen war freilich von hier aus nicht zu erreichen[1].

Breiteren Einfluß und mehr Überlebensfähigkeit als die direkten illegalen Fortführungen der Arbeiter-Jugendorganisationen erreichten Versuche, aus dem linken Milieu der Arbeiterjugend vor 1933 heraus einen locker gruppierten Lebens- und Fahrtenzusammenhang junger Leute gegen die HJ aufrechtzuerhalten. Solche „subkulturellen" Gruppen (in Sachsen z.B. unter dem Namen „Meuten", in Berlin unter dem Namen „Wilde Cliquen" verbreitet) machten der HJ schwer zu schaffen; trotz schärfster Verfolgung waren sie niemals völlig auszurotten. Von hier aus ergaben sich auch Querverbindungen zu neu sich bildenden, spontanen oppositionellen „Jugendcliquen" vom Typ der „Edelweißpiraten", ebenso zur illegalen bündischen Jugend.

Gruppen dieser Art waren oft auch in der Lage, jüngere Mädchen und Jungen, die nicht schon vor 1933 in antifaschistischen Organisationen aufgewachsen waren, neu für sich zu gewinnen. Gestapo und NS-Gerichte sahen, nicht zu Unrecht, in solchen spontanen Zusammenschlüssen von Arbeiterjugendlichen eine erhebliche Gefahr für den Erfolg der HJ-Sozialisation; sie identifizierten diese Gruppen als eine Mischung von bündischen und kommunistischen Traditionen, ohne daß dabei eine Einbindung in die illegalen Parteizirkel der KPD oder ähnlicher Organisationen gegeben gewesen wäre. In Prozeßakten aus den Jahren 1938/39 heißt es hierüber u.a.: „... Diese in der äußeren Form der Bündischen Jugend auftretenden ‚Meuten' hatten es sich zum Ziel gesetzt, die HJ von der Straße zu verdrängen und diese selbst zu beherrschen. Sie entwickelten sich zu einem

Illegale Kampfschrift des Bezirks Wedding des Kommunistischen Jugendverbands (KJVD) 1935.

gefährlichen Gegenspieler der Staatsjugend. Gerade die bewußte Ablehnung der Staatsjugend war für viele Jugendliche der Anreiz, sich einer Meute hinzuzugesellen . . . Besonders die Disziplin in den NS-Organisationen war ihnen verhaßt. Es ist bekannt geworden, daß die Jugendlichen in den Meuten ein ungezwungenes und liederliches Leben führten, besonders auch in geschlechtlicher Hinsicht . . . Sie pflegten die Tradition staatsfeindlicher Jugendgruppen. Den Neulingen erzählten sie von den Fahrten, die sie früher gemacht hatten und dem Lagerleben und organisierten weitere Fahrten, bei denen durch das gemeinsame Absingen marxistischer Lieder die Stimmung im marxistischen Sinne beeinflußt werden sollte . . . Über das politische Ziel, zu dessen Verwirklichung man sich zusammengetan hatte, war man sich einig, es war der Sturz Hitlers . . ."[2].

Aus den Prozeßunterlagen geht hervor, daß die „Meuten" vor allem in Sachsen und Berlin verbreitet waren. Für Leipzig allein wird die Zahl der Zugehörigen mit 1.500 angegeben. Ostern 1938 soll ein Treffen der „Meuten" aus verschiedenen Städten in Berlin geplant gewesen sein. Die jugendlichen Initiatoren der Gruppen wurden zu mehrjährigen Zuchthausstrafen verurteilt.

II.

An illegalen Jugendgruppen von der Art der „Meuten" ist bemerkenswert, wie sich hier Lebensformen der „bündischen" Jugend als attraktiv für HJ-oppositionelle Arbeiterjugendliche erwiesen. Vor der Machtergreifung der NS hatten die Bündische Jugendorganisation, also die Nachfahren der Wandervogelbewegung und der frühen Pfadfinderei, ihren sozialen Schwerpunkt in der bürgerlich-mittelständischen Jugend gehabt. In ihrer Mehrheit waren sie keineswegs Gegner des Faschismus, sondern hingen zum erheblichen Teil ideologischen Leitbildern an, die sie in die Nähe des NS brachten. Allerdings enthielt der Anspruch der Bündischen auf Selbstgestaltung des jugendlichen Gruppenlebens ein Protestpotential gegen den etablierten Faschismus und seine Staatsjugenderziehung, wie sich nach 1933 und nach dem Verbot der bündischen Organisationen rasch zeigte, und nun wurde das bündische Milieu des Gruppen- und Fahrtenlebens zunehmend von Arbeiterjugendlichen übernommen, die an dem Drill der HJ wenig Gefallen fanden.

Der Haß der NS-Organe und der HJ-Führung richtete sich vor allem gegen illegale Überlieferungen der spezifischen Jugendkultur der „Jungenschaftsbewegung", deren Kern vor 1933 der Jugendbund ‚deutsche jungenschaft vom 1.11.1929' (dj.1.11) unter der Leitung von Eberhard Koebel, genannt tusk, gewesen war. Die NS-Organe verfolgten die dj.1.11 als „gegenvölkisch" und „kulturbolschewistisch", und sie hatten gerade in Berlin etliche Jahre hindurch alle Hände voll zu tun, um die „Unterwanderung" der eigenen Jugendorganisation durch Ideen der Jungenschaftsbewegung zu verhindern und das HJ-Jungvolk von Einflüssen der dj.1.11 zu „säubern". (Nach einer Anklageschrift des Oberreichsanwalts beim Volksgerichtshof Berlin aus dem Jahre 1938 sollen 1933/34 beträchtliche Teile des Berliner HJ-Jungvolks bzw. der HJ-Jungmädel der „Zersetzung" durch dj.1.11 -Angehörige anheimgefallen sein.)[3]

Noch im Jahre 1941 mußte eine interne Denkschrift der NS-Reichsjugendführung zugeben: „Das Problem der Bündischen Jugend ist scheinbar nur noch von historischer Bedeutung. Die Praxis der Überwachungsarbeit hat jedoch gezeigt, daß diese Frage auch heute noch von höchster Bedeutung und Aktualität ist . . . Die HJ hat sofort, nachdem sie die von der Bündischen Jugend her drohende Gefahr auf politischem und sittlichem Gebiet erkannt hatte, alle Maßnahmen zu ihrer Bekämpfung getroffen: Vernichtung der Bünde, ihrer Organisationen und ihres Schrifttums, Bekämpfung der Cliquen (wilde bündische Gruppen), Ausmerzung bündischer Führer, Ausmerzung bündischer Ideen und Erziehungsgrundsätze aus der HJ. . . Der Kampf gegen die Bündische Jugend ist auf größtes Unverständnis in der Öffentlichkeit gestoßen. Er ist noch nicht beendet, sondern muß vielmehr bis zur endgültigen Ausmerzung, insbesondere neugebildeter Cliquen weitergeführt werden. . ."[4]. Diese „Ausmerzung" war am Ende des Dritten Reiches, trotz aller Verfolgungsakte, immer noch nicht gelungen. . .

Berlin war vor 1933 ein Zentrum der bündischen Jugend; die der HJ besonders unangenehmen Traditionen – dj.1.11 und Rote Pfadfinder – waren hier innerhalb der bündischen Gruppen besonders stark. Während des Dritten Reiches konnten sich in Berlin illegale bündische Gruppen in vergleichsweise großem Umfange halten. Häufig wurden solche Gruppen entdeckt und zerschlagen, aber es entstanden immer wieder neue. Einer der damals Illegalen berichtet: „Mit 15 Jahren war ich das erste Mal in Gestapohaft in der Prinz-Albrecht-Straße (1936). Ich habe die Vernehmungen bei dem berüchtigten Leiter des Ressorts ‚bündische Umtriebe' bei der Berliner Gestapo mitgemacht. Ich habe als Zuschauer bei der Verurteilung eines Berliner dj.1.11 -Führers im Kriminalgericht unter der Menge gesessen; dem Angeklagten hatte man in der Haft beide Beine gebrochen und er wurde auf Krücken mit Handschellen in den Saal geführt. Er bekam sechs Jahre Zuchthaus und soll später in Sachsenhausen zuletzt gesehen worden sein. Ich habe noch 1937 cirka 30 illegale bündische Gruppen in Berlin gekannt. Unser eigener Kreis war zu dieser Zeit auf etwa 60 Leute angewachsen. Zur Deckung waren wir einer Nebenorganisation des Reichsbundes für Leibesübungen beigetreten, um bündisch arbeiten zu können und legal auf Fahrt gehen zu können. Meine Gruppe flog 1937 auf, mein Gruppenführer war über ein Jahr im Moabiter Untersuchungsgefängnis. Unsere Gruppe nannte sich ‚St. Georg‘, war aber keine konfessionelle Gruppe. In unserem Bezirk – Charlottenburg – gab es außerdem die Jungenschaftsgruppe ‚Spreekosaken‘, mit der wir engsten Kontakt hatten, außerdem eine Gruppe der ‚Jungentrucht‘ und des ‚Nerother Wandervogels‘. In Westend und Zehlendorf bestanden Gruppen des ‚Grauen Corps‘ bzw. der ‚Südlegion‘. In Schöneberg arbeitete ein Jungenschaftskreis getarnt im NSKK. Im Norden von Berlin gab es eine Menge von Gruppen der Jungenschaft und der Pfadfinder, von denen ich einige kannte. In Lichtenberg bestand die ‚Rote Koppel‘, eine jungenschaftliche Gruppe, mit der wir uns 1936 zusammentaten. In allen Stadtteilen Berlins gab es damals illegale bündische Gruppen; sie arbeiteten in der Regel bis zum Krieg, falls sie nicht vorher durch die Gestapo zerrissen wurden. Die Arbeit bestand in der Aufrechterhaltung des bündischen Lebens und Stils und in der vorsichtigen Werbung neuer Leute ... Ein bündisches Informationszentrum in Berlin war bis zum Krieg eine kleine Buchhandlung in der Lindenstraße, deren Inhaber, ein alter Wandervogel, sehr unauffällig Nachrichten an verfolgte Gruppen weitergab, verfolgte Bündische unterbrachte usw. Er sorgte auch für Leute, die aus der Haft zurückkamen. . .“

Aus Jungen verschiedener früherer Pfadfinder- und Jugendschaftsgruppen hatte sich 1934 in Berlin ein neuer, heimlicher Bund gebildet, die „Schwarze Schar“, die zeitweise in der Turnerjugend Unterschlupf fand und bis in den Krieg hinein neue Jugendliche an sich zog. Angehörige dieses illegalen Kreises nahmen heimlich am Internationalen Pfadfinderjamboree in den Niederlanden 1937 teil und hielten Verbindung zu der in Belgien erscheinenden antifaschistischen Jugendzeitschrift „Kameradschaft“, die von emigrierten Bündischen herausgegeben wurde. Ein Junge dieser Gruppe beging unter dem Druck von Gestapoverhören 1937 Selbstmord, zwei andere konnten 1938 ins Ausland entkommen, ein vierter wurde beim Grenzübergang ins Ausland erschossen[5].

III.

Während nach Kriegsbeginn die im engeren Sinne bündischen Gruppen an Einfluß verloren, weil die älteren Gruppenangehörigen in den Kriegsdienst einbezogen wurden, breiteten sich die „wilden“ Jugendgruppen, von den NS-Organen als „bündische Cliquen“ bezeichnet, nun verstärkt aus. Das von der NS- und HJ-Führung ständig reklamierte „heroische Verhalten“ der Jugend im Krieg war keineswegs für die Gesamtheit der damaligen jungen Generation typisch. Im Verlaufe der Kriegsentwicklung wuchs vielmehr, insbesondere in der Arbeiterjugend, die Tendenz an, sich auf die Reglementierung der Freizeit durch die „Jugenddienstpflicht“ in der HJ, auf ansteigende Arbeitshetze und auf Glorifizierung „soldatischer Leistungen“ nicht länger einzulassen und sich auf eigene Faust ein Stück Freiheit und Lebenslust zu verschaffen. Die „Polizeiverordnung zum Schutze der Jugend“ vom März 1940 und die Einführung des „Jugendarrests“ waren als vorbeugende Maßnahme gegen spontane Gruppierungen unter Jugendlichen und als Mittel zur Erzwingung der Teilnahme am HJ-Dienst gedacht; tatsächlich riefen sie eher neues Widerstreben bei Jugendlichen hervor.

Das Banner der illegalen Jugendgruppe „Schwarze Schar“, Berlin, bei einem heimlichen Treffen im Buchhorster Forst in Mühlenbeck im Jahre 1937, nach dem Selbstmord eines von der Gestapo verhörten Jungen aus dieser Gruppe.

Die antifaschistische Jugendzeitschrift „Kameradschaft“ wurde von emigrierten Bündischen in Belgien bzw. den Niederlanden herausgebracht und heimlich auch in Deutschland verbreitet. Titelblatt aus dem Jahrgang 1938.

Ein Blatt aus der Serie von Karikaturen, die unter dem Titel „Deutsche Landschaften 1937“ in der „Kameradschaft“ erschien.

Lager der Berliner „Schwarzen Schar“ auf Rügen, Sommer 1938. Im Bild eine „Kohte“, die von der HJ verbotene Zeltform der bündischen Jugend.

Ein Gestapo-Bericht aus dem Jahre 1942 beschreibt das Oppositionsverhalten Jugendlicher im Krieg: „. . . machten sich in der Öffentlichkeit Fahrtengruppen, bestehend aus männlichen und weiblichen Jugendlichen bemerkbar, die durch ihre betont lässige Kleidung und Haltung allenthalben auffielen und Anstoß erregten. Angehörige dieser Gruppen trugen weiße Strümpfe, kurze Lederhose, buntes Fahrtenhemd, Halstuch und als Erkennungszeichen ein

Aus dem Erlaß des Reichsführers SS und Chefs der deutschen Polizei vom 25. Oktober 1944 zur Cliquenbildung:

„Es sind zu unterscheiden:

a) Cliquen mit kriminell-asozialer Einstellung. Diese äußert sich in der Begehung von leichten bis zu schwersten Straftaten (Unfug, Raufhändel, Übertretungen von Polizeiverordnungen, gemeinsamen Diebstählen, Sittlichkeitsdelikten – insbesondere auf gleichgeschlechtlicher Grundlage – usw.). Sie bewirkt bei den Cliquenangehörigen eine mehr oder weniger weitgehende, allgemeine charakterliche und sittliche Verwahrlosung.
b) Cliquen mit politisch-oppositioneller Einstellung, jedoch nicht immer mit fest umrissenem gegnerischen Programm. Sie zeigt sich in allgemein staatsfeindlicher Haltung, Ablehnung der Hitler-Jugend und sonstiger Gemeinschaftspflichten, Gleichgültigkeit gegenüber dem Kriegsgeschehen und betätigt sich in Störungen der Jugenddienstpflicht, Überfällen auf Hitler-Jugend-Angehörige, Abhören ausländischer Sender und Verbreitung von Gerüchten, Pflege der verbotenen bündischen oder anderen Gruppen, ihrer Tradition und ihres Liedgutes usw. Derart eingestellte Jugendliche versuchen häufig, zur eigenen Tarnung oder um die Möglichkeit zersetzenden Einwirkens zu gewinnen, in Parteiorganisationen einzudringen.
c) Cliquen mit liberalistisch-individualistischer Einstellung, Vorliebe für englische Ideale, Sprache, Haltung und Kleidung (englisch-lässig), Pflege von Jazz- und Hottmusik, Swingtanz usw. Die Angehörigen dieser Cliquen stammen größtenteils aus dem „gehobenen Mittelstand“ und wollen lediglich ihrem eigenen Vergnügen, sexuellen und sonstigen Ausschweifungen leben. Dadurch kommen sie sehr bald in scharfen Gegensatz zur nationalsozialistischen Weltanschauung. Anforderungen von Hitler-Jugend, Arbeits- und Wehrdienst widerstreben sie und nähern sich insofern der unter b) charakterisierten Grundhaltung.“

Edelweiß. Sie führten auf ihren Wanderungen Klampfen mit, sangen Fahrten- und bündische Lieder und übernachteten draußen in Zelten oder bei Bauern in Scheunen ... Zwischen den beiden Geschlechtern herrschte ein Umgangston und eine Umgangsform, die jeglichen Anstands entbehrte. Vielfach lagerten und badeten die Jugendlichen beiderlei Geschlechts vollständig nackt zusammen ...“[6]. Diese Jugendlichen waren überzeugt von der Sinnlosigkeit des NS-Krieges; die vom Dritten Reich propagierte „Volksgemeinschaft“ hatte, so war ihnen klar geworden, nichts zu tun mit den realen Lebensinteressen der Jugend. In ihren von der HJ und der Gestapo ängstlich verfolgten Liedern beschworen die „wilden Jugendgruppen“ ein freiheitliches, oft romantisches Bild des Jugendlebens jenseits des Zwangs von HJ und NS-Staat:

„Hei wo die Burschen singen
und die Klampfen klingen
und die Mädel fallen ein:
Was kann das Leben bei Hitler uns geben
wir wollen bündisch sein“
(oder)
„Wir wollen frei von Hitler sein.“

Die planmäßige Bekämpfung dieser oppositionellen Jugendgruppen durch die Staatsorgane und den HJ-Streifendienst brachte nicht den erstrebten Effekt. In einem Runderlaß vom 25. Oktober 1944 mußte der Reichsführer SS und Chef der Deutschen Polizei zugeben: „In allen Teilen des Reiches, insbesondere in den größeren Städten, haben sich seit einigen Jahren – und in letzter Zeit in verstärktem Maße – Zusammenschlüsse Jugendlicher (Cliquen) gebildet. Diese zeigen zum Teil kriminell-asoziale und politisch-oppositionelle Bestrebungen und bedürfen deshalb, vor allem im Hinblick auf die kriegsbedingte Abwesenheit vieler Väter, Hitler-Jugend-Führer und Erzieher, einer verstärkten Überwachung.“

Dieser Erlaß beleuchtet eindrucksvoll den Mißerfolg des totalen Anspruchs der HJ-Erziehung. Dennoch hat die zeitgeschichtliche Publizistik diese breite Äußerung des Jugendprotests im Dritten Reich bisher weigehend außer Acht gelassen; die „wilden Jugendgruppen“ galten ihr als „unpolitisch“. Die Gestapo wußte es besser...[7]

Arno Klönne

Anmerkungen

1) Zur Entwicklung des kommunistischen Jugendwiderstandes vgl. Jahnke, K.H.: Jungkommunisten im Widerstandskampf gegen den Hitlerfaschismus. Berlin und Dortmund 1977. Zur jüdisch-kommunistischen Widerstandsgruppe um Herbert Baum und andere junge Menschen in Berlin während der Kriegszeit vgl. Pikarski, M.: Jugend im Berliner Widerstand. Berlin 1978.
2) Urteilsschriften gegen die „Meuten“: Volksgerichtshof Berlin, 28.10.1938, Oberlandesgericht Dresden, 22./24.1.1940.
3) Anklageschrift gegen den Schüler Helmut Ludwig, Volksgerichtshof Berlin, 16.5.1938. Zur bündischen Illegalität allgemein vgl. Klönne, A.: Quellen und Materialien zur bündischen Opposition im Dritten Reich. In: Jahrbuch des Archivs der deutschen Jugendbewegung. Bd.12. Burg Ludwigstein 1980.
4) „Kriminalität und Gefährdung der Jugend“. Jugendführer des Deutschen Reiches. Berlin 1941, S. 99ff. Dort weitere Ausführungen zur bündischen Opposition.
5) Vgl. Auszüge aus dem Tagebuch der „Schwarzen Schar“, in: Klönne, A.: Gegen den Strom. Bericht über Jugendwiderstand im Dritten Reich. Frankfurt 1958. Neudruck 1981. Der zuvor zitierte Bericht aus Berlin: Archiv des Verfassers.
6) Abdruck des Gestapo-Berichts bei Peukert, D.: Die Edelweißpiraten. Protestbewegungen jugendlicher Arbeiter im Dritten Reich. Köln 1980. Dort auch der Wortlaut eines ausführlichen internen Berichts der NS-Reichsjugendführung vom September 1942 über „Cliquen- und Bandenbildung bei Jugendlichen“.
7) Oppositionelle Aktivitäten der evangelischen und der katholischen Jugend im Dritten Reich sind im vorstehenden Text ncht behandelt, da sie in Berlin eine relativ unbedeutende Rolle spielten. Für andere Regionen wären diese Richtungen zu berücksichtigen, insbesondere für West- und Süddeutschland die Weiterführung katholischer Jugendbewegung. Literatur hierzu: Schellenberger, B.: Katholische Jugend und Drittes Reich. Mainz 1975. Riedel, H.: Kampf um die Jugend. Evangelische Jugendarbeit 1933–1945. München 1976.

Weiterführende Literatur

Klönne, A.: Jugendopposition im Dritten Reich. In: Broszat, M. (Hrsg.): Bayern in der NS-Zeit. Bd.IV, München 1981.
Peukert, D.: Die Edelweißpiraten. Protestbewegungen jugendlicher Arbeiter im Dritten Reich. Köln 1980.

Die Wilden Cliquen
Eine vergessene Jugendbewegung

Sie grüßten sich mit „Wild frei“, nannten sich eine „Freie Zunft“ – die sogenannten Wilden Cliquen, die in der Zeit der Wirtschaftskrise Ende der 20er Jahre bis zum Machtantritt der Nazis in Großstädten und industriellen Ballungsgebieten Deutschlands viel von sich reden machten. In den Wilden Cliquen finden wir vorwiegend Gelegenheitsarbeiter ohne Berufsausbildung, viele von ihnen arbeitslos und ohne Wohnung; manche waren aus Fürsorgeheimen geflohen und lebten gleichsam inoffiziell. Nach heutigem Sprachgebrauch würden wir sie Trebegänger nennen. Heute ist von den Wilden Cliquen kaum noch etwas bekannt.

Die Geschichte der Arbeiterjugendbewegung ist an ihnen vorbeigeschrieben worden. Sie paßten nicht in das Bild einer disziplinierten, aufopferungsvollen Arbeiterjugend, die sich vorbehaltlos den Postulaten und Richtlinien der Arbeiterjugendorganisationen und Parteien unterwarf. Dabei hat es allein in Berlin in dieser Zeit ca. 600 Cliquen gegeben, in denen sich einige tausend Jugendliche zusammenfanden; etwa ebenso viele, wie zu dieser Zeit in der sozialistischen Arbeiterjugend und dem kommunistischen Jugendverband zusammen organisiert waren.

Berichte über das Leben der Wilden Cliquen haben wir vor allem in Darstellungen von Fürsorgern und anderen Sozialpädagogen gefunden. Auch in literarischen Darstellungen im Umkreis der kommunistischen Arbeiterbewegung und in einem faschistischen Roman („Hitlerjunge Quex") fanden wir Hinweise. Schließlich haben wir Gespräche mit über siebzigjährigen Männern geführt, die die Cliquen aus eigenem Erleben kennen.

Kleidung und Symbole

Die Wilden Cliquen waren an ihrer gemeinsamen „Kluft" und ihren sichtbar zur Schau getragenen Symbolen leicht zu erkennen. Zusammen mit dem Edelweiß, das sie als Abzeichen an Hüten und Kleidern und auf ihren Fahnen trugen, dominierten die Farben grün und weiß. Die gemeinsame Tracht bestand in Seppelhosen, die bis zum Knie reichten, und mit auffallenden Hosenträgern („Ochsengespann"), teilweise auch mit Gürtel, getragen wurden. Die Beine steckten in bunten Wadenstrümpfen („Waldler"). Die Oberkleidung bestand aus einem weißen Hemd mit grünen Aufschlägen („Schwarte") oder einer Kulibluse. Um die Schirmmütze war meist ein grünweißes Band geschlungen. Auf ihren Fahrten trugen sie oft phantastische Käppis mit langen Hahnenfedern oder runde Hutköpfe ohne Rand, durch die bunte Bänder gezogen waren. Auffallende Ohrringe und Tätowierungen ergänzten die phantasievolle Kostümierung.

Die Kleidung war, gemessen an der Armut der Jugendlichen, außerordentlich kostspielig. Die gesamte Ausrüstung der Cliquen – neben der Kleidung die auf Fahrt gebrauchten Tornister, Spaten, Spirituskocher usw. – gehörte oft der gesamten Clique gemeinsam. Dies galt auch für die Fahnen, die die Cliquen bei ihren Umzügen und Fahrten vor sich hertrugen. Die Jugendlichen versahen diese Fahnen selbst mit phantasievollen, farbenprächtigen Stickereien und mit den Initialen oder dem Namen ihrer Gruppe: in Berlin z.B. Weißer Hirsch, Weiße Taube, Edelweiß, Roter Mond, Lustigblut, Zigeunerblut.

Fahrten und Lieder

Eine wichtige Bedeutung für den Gruppenzusammenhalt besaßen die gemeinsamen Fahrten und Wanderungen in das Berliner Umland. Sie weisen auf den ersten Blick viele Ähnlichkeiten mit den Fahrten der bündischen Jugendgruppen auf, auf den zweiten, genaueren Blick jedoch auch viele Unterschiede, die in der unterschiedlichen Klassenlage wurzeln.

Bekräftigen die Cliquen im Winter ihre Freundschaft beispielsweise durch ein Eisbein-Essen mit Bockbier in der Vereinskneipe, so begingen sie im Sommer ihre „Italienische Nacht" draußen an einem märkischen See. Auf dem Weg zu ihren Fahrten-Treffpunkten zogen die Cliquen „unter wehender Fahne durch die Stadt. . . . Sie trugen eine Teufelsgeige vor sich her und eine Kesselpauke. Die Mädchen marschierten in kurzen dünnen Hosen mitten unter ihnen."[1] In den meisten Cliquen waren sie in der Minderzahl. „Gegen Abend saßen sie um ihre Fahne und machten Musik. Die harten Bässe ihrer Gitarren untermalten dumpf das schrille Geschrei der Mandolinen. Sie spielten laute, flotte Marschmusik, der allzu harte Rhythmus zerstörte alle melodischen Effekte."[2] Nach Stuebs' Eindrücken fühlten sie sich als „Helden des Abenteuers und des gefahrvollen Ungestüms".[3] In ihren Zeltlagern, an denen oft über hundert Jugendliche zugleich teilnahmen, tanzten sie in einem „wilden Tumult, sie rasten durcheinander, die Jungen hielten sich am Gürtel oder um den Hals gepackt und zogen sich springend im Kreise."[4] Musik, Lieder und Tanz bildeten ein wesentliches Element der Zusammengehörigkeit. Instrumente wurden vielfach selbst gebaut, die Lieder selbst getextet und komponiert, oft in Anlehnung und Umformung bekannter Volkslieder.

Cliquenlied

Penner nennen uns die Leute,
Penner sind wir lange nicht,
Denn wir haben noch 'ne Bleibe,
Mutter Grün verläßt uns nicht.

Meister, jib uns die Papiere,
Meister, jib uns unser Jeld,
Denn das Stempeln ist uns lieber,
Als das Schuften auf der Welt.

Grün-weiß-grün sind unsre Farben,
grün-weiß-grün ist unser Stolz.
Wenn wir Latscher sehn,
denn jibt es Keile,
wenn wir Nazis sehn, denn jibt's
Kleinholz.

Ursprünge

Über die Entstehungsgeschichte der Wilden Cliquen ist wenig bekannt, die Annahmen über ihre Ursprünge sind vage und widersprechen sich teilweise.

Fournier nimmt an, die Geschichte der Cliquen reiche in die Entstehungszeit der „Rummelplätze", weit in die Zeit vor dem Ersten Weltkrieg zurück; sie seien mit der „Jugend- und Wandervogelbewegung" entstanden. Noch vor dem Krieg habe sich als politisch links orientierte Organisation der Cliquen ein „Roter Wanderring" gebildet, den Fournier als „proletarische Jugendorganisation" bezeichnet. In den Kriegsjahren 1916 und 1917, „in der Zeit des nagenden Hungers und der beginnenden Wohnungsnot", sollen die Wilden Cliquen wieder aufgetaucht sein. „Damals konnte man in den Vororten und an der Peripherie der großen Städte Trupps junger Leute begegnen, die meistens betrunken, grellfarbig gekleidet, lärmend durch die Straßen zogen. Wanderflegel wurden sie von der entrüsteten Bevölkerung genannt. Es waren meistenteils Jugendliche, deren Väter im Krieg, deren Mütter im Betrieb standen, um deren Fortkommen sich niemand scherte."[5]

Auf Initiative eines Teils der Berliner kommunistischen Jugend und der „Naturfreunde"-Jugend kam es 1923 erneut zur Gründung eines „Roten Wanderrings", dem zeitweilig ein Großteil der Wilden Cliquen in Berlin angehört haben soll[6]. Zum Programm des Roten Wanderrings gehörten gemeinsame Wanderungen, Musik- und Unterhaltungsabende, gemeinsamer verbilligter Einkauf von Wanderartikeln, Beschaffung von Zeltscheinen, Rechtsauskünfte, Schaffung eigener Stadt- und Landheime, Fahrpreisermäßigungen, gemeinsame Abwehr „unserer Gegner" (worunter vor allem die Faschisten verstanden wurden), Unterstützung revolutionärer Organisationen u.a.. Zum verbilligten Einkauf von Wanderartikeln wurde eine „Wareneinkaufsstube" gegründet.

Der Rote Wanderring und die von ihm herausgegebene Zeitung „Der rote Wanderer" hatten, nach dem Bericht von Voß/Schön, nur

Das „zweierlei Denken“ des Trebegängers Schluckebier:

„In der Schule hatten sie gesungen, Feiern abgehalten, die Lehrer und Pfarrer hatten geredet, für die hohen Ideale, für Gott, für Kultur, für Vaterland; lauter hohe, geheimnisvolle Dinge. Und doch hatte hinter ihnen so wenig gesteckt, daß man mit ihnen nicht vor dem Leben bestand. Daß man sie mit Soldaten und Gesetzen künstlich am Leben erhalten mußte. Damit war der kleine Schluckebier wieder bei dem alten Thema des zweierlei Denkens angelangt. Hier vom Hunger aus gedacht; dort vom Aufstieg aus gedacht.“ (S. 42) Und an anderer Stelle schreibt er: „Es gab ein Denken, nach dem man immer hungrig bleiben mußte. Bei dem man den Schutzmann haßte. Dieses Denken kam immer, wenn es in der Schule schief ging, oder die Menschen besonders gemein waren. Dann gab es aber ein Denken, nach dem das Hungern die Schuld des Hungernden selbst war. Dieses Denken kam, wenn man von der Treppe träumte.“

Das „zweierlei Denken“ des Schluckebier entsteht in seinem Leben des Getreten- und Geschlagen-werdens, der Erfahrung, durch diejenigen verachtet zu werden, denen es besser geht; und natürlich möchte er auch besser leben (das Bild mit der Treppe), aber er kann nicht.

„Der kleine Schluckebier dachte auf dem ganzen Weg dasselbe: Hier war Hunger und Prügel und kein Geld. Die Ursache meiner Sünden. Dort war die Moral des Schutzmannes und der Lehrer. Die Grundlage des Urteils über mich. Diese beiden Dinge ließen sich nicht zusammenbringen.

Er fing hundertmal an, die Sache von vorn zu durchdenken, er wollte ganz genau vorgehen, er redete halbverrückt auf dem Nachhauseweg laut vor sich hin. Er durchlebte noch einmal die Szene in der Klasse und träumte von mutigen Antworten, die er gab, von einer Verteidigungsrede, die er halten wollte. Der Studienrat fragte: ‚Von Heyl, sage einmal: Was ist das, wenn man einem Mitschüler das Brot wegnimmt?‘ Von Heyl zu Herrnsheim antwortet: ‚Diebstahl, Herr Studienrat.‘ Das eine Denken in Schluckebier: Zehn Gebote. Ganz klar. Ich bin ein Dieb. Das andere Denken in Schluckebier: Das Brot wäre verschimmelt, und ich hatte Hunger. Von Heyl braucht nicht Brote zu stehlen. Er hat sie ja auch liegenlassen. Sie haben sie alle liegenlassen und hätten sie nie gegessen. Jetzt auf einmal wollten sie alle die Brote gegessen haben.“

ein kurzes Leben. Die meisten Cliquen entzogen sich den „erzieherischen Versuchen“ der „führenden Mitglieder des Wanderrings“[7]. Ein Teil trat der kommunistischen „Roten Jungfront“ bei, die seitdem „immer wieder in ihren eigenen Reihen sehr energisch gegen das Cliquentum und seine Nebenerscheinungen auftrat.“[8] Nach dem Verbot der Roten Jungfront im Mai 1929 soll sich ein großer Teil wieder den Wilden Cliquen angeschlossen oder selbst Cliquen gebildet haben, die von den alten Wandercliquen nicht zu unterscheiden waren.

Zwischen der bündischen Jugendbewegung und den Wilden Cliquen gab es trotz mancher formaler Gemeinsamkeiten kaum direkte Verbindungen. Hier verlief eine eindeutige Scheidelinie zwischen bürgerlicher und proletarischer Lebenswelt. Auch die sozialistischen Arbeiterjugend (SAJ) der SPD fand bei den Wilden Cliquen keinen Anklang, ihre Mitglieder wurden oft wie die Bündischen als „Jesuslatscher“ verspottet. Seit 1928 gab es allerdings Cliquen, die sich „aus ausgeschlossenen und abgetriebenen Jugendlichen der sozialistischen Arbeiterjugend gebildet hatten, und welche sich im Verhalten in keiner Weise von den anderen Cliquen unterschieden“[9].

Hingegen sollen sich in den Berliner Gruppen der kommunistischen Jugend immer wieder Teile der Cliquen „positive Geltung verschafft haben“, ein kleiner Teil der kommunistischen Jugendgruppen soll zeitweise mit Wilden Cliquen identisch gewesen sein[10]. Für den Großteil der Cliquen gilt freilich, daß sie die Organisierung in der kommunistischen Jugend für sich ablehnten. Dies hätte ihrer Vorstellung vom „freien Leben der wilden Zunft“ widersprochen, sie wollten „keine Richtlinien“, sondern alles selbst entscheiden. „Wir waren revolutionär eingestellt, wir hielten zusammen. Wir wollten unsere persönliche Freiheit nicht aufgeben. Unsere Freiheit sollte nicht durch die Politik draufgehen.“[11]

Seit 1927 schlossen sich die meisten Berliner Cliquen in „Ringen“ zusammen. Es gab einen Nord-, Süd-, West- und Ostring, die jeweils mehrere Stadtbezirke umfaßten. Die Ringzusammenschlüsse dienten in erster Linie dem Selbstschutz. Sie sind nicht, wie oft in sozialpädagogischen Darstellungen angenommen wird, mit den sogenannten „Ringvereinen“ identisch, die im Berlin der zwanziger und dreißiger Jahre eine Art Unterwelt-Mafia darstellten. Die Ringe der Wilden Cliquen schufen einen „Wohlfahrtsfonds“, für den alle Cliquen-Mitglieder wöchentlich Beiträge entrichten mußten. Das Geld wurde auf den Gruppenabenden eingesammelt, wo auch über die Verwendung beraten wurde. In der Regel diente der Wohlfahrtsfonds der Begleichung von Polizeistrafen und der Unterstützung von Cliquenmitgliedern, die von der Polizei verfolgt wurden und sich verstecken mußten. Nach einer Einschätzung aus dem Jahre 1933 waren sie „für die Polizei kaum zu fassen“[12].

Die überwiegend antifaschistische Orientierung der Wilden Cliquen und ihre „Unfaßbarkeit“ haben dazu beigetragen, daß sich die Cliquen in Schlupfwinkeln teilweise auch einige Jahre in der Nazizeit halten konnten. Die Unmöglichkeit, weiter öffentlich aufzutreten, die von den Nazis rigoros durchgesetzte Arbeitsdienstpflicht und die allgemeine Militarisierung des Jugendlebens haben bewirkt, daß sich der Zusammenhalt der Cliquen allmählich auflöste. Nicht wenige Cliquen-Angehörige wurden in KZs verschleppt. Die in der Zeit des Zweiten Weltkriegs neu entstehenden Widerstandsgruppen von Arbeiterjugendlichen griffen auf Traditionen und Symbole der Wilden Cliquen zurück, z.B. spielte das von den Cliquen als gemeinsames Symbol verwendete Edelweiß im proletarischen Jugendwiderstand eine wesentliche Rolle („Edelweißpiraten“)[13].

Solidarität

Übereinstimmend wird berichtet, daß die Cliquen durch ein „starkes Solidaritätsgefühl“ bzw. ein „seltenes Gemeinschaftsbewußtsein“ verbunden waren. Der Fürsorger Justus Ehrhardt, der die Cliquen ansonsten vorwiegend als Zusammenballung von „Asozialen“ wahrnimmt, rechnet zum „Wesen der Cliquen, daß das Verhältnis der Mitglieder untereinander aufopfernd, kameradschaftlich“ sei[14]. Zu den wesentlichen Regeln der Cliquen gehörte es, Kameraden unter allen Umständen zu schützen und nichts zu verpetzen. Bei Flucht aus der Fürsorgeerziehung oder vor der Polizei bot die Clique „Unterschlupf, Wohnung, Verpflegung, vielleicht auch falsche Papiere“[15]. „Dank ihrer vorbildlichen Organisation und einer Unmenge geheimer Schlupfwinkel werden wohl öfter einzelne Mitglieder, niemals aber die Gruppen von der Polizei erfaßt.“[16] Von den „Wohlfahrtsfonds“ der Cliquen-Ringe hatten wir bereits berichtet.

Wesentliches Bewährungsfeld der Solidarität der Cliquen ist die gegenseitige Hilfe in Notlagen und gegenüber Bedrohungen des Gruppenzusammenhalts. Bei ihren Fahrten mit der Bahn legten sie Fahrgeld zusammen („Schwarzfahren“ war nicht üblich, ebenso wie es zum Ehrenkodex gehörte, nie eine Zeche schuldig zu bleiben) und luden diejenigen, die es sich nicht leisten konnten, zum Essen ein, verteilten Zigaretten etc. Wenn sie sich längere Zeit auf Fahrt befanden, fuhr einer aus der Clique in die Stadt, um für die anderen Arbeitslosen mit zu „stempeln“. Die Solidarität zeigte sich auch nach außen und bezog sich nicht nur auf Cliquen-Mitglieder. Ein ehemaliges Cliquenmitglied berichtete uns, seine Clique hätte im Falle von Exmittierungen die Möbel, die der Gerichtsvollzieher aus der Wohnung hatte holen lassen, wieder zurückgeschleppt und dadurch das Exmittierungsverfahren zumindest um einige Wochen hinausgezögert.

Die Solidarität zeigte sich besonders auffallend auch im Kampf gegen die Nazis. Ihre Kampfentschlossenheit war bei den Nazis gefürchtet und trug dazu bei, daß sie von diesen als Erzfeinde wahrgenommen wurden[17]. Teilweise gehörten die Cliquenjugendlichen auch

„Häuserschutzstaffeln“ an und verteidigten die Straßen gegen den Terror der Nazis. Eine beliebte Waffe waren mit Blei gefüllte Gartenschläuche. Schußwaffen waren verpönt, auch Messer wurden nur selten benutzt.

Cliquenstrukturen

Das „Innenleben“ der Cliquen war durch die Verbindung von anarchistischer lebensbejahender Ausgelassenheit und Gruppendisziplin gekennzeichnet. In jeder Clique besaß ein Cliquenmitglied nahezu unbeschränkte Autorität, der sogenannte Cliquen-Bulle. Es ist nicht leicht zu ergründen, auf welche Weise ein Jugendlicher zum Bullen wurde, wie weit seine Machtbefugnisse reichten, unter welchen Umständen er sie möglicherweise verlor. Eine formale Wahl fand nach den Berichten, die uns vorliegen, kaum statt; wenn sie stattfand, war sie nur der Schlußpunkt eines bereits erfolgten naturwüchsigen Ausleseprozesses. In der von Stuebs beschriebenen Clique war der Bulle „nie gewählt worden. Seine Autorität war langsam gewachsen, und mit ihr wurde das persönliche Bündnis der Burschen untereinander stärker.“

In diesem Prozeß spielten die in der Clique dominierenden Wert- und Verhaltensmaßstäbe und die entsprechenden Fähigkeiten wohl die wesentlichste Rolle. „Mut und Kraft sind wichtigste Voraussetzungen für das Erlangen der Bullenwürde“, berichtet Fournier. Alter und Körpergröße, auch die körperliche Stärke allein waren nicht ausschlaggebend. Aus den von uns geführten Interviews mit ehemaligen Cliquen-Mitgliedern ergab sich, daß der Bulle auch einer der jüngsten in der Clique sein konnte. Bei Stuebs ist der Cliquen-Bulle „beinahe einen Kopf kleiner als die Größten der Gruppe“. Wesentlich war wohl, daß der Bulle über eine optimale Kombination der geachteten Fähigkeiten verfügte und daß er in seiner ganzen Persönlichkeit die Gewähr für ein weitgehendes Vertrauen besaß. War ein Jugendlicher zum Bullen geworden, hatte er nicht nur ein hohes Maß an Achtung und Macht, sondern war in besonderer Weise gehalten, die Regeln des Cliquen-Lebens zu beachten und seine Fähigkeiten „glaubwürdig“ zu halten. Nur die Glaubwürdigkeit des Bullen machte es möglich, daß sich die gesamte Clique über ihn als eine solidarische Gemeinschaft verstehen und die einzelnen sich mit der Clique identifizieren konnten; nur so konnten die Cliquen, wie der Fürsorger Justus Ehrhardt annahm, „tatendurstigen verwahrlosten Jugendlichen Freiheit und Selbstverwaltung unter dem gewählten Führer“ geben.

Objekte der Politik

Die von uns untersuchten politisch motivierten Texte über Wilde Cliquen von seiten der SPD, der KPD und der NSDAP versuchen übereinstimmend – darin unterscheiden sie sich übrigens auch nicht von der damaligen sozialpädagogischen Sichtweise – ein pädagogisches Verhältnis zu den Wilden Cliquen einzugehen. Die Autoren setzen sich mit den Cliquen nicht politisch auseinander, sondern betreiben „pädagogische Politik“. Die Pädagogik im Gewand der Politik fließt vor allem in den Gestus der Auseinandersetzung ein, in die Haltung, die gegenüber den Cliquen eingenommen wird. Die Partei tritt weniger als eine interessenbestimmte Organisation auf, vielmehr als die Verkörperung des Vaterideals, das über Wahrheit und Zukunft bestimmen zu können scheint. Die Parteien versuchen eine pädagogische Beziehung den Jugendlichen gegenüber einzunehmen, man will sie umerziehen, ohne sich auf das Leben der Jugendlichen und dessen Bedingungen einzulassen; diese müssen ihr Bewußtsein verändern – die Parteien denken, wenn auch in verschiedenen Varianten, von oben.

Doch nun zu den Verschiedenheiten der Parteien. Diese werden, wenn es um das Sinnverstehen der Jugendlichen geht, sehr interessant. Fournier sieht die Perspektive für die Jugendlichen in der bis heute typischen sozialdemokratischen Parole: durch Erziehung die Gesellschaft verändern; bei ihr wird dies freilich noch um die Forderung nach einer sozialistischen Erziehung erweitert. Wie diese sich zur Lebenspraxis der Jugendlichen verhalten soll, wird nicht zum Thema gemacht – diese Erziehungsform gilt selbst schon als fortschrittlich. Infolgedessen steht es außer Frage, daß sozialistische Erziehung Jugendlichen übergestülpt werden darf.

Dem sozialdemokratischen Erziehungsidealismus hat die KPD historisch die sogenannte Selbsterziehung im Kommunistischen Jugendverband entgegengesetzt, der, das versteht sich, unter der objektiven (wenn auch häufig wechselnden) und richtigen Anleitung der Partei steht. Die Hierarchie dieses kommunistischen Denkens reproduziert sich gegenüber den Cliquen an den Ausführungen Schönstedts beispielhaft. Obwohl Jugendliche derselben Lebensweise, derselben Straße, verläuft ein klarer Trennungsstrich zwischen Cliquenmitgliedern und den Mitgliedern des kommunistischen Jugendverbands. Gerade an dieser Konstellation wird deutlich, daß es den kommunistischen Jugendlichen nicht um ein solidarisches Sinnverständnis geht, sondern um einen Kampf, der von ihrer Seite aus an einer eindeutigen Front verläuft: Kommunisten lassen sich durch Cliquenjugendliche nicht infragestellen.

Die von Schenzinger repräsentierte Naziposition nimmt demgegenüber eine ganz andere pädagogische Strategie ein. War für die Kommunisten die Objektivität der Wahrheit das Bestimmende, und schien dies ein pädagogisches Verhältnis zu legitimieren, so schlichen sich die Nazis, oder versuchten es zumindest, in das proletarische Jugendleben ein. Sie versuchen die Jungen dort zu packen, wo sie am meisten Angriffsfläche bieten, bei ihrem geringen Selbstbewußtsein, bei ihren Schuldgefühlen und Versagensängsten, bei Verarbeitungsformen also, die aus dem Leben am unteren Ende der sozialen Hierarchie entstanden sind. Die Wilde Clique

Der Studienrat: ‚Was ist es, wenn einer Unterschriften nachmacht?‘ Oldenburg: ‚Urkundenfälschung, Herr Studienrat.‘ Das andere Denken in Schluckebier: Keiner weiß, was ein blauer Brief in meinem Zuhause bedeutet. Bei euch gibt es ein bißchen Krach, Ermahnungen, die nicht ernst genommen werden. Bei mir ist es jedesmal eine Katastrophe. Der Studienrat: ‚Was ist es, wenn einer sich trotz Verbot Geld borgt und nicht zurückgibt?‘ Schneller (hat Asthma und ist der Sohn des Direktors der Gaswerke): ‚Betrug.‘ Das andere Denken, das verbotene Denken in Schluckebier: Was hättet ihr denn gemacht, wenn ihr die Wahl gehabt hättet zwischen Arrest wegen Schlamperei (denn der Zeichenlehrer Harris gab Arrest, wenn die Geräte mangelhaft waren) oder Borgen? Aber ihr kommt ja nie in die Verlegenheit. Ihr habt ja Taschengeld.“
Schluckebier wünscht sich, daß es mal Menschen gibt, mit denen er sich aussprechen kann, mit denen er sich versteht. Was aber in ihm wächst, ist der Haß und die Vorstellung, „irgend etwas Unerhörtes zu tun, um allem ein Ende zu machen.“

Aus: Lessing/Liebel: Wilde Cliquen. Bensheim 1981. „Schluckebier“ ist der Titel eines teilweise autobiographischen Romans von Georg Glaser. Berlin 1932. Neuauflage Berlin 1979.

Ein Cliquenbulle berichtet:
„Zu meiner Zeit gehörten der Clique 10–16 Mitglieder an, davon waren 5–6 Mädchen. Die Gruppe war ziemlich konstant.
Es wurden nur Leute aus dem Kiez aufgenommen, die der Clique bekannt sind. Wir wohnten am Schlesischen Bahnhof, in der Langestrasse . . .
Von Sonnabendmittag bis Montag machten wir Fahrten nach Königs-Wusterhausen, Bernau, Straußberg, Potsdam usw. Im Sommer stellten wir die Zelte auf irgendein Feld an einem See. Der Bauer wurde nicht gefragt. Er duldete es, weil er Angst hatte. Die vielen, die arbeitslos sind, blieben den ganzen Sommer da. Dienstags fuhr einer in die Stadt zum Stempeln; und freitags, um das Wohlfahrts- oder Arbeitslosengeld zu holen. (Arbeitslosengeld 20,50 RM/Woche, Wohlfahrtshilfe 3,50 RM/Woche).
Ich war von meinem 14. Lebensjahr bis 1933 fast immer arbeitslos. Die ersten 30 Jahre meines Lebens hatte ich immer Hunger. Ab und zu klauten wir Kartoffeln vom Feld, fischten und wurden von unseren Müttern bzw. den Mädchen unterstützt. Wenn wir in Zelten wohnten, kochten wir immer selbst. Im Winter wohnten wir bei den Eltern. Mein Vater war froh, daß ich in der Clique war, weil er so einen weniger zu versorgen hatte. Ich hatte 20 Geschwister und erhielt oft Schläge von meinem Vater. Mehr in Erinnerung sind mir aber die täglichen Hiebe des Lehrers . . .
Ich war der Cliquenbulle, obwohl ich der Jüngste war. Ich bin mehr oder weniger „automatisch" Bulle geworden. Es gab keinen Stellvertreter. . . .
Nebenbei war ich in der Häuserschutzstaffel in der Langestraße. Wir verteidigten die Straße gegen die Übergriffe der Nazis (Gartenschlauch mit Blei gefüllt). Wenn ein Gerichtsvollzieher die Möbel aus einer Wohnung holen ließ, trugen meine Freunde und ich sie wieder zurück, was das ganze Verfahren um einige Wochen verlängerte."

wird im politischen Kontext der Hitlerjugend (HJ) als eine für proletarische Jungen zwar verständliche, aber aufgrund ihrer Diebereien, ihrer Streitigkeiten untereinander und mit anderen Cliquen, ihres „unehrenhaften" und die Sexualität betonenden Verhaltens zu den Mädchen, ihres „proletenhaften" Auftretens, ihrer „niederen Instinkte", ihrer unmittelbaren Bedürfnisorientierung, ihres elementaren Materialismus und ihrer Verächtlichkeit gegenüber den Nazizielen als eine reaktionäre und primitive Form der Lebensbewältigung dargestellt. Demgegenüber wird die Hitlerjugend dargestellt, als sei sie das Organisierungsprinzip der Zukunft, das, im Gegensatz zu den Cliquen, das Leben der Jungen veredele, sie herauslöse aus der Misere der proletarischen Familie, ihnen eine Aufgabe gebe, sie „befreie" von dem die wirklichen Probleme des Lebens nicht lösenden Einfluß der anderen proletarischen Jungen, sie hinführe in das Erleben der Volksgemeinschaft. Die Clique wirkt als die „gemeine" und „proletenhafte" Reaktion auf die schlechten Verhältnisse, der eine Zukunft entgegengesetzt wird, die die Misere des Proletenlebens hinter sich lassen soll. Für diese Zukunftsvision muß freilich der proletarische Junge das „freie Leben" in der Clique aufgeben und es dem geordneten Leben in der nationalsozialistischen Organisation opfern: Faschismus gegen Selbstorganisation.

Resümee

Die Wilden Cliquen waren nicht das Produkt wohlmeinender pädagogischer Initiativen, wie das heute oft bei sogenannten Selbsthilfeprojekten der Fall ist, sondern verkörpern im Gegenteil den Widerstand gegen jede Art von pädagogischer Intervention. Die Beharrlichkeit, mit der die Wilden Cliquen auf ihrer Eigenständigkeit bestanden, weniger mit Worten als in ihrer Praxis, ließ sie als „unberechenbar", unheimlich und gefährlich erscheinen. Den Funktionären der sozialdemokratischen und kommunistischen Arbeiterorganisationen erschienen sie als lumpenproletarisch-undiszipliniert, den faschistischen Führern als Verbrechergesindel und Verkörperung proletarischer Aufsässigkeit und den professionellen Fürsorge-Pädagogen als verwahrlost und unerziehbar. In solchen negativen Urteilen drücken sich, wenn wir sie zu entschlüsseln verstehen, gerade wesentliche emanzipatorische Elemente der Wilden Cliquen aus.

Die Wilden Cliquen der Weimarer Zeit zeugen von authentischen Versuchen der von Deklassierung bedrohten Jugendlichen, ihre Identität zu bewahren und Widerstand gegen unterdrückende Lebensbedingungen und Instrumentalisierungsversuche verschiedenster Art zu organisieren. Die Cliquen sollen nicht als widerspruchsfreies Vorbild „proletarischer Selbstorganisation" stilisiert werden. Auch in ihnen reproduzierte sich der Gewaltzusammenhang des kapitalistischen Alltags. Die Cliquen wurden im wesentlichen von Jungen dominiert, und nicht selten haben sie sich auf Kosten anderer Armer und Notleidender reproduziert.

Bei aller Widersprüchlichkeit geben die Wilden Cliquen jedoch Hinweise auf mögliche Alternativen zur traditionellen Rekrutierungs- und Organisationpraxis der kommunistischen und sozialdemokratischen Arbeiterparteien, die ihrerseits dem Phänomen der Wilden Cliquen weitgehend hilflos oder gar feindselig gegenüberstanden. Die Wilden Cliquen bildeten einen im Alltagsleben verwurzelten solidarischen Handlungszusammenhang, der außerordentlich stabil war und den Jugendlichen einen vergleichsweise neuen und verschiedene Lebensbereiche umfassenden Lebenssinn vermittelte.

Diese Einblicke in eine „andere Arbeiterjugendbewegung" sind nicht nur von historischem Interesse. Cliquen bilden auch heute unter Arbeiterjugendlichen ein gleichsam naturwüchsiges Element, sie sind eine Art Keimform solidarischer Lebensbewältigung in der proletarischen Jugendphase. Unser Interesse für proletarische Jugendcliquen ist vor allem durch unsere Erfahrungen in Jugendfreizeitheimen neu belebt worden. Wir sind hier mit Arbeiterjugendlichen konfrontiert, die beinahe alltäglich Ausgrenzungsprozessen aus der „normalen" Gesellschaft unterliegen: sie stehen auf Kriegsfuß mit den offiziellen Institutionen der Gesellschaft (Schulbehörden, Lehrern, Arbeitgebern, Lehrherren, Jugendamt, Polizei), werden im Konkurrenzkampf der Schule, des Arbeitsmarktes zerrieben oder entziehen sich ihm und werden zu Überlebenstechniken genötigt, die sie in die Zone der Kriminalisierung drängen. Soweit diese Jugendlichen nicht von ihren Familien aufgefangen werden, bildet die Clique das wesentliche Fundament, das ihnen ermöglicht, sich gegenüber der feindlichen Lebensumwelt zu behaupten.

Hellmut Lessing/Manfred Liebel

Anmerkungen

1) Stuebs, A.: Romantisches Vorspiel. Roman. Lauf b. Nürnberg 1946, S. 13.
2) Stuebs, a.a.O., S. 10
3) Stuebs, a.a.O., S. 14
4) Ebd.; vgl. auch Schönstedt, W.: Kämpfende Jugend. Roman der arbeitenden Jugend. Berlin 1932. S. 72ff.
5) Fournier, Ch.: Ringvereine der Jugend. In: Die Weltbühne, 1. Halbjahr 1931, H.3, S. 90.
6) Voß, O., Schön, H.: Die Cliquen jugendlicher Verwahrloster als sozialpädagogisches Problem. In: Erfahrungen der Jungen, Potsdam 1930, S. 84.
7) Ebd.
8) Voß, Schön, a.a.O., S. 85
9) Voß, Schön, a.a.O., S. 73
10) Voß, Schön, a.a.O., S. 72f.
11) Aus einem Interview mit einem Cliquen-Mitglied.
12) Staewen-Ordemann, G.: Menschen der Unordnung, Berlin 1933, S. 136.
13) Vgl. Peukert, D.: Die Edelweißpiraten. Protestbewegungen jugendlicher Arbeiter im Dritten Reich, Köln 1980.
14) Ehrhardt, J.: Cliquenwesen und Jugendverwahrlosung. In: Zentralblatt für Jugendrecht und Jugendwohlfahrt, 1930, Nr.12, S. 415.
15) Ehrhardt, a.a.O., S. 416.
16) Fournier, a.a.O., S. 90.
17) Siehe Schenzinger, K.A.: Der Hitlerjunge Quex. Roman. Berlin 1932. U.a. S. 30.

Weiterführende Literatur

Lessing, H./Liebel, M.: Wilde Cliquen. Szenen einer anderen Arbeiterjugendbewegung, Bensheim 1981.

150 Jahre Proletariat und Schule
1937 — die „Volksgemeinschafts"-Schule

Die wachsenden Schwierigkeiten der parlamentarischen Demokratie der Weimarer Republik machten es möglich, daß das bloße Versprechen Glauben fand, die aufgetretenen Probleme könnten gesellschaftlich, d.h. auf einer alle Menschen vereinigenden Grundlage, geregelt werden, ohne der durch das Parteiengezänk „abgewirtschafteten" Demokratie zu bedürfen. Versteht man unter Demokratie eine Vergesellschaftung als Verfügung aller über die gesellschaftlichen Bedingungen ihrer Existenz auf der Grundlage positiven Wissens und rationaler Entscheidung, dann bedeutete dieses Versprechen, als Politik verstanden, Vergesellschaftung als Personifizierung der Verfügungsgewalt in der Figur des Führers unter Verzicht auf positives Wissen und auf der Grundlage gefühlsmäßiger Verbundenheit – „Gefolgschaftstreue". Da Hitler aber die Privatheit der Produktionsmittel nicht antastete, der Grundwiderspruch von Lohnarbeit und Kapital also fortbestand, lief seine Form der Vergesellschaftung faktisch darauf hinaus, mit Hilfe des Proletariats bürgerliche Politik zu machen. Die innere Logik des ideologischen Interesses des Faschismus zeigt sich in folgendem Zusammenhang: Der Versuch, das Proletariat für eine Politik des Kapitals in den Dienst zu nehmen, war nur realisierbar, wenn zugleich ein Minimum an Identifikationsmustern angeboten wurde, die es der gesellschaftlichen Mehrheit ermöglichten, wenigstens kurzfristig, zur Zeit der Machtübernahme, diese Politik als ihre zu betrachten. Eben dafür kamen aber nur solche Muster in Frage, die die objektiven Möglichkeiten einer demokratischen Verfügung durch alle verschleierten. Die faschistischen Formen der Vergesellschaftung mußten insofern mit jeder Form positiven Wissens kollidieren: „Bildungswahn – Volkstod!" Statt dessen mußten neue Sozialisationsformen in den Mittelpunkt rücken, die statt der auf rationaler Einsicht gründenden Solidarität die irrationale, bloß gefühlsmäßige Gefolgschaft anzielten. Unterdrückung von Wissen, selbständigem Denken und mündiger Entscheidung zugunsten einer – wie man hoffte – sich dann spontan einstellenden und von keinem rationalen Zweifel angekränkelten kindlichen Bereitschaft, die auf die eine Person des Führers konzentrierte Entscheidungsgewalt über die gesellschaftlichen Bedingungen der Existenz aller mitzutragen, war die immanente Notwendigkeit der Politik des Faschismus. Das Instrument zur Durchsetzung der damit formulierten neuen Erziehungsaufgabe war die möglichst vollständige Integration aller Menschen, erst recht der Jugend, in die nationalsozialistischen Massenorganisationen, die so Mittel und Ziel der Erziehung zugleich waren. Hier galten Werte wie die richtige „Gesinnung", körperliche Gewandtheit als „Wehrhaftigkeit", Brutalität gegenüber den erklärten Feinden und „Untermenschen", die Hypostasierung des „Volks" zum Zweck, der alle Mittel heiligt, und die Bereitschaft zur Verinnerlichung des Führerprinzips – sei es als Geführter oder als (Unter-)Führer – mehr als Wissen, selbständiges Denken und Kritikfähigkeit.

Die Vernachlässigung der Schule bzw. ihre Integration in die umfassenderen Sozialisationsformen lag daher ebenso in der Konsequenz dieser Politik wie die Favorisierung dieser letzteren. Das führte folgerichtig zunächst zum Abbruch der mit der Weimarer Republik zaghaft begonnenen Demokratisierung des Unterrichtssystems, dann zur Relativierung der Schule als einer untrennbar mit der Vermittlung von Wissen verbundenen Institution. Teils weil sie für die neuen Erziehungsziele bzw. -aufgaben ungeeignet erschien, teils weil sie für eine rasche Faschisierung zu sperrig war, wurde sie von den faschistischen Jugendorganisationen, die zur neuen außerschulischen Pflichterziehungsinstitution erhoben wurden, sowohl qualitativ wie quantitativ eingeschränkt: Mit der Festlegung des Sonnabend als „Staatsjugendtag", an dem alle Schüler ihren HJ-Dienst abzuleisten hatten, wurde die Gesamtunterrichtszeit gekürzt, aber auch der Unterrichtsstoff reduziert. Die fachliche und berufsvorbereitende Qualifikation der Jugend wurde vernachlässigt. Die in der Weimarer Republik eingeführten Elternvertretungen in den Schulen wurden verboten, die Lehrervereine gleichgeschaltet, die Volksschullehrerausbildung gegenüber dem bereits erreichten Stand reduziert, die allgemeinen Studentenzahlen gesenkt, viele qualifizierte Lehrer und Hochschullehrer aus „rassischen" bzw. politischen Gründen entlassen.

Am bestehenden Aufbau des Unterrichtssystems wurde wenig verändert. Selbst die Übertragung faschistischer Inhalte, wie z.B. die Rassenlehre, blieb in Grenzen. Innerhalb der Schule wirkten sich eher andere Mechanismen im gewünschten Sinne aus, wie z.B. die amtliche Höherbewertung der richtigen Gesinnung und Rasse bzw. der körperlichen Tüchtigkeit und der Zugehörigkeit zur offiziellen Jugendorganisation vor dem Wissen und der kognitiven Leistung. Für die Herausbildung des politischen Führungsnachwuchses wurden besondere Bildungseinrichtungen eingeführt, deren Internatsform den Vorstellungen von der besonderen Sozialisationswirkung der neuen Gemeinschaftsformen entsprach.

Erst als die Leistungen der Volksschule spürbar zurückgingen und ein erheblicher Mangel an ausreichend qualifizierten Arbeitskräften die bereits laufende Kriegsvorbereitung zu gefährden drohte, kam es zur gesetzlichen Einführung der Berufsschulpflicht, die in der Weimarer Republik politisch nicht durchsetzbar gewesen war, in Berlin und auch andernorts de facto aber bereits existierte.

Das nationalsozialistische Regime konnte sein spezifisches Bildungsproblem also nicht allein mit einer Reform des tradierten Unterrichtssystems lösen. Dazu war dessen Integration in ein Gesamtkonzept von außerschulischer und außerfamilialer Sozialisation notwendig. In den zur Pflicht-Sozialisationsagentur erhobenen nationalsozialistischen Jugendorganisationen wurde die Jugend wirksamer und schneller, als es die Schule vermocht hätte, integriert. Dabei knüpfte man geschickt an der damals bei Kindern und vor allem Jugendlichen vorhandenen Ablehnung der Erwachsenenwelt und ihrer Normen und Werte an. Die Senkung des Niveaus der schulischen Allgemeinbildung versuchte man durch berufs- und arbeitsplatzbezogene Spezialbildung zu kompensieren. Insgesamt ist festzustellen, daß der Faschismus keine planvolle und langfristig orientierte Politik gemacht hat und wohl auch nicht machen konnte. Alles Handeln des Regimes orientierte sich am Hier und Jetzt. Die Nacht am Lagerfeuer, der Marsch durch die Städte, die gigantischen Massenkundgebungen, das Gefühl der Macht über die Welt – das war die eine Seite, der Verzicht auf die rationale Aneignung der Welt zum Zweck der demokratischen Verfügung darüber – die andere. Die Medaille war Barbarei.

Georg Rückriem
Klaus Wiese
Ilona Zeuch

Kapitel V

1981 — die Demokratische Leistungsschule

Sowjetische Soldaten auf dem Brandenburger Tor, 2. Mai 1945

Berlin 1945 – besetzt von Truppen aus vier Nationen

Wie 1806 ist Berlin wieder von ausländischen Truppen besetzt; erstmals ist es durch einen Krieg fast vollständig zerstört. Wie damals eröffnet die militärische Gewalt einer fortgeschritteneren Gesellschaft – seinerzeit des bürgerlichen Frankreich, jetzt der sozialistischen Sowjetunion – den solange unterdrückten sozialen und politischen Kräften die Möglichkeit, die anstehenden politischen Lösungen für Deutschlands Probleme in die Tat umzusetzen. Noch unter dem Eindruck des totalen Zusammenbruchs und der nachhaltigen Erfahrung der blutigen Konsequenzen ihrer Spaltung operieren die Arbeiterparteien jetzt bildungspolitisch einheitlich und setzen in Berlin die – bürgerliche! d.h. nicht polytechnische – Einheitsschule durch.

Neubeginn: Gemeinsame Schulpolitik von KPD und SPD

337. Beschluß des Ausschusses für Volksbildung vom 24. 6. 1947
zu dem Antrag der Fraktion der SED
betr. die deutsche Einheitsschule
— Vorlage Nr. 6/49 —
zu der Vorlage
betr. Schulgesetz für Groß-Berlin
— Vorlage Nr. 19/122 —
und
zu dem Antrag der Fraktion der CDU
betr. Schulgesetz für Groß-Berlin
— Vorlage Nr. 21/137 —

Der Ausschuß empfiehlt der Stadtverordnetenversammlung folgende Beschlußfassung:

Schulgesetz für Groß-Berlin

§ 20

1. Die Einheitsschule gliedert sich in zwölf aufsteigende Klassen.

2. In den ersten vier Klassen wird der Unterricht im wesentlichen ohne fachliche Gliederung als ein von der Heimatkunde ausgehender Gesamtunterricht erteilt. Von der fünften Klasse an findet eine Fächerung des Unterrichts statt. Außerdem beginnt hier der Unterricht in einer lebenden Fremdsprache nach freier Wahl.

3. Mit der siebenten Klasse beginnt für alle Schüler eine Gliederung des Unterrichts in einen gemeinsamen Kernunterricht und in wahlfreie Kurse, die u. a. auch die Möglichkeit zur Erlernung einer zweiten Fremdsprache, darunter des Lateinischen, bieten. Die Teilnahme an den Kursen bedarf der Bestätigung durch die Lehrer.

4. Schüler, deren Begabung und Bildungswille später hervortritt, erhalten nach dem achten Schuljahr die Möglichkeit, durch Aufbaukurse den Anschluß an die weiterführende Schulbildung zu finden.

Die Einheitsschul-Vorlage der SED-Fraktion in der Berliner Stadtverordnetenversammlung

Vorsteher SUHR: Bevor wir in der Tagesordnung fortfahren, darf ich Ihr Einverständnis annehmen, daß ich das Ergebnis der Abstimmung zum Schulgesetz bekanntgebe. Es waren von 130 Stadtverordneten 116 anwesend und haben sich an der Abstimmung beteiligt. Von diesen 116 haben 86 mit Ja und 30 mit Nein gestimmt.

Meine Damen und Herren! Ich glaube im Anschluß an diese Abstimmung noch folgendes feststellen zu dürfen. Die lange Dauer und die manchmal scharfen Kämpfe in der Rede und Aussprache beweisen die Wichtigkeit dieses Gesetzes. Ich glaube, daß keinem anderen Gesetz mit Ausnahme des Sozialisierungsgesetzes eine solche Bedeutung beizumessen ist wie diesem Schulgesetz. Um so wichtiger ist es festzustellen, daß dieses Gesetz mit einer so großen, mit einer Zweidrittelmehrheit angenommen worden ist. Ich brauche nicht hinzuzufügen, daß dieses Gesetz selbstverständlich der Alliierten Kommandantur zur Genehmigung vorzulegen ist, aber ich darf, da dieses Gesetz auf Wunsch der Alliierten Kommandantur vorgelegt wird und jetzt bearbeitet worden ist, der Hoffnung Ausdruck geben, daß die Entscheidung der Alliierten Kommandantur so rechtzeitig erfolgen möge, daß das festgesetzte Datum für das Inkrafttreten des Gesetzes auch eingehalten werden kann.

(Beifall auf der linken Seite.)

Beschluß vom 13.11.1947: Berlin erhält eine Einheitsschule

Auf dem von den Westalliierten besetzten Gebiet: Gründung der Bundesrepublik Deutschland am 20.9.1949

Auf dem von der Sowjetunion besetzten Gebiet: Gründung der Deutschen Demokratischen Republik am 7.10.1949

1951 ist in Berlin das dreigliedrige Unterrichtssystem wiederhergestellt

Mit dem Aufbrechen der Widersprüche zwischen der Sowjetunion einerseits und den Westalliierten andererseits kommt es zur politischen Spaltung Deutschlands und Berlins. In den von den Westmächten besetzten Gebieten bleibt die kapitalistische Wirtschaftsordnung erhalten, die parlamentarische Demokratie wird restauriert. Im neugewählten West-Berliner Abgeordnetenhaus erlangen die bürgerlichen Parteien CDU und FDP die Mehrheit. Gegen die Stimmen der SPD schaffen sie am 10. Mai 1951 die Einheitsschule wieder ab und stellen, wenn auch erst nach der sechsten Klasse und unter Beibehaltung des angehobenen Niveaus der ehemaligen Volksschule, die vertikal gegliederte Schule wieder her.

1945: 1.785 Volkswagen, acht Jahre später: 500.000

4. Dezember 1961

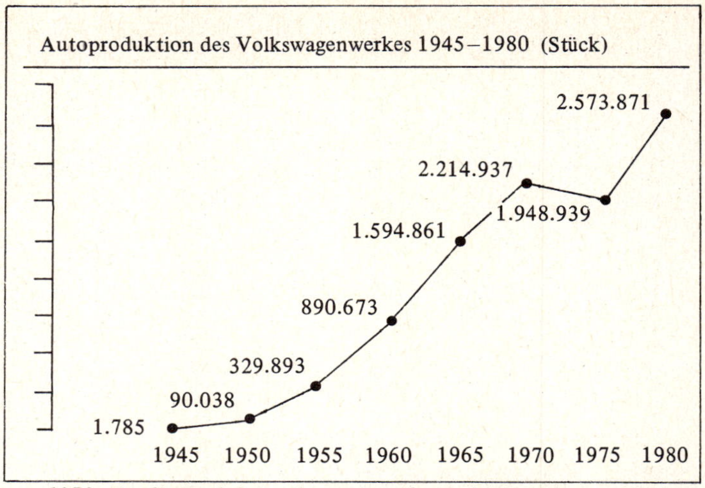

1970: Für die Produktion der ersten acht Nachkriegsjahre werden jetzt zweieinhalb Monate benötigt

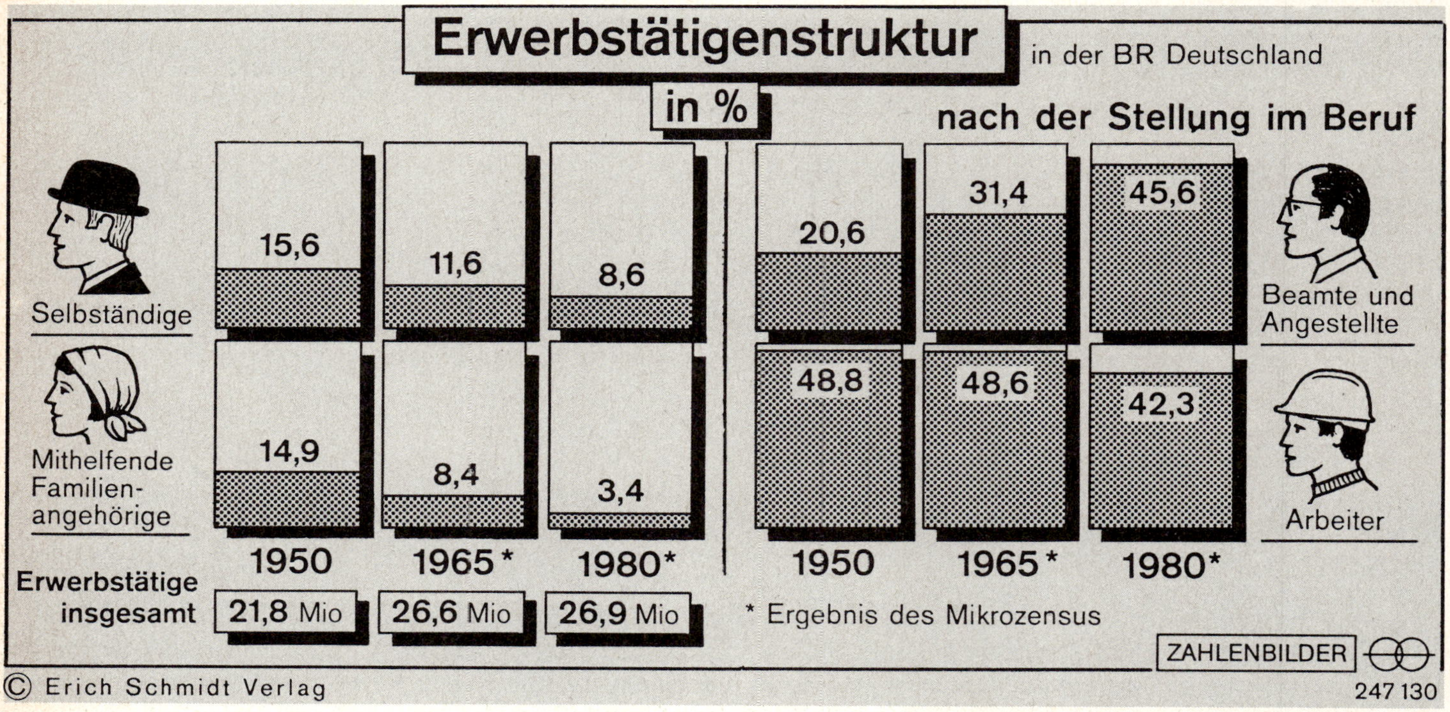

Immer weniger Selbständige – immer mehr Lohnabhängige

Nach dem 2. Weltkrieg erlebte die Bundesrepublik ein beispielloses Wachstum ihrer kapitalistischen Wirtschaft. Zwischen 1950 und 1970 wuchs das Bruttosozialprodukt um das Dreifache, durchschnittlich pro Jahr um 6,5 %. Obwohl seit 1974/75 eine tiefgreifende Krise, deren Ende nicht absehbar ist, das Wachstum stagnieren läßt, konnte das bisher erreichte hohe Lebensniveau im wesentlichen gehalten werden.
Mit der Anhebung und Nivellierung des Lebensstandards der verschiedenen Klassen und Schichten der Bevölkerung ging eine dramatische Polarisierung der Klassenstruktur einher: 1980 sind bereits 88 Prozent der Erwerbstätigen Lohnabhängige; immer mehr davon werden Lohnarbeiter des Kapitals (heute bereits mehr als zwei Drittel) und des Staates. Am einschneidendsten haben die rasante Entwicklung der Produktionstechnik und die zunehmende Bedeutung geistiger Arbeit die Lebensweise verändert. Schulische und berufliche Ausbildung, die Erhaltung von Gesundheit und Leistungsfähigkeit werden wichtiger und äußern sich im Ausbau von Bildungs- und Gesundheitswesen. Höherer Lebensstandard und vermehrte Entwicklung körperlicher und geistiger Fähigkeiten wirken zurück auf die Gestaltung der persönlichen, familiären und sozialen Beziehungen der Lohnabhängigen, und zwar insgesamt als allgemeine zivilisatorische Tendenz, zugleich jedoch unterschiedlich für die verschiedenen Gruppierungen der Lohnarbeiter.

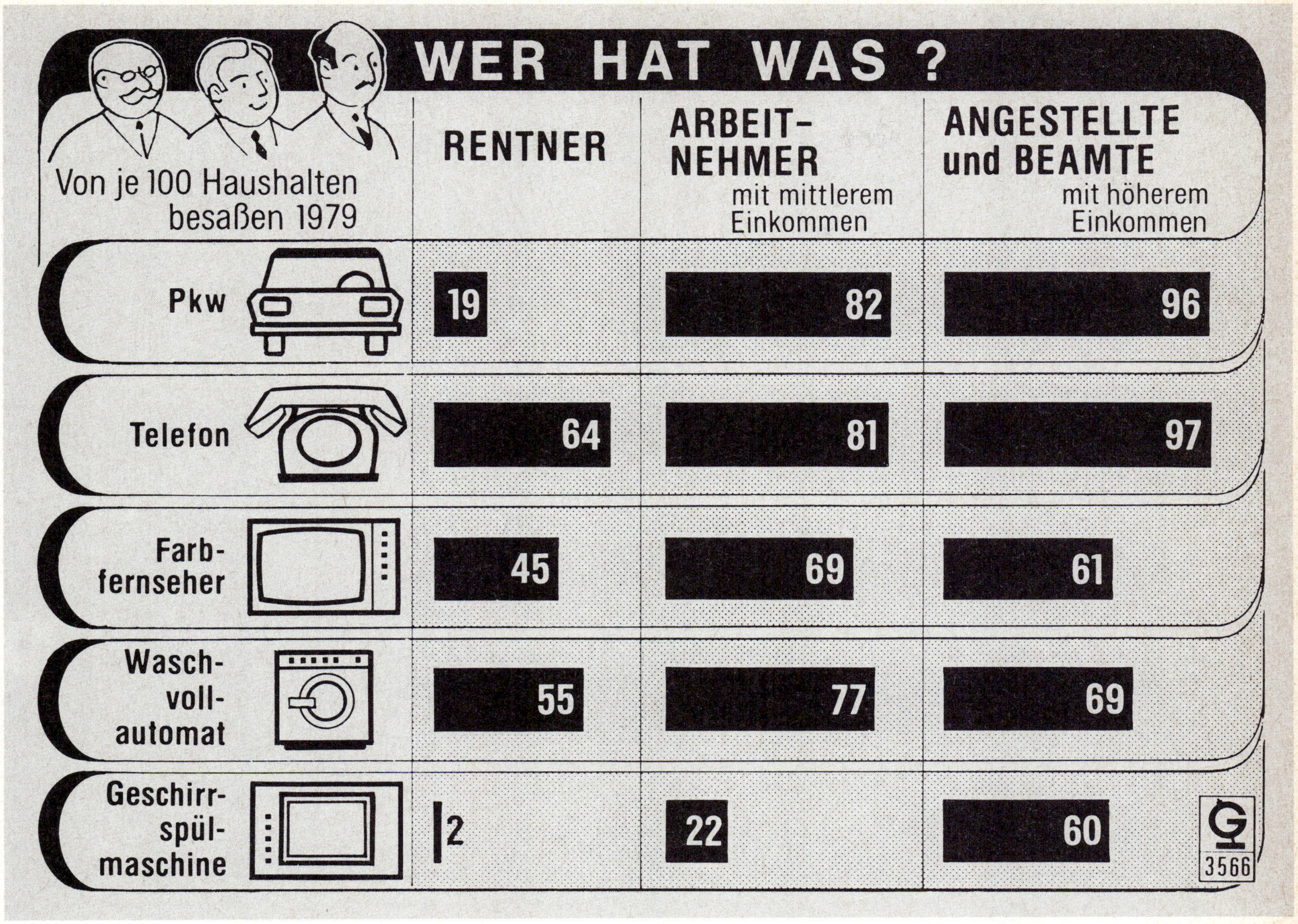

Abiturientenklasse 1981 am letzten Schultag

Ferienbeginn 1954 in West-Berlin: Warten auf das Erwachen in der „Bildungskatastrophe"

Realer Vergesellschaftungsschub, Angleichung der Lebensbedingungen und des Lebensstandards, demokratischer Anspruch und Rückstand des Bildungswesens der Bundesrepublik und West-Berlins im internationalen Vergleich bringen zu Beginn der 60er Jahre wieder Bewegung in die Bildungspolitik. Abbau von Benachteiligungen im Schulsystem und Bildung als Wirtschaftsfaktor sind die beiden meistgenannten Motive für die beginnende Bildungsreform.

Übergänge der Schüler auf die drei Oberschul-Zweige in ausgewählten Bezirken West-Berlins in % (1951)

Bezirk	Übergang auf OPZ	OTZ	OWZ
Wedding	71	20	9
Kreuzberg	70	20	10
Neukölln	64	25	11
Tiergarten	63	26	11
Schöneberg	54	24	22
Steglitz	30	34	36
Zehlendorf	30	29	41

Die vier ersten Bezirke gehören zum alten Dreiviertel-Ring der Arbeiterwohnquartiere Berlins

Relativer Schulbesuch der 15- bis 19jährigen in verschiedenen Ländern

USA 1958	66,2%	
UdSSR 1958	48,6%	
Frankr. 1958	30,8%	
BRD 1958	17,6%	(13. Stelle von 19 Vergleichsländern, deren letzte Stelle die Türkei mit 3,3% einnimmt)

Anteil der Arbeiterkinder an den Studierenden im internationalen Vergleich

Deutschland	1962/63	5,9%
Schweiz	1959	5,5%
Frankreich	1963	9,4%
Schweden	1960/61	14,3%
England	1961/62	25,0%

Benachteiligung im Schulsystem: Hinweise auf die „Bildungskatastrophe"

Bildungspolitische Leitsätze der SPD

Beschlossen von Parteivorstand, Parteirat und Kontrollkommission am 2. Juli 1964 in Berlin

Reform des Schulwesens

Die Bundesrepublik ist hinter der Entwicklung des Bildungswesens in vielen Industrienationen erheblich zurückgeblieben. Um auch in diesem Bereich die europäische Integration zu ermöglichen, muß das deutsche Schulwesen umsichtig und entschlossen weiter entwickelt werden. In Schulversuchen sind neue Entwicklungsmethoden zu erproben; Erfahrungsaustausch und wissenschaftliche Kontrolle sind zu verstärken.

Für ein Schulwesen, das den einzelnen bis zum Höchstmaß seiner Leistungsfähigkeit fördert und damit gerechte Chancen für alle schafft, gilt:

1. Das Schulsystem wird von der überkommenen vertikalen Gliederung in einen horizontalen Stufenaufbau überführt, der den Alters- und Entwicklungsstufen der Schüler entspricht.

Schritte zu diesem Ziel sind:

Verbesserte Übergangsmöglichkeiten zwischen der heutigen Volksschuloberstufe, der Mittel-(Real-)Schule und der Mittelstufe des Gymnasiums.

Zusammenlegung dieser Schularten zu einer organisatorischen Einheit.

Auf die Mittelstufe folgen nebeneinander die Studienstufe und die Berufsstufe.

In der Studienstufe sind neben einem für alle Schüler obligatorischen Kernunterricht Schwerpunktbildungen im Kursunterricht möglich. Auch technische Disziplinen, Wirtschafts- und Sozialkunde, musische Fächer, Politik und Geschichte können solche Schwerpunkte sein.

SPD 1964: „gerechte Chancen für alle“ durch „Zusammenlegung“ der Mittelstufen

Erste Beschlußempfehlung des Ausschusses für Schulwesen vom 5. Januar 1970

Das Abgeordnetenhaus wolle beschließen:

Neuntes Gesetz zur Änderung des Schulgesetzes für Berlin vom . . Januar 1970

1. § 20 Abs. 1 erhält folgende Fassung:

„(1) Die Berliner Schule gliedert sich in die Grundschule und die Oberschule. Die Oberschule umfaßt die Zweige Hauptschule, Realschule, Gymnasium, Fachoberschule, Berufsschule und Berufsfachschule. Für Schüler der Klassenstufen 7 bis 10 können Gesamtschulen eingerichtet werden, in denen der Unterricht der Oberschulzweige Hauptschule, Realschule und Gymnasium mit dem Ziel integriert wird, daß eine Entscheidung über die am Ende der 10. Klasse erreichte Schulbildung aufgrund der Leistungen des Schülers erfolgt. Von Klassenstufe 11 an soll schrittweise an einzelnen Schulen der Unterricht verschiedener Oberschulzweige mit dem Ziel integriert werden, daß der Bildungsgang an diesen Schulen sowohl den Erwerb einer Studienbefähigung vermittelt als auch auf eine Berufstätigkeit vorbereitet.“

Jetzt kommen wir zur Abstimmung über den Artikel I im Wortlaut der Beschlußempfehlung. Auf Wunsch der CDU-Fraktion soll der Absatz 1 satzweise abgestimmt werden und die anderen Absätze — habe ich Sie so richtig verstanden, Herr Dr. Behrendt? — absatzweise.

(Abg. Dr. Behrendt: Jawohl!)

— Schönen Dank. Wir kommen dann zur Abstimmung über den ersten Satz der Ziffer 1. Wer dem die Zustimmung zu geben wünscht, den bitte ich um das Handzeichen. — Das ist so beschlossen.

Ich komme zum zweiten Satz der Ziffer 1. Wer dem die Zustimmung zu geben wünscht, den bitte ich um das Handzeichen. — Das ist so beschlossen.

Ich komme zum dritten Satz der Ziffer 1. Wer dem die Zustimmung zu geben wünscht, den bitte ich um das Handzeichen. — Gegenstimmen? — Das erste war die Mehrheit; es ist so beschlossen.

Ich komme zur Abstimmung über den vierten Satz. Wer dem die Zustimmung zu geben wünscht, den bitte ich um das Handzeichen. — Ich bitte um die Gegenprobe. — Das erste war die Mehrheit. Damit ist der Absatz 1 in seiner Gänze beschlossen.

West-Berlin 1970: „Gesamtschulen“ für die Klassen 7 bis 10

Legitimationskrise des Bildungssystems: Anfänge der Studentenbewegung, Hamburg 1967

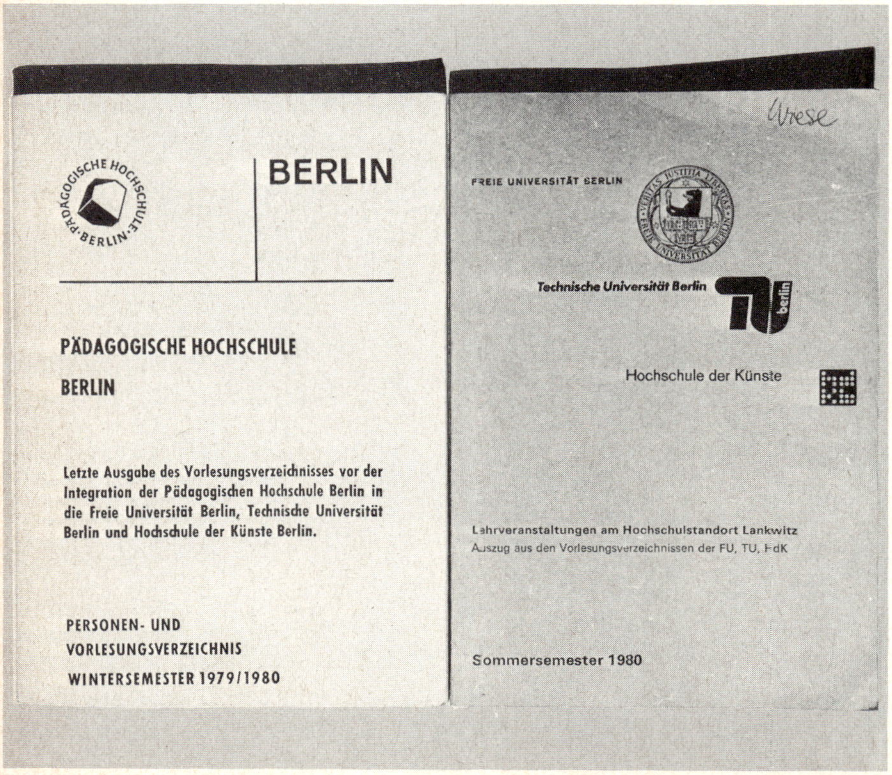

Strukturkrise der Lehrerausbildung: halbherzige Integration, West-Berlin 1980

Nachdem die Ungleichheit der Lebensweise bereits erheblich gemildert war, bestand die Ungleichheit im Unterrichtssystem ungeschmälert fort. Gleichzeitig wurde immer offenkundiger, daß die dreigliedrige Schule in dieser Form politisch und ökonomisch nicht mehr zu legitimieren war: Zu wenig höhere Qualifikationen, schamlos offene soziale Auslese, ungleiche Ausbildung der Lehrer, fehlende Neueinstiege für Aussteiger und hilfloses Elternverhalten statt unterstützender Kindergartenerziehung machten Reformen zwingend notwendig. Sie wurden inzwischen in bestimmten Bereichen auch durchgeführt. Weil das dreigliedrige Schulsystem jedoch fortbesteht, geraten sie in den Sog der alten Strukturen. Die alten Probleme leben in neuer Gestalt fort. Am deutlichsten zeigt sich das in der Gesamtschule – solange sie mit der dreigliedrigen Schule konkurrieren muß.

Schwachstelle Primarbereich: Fortbestand von Kinderbewahranstalten

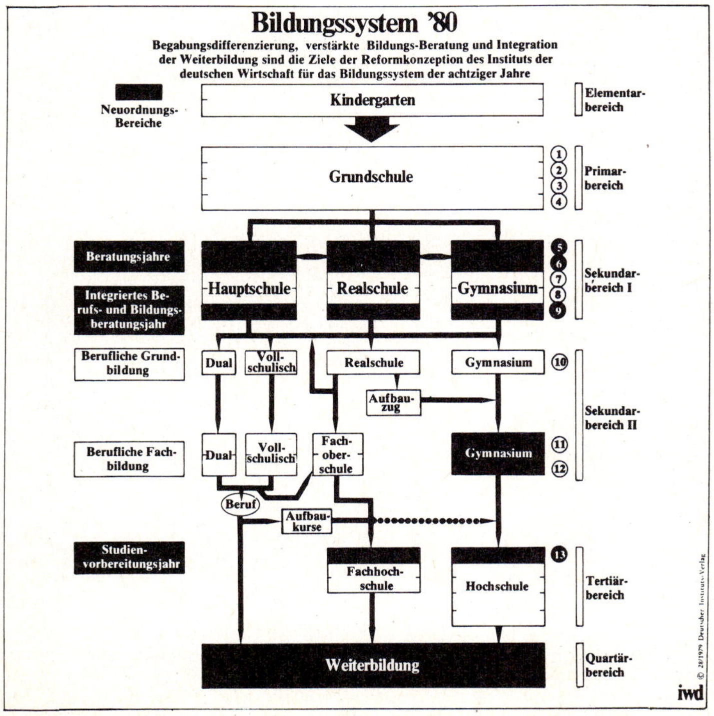

Schwachstellen des Bildungssystems: die Übergänge zwischen den verschiedenen Schulformen (aus der Sicht des Deutschen Instituts für Wirtschaft)

Schwachstelle Erwachsenenbildung: Abschaffung des Zweiten Bildungsweges

Noch sind Gesamtschulen in der Bundesrepublik nicht die Regel, Berlin liegt vorn mit 29, Bayern hatte bis vor kurzem 2. Überall stehen sie unter politischem Druck. Sie werden in die Leistungskonkurrenz mit der dreigliedrigen Schule gezwungen und in eine Richtung gedrängt, die sie von ihren ursprünglichen Reformabsichten wegführt: Sie sollten nicht nur die unterschiedlichen sozialen und persönlichen Ausgangsvoraussetzungen jedes einzelnen Schülers pädagogisch angemessen berücksichtigen, sondern auch jeden einzelnen in seinen Fähigkeiten optimal fördern. Sie sollten nicht nur „Startchancengleichheit" sondern auch „Zielchancengleichheit" ermöglichen. Jedoch wurde immerhin das bisher nach verschiedenen Schultypen getrennte Leistungsprinzip vereinheitlicht und zum alleinigen Indikator des gesellschaftlichen Erfolgs verallgemeinert. Ein Erfolg dank der SPD.
Was Gesamtschule trotz allem schon heute sein kann, zeigt die 1968 eröffnete Walter-Gropius-Schule in Britz-Buckow-Rudow: Sie umfaßt alle Schularten vom Kindergarten bis zur 13. Klasse, hat Ganztagsbetrieb, kann sich in der Zahl der höheren Bildungsabschlüsse mit dem Gymnasium messen und gilt bei Schülern und Lehrern als „prima Schule". Heute gehen in Berlin 22,5 % aller Sekundarschüler auf Gesamtschulen. Davon machen 45 % das Abitur. Die meisten der Berliner Gesamtschulen sind jedoch Mittelstufenzentren, ohne Grundstufe und gymnasiale Oberstufe. Sie stellen nur eine Unterbrechung des dreigliedrigen Schulwesens dar. Sie reproduzieren daher auch dessen übliche Probleme: Leistungsstreß und -verweigerung, Apathie und Aggression. Als gesamtschulspezifische Folgeprobleme kommen hinzu: Überforderung der Lehrer, Unterforderung einzelner Schüler, Aushöhlung der Zielchancengleichheit durch übersteigerte Differenzierung, Unterversorgung im AUA-Bereich usw. Trotz solcher Mängel spricht für die Gesamtschule: die bessere Förderung der Arbeiterkinder, besonders der Arbeitermädchen, das für soziales Lernen günstigere Klima durch Zusammenfassung von Schülern verschiedener Herkunft, die im Vergleich höheren Bildungsabschlüsse. Leistung zählt, nicht Herkunft.
Die Alternative zur Gesamtschule ist die bessere Gesamtschule.

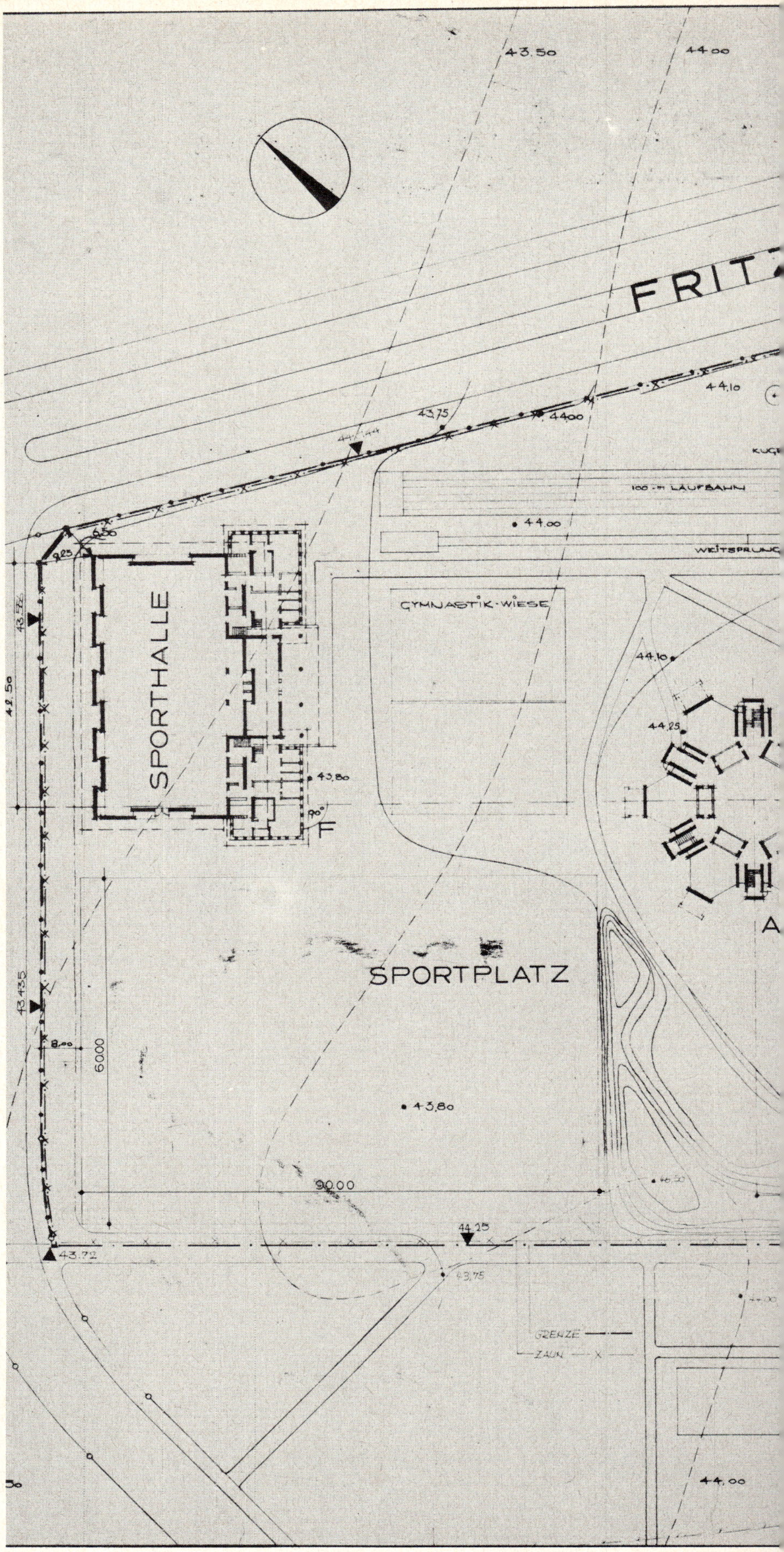

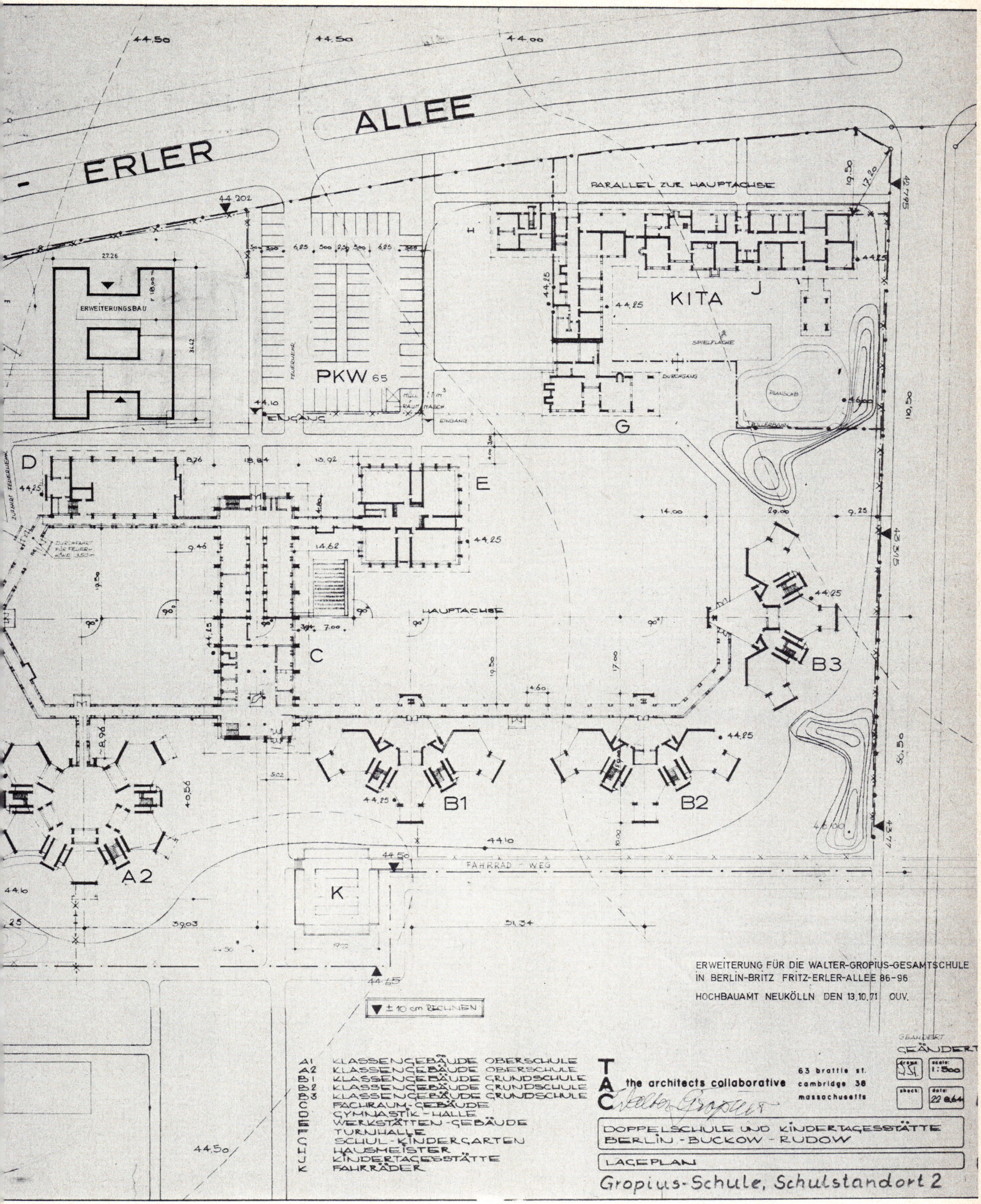
ERLER ALLEE
PARALLEL ZUR HAUPTACHSE
ERWEITERUNGSBAU
PKW 65
KITA
SPIELFLÄCHE
EINGANG
HAUPTACHSE
A2
B1
B2
B3
C
D
E
G
H
J
K
FAHRRAD - WEG
▼ ± 10 cm RECHNEN
ERWEITERUNG FÜR DIE WALTER-GROPIUS-GESAMTSCHULE
IN BERLIN-BRITZ FRITZ-ERLER-ALLEE 86-96
HOCHBAUAMT NEUKÖLLN DEN 13.10.71 OUV.
A1 KLASSENGEBÄUDE OBERSCHULE
A2 KLASSENGEBÄUDE OBERSCHULE
B1 KLASSENGEBÄUDE GRUNDSCHULE
B2 KLASSENGEBÄUDE GRUNDSCHULE
B3 KLASSENGEBÄUDE GRUNDSCHULE
C FACHRAUM-GEBÄUDE
D GYMNASTIK-HALLE
E WERKSTÄTTEN-GEBÄUDE
F TURNHALLE
G SCHUL-KINDERGARTEN
H HAUSMEISTER
J KINDERTAGESSTÄTTE
K FAHRRÄDER
TAC the architects collaborative
63 brattle st. cambridge 38 massachusetts
GEÄNDERT
scale: 1:500
DOPPELSCHULE UND KINDERTAGESSTÄTTE
BERLIN - BUCKOW - RUDOW
LAGEPLAN
Gropius-Schule, Schulstandort 2

Das viergliedrige Berliner Schulsystem: Verteilung der Arbeiterkinder 1975

Die Größe der Flächen entspricht jeweils dem Anteil an der Gesamtschülerzahl 1979 (nach Daten des Senators für Schulwesen)

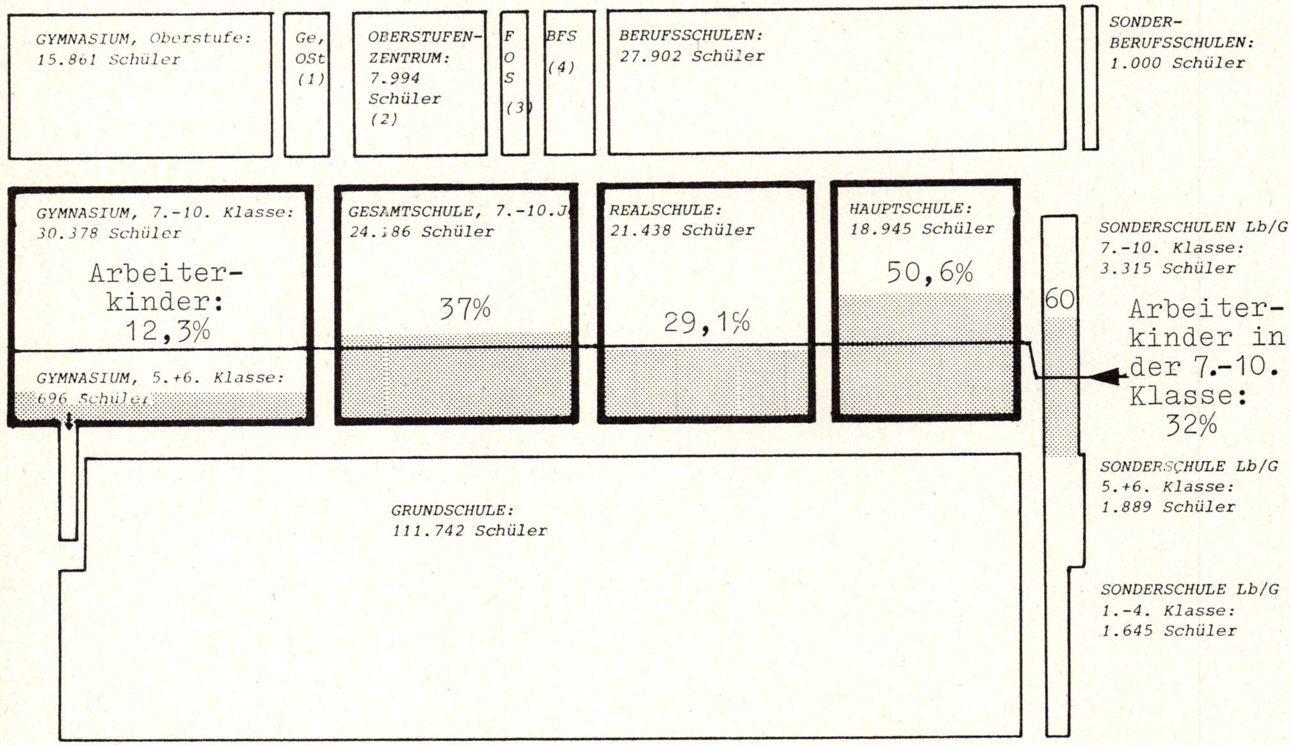

(1) GESAMTSCHULE, Oberstufe: 2.691 Schüler
(2) davon 208 GY, 55 FOS, 540 BFS, 7.191 Berufsschule
(3) FACHOBERSCHULE: 1.567 Schüler
(4) BERUFSFACHSCHULE: 3.141 Schüler

Privilegierung und Benachteiligung in den 9. und 10. Klassen der Sekundarschulen West-Berlins am 1. Oktober 1975
Anteil der Arbeiterkinder und der Kinder von Selbständigen und Freiberuflichen insgesamt sowie an den Schultypen

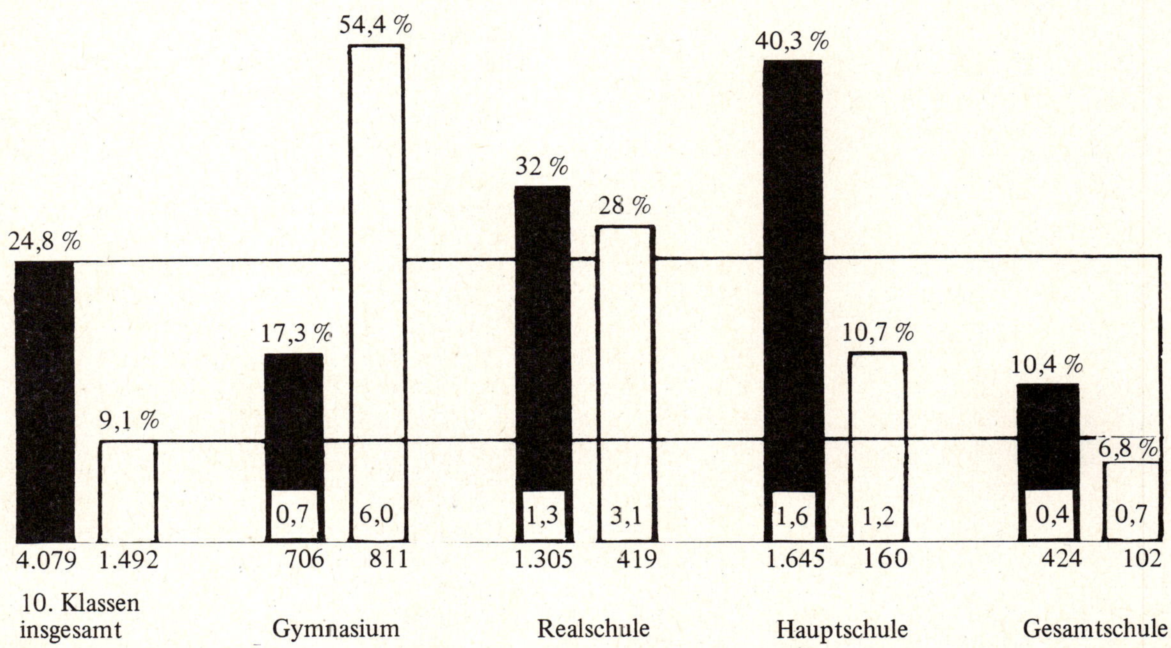

■ = Arbeiterkinder
□ = Kinder von Selbständigen und Freiberuflichen
4.079 = Absolute Zahl
0,7 = Index für Chancengleichheit (= 1,0); Überrepräsentation (> 1); Unterrepräsentation (< 1).

Jeder Schultyp hat seine eigenen Probleme. Jedoch hängen alle zusammen und miteinander ab von der veränderten gesellschaftlichen Bedeutung der Schulabschlüsse: Der Hauptschulabschluß ist keine Vorbereitung für die Berufsausbildung mehr. Immer mehr Berufe verlangen höhere Abschlüsse als Eingangsvoraussetzungen, nicht selten und zunehmend mehr das Abitur. M.a.W.: Die allgemeine Qualifikation für die Mehrheit der Berufe, also auch für die Mehrzahl der Menschen, wird nicht mehr in der Hauptschule vermittelt. Verständlicherweise orientieren sich die Menschen um: Das Gymnasium wird zum Ziel der Elternwünsche und gerät dadurch zur „Haupt-Schule" der Menschen. Dies stößt es in einen Konflikt zwischen dem eigenen Traditionsanspruch als Schule für die Elite und dem neuen Massenanspruch auf Vermittlung der angemessenen Bildung für alle. Der Anachronismus des Gymnasiums wird darin offenbar. Das Schicksal der Hauptschule ist nur die Kehrseite dieser Medaille. Infolge der Umorientierung wird sie zur „Rest-Schule" für die Kinder der Ungelernten, die auf der untersten Stufe der Bildungsabschlüsse die Arbeitslosigkeit vor Augen haben; aber auch für die Kinder der Ausländer, die ihre Hoffnungen auf die Integration in diese Gesellschaft setzen. Die Überfälligkeit der Hauptschule erscheint in dem Widerspruch zwischen der Hoffnung der Ausländer, deren Schule sie nicht ist, und der Perspektivlosigkeit der Deutschen, deren Schule sie ist.
Zwischen beiden fristet die Realschule ihre Existenz als Absteigerschule für Gymnasiasten und Aufsteigerschule für Arbeiterkinder. Nichts kennzeichnet schärfer den Verlust des eigenen Bildungsauftrags als die Abhängigkeit vom bloßen Fortbestand der anderen Schulformen.

Der konsequent nach unten weitergegebene Leistungsdruck erreicht sogar die Schule für Lernbehinderte. Obwohl als Förderinstitut für lernbehinderte Kinder eingerichtet, fungiert sie längst als Abstellgleis der am stärksten sozial Behinderten, die zwar lernen können, aber nicht so, wie es in der Grundschule die Norm ist. Sie übernimmt so dieselbe Funktion für die Grundstufe wie die Hauptschule für die Sekundarstufe. Auch hier kennzeichnet der Widerspruch, den Behinderten zwar besonders helfen zu wollen, sie durch die Absonderung vom allgemeinen Schulwesen aber nur umso tiefer in die Behinderung hineinzustoßen, die Überfälligkeit dieses Bildungssystems.

Mittelstufenzentrum Berlin-Rudow, 1976

Aus einem Gespräch mit Schülern einer Berliner Gesamtschule, Februar 1981:

„Kritikpunkte, die man an der Schule hat, die äußert man doch auch, auf'm Gymnasium wie auf der Gesamtschule. Nur – ich finde erst mal die Idee ganz toll; es ist ja meistens so, daß Arbeiterkinder zur Hauptschule oder Realschule gehen oder so, und die Kinder von 'nem Ingenieur oder 'ner Ärztin auf's Gymnasium kamen. Also Gesamtschule soll eigentlich so den Sinn haben, daß man die ganzen Schüler zusammenbringt, das die sich kennenlernen sollen, und das fand ich erst mal gut. Die Idee, daß man nicht gleich in der sechsten Klasse gezwungen ist, seinen Weg zu wählen, indem man sagt, ich mach' jetzt Hauptschule, Realschule, Gymnasium und so weiter, daß man 'nen längeren Zeitraum hat, sich zu entscheiden, das find' ich ganz gut. Aber das ist eben die Idee . . . es ist noch nicht richtig verwirklicht, man hat noch nicht den richtigen Weg dazu gefunden. Gesamtschule jetzt, das ist eben so 'ne Zwischenform, vielleicht kommt das so in zwanzig, dreißig Jahren oder in zehn Jahren, ich weiß ja nich'; vielleicht führt die Entwicklung auch zu 'was Besserem."

Der Glanz der Gesamtschule erblindet im Elend der Mittelstufenzentren:
– statt individualisierender Architektur (wie z.B. in BBR) – die Massenbauweise,
– statt individualisierender Lern- und Leistungsforderungen – das in seinem Effekt die individuelle Leistung festschreibende Bewertungssystem (FEGA),
– statt überschaubarer Organisationseinheiten – pädagogische Massenversorgung,
– statt sinnvoller, breitgefächerter und angeleiteter Freizeitangebote – hilfloser und anonymer Konsumbetrieb,
– statt sozialpädagogischer Betreuung – Aufsichtspädagogik,
– statt der Erfahrung, daß Lernen nützt und Spaß macht – der Eindruck eines gleichförmig sich wiederholenden Achtstundentags.

Die bessere Gesamtschule würde alle Schulstufen umfassen. Sie wäre eine überschaubare Einheit. Kleinen Lehrer-Schüler-Teams wäre Entscheidungsspielraum belassen. Selbstbestimmtes Lernen und kooperatives Verhalten wären möglich.
Wichtigste Voraussetzung: Die äußere Leistungsdifferenzierung wäre aufgehoben zugunsten einer Förderung der Schüler auf ihrem Niveau.

Gesamtschule

Freie Arbeitsgruppen

Sprachlabor

AuA-Bereich (Außerunterrichtliche Angebote)

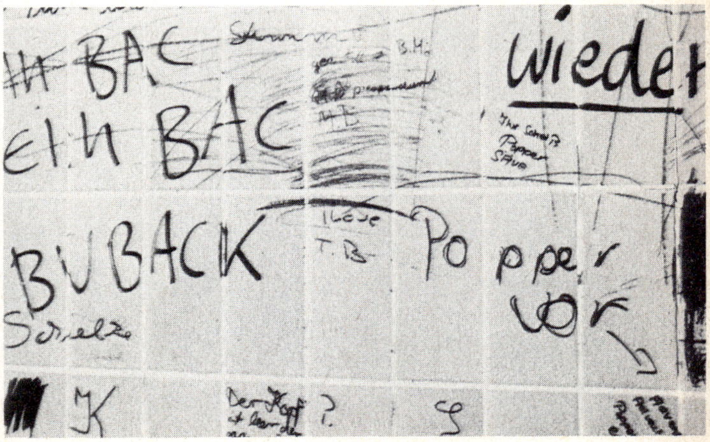

Graffiti

Stempel der Kindertagesstätte		Anlage zum Schülerbogen

Beobachtungsbogen zur Ausgangslage von Schulanfängern

Sozialverhalten

in freier Beschäftigung		
eher unselbständig	○ ○ ○ ○ ○	eher selbständig
kontaktarm	○ ○ ○ ○ ○	kontaktfreudig
kaum integriert	○ ○ ○ ○ ○	gut integriert
läßt sich führen	○ ○ ○ ○ ○	eher dominierend

in vom Lehrer gesteuerten Lernprozessen		
eher unselbständig	○ ○ ○ ○ ○	eher selbständig
kontaktarm	○ ○ ○ ○ ○	kontaktfreudig
kaum integriert	○ ○ ○ ○ ○	gut integriert
läßt sich führen	○ ○ ○ ○ ○	eher dominierend
eher überangepaßt	○ ○ ○ ○ ○	eher selbstbewußt

BESONDERE BEMERKUNGEN:

Arbeitsverhalten

bei gewählten Aufgaben		
Verständnismangel	○ ○ ○ ○ ○	rasches Aufgabenverständnis
eher schleppend	○ ○ ○ ○ ○	eher zügig
eher unsichere, unselbständige Arbeitshaltung	○ ○ ○ ○ ○	eher sichere, selbständige Arbeitshaltung
eher sprunghaft, ablenkbar	○ ○ ○ ○ ○	eher ausdauernd, aufgabenbewußt

bei gestellten Aufgaben		
Verständnismangel	○ ○ ○ ○ ○	rasches Aufgabenverständnis
eher schleppend	○ ○ ○ ○ ○	eher zügig
eher unsichere, unselbständige Arbeitshaltung	○ ○ ○ ○ ○	eher sichere, selbständige Arbeitshaltung
eher sprunghaft, ablenkbar	○ ○ ○ ○ ○	eher ausdauernd, aufgabenbewußt

Leistung vom Kindergarten bis zur Hochschule

Vergabeverfahren zum Sommersemester 1980 – ohne Lehram
Auswahlgrenzen[1] Stand: nach Abschluß des Verfahr

Grad der Qualifikation

Land des Erwerbs der HZB ▶	Baden-Württemberg			Bayern			Berlin			Bremen			Hamburg			Hessen			Niedersachsen			Nord Wes
Auswahlkriterien ▶ / Studiengang ▼	Durchschnittsnote	maßgebl. Anzahl der Halbjahre	Dienstpflicht	Durchschnittsnote	maßgebl. Anzahl der Halbjahre	Dienstpflicht	Durchschnittsnote	maßgebl. Anzahl der Halbjahre	Dienstpflicht	Durchschnittsnote	maßgebl. Anzahl der Halbjahre	Dienstpflicht	Durchschnittsnote	maßgebl. Anzahl der Halbjahre	Dienstpflicht	Durchschnittsnote	maßgebl. Anzahl der Halbjahre	Dienstpflicht	Durchschnittsnote	maßgebl. Anzahl der Halbjahre	Dienstpflicht	Durchschnittsnote
Agrarwissenschaft[2]	—	—	—	—	—	—	—	—	—	—	—	—	—	—	—	—	—	—	—	—	—	—
Architektur[2]	—	—	—	—	—	—	—	—	—	—	—	—	—	—	—	—	—	—	—	—	—	—
Architektur[2,3]	—	—	—	—	—	—	—	—	—	—	—	—	—	—	—	—	—	—	—	—	—	—
Biologie	2,6	1	—	2,6	1	—	2,1	0	—	2,5	3	—	2,0	3	—	1,7	0	—	2,3	1	—	2,4
Forstwissenschaft	2,5	1	—	2,8	1	—	—	—	—	2,2	0	—	—	—	—	1,5	0	—	2,2	1	—	2,3
Haushalts- und Ernährungswissenschaft	—	—	—	—	—	—	2,9	0	—	—	—	—	—	—	—	2,6	0	—	3,1	1	—	3,4
Lebensmittelchemie	—	—	—	2,3	0	—	2,4	0	—	—	—	—	1,3	0	—	—	—	—	—	—	—	—
Medizin	2,1	1	—	1,9	0	—	2,1	7	—	1,7	0	—	2,2	4	—	1,6	5	—	2,2	1	—	2,0
Pharmazie	2,4	1	—	2,4	1	—	2,7	0	—	3,2	5	—	3,4	6	×	1,9	0	—	3,2	3	—	2,7
Psychologie*	2,6	1	—	2,2	1	—	1,8	0	—	2,0	0	—	2,1	9	—	1,7	5	—	2,3	3	—	2,3
Sozialwesen[2,3]	—	—	—	—	—	—	—	—	—	—	—	—	—	—	—	—	—	—	—	—	—	—
Sport	3,1	1	—	3,1	1	—	3,1	1	—	3,1	1	—	3,1	1	—	3,1	1	—	3,1	1	—	3,1
Tiermedizin	2,2	0	—	2,0	1	—	2,1	0	—	1,3	0	—	2,4	6	—	1,8	3	×	2,2	1	—	2,1
Zahnmedizin	2,2	3	×	2,0	7	—	1,8	0	—	2,1	10	—	2,2	4	—	1,5	2	—	2,1	3	—	2,0

[1] Die Auswahlgrenze bezeichnet das Grenzkriterium auf der jeweiligen Rangliste, bis zu dem Bewerber nach den angegebenen Kriterien ausgewählt werden konnten. Bitte beachten Sie: Aus den Tabellen ergeben sich keine Anhaltspunkte für die Zulassungschancen in künftigen Vergabeverfahren.
[2] Kein Studienplatzangebot im Sommersemester 1980.
[3] Integrierte Studiengänge mit dem Abschluß Diplom im Land Hessen.
* Auswahlgrenze nach Beendigung des 2. Nachrückverfahrens.
Beispiele zu den Ergebnissen des Vergabeverfahrens zum WS 80/81 im Studiengang Forstwissenschaft. Alle Bewerber, die ihre Hochschulzugangsberechtigung im Land Nordrhein-Westfalen erworben haben und nach § 16 Absatz 2 VergabeVO diesem Land zugewiesen wurden, konnten nach dem „Grad der Qualifikation" ausgewählt werden, wenn sie den Studiengang Forstwissenschaft im Hauptantrag – 1. Präferenz – genannt und eine Durchschnittsnote von 2,6 oder besser erreicht hatten. Von den Bew den, die eine maßgebliche Anzahl aufweisen konnten. Unter den Bow Halbjahren, die einen Dienst vollst
Unabhängig vom Land des Erwerb gewählt, die diesen Studiengang i fünf oder mehr Halbjahren aufweis diejenigen ausgewählt werden, de von vier Halbjahren und einer D abgeleistet haben, anderenfalls ent

Aktuelle Tendenzen im Bildungswesen: *Vereinheitlichung* unter dem Leistungsprinzip: Als Folge eines Fortschritts beginnt der Kampf um die Durchschnittsnote bereits in der Kindertagesstätte.

Verwissenschaftlichung: Die neuen Inhalte können in die alte Allgemeinbildung nicht mehr integriert werden. Aufgehäuftes Detailwissen kann aber ein einheitliches wissenschaftliches Weltbild nicht ersetzen.

3 + 2 =	4 + 1 =	2 + 3 =
4 + 1 =	3 + 2 =	3 + 2 =
1 + 4 =	2 + 3 =	1 + 4 =
2 + 3 =	1 + 4 =	4 + 1 =
5 − 1 =	5 − 1 =	5 − 4 =
4 − 1 =	5 − 2 =	5 − 3 =
3 − 1 =	5 − 3 =	5 − 1 =
2 − 1 =	5 − 4 =	5 − 2 =
2 + 3 =	3 − 1 =	1 + 3 =
5 − 2 =	1 + 4 =	5 − 4 =
4 + 1 =	4 − 3 =	4 − 1 =
4 − 2 =	3 + 1 =	2 + 3 =
2 = 1 +	3 = 1 +	5 = 2 +
3 = 2 +	4 = 2 +	4 = 2 +
4 = 3 +	4 = 1 +	5 = 3 +
5 = 4 +	5 = 1 +	4 = 1 +

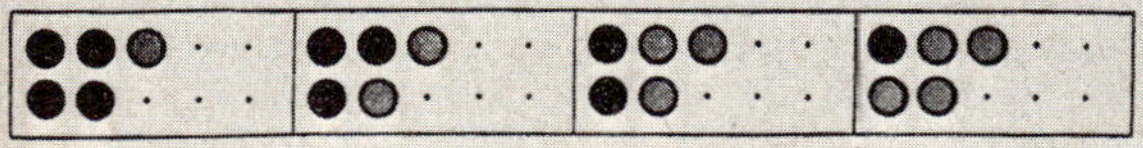

1

Verwissenschaftlichung: Rechenfibel der fünfziger und der siebziger Jahre

Proteste der Betroffenen: Schüler und die GEW gegen Sparmaßnahmen

Vergesellschaftung: Das öffentliche Interesse an der Bildung der Menschen hat immer mehr Bereiche des Bildungswesens erfaßt und der gesellschaftlichen Planung und Kontrolle unterworfen. Würde dies nun bedeuten, daß von jetzt an die Planung der Bildung der Menschen an ihren gesellschaftlichen Bedürfnissen orientiert würde, hätte man in der Einschätzung dieser Tendenz keine Zweifel.
Leider scheint sie sich eher als Bürokratisierung auch des kleinsten Entscheidungsspielraums und der Verrechtlichung noch der geringsten spontanen Regung auszuwirken.

Partizipation: Offenkundig wächst die Zahl der Anlässe, an denen Eltern, Schüler, Jugendliche und Lehrer spontan ihre Interessen artikulieren und sich so unmittelbar in die gesellschaftliche Kontrolle einschalten. Allerdings scheint das bislang überwiegend in der Form des Protestes, der Negation, noch nicht als produktive Beteiligung auch an Planungsprozessen möglich.

Jugendliche für das Recht auf Ausbildung und Arbeit

" (...) Bei der Heranziehung der ehrenamtlich tätigen Eltern als Aufsichtspersonen sind die Bestimmungen des SchulVerfG zu beachten. Nach § 14 Abs. 1 Nr. 3 SchulVerfG berät und beschließt die Gesamtkonferenz u.a. über die Grundsätze der Aufsichtspläne. Der Gesamtkonferenz ist daher Gelegenheit zu geben, sich zu dem geplanten Einsatz von Eltern bei der Aufsichtsführung zu äußern, ob und unter welchen Voraussetzungen ein solcher Einsatz in der jeweiligen Schule pädagogisch vertretbar erscheint. Mit den betreffenden Lehrern der einzelnen Klasse sollte wegen der vertrauensvollen Zusammenarbeit in jedem Falle Einvernehmen über den Einsatz erzielt werden. Soll die Tätigkeit von einiger Dauer oder Bedeutung sein, wie z.B. bei Wanderfahrten und Schullandheimaufenthalten, so empfiehlt es sich, hier eine förmliche Beauftragung durch das Bezirksamt vorzunehmen, um den Beauftragten ggfs. unter den Schutz der Staatshaftung gem. § 839 BGB in Verbindung mit Art. 34 GG zu stellen, in jedem Falle aber, um Unfallversicherungsschutz nach der RVO zu gewährleisten.
Nach § 539 Abs. 1 Nr. 9 Buchst. b RVO sind Personen in der Unfallversicherung gegen Arbeitsunfall versichert, die einem Bediensteten ... eines Landes ... Anstalt oder Stiftung des öffentlichen Rechtes, der sie zur Unterstützung bei einer Diensthandlung heranzieht, Hilfe leisten. Die vorherrschende Praxis in den Bezirken ist, daß ausschließlich das Schulamt für die Entscheidung zuständig ist, ob schulfremde Personen zu schulischen Veranstaltungen herangezogen werden dürfen. Im Rahmen schulischer Veranstaltungen mitwirkende Eltern sind nur dann rechtlich abgesichert, wenn sie aufgrund eines entsprechenden Auftrages des Schulamtes tätig werden. (...) "

Verrechtlichung: aus einem Rundschreiben des Senators für Schulwesen an Schulaufsichtsbeamte betr. „Elternmitarbeit während der Unterrichtszeit", Juni 1977

Eltern gegen Klassenzusammenlegungen

Eltern gegen die Vergrößerung der Gruppen in den Kindertagesstätten

Demonstration gegen Berufsverbote, 1980

Die Krise des Schulwesens ist eine Strukturkrise: Auf der einen Seite führt die Verallgemeinerung der Leistung zur Vermittlung von höheren Bildungsabschlüssen für alle; diese wiederum verbessern die Berufschancen. Auf der anderen Seite engt die fortbestehende Hierarchie der höheren Abschlüsse die Berufschancen wieder ein und fördert die Konkurrenz, die auf die Schule zurückwirkt. Sie schlägt dort als Leistungsdruck bis in die Kindertagesstätten durch und hebt den Effekt der Bemühungen um Chancengleichheit im Ansatz wieder auf, indem sie

a) ganze Bildungswege und Schultypen abwertet (siehe die Abschaffung des 2. Bildungswegs, die Unfähigkeit, allen Abiturienten die Hochschulausbildung zu gewähren, die Unmöglichkeit, mit dem Haupt- und Sonderschulabschluß ehemals zugängliche Berufe zu ergreifen);

b) den individuellen Leistungsdruck verstärkt, der sich an objektivierten Normen orientiert und so die Förderung des einzelnen auf seinem jeweiligen Niveau ausschließt. Im ersten Fall wird die Zielchancengleichheit, im zweiten sogar die Startchancengleichheit zerstört.

Jedoch ist die Krise der Schule nur Nachhall der allgemeinen ökonomischen Krise: Im wirtschaftlichen Aufschwung werden auch niedrige Abschlüsse nachgefragt. In dem seit 1975 anhaltenden Abschwung mit Wachstumsstop, sinkender Leistungsbilanz, verschärfter Arbeitslosigkeit und steigenden Preisen haben höhere Abschlüsse bessere Chancen. Von Gleichheit kann keine Rede sein. Das Strukturproblem der Schule wird offenbar: Sie muß als demokratische Schule die Möglichkeit der Herstellung von Gleichheit über die Schule behaupten und anstreben – und trägt andererseits ebenso notwendig selbst dazu bei, daß sie real unmöglich wird.

Wie lange eigentlich kann es unsere Gesellschaft sich leisten, gerade diejenigen aus dem Bildungswesen auszuschließen, die diesen Widerspruch bewußt reflektieren, an seiner scheinbaren Ausweglosigkeit sich reiben und nach Perspektiven suchen, ihn zu bewegen?

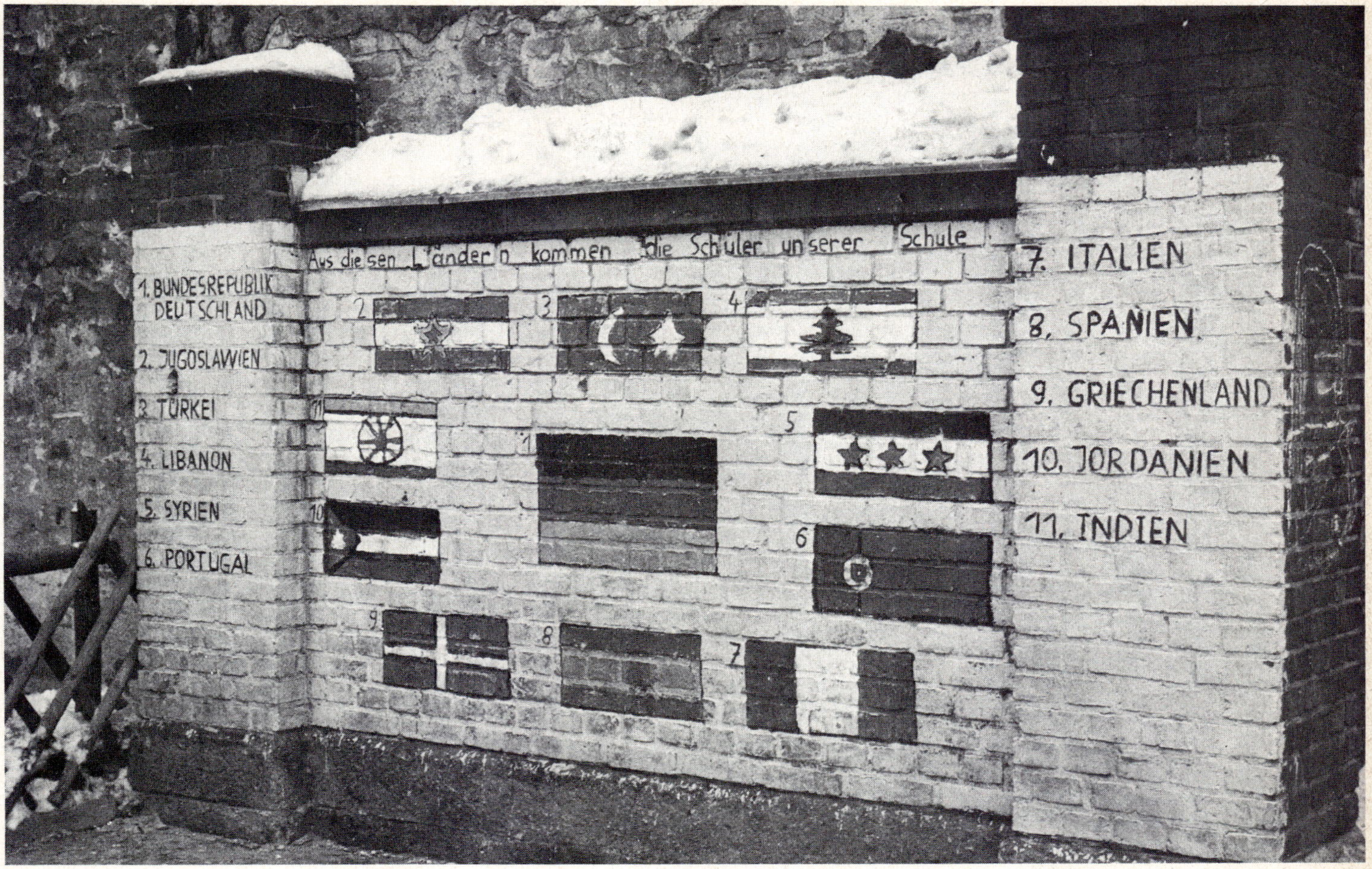

Wandbild im Pausenhof der Heinrich Zille-Grundschule in Kreuzberg, 1979

Entschulte Schule

„Schulen beruhen auf der Vermutung, daß jedes Ding im Leben ein Geheimnis birgt; daß die Qualität des Lebens von der Kenntnis dieses Geheimnisses abhängt; daß man Geheimnisse nur in der richtigen Reihenfolge erfahren kann; und daß nur Lehrer diese Geheimnisse auf die rechte Weise offenbaren können."

(Ivan Illich)

Alternative Schule

„Chancengleichheit"

Schulreform zwischen Einheitsschule und Gesamtschule
Die Entwicklung der Berliner Schule 1945—1981

Die Entwicklung der Berliner Schule läßt sich in folgende Zeitabschnitte untergliedern:

- Wiederaufnahme des Schulunterrichts und Beginn der Diskussion um eine grundlegende Schulreform (1945–1947),
- Reformpädagogik und Umerziehungspolitik: Errichtung der Einheitsschule (1948–1950),
- Neuordnung durch die „Berliner Schule" als Ausdruck konservativer Schulpolitik (1951–1954),
- Versuche zur Überwindung konservativer Schulpolitik: Pädagogische Verbesserungen und der Schulversuch „10. Klasse OPZ",
- Wege zu einer neuen Schule: Bemühungen um innere und äußere Schulreform (1962-1970),
- Schulentwicklung seit 1970: die pragmatische Wende.

Diese Entwicklung soll im folgenden in ihren wichtigsten Zügen nachgezeichnet werden.

Wiederaufnahme des Schulunterrichts und Beginn der Diskussion um eine grundlegende Schulreform (1945–1947)

Als 1945 nach der Kapitulation die Waffen schwiegen, war das Leben in Deutschland gelähmt: Zerstörungen ungeahnten Ausmaßes, Arbeitslosigkeit und Hunger, Flüchtlinge, Vertriebene und Gefangene, alliierte Besatzungsstreitkräfte, die sich erst darum mühten, ordnende Hand anzulegen. Von dieser Katastrophe war Berlin in ganz besonderem Maße betroffen, und kein Bereich des gesellschaftlichen Lebens blieb davon unberührt, auch die Schulen nicht. Teilweise waren sie zerbombt und zerschossen – wie z.B. das Gymnasium zum Grauen Kloster –, oder sie dienten als Auffanglager für Vertriebene und Flüchtlinge, teilweise wurden sie als Krankenlazarette benutzt – so das Gymnasium am Fichtenberg in Steglitz oder die Gemeindeschule in der Mahlowerstraße in Neukölln. An ein geordnetes Schulleben war in jener Zeit jedenfalls noch nicht zu denken. So blieben denn auch die Schulen zunächst geschlossen.

Erst allmählich löste sich der Schock von der nahezu vollständigen Katastrophe, und der Wille zum Weiterleben begann zu erwachen. Die alliierten Siegermächte hatten inzwischen ein einigermaßen funktionierendes Ordnungs- und Kontrollsystem aufzubauen begonnen, waren sich aber über die genaue Zukunft des zerschlagenen Deutschland uneinig. So bestand vieles, was allgemein als öffentliches Leben bezeichnet wird, aus Improvisation, wie etwa das Beispiel der späteren Senatsrätin in der Senatsverwaltung für Volksbildung, Maria Efken, zeigt: Ermutigt durch eine leidlich funktionierende

Schulkinder am „Knie" (heute Ernst-Reuter-Platz) in Berlin 1945.

Bezirksverwaltung, heftete sie Zettel an Bäume, die die Kinder aus der Umgebung dazu ermuntern sollten, wieder in die Schule zu gehen. Ebenso provisorisch war freilich auch der tatsächlich stattfindende „Unterricht". Materialien und Unterrichtshilfen waren nicht da, Brennholz für den unbeheizten Klassenraum allzu oft nicht aufzutreiben. So behalf man sich mit dem Möglichen: Geschichten vorlesen z.B. – wenn ein Buch aufzutreiben war!

In dieser Zeit begann die leidenschaftliche Diskussion darüber, wie eine neue, bessere Schule auszusehen hätte.

Reformpädagogik und Umerziehungspolitik: Errichtung der Einheitsschule (1948–1950)

Für manche unerwartet stellte sich allerdings das Problem ein, das die Zukunft Deutschlands bestimmen sollte. Obwohl mittlerweile Groß-Berlin wieder einen durch den Magistrat geleiteten und von der „Alliierten Kommandatura" der Siegermächte kontrollierten Verwaltungsapparat besaß, waren die Teilung Deutschlands und die Spaltung Berlins ein das gesellschaftliche Leben bestimmendes Merkmal geworden. Es erscheint als Ausdruck der gesellschaftlichen Widersprüche, wenn in der Zeit der Vorbereitungen zur Gründung zweier, in ihrer Gesellschaftsordnung grundlegend voneinander abweichender Staaten der Magistrat mit den Stimmen der SPD, LDP/FDP und SED die Berliner Einheitsschule beschloß, deren durch das Schulgesetz geforderte Einheitlichkeit der Unterschiedlichkeit der beiden deutschen Staaten entgegenstand und deren staatsbürgerlicher Erziehungsauftrag – die vollständige Umgestaltung der deutschen Lebensweise – andererseits den Stempel alliierter Umerziehungspolitik erkennen ließ. Es darf nicht verkannt werden, daß viele Lehrer, insbesondere aus der Gruppe der Volksschullehrerschaft, in der Einheitsschule die einmalige Chance sahen, die reformpädagogischen Ideen der Weimarer Republik in einem

Maria Efken, Senatsdirektorin a.D. 1945–1951 Studien- u. Oberstudienrätin an der Rückert-Schule in Berlin-Schöneberg

„Dieses Einheitsschulgesetz ist eine revolutionäre Tat. . . . Jeder Schüler hat gesetzlichen Anspruch auf Förderung. Eignung und Bildungswille allein entscheiden. Alle Kinder und Jugendliche besuchen *eine* Schule, die Einheitsschule. Kein Nebeneinander der verschiedenen Schularten als Ausdruck der verschiedenen Volksschichten."

Vorbemerkung zum Schulgesetz für Groß-Berlin 1948. BK/O (48) 88 vom Juni 1948.

Dr. Walter May, Stadtrat der Magistratsverwaltuang für Volksbildung von 1947–1951.

„Ist Ihnen, Herr Oberbürgermeister, bekannt, daß die Mehrheit der Berliner Eltern – bis weit in die Kreise der SPD hinein – die Schulpolitik des Berliner Magistrats nicht billigt?"

Aus einem Schreiben des Vorsitzenden des Stadtelternausschusses, Dr. Menzel, an den Oberbürgermeister Ernst Reuter. Abgedruckt in: Informationsdienst für die Berliner Elternschaft. Nr. 8 vom Juni 1950. Ohne Seitenangabe.

„Wir müssen danach streben, den Übergang von der Grundschule zur Oberschule, welcher Zweig der Oberschule auch in Frage kommt, zu einer deutlich wirksamen Auslese zu machen."

Vorwort zum Schulgesetz von Berlin in der Fassung vom 5.8.1952. Hrsg. vom Senator für Volksbildung – Hauptschulamt – im Januar 1953.

Prof. Dr. Joachim Tiburtius, Senator für Volksbildung von 1951–1963.

ungegliederten achtjährigen einheitlichen Schulaufbau zu verwirklichen. Der Größe dieser Aufgabe standen jedoch die Kürze der zur Verfügung stehenden Zeit sowie das Ausmaß und die Intensität der gesellschaftlichen Auseinandersetzungen entgegen. In der Zeit des gültigen Schulreformgesetzes entbrannte ein regelrechter Schulkampf, der das Gesicht des Wahlkampfes zum 1. Berliner Abgeordnetenhaus Ende 1950 nachhaltig mitgestaltete.

Neuordnung durch die „Berliner Schule" als Ausdruck konservativer Schulpolitik (1951–1954)

Der Zusammensetzung der nach den Wahlen im Abgeordnetenhaus vertretenen Parteien fiel die Einheitsschule zum Opfer und wurde am 10.5. 1951 durch die „Berliner Schule" ersetzt. Wenngleich sich auch die neue Schule am Schulaufbau der Länder der Bundesrepublik Deutschland orientierte, die in der Regel das nach vier Grundschuljahren traditionell dreigegliederte Schulsystem aufgebaut hatten, erhielt sich die Berliner Schule fortschrittliche Elemente, die einen Kompromiß zwischen achtjähriger Einheitsschule und vierjähriger Grundschule andeuten: die sechsjährige Grundschule und das obligatorische neunte Schuljahr sowie der Fremdsprachenbeginn in der 5. Klasse. Darüber hinaus sollte sich in der im Schulgesetz geregelten „Gleichwertigkeit" der drei Oberschulzweige (OPZ, OTZ, OWZ) ein nach wie vor einheitlicher Schulaufbau ausdrücken – eine Zielsetzung, die in der Praxis jedoch nicht erreicht werden konnte.

Versuche zur Überwindung konservativer Schulpolitik: Pädagogische Verbesserungen und der Schulversuch: „10. Klasse OPZ"

Etwa Mitte der fünfziger Jahre konnte davon ausgegangen werden, daß die größte wirtschaftliche Not der Nachkriegszeit zumindest teilweise beseitigt war und der Kampf um das nackte Dasein zukunftsweisenden Überlegungen und Entscheidungen wich. Viele Familien bemühten sich deshalb um einen besseren Bildungsabschluß für ihre Kinder. Die Folge davon war, daß die bisher weitgehend vernachlässigte Oberschule Praktischen Zweiges (OPZ) in den Augen besorgter Pädagogen zu einer „Restschule" herabzusinken drohte. Eine Lösung glaubte man darin zu erblicken, die OPZ mit einem zusätzlichen Schuljahr wieder attraktiver zu gestalten: der Beginn des Schulversuchs „10. Klasse OPZ". Ganz eng war dieser Schulversuch mit dem Namen eines schon in der Weimarer Republik engagierten Schulreformers verbunden: dem damaligen Regierungsdirektor in der Senatsverwaltung für Volksbildung, Friedrich Weigelt. Ihm und anderen Pädagogen ging es allerdings nicht darum, der OPZ ein weiteres Schuljahr anzufügen. Vielmehr verfolgten sie das Ziel, durch die Beseitigung des mittleren Zweiges, der Berliner Oberschule Technischen Zweiges (OTZ), wieder in die Nähe der alten Einheitsschulkonzeption zu gelangen. Dieser Kampf blieb allerdings vergebens. Es fand sich dafür keine breite Mehrheit und Unterstützung.

Auf dem Hintergund einer allmählich auch in der Öffentlichkeit einsetzenden Kritik an den Verhältnissen in der Berliner Schule wurden zwischen 1955 und 1961 eine Reihe von pädagogischen Verbesserungen eingeführt. So erhielten z.B. die Lehrer weniger Pflichtstunden, wurden die Schülerzahlen pro Klasse gesenkt, Klassen im Werkunterricht geteilt usw. Maßnahmen dieser Art linderten sicherlich etliche besonders brennende Nöte und Schwierigkeiten im Schulalltag, konnten aber die grundsätzlichen Mißstände in den einzelnen Schulen nicht ausräumen: Nach wir vor mußten in der Grundschule Lehrer zwei Klassen zugleich betreuen, saßen zu viele Schüler in überfüllten und modernisierungsbedürftigen Räumen, fiel der Unterricht bei Erkrankung des Lehrers aus, weil es keine ausreichenden Vertretungsmittel gab. Den finanziellen Rahmen für die Bemühungen um die Verbesserung der schlechten unterrichtlichen Bedingungen setzten freiwerdende Mittel, die sich aus dem allgemeinen Rückgang der Schülerzahlen ergaben. Es stand nicht die Absicht dahinter, die Schule in ihrer wesentlichen Struktur zu verändern. Ohnehin zeigte sich in Berlin eine gewisse Zufriedenheit, da die Berliner Schule im Vergleich zur Schulsituation in der Bundesrepublik als Schrittmacher und Vorbild galt.

Wege zu einer neuen Schule: Bemühungen um innere und äußere Schulreform (1962–1970)

Einen entscheidenden Anstoß für eine neue Schulpolitik brachte der Mauerbau vom 13. August 1961. In direkter Auswirkung wurden ca. achtzig grenzgehende Lehrer im Ostteil der Stadt abgeschnitten. Für etwa 1200 Schüler kam das Ende ihres Schulbesuchs im Westteil der Stadt. Zur damaligen Zeit entwickelte sich bei den meisten Politikern und in breiten Kreisen der Bevölkerung die Einsicht, daß Berlin die Hoffnung aufgeben muß, in absehbarer Zeit die Hauptstadt eines wiedervereinten Deutschlands werden zu können. Diesen Aufgabenverlust bemühten sich die Verantwortlichen dadurch auszugleichen, daß sie die Stadt als Zentrum der Bildung und Kultur ausbauten. Zur Überwindung der Folgen des Mauerbaus wurde die Bundeshilfe erheblich verstärkt, die finanziellen Zuwendungen für den Bildungsbereich erhöht. Berlin sollte attraktiver gemacht und dadurch die Bevölkerungsabwanderung gestoppt werden. Dies begünstigte Überlegungen, die offensichtlichen Mißstände in den Schulen im Rahmen einer inneren Schulreform geplant abzubauen. Dabei hielten sich die Reformer an die vorgegebenen Grenzen des dreigliedrigen Schulsystems und empfanden das bestehende Wirtschaftssystem als geeignete Ausgangsbedingung. Die Schule sollte sich deshalb in ihren Zielsetzungen und Inhalten an den Bedürfnissen der modernen Arbeits- und Wirtschaftswelt ausrichten.

So wurde zwischen 1962 und 1970 eine Fülle von bildungspolitischen Entscheidungen getroffen, die die Rahmenbedingungen von Unterricht und Erziehung in der Berliner Schule positiv veränderten:

Die Zahl der Schulkindergärten wurde erhöht, die Sitzenbleiberquoten verringerten sich, Lehr- und Lernmittel wurden nach Bedarf kostenlos zur Verfügung gestellt, überalterte Schulbauten modernisiert, neue Schulgebäude errichtet.

An der OPZ/Hauptschule wurden die Versuche mit einer 10. Klasse auf alle Bezirke ausgedehnt, der Hinführung zur Arbeits- und Wirtschaftswelt sollte im Rahmen einer „Arbeitslehre“ ein großer Stundenanteil eingeräumt werden. An den Gymnasien richtete die Senatsverwaltung neben den herkömmlichen Typen einen sozial- und wirtschaftswissenschaftlichen Zug ein.

Als vorrangiges Ziel galt es, die Abiturientenzahlen zu erhöhen und die Bildungschancen der Arbeiterkinder wesentlich zu verbessern. Diese Absichten ordneten sich in die nationale und internationale Diskussion über die Schulentwicklung ein, die davon ausging, daß Bildungswachstum wirtschaftliches Wachstum fördert, weshalb die Zahl der Abiturienten zumindest verdoppelt werden sollte, damit die Bundesrepublik auch weiterhin im wirtschaftlichen Konkurrenzkampf bestehen konnte.

Die Möglichkeiten und Grenzen der Berliner Schule verdeutlichten sich in einer ziemlich großen Bereitschaft, an den angebotenen Bildungsmöglichkeiten teilzunehmen; aber auch in der Tatsache, daß sich die Abiturientenzahlen nicht – wie erhofft – wesentlich steigern ließen, sondern sich bei ca. 10 Prozent einpendelten. Dabei schmerzte besonders ein bezirkliches „Bildungsgefälle“.

Abiturientenquote in Berlin 1966[1]

1. Zehlendorf	28,4%	7. Reinickendorf	10,5%
2. Tiergarten	17,2%	8. Charlottenburg	9,1%
3. Wilmersdorf	15,6%	9. Tempelhof	8,3%
4. Steglitz	15,3%	10. Kreuzberg	8,2%
5. Schöneberg	13,2%	11. Neukölln	7,4%
6. Spandau	10,5%	12. Wedding	6,8%

Der Umstand, daß die „Arbeiterbezirke“ Kreuzberg, Neukölln und Wedding auf den untersten Plätzen rangierten, bescheinigte der Berliner Schule nach wie vor eine beachtliche soziale Auslese. Der verhältnismäßig gleichbleibende geringe Anteil von Arbeiterkindern in den Berliner Gymnasien, der sich trotz unterschiedlicher Maßnahmen zur inneren Schulreform nur unwesentlich gesteigert hatte, veranlaßte besonders sozialdemokratische Schulbeamte und Bildungspolitiker, die Dreigliedrigkeit des Schulwesens zu hinterfragen und Konzepte für eine neue Schule zu entwickeln. Diese hoben sich in einer Zeit des vorherrschenden Antikommunismus bewußt von dem Modell der Einheitsschule ab, um nicht in die Nähe zur Schule der DDR gerückt zu werden. Vielmehr wurde die Lösung des Problems in der Gesamtschule gesehen. Dem Vorwurf der Gleichmacherei begegnete man von vornherein mit dem Ruf nach der bestmöglichen Förderung jedes einzelnen Schülers, die im herkömmlichen Schulwesen nicht gewährleistet erschien. Durch einen in sich gegliederten Schulaufbau sollte allen Bevölkerungsgruppen der Zugang zu gehobenen Bildungsabschlüssen eröffnet, die gleichen Bildungsmöglichkeiten eingeräumt und so die soziale Auslese abgebaut werden. Die ersten vier Gesamtschulen nahmen in den Jahren 1968/69 ihren Unterrichtsbetrieb auf.

Die pragmatische Wende: Schulentwicklung seit 1970

1970 wurde der neue Schultyp in Form der integrierten Mittelstufenzentren ausgebreitet und den anderen Oberschulzweigen gleichgestellt. Die Weichen für den heutigen Aufbau der Berliner Schule waren gestellt: sechsjährige Grundschule; vierjährige Hauptschule; vierjährige Realschule; Gymnasien, die in der Regel mit der 7. Klasse beginnen und bis zum Abitur führen; Gesamtschulen mit integrierter Mittelstufe und teilweise gymnasialer Oberstufe; daneben Sonderschulen für Kinder mit körperlichen und geistigen Auffälligkeiten; berufsbildende Schulen; Oberstufenzentren mit dem Versuch, berufliche und allgemeine Bildung zu verbinden.

Es besteht in Berlin eine 10jährige allgemeine Schulpflicht. Für die Dauer der Berufsausbildung ist jeder Jugendliche zum Besuch der Berufsschule verpflichtet. Die Berliner Schule eröffnet jedem Schüler nach der 8. oder 10. Klasse der Haupt- oder Realschule die Möglichkeit, auf das Gymnasium zu wechseln. Die zusätzlichen Zielvorstellungen der Schulreform der 60er Jahre sind jedoch auch heute nicht erreicht, da eine Übertreibung von Leistungsprinzip und Wissenschaftsorientierung die pädagogischen Anliegen von Unterricht und Erziehung zurückgedrängt hat. Nach wie vor hängt bei den meisten Schülern der Schulerfolg von der sozialen Herkunft ab. Die Hauptschule scheint zur „Sonderschule“, die Sonderschule zur „Restschule“ zu verkümmern. Die Berliner Schule erscheint gut beraten, sich auf fortschrittliche Strömungen ihrer eigenen Vergangenheit zu

Friedrich Weigelt, Regierungsdirektor i.R., Mitglied der Senatsverwaltung für Volksbildung von 1949–1964

„Die ursprüngliche Zielsetzung des Schulversuchs war es, mit dem Aufbau eines 10. Schuljahres am Praktischen Zweig der Berliner Oberschule allmählich die Oberschule Technischen Zweiges überflüssig zu machen. Das 10. Schuljahr sollte der Beginn einer neuen Einheitsschule sein.“

Aus einem Interview mit Fritz Weigelt. In: Füssl, K.-H., Kubina, Chr.: Zeugen der Berliner Schulgeschichte nach 1945. Berlin 1981. S. 25–26.

Prof. Dr. Carl-Heinz Evers, Senator für Schulwesen 1963–1970

„Die Aufgabe Berlins als Hauptstadt heißt: Anstoß sein und Anstoß geben. Selbstgenügsamkeit und Selbstgefälligkeit sind keine hauptstädtischen Tugenden. Berlin muß sich glaubwürdig an die Spitze dessen stellen, was in der Nation nach vorn gedacht wird.“
Carl-Heinz Evers

Aus: Skizzen für eine Rede des Regierenden Bürgermeisters Willy Brandt über die kulturpolitischen Aufgaben Berlins vom Oktober 1966.
Zitiert nach: Füssl, K.-H. / Kubina, Chr.: Die Berliner Schule zwischen Restauration und Innovation. Diss. TU Berlin 1980, S. 489.

Dr. Horst Mastmann, erster Leiter der Walter-Gropius-Schule (Gesamtschule) von 1968–1973

„Die Gesamtschule bleibt, obwohl die Entwicklung in eine andere Richtung gegangen ist, immer noch eine Schule, die von der ersten Klasse der Grundstufe bis zur gymnasialen bzw. beruflichen Oberstufe führen muß. Sie ist keine Schule von der 7. bis zur 10. Jahrgangsstufe."

Aus einem Interview mit Horst Mastmann. Zitiert nach: Füssl / Kubina, Zeugen der Berliner Schulgeschichte, a.a.O., S. 86.

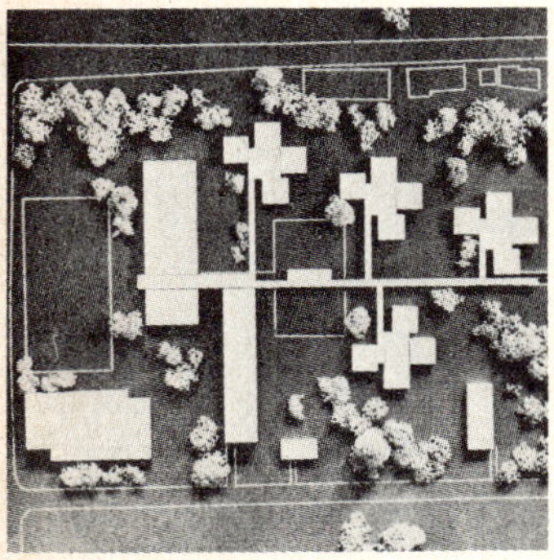

Beispiele für weitläufige Schulanlagen aus einem Wettbewerb für eine Volksschule 1960. Aus: Krämer, K. (Hrsg.): Architekturwettbewerbe Heft 31. Volksschulen. Stuttgart 1961. S. 49 u. 60

besinnen. Die Leistungen der Berliner Schule werden sich schließlich auch in Zukunft daran ermessen lassen, inwieweit sie den Gesichtspunkt der sozialen Auslese und Aussonderung überwindet sowie durch Vereinheitlichung der Schulzweige und Integration aller Schüler einen Beitrag zu einer menschenwürdigen und zeitgemäßen Erziehung leistet.

Karl-Heinz Füssl/Christian Kubina

Anmerkungen

1) Schreiben des Senators für Schulwesen II a U an II Ltr. vom 14.4.1966. Zitiert nach: Füssl, K.-H./Kubina, Ch.: Die Berliner Schule zwischen Restauration und Innovation. Diss. TU Berlin 1980, S. 473.

Weiterführende Literatur

Klewitz, M.: Die Berliner Einheitsschule 1945–1951. Berlin 1971.

Wohnmilieu — Schulmilieu
Städtebauliche und architektonische Anmerkungen zu den Lebens- und Lernbedingungen von Berliner Schülern seit 1945

I

Angesichts der Zertrümmerung und Verwahrlosung der Städte im 2. Weltkrieg war man allseits entschlossen, beim Wiederaufbau einstige städtebauliche Fehler und Mängel nicht zu wiederholen. In Berlin bedeutete das – vor allem für die innerstädtischen Wohnbezirke, deren Ruinenlandschaft nun unverhüllte Einblicke in das typische Mietskasernenmilieu zuließ – an die durchgrünten, familienfreundlichen Siedlungsplanungen Martin Wagners, Bruno Tauts und anderer Städtebauer anzuknüpfen, die insbesondere zwischen den Weltkriegen für Berlin tätig gewesen waren.

Die Idee der „Stadtlandschaft", wie sie z.B. Scharoun propagierte, verkümmerte jedoch – wie in fast allen deutschen Städten – sehr bald im Gestrüpp vielfältig politischer und besitzrechtlicher Hindernisse und vor allem an den Zwängen der aktuellen Wohnungsnot. Allein in Berlin waren rund 500 000 Wohnungen – d.h. jede 3. – kriegszerstört[1], und die katastrophale Lage auf dem Wohnungsmarkt wurde noch verschärft durch den Zustrom von Flüchtlingen aus den Ostgebieten.

So wurden in die Wieder- und Neubeschaffung von Wohnraum weit mehr noch als schon nach dem 1. Weltkrieg staatliche Mittel investiert über das *soziale Wohnungsbauprogramm:* sozial in bezug auf die Mietkosten, die wie die Erstellungskosten aus der öffentlichen Hand subventioniert wurden und werden, sozial in Bezug auf die Zuteilung solcher Wohnungen, denn sie waren nur für Leute mit geringerem Einkommen bestimmt. Die Förderungsrichtlinien der Wohnungsbaukreditanstalt (WBK) bestimmten Wohnungsgröße und Ausstattungsstandard. Im Rahmen dieses Programms sind bis in die Mitte der 60er Jahre 80% aller Wohnungen im Westteil Berlins entstanden, im Bundesdurchschnitt 38%[2]. Ein großer Teil der Baulücken innerstädtischer Wohngebiete wurde ausgefüllt mit solchen Häusern, sie wurden mehr rücksichtslos hineingedrängelt als überzeugend eingefügt in die alte Bebauung, soweit deren eigener Maßstab im Zuge der „Modernisierung" nicht überhaupt mit der Maurerkelle aus dem Gesicht der Häuser gestrichen wurde. Was vom Ideal der durchgrünten Stadt hier übrigblieb, war oft nicht mehr als der Verzicht auf den Wiederaufbau der alten Hinterhäuser – „Gartenhäuser", wie sie von ihren Erbauern heuchlerisch getauft worden waren – und der mußte schon wegen der gültigen Abstands- und Freiflächenregelungen der Bauordnung geleistet werden. Man beschränkte sich also meistens auf die lückenlose Wiederherstellung der alten Straßenfluchten. Für die Bauausführung und die Wohnflächenzumessung galten wegen des immensen Versorgungsmangels mit Wohnraum vorrangig ökonomische Gesichtspunkte. Und einmal bewiesen, daß man in diesen schlecht isolierten, hellhörigen, zu kleinen Wohnungen existieren konnte, hat sich daran bis heute kaum etwas geändert, auch wenn inzwischen das Schlagwort von der „Verbesserung der Wohnqualität" an der großen Glocke hängt in Staat, Kommunen und den Produktionsstätten des immer noch so bezeichneten „sozialen" Wohnungsbaus.

In der Kriegsfolgezeit wurden diese Nachteile willig in Kauf genommen dafür, daß man überhaupt wieder ein Dach über dem Kopf hatte und eigene vier Wände, die mit einem Hauch von Wohlstand auszustatten nach den Jahren der Entbehrung und des Verlusts selbstverständlicher Anspruch war. Das Interesse galt erst einmal dem persönlichen Wiederaufbau und verstellte den meisten den Blick auf die öffentlichen Planungsaufgaben. Mitspracherechte wurden von einer breiteren Öffentlichkeit erst ca. 20 Jahre später beansprucht; das 1960 erlassene Bundesbaugesetz wurde erst 1976 um den § 2a ergänzt, der eine Bürgerbeteiligung schon im ersten Planungsstadium vorsieht.

II

Im Schulbau der Nachkriegszeit wurde, anders als im Wohnbau, konsequenter am einmal gewählten Konzept festgehalten, obwohl auch hier akuter Raummangel und Sparprogramme den Planungsspielraum einengten. Schulplanung war als eine öffentliche Aufgabe weit weniger privatrechtlicher und spekulativer Willkür ausgesetzt; auch forderten – besonders im westlichen Berlin – die bildungspolitischen Entwicklungen im Nachbardeutschland eine ausdrückliche Abgrenzung heraus: schon die Architektur sollte ein liberaleres Konzept signalisieren.

Aufgebaut wurde auf den Prinzipien der Reformschulbewegung in den 20er Jahren, die während der stagnierenden Entwicklung im Dritten Reich für das benachbarte Ausland verbindlich geblieben waren. Danach sollte der „Stadtlandschaft" eine „Schullandschaft" entsprechen, aufgelockert, durchgrünt, den bereits klassischen Forderungen der Freiluftschulbewegung verpflichtet. Zu Gunsten größerer Variabilität der Unterrichtsform wurde mehr Platz in den Klassenräumen gefordert und deren annähernd quadratische Form, außerdem eine hygienisch, physiologisch und psychologisch bessere Durchbildung von Raum und Gerät, als die Kasernenschule der Kaiserzeit sie anbot, mit ihren frontal zum Lehrerpult ausgerichteten Tisch-Bank-Kombinationen im Zweierblock rechts und links von schnurgeraden Gängen und ihren ein-Meter-zwanzig hohen Fensterbrüstungen (damit die Konzentration im Klassenraum blieb).

Mitte der 50er Jahre wurden mit Initiative der „Gesellschaft für Freiluftererziehung und Gesundheitspflege" neue hygienische Forderungen für den Schulbau erarbeitet und in der DIN 18031 festgelegt[3]. Die dort formulierten Empfehlungen, die den Schulbau hauptsächlich beeinflußten, sind:

– natürliche Belichtung der Unterrichtsräume, was bei gleichzeitig geforderter Vergrößerung der Unterrichtsfläche und variabler Möblierung fast immer eine Belichtung von zwei Seiten bedingte,
– natürliche Belüftung, von der nur abgewichen werden sollte bei „wahrnehmbarer Außenluftverunreinigung" und „hohem Außenlärmpegel"[4]. Da für den Schul- wie für den Wohnungsbau die Einbettung in Grünflächen maßgeblicher Planungsgrundsatz war, konnte die Bedingung „einwandfreier Außenluft"[5] im allgemeinen erfüllt werden,
– ferner „Einrichtungen für den Freiluftunterricht", die in der Regel terassenartig vor den Klassenräumen angeordnet wurden.

So entstanden Schulbauten mit bestimmten Merkmalen, umschrieben mit dem Begriff „Pavillonsystem", vorwiegend flache, weitläufige Anlagen, mit großem Bedarf an Bauland, hohem Anteil an Verkehrsfläche, die jedoch meistens auch als Pausenraum genutzt wurde. Viele von ihnen erwiesen sich als nur funktional bedingte Aufreihung von Bauteilen an Erschließungswegen ohne eine sinnfällige Gesamtform.

Ende der 50er Jahre begann eine Tendenzwende im Schulbau. Sie ergab sich einerseits aus den sich wandelnden gesellschaftlichen Anforderungen an die Institution Schule, die ihre Ausprägung fanden im „Schulforum", dem offenen Kommunikationsort, der die Stelle der bisherigen „Aula" einnahm, dem Fest- und Versammlungssaal mit begrenzter Nutzung. Andererseits brachten ökonomische und bautechnische Entwicklungen Veränderung in die Schulplanung, insbesondere:

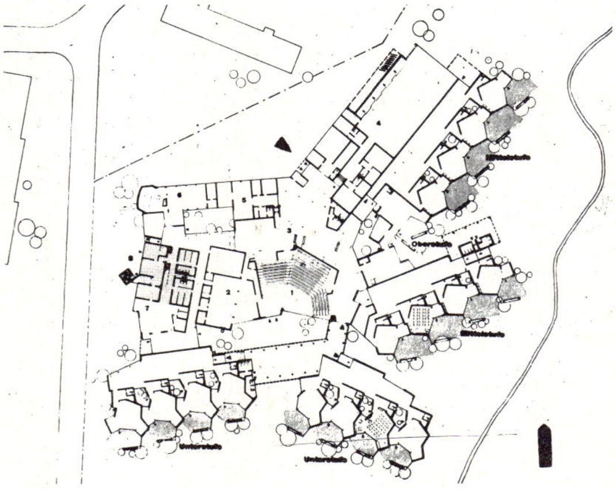

Volksschule Marl. Gebaut 1960. Entwurf von Scharoun.

„Was blieb, nachdem Bombenangriffe und Endkampf eine mechanische Auflockerung vollzogen, das Stadtgebiet aufrissen? Das, was blieb, gibt uns die Möglichkeit, eine „Stadtlandschaft" daraus zu gestalten. Die „Stadtlandschaft" ist für den Städtebauer das Gestaltungsprinzip, besonders, um der Großsiedlung Herr zu werden. Durch sie ist es möglich, Unüberschaubares, Maßstabloses in übersehbare und maßvolle Teile aufzugliedern und diese Teile so zueinander zu ordnen, wie Wald und Wiese, Berg und See in einer schönen Landschaft zusammenwirken."

Hans Scharoun in seiner Eröffnungsrede zur Ausstellung „Berlin plant" 1946
Zitiert nach: Schinz, Alfred: Ausstellung/1945–1964. In: Akademie der Künste und der Senator für Bau- und Wohnungswesen (Hrsg.): Bauen in Berlin 1900–1964. Berlin, 1964, S. 111.

– die Zusammenfassung von Schulbedarf in ländlichen Gegenden zu Schulzentren zur besseren Auslastung aufwendiger Investitionen,
– die Standardisierung von Bausystemen und Weiterentwicklung der Serienbauweise,
– die Reduktion des Flächenbedarfs von Schulanlagen durch eine verbesserte Relation der Nutz- und Verkehrsfläche.

Die bauliche Straffung führte fast zwangsläufig zur Abkehr von den Belichtungs- und Belüftungsprinzipien im „Pavillonsystem" und machte Klimaanlage und Kunstlicht endgültig schulfähig. Die technische Perfektionierung, vor allem dem Gewerbebau abgesehen und dort schon lange üblich, bereitete in dieser Schulplanungsphase das vor, was 10 Jahre später als „kompakter Schulapparat" in die allgemeine Diskussion geriet.

III

Auch im Wohnungsbau brachten fortwährender Bedarf, steigende Ansprüche und der inzwischen einsetzende Preisboom auf dem Bau- und Grundstücksmarkt die Serienbauweise in Gang und allerorts eine mehr blindwütige als weitblickende Bauplanung. In Berlin entstanden, als es billiger wurde, Massenquartiere auf die platte Wiese zu stellen als im innerstädtischen Bereich in kleinerem Maßstab zu planen, die Großsiedlungen „Falkenhagener Feld", „BBR" (Britz-Buckow-Rudow) und „Märkisches Viertel", überwiegend im Rahmen

„Und wenn ich an die giebeldächigen Wohnblocks denke, zu denen einem das alte Wort Kaserne und sonst nichts einfällt – aber Kasernen sollen zum Teil heute freundlicher als diese Häuser sein, vielleicht weil Soldaten knapp sind, nicht aber Wohnungssuchende –, wenn ich also diese Wohnblocks betrachte, dann erscheinen sie mir als der Inbegriff der Kapitulation vor der hohen Kopfzahl. Die Monotonie der Fensterreihung der meisten Hochhäuser und der starren Addition von Siedlungshäusern sind ein abstoßender Beweis für die schwache Fähigkeit, gestalterisch mit den biologischen Prozessen (der Vermehrung) und den technologisch ausgelösten (der Ballung) Schritt zu halten."

Alexander Mitscherlich

Aus: Mitscherlich, A: Die Unwirtlichkeit unserer Städte – Anstiftung zum Unfrieden. Frankfurt/Main. 1965. S. 19.

„. . . '. . . die Schule ist heute eine weitgehend von den Schülern selbst zu gestaltende Lebensstätte, also nicht eine nur von den Erwachsenen organisierte Anstalt. Das starre Lehrprinzip muß dem demokratischen Prinzip der Zusammenarbeit und der Mitverantwortung weichen. Alle Räume müssen von der Funktion her ihre Gestalt bekommen'.

(Bruno Wieloch)

Das heißt: Ein Schulbau darf nicht Abbild machtpolitischer Repräsentation sein und auch nicht primär Produkt einer technischen oder künstlerischen Perfektion.
Wie jedes Bauwerk sollte eine Schule eine Vorstellung von der Weise des Lebens vermitteln – wie Demokratie, als universales Prinzip, eine Weise des Lebens verwirklichen soll. Beide können sich nicht gleichgültig voneinander abwenden."

Hans Scharoun in einem Vortrag auf dem „Internationalen Kongreß für das Schulbauwesen" 1960 in Mailand.
Zitiert nach: Krämer, Architekturwettbewerbe, a.a.O., S. 10.

des sozialen Wohnungsbauprogramms.

Die Mietpreise wurden der Entwicklung auf dem Bau- und Grundstücksmarkt sukzessiv angeglichen und von den Mietern schon lang nicht mehr als „sozial" empfunden, während für Bau und Ausstattung und für die Wohnraumzumessung bis in die 70er Jahre hinein der Standard der akuten Wohnungsnot nach dem Kriege beibehalten wurde. Das „halbe" Zimmer – kleiner als 10 qm – war immer noch die Norm für die Unterbringung eines Kindes, zwei Kinder durften in einem Zimmer zusammen 10–12 qm beanspruchen. Die Vorschriften für Raumgrößen ließen zusammen mit denen für Fenstergrößen und Türbreiten kaum mehr zu als eine Standardmöblierung, d.h. die Zweckbestimmung eines Zimmers und die Möbelaufstellung darin wurden faktisch schon auf dem Reißbrett der Planer festgelegt. Die Mehrzahl der Wohnungsbezieher beugte sich der Normierung ihrer Privatsphäre und paßte sich ihrer Wohnung an. Zur Entschärfung der beengten Wohnsituation erfand die Industrie wahre Wunder an Raumspar- und Kombinationsmöbeln: die „Allzweck"schrankwand und die Doppelbettcouch, das Wandklapp- und Hochbett und „das Bett im Schrank". Die Überlegungen der Wohnungsnutzer mußten in erster Linie darauf abzielen, die verschiedenen notwendigen Funktionen einer Wohnung über die 24 Stunden eines Tages in einem Rotationsprinzip der Mehrfachnutzung zu ordnen – mit dem ständigen Zwang zum Um- und Aufräumen. Sieht man sich im Normen-Grundriß an, was in einem Zimmer als Spielfläche für ein Kind übrigbleibt, so ist klar, daß es diese auch mit Mißbilligung der Anderen ständig in die übrige Wohnung zu erweitern trachtete, und man begreift auch, daß sich Kinder schon frühzeitig als Störfaktoren im Rahmen reibungsfreier Mehrfachnutzung und gepflegter Wohnkultur empfinden mußten. Als das „halbe" Zimmer aus den Richtlinien verschwand[6], gab es schon zu viele davon, die auf Jahrzehnte hinaus die Entwicklung zu vieler Kinder beengten.

Bis in die 60er Jahre hinein war außerhalb der Wohnungen um die Häuser herum noch Platz für die Kinder. Mit zunehmendem Wohlstand der Eltern mußte dieser mit dem Auto geteilt werden – sehr zu Ungunsten der Kinder. Ab Mitte der 60er Jahre waren pro Sozialwohnung ca. 25 qm Parkplatzanteil vorzusehen und 2.5 qm Spielplatzanteil! In Neubaugebieten wurde der zugemessene Spielplatzbedarf vieler Wohnungen in Sammelspielplätzen zusammengefaßt. Sie zeigen fast immer Zeichen der Verwahrlosung, weil sich niemand zu ihrer Instandhaltung angeregt fühlt.

IV

War bisher vor allem der Nachkriegsbedarf aufgeholt und steigender Geburtenrate Rechnung getragen worden, so sollten ab Mitte der 60er Jahre alarmierende Statistiken über den Bildungsrückstand der Bundesrepublik das erwiesenermaßen leistungsfähige und -willige deutsche Volk von der Wirtschafts- zur Bildungsblüte treiben mit Hilfe einer gerechter – und effizienter – das Bildungspotential ausschöpfenden Schulform. Nach dem Willen ihrer geistigen Väter und nach Vorbildern im umgebenden Ausland sollte aber bessere Bildung sich nicht nur in wirtschaftlich besser verwertbarer Leistung auswirken, sondern auch die Entwicklung sozialen Bewußtseins und demokratischen Engagements fördern.[8] Die erste öffentliche Schule nach diesem Muster wurde als integrierte Gesamtschule 1968 im Berliner Neubauviertel „BBR" eröffnet, gebaut von Walter Gropius und The Architects Collaborative (TAC), nach ihm benannt wie auch die ganze Siedlung. Baulich ist diese Schule einzuordnen als Bindeglied zwischen „Pavillonsystem" einerseits, etwa hinsichtlich der Verteilung

Walter-Gropius-Schule, integrierte Gesamtschule im Berliner Neubaugebiet Britz-Buckow-Rudow. Eine Grundschule und ein Kindergarten gehören zum Schulkomplex.

der zentrierten Anlage der Baumassen sowie den Belichtungs- und Belüftungsprinzipien und der Architektur der einzelnen Unterrichts-„häuser" andererseits. Sie bildet baulich und auch in der Betriebsgröße eine Ausnahme von den in der Folge entstandenen deutschen Gesamtschulneubauten. Als erste öffentliche Ganztagsschule wurde sie zuerst weniger aus der noch unfertigen Wohnumgebung beschickt als auch aus anderen Stadtteilen von Eltern, die für das allgemein noch fremde System „Gesamtschule" offen waren und wegen des Vorteils der Ganztagsbetreuung. Die Gefahr, hier eine neue Ausleseschule zu schaffen, wurde mit der Zeit korrigiert durch die drastische Kürzung des Schülerzugangs aus anderen Stadtteilen zu Gunsten der Aufnahme von Kindern aus dem Einzugsbereich.[9]

In dieser Schule wurde das pädagogische und organisatorische Konzept für die Berliner „Bildungszentren" erprobt, die angesichts eines drohenden „Schülerbergs" in Windeseile und 15-facher Ausfertigung zwischen 1972 und '75 in 9 von 12 Berliner Bezirken erstellt wurden. Ausgespart blieben wegen Standortproblemen die beiden innerstädtischen Bezirke Schöneberg und Tiergarten, ausgespart blieb auch der Bezirk Zehlendorf, der seinen Schulbildungsbedarf traditionell mit Gymnasien deckt.

Nach nur 5 Monaten Wettbewerbsvorbereitung, 6 1/2 Monaten Wettbewerbsdurchführung und -entscheidung stand bereits 4 Jahre später – trotz einiger zeitraubender Pannen – die letzte dieser Schulen.[10] Durchzuführen war das Großprojekt in diesem Tempo nur

- mit Hilfe der Vervielfältigung eines Standardtyps, der zudem für ein hypothetisches Grundstück entworfen war, ermittelt aus den Zuschnitten aller für das Projekt vorgesehenen Bauplätze[11],
- durch Standardisierung und Serienbauweise, die schon im Wettbewerb durch ein verbindliches Entwurfsraster festgelegt worden war (und hier im Nebeneffekt auch die Vergleichbarkeit der Entwürfe wesentlich erleichterte)[12],
- mit Hilfe eines rigiden Zeitplans für die Bauausführung, durch den Ausführungsmängel geradezu miteinprogrammiert wurden.

Auch der Nachteil mangelnden Bezugs zur gebauten Umgebung und die Multiplikation von technischen und räumlichen Planungsproblemen wurden bewußt in Kauf genommen.

Wohl kaum ein Betrachter des Äußeren und Nutzer des Inneren hat seine Deutungskunst nicht erprobt an den zum Teil sehr unvermittelt in ihre Umgebung eingenisteten, farbenfrohen Schulen. Die Presse stellte zeitweilig eine Menge Papier zur Verfügung für die Proteste empörter Anwohner, zermürbter Schüler und Lehrer. Gemeinsam ist ihnen allen das aus dem technischen Bereich stammende Schimpfvokabular, das sich neben handfester Kritik am Bau auch in oft irrationalem Unmut gegen das Schulsystem an sich richtet.

Derart kompakte Schulanlagen entstanden mit dem Beginn der 70er Jahre bundesweit, als zur qualitativen wie quantitativen Bewältigung der anstehenden Bildungsaufgaben im Sekundarbereich nichts anders in Frage zu kommen schien als Großschulen für 1500 bis 2500 Schüler, 6–12 Zügen pro Jahrgang, weil erst ab dieser zusammengefaßten „Menge Mensch" die Einrichtung von Leistungs- und Wahlkursen und die Auslastung teurer Spezialfachräume als ökonomisch vertretbar errechnet wurde. Als erstes erschrecken diese Schulen durch ihr Bauvolumen. Ihr Platzanspruch verbannte sie vorwiegend an die noch dünn besiedelte Peripherie der Städte, und dort kann man sie schon von weitem ausmachen wie Schlachtschiffe auf dem offenen Meer.

In Berlin erzwang die unverrückbare Stadtgrenze ihre Einpassung in die vorhandene Bebauung. Schon aus diesem Grunde wurde der am meisten raumsparende Entwurf favorisiert und im Zuge der Ausführungsplanung weiter komprimiert. Der ökonomische Vorteil der Raumeinsparung hat sich inzwischen als Bumerang erwiesen: die Betriebs- und Wartungskosten dieser Schulen sind besonders hoch.

Die Unterrichtszonen der Bildungszentren sind als zusammenhängende Großflächen konzipiert, die innerhalb ihrer Grenzen und zum Teil über diese hinweg durch verschieb- und versetzbare Wände verändert werden können. Dieses ist ein Grund mehr für die Vollklimatisierung und die kompakten Grundrisse. Vorerst sind die Flächen jedoch überall in Gangzonen mit beidseitig aufgereihten „Normalklassen" aufgeteilt, wobei ein Drittel der Unterrichtsräume in der fensterlosen Innenzone liegt. Das Festhalten an der konventionellen Grundrißorganisation zeigt, daß die Möglichkeit, das Flächenangebot Unterrichtsprojekten in variablen Gruppengrößen anpassen zu können, im Schulalltag praktisch nicht genutzt wird. Diese Erfahrung ist in allen entsprechenden Gesamtschulneubauten in der Bundesrepublik gleich und bedeutet, daß sich die integrierenden Unterrichtsformen aus dem Reformprogramm bisher wenig durchgesetzt haben. Die Fachleistungsdifferenzierung, der Gesamtschulidee ehe eher widersprüchlich, funktioniert überall und behält in der isolierten Normalklasse ihre adäquate Ausstattung. Projekte mit Binnendifferenzierung, für die die Pädagogen den Architekten die aufwendig variierbaren Raumgruppen abgefordert hatten, werden kaum durchgeführt. Solche Projekte bedürfen der vorher geplanten „Inszenierung" und werden wohl vor allem aus Zeitmangel verworfen. So ist der Anspruch an die variable Raumgestaltung vertagt mit dem Slogan: „Offen für künftige Entwicklungen", und was vorerst übrigbleibt, ist ein unausgefochtener Streit zwischen Lehrern und Architekten um die Versäumnisse und sind die Probleme vor allem mit Kunstlicht und Klimaanlage.

In den ständigen Querelen sind die Behörden inzwischen so dünnhäutig geworden, daß sie dem Experiment der Schulserie kein weiteres Experimentieren mehr hinzufügen mochten, sondern 4 Jahre nach Fertigstellung das Heil in der spektakulären Maßnahme sehen, Lichthöfe aus dem Baukubus herauszustanzen, um wenigstens den Vorwurf des „Bunkereffekts" in Luft aufzulösen.

Mit Stichworten wie: Bunker, Lernmaschine, Leistungsdruck, Anonymität, Kontaktmangel usw. sind Vorbehalte umschreiben, mit denen viele Schulgänger täglich auf ihre Schule – und beileibe nicht nur auf Bildungszentren – zugehen. Feststeht, daß zu keiner Zeit und in

4.2 Bewegungsflächen
Die Länge der Bewegungsfläche ergibt sich aus den Längen der Stellflächen und ihrer Anordnung im Raum.
Die Tiefe der Bewegungsfläche folgt aus dem Abstand, der zur Benutzung und Bedienung der Einrichtungsteile zwischen ihnen und anderen Stellflächen oder Wänden nötig ist.
Dazu sind die folgenden Abstände – als Tiefen der Bewegungsflächen – erforderlich:
zwischen Stellfläche und Wand mind. 70 cm;
zwischen verschiedenen Stellflächen (s. Bild 3) mind. 70 cm;
vor Öfen mit erforderlichen Bedienungsflächen (nach Abschnitt 3.1 und 3.2) mind. 70 cm;
in Eingangsfluren mind. 130 cm; in Neben- und Stichfluren mind. 90 cm.

4.3. Spielflächen
In jedem Kinderzimmer ist eine zur Spielfläche erweiterte Bewegungsfläche von 120 x 180 cm erforderlich (siehe Bild 4).
Die Spielfläche kann auch mit dem Eßplatz zu einem Raum oder Raumteil zusammengefaßt werden, wenn dieser durch Fenster belichtet und belüftet und durch eine Tür gegen die Küche abtrennbar ist.

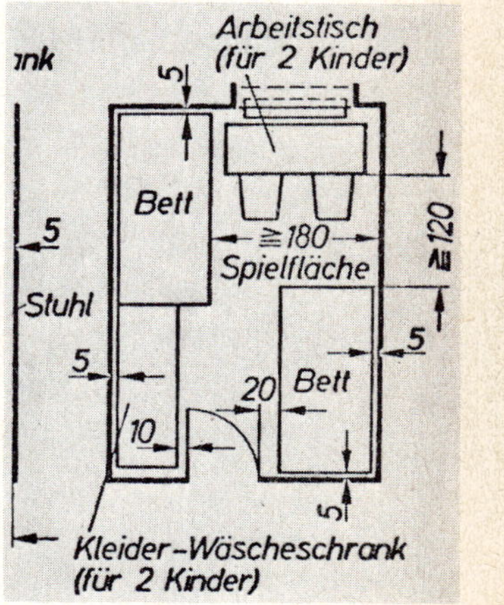

Aus: DIN 18011: Stellflächen, Abstände und Bewegungsflächen im Wohnungsbau, Ausgabe 1967. Berlin und Köln 1967. S. 3.

Schülerproteste an der Wand einer „Lehrerstation" in einem Bildungszentrum (Mittelstufenzentrum)

keiner Form Schule ein Ort reiner Daseinsfreude gewesen ist – wie wäre auch sonst die Forderung nach „angstfreiem Lernen" in die Bildungsreformpläne gekommen. Doch die Angst vor dem Lernen wird bekanntlich schon weit vor der Schultür aufgebaut, von besorgten Eltern, die eigene Ängste auf die Kinder projizieren, vom rigiden Auslesedenken der Gesellschaft, von der Umwelt, die Kinder als gesellschaftliche Gruppe mehr duldet als akzeptiert. Hinter der Schultür entlädt sich die Angst der Einzelnen vielfach in kollektiver Gewalt gegen das Schulmilieu, in dem die Ordnungs- und Zeitnormen der Erwachsenen oft noch radikaler gültig sind als zu Hause. Doch wenn nach der heimischen und städtischen Enge die weiträumigen Dimensionen der Schule und der Zwang langfristigen Stillsitzens zum Austoben animieren, so ist die Frage, ob das, was dabei kaputtgeht, immer mit Vorbedacht zerstört wurde. Besieht man sich Bahnhöfe, Sportstadien, Veranstaltungshallen, so kann man dort – auch von Erwachsenen verursacht, die gleichen Zeichen kollektiver Zerstörungssucht oder zumindest großer Sorglosigkeit finden, besonders gegenüber dem, was dem nicht genau auszumachenden, aber als steinreich vermuteten Giganten mit der „öffentlichen Hand" gehört – wie die Schule auch.

Wenn wir mit der Planierraupe einiges aus der Wohn- und Schulplanung der letzten drei Jahrzehnte beseitigen konnten, um es neu zu überdenken, würden wir, lediglich um die Zeitmode variiert, wieder Ähnliches hervorbringen? Würde das inzwischen allgemein geschärfte Problembewußtsein dazu zwingen, die menschlichen Bedürfnisse und nicht vorrangig die Ökonomie als Leitmotiv unserer Planungen zu begreifen?

Eine Planierraupe kann kein geeignetes Gerät für Denkanstöße, die Städte aus harter Marterie sind so dauerhaft wie eine neue Katastrophe fernliegt, wir müssen also selbst daran arbeiten, sie menschenwürdiger zu gestalten.

Dorothee Wahren

Anmerkungen

1 Presse- und Informationsdienst des Landes Berlin in Zusammenarbeit mit dem Statistischen Landesamt Berlin (Hrsg.): Kurzgefaßt – Berlin. Berlin 1967. S. 72.
2 Ebd.
3 DIN 18031: Hygiene im Schulbau. Ausgabe Oktober 1963. Berlin und Köln 1963.
4 DIN 1946: Lüftungstechnische Anlagen, Blatt 5: Lüftung von Schulen. Ausgabe August 1967. Berlin u. Köln 1967. S. 1.
5 DIN 1946, a.a.O., S. 2.
6 Kommt das halbe Zimmer wieder in die Richtlinien? Vgl. „Der Tagesspiegel" / Berliner Teil, 17.2.81: Sozialwohnungen sollen kleiner und billiger werden.
7 Bauordnung von Berlin von 1967, § 67 und Ausführungsvorschriften und BauOBln § 10.
Ab 1974 wurde der Stellplatzanteil pro Wohnung von 1 auf 0,5 reduziert, ab 1979 wurde der nutzbare Spielflächenanteil pro Wohnung von 2,5 auf 4,0 qm erhöht.
8 Picht, G.: Die deutsche Bildungskatastrophe. Sonderdruck „Christ und Welt". Februar 1964.
9 Wahren, D. / Meyer-Buck, H.: Der allgemeine Unterrichtsbereich an vier Gesamtschulen. Schulbauinstitut der Länder. Studien 35 (1976) H. 69, Seite 185 und 194.
10 Zenker, H.-J.: Bildungszentren Berlin. In: Schulbauinstitut der Länder. Kurzinformation 8 (1976) H. 64, S. 78.
11 Brachwitz, W.: Wettbewerb und Finanzierung. In: Kledzik, U.-J. (Hrsg.): Gesamtschule auf dem Weg zur Regelschule. Bildungszentren in Berlin. Hannover 1974. S. 95.
12 Brachwitz, a.a.O., S. 94.

Weiterführende Literatur

v. Cube, F.: Bildungsplanung und ihre baulichen Folgen. In: Bauwelt (1973) H. 16.
v. Hentig, H.: Schule als Erfahrung. In: Bauwelt (1973) H. 2.
Schütz, P.: Die halbherzige Reform. In: Der Architekt (1980) H. 10.
Schulbauinstitut der Länder in Berlin (Hrsg.): Planungssystem Bildungszentren in Berlin (West). Eine Dokumentation. In: Schulbauinformationen 14 (1972) H. 40.

Erwartungen von Arbeitereltern an das Bildungswesen

Vor wenigen Jahren – die enorme wirtschaftliche Entwicklung der Bundesrepublik nach dem Kriege hatte sich längst verlangsamt, Schwierigkeiten mit den Renten und der Sozialversicherung zeichneten sich ab, die Zahl der Arbeitslosen bewegte sich kontinuierlich um die Millionengrenze – führten wir mit vielen gewerkschaftlich organisierten Kollegen aus einer Reihe größerer Industriebetriebe Gespräche über ihre Erwartungen und Hoffnungen in bezug auf die Arbeit und die allgemeinen Lebensbedingungen durch.[1]

Wir hatten überwiegend Arbeiter, aber auch Angestellte mit geringer oder mittlerer Qualifikation jeweils in kleinen Gruppen über den Satz diskutieren lassen, den wir oft genug im Alltag schon gehört haben: *„Unseren Kindern soll es einmal besser gehen!“* Wir waren dabei von der Annahme ausgegangen, in den ausgeführten Meinungen zu einer derartigen Aussage müßten vor allem die *enttäuschten* Hoffnungen und Erwartungen unserer Gesprächspartner zum Ausdruck kommen, und damit auch Kritik an den bestehenden Lebensverhältnissen und vielleicht sogar Vorstellungen darüber, welche Bedingungen erforderlich wären für eine Verbesserung der Verhältnisse in der Zukunft: Wenn die eigenen Anstrengungen im Leben gar nicht oder nur beschränkt zum Erfolg geführt haben, dann werden vielleicht die Anstrengungen für die Kinder zu einem besseren Leben wenigstens der nachfolgenden Generation führen.

Es ist klar, daß bei diesem Gesprächsanstoß das Bildungssystem in unserer Gesellschaft zur Sprache kommen mußte. Aber das Spannende für uns war, *wie* es zur Sprache kommen würde, d.h. in welchem Zusammenhang der gesellschaftlichen Vorstellungen Schule und Ausbildung erscheinen – gerade dann, wenn man *nicht direkt* nach den „Erwartungen von Arbeitereltern an das Bildungswesen“ fragt.

Da wir in den Gesprächsablauf grundsätzlich nicht eingegriffen haben, mußten solche Erwartungen „von alleine“ kommen. Um so verblüffter waren wir darüber, wie gleichartig die Diskussionen in ihrem Inhalt und ihren Resultaten waren. Wir konnten feststellen, daß in den Gruppendiskussionen die real bestehenden Lebensumstände der Lohnabhängigen zur Sprache kamen, d.h. die Gesprächsteilnehmer haben – diskutierend – über ihr Leben *allgemeine* Tatsachen zusammengetragen, die den wirklichen gesellschaftlichen Strukturzusammenhängen entsprechen und nicht einfach zufällig sind. Dieses so zum Ausdruck gebrachte konkret gesellschaftliche Bewußtsein am Ende der 70er Jahre läßt sich nach vier Dimensionen beschreiben, die auch zur Beurteilung von Erwartungen an das Bildungssystem wichtig sind[2]:

1. *„Im Vergleich zu früher geht es uns astrein!“* Mit dieser Äußerung wird am besten zusammengefaßt, wie im Bewußtsein der Arbeiter die Veränderungen in der Gesellschaft wahrgenommen werden. Auch die Lohnabhängigen haben einen gewissen Anteil an dem erheblich gewachsenen Reichtum unserer Gesellschaft erkämpfen können. Sowohl die Bedingungen der Arbeit als auch die sozialen Leistungen des Staates und vor allem die mit erweiterter Freizeit und deutlich gestiegenem Einkommen verbesserten Lebensverhältnisse *außerhalb* der Arbeit finden im Vergleich mit allen geschichtlich zurückliegenden Epochen ein positives Urteil. Man kann deshalb sagen, daß sich die zivilisatorischen Wirkungen der kapitalistischen Produktionsweise durchaus auch im Bewußtsein der Lohnabhängigen niedergeschlagen haben.

2. *„Wir arbeiten, wir schuften!“* Das Bewußtsein der Lohnabhängigen ist zugleich dadurch gekennzeichnet, daß sich an der Grundlage ihrer Lebensverhältnisse und ihrer Stellung in der Gesellschaft nichts geändert hat. Von ihrer Arbeit, die nach wie vor „Maloche“, Schufterei ist, hängt der gesellschaftliche Reichtum und ihr eigenes Lebensniveau ab. „Ein paar müssen es ja sein, die arbeiten; es muß ja auch eine Voraussetzung geben.“ Und: „Leider ist das Lohnniveau noch nicht so angestiegen, daß jeder Durchschnittsarbeiter mit 40 Stunden in der Woche sich das erlauben kann, was er gern möchte. Der Arbeitnehmer ist darauf angewiesen, Überstunden zu machchen.“

3. *„Man kann sich anstrengen wie man will, man kriegt doch wieder irgendwie von höherer Gewalt eine Mauer gesetzt, wo man nicht mehr weiter kann.“* Die Lohnabhängigen wissen, daß ihr Leben durch einen bemerkenswerten Widerspruch gekennzeichnet ist: Auf der einen Seite können und sollen sie in bestimmtem Umfang ihr Schicksal selber in die Hände nehmen (einen Beruf lernen, sich nach Arbeit umschauen, sich weiterbilden; das Privatleben nach eigenen Vorstellungen gestalten). Auf der anderen Seite wird ihnen in allen Lebensbereichen ihre soziale Abhängigkeit bewußt. Am stärksten beschränkt sind die Spielräume zur Verwirklichung von individuellen Vorstellungen in der Arbeit; aber auch die Lebensmöglichkeiten außerhalb der Arbeit, wo sehr viel mehr freie Entscheidungen möglich sind, erweisen sich als eingeschränkt und in letzter Instanz bestimmt durch die Klassenverhältnisse. „Das Traurige ist, daß du darauf gar keinen Einfluß hast . . .“

4. *„Wir haben damals die Sicherheit gehabt, daß etwas Besseres aus uns werden kann . . . diese Sicherheit gibt dir heute keiner mehr.“* Zu der Dimension des Bewußtseins, daß es den Lohnabhängigen heute besser als früher geht, tritt eine ganz entgegengesetzte hinzu, sobald die Zukunftsaussichten betrachtet werden. Die Sorge, man könnte durch tiefgreifende Veränderungen der bisherigen sozialen Entwicklung in stagnierende oder gar effektiv schlechtere

persönliche Verhältnisse kommen, bezieht sich vor allem auf zwei Probleme: auf den drohenden Verlust des Arbeitsplatzes und auf das drohende Scheitern bisher wirksamer (individueller) Aufstiegsstrategien. Darin eingeschlossen sind die Sorgen um die Lebensmöglichkeiten, die einmal für die Kinder bestehen werden.

Schauen wir uns vor diesem Hintergrund näher an, welchen Stellenwert *Schule und Ausbildung* in den Vorstellungen der Lohnabhängigen einnehmen:

Zu 1. Der *Vergleich früher/heute* („Wir sind aus einer schlechten Zeit herausgekommen") gilt auch für die Vorstellungen über Schulwesen und Bildungssystem. Die älteren Kollegen in den Gesprächsrunden können noch Beispiele nennen von „Kumpels . . ., die gar keine Schule besucht haben oder nur bis zur dritten Klasse, die anderen, die diese Baumschulen besucht haben . . .", und sie erinnern sich: „Wenn ich daran denke, ich hab' zwar was gelernt, aber so, wie ich das gerne haben wollte, oder was ich gerne werden wollte, das konnte ich eben nicht, weil ich keine Realschule oder Gymnasium gehabt hatte . . ."

Die finanzielle Belastung für die Arbeiterfamilie war viel zu groß, als daß auch bei auffallend begabten Kindern mehr als die Volksschule infrage gekommen wäre. Diese selbst konnten dann nur mit großer Anstrengung eine individuelle soziale Besserstellung erreichen: „Wir, die wir einen schweren Weg gegangen sind, mit der Volksschule etwas zu werden, über den zweiten Bildungsweg, über Abendkurse . . ."

Sowohl die Zugangsmöglichkeiten zu höheren Schulen als auch die Qualität des Bildungssystems insgesamt werden demgegenüber heute als deutlich besser beurteilt. „Wir haben heute solche Schulsysteme wie die Orientierungsstufen, wir haben die integrierten Gesamtschulen . . .; die Grundidee, die kann man einfach nicht schlecht finden . . . Ich möchte meine Kinder heute nicht in einer Schulform wissen, wie ich sie gehabt habe, stramm von oben nach unten . . ."

„Wir müssen die Lage so betrachten: Arbeiterkinder in höheren Schulen . . . Wenn wir mal so eine Statistik nachsehen: Vor Jahren waren ungefähr zwei bis drei Prozent Arbeiterkinder in höhere Schulen gekommen, jetzt ungefähr zehn Prozent."

„Wir haben damals im Werkunterricht noch Laubsägeblätter ausgesägt oder Schiffe gebastelt. Das war Werkunterricht damals. Also ich finde das heutige System doch schon besser, indem man – zumindest im letzten Schuljahr – doch teilweise ganze Schulklassen in die Fabriken ,'reinschickt zum Praktikum. Also das ist schon ein besserer Weg."

Zu 2. Daß es „diese Baumschulen" nicht mehr gibt, ist in aller Bewußtsein. Mehr Arbeiterkinder kommen zu einer besseren Schulbildung als früher. Das Schulsystem selbst ist besser geworden. Grundsätzlich *nicht geändert* aber hat sich die Benachteiligung derjenigen, die aus Arbeiterfamilien stammen: *„Von der Chancengleichheit für Arbeiterkinder hat sich wenig getan."* „Gerade vom Schulischen her habe ich die Feststellung gemacht: Wie der Vater so die Kinder . . . das heißt also, daß hier immer in den gleichen Bahnen die Leute reinkommen, wo sie eigentlich schon von Geburt hergekommen sind."

Da werden auch Gründe angegeben: die finanziellen Belastungen, die Sprache, die sozialen Barrieren bei Freundschaften, „das Klassendenken auf den Gymnasien" usw. „Und was noch wichtig ist bei der Chancengleichheit: die Wohnverhältnisse. Eine Familie mit drei Kindern und sollen alle drei in Ausbildung gehen, bei der Verschiedenheit der Charaktere der Kinder ist es gar nicht möglich, die in einer Wohnung zu halten; daß also unwahrscheinliche Mittel aufgebracht werden müßten . . ."

Weil die Schule die zentrale Institution für die Zuteilung sozialer Chancen ist, weil „ein Hauptschüler – wenn er ein bißchen Glück hat, dann kann er Schuster, Bäcker, Schlachter oder Friseur werden, und dann ist es auch so gut wie zu Ende" – deshalb geht es immer „unter dem Motto: Sein Großvater war Gartenzwerg, sein Vater war Gartenzwerg, und er ist auch Gartenzwerg."

Zu 3. Generell also ist zwar das Bildungswesen besser geworden, und Arbeiter haben auch an dieser sozialen Veränderung einen Anteil für sich gewinnen können, wenn sie besonderen Anstrengungen sich unterzogen haben, – an den grundlegenden Unterschieden sozialer Chancen aber hat auch das reformierte Schul- und Bildungssystem nichts ändern können. Mehr noch: *die Gesellschaft wird wieder zunehmend als Klassengesellschaft wahrgenommen,* in der eine Gleichheit der Chancen nicht besteht. Im Bewußtsein der Arbeiter stellen sich die relativen Verbesserungen bei einer zunehmend kritischer werdenden Wirtschaftslage als höchst gefährdet dar. Vor allem herrscht der Zweifel vor, ob individuelle Aufstiegsstrategien, die einmal den Verzicht und die Mühe der Eltern lohnten, noch wirksame Mittel darstellen. Wozu höhere Schulbildung, wenn man auch damit keinen Job bekommt, lautet die immer wieder gestellte Frage. „Was nützt einem da eine gute Ausbildung, wenn man der Jugend zum Ende sagt, ja, daß kein Arbeitsplatz, kein geeigneter Arbeitsplatz für sie da ist?" „Alle sind sie hingegangen und haben ihre Kinder auf die Hochschulen geschickt, und nun laufen sie 'rum und haben keinen Job . . . Und das sind größtenteils die Leute, die eventuell teilweise sich von unten hochgeackert haben, aus Arbeiterkreisen . . ." „Die Arbeitslosigkeit bleibt bestehen. Die jungen Leute haben keine Zukunft, die wissen nicht, was sie machen sollen. Wenn sie auch was gelernt haben, höhere Schule besucht haben und haben einen guten Beruf gelernt, die kommen gar nicht unter größtenteils."

Und so wird dann das Fazit gezogen, daß auch die Ansätze zu einer gerechteren Gesellschaftsordnung vermittels der Öffnung der höheren Schulen für die Leute aus Arbeiterkreisen wieder zu verkümmern drohen: *„Unseren Kindern soll es mal besser gehen – das ist ja sowieso Käse, nicht? Das ist doch heute nicht mehr durchführbar!"* Und präziser auf den wirtschaftlichen Verlauf bezogen: „Auf jeden Fall ist es doch so: Solange wie die Vollbeschäftigung war, da konnte ich studieren und Abitur machen. Und heute kannst du das nicht mehr, weil zu viele da sind. Die Chancen sind nicht für alle da, auch wenn sie willens sind."

Zu 4. Muß man angesichts solcher Struktur des allgemeinen Bewußtseins der Lohnabhängigen von *Resignation* sprechen? Kann man überhaupt noch von *Erwartungen* sprechen? Welche Erwartungen an das Schul- und Bildungssystem können überhaupt aus den hier skizzierten Bewußtseinsdimensionen abgeleitet werden?

Zunächst ist ganz offenkundig, daß im Bewußtsein – so wenig wie in den objektiven gesellschaftlichen Verhältnissen – Schule, Bildungswesen und Bildungspolitik nicht isoliert gesehen werden und keineswegs an erster Stelle unter den für die gesamten Lebensverhältnisse wichtigsten Bereichen rangieren. Verbesserungen des Bildungssystems – sie werden durchaus gesehen und auch anerkannt – genügen für sich allein genommen keineswegs, um die Lage der Lohnabhängigen zu verbessern. Auch große individuelle Anstrengungen können jene „Mauer der höheren Gewalt" nicht überwinden: „In welcher Gesellschaft leben wir denn? Wir haben keine Sicherheit für unseren Arbeitsplatz, also kann ich meinen Kindern doch auch keinen sicheren Arbeitsplatz verschaffen ... Das Problem besteht ja nicht darin, daß die Jugendlichen nicht arbeiten wollen, sondern nicht arbeiten können. Du hast Glück gehabt, daß Deine Kinder lernen konnten. *Das Traurige ist, daß du darauf keinen Einfluß hast.* Darüber bestimmen nämlich andere ..."

Es sind ökonomische Prozesse, wenn auch nicht vollkommen in ihrem Wirkungszusammenhang durchschaut, von denen sowohl die Verbesserungen des allgemeinen und beruflichen Bildungswesens abhängig gesehen werden, als auch die Realisierung von Möglichkeiten, die der einzelne durch seine höhere Qualifikation sich erworben haben mag oder die der nachrückenden Generation geöffnet werden konnten. Den Teilnehmern an unseren Gesprächsrunden war deshalb auch bewußt, daß nicht unmittelbar an das Bildungssystem Erwartungen gerichtet werden können, sondern an dessen materielle und politische Voraussetzungen.

Die (hier jetzt nicht weiter wörtlich zu zitierenden) Stellungnahmen in den Diskussionen belegen, daß die heute vorgefundenen Arbeits- und Lebensbedingungen zunehmend als ein Problem der gesellschaftlichen Produktionsstrukturen begriffen werden und daß es deshalb auch um veränderte und stärker in das politische und ökonomische System eingreifende Strategien der Gewerkschaften gehen muß.[3]

Erst in diesem Rahmen gesellschaftspolitischer Vorstellungen eingebettet erhalten dann auch die speziellen Erwartungen der Arbeitereltern an das Schulwesen und Bildungssystem ihren Stellenwert:

– Da allgemein die erheblich gewachsene Bedeutung der schulischen Ausbildung für das individuelle soziale Schicksal gesehen wird, richten sich die Erwartungen generell an ein *leistungsfähiges Schulsystem.* Das bezieht sich primär auf Wissen und Fähigkeiten, durch deren Erwerb die Konkurrenz am Arbeitsmarkt zu bewältigen wäre.

– *Die Struktur des Bildungswesens* und die Zugangsbedingungen zu höheren Schulen sollen weiter *demokratisiert* werden. In der Form der Integrierten Gesamtschule sieht man eine (noch nicht ausgeschöpfte) Möglichkeit, die durch Herkunft Benachteiligten zu fördern. Die gegenwärtig wieder rückläufige Tendenz, daß Arbeiterkinder Zugang zu höherer Schulbildung erhalten, wird stark kritisiert.

– Die Forderung nach einem leistungsfähigen und demokratisch strukturierten Schulsystem als Bedingung für das Bestehen der Konkurrenz am Arbeitsmarkt und für größere Chancengleichheit in der Gesellschaft schließt ein, daß von den Schülern *Leistung und Disziplin* verlangt werden sollen.[4]

– An *inhaltlichen* Vorstellungen zum Schulsystem fällt zweierlei auf: a) die Ausbildung müßte nach dem Muster polytechnischer Schulen organisiert sein und eine enge Beziehung von allgemeiner Wissensvermittlung und Orientierung am Arbeitsleben mit entsprechenden beruflich-praktischen Kenntnissen institutionell sichern[5]; b) in den Lernstoff müßten stärker die gesellschaftliche Wirklichkeit und die Politik einbezogen werden. Also nicht ausschließlich das für eine berufliche Laufbahn notwendige Wissen und Verhalten soll durch die Schulbildung vermittelt werden, sondern auch Orientierungshilfen für die politische Handlungsfähigkeit. Die Bedeutung von Politik im Unterricht ist vor allem den selber politisch motivierten Eltern bewußt.[6]

– Nicht nur die allgemeinbildende Schule wird in die Betrachtungen über die gesellschaftliche und individuelle Bedeutung des Bildungswesens einbezogen. So wird z.B. auch besonderer Wert gelegt auf mehr und bessere Kindertagesstätten, nicht zuletzt unter dem Gesichtspunkt, daß hier schon Weichen für die Zukunft zugunsten größerer sozialer Chancen gestellt werden.[7]

– Schließlich stehen im Blickpunkt der Forderungen die verbesserte Berufsausbildung einschließlich eines entsprechenden Lehrstellenangebots sowie erweiterte Möglichkeiten zur Weiterbildung und Umschulung.

In jedem Falle ist den Lohnabhängigen bewußt, daß diese Erwartungen ohne eine starke und gesellschaftspolitisch aktive Gewerkschaftsbewegung nicht zu erfüllen sind. Die Auffassung, die Gewerkschaft sei nichts weiter als eine „Lohnmaschine“, gehört eher zum Vorurteil von Vertretern der Intelligenz als zum Bewußtsein der Arbeiter. Und auf diese weit gespannte politische Funktion der Gewerkschaften bezogen, wird denn auch darauf gepocht, *„daß es keine Resignation geben darf in dieser Frage“.*

Sebastian Herkommer

Anmerkungen

1 Die Ergebnisse sind veröffentlicht in Herkommer, S., u.a.: Gesellschaftsbewußtsein und Gewerkschaften. Arbeitsbedingungen, Lebensverhältnisse, Bewußtseinsänderung und gewerkschaftliche Strategie von 1945 bis 1979. Hamburg 1979.

2 Alle Zitate stammen aus den Protokollen der Gruppendiskussionen.

3 Vgl. Herkommer, a.a.O., S. 133 ff.

4 Vgl. Göldner, H.-D.: Elternmeinung, Elternrolle und ihr Einfluß auf die Schule. München 1978, S. 85 f. Nur ein Zehntel der befragten Eltern in Bayern beurteilen z.B. den Unterrichtsstil als zu streng. Die Eltern wollen, daß ihre Kinder gefordert werden, *damit sie später Erfolg haben.* Die größten Schulsorgen der Eltern beziehen sich denn auch auf das Bestehen von Leistungsprüfungen, auf die Hausarbeiten und die Lernschwierigkeiten ihrer Kinder. Besonders große Sorgen machen sich hier die Arbeiter (s. 159).

5 Vgl. Kmieciak, P.: Wertstruktur und Wertwandel in der Bundesrepublik Deutschland. Göttingen 1976. S. 309 ff. Kmieciak zeigt, daß in der Bevölkerung ein allgemeiner Rückgang der bürgerlichen (klassisch-humanistischen) Bildungsauffassung zu verzeichnen ist und eine Zuwendung zu pragmatischen Inhalten der Ausbildung vorherrscht. Weil man in der Arbeit und im Beruf immer weniger zu „Sinnerfüllung“ kommen könne, würden Bildung und Weiterbildung immer mehr zu bloßen Voraussetzungen für gutes Einkommen versprechende Arbeit, diese immer mehr zum bloßen Mittel für ein erträgliches Leben außerhalb der Arbeit.

6 Vgl. die Studie über die Wirksamkeit politischer Bildung an den Schulen von Becker, E., u.a.: Erziehung zur Anpassung? Schwalbach bei Frankfurt 1976.

7 Siehe auch Göldner, a.a.O., S. 132 ff.

Weiterführende Literatur

Herkommer, S., u.a.: Gesellschaftsbewußtsein und Gewerkschaften. Arbeitsbedingungen, Lebensverhältnisse, Bewußtseinsänderungen und gewerkschaftliche Strategie von 1945 bis 1979. Hamburg 1979.

„Ich habe nur Stroh im Kopf“ Was es bedeutet, ein „schlechter“ Schüler zu sein

Die Zeiten, in denen man „schlechte“ Schüler durch das Aufsetzen von Eselsköpfen demütigte, sind offensichtlich vorbei. Ist deshalb das Lernen in der Grundschule angstfreier geworden – ist sie jetzt freundlicher und humaner? Im allgemeinen hält man die Grundschule für einen Schonraum. Schulstreß und -angst, Notendruck und Konkurrenz, psychische Störung und soziale Deformation sowie Auslese und ihre sozialen Folgen scheinen nur Probleme der weiterführenden Schulen zu sein.

Wie diese Schularten ist jedoch auch die Grundschule Bestandteil eines Schulsystems, das Auslese für berufliche und soziale Positionen betreibt und so Lebenschancen eröffnet oder verstellt. Ihr Beitrag ist die „Vorsortierung“ für höher- oder minderwertige Schullaufbahnen. Wie eine Sortiermaschine teilt sie mit Schulempfehlungen, Zeugnissen, Zensuren und alltäglicher Beurteilung und Bewertung die Kinder ein: in Erfolgreiche und Versager, in Kluge und Dumme. Das aber hat Folgen für die zu „schlechten“ Schülen degradierten Kinder. Das Leid der Versager beginnt bereits sehr früh: Die Kinder erleben Demütigungen, machen erste Erfahrungen mit sozialer Isolation und inhumanen Umgangsformen; sie reagieren darauf mit Selbstzweifel, zerstörtem Selbstvertrauen und dem immer wiederkehrenden Alptraum vom Versagen.

Die folgenden Auszüge aus Interviews, die seit 1979 mit Berliner Grundschülern gemacht wurden, dokumentieren, welche Form belastender Realität der Schulalltag für „schlechte“ Schüler annehmen kann.

Mitschüler: *„Mit Doofen spielen wir nicht, . . . sonst werden wir auch noch doof.“*

Während ältere Schüler sich der Tatsache, von der Schule als Versager abgestempelt zu sein, durch die Bildung schuloppositioneller Gruppen zumindest teilweise entziehen können, ist der „schlechte“ Schüler in der Grundschule in der Regel isoliert. Er nimmt einen Außenseiterstatus ein. Wer nichts kann, ist ein unattraktiver Sitznachbar.

„Die wollen alle nicht haben, daß sie neben der sitzen, die wollen alle, glaube ich, neben Martina sitzen, die so gut ist.“

Abscheu und Ekel schwingen mit, wenn dem Leistungsabweichler Verstöße gegen die Reinlichkeitsnorm unterstellt werden.

„Neben dem sitzt keiner gern, der muffelt so.“

Aber auch andere Makel können beliebig hervorgekehrt werden.

„(die) denken, ach die sind nicht richtig angezogen. . . und da möchten sie nicht, daß sie mitspielt.“
„Na ja, die Alte, die, mit der spielen wir nicht, die ist ja viel zu fett und alles.“

Solche und andere Negativattribute zusätzlicher Art sind ein Fremdbild, mit dem sich die Betroffenen auseinandersetzen müssen.

„Dann sagen sie auf einmal Muffelkutte zu mir und sowas alles und dann raste ich richtig aus.“ „Vielleicht bin ich manchmal nicht ordentlich angezogen oder was, dann denken sie, wir sind arm. . .“

Die Ausstoßung erstreckt sich auch auf den Bereich der Pause und des Spielens und ist verbunden mit Demütigungen, verbalen Entwürdigungen und körperlichen Angriffen.

„Also dann sagen sie, ‚nein, wir mögen dich nicht, wir wollen nicht mit dir spielen‘ und ‚geh weg, du alte Kuh‘ und all so was.“ „Warum sagen sie das?“ „Vielleicht, weil sie mich nicht leiden können. ... vielleicht, weil ich so schlechte Zensuren habe und immer versage.“
„Die sagen, du kriegst morgen Kloppe oder in der Pause, und dabei habe ich gar nichts gemacht.“
„Die sagen immer Minki-Stinki zu mir.“
„Mit mir will keiner spielen, und dann stehe ich einfach so rum.“
„Wo ich dann sitzengeblieben bin, da haben sie zu mir gesagt, ‚iihhh Sitzenbleiberin‘.“

Man meidet auch den Kontakt mit dem Träger eines Dummheitsmerkmals, um nicht selber davon befleckt zu werden.

„Na ja, manche denken, ach mit Doofen spielen wir nicht, weil sonst werden wir auch noch doof oder so. Die denken dann, die lernen von mir was Dummes. Also, ich würde auch keine so dummen Kinder mögen, weil sonst lernt man irgendetwas von denen und dann . . . wird man vielleicht auch ein bißchen dumm.“

Das alles heißt jedoch nicht, daß alle Kinder gefühlsmäßige Barbaren sind und weder Mitleid noch solidarische Regungen kennen. Allerdings werden diejenigen, die aus dem Diskriminierungskartell ausbrechen wollen, nicht selten von ihren Klassenkameraden daran gehindert.

„. . . wenn ich mit der spielen würde . . . dann würde mich keiner mehr gut leiden können. Dann sagen sie, ‚aahh, mit der spielst du, dann brauchst du auch nicht mehr mit uns zu spielen‘. Früher habe ich auch mit Sabine gespielt und jetzt spiele ich nicht mehr . . ., weil sie dann sagen ‚. . . wenn du mit der spielst, brauchst du nicht mehr mit uns zusammen sein‘.“

Ausschließung, Ablehnung und das Versagen von Zusammenarbeit und Hilfe ist aber auch ein Produkt des Konkurrenzkampfes um gute Noten. Mit Christine möchte man nicht zusammenarbeiten.

„Aber weil die krickelt immer so rum und wir wollen gern eine Eins kriegen und die krickelt immer so rum. Die krickelt einfach so drauf los und gleich mit Filzer und dann ist das ganze Blatt verschmiert.“

Daß „schlechte“ Schüler im Geruch stehen, anderen die Zensuren zu „vermasseln“, ist nicht nur die Befürchtung guter Schüler. Auch Leidensgenossen müssen sehen, wo sie bleiben, jedenfalls solange sie den Kampf um das Besserwerden noch nicht aufgegeben haben. Schulleistungsprodukte unterliegen dem Zeittakt. Wer nicht rechtzeitig antwortet oder seine Arbeit nicht innerhalb des vorgeschriebenen Zeitbudgets bewältigt, muß den Mißerfolg einkalkulieren. Kindern, die nun selber Probleme haben und mehr Zeit benötigen, fällt es natürlich schwer, zu helfen. Folglich werden auch die zu sozialen Einzelkämpfern, die sich aus eigener Erfahrung in das Problem des Nichtkönnens von anderen einfühlen können und von daher eher zu Hilfe und Unterstützung bereit sein müßten. Kurz, auch die Solidarität von Kindern mit gleichen negativen Schulerfahrungen wird oft genug von dem Wettrennen um das Lob und die Preise zerstört.

„. . . dann habe ich alles vorgesagt und dann hat der eine Eins und ich eine Sechs . . . Na ja, weil ich da ja immer das Doppelte (machen muß, J.L.), dann rechne ich immer seins zuerst, so helfen, ja, und meins ist dann zuletzt und wenn's nicht fertig wird, dann wird's ne Sechs oder Fünf.“
„Ja . . . und das dauert dann immer so lange, bis ich ihr das erklärt habe manchmal. Wenn ich jetzt keine Zeit habe und ich möchte das selber machen, dann sagt sie (die Lehrerin, J.L.), ‚fünf Minuten, vier Minuten‘, die Zeit so und dann werde ich immer nervöser und dann wenn ich ihr das schnell erkläre, die kapiert das nicht . . . und dann hat sie das kapiert und ich habe wieder nichts stehen und dann habe ich wieder eine Sechs und sie 'ne Eins. . . Eigentlich ist sie doch eine gute Freundschaft, wenn ich für meine Arbeit 'ne Sechs mache und für ihre Arbeit 'ne Eins.“

Lehrer, Unterricht und Stigmagefühl: *„Die denken schlecht über mich.“*

Im täglichen Umgang mit den Lehrern entwikkeln die Kinder Vorstellungen hinsichtlich der positiven bzw. negativen Bedeutung, die sie für die Lehrer besitzen. Wer schlecht in der Schule ist, sieht sich auch von den Lehrern degradierend beurteilt. Was denken nach Ansicht der „schlechten“ Schüler die Lehrer über sie, wie glauben sie von ihnen eingeschätzt zu werden?

„Na ja, Andrea tobt rum in der Stunde und die schmiert im Heft. . . Frau Z. wird sagen, die Andrea träumt und ist so langsam im Schreiben,

aber ihre Hausaufgaben macht sie jetzt.“
„Genau wie Herr P.. Der nimmt mich überhaupt nicht dran, weil der denkt, der hat es ja sowieso falsch. Herr P. sagt immer, ‚nee, du kannst überhaupt nichts‘ . . . Kommt mir so vor, als ob ich ausgestoßen wär aus der Klasse.“
„Schlecht!“
„Schlecht in der Schule, daß ich mich manchmal unterhalte mit anderen. . .“
„Der gibt sich gar keine Mühe, der ist ein Faulpelz.“

Allein dadurch, daß sie von ihren Lehrern häufiger tadelnde Bemerkungen erfahren, sich eher reglementiert oder im Verhältnis zu anderen eher einfach übergangen sehen und fühlen, entwickeln schulschwache Kinder das Bewußtsein von Minderwertigkeit und Bedeutungslosigkeit, zum Teil verbunden mit Angst.

„Die A. und die T., die nimmt sie immer wieder dran . . . und bei jedem, da sitzen die so rum und kriegen nie Ausmecker. Aber wenn wir so rumsitzen, dann sagen sie gleich, ‚jetzt sitz doch mal ordentlich, sonst schreibst du die Klassenordnung ab.“
„. . . weil wir schlechte Schüler sind, da meckern sie immer rum, aber bei die guten Schüler, ach laß sie doch.“
„Gelesen habe ich nicht! Da hat sie mich immer angemeckert, wenn ich das gleich nicht konnte . . . Ich hatte morgens Angst zur Schule zu gehen, habe ich immer geweint . . . da hat sie mich immer angemeckert und da ist sie immer zu den Guten gegangen und zu den Schlechten nicht.“
„Wenn man ein schlechter Schüler ist, dann kriegt man ausgeschimpft.“

Die Kinder sehen sehr genau den Zusammenhang von Schulleistung und -verhalten und ihrer Akzeptierung durch den Lehrer. Ein Schüler, den der Lehrer mag, muß wie folgt sein:

„Gut. . ., daß er nicht andauernd quatscht und so und schlecht sind und nicht andauernd Fünfen und so schreibt und immer nur Einsen schreibt und gut sind und so.“

Diesen Eindruck müssen primär die Kinder entwickeln, die extremen Demütigungen ausgesetzt sind. So stand Hansi innerhalb von drei Wochen achtmal in der Ecke. Carsten durfte an einem Ausflug nicht teilnehmen. Stattdessen wurde ihm gesagt: „Carsten, setz dich mal in die Nebenklasse und schreibe dir alles von der Seele, warum du so ein furchtbarer Junge bist.“ Klaus mußte an der Tafel seine Dummheit „demonstrieren“, bis er weinte. Michaela mußte während ihres ersten Schuljahres bereits zu einer Sonderschulüberprüfung.

Es gibt natürlich auch die Lehrer, die sich für ihre schwachen Schüler einsetzen. Sie opfern ihre Freizeit, um nachmittags mit den Kindern zu üben, sie entwerfen mit den Eltern Hilfsprogramme, sie versuchen zu trösten, bestätigen, loben und helfen.

Aber auch bei bestem Willen ist es oft nicht möglich, dem Zurückbleibenden, langsam Lernenden und Nichtbegreifenden zu helfen. Unterricht zu halten bedeutet noch immer, einen Block von 28–32 Kindern in einer reduzierten Umgebung zu überwachen. Unterricht heißt oft, die Klasse in Schach halten und sich von Lernschritt zu Lernschritt bewegen. Wo die materiellen Bedingungen für eine veränderte Pädagogik fehlen, gleicht der Unterrichtsalltag einem toten Meer der Langeweile, was durch eine die Kinder in ihren Bann nehmende Bühnenshow des Lehrers ausgeglichen werden muß. Für den Lehrer besteht immer die Gefahr, daß die Kinder aus der totalen Situation Unterricht ausbrechen. Einzukalkulieren ist – so eine Grundschullehrerin – die latente Entfesselung eines Chaos. Den „Schlechten“ zu helfen heißt oftmals, die Aufmerksamkeit für die Kontrolle der Klasse abzuziehen, mit dementsprechenden Gefahren.

„. . . dann müssen wir warten, bis es die anderen auch können. Aber für uns ist das natürlich immer stinklangweilig und dann machen wir auch Blödsinn.“
„. . . dann würde ich mir was ausdenken, entweder ich würde Papier wegwerfen, damit ich in Bewegung komme, oder würde irgendwie hingehen, wenn ich ein Päckchen fertiggerechnet hab und würde fragen, ob darauf hinkommen könnte, dann ist es nicht mehr so langweilig. . . dann hat man was zu tun. . .“
„Dann würde Tina und die maulen. . ., die würden nicht mitrechnen. . .“

Zensuren und Zeugnisse: *„Dann zitter ich immer so.“*

Wo Zensuren und Zeugnisse soziale Ausstoßung, Degradierung und Hohn bedeuten können, ist es nicht verwunderlich, daß die Kinder diese als Aussage über den Wert der eigenen Person betrachten. Schlechte Noten als Dauerzustand bewirken, daß die Bedürfnisse der Kinder nach Anerkennung, Sicherheit und Bestätigung der eigenen Fähigkeiten ignoriert werden. Angst wird zum zentralen Schulerleben und zum Begleitzustand für ein bedrohtes Selbstbild.

„Wenn die Zeugnisse kommen, dann denke ich, jetzt habe ich wieder überall so Zensuren, so dann denke ich, heute habe ich Angst oder wenn ein Diktat kommt, daß ich da wieder eine Fünf kriege oder Sechs. Dann habe ich immer so eine Art, daß es so schlimm wird.“
„Ja, bei mir ist das schwer. Meine Mutter hat gesagt, daß ich Lampenfieber habe. Also, wenn ich drankomme . . . dreht sich mein ganzer Magen und dann ist das ein ganz fieses Gefühl. Also, wenn ich immer so drankomme oder beim Diktatschreiben dreht sich mein ganzer Magen.“
„Da kriege ich immer Angst und dann kann ich micht nicht mehr richtig konzentrieren.“

Zensuren und Beurteilungen bringen die vergleichende Konkurrenz ins Klassenzimmer. Die Ergebnisse von Arbeiten werden vor dem Publikum der Mitschüler öffentlich gemacht. Damit werden sie auch zum Gegenstand der Neugier, der Prahlerei und des Spotts. Was man lieber für sich behalten möchte, wird allgemeiner Gesprächsstoff. Die Situation gleicht dem Klatsch auf öffentlichen Plätzen oder am Dorfbrunnen. Es sind Bloßstellungen, die für die Entblößten, die „schlechten" Schüler, die Konsequenz zeitigen, daß, an die Öffentlichkeit gezerrt, ihr Bild vom Versager bestätigt wird.

„Die haben gesagt, ‚was hast du denn?', ‚zeig doch mal', und dann reissen sie das Blatt weg und sagen, ‚iihhh, die hat ne Fünf'."
„Das gibt ein Gequatsche immer. Das geht dann immer hin und her. Dann sagen die immer, ‚guck mal, die hat ne Fünf und die eine Eins' sagen die immer. Dann rennt jeder rum und guckt mal, ‚was hast du?' und ‚was hast du?'."
„. . . wenn es einer erfährt, na, daß ich so schlechte Zensuren habe, und dann erzählt er das weiter und das und dann weiß es die ganze Weltgeschichte."

Zerstörtes Selbstbild und Zukunftserwartungen: *„Du sammelst anderen Leuten den Dreck auf."*

Über Wochen, Monate, manchmal Jahre das Attribut dumm verliehen zu bekommen, kann kein erbauendes Erlebnis sein. Es ist um so bedrückender, wenn man die Bedürfnisse nach Anerkennung und Bestätigung in Rechnung stellt. Oft können diese Wünsche allerdings nur im Rahmen dessen artikuliert werden, was das System Schule als Bedürfnisbefriedigungssymbolik zur Verfügung stellt.

„Ich möchte gern ein fleißiges Mädchen sein, aber fast alle Kinder aus der Klasse sagen, ich bin ja dumm."
„Ja, so wie Tina. Die hat ja auch letztes Schuljahr nur Einsen auf dem Zeugnis. Aber die sind ja so, die denken ja schlecht über mich, aber das Zeugnis könnte ich schon haben."

Mancher möchte durchaus anders sein, als er sein muß:

„Schlau, schlauer Schüler . . . der verhält sich ganz ruhig auf seinem Platz, übt immer, macht seine Hausaufgaben täglich und macht nicht so viele Fünfen und Sechsen."

Da man aber nicht so ist, bleibt einem nicht viel mehr übrig, als sich als dumm, faul, unangenehm, abgelehnt, kurz als Versager zu definieren. Willi glaubt von sich: „Ich habe nur Stroh im Kopf." Andreas drückt das Gefühl, ein Versager zu sein, so aus: „Dann fühlt man sich so eingequetscht." Scham wird zum Bestandteil des Lebensgefühls. Sie resultiert daraus, daß man Schändliches an sich wahrnimmt. Etwas Schändliches, auf das man gern verzichten würde.

„Ich schäme mich . . . Manchmal sagen sie, ‚iihh, die kann nicht lesen' und so."
„Na ja, dann schämt man sich, daß andere nicht mit einem spielen." Auf die Frage, wie das ist, wenn man sich schämt: *„Dann denkt man, na, die anderen denken jetzt schlecht über mich, und jetzt habe ich keine Freunde mehr."*

Schulische Minderleistung heißt jedoch nicht nur, aktuelle Minderwertigkeitsgefühle zu empfinden. Die „schlechten" Schüler haben bereits im Alter von 10 (!) Jahren die Vorstellung entwickelt, daß Schulschwäche mit Lebensversagen in Verbindung steht. Neben der Selbstdefinition, menschlich unzulänglich zu sein, entstehen auch der Glaube und die Befürchtung, für das Arbeitsleben untauglich zu sein.

„. . . daß ich vielleicht später keine Arbeit finde und so und denn, daß ich denn auf der Straße rumlungere."
„Na, meine Mutter sagt immer und mein Vater, ‚du wenn du groß bist und keine Stelle findest, von mir kriegst du keinen Pfennig und du sammelst anderen Leuten den Dreck auf! . . . ja, er wird bestimmt wieder Straßenfeger, Müllabfuhr, Dreckwegräumer', das denken sie. . ."
„Wenn ich jetzt ein bißchen schlechteres Zeugnis habe, dann kann ich, wenn ich Kindergärtnerin werden will, jetzt so zum Beispiel, dann kann ich mir das gar nicht aussuchen und dann muß ich etwas anderes werden . . . wenn man ein gutes Zeugnis hat, dann kann man so Lehrerin werden, was Gutes und wenn ich ein schlechtes Zeugnis habe, muß ich in Bonnies-Ranch (Psychiatrische Klinik, J.L.) arbeiten."

Fazit

Schlecht in der Schule zu sein, ist für Kinder eine schmerzvolle Erfahrung, die ihre Identität, ihr Selbstwertgefühl, ihr Selbstvertrauen, ihr Gefühl für die eigene Würde zerstört. Wer schon als Grundschüler gelernt hat, sich selbst als „dumm", als „Versager" zu betrachten, hat auch gelernt, die zugeschriebene Minderwertigkeit und Untauglichkeit als Ausdruck der eigenen Person zu akzeptieren.

Schulversagen ist aber auch ein Problem der sozialen Herkunft. „Schlechte" Schüler sind primär Kinder aus Arbeiterfamilien. Jede Vorhaltung, Ablehnung, Beschränkung, Demütigung, Entwürdigung, Versagung und Isolierung, die schulschwache Arbeiterkinder alltäglich in der Schule erfahren, verstärkt auch ein negatives Selbstbild der Kinder hinsichtlich ihrer gegenwärtigen und zukünftigen Position sowie der Bewertung der sozialen Stellung ihrer Familien. Der soziale Status kann von ihnen als Folge individuellen Versagens aufgefaßt werden. „Dummheit" wird so zum stabilen Produkt schulischen Lernens mit gesellschaftlichen Konsequenzen.

Hans-Jürgen Lambrich

Weiterführende Literatur

Holt, J.: Chancen für unsere Schulversager. Freiburg 1969.
Jegge, J.: Dummheit ist lernbar. München 1980.
Mann, I.: Schlechte Schüler gibt es nicht. München 1977.

Sackgasse Hauptschule
Warum gibt es eigentlich Hauptschulen in Berlin?

Früher entsprach das Schulwesen weitgehend der vor-demokratischen Gesellschaftsstruktur, in der man sein Leben lang in der sozialen Schicht bleiben sollte, in die man zufällig hineingeboren wurde: Während die breite Masse der Bevölkerung in der *Volksschule* nur eine „volkstümliche Bildung" erhielt, hatten sich die mittelständischen Handwerksmeister und Kaufleute eine eigene, eine *„Mittel"- oder „Realschule"* geschaffen. Auf den *„höheren Schulen"* schließlich befaßten sich die Kinder der „oberen Zehntausend" mit „höheren" Bildungsgütern und bereiteten sich auf die Übernahme „standesgemäßer" Positionen innerhalb der Gesellschaft vor.

Dagegen beschloß nach dem 2. Weltkrieg das von der Berliner Bevölkerung gewählte Parlament mit deutlicher Mehrheit (nämlich mit 86 gegen 30 Stimmen) zunächst einen einheitlichen, demokratischen Schulaufbau und entschied sich damit direkt gegen die herkömmliche Standesschule: In der 1947 gesetzlich verankerten *Einheitsschule* sollte *allen* Schülern eine qualifizierte schulische Ausbildung geboten werden – unabhängig vom Einkommen und der sozialen Zugehörigkeit der Eltern. So wie heutzutage in Berlin die Kinder aller sozialen Schichten gemeinsam die 1. bis 6. Klasse der Grundschule besuchen, war in der Einheitsschule eine von der 1. bis zur 8. Klasse reichende gemeinsame Grundstufe vorgesehen. Erst von der 9. Klasse an sollten die Schüler in einigen Fächern getrennt unterrichtet werden, je nachdem, ob sie von der 10. Klasse an direkt in eine berufliche Ausbildung gehen („praktischer Zweig" der Einheitsschule) oder erst studieren wollten („wissenschaftlicher Zweig").

Die dann 1951 (gegen die Stimmen der SPD) beschlossene Abschaffung der Einheitsschule wurde im wesentlichen folgendermaßen begründet:

a) In Westdeutschland herrsche das alte dreigliedrige Schulsystem vor, und West-Berlin müsse seine politische Zugehörigkeit zur Bundesrepublik Deutschland durch eine Angleichung an dort vorhandene Strukturen in allen gesellschaftlichen Bereichen dokumentieren – also auch im Schulwesen.

b) Ein dreigegliederter Schulaufbau werde den Anforderungen der Arbeitswelt und den drei Begabungs-Typen (in die man die Menschheit einteilen zu können vorgab) besser gerecht. Deshalb sollte es eine Schule für „praktische Begabungen", eine für „wissenschaftliche Begabungen" und eine für zwischen dem Praktischen und dem Wissenschaftlichen vermittelnde „technische Begabungen" geben.

Aber auch mit dieser Begründung ließ sich nicht verdecken, daß nun auch in West-Berlin ein nur wenig verändertes Modell des altbekannten Systems der sozialen Klassen-Schule wiedereingeführt wurde. Lediglich die Bezeichnungen der einzelnen Schularten wurden von Zeit zu Zeit geändert, ohne daß mit solchen Namensänderungen ein grundsätzlicher Wandel verbunden war.

früher	zeitweilig	heute
Volksschule	Oberschule Praktischen Zweiges	Hauptschule
Mittelschule	Oberschule Technischen Zweiges	Realschule
höhere Schule	Oberschule Wissenschaftlichen Zweiges	Gymnasium

Welche Bedeutung hat die Hauptschule im Berliner Schulsystem?

Bis vor wenigen Jahren wechselten in der Bundesrepublik alle Schüler, die eine „weiterführende" Schule besuchen wollten, nach der 4. Volksschulklasse in eine Realschule oder in ein Gymnasium; die anderen blieben bis zum Ende ihres 8. oder 9. Schuljahres auf der Volksschule – zusammen mit denen, die die Aufnahmeprüfungen an den anderen Schulen nicht bestanden hatten und nun als „Rückläufer" für den Rest ihrer Schulzeit wieder in die Volksschule, deren obere Klassen nun den Namen „Hauptschule" erhielten, zurückkehrten.

In West-Berlin dagegen ist die Hauptschule seit 30 Jahren eine von der gemeinsamen Grundschule unabhängige Schulart (wie die Realschule und das Gymnasium). Außerdem wurde in Berlin Jahrzehnte früher als in den meisten westdeutschen Bundesländern damit begonnen, die Hauptschule zu einer qualifizierenden, gleichwertigen Sekundarschule zu entwickeln, etwa durch

– Erhöhung des Unterrichtsniveaus durch Verfachlichung und Wissenschaftsorientierung (z.B. Mathematik statt Rechnen und Raumlehre, Physik und Chemie statt Naturkunde),
– Einführung einer Pflicht-Fremdsprache für alle,
– Einführung neuer, an der wirtschaftlichen

und gesellschaftlichen Realität orientierten Fächer (Arbeitslehre und Weltkunde),
– Erhöhung der „Durchlässigkeit“ (also der Möglichkeit, aus der Hauptschule in eine Realschule oder auf ein Gymnasium zu wechseln) durch Angleichung der Lehrpläne und durch Unterricht in Leistungsgruppen (seit 1969),
– Versuche mit einem (zunächst freiwilligen) 10. Schuljahr an Hauptschulen (ab 1956 und Verlängerung der Pflichtschulzeit von neun auf zehn Jahre (1979),
– die Möglichkeit, auch an der Hauptschule einen Abschluß zu erwerben, der dem der Realschule gleichwertig ist und in besonderen Fällen auch zum Übergang in die gymnasiale Oberstufe berechtigt.

Trotzdem gehen immer weniger Grundschüler von der 6. Klasse in die 7. Klasse einer Hauptschule über: waren es um 1960 noch gut 50 % aller Übergänger (also mindestens jeder zweite), so wechselt heutzutage nur noch einer von sieben an diese Schulart (1979/80: 15,0 %).

Seit 1972 müßte man eigentlich das Gymnasium von allen Schularten, die an die Grundschule anschließen, als neue „Hauptschule“ bezeichnen: Keine andere Schulart hat seitdem auch nur in einem Jahr mehr Grundschüler aufgenommen als das Gymnasium, und 1978/79 wurden bereits mehr als doppelt so viel Grundschüler an Gymnasien angemeldet als an Hauptschulen.

Von den Schülerzahlen her hat die Gesamtschule nach dem Gymnasium die zweitgrößte Bedeutung unter den Oberschulen. Mehr als 3000 Schüler, denen von der Grundschule der Übergang in eine Hauptschule empfohlen worden war, begannen 1980 ihr 7. Schuljahr an einer Gesamtschule – häufig sicherlich mit der Perspektive, hier einen höheren Schulabschluß zu erreichen. Eltern von Schülern, denen von der Grundschule der Besuch einer Hauptschule empfohlen wurde, melden ihre Kinder oft auch an Realschulen an, wenn sie von deren Leistungsfähigkeit besonders überzeugt sind – oder wenn sie ihren Kindern schlicht die Chance geben wollen, einen höheren als den vorausgesagten Schulabschluß zu erreichen. Zum Schuljahresbeginn 80/81 wurden immerhin fast 1.000 hauptschulempfohlene Schüler an Realschulen angemeldet, und 38 gingen sogar auf ein Gymnasium über. Und tatsächlich sind diese Schüler meist leistungsfähiger, als man es dem Grundschul-Gutachten nach erwarten konnte: Zumindest über das Probehalbjahr hinaus blieben 1980/81 mehr als 70 % der hauptschulempfohlenen Schüler an Realschulen.

Da fast die Hälfte der Schüler mit Hauptschul-Empfehlung an Gesamt- und Realschulen erfolgreich mitarbeiten (1980 machten sogar

Entwicklung der Übergangsquoten aus Grundschulen an Oberschulen von 1967/68 bis 1979/80
(Quelle: nach Daten des Senators für Schulwesen)

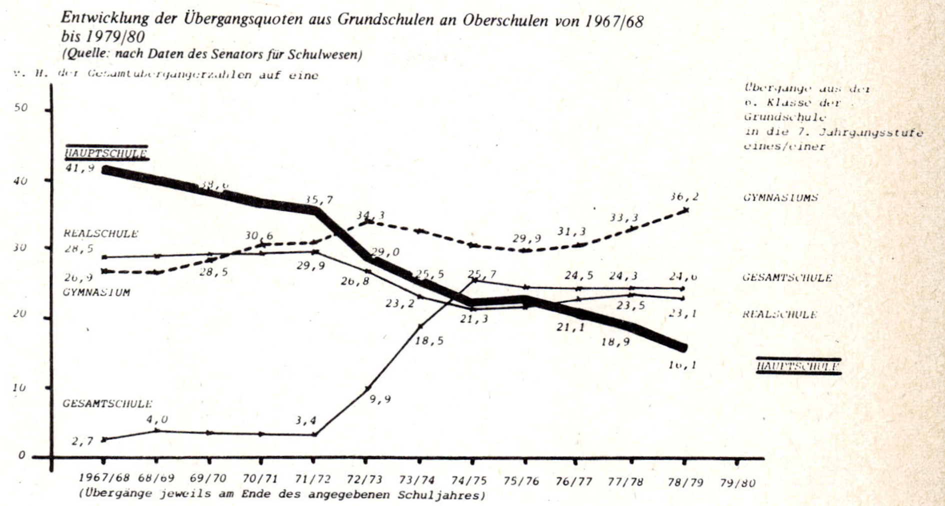

Die Position der Hauptschule im Berliner Schulwesen
– Flächenproportionale Darstellung: Die Größe der Flächen entspricht jeweils dem Anteil an der Gesamtschülerzahl –
(Quelle: nach Daten des Senators für Schulwesen, Stand: Oktober 1979)

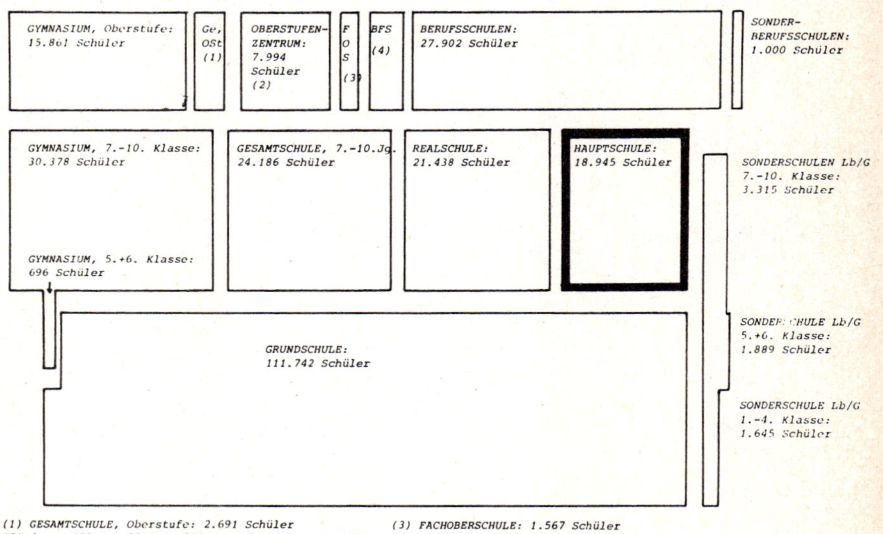

(1) GESAMTSCHULE, Oberstufe: 2.691 Schüler
(2) davon 208 GY, 55 FOS, 540 BFS, 7.191 Berufsschule
(3) FACHOBERSCHULE: 1.567 Schüler
(4) BERUFSFACHSCHULE: 3.141 Schüler

Übergänger aus 6. Grundschulklassen nach ihrer Grundschul-Empfehlung und der tatsächlich von ihnen besuchten Oberschulart
(Quelle: Senator für Schulwesen)

Von den Schülern, die zum Schuljahresbeginn 1980/81 von der Grundschule in einer Oberschule aufgenommen wurden,

besaßen eine Übergangs-Empfehlung der Grundschule für		davon gingen tatsächlich über auf (in %)			
Schulart	insgesamt	Hauptschule	Realschule	Gymnasium	Gesamtschule
Hauptschule	6 990	40,5	13,5	0,5	45,5
Realschule	7 533	1,4	53,8	21,5	23,2
Gymnasium	7 357	–	1,8	92,9	5,3
zusammen	21 880	13,4	23,4	38,8	24,3

fünf hauptschulempfohlene Gesamtschüler das Abitur), bleibt für die Hauptschule selbst nur noch der „Rest" jener Schüler, die an keiner Gesamtschule einen Platz bekommen haben (weil gymnasial- und realschul-empfohlene Schüler vorgezogen wurden), wegen Verhaltens- oder Lernschwierigkeiten Gymnasien, Real- oder Gesamtschulen verlassen mußten oder die von vornherein eigentlich nur ihre Pflichtschulzeit hinter sich bringen wollten. *Ein* Ergebnis ist, daß an Hauptschulen die Sitzenbleiber-Quote besonders hoch ist (1980 blieben 13,2% aller Hauptschüler sitzen, dagegen von den Schülern an den anderen Oberschulen nur 6 bis 9 %); ein *anderes,* daß noch nicht einmal die Hälfte der Hauptschul-Abgänger das Ziel der 10. Klasse erreicht und im Schuljahr 1978/79 weit über 2.000 ohne jeden Abschluß die Schule verließen.

Verteilung der Schüler an Hauptschulen und an Gymnasien in West-Berlin nach ihrer sozialen Herkunft
(Quelle: nach Daten des Senators für Schulwesen, Stand: Schuljahr 1975/76)

Schüler an Hauptschulen
insgesamt: 22.074
davon waren deren
Erziehungsberechtigte:

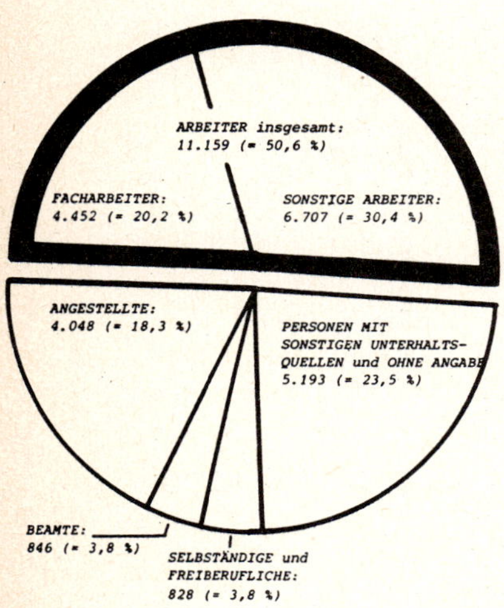

Schüler an Gymnasien
insgesamt: 27.644
davon waren deren
Erziehungsberechtigte:

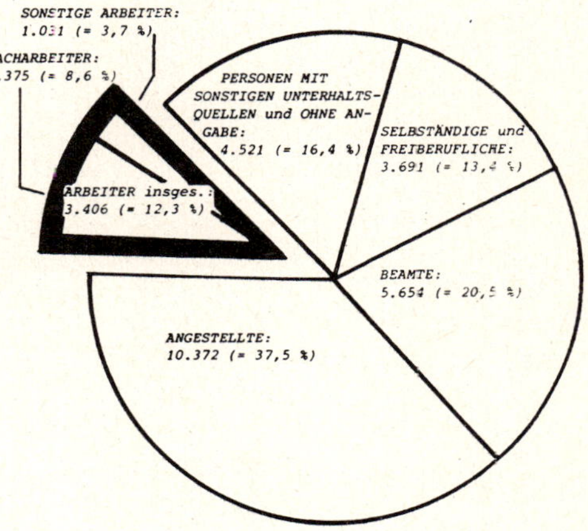

Verteilung der türkischen und der deutschen Schüler auf die vier Oberschul-Zweige
(Quelle: nach Daten des Senators für Schulwesen, Stand: 1.10.1979)

Türkische Schüler
insgesamt an Oberschulen: 6.284
davon an:

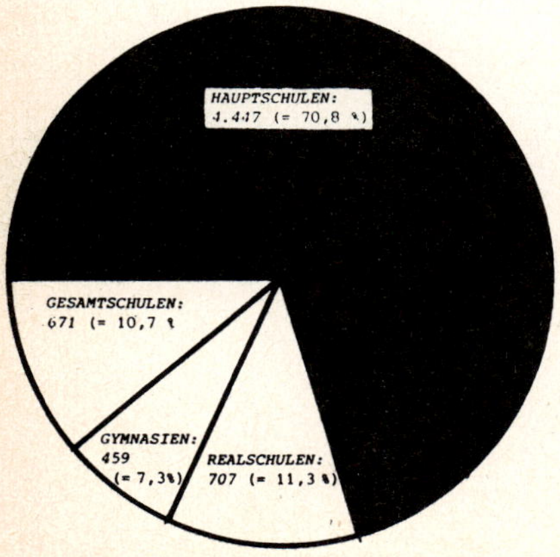

Deutsche Schüler
insgesamt an Oberschulen: 111.578
davon an:

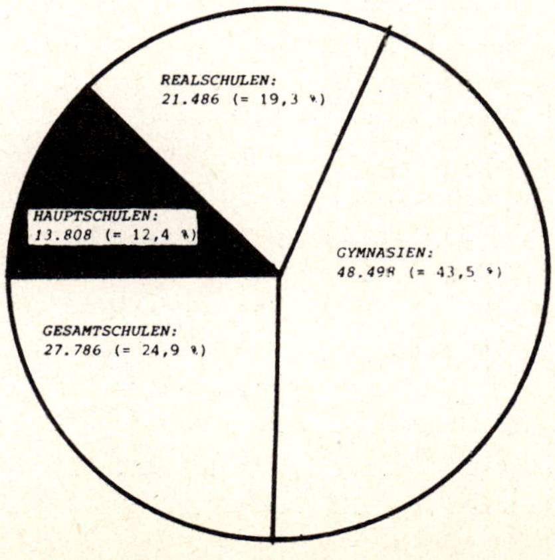

Wessen „Hauptschule" ist die Hauptschule?

Wenn man sich die Berufe der Eltern und die Nationalität von Hauptschülern ansieht, wird deutlich, wessen „Haupt"-Schule eigentlich die moderne, ausgebaute Hauptschule in Berlin ist: die der Arbeiter und Ausländer. Nichts da von „Demokratisierung des Bildungswesens" oder „Chancengleichheit": Über die Hälfte aller Hauptschüler sind Arbeiter-Kinder, während am Gymnasium (der – zahlenmäßig – „neuen Hauptschule") die Eltern von nur etwa jedem achten Schüler Arbeiter sind. Besonders für Kinder von angelernten und Hilfsarbeitern ist die Hauptschule auch heute noch die hauptsächliche Schule.

Man kann die Hauptschule aber auch als „Schule der Ausländer" beschreiben: An keiner anderen Schulart ist ihr Anteil unter den Schülern auch nur annähernd so stark gewachsen wie hier.

Anteile der Ausländer unter den Schülern an öffentlichen allgemeinbildenden Schulen in West-Berlin von 1969/70 bis 1979/80
(Quelle: nach Daten des Senators für Schulwesen)

v.H. aller Schüler je Schulart	69/70	73/74	75/76	79/80
Hauptschule	1,3	10,2	14,4	28,1
Grundschule	2,0	7,6	9,8	17,3
Sonderschule	0,3	1,9	2,8	11,9
Gesamtschule	12,2	7,3	4,6	6,5
Realschule	0,6	2,2	3,2	5,6
Gymnasium	1,7	1,7	2,8	3,7

Ende 1980 war bereits jeder zweite Schüler in 7. Klassen (einschließlich „Vorbereitungsklassen") von Hauptschulen in West-Berlin ein Ausländer. In den Bezirken Kreuzberg und Wedding sprach in 7. Hauptschul-Klassen sogar auch dann noch nicht einmal jeder zweite Schüler Deutsch als Muttersprache, wenn man die besonderen „Vorbereitungsklassen" für Ausländer nicht mitrechnet.

Neben der sozialen und der nationalen Herkunft werden Hauptschüler oft auch dadurch charakterisiert, daß sie (so in einem Bericht aus der Senatsverwaltung für Schulwesen[1] „neurotische Symptome", „körperliche Auffälligkeiten", „abnormes Sozialverhalten", „außerordentliche Aggressivität" sowie „mangelhafte Arbeitshaltung" und „ausgeprägten Lernunwillen" aufweisen sollen. Im „Schulentwicklungsplan III" (für die Jahre 1978–1982) beschreibt der Senator für Schulwesen die Situation an den Berliner Hauptschulen folgendermaßen:

„– In der Hauptschule vermindert sich die Zahl der leistungsmotivierten Schüler. Anteilig wächst die Schülergruppe, die mit Mißerfolgserlebnissen aus der vorausgegangenen Schulzeit belastet ist.

– Der Anteil überalterter und teilweise verhaltensauffälliger Schüler ist bemerkenswert hoch und wächst von Jahr zu Jahr.
– Schüler, die den Anforderungen in den weiterführenden Schulen nicht genügen, kommen am Ende des Probehalbjahres und in der Folgezeit in die Hauptschule zurück. Die Eingliederung der meist von den Realschulen kommenden Rückläufer schafft organisatorische und pädagogische Probleme, die sich bei dem kleiner werdenden Anteil von Hauptschülern an einem Jahrgang noch verschärfen.
– Die Hauptschule muß die Hauptlast der schulischen Betreuung der Kinder ausländischer Arbeitnehmer tragen. Im Oktober 1977 war fast jeder fünfte Hauptschüler ein Ausländer ..."

Fast jeder fünfte Hauptschüler ein Ausländer – das war 1977; allein in den folgenden zwei Jahren stieg ihr Anteil von 18,9 % auf 28,1 % an (in der 7. Klassenstufe einiger Bezirke sogar auf über 70 % aller Schüler)! Und obwohl diese Entwicklung seit rund einem Jahrzehnt auch in der Senatsverwaltung abzusehen und bekannt war, wurden weder die Hauptschulen noch die dort unterrichtenden Lehrer entsprechend vorbereitet. Denn es ist z.B. keineswegs so, daß die meisten türkischen Schüler in „normalen" Hauptschul-Klassen die deutsche Sprache so gut verstehen, daß sie dem Unterricht wenigstens sprachlich folgen können. Andererseits sind auch die Lehrer gar nicht in der Lage, sich so mit ihren Schülern zu beschäftigen, wie es der Rahmenplan für die Hauptschule vorschreibt – wenn sie nicht verstanden werden und auch sie die Sprache ihrer Schüler nicht verstehen.

So ist es schon erklärlich, daß zwar „nur" 30 % der deutschen Schüler die Hauptschule ohne jeden Abschluß verlassen, von den ausländischen Hauptschul-Abgängern haben jedoch über 70 % keinen Abschluß!

So ist die Hauptschule zwar die „hauptsächliche" Schule der Ausländer – die meisten von ihnen erhalten dort aber noch nicht einmal den Abschluß der 9. Klasse.

Und wie sieht es bei den Arbeiter-Kindern aus? Erreichen deutsche Arbeiter-Kinder die „mittleren" und „weiterführenden" Abschlüsse, die in West-Berlin auch an Hauptschulen erworben werden können? Diese Erwartung wird nur zu einem kleinen Teil erfüllt. Insgesamt sieht es so aus, als würde die soziale Auslese des herkömmlichen, gegliederten Schulsystems (die Arbeiter-Kinder vornehmlich in die Hauptschule, Kinder von Selbständigen und Beamten dagegen ins Gymnasium schleust) innerhalb der modernen, ausgebauten Hauptschule noch einmal wirksam werden – wenn auch in verfeinerter Form: Jedenfalls fiel z.B. 1974/75 (als der Ausländer-Anteil unter den Hauptschülern noch nicht einmal 13 % erreicht hatte) in den Hauptschulen West-Berlins der Anteil der Kinder „sonstiger Arbeiter" unter den Schülern von über 37 % in der 7. Klasse auf unter 20 % in der 10. Klasse, während sich der Anteil der Angestellten- und Beamten-Kinder gleichzeitig von 19 % in der 7. auf über 28 % in der 10. Klassenstufe erhöhte.

In jeder Klassenstufe war außerdem der Anteil der Kinder un- und angelernter Arbeiter unter den Schülern, die ohne jeden Abschluß vorzeitig die Hauptschule verließen, wesentlich höher als es ihrem Anteil in der jeweiligen Klasse entsprochen hätte.

Wer aber erst gar nicht die 10. Klasse erreicht (wie unverhältnismäßig viele Arbeiter-Kinder), kann auch nicht den erweiterten Hauptschul-Abschluß (oder gar den der Realschule) erwerben.

In West-Berlin bietet die Hauptschule seit mehr als einem Vierteljahrhundert die Möglichkeit, eine 10. Klasse zu besuchen und weiterführende, qualifizierte Abschlüsse zu erreichen. Arbeiter-Kinder und Ausländer jedoch (also die Gruppen, für die die Hauptschule noch immer die „Haupt"-Schule ist) profitieren kaum von diesen „neuen" Möglichkeiten: Die meisten von ihnen werden vorzeitig „ausgelesen", auch gegenwärtig verlassen jährlich noch Tausende von Schülern die seit Jahrzehnten weiterentwickelte Hauptschule in West-Berlin ohne jeden Abschluß. Die Hauptschule ist die „Haupt"-Schule der Arbeiter-Kinder und Ausländer – aber was nützt sie ihnen?

Sackgasse Hauptschule

„Viele Lehrberufe stehen Hauptschülern nicht mehr offen. Bei Banken, im Buchhandel und im Elektrobereich kaum Chancen" – So lautet zusammengefaßt das Ergebnis einer Sonderauswertung des Instituts für Berufsbildung. Der Grundsatz „Hauptschul-Abschluß als Voraussetzung für Berufsbildung" gilt faktisch nicht mehr. Ausbildungsplätze für Bankkaufleute, Buchhändler, Reiseverkehrskaufleute, aber auch für Physik-, Chemie- oder Biologie-Laboranten, Werkstoffprüfer, Elektroniker und Werkzeugmacher werden von den Betrieben überwiegend (bis zu 90 %) mit Realschul-Absolventen, Gymnasiasten und Abiturienten besetzt. Der „Tauschwert" des Hauptschul-Abschlusses auf dem Lehrstellen-Markt ist während der letzten Jahre rapide gesunken. Selbst in handwerklich-gewerblichen Bereichen, die früher traditionell von Hauptschülern besetzt wurden, werden immer mehr Realschüler und Gymnasiasten eingestellt: beispielsweise hat sich im Bereich der Handwerkskammer Berlin unter den Auszubildenden allein von 1974 bis 1976 der Anteil der Realschüler mehr als vervierfacht und der Gymnasiasten verdoppelt. Besonders für Abgänger ohne Abschluß sind die Chancen auf einen Ausbildungsplatz nahezu ins Aussichtslose gefallen.

Aber auch Abgänger mit einem guten Hauptschul-Abschluß müssen häufig froh sein, überhaupt einen Ausbildungsplatz bekommen zu haben (wenn sie einen bekommen haben!): Viele Betriebe (vor allem im kaufmännischen

Bereich, z.T. aber auch bei der Post und in der Verwaltung) setzen den an einer Hauptschule erworbenen „mittleren Abschluß“ keineswegs dem einer Realschule gleich, denn man kann sich dort nicht vorstellen, daß unter den an vielen Hauptschulen herrschenden Lernbedingungen tatsächlich ein Ergebnis erreicht werden kann, das dem einer Realschule entspricht.

Damit erweist sich die ausgebaute, moderne Hauptschule oft selbst für solche Schüler als „Sackgasse“, die diese Schulart mit einem guten Zeugnis der 10. Klasse und einer Zusatz-Bescheinigung verlassen: Wenn Ausbildungsbetriebe in ihnen weiterhin „nur“ Hauptschüler sehen, hilft ihnen nicht, daß ihr Abschluß zwar gesetzlich-formal dem der Realschule gleichgestellt worden ist – nicht aber in der breiten Öffentlichkeit und in der Realität des „Marktes“ für Ausbildungsstellen und Arbeitsplätze.

Die Geschichte der Hauptschule reicht in West-Berlin bis ins Jahr 1951 zurück, als das einheitlich gestaltete Schulsystem durch voneinander getrennte Oberschulzweige unterschiedlicher Qualität ersetzt wurde. Bereits damals war vorauszusehen, daß „die praktische Oberschule zu einem wenig geachteten und wenig leistungsfähigen Schultyp“ zu werden drohte[3].

Seit nunmehr 30 Jahren wird in West-Berlin versucht, diese Entwicklung zu verhindern. Seit 30 Jahren erhöhen Bildungspolitiker und Pädagogen die in die Hauptschul-Arbeit gesetzten Ansprüche. Die Bildungspolitik insgesamt läßt aber nicht zu, daß die Hauptschule diesen erhöhten Anforderungen und Zielen auch nur annähernd gerecht werden kann, im Gegenteil. Und auch in ihrem Ansehen in der Öffentlichkeit und in ihrer Qualifikationsleistung ist die Hauptschule während der letzten Jahre eher gesunken als gestiegen. Bildungspolitisch verursacht wurde diese Entwicklung vor allem durch

– Nachwirkungen der „Bildungswerbung“, durch die immer mehr Eltern dazu gebracht werden, ihre Kinder an „weiterführenden“ Schulen (Realschule, Gymnasium) anzumelden (und durch die Tatsache, daß diese Kinder dort selbst dann oft erfolgreich mitarbeiten, wenn die Grundschule nur den Besuch einer Hauptschule empfohlen hat),

– die Einrichtung einer Vielzahl von Gesamtschulen, die seit zehn Jahren jedem (unabhängig von der Grundschul-Empfehlung und ohne die Einrichtung eines „Probehalbjahrs“) eine reguläre Chance auf den Erwerb weiterführender Abschlüsse bieten (und durch die Tatsache, daß tatsächlich weit mehr Schüler die Gesamtschulen mit einem solchen besseren Abschluß verlassen, als es von den Grundschul-Gutachten her zu erwarten gewesen wäre),

– die Funktion der Hauptschule als Auffang- und Sammelschule für alle Schüler, die von Realschulen, Gymnasien und Gesamtschulen abgewiesen oder gar nicht erst aufgenommen wurden,

– ohne aber für diese schwierige Aufgabe besonders (oder wenigstens den Schularten, die mit diesen Schülern nicht fertig wurden, ebenbürtig) ausgestattet zu sein.

Bereits 1962 stellte Paul Heimann in einem Rückblick über zehn Jahre Entwicklung der Hauptschule/OPZ fest:

„Die OPZ muß wegen des Vorhandenseins einer Mehrzahl weiterführender Ausleseschulen und einer heute sehr begünstigenden Auslese-Praxis zu einer „Restschule“, zum Sammelpunkt von Jugendlichen bestimmter Prägung werden ...“[4]

Offensichtlich gilt diese Aussage auch noch für unsere gegenwärtige Hauptschule, und zwar heute eher noch stärker als früher. An einigen Hauptschulen haben sich die Unterrichts- und Lernbedingungen derart verschlechtert, daß Lehrer in der Öffentlichkeit und in der Tagespresse von der Unmöglichkeit berichten[5], den an ihren Schulen gesammelten Schüler-„Rest“ planmäßig zu unterrichten. Diese Lehrer sind nicht mehr bereit, die bildungspolitische Misere an Hauptschulen durch Schweigen zu bemänteln und zu verdecken.

Inzwischen gehen nicht nur immer mehr potentielle Hauptschüler auf Gesamtschulen über, sondern an Gesamtschulen zeigen sich auch immer häufiger jene Schwierigkeiten, die bislang als hauptschul-typisch galten. Immer mehr entscheiden sich die Eltern leistungswilliger und leistungsfähiger Schüler statt für eine Gesamtschule gleich für eine Realschule oder ein Gymnasium, weil sie dort bessere Lernbedingungen für ihre Kinder erwarten. In der Konkurrenz zu Realschulen und Gymnasien innerhalb des herkömmlichen Schulsystems entwickelt sich gegenwärtig auch die Gesamtschule zu einer Art „Restschule“ mit ausgesprochen einseitig ausgelesener Schülerschaft.

Da dieser Entwicklung auch bei der Gesamtschule keineswegs erkennbar (oder gar wirkungsvoll) gegengesteuert wird, könnte man fast glauben, daß diese Entwicklung von den bildungspolitisch Verantwortlichen begrüßt oder gar bezweckt, zumindest aber wissentlich geduldet wird.

Wer aber hat ein Interesse am Niedergang der Gesamtschulen? Wem nützt es, welche gesellschaftliche Gruppe zieht Vorteile daraus, wenn

– die Hauptschule trotz ihrer seit Jahrzehnten bekannten Schwierigkeiten weiterhin bestehen bleibt? (Wer besucht die Hauptschule? Wer tritt für ihren Bestand ein?)

– die Gesamtschule sich in Konkurrenz zu den traditionellen Auslese-Schulen (Realschule und Gymnasium) langsam, aber ohne bisher erkennbaren Halt zu einer neuen „Restschule“ entwickelt? (Welche realen Chancen bietet die Gesamtschule bisher noch für alle? Für welche gesellschaftlichen Gruppen erwächst im Erwerb qualifizierter schulischer Ausbildung eine neue Konkurrenz, wenn die Gesamtschule im größeren Maßstab als bisher eingeführt wird? Warum treten diese Gruppen für den Erhalt von Realschule und Gymnasium, aber auch für den Erhalt der Hauptschule ein?)

Klaus Mancke

Anmerkungen

1 Dieser Bericht wurde unter dem Titel „Analyse besonderer Problembereiche der Hauptschule – Frühjahr 1973" als internes Arbeitspapier verfaßt und später vollständig dokumentiert in: Mancke, K.: Lehrer an Hauptschulen. Frankfurt/Aarau 1979.

2 Faulstich, P./Faulstich-Wieland, H./Mancke, K.: 20. Hauptschuljahr als Maßnahme gegen Jugendarbeitslosigkeit? Veränderungen im Bildungssystem auf Grund von Ausbildungskrise und Jugendarbeitslosigkeit – untersucht am Beispiel Berlin (West). In: GBP 12 (1977), S. 283–298.

3 Aus der Erklärung des Akademischen Senats der Pädagogischen Hochschule Berlin zur Änderung des Berliner Schulgesetzes vom 30.4.1951.

4 P. Heimann in seinem Beitrag in : Kledzik (Hrsg.): Die OPZ in Berlin. Berichte, Analysen, Probleme. Schroedel/Hannover 1963, S. 21.

5 So z.B. im „Tagesspiegel" vom 4.4.1981 und vom 26.4.1981.

Weiterführende Literatur

Hauptschule, hrsg. von der Redaktion Betrifft: Erziehung. Weinheim und Basel 1977.

Mancke, K.: Lehrer an Hauptschulen. Frankfurt/Aarau 1979.

Rolff, H.-G. u.a. (Hrsg.): Jahrbuch der Schulentwicklung. Band 1. Weinheim und Basel 1980.

Die Gesamtschule ist die bessere Schule, die Alternative zur Gesamtschule ist die bessere Gesamtschule

Seit der Gründung der ersten Gesamtschule in der BRD und West-Berlin – der Walter Gropius-Schule in Britz-Buckow-Rudow – sind 13 Jahre vergangen. Inzwischen ist die Gesamtschule in Berlin Regelschule; über ein Viertel aller Berliner Schüler (25,3 %) besucht heute in der 7.–10. Klasse eine der 29 Gesamtschulen. Weitere Gesamtschulen sind geplant und im Entstehen, denn noch immer reicht die Zahl der Gesamtschulplätze nicht aus, um die wachsende Nachfrage zu befriedigen.

Das starke Anwachsen der Schülerzahlen an den Gesamtschulen ist zunächst einmal lediglich darauf zurückzuführen, daß in der Mitte der 70er Jahre der sogenannte Schülerberg die mittlere Schulstufe erreicht hatte und daß die dadurch notwendig gewordene Erweiterung der Bildungseinrichtungen mit der Einführung von Gesamtschulen verbunden wurde. Schulbauprogramm und Schulreform wurden aneinandergekoppelt: 15 der ab 1974 neu errichteten Schulgebäude wurden als „Mittelstufenzentren" eingerichtet, in denen für die Klassenstufen 7–10 der Unterricht der Hauptschule, der Realschule und des Gymnasiums integriert wurde.

Die integrierte Mittelstufe ist der „Kern" der Berliner Gesamtschulreform; nur gelegentlich ist die Gesamtschule organisatorisch mit einer Grundstufe und/oder mit einer Oberstufe verbunden, wie es die ursprünglichen Gesamtschulpläne noch vorsahen. In diesem Kern der Schulreform – wie weit immer die Abstriche von den ursprünglichen Reformzielen reichen – ist die Gesamtschule von einem erheblichen Teil der Bevölkerung grundsätzlich akzeptiert worden. Auch dies zeigen die steigenden Schülerzahlen an. Die integrierten Mittelstufen sind inzwischen jedenfalls attraktiver als die Haupt- und Realschulen: An die Hauptschulen gingen 1967/68 noch 41,9 % der Grundschüler über, im Schuljahr 1979/80 waren es nur 15 %. An die Realschulen gingen 1967/1968 noch 28,5 % der Grundschüler über, im Schuljahr 1979/80 waren es nur 24,4 %. Nur noch das Gymnasium ist gegenwärtig begehrter als die Gesamtschule: die Übergänge von der Grundschule zum Gymnasium steigerten sich sprunghaft von 26,9 % im Schuljahr 1967/1968 auf 37 % im Schuljahr 1979/80, dagegen wählten 1979/80 nur – aber immerhin – 23,6% der Übergänger die Schulform, in der die Mittelstufe integriert ist.

Die Veränderungen der Übergangsquoten von der Grundschule zu den drei herkömmlichen Zweigen der Oberschule und zur Gesamtschule zeigen die Tendenz einer zunehmenden Polarisierung und Konkurrenz zwischen der Gesamtschule und dem Gymnasium. Das schafft Probleme, vor allem für Gesamtschulen, die nur aus einer Mittelstufe bestehen. Die Konkurrenz zum Gymnasium macht sich hier schon in der Zusammensetzung der Schülerschaft geltend: im Gegensatz zur angestrebten Gleichverteilung von Schülern mit einer Grundschulempfehlung für den Besuch der Hauptschule, der Realschule und des Gymnasiums zeigen die Anmeldungen an den Mittelstufenzentren ein zunehmendes Übergewicht von Schülern mit Haupt- und Realschulempfehlungen. Die Quote der Schüler mit einer Gymnasialempfehlung sinkt von Jahr zu Jahr. Im Schuljahr 1980/81 hatten im Durchschnitt aller Berliner Gesamtschulen von den Übergängern 59,1 % eine Hauptschulempfehlung (1975/76: 41,6 %), 32,5 % eine Realschulempfehlung (1975/76: 43,5 %), 7,3 % eine Empfehlung für das Gymnasium (1975/76: 14,9 %). Das wäre nur dann kein Problem, wenn die integrierte Schulform nicht ständig in den Leistungsvergleich mit der dreigliedrigen Schule gedrängt würde.

Doch die Konkurrenz mit dem Gymnasium belastet die Gesamtschule noch viel grundsätzlicher. Solange die integrierte Schule neben der dreigliedrigen besteht und zu bestehen hat, wird sie gezwungen, die Lernziele und Lerninhalte auf die der traditionellen Schulzweige abzustimmen und die Gleichwertigkeit der jeweiligen Abschlußzeugnisse zu gewährleisten; sie ist der Hierarchie in den Abschlüssen des dreigliedrigen Schulsystems unterworfen. Das steht im Widerspruch zu ihrem Auftrag, jeden Schüler maximal zu fördern und mehr Chancengleichheit zu verwirklichen.

Trotz dieses grundsätzlichen Dilemmas, in dem sich die Gesamtschule befindet, bietet sie auch in der gegenwärtigen Situation gegenüber den starr voneinander abgegrenzten Oberschulzweigen Vorteile und Entwicklungsmöglichkeiten.

Wir werden im folgenden die gegenwärtige Situation der Berliner Gesamtschule in einigen Thesen vorstellen. Dabei sollen die Attraktivität der Gesamtschule, ihre Ziele, Absichten und ihre besondere Organisationsweise gegenüber dem dreigliedrigen Schulsystem transparent gemacht werden, ohne daß die bestehenden Probleme verschwiegen werden. Um Erfahrungen und Urteile von Gesamtschülern einbeziehen zu können, haben wir – zwei Gesamtschullehrer – mit fünf Schülern und zwei Ehemaligen eine Gesprächsrunde über Vorteile und Nachteile dieser Schulform durchgeführt. Die im folgenden zitierten Schüleräußerungen sind dem Tonbandprotokoll dieses Gesprächs entnommen.

Die Gesamtschule ist die bessere Schule

1. Eine flexiblere Übergangsregelung und die Integration der drei Oberschulzweige eröffnen den Gesamtschülern größere Entfaltungsmöglichkeiten: Die Entscheidung über den möglichen Schulabschluß wird nicht bereits am Ende der 6. Klasse gefällt, sondern auf die 10. Klasse verschoben. Durch den Wegfall des Probehalbjahres können Gesamtschüler in einer entwicklungsbedingten schwierigen Lebensphase angstfreier lernen und zu einer besseren Entfaltung ihrer Persönlichkeit gelangen.

„Ich fand das auch richtig, daß man sich nicht gleich nach der 6. Klasse entscheiden muß, ob ich nun Abitur mache oder nicht. Ich hatte zwar Gymnasialempfehlung, aber ich habe mir gedacht, vielleicht schaffst du es nicht."

Im Schuljahr 1978/79 verteilten sich die Abschlüsse wie folgt:

Empfehlung der Grundschule		Abschluß an der Gesamtschule	
Gymnasium	12,4 %	37,1 %	Berechtigung für den Übergang zur gymn. Oberstufe
Realschule	41,4 %	45,1 %	Realschulabschluß
Hauptschule	43,5 %	15,5 %	erweiterter Hauptschulabschluß
		2,3 %	Hauptschulabschluß nach der Klasse 9

2. Die Gesamtschule ermöglicht mehr Durchlässigkeit als die dreigliedrige Schule: Gesamtschüler erhalten im Durchschnitt höhere Abschlüsse, als ihnen am Ende der Grundschule prophezeit wurde.

„Es gibt doch auch viele Leute, die in der 6. Klasse eine Empfehlung für die Realschule nur hatten, aber jetzt wirklich ihr Abitur machen. Und das ist doch für die eigentlich ganz gut. Wären sie gleich auf eine Realschule gegangen, hätten sie vielleicht gar nicht mehr die Möglichkeit gehabt, oder gar nicht mehr daran gedacht, das Abitur zu machen."

3. Die Gesamtschule erlaubt mehr individuelle Förderung und eine Integration unterschiedlicher sozialer Schichten – trotz der separierenden Auswirkungen der äußeren Leistungsdifferenzierung – durch gemeinsames Lernen und gemeinsame Freizeit. Die Unterrichtsorganisation, der Ganztagsbetrieb und die materielle Ausstattung der Gesamtschulen tragen dazu bei.

a) Die Unterrichtsorganisation:
Die Berliner Gesamtschule versucht ihrem Anspruch – die optimale Förderung aller Schüler unter Berücksichtigung ihrer unterschiedlichen Anlagen und Fähigkeiten – durch zwei Formen der Differenzierung des Unterrichts gerecht zu werden:
   1. Differenzierung nach Leistung in den Fächern Englisch und Mathematik und ab dem 9. Jahrgang zusätzlich in Deutsch, Physik, Chemie und Biologie.
   2. Differenzierung nach den unterschiedlichen Interessen der Schüler, d.h. die Schüler wählen sich entsprechend ihren individuellen Neigungen ein bestimmtes Wahlpflichtfach im 7. und 8. Jahrgang, ein weiteres ab 9. Jahrgang.

Die äußere Fachleistungsdifferenzierung wird in vier oder in zwei Niveaustufen durchgeführt; sie hat in Berlin unter dem Begriff des FEGA-Systems eine umstrittene Berühmtheit erlangt:

A-Kurs: Anschlußkurs G-Kurs: Grundkurs	G/A-Niveau (Kurs)
E-Kurs: Erweiterungskurs F-Kurs: Fortgeschrittenenkurs	F/E-Niveau (Kurs)

Bei dieser Differenzierungsform soll in den G/A-Kursen der Grundlehrstoff unterrichtet werden, der für alle Schüler gleich ist; in den F/E-Kursen ist dieser Lehrstoff erweitert. Dem Anspruch nach besteht eine Durchlässigkeit zwischen den Kursen in beide Richtungen, sowohl von unten nach oben als auch von oben nach unten. Nach jedem Schulhalbjahr entscheidet der den Kurs unterrichtende Lehrer über Verbleib, Auf- oder Abstieg in das benachbarte Kursniveau entsprechend der kursspezifischen Note. Die Leistungsmessung erfolgt über ein spezielles FEGA-Notensystem, das erlaubt, eine kursspezifische Note auf ein anderes Kursniveau umzurechnen; eine zusätzliche 15-Punkte-Skala erlaubt außerdem die Umrechnung auf eine herkömmliche Note. Diese Form der äußeren Leistungdifferenzierung ist bei Lehrern und Schülern umstritten. Ihre Befürworter preisen die Vorzüge leistungshomogener Lerngruppen für den unterrichtenden Lehrer und die größeren Lernerfolge bei den Schülern; ihre Gegner versuchen, die äußere Differenzierung durch Formen der inneren Differenzierung des Unterrichts zu ersetzen, um mehr soziale Gleichheit zu verwirklichen.

Neben dem leistungsdifferenzierten Unterricht in den „Pflichtfächern" haben die Gesamtschüler aber auch die Möglichkeit, über einen Teil ihres Unterrichts nach Wahl und Neigung selbst zu entscheiden. Im 7./8. Jahrgang können sie sich für einen Wahlpflichtkurs entscheiden. Das Angebot besteht in der Regel aus:
Arbeitslehre, 2. Fremdsprache (z.B. Französisch), Naturwissenschaften, Bildende Kunst und Musik.

Im 9./10. Jahrgang wählen die Schüler 2 Wahlpflichtkurse, und das Angebot wird erweitert um:
3. Fremdsprache, Sport, Gesellschaftskunde (meist Geschichte oder Erdkunde oder Sozialkunde), Literatur und Informatik.

Die Schüler können durch die Wahl bestimmter Fächer einen individuellen Schwerpunkt bilden, um dadurch den eigenen Interessen gerecht zu werden und insgesamt bessere Leistungen für einen besseren Schulabschluß zu erzielen.

b) Der Ganztagsbetrieb:
Die Gesamtschulen sind in der Regel Ganztagsschulen von 8.00 Uhr bis 16.10 Uhr von Montag bis Freitag. Die Schüler haben die Möglichkeit, in der Mittagspause in der Mensa zu essen. Für kleinere Mahlzeiten und für Getränke steht eine Cafeteria zur Verfügung. Die Gesamtschulen bieten ihren Schülern eine ganztägige pädagogische Betreuung. Den normalen Unterricht ergänzen:

– Übungsphasen, die von Lehrern betreut werden; sie sind entweder Teil des laufenden Unterrichts oder extra ausgewiesene Schülerarbeitsstunden, in denen die früheren Hausaufgaben gemeinsam angefertigt werden können;
– freie Zeiten, in denen den Schülern Sozialpädagogen zur Verfügung stehen, die einerseits Angebote machen (z.B. Arbeiten mit Ton, Holz, Emaille, Wolle usw.), andererseits Anlaufstelle für Gespräche und Beratungen (bei schulischen und außerschulischen Schwierigkeiten) sind.

Obwohl in der Gestaltung des außerunterrichtlichen Bereichs immer wieder erhebliche Schwierigkeiten auftreten, bietet die Gesamtschule grundsätzlich mehr als nur die ganztägige Unterbringung der Schüler. Die Gesamtschüler werden betreut, zu selbständigem Arbeiten und Lernen auch in der unterrichtsfreien Zeit angeleitet und in ihrer Freizeitgestaltung unterstützt.

„Mich hat bewogen auf die Gesamtschule zu gehen: ob ich bis 4 Uhr zu Hause Schularbeiten mache oder mit den Lehrern Schularbeiten mache, da war mir das Zweite also schon lieber. Da kann ich auch essen, weil meine Mutter berufstätig ist."

„Ich hatte die Vorstellung, daß man mit den Lehrern Hausaufgaben machen kann, sich mit den Lehrern beraten kann. Das fand ich ganz gut, weil ich gedacht habe, allein kann man manchmal nicht so arbeiten. Ich dachte, mit Lehrern zu arbeiten ist hilfreich."

c) Die Ausstattung:
Im Vergleich zu anderen Schulen sind die Gesamtschulen besser ausgestattet. Werkstätten, die mit professionellen Maschinen ausgestattet sind, naturwissenschaftliche Fachräume, die ausreichend Material für Schülerexperimente enthalten, Sprachlabore, Schreibmaschinenraum mit einer elektrischen Schreibmaschine für jeden Schüler, zentrale Videoeinrichtung, die das gesamte Haus mit Videoeinspielungen versorgen kann, und nicht zu vergessen die Mediothek, eine Bücherei, die jederzeit Schülern und Lehrern zur Verfügung steht, bieten nicht nur für die Gestaltung des Unterrichts, sondern auch für Aktivitäten im außerunterrichtlichen Bereich außerordentlich gute Voraussetzungen.

Obwohl alle diese Vorzüge der Gesamtschule wegen der Mängel ihrer gegenwärtigen Organisation nicht voll zur Wirkung kommen können, bleibt festzuhalten: Die Gesamtschule ist die bessere Schule.

Aber: Die gegenwärtige Gestaltung der Gesamtschule hat ihre Mängel

Abgesehen von den baulichen Mängeln der Mittelstufenzentren, wie schlecht funktionierenden Klimaanlagen, undichten Dächern, Dunkelräumen, wird die gegenwärtige Situation der Gesamtschule von betroffenen Schülern und Lehrern in drei Bereichen als besonders problematisch erlebt. Die Kritik konzentriert sich auf die Auswirkungen der Größe der Gesamtschulen, auf Mißstände im außerunterrichtlichen Bereich und insbesondere auf die negativen Folgen der im FEGA-System praktizierten Leistungsdifferenzierung.

1. Infolge der vielfältigen Differenzierung des Unterrichts arbeiten die Gesamtschüler in ständig wechselnden Gruppen. Das soll Selbständigkeit und Beweglichkeit erzeugen, in Wirklichkeit führt es jedoch zu einer stärkeren Vereinzelung der Schüler untereinander und zu einer Desorientierung im Verhältnis der Schüler

zu ihrem jeweiligen Lehrer. Den stabilsten sozialen Bezug für die Schüler bildet der Kerngruppenverband (Klasse); doch nur ein Teil des Unterrichts findet in der Kerngruppe statt. Die Kerngruppen haben ein bis zwei „Tutoren“, das sind Lehrer, die die Aufgabe des Klassenlehrers übernehmen. Sie versuchen in Zusammenarbeit mit dem zuständigen Sozialpädagogen, vor allem für die soziale Geborgenheit in ihrem Kerngruppenverband zu sorgen. Das könnte einigermaßen funktionieren, wenn die Gesamtschulen nicht so groß wären: Bei ca. 1200 Schülern und ca. 120 Lehrern hat die Organisation vieler Gesamtschulen es oft nicht leisten können, daß alle Tutoren die Schüler ihrer Kerngruppe im Unterricht betreuen.

„Früher hatten wir einen Tutor, der war gar kein richtiger Tutor. Den haben wir immer nur in der Tutorstunde und auf dem Wandertag gesehn. Der kannte ja kaum mal unsere Namen.“

Als Reaktion der sozialen Desorientierung bei Schülern und Lehrern bestehen an einigen Gesamtschulen Initiativen von Lehrern, die sich in Form eines kleinen Lehrerteams (ca. 12 Kollegen und Kolleginnen) zusammengeschlossen haben, um möglichst ihre gesamte Unterrichtsverpflichtung in einer relativ begrenzten Schülergruppe (halber Jahrgang, 4–5 Kerngruppen, ca. 120–150 Schüler) zu erfüllen. Dadurch soll der Aufbau von stabilen Schüler-Lehrer-Beziehungen gefördert werden.

2. Die Unzufriedenheit mit der Gestaltung des außerunterrichtlichen Bereichs resultiert in erster Linie aus der personellen Unterbesetzung im sozialpädagogischen Bereich. Wenn alle Stellen besetzt sind, kommen auf einen Sozialpädagogen 100 Schüler; meist sind aber nicht alle Stellen besetzt. Die Folge ist, daß die Schüler sich in weiten Teilen des außerunterrichtlichen Bereichs selbst überlassen sind.

„Die haben da zwei Leute und die müssen das irgendwie schaukeln. Die haben keine Mittel, müssen mit dem zurechtkommen, was gerade so kommt. Und dann ein paar Krankheitsfälle und dann ist Chaos. Dann hängen die Schüler in den Gängen 'rum und stumpfsinnigen da vor sich hin, bis die nächste Stunde anfängt oder schreiben ein paar Hausarbeiten ab und verblöden da vor sich hin. Wirklich wahr, ich habe einen Schüler gesehen, der ist mit dem Kopf gegen den Schrank gerannt. Da dachte ich, aha, wie Elefanten im Zoo.“

3. Die Kritik an der äußeren Leistungsdifferenzierung ist am gewichtigsten. Sie setzt ein bei der Feststellung, daß die FEGA-Niveaukurse kaum durchlässig sind. Ein Aufstieg führt in den wenigsten Fällen zu einem dauerhaften Verbleib in dem nächsthöheren Kursniveau. Ein Abstieg ist bei den betroffenen Schülern häufig von Resignation begleitet. Außerdem verhindern wechselnde Kurszusammensetzungen häufig den Aufbau stabiler sozialer Beziehungen. So bietet das FEGA-System für individuelle Leistungskonkurrenz einen günstigeren Nährboden als für soziales Verhalten, das auf gemeinsames Lernen und auf gegenseitige Unterstützung gerichtet ist.

„Ich möchte mal sagen, es sollte gar keine äußere Leistungsdifferenzierung geben, auch schon nicht unter dem sozialen Aspekt, daß die sozialen Gefüge auseinandergerissen werden. Es gibt praktisch kaum noch richtige Klassenverbände, nur noch irgendwelche Kurse, deren Zusammensetzungen dauernd wechseln. Du kennst zwar eine ganze Menge Leute, aber kaum einen richtig, es sei denn, daß du mit ihm in mehreren Kursen zufällig zusammen bist oder ihn privat kennst. Dadurch fällt also die gegenseitige Hilfe weg, die im stabilen Sozialverband, wie der Klasse, da ist. Da weiß der Schwächere nämlich, wer in dem Fach stärker ist und der Bessere weiß, wer in seiner Klasse durchhängt, damit er dem mal unter die Arme greifen kann. Das hast du bei uns in der Schule nicht und man wird also durch das ganze System zum Einzelkämpfer erzogen. Niemand hat dann auch noch Interesse, jemand anderem zu helfen.“

Im Effekt wird durch das FEGA-System innerhalb der Gesamtschule das gegliederte Schulsystem wiederhergestellt, indem die unterschiedlichen Kurse in ihrem Anspruchsniveau der Haupt-, Realschule und dem Gymnasium entsprechen.

„Also ich empfinde das Konzept der Gesamtschule – alle Schüler auf einer Schule – erstmal als Fortschritt. Mich stört jedoch an der Gesamtschule wie sie jetzt z.B. bei unserer Schule ist: Faktisch sind es drei Schultypen in einem Block. In den A und G-Kursen, also in den niedrigen Kursen, sind meistens die Arbeiterkinder drin, meistens Schüler mit Hauptschulempfehlungen, und in den F- und E-Kursen sind so die mit Realschulempfehlung drin.“

Und dennoch: Die Alternative zur Gesamtschule kann nur die bessere Gesamtschule sein.

Die Alternative zur Gesamtschule ist die bessere Gesamtschule

1. Die bessere Gesamtschule würde schon heute die 1. bis 13. Klassenstufe umfassen.

Wie die Erfahrungen jener Gesamtschulen zeigen, bei denen diese Bedingung erfüllt ist, stellt sich für Schüler, die die Grundstufe an einer Gesamtschule durchlaufen haben, nach der 6. Klasse gar nicht die Frage, ob sie die Schule wechseln bzw. welchen Schulzweig sie wählen sollen. Sie haben mindestens weitere vier Jahre Zeit, bis sich entscheidet, ob sie ihre allgemeine Schulbildung mit einem Abschluß der mittleren Schulstufe beenden, oder ob sie an der gleichen Schule auch noch die gymnasiale Oberstufe absolvieren wollen oder können. Zu dem organisatorischen Vorteil, daß die Schule nicht gewechselt werden muß, tritt der wichtigere inhaltliche Vorteil einer geradlinigen und andauernden individuellen Förderung unter stabilen Lehr- und Lernbedingungen hinzu; sie sollte auch soziales Lernen umfassen. In Zukunft sollte keine Gesamtschule mehr ohne Grundstufe und Oberstufe geplant und eröffnet werden.

„Ich fände Gesamtschule, wenn sie eine Einheitsschule wäre, gleich von der Grundschule an, ohne äußere Differenzierung, Klassenverbände, bis zur 10. Klasse und die Leute, die weitermachen wollen, können gymnasiale Oberstufe auf derselben Schule machen. So stell' ich mir Gesamtschule vor."

„Jetzt haben wir die Gesamtschule, in der auch die Arbeiterkinder gefördert werden. Im Grunde genommen ist es wie die drei Schultypen in demselben Haus. Aber die richtige Alternative zum dreigliedrigen Schulsystem wäre eben die Gesamtschule in der Form der Einheitsschule, in der ein einheitlicher Abschluß vergeben wird und wo alle das gleiche lernen."

2. Die bessere Gesamtschule würde schon heute ihren Charakter als Massenanstalt aufgeben und mehr Selbstbestimmungsrechte gewähren.

Die derzeitige Größe der Gesamtschulen führt zu Beziehungslosigkeit und Anonymität. Dadurch wird der Aufbau von stabilen sozialen Beziehungen zwischen Lehrern und Schülern und Schüler und Lehrer untereinander verhindert.

Die Lösung dieses Problems kann nur in einer konsequenten Zergliederung der Schulen in kleinere überschaubare pädagogische Einheiten sein, d.h. eine eng begrenzte Zahl von Lehrern und Sozialpädagogen betreut eine überschaubare Schülergruppe. Voraussetzung für gutes Funktionieren ist eine weitgehende Autonomie dieser Gruppe gegenüber der Administration z.B. in Fragen der Stundenplangestaltung sowie der Vertretungsregelung, Raumverteilung usw. Fachliche und überfachliche Absprachen, sowie pädagogische Entscheidungen werden im Team getroffen. Jede Kerngruppe muß unbedingt ihren eigenen Raum haben, der nur von ihr genutzt wird; der Gesamtgruppe müssen mindestens ein bis zwei weitere Räume zur Verfügung stehen. Es müssen viele Schulen in der Gesamtschule entstehen. In verschiedenen Gesamtschulen der Bundesrepublik haben langjährige Erfahrungen mit dem sogenannten „Team-Kleingruppen-Modell (TKM)" gezeigt, daß Schule Schülern und Lehrern Spaß machen kann.

„Also die ganzen Gruppen müssen kleiner werden, damit man auch mal einen Überblick über die ganze Sache bekommt. Was bringt es, wenn man mit 1500 Leuten auf eine Schule geht? Die Schulen müssen kleiner gemacht werden und die Kurse auch, die Klassenverbände müssen wieder her und die Leistungsdifferenzierung muß weg. Also ich finde es viel besser, Unterricht im Klassenverband zu haben."

3. Die bessere Gesamtschule würde heute schon die äußere Fachleistungsdifferenzierung aufheben und durch Formen der inneren Differenzierung ersetzen.

Dies wäre sowohl die Voraussetzung für eine sinnvolle Teamarbeit als auch die Voraussetzung für eine optimale Förderung jedes einzelnen Schülers. Bei der inneren Differenzierung werden methodisch und inhaltlich verschieden gewichtete Aufgaben an unterschiedliche Schüler gestellt, so daß diese auf ihrem jeweils erreichten Niveau gefordert und gefördert werden. Die in den Kerngruppen bestehenden sozialen Bezüge können gerade das Lernen miteinander unterstützen.

Um diese Verbesserungen zu erreichen, bedarf es der gemeinsamen Anstrengung von Schülern, Eltern und Lehrern.

„Ich kann nur wiederholen, daß ich finde, daß das Konzept der Gesamtschule ein wichtiger Fortschritt ist, um das dreigliedrige Schulsystem abzuschaffen. Jetzt ist sie noch so eine Art Alibi, wobei viele Kräfte Interesse haben, daß es eben nicht soweit kommen soll, daß sie eben an der Gesamtschule alle gleichberechtigt nebeneinander und miteinander sind. Der Gesamtschule werden alle möglichen Stöcke zwischen die Beine geworfen, aber ich finde, da müssen wir weiterarbeiten und uns nicht zufriedengeben wie es ist. Wir wissen, daß sie von der Idee her noch nicht verwirklicht ist, aber man muß erstmal die bestehenden Vorteile ausnutzen und daran arbeiten. Wenn die Gesamtschule klappt, dann merkt man's nicht so. Man merkt erst, was Gesamtschule ist, wenn es nicht klappt."

Hermann Bruhn / Ulrike Zimmer

Die Sonderschul-Tragödie oder: auf dem Weg zur Nichtaussonderung ‚Behinderter'

Tragödien sind dadurch gekennzeichnet, daß die Handelnden das Gute wollen und doch das Schlechte wählen müssen. Unsere Sympathie für den tragischen Helden ergibt sich daraus, daß er sich dieser Lage bewußt ist und dennoch angesichts der mißlichen Alternativen das Mißliche tun muß.

I

Vergleiche, Bilder sind allemal nur begrenzt treffend: Aber vielleicht dürfen wir uns des Bildes der Tragödie erinnern, wenn wir die Entwicklung der Sonderschule nach der faschistischen Ära betrachten: Angesichts der Verfolgung des ‚lebensunwerten Lebens', angesichts der Euthanasie-Morde und der zeitweiligen Bedrohung der Hilfsschule im faschistischen Deutschland sezten Menschen aller demokratischen Parteien auf den Ausbau der Hilfs- und anderen Sonderschulen, stellten Geld und Personal bereit, um umfassende Förderung außerhalb der regulären Schulen zu ermöglichen. Berlin hat sich dabei besonders hervorgetan: Zahlreiche Schulen wurden eröffnet, die Klassenfrequenzen waren (und sind) im Vergleich zum Bundesdurchschnitt besonders günstig, die Schulen selbst waren relativ groß (sie umfaßten Anfang der 70er Jahre durchschnittlich 220 Kinder, im Vergleich zu 147 Schülern im gesamten Bundesgebiet), so daß Fachunterricht und Differenzierung eher möglich wurden. Auf diese Weise nahm der Anteil der Schüler in Sonderschulen Berlins so stark zu, daß Mitte bis Ende der 60er Jahre jedes vierzehnte Kind (7%) zwischen 6 und 15 Jahren in einer Sonderschule war. Den an diesem Ausbau der Sonderschulen Beteiligten schien das Gute erreicht zu sein, nämlich die Voraussetzungen für die optimale Förderung behinderter Kinder durch die Sonderschule geschaffen zu haben.

Und doch läßt sich diese Entwicklung auch anders beschreiben: In den 70er Jahren wurde deutlich, daß das gewollte Gute tatsächlich in Schlechtes umgeschlagen ist: Der Aussonderungsprozeß aus der regulären Schule, insbesondere aus der Grundschule, hat extreme Ausmaße angenommen.[1] Wer in der Grundschule scheitert – die durch übervolle Klassen, durch Frontalunterricht und Hilflosigkeit gegenüber den vielfältigen Erfahrungen, Wünschen und Sprachen der Kinder gekennzeichnet ist –, wird abgeschoben. Er wird zum ‚Behinderten' erklärt, damit zum Nicht-Normalschüler. Ihm wird geringere Intelligenzausstattung bescheinigt, damit sich das schlechte Gewissen des aussondernden Lehrers, Schulleiters, Schulrats beruhigen kann. Das Kind weiß jetzt: es ist ‚andersartig', und weil es das ist, muß es ins Ghetto. In den Berliner Ausführungsvorschriften für die Hilfsschule von 1966 (!), also der Zeit der extremen Überweisungsquoten, steht, diese Kinder seien „im Sinne eines ganzheitlichen Personenaufbaus insgesamt andersartig", sie seien „auf Triebbefriedigung eingestellt" und hätten ein „gestörtes sittliches Verhalten", kurzum, sie seien der Hilfsschule „möglichst frühzeitig zuzuführen"[2]. „Zuführung" der „Andersartigen" – die Sprache aus dem Wörterbuch der Unmenschen macht einmal mehr die Kontinuität des Denkens in Normale und Auszusondernde sichtbar. Dies muß auch der Schulverwaltung aufgefallen sein: In den jetzt gültigen entsprechenden Richtlinien von 1973 hat sich die Administration solcher Charakterisierung der zu überweisenden Kinder enthalten.

II

Doch wer sind sie, diese ‚behinderten' Schüler? Welche Kinder kommen in die Sonderschulen? Und ist es nicht gut so, daß es Schulen für Blinde, für Körperbehinderte, für Lernbehinderte gibt – gingen diese Kinder in unseren regulären Schulen nicht ‚unter'? Wenn sie es sind, an denen sich die tragische Gerechtigkeit (durch Absonderung) vollzieht – wodurch haben sie dann Schuld auf sich geladen?

1978 waren in Berliner Sonderschulen 7.737 Kinder in Lern- und geistig-Behinderten-Schulen, 3.197 in anderen Sonderschulen. Die überwiegende Mehrheit ist also in Lernbehindertenschulen, die früher Hilfsschulen genannt wurden. Ich halte diese Umwandlung des Schulnamens übrigens für ein Unglück: der Name ‚Hilfsschule' drückte wenigstens aus, daß hier Kindern *geholfen* werden sollte; er machte keine Aussage über Eigenschaften. Der Name ‚Schule für Lernbehinderte' beruht aber ausdrücklich auf einer Persönlichkeitseigenschaft. Er tut so, als ob es eine einheitliche Schülerschaft in diesen Schulen gäbe: eben die ‚Lernbehinderten'. Das ist jedoch unhaltbar. Gewiß haben alle diese Kinder Schwierigkeiten, häufig übrigens in erster Linie emotionaler Art, wie verfestigte Kontaktstörungen, traumatische Kindheitserfahrungen, manifeste Angst, starke Aggressionen gegen sich selbst oder andere, Lern-Blockierungen. Es ist jedoch völlig unergiebig, diese *vielfältigen* Probleme kindlicher, jugendlicher Entwicklung unter dem Begriff des ‚Lernbehinderten' zusammenzufassen. Dieses Wort macht allen – Lehrern, Eltern, den Kindern selbst und der Öffentlichkeit – nur vor, damit etwas Wesentliches erfaßt, begriffen zu haben. In Wirklichkeit erklärt dieser Begriff nichts. Lern-Behinderungen haben übrigens auch Kinder in anderen Schulen, ja selbst ‚normale' Erwachsene (wie wir selbst alle wissen). Nein, die Bezeichnung: ‚Schule für Lernbehinderte' kann nicht anders verstanden werden als der Versuch einer Rechtfertigung dafür, daß diese Schule existiert. Auch alle – gegenwärtigen – Versuche, die ‚eigentlichen' von den ‚uneigentlichen' Lernbehinderten zu trennen und letztere in der Regelschule zu fördern, lösen dieses Problem nicht. Darüber sind sich übrigens Sonderpädagogik, Erziehungswissenschaft und Sozialwissenschaft einig: daß sie sich nicht einig sind darüber, wer denn nun das ‚wirklich lernbehinderte' Kind sei.

III

Näher kommen wir der Antwort, wenn wir untersuchen, wer denn regelmäßig in die Sonderschulen überwiesen wird.[3] Ich stelle dies dar am Beispiel der Hilfsschule Berlins in den letzten 15 Jahren:

Erst jüngst ist für den Bezirk Schöneberg festgestellt worden, daß fast sämtliche Schöneberger Sonderschüler mit Sinnesschäden im nördlichen Teil wohnen. Also dort, wo die ungünstigsten Wohn- und Lebensverhältnisse herrschen (Projekt 1980). Es ist zu vermuten, daß nach wie vor (und besonders bei ausländischen Familien) die Gesundheitsversorgung (und das vorsorgende Bewußtsein) bei sozial randständigen Familien geringer ist. Daß die soziale Zusammensetzung in den entsprechenden Sonderschulen ähnlich ist wie in den Hilfsschulen, hat zusammenfassend Jantzen schon 1974 dargestellt. Es gilt auch für Berlin.

Erstaunlich ist an der tabellarischen Darstellung der sozialen Zusammensetzung der Hilfsschüler Berlins, daß sich über 15 Jahre praktisch keine Änderung ablesen läßt. Obwohl doch gerade in dieser Zeit Berlin Schulreform in großem Stil machte: Veränderung der Hauptschule, Einführung der Gesamtschulen (wo heute jeder vierte Sekundarschüler unterrichtet

Hilfsschüler nach der sozialen Stellung der Eltern in Berlin-West (in v. H. aller Hilfsschüler)

	1966		1968		1971		1975	
Freie Berufe und Selbständige	2,8		2,2		1,9		2,3	
Beamte und Angestellte	10,7		10,2		10,0		11,5	
Arbeiter, Rentner und sonstige Erwerbsquellen (Fürsorge)	71,1	86,5	80,0	87,5	70,5	88,2	72,1	86,3
o.A.	15,4		7,5		17,7		14,2	
	100		99,9		100,1		100,1	

Quellen: Berliner Statistik 11/1972; Berliner stat. Berichte April 1971; Senator für Schulwesen IV C. Eigene Berechnungen.

Diese Zusammensetzung entspricht ziemlich genau denen aus anderen städtischen Gebieten: Die Hilfsschule ist in ihrer sozialen Zusammensetzung geprägt von Kindern aus proletarischen Großfamilien, von Rentnerkindern (zahlreiche Frühinvalide), von Kindern aus zerstörten Familien (überdurchschnittlich viele Kinder nur bei Mutter oder Vater, bei Großeltern, im Heim). Viele Hilfsschüler kommen aus sogenannten Obdachlosenvierteln oder Exmittierten-Siedlungen. Kurzum: Es handelt sich in der Regel nicht nur um ‚Arbeiterkinder', sondern vorwiegend um Kinder aus Familien, *die am Rande oder außerhalb der aktiven Arbeiterschaft stehen.* Ich kann es auch anders sagen: 1975 hatte jedes 9. Arbeiterkind die statistische ‚Chance', Sonderschüler zu werden – oder Gymnasiast (jedes zweite wurde Hauptschüler, jedes vierte Realschüler; vgl. Preuss-Lausitz 1975). Bei den Hilfsschülern handelt es sich also um jenen Teil der Arbeiterschaft, der in der Gefahr steht, in die Deklassierung abzurutschen – oder schon deklassiert ist.

Übrigens ist es falsch, anzunehmen, für Sehbehinderte, Körperbehinderte, Schwerhörige usw. gelte diese Fragestellung nicht: wird), Expansion der Gymnasien, Einführung von Förderstunden in der Grundschule usw. In der Tat: die Sonderschulen sind von allen diesen Reformen ausgeklammert gewesen. Das einzige, was sich in diesem Felde tat, war die (fast schon heimliche) Expansion eines weiteren Schultyps unterhalb der Lernbehindertenschule: der Ausbau der Schule für geistig Behinderte. Zwischen 1968 und 1978 ist deren Schülerschaft verdoppelt worden (von 400 auf über 800 Kinder), sind neue Schulen gebaut worden und werden weitere gebaut. Je mehr diese Schule expandiert, desto fragwürdiger wird übrigens die Legitimation für die Hilfsschule: Wenn also in die Schule für geistig Behinderte Kinder aufgenommen werden, die nachweisbare Hirnschäden haben (mit einem IQ unter 55 von 100 durchschnittlichen Punkten), wozu braucht man dann noch eine Zwischenschule zur regulären? Erinnern wir uns des ersten Drittels dieses Jahrhunderts: Die damalige Hilfsschule nahm nämlich genau diese Kinder auf, die heute in der Schule für geistig Behinderte sind (wobei allerdings auch Kinder ausgeschult wurden, was heute prinzipiell nicht vorkommen soll).

IV

In die Sonderschule, so sagen deren Befürworter, sollen Kinder aufgenommen werden, die soviel Enttäuschungen in der regulären Schule erlebten, daß sie psychisch und von der Lernbereitschaft her völlig blockiert sind. Geringerer Leistungsdruck, mehr Anschaulichkeit, heilpädagogisch/emotionale Lehrerzuwendung. Das klingt gut, das wäre für jedes Kind gut. Aber was geschieht wirklich? Ich habe festgestellt, daß das *Sitzenbleiben* (als wohl am meisten frustrierende, die Sozialbeziehungen zerreißende Maßnahme), nicht etwa in der Grundschule, sondern in der *Hilfsschule* am meisten praktiziert wird. In Berlin hat dies Tradition, und der Vergleich der Durchschnittszahlen ist schockierend:

Sitzenbleiben in der Hilfsschule und in der Grundschule in Berlin 1958–1978

Jahr	Hilfsschüler v. H. aller Hilfsschüler		Grundschüler v. H. aller Grundschüler
1958/9	15,0 %		7,5 %
1960/1	17,8 %		7,2 %
1961/2	16,1 %		7,3 %
1970/1	5,3 %		4,4 %
1974/5	4,6 %		3,5 %
1976/7	4,1 %	(Kl. 1–6)	1,0 %
	4,6 %	(Kl. 7–10)	
1977/8	4,2 %	(Kl. 1–6)	1,6 %
	3,5 %	(Kl. 7–10)	

Quellen: 1958–1961: Stat. Berichte des Stat. Landesamtes; 1970–1977: Senator für Schulwesen IV C; LPD vom 22.6.1976.

Die Daten für 1977/78 aufgeschlüsselt, zeigen, daß gerade zu Beginn der Überweisung in die Hilfsschule das Sitzenbleiben als korrigierende Einstufungsmaßnahme praktiziert wird (Wiederholung 1977/78 in der ersten Klasse: 9,5 %, in der 2. Klasse: 6,8 %; Senator für Schulwesen IV C). Das heißt aber doch: gerade nach enttäuschenden Grundschulerfahrungen wird auf Frustration noch einmal dasselbe gesetzt.

V

Vielfach wird erwartet, daß die Sonderschule die Kinder wieder soweit fördert, daß sie den Rücksprung in die Regelschule schaffen und dort ihren Schulabschluß machen können. Zuweilen wird öffentlich behauptet, daß dieser Sprung in die Regelschule zahlreich gelinge. Leider sprechen die Zahlen dagegen:

Bis 1974 lag die Überweisung in die Regelschule bei rd. 1 %. Seither hat sich dieser Anteil auf über 2 % gesteigert – statistisch hat also jeder fünfzigste Hilfsschüler die Chance, wieder in eine Regelschule zu kommen. Für viele, die in die Hauptschule überwiesen werden, geht es darum, nicht den Zeugniskopf der Hilfsschule zu haben – selbst wenn sie aus der Hauptschule ohne Abschluß abgehen. Daß die Berufschancen von Sonderschülern gering sind (auch bei besseren Noten), weiß jeder. Es wäre aufschlußreich zu untersuchen, wieviele unserer arbeitslosen Jugendlichen aus der Sonderschule kommen. Daß sich hierbei der Zirkel der Deklassierung schließt, der leicht zur Kriminalität, zum Drogenkonsum, zur politischen Radikalisierung (nach rechts, in aller Regel, wie Untersuchungen zeigen), zur Prostitution führt, dürfte einsehbar sein.

Rücküberweisungen aus der Hilfsschule in die Grund- bzw. Hauptschule in Berlin, 1965–1978

Jahr	Hilfsschüler (abs. = 100 %)	Rücküberweisung in: Grundschule (abs.)	Hauptschule (abs.)	v.H. aller Hilfsschüler
		in: Grundschule (abs. = absolut)		
1965/6	8.733	11	83	1,08 %
1969/70	8.771	21	47	0,78 %
1973/4	9.290	26	85	1,21 %
1975/6	8.830	55	149	2,31 %
1976/7	8.434	38	131	2,00 %
1977/8	8.130	56	157	2,62 %

Quellen: LPD vom 22.5.1970, vom 25.6.1976; für 1971 und 1975 ff.: Stat. Landesamt. – Überweisungen in Gesamtschulen der Sekundarstufe kommen nur 1975 vor (n = 4). Hier in Hauptschule enthalten.

VI

Würden diese Gefahren verschwinden, würde die Tragödie der Aussonderung im Guten enden, wenn alle Sonderschulen plötzlich aufgelöst und alle Kinder in einer einzigen Schule erzogen würden? Jugendarbeitslosigkeit, Wohnungsnot, Drogenprobleme u.a. sind nicht Resultate des Schulsystems. Sie sind Ausdruck unzulänglicher Sozialpolitik. Aber die Geschichte der Sonderschule lehrt, daß alle diese Probleme durch die schulische Separierung der von Deklassierung bedrohten oder darin steckenden Kinder und Jugendlichen in keiner Weise auch nur ansatzweise aufgegriffen wurden. Heilpädagogik hat sich immer als im christlichen, später im medizinisch-therapeutischen Sinne heilend, helfend verstanden: sie hat nie berücksichtigt, daß im Zentrum der Erfahrungen ihrer Kinder deprimierende Familien-, Wohnungs-, ja: Klassenerfahrungen standen – und stehen! Kindbezug, Erfahrungsbezug hieße für Kinder in Hilfsschulen auch heute, sich diesen Lebensumständen zuzuwenden. Die Absonderung dieser Schüler in besondere Schulen ist deshalb auch ein Politikum. Die Kinder der Lohnarbeiterschaft (wozu natürlich auch die Angestellten, ja auch die gewöhnlichen Beamten zählen) werden fein säuberlich in unterschiedliche Schultypen sortiert, damit ihnen ja nicht ein Bewußtsein von Gemeinsamkeit erwächst. Tatsächlich verachten Hauptschüler die Hilfsschüler. Wer getreten wird, braucht jemanden, den er selbst noch treten kann.

Wir sehen: Sonderpädagogische Förderung ist nicht nur ein Problem der Intelligenzentwicklung oder der Fähigkeit, sich die Welt anzueignen. Es ist zugleich ein sozialpolitisches Problem: den später in Betrieben Zusammenarbeitenden die Erkenntnis und das Gefühl gemeinsamer Interessen zu vermitteln.

Aber nicht eine – wünschenswerte – Änderung in den Unterrichtsinhalten, Methoden, Umgangsformen oder dem Stadtteilbezug der Hilfsschulen beendet die schulisch unterstützte gesellschaftliche Aussonderung. Vielmehr liegt der notwendig zu machende Schritt in dem grundsätzlichen Verzicht auf die Vorstellung, in der ‚Regel'-Schule seien nur bestimmte Kinder tragbar und diese hätten alle zur gleichen Zeit das Gleiche zu lernen. Denn diese Vorstellung macht es unmöglich, Kinder mit Schwierigkeiten, sich die Welt anzueignen (z.B. weil sie schlecht hören, sehen oder sprechen; weil sie psychische Probleme haben, die sie in der Konzentration auf schulische und andere Lerngegenstände behindern usw.), in einen gemeinsamen Lernort einzubeziehen. Aber nur ein gemeinsamer Lernort schafft hierfür die Voraussetzungen.

VII

In Berlin ist unter Berücksichtigung zahlreicher Erfahrungen, die sowohl im Ausland als auch in Westdeutschland gemacht wurden, ein integratives Konzept entwickelt worden,[4] von dem hier einige Grundgedanken skizziert und am Beispiel der Primarstufe verdeutlicht werden sollen. Grundidee ist eine relativ kleine (zwei- oder vierzügige) Schule, deren Klassen nicht mehr als 20 Schüler umfassen. *Alle* Kinder des Einzugsbereichs dieser Schule werden hier angemeldet und gehen hier zur Schule. Dabei wird davon ausgegangen – was für einen bestimmten Berliner Bezirk bereits als realistisch geprüft wurde –, daß pro Klasse nicht mehr als 1 bis 2 Kinder mit Behinderungen im Einzugsgebiet wohnen, zuzüglich von in der Regel 2 bis 3 Kindern, die besondere Förderung brauchen (ausländische Kinder, Kinder mit speziellen Problemen wie Lese- oder Rechtschreibschwächen). Mehrere Klassen werden gemeinsam von Sonderpädagogen und Sozialarbeitern unterstützt (ich erinnere an die soziale Herkunft der Kinder mit Lern-Schwierigkeiten!). Die besonderen Therapieerfordernisse finden wie sonst auch statt, allerdings möglichst innerhalb der Schulen und nicht in weit abgelegenen Therapie-Einrichtungen.

Dieses Prinzip der Stadtteil-Verbundenheit, welches die nachmittäglichen Sozialbeziehungen der Kinder und die Beziehungen der Lehrer(innen) zu den Eltern behinderter Kinder erleichtert, wird auch in den Unterrichtsinhalten beachtet: Eine Gemeinde-Schule untersucht die Wirklichkeit, die Probleme und Lebensformen in der näheren und weiteren Umgebung der Schule, sie knüpft vielleicht Patenschaften mit Büros, kleinen Betrieben oder Fabriken, sie erforscht die Wasserqualität des Teichs im Park und die Luft um die Schule, sie hält Beziehungen mit den lokalen Jugendgruppen, den lokalen Beratungsstellen, den Behinderteneinrichtungen, sie holt sich die Eltern und andere Menschen aus der Umgebung herein in die Schule, um von deren Lebenserfahrung zu lernen.

Dies alles wird getragen von der Vorstellung, daß Kinder unterschiedliche Lerninteressen und Fähigkeiten haben, diese innerhalb einer bestimmten Zeit in Untersuchung und Darstellung umzusetzen. Kinder müssen deshalb die Möglichkeit haben, sich im sprachlichen Ausdruck frei zu entwickeln (und das ihnen Wichtige sagen, ja auch drucken zu können, etwa mit einem klasseneigenen kleinen Setzkasten aus einer alten Druckerei), und sie müssen auch die Chance haben, Fragen zu untersuchen, die nicht die ganze Klasse interessiert. Gerade bei der Einbeziehung Behinderter sind binnendifferenzierende Lernformen notwendig und außerordentlich anregend (wie das Beispiel der Schöneberger Fläming-Schule belegt). Individuelle Lern-Phasen und gemeinsames Lernen (und Zuhören) sind eine pädagogische Einheit, und erst aus beidem ergibt sich jene pädagogische humane Lernwelt Schule, die den vielfältigen Eigenarten einzelner Kinder ebenso gerecht wird wie dem Anspruch des Lehrers (und der Schulverwaltung), daß bestimmte Inhalte in unserer Gesellschaft für die Teilhabe am kulturellen, beruflichen und gesellschaftlichen Leben notwendig sind.

Diese Bemerkungen können nur knappe Hinweise sein (vgl. Projekt 1980). Es ist jedenfalls nicht mehr möglich, zu behaupten, es gäbe keine *praktizierbaren* Vorstellungen zur Nichtaussonderung bzw. Integration von Kindern mit Behinderungen. Diese Vorstellungen müssen allerdings in vielfältiger Weise erprobt, für die je einzelne Schule umgeformt, auf den jeweiligen Stadtteil zurechtgeschnitten werden. Die GEW Berlin fordert seit Jahren in diesem Sinne Modellversuche, und der Senat bremst seit Jahren – bei öffentlich verbalen Integrationsbekenntnissen – das Sammeln von Erfahrungen in nichtaussondernden Schulen. Nur der permanente Druck von Eltern, Lehrern, der publizistischen Öffentlichkeit und vielleicht sogar einzelner Politiker kann hier eine größere Bereitschaft schaffen, die Aussonderung von Kindern ins Sonderschul-Ghetto für immer mehr Kinder überflüssig zu machen.

Ulf Preuss-Lausitz

Anmerkungen

1 Preuss-Lausitz, U.: Von der Hauptschule zur Restschule. In: betrifft: erziehung (1975) H. 1.

2 Senator für Schulwesen: Ausführungsvorschriften betreffend Unterricht und Erziehung in der Besonderen Schule – Hilfsschule. In: Schulrecht Berlin. Lfd. Nr. vom 7.11.1966, S. 802–806.

3 Vgl. dazu Jantzen, W.: Sozialisierung und Behinderung. Gießen 1974.

4 Vgl. Berliner Lehrerzeitung (1979) H. 12 und (1980) H. 12 sowie Projekt 1980: Planung und Realisierung integrativer Grundschulen im Bezirk Schöneberg zur Vermeidung der Überweisung in Sonderschulen. Zwischenbericht Oktober 1980. TU Berlin, Fachbereich 22. Institut für Unterricht, Erziehung und Ausbildung. (Projektleitung Ulf Preuss-Lausitz).

Weiterführende Literatur

Altstaedt, I.: Lernbehinderte. Kritische Entwicklungsgeschichte eines Notstandes. Reinbek b. Hamburg, 1977.

Buch, A.: An den Rand gedrängt. Was Behinderte daran hindert, normal zu leben. Reinbek b. Hamburg 1980.

Jegge, J.: Dummheit ist lernbar. Erfahrungen mit ‚Schulversagern'. Bern 1976.

Preuss-Lausitz, U.: Fördern ohne Sonderschule. Konzepte und Erfahrungen mit integrativer Förderung in der Regelschule. Weinheim 1981.

Was heißt hier „Integration"? Probleme ausländischer Kinder und Jugendlicher in der Berliner Schule

„Am Kottbusser Tor hört Berlin auf und fängt ‚Klein-Türkei' oder der ‚Bezirk Halbmond' an", sagen die Berliner. Bis hin zur Mauer dehnt sich ein Stadtteil aus, von dem die zuwandernden Türken mehr und mehr Besitz ergreifen: Hier gibt es türkische Lebensmittelläden, vor denen

Kreuzberg 1981

blankgewienertes Obst und Gemüse in kunstvollen Auslagen aufgebaut ist, Restaurants, in denen nur Lamm-, Rind- und Hammelfleisch serviert wird, den türkischen Schneider, Schuster und Frisör – kurz, türkische Geschäfte und kleine Handwerksbetriebe bestimmen das Straßenbild. Auf dem Markt, unten am Maybachufer, geht es zu wie auf einem türkischen Basar; nur wenige Händler sind Deutsche. Die Frauen mit ihren tief ins Gesicht gezogenen Kopftüchern suchen eilig und gezielt die reifsten Früchte aus den Obst- und Gemüsebergen. Besondere Anziehungspunkte sind für sie die Stände mit Kurzwaren, Stoffen und Tüchern. Bänder gleiten viele Male durch die Finger, und es werden riesige Stoffballen davongeschleppt. Am Imbiss-Stand verkauft man ausschließlich Döner-Kebab.

I.

In Kreuzberg leben heute mehr als 20 000 Türken. Von den über 200 000 in Berlin lebenden Ausländern sind sie die größte Gruppe, obwohl sie erst nach 1961 – nach dem deutsch-türkischen Abkommen – als Arbeitsmigranten zu uns kamen. Von allen sogenannten Gastarbeiterländern ist die Türkei das industriell und sozial am wenigsten entwickelte Land: Die Arbeitslosigkeit beträgt über 20%, Sozial- und Altersversorgung gibt es so gut wie gar nicht, in vielen ländlichen Regionen herrscht Mangel an schulischer und ärztlicher Versorgung.

Die Migration verläuft in der Regel als Binnenwanderung: Um der größten materiellen Not zu entgehen, entschließen sich viele Familien, ihr Heimatdorf zu verlassen, um in der nächst größeren Stadt Brot und Lohn zu finden. Da es auch hier keine Arbeit gibt, wandern sie in die großen Städte ab, nach Istanbul, Ankara, Izmir. Hier schlüpfen sie in einem der „gececondus" unter, was übersetzt heißt: über Nacht erbautes Häuschen. Die „gececondus" ziehen sich

Hinterhof in Kreuzberg 1981

wie Gürtel um die großen türkischen Städte herum. Erst von da aus gelingt dann – meist über ein Anwerbebüro – der Sprung in die Bundesrepublik.

In Berlin entwickeln sich Teilgebiete der traditionellen Arbeiterbezirke Kreuzberg, Wedding, Neukölln und darüber hinaus Tiergarten und Schöneberg zunehmend zu Wohnsiedlungen der Ausländer. Viele der Häuser, in denen heute ausländische Familien zusammengepfercht in zu kleinen Wohnungen leben, wurden bereits vor der Jahrhundertwende für schlesische, ostpreußische, pommersche und auch polnische Zuwanderer gebaut. Die bis zu sechs Hinterhöfe dieser Mietskasernen legen Zeugnis von der Wertschätzung ab, die diese Arbeitsmigranten bereits dazumal erfuhren. Ohne daß in den vergangenen Jahren jemals grundlegende Erneuerungen vorgenommen wurden, leben heute in diesen völlig überteuerten und sanitär unzureichenden Wohnungen kinderreiche Familien. Gegen die häufig angedrohte Räumung können sie sich aufgrund ihrer Angst vor deutschen Behörden und Gerichten nicht wehren.

In gutbürgerlichen Gegenden von Charlottenburg, Steglitz und Wilmersdorf lehnen Hausbesitzer ab, ausländischen Familien Wohnungen zu vermieten, obwohl diese oftmals bereit wären, eine höhere Miete in Kauf zu nehmen. Zu tief sind die Vorurteile gegen ausländische ‚Mitbürger' in unserer Bevölkerung verbreitet. Zu welchen Haßtiraden Deutsche fähig sind, geht aus einem am 15.9.80 im SPIEGEL (Titelgeschichte: „Ausländer raus? – Fremdenhaß in der Bundesrepublik") abgedruckten, an Innenminister Baum gerichteten Brief hervor: „Wieso ist die BRD verpflichtet, all den Dreck auf Kosten der deutschen Steuerzahler zu ernähren? Den Scheiß-Juden kriecht man heute in den Arsch, ebenso den Gastarbeitern und Asylanten und Zigeunern. Wie in anderen Ländern soll man den Weibern die Gebärmutter rausnehmen oder die Männer kastrieren, denn sie sind wie Wanzen und Ratten und vermehren sich ebenso."

Gefördert werden derartige rassistische Auffassungen durch die Kampagnen nationalistischer Kreise gegen Überfremdung und durch die Verbreitung von Angstparolen.

Viele Unternehmer haben die Ausländer durch verstärkte Anwerbemaßnahmen zu Zeiten wirtschaftlichen Aufschwungs ins Land geholt. Inzwischen aber vergrößern sie die Zahl der Arbeitslosen und verursachen angeblich eine Reihe sozialer Spannungen. Bekanntermaßen sind ein großer Teil der von Ausländern übernommenen Arbeitsplätze jedoch so unattraktiv, daß kein Deutscher sie haben will. Durch unterschiedliche Maßnahmen hat der Staat versucht, den Zustrom der Ausländer zu stoppen. Im Jahre 1973 wurden ein Anwerbestop verhängt und die Bestimmungen des Ausländergesetzes sehr streng angewandt. Zudem wurde die Rückwanderungsbereitschaft ausländischer Familien auch finanziell unterstützt.

Trotzdem hat gerade der Zustrom der Türken nicht nachgelassen, sondern sich im Gegenteil noch verstärkt. Im Rahmen der Familienzusammenführung sind insbesondere Frauen und Kinder in die Bundesrepublik und nach West-Berlin gekommen.

II.

Schon immer und überall wurde der massenhafte Zuzug von Fremden zum sozialen Problem, und zwar für beide Seiten: sowohl für die aufnehmenden Gesellschaften wie für die Fremden selbst. Daran ist nichts Neues. Worin bestehen nun die Probleme?

Die Unterschiede zwischen der Türkei, einem Entwicklungsland auf dem Wege von der Agrar- zur Industriegesellschaft, und der Bundesrepublik Deutschland bzw. West-Berlin sind in vielerlei Hinsicht fundamental. Sie prägen die Kultur und damit die Sozialisation von Türken und Deutschen in je spezifischer Weise. Besonders die türkischen Jugendlichen werden bei uns mit zwei Kulturen konfrontiert. In der Familie gelten oft traditionell-türkische Normen und Wertvorstellungen, während außerhalb, z.B. in der Schule, deutsche Normen und Verhaltensmaßstäbe maßgebend sind.

Dieser Druck, sich jeweils einer unterschiedlichen Situation anpassen zu müssen bzw. mit ihr fertig zu werden, führt zu zahlreichen Konflikten und Orientierungsschwierigkeiten, unter denen besonders die Generation türkischer Jugendlicher zu leiden hat, die hier geboren wurde. Sie kennen weder die Kultur ihres Heimatlandes aus eigener Anschauung, noch werden sie hier voll akzeptiert. So gesehen sind sie Fremde in zwei Welten. Für türkische Mädchen, die von den Müttern besonders traditionsbewußt erzogen werden, stellt sich dieser Konflikt besonders scharf dar.

Darüber hinaus ist die Situation türkischer Jugendlicher davon abhängig

- in welchem Teil der Türkei die Eltern bzw. sie selbst groß geworden sind (Ost-Türkei mit ländlich-rückständiger Struktur oder West-Türkei mit entwickelter Industrie-Struktur, größeren Städten usw.);
- wie stark die kulturellen und religiösen Normen in der Familie verankert sind, d.h. ob es sich um eher traditionalistische oder aufgeklärtere Menschen handelt;
- zu welchem Zeitpunkt die Eltern bzw. die Jugendlichen eingewandert sind (besondere Problematik der späten Zusteiger) und welche Verweildauer in Aussicht genommen ist.

Wie auch immer die Bedingungen in jedem Einzelfall gelagert sein mögen, grundsätzlich bleibt die Lebenssituation widersprüchlich bzw. ambivalent.

Diese Ausgangssituation ist für die Schule problematisch. Ihr Anspruch lautet, allen Schülern, auch den ausländischen, gleiche Bildungschancen einzuräumen. Wie löst die Berliner Schule angesichts der unterschiedlichen Voraussetzungen bei ausländischen und deutschen Kindern diesen Anspruch ein?

III.

Das Zauberwort des Berliner Schulsenators heißt „Integration". Integriert werden kann aber nur, wenn der Anteil ausländischer Schüler in der Regelklasse 20% nicht überschreitet, so jedenfalls heißt es in den Ausführungsbestimmungen zur ‚Beschulung' von Ausländern. Nur ein Fünftel ausländischer Kinder in jeder Schulklasse – das ist eine phantastische Zahl angesichts der Zusammenballung ausländischer Familien in einzelnen Wohngebieten!

Wie nun behilft sich die Schulbehörde, da sie doch an ihrem eigenen Anspruch: ausländischen Schülerinnen und Schülern dieselben Bildungschancen einzuräumen, gemessen wird? Sie richtet „Besondere Klassen" ein und befindet, „daß auch reine Ausländerklassen als Regelklassen zu betrachten sind, weil sie die volle Stundentafel der vergleichbaren ... Klasse haben, weil sie nach demselben Rahmenplan... unterrichtet werden und weil die ausschließliche Unterrichtssprache deutsch ist" (Schulentwicklungsplan III 1978–1982, 9.6.2.2.). An folgenden Binsenweisheiten zeigt sich die Beschränktheit des Berliner Integrationskonzepts:

– Integration wird durch Isolation in „Besonderen Klassen" geradezu verhindert; denn nur im direkten Kontakt mit deutschen Mitschülern lernen ausländische Kinder und Jugendliche am schnellsten Deutsch und erhalten lebensnahen Einblick in den deutschen Alltag;
– der Schulabschluß in „Besonderen Klassen" der Hauptschule führt zu negativen Auswirkungen im Hinblick auf Startchancen im Berufsleben.

Eine weitere Form, sich der bildungspolitischen Zwickmühle „hie ausländische Ballungszentren – da Integrationskonzept" zu entziehen, ist das „busing"-System, mit dessen Hilfe ausländische Schüler in weniger „ausländerbelastete" Bezirke gefahren werden sollen. Die Konsequenzen dieser Maßnahme liegen auf der Hand – die ‚gebusten' Schüler werden entwurzelt, da sie nochmals aus ihrem sozialen nachbarschaftlichen Bezugsfeld gerissen werden.

Das sogenannte Integrationskonzept des Berliner Senats läuft letztendlich darauf hinaus, daß ausländische Schüler in kürzester Zeit Deutsch zu lernen haben. Im Grunde wird damit aber ein Germanisierungskonzept verfolgt. Ein wirkliches Integrationskonzept meint nämlich die wechselseitige Beeinflussung aller Beteiligten bei voller Anerkennung des jeweiligen kulturellen Hintergrundes; d.h. Integration bezieht sich nicht nur auf die ausländischen Kinder und Jugendlichen, sondern schließt alle Schülerinnen und Schüler einer Klasse mit ein – die ausländischen und die deutschen!

IV.

Welche Position vertreten türkische Eltern gegenüber dem Integrationskonzept des Berliner Senats? Vor welchen Problemen stehen die Lehrer einer deutsch-türkischen Klasse? Wir haben diese Frage Eltern und Lehrern gestellt und geben im folgenden Auszüge aus den Antworten eines türkischen Vaters von vier Kindern und einer Hauptschullehrerin wieder.

Ein türkischer Vater berichtet:

„Es gab da auch immer große Spannungen zwischen deutschen und türkischen Eltern, weil deutsche Eltern immer glauben, daß ihre Kinder benachteiligt werden. Es gibt nicht sehr viel Verständnis für unsere Lage. Die deutschen Eltern hatten immer Angst vor türkischen Mehrheiten. Diese Angst führte später zur Einrichtung „Besondere Klassen". Auf dem Zeugnis stand nach Abschluß zur Beruhigung der türkischen Eltern, daß ihr Kind in eine Regelklasse gegangen wäre. Viele Spannungen gibt es bei Integration. Z.B. waren türkische Vorbereitungsklassen (in der Grundschule seiner ältesten Tochter – d.V.) in einem Schnellbau untergebracht. Man hatte schnell einen Bau wie Baracke auf den Schulhof gestellt. Die unterschiedlichen Unterrichtsstunden vergleich(sweise) viel weniger als die deutschen, fielen oft wegen Krankheit von Lehrern aus. Trotz wenigen Unterrichtsstunden sollen türkische Kinder deutsch und türkisch lernen. Das war 1971. Was sehr schlecht ist: wenn Lehrer fehlen, dann immer zuerst wird an Förderunterricht gespart. Aber es sollten vor allen die Schwächsten – und das sind unsere Kinder – gute Möglichkeiten in der Schule bekommen.

Da wir auch Steuern zahlen und zum wirtschaftlichen Wachstum beitragen, sind wir berechtigt, für unsere Kinder gute Bildung zu fordern. Alle Bildungseinrichtungen sollten ihnen wirklich offen stehen. Man sollte dafür sorgen, daß unsere Kinder nicht wie Kinder zweiter Klasse behandelt werden. Deshalb müssen die „Besonderen Klassen" abgeschafft werden, weil damit die Isolation und Benachteiligung zementiert werden.

Das Problem ist auch, daß viele türkische Eltern das deutsche Schulsystem nicht durchschauen können. Die ganz andere Einstellung zur Schule kann ich an einem türkischen Sprichwort deutlich machen; man sagt zu einem Lehrer: Das Fleisch gehört dir, die Knochen gehören mir. Das will sagen: Der Lehrer darf auf das Fleisch des Kinds hauen, aber darf nicht die Knochen zerschlagen. Die gehören dem Vater."

Die Aussagen dieses Vater, der sicherlich zu den engagiertesten gehört, zeugen von einem wachen und eindeutigen Bewußtsein.

Maria, Lehrerin an einer Berliner Hauptschule mit hohem Ausländeranteil:
„Man sieht ausländische Kinder in Klassen sitzen, in die sie eigentlich nicht gehören, denn ausländische Kinder kommen sämtlich bis auf wenige Ausnahmen alle von der Grundschule auf die Hauptschule, und zwar aufgrund der Sprachschwierigkeiten. Das bedeutet, daß wir viele Schüler bei uns auf der Hauptschule sitzen haben, die in der Türkei auf keinen Fall zur Volksschule gehen würden.

Weiterbildungsmaßnahmen oder Hilfen gibt es von amtlicher Seite gar nicht. Es gibt ja wohl noch nicht mal während des Studiums die Möglichkeit, etwas über den Deutschunterricht in ausländischen Klassen zu erfahren. Die Probleme werden allesamt bei uns Lehrern abgelegt. Selbst das Unterrichtskonzept, also bei uns das Anfänger-Fortgeschrittenen-Modell, haben wir Lehrer selbst entwickelt. Es war für uns einfach eine zwingende Notwendigkeit, als uns das Ausländerproblem überrollte, überhaupt in einer etwas angemessenen Form damit fertig zu werden."

V.

Die Bilanz der bisherigen Integrationsbemühungen in Schule und Gesellschaft – das haben Schüler, Eltern, Lehrer und Wissenschaftler gleichermaßen festgestellt – ist negativ.

Das Ausländerproblem wird unsere Gesellschaft auf Jahre hinaus beschäftigen. Es wird weiterhin für anreißerische Schlagzeilen in der Presse sorgen und genügend Stoff für Sonntagsreden der Politiker hergeben.

Eine positive Wende in der Ausländerpolitik gelingt nur dann, wenn eine Konzeption entwickelt wird, die die Verbesserung der Arbeits-, Lebens- und Schulbedingungen der Ausländer unabhängig von der augenblicklichen ökonomischen Lage gleichermaßen berücksichtigt. Voraussetzungen dazu sind u.a.,

- das Ausländerrecht zu liberalisieren, außerdem die Einbürgerung leichter zu machen,
- ihnen das kommunale und langfristig das allgemeine Wahlrecht zuzugestehen,
- im Rahmen der Wohnungsbaupolitik Maßnahmen zu treffen, die ihnen qualitativ und quantitativ ausreichend Wohnraum zur Verfügung stellen,
- Bildungs- und Schulungsmaßnahmen für Kinder, Jugendliche und Erwachsene (Berufsausbildung auch für Frauen, Sprachkurse usw.) anzubieten.

Für den Integrationsprozeß der jungen Ausländer ist eine Schulkonzeption erforderlich, die an ihrer jetzigen Lebenssituation ansetzt und perspektivisch spätere Bedürfnisse im Heimatland miteinbezieht. Diese Zielsetzung ist nur realisierbar, wenn in Schule und Unterricht interkulturelle Pädagogik praktiziert wird, für die neue Unterrichtsmaterialien zu entwickeln sind. Gleichzeitig ist es erforderlich, die Lehrer in ihrer Aus- und Weiterbildung speziell auf die anstehenden Probleme vorzubereiten und sie mit flankierenden Maßnahmen bei der Lösung zu unterstützen. Erste Ansätze dazu wurden bereits in einigen Modellversuchen entwickelt, und es ist notwendig, ihre positiven Ergebnisse umgehend auf Regelschulen zu übertragen. Angesichts der Sparmaßnahmen, die sich ganz sicher auch auf die weitere Förderung bereits laufender Modellversuche auswirken werden, ist jedoch zu befürchten, daß die Verwirklichung eines positiven Integrationskonzepts im oben ausgeführten Sinne aus Kostengründen scheitern wird.

Lothar Kunz/Renate Steinchen

Für Türkisch als zweite Sprache im Schulunterricht

Zukunftsforscher kritisieren Integrationskonzept des Senats

Kritisch setzt sich jetzt ein Gutachten des Instituts für Zukunftsforschung mit dem Integrationskonzept des Senats für ausländische Schüler auseinander. Das starre Festhalten an der deutschen Unterrichtssprache, der gemeinsamen Erziehung von deutschen und ausländischen Schülern sowie der Richtlinie, keine Mehrheit ausländischer Kinder in den Regelklassen zuzulassen, führe die angestrebte Eingliederung nicht herbei und sei in der Realität auch nicht mehr aufrechtzuerhalten. Die Forscher fordern einen zweisprachigen Unterricht besonders für Türken und ein Bildungssystem, das die Kulturen verbindet.

Das Gutachten, nach einjähriger Arbeit im August letzten Jahren für rund 200 000 DM fertiggestellt, wird demnächst vom Auftraggeber, der Senatskanzlei, veröffentlicht. Die Bestandsaufnahme sieht so aus: In elf Weddinger, zwölf Kreuzberger und zwölf Neuköllner Grundschulen gab es im Schuljahr 1979/80 bereits mehr als 40 Prozent ausländische Schüler. Bei insgesamt zehn Berliner Grundschulen lag der Ausländeranteil über 60 Prozent. Der Spitzenwert war gut 75 Prozent. Im gleichen Schuljahr betrug der Ausländeranteil in 14 Hauptschulen über 40 Prozent, der Spitzenwert über 70 Prozent. Weil etwa jedes vierte Berliner Kind ein Ausländer sei und den starken Geburtenjahrgängen der Ausländer schwache Geburtenjahrgänge der deutschen Bevölkerung gegenüberstünden, sei abzusehen, daß 1981/82 so viele Ausländer wie nie eingeschult würden.

Schon jetzt gebe es teilweise Einschulungsjahrgänge in bestimmten Einzugsbereichen mit einem Ausländeranteil von über 80 Prozent. Hinzu käme das Problem der Zusteiger. Diese Zahlen hätten sich entgegen den Senatsprognosen beispielsweise von 1978 auf 1979 verdoppelt. Auch sei die Zahl der Ausländer, die das Deutsche Institut für Wirtschaftsforschung in einer Untersuchung erst für 1990 erwartete, bereits Ende 1979 erreicht worden.

„Entzerrung" nicht möglich

Unter dem Eindruck dieser Entwicklung halten die Forscher die vom Senat langfristig als sicherste gepriesene Lösungsmöglichkeit der „Entballung" und „Entzerrung" mittelfristig für nicht durchführbar.

Deutsch als alleinige Unterrichtssprache lehnen die Forscher ab. Den meisten ausländischen Schülern sei diese Sprache so fremd, daß sie in der Schule aus Angst versagten. Schließlich könnten sie weder ihre Muttersprache noch Deutsch richtig verstehen, was ihnen letzten Endes die Zukunft hier und in ihrer Heimat verbaue.

Die Forscher gehen vom Fortbestehen ausländischer Stadtquartiere aus. Keine Nationalschulen nach bayerischem Vorbild fordern die Wissenschaftler, vielmehr regen sie einen zweisprachigen Bildungsweg von der Grundschule bis zum Gymnasium, mithin eine Internationalisierung der deutschen Schule, an. Dieses Angebot könnte in einer späteren Phase auch deutschen Schülern offenstehen. In den Regelklassen solle den Ausländern die Heimatsprache als erste Fremdsprache angeboten werden. Dann müßte der Anteil von ausländischen Kindern dort auf höchstens 20 Prozent festgesetzt werden.

Keine „Türkenregion"

Das Ergebnis der Untersuchung kann nach Angaben eines Sprechers der Senatsschulverwaltung nicht akzeptiert werden. Kreuzberg bleibe nämlich, folge man den Vorschlägen der Wissenschaftler, dann gewollterweise „Türkenregion". Dies dürfe politisch nicht akzeptiert werden. Die türkischen Schulabgänger, der deutschen Sprache kaum mächtig, würden kaum Arbeit finden, allenfalls im Getto. Im Gegensatz zum Ergebnis der Forscher müsse daran festgehalten werden, türkische Schüler aus überfüllten Kreuzberger Schulen in die sich leerenden Schulen anderer Bezirke gruppenweise zu verteilen. Dort lernten die Kinder, was die Erfahrung zeige, Berlin kennen und dies nicht aus türkisch-Kreuzberger Sicht.

hjj

Aus: Der Tagesspiegel, 18.3.1981.

Weiterführende Literatur

Akpinar, Ü./López-Blasco, A./Vink, J.: Pädagogische Arbeit mit ausländischen Kindern und Jugendlichen. München 1977.

Fröhlich, P./Märthesheimer, P. (Hrsg.): Ausländerbuch für Inländer. Frankfurt/M. 1980.

Westermanns Pädagogische Beiträge: Ausländerkinder. Der Sprachlosigkeit entgegenwirken (Aufsätze zum Thema). Braunschweig 1980. Heft 2.

150 Jahre Proletariat und Schule
1981 — die Demokratische Leistungsschule

1. Heute ist das West-Berliner Unterrichtssystem weiter demokratisiert als je in seiner Entwicklungsgeschichte. Wenn auch die vertikale Gliederung der Sekundarstufe immer noch nicht überwunden ist, so sind doch die Fortschritte unübersehbar. Erreicht sind

– die allgemeine sechsjährige Grundschule,
– die Vollzeitschulpflicht bis zum vollendeten 16., die Teilzeitschulpflicht bis zum vollendeten 18. Lebensjahr,
– der Unterricht in einer Fremdsprache als Bestandteil der Allgemeinbildung,
– die Wissenschaftlichkeit des Unterrichts im Rahmen der Möglichkeiten der bürgerlichen Wissenschaft,
– erheblich gesenkte Klassenfrequenzen,
– die wissenschaftliche Ausbildung aller Lehrer (wenngleich mit graduellen Unterschieden),
– die Gesamtschule als Regelschule neben den fortexistierenden drei Sekundarschularten (der erst ernsthafte Versuch zur Überwindung des vertikal gegliederten Sekundarschulsystems).

Darüber hinaus muß auch folgendes als Fortschritt gebucht werden:
Der Aufstieg von Kindern der bisher vom Unterrichtssystem am meisten benachteiligten sozialen Schichten in die Sekundarstufe II ist heute nur noch vom Elternwillen abhängig und hat erheblich zugenommen. 1975 befanden sich 17,3 % Arbeiterkinder in der Sekundarstufe II. Auch der Anteil von Arbeiterkindern an Hochschulen nimmt weiter zu. Es existiert ein – wenn auch unzureichendes – Erwachsenenbildungssystem, über das auch der Einstieg ins tertiäre Unterrichtssystem möglich ist. Es bestehen Möglichkeiten zur Ausbildungsförderung für Minderbemittelte.

2. Wie jedoch diese Errungenschaften einzuschätzen sind, ergibt sich erst bei genauerer Betrachtung des Verhältnisses von gesellschaftlicher Entwicklung und Schule. Eine solche Betrachtung muß mit der Feststellung beginnen, daß die Bundesrepublik Deutschland nach dem 2. Weltkrieg ein beispielloses Wachstum ihrer kapitalistischen Wirtschaft erlebte. Zwischen 1950 und 1970 wuchs das Bruttosozialprodukt um das Dreifache, pro Jahr durchschnittlich um 6,5 %. Der in dieser Zeit in der BRD produzierte gesellschaftliche Reichtum wird nur von wenigen Ländern übertroffen. Er hat den Lebensstandard der verschiedenen Klassen und Schichten der Bevölkerung in einem Maße angehoben und zugleich angeglichen, daß bürgerliche Soziologen bereits von einer „nivellierten Mittelstandsgesellschaft“ glaubten sprechen zu können, die den Klassengegensatz auf der Ebene angenäherter Konsumgewohnheiten aufgehoben habe. Tatsächlich jedoch hat der weltweit Aufsehen erregende Aufschwung der kapitalistischen Produktion in der BRD äußerst nachhaltig in die noch traditionelle Gesellschaftsstruktur des Nachkriegsdeutschlands eingegriffen. Zwar nicht im Sinne der Einebnung des Klassengegensatzes, vielmehr so, daß man geradezu von einer dramatischen Polarisierung der Klassenstruktur sprechen muß: 1980 sind bereits 88 % der Erwerbstätigen Lohnabhängige. Immer mehr von ihnen werden Lohnarbeiter des Kapitals – heute bereits mehr als zwei Drittel – und des Staates. Der Gegensatz der Klassen ist nicht nur nicht aufgehoben, er ist vielmehr gesellschaftlich real verallgemeinert worden – ein Prozeß, der immer noch andauert. Er wird in der Literatur als „Vergesellschaftungsschub“ registriert.

Ebenso aufregend wie diese quantitative Seite der Entwicklung der BRD ist ihre besondere Qualität, vor allem wenn man nach ihren unmittelbaren Konsequenzen für das Leben der Menschen fragt. In diesem Zusammenhang muß zunächst auf die in einigen Bereichen atemberaubend rasante Entwicklung der Produktionstechnik hingewiesen werden – gegenwärtig am stärksten repräsentiert durch die Mikroprozessoren, die im Begriff sind, die Grundlagen fast aller Produktionstechniken zu revolutionieren. Diese Entwicklung ist ihrerseits nur möglich auf dem Hintergrund einer Verwissenschaftlichung aller Bereiche und Formen, in denen sich die Menschen der Natur bemächtigen. Die damit wiederum verbundene wachsende Bedeutung des Anteils der geistigen Arbeit verweist unmittelbar auf Schule: Allgemeine und berufliche Ausbildung werden zunehmend wichtiger und allgemeiner. Die steigende Relevanz höherer Bildungsabschlüsse für immer mehr Menschen erweist sich dabei als relativ unabhängig von der jeweils aktuellen Nachfrage, ja selbst davon, daß im Zuge der Automatisierung auch weniger qualifizierte Tätigkeiten entstehen.

Insgesamt entspricht diese Entwicklung durchaus dem mit dem Proletariat als Klasse institutionalisierten Anspruch auf universale Beherrschung der Natur, auch wenn sie unter den Bedingungen des Kapitalverhältnisses in einer Weise verläuft, die dem Proletariat das Bewußtsein seiner real wachsenden Bedeutung verschleiert.

Die bildungspolitische Umsetzung der gekennzeichneten Konsequenzen bringt dies jedoch bereits deutlich zum Ausdruck. Im Unterschied etwa zur Zeit der Weimarer Republik, in der sich das Kapital mit Zugeständnissen an das Proletariat begnügen konnte, hat der Klassengegensatz gegenwärtig ein Kräftegleichgewicht erreicht, das zwar den Fortbestand der Vorherrschaft des Kapitals ermöglicht, jedoch nur unter der Bedingung der Respektierung des Proletariats als Partner. Konkret: Niemand kann heute noch die Tatsache der sozialen Auslese wie etwa noch in den 50er Jahren, mit dem Hinweis auf die unterschiedlichen Begabungstypen, offen legitimieren. Niemand könnte heute auch gegen die Forderung nach Chancengleichheit der Kinder aller Demokraten offen seine Stimme erheben. Weder der Rückstand des Bildungswesens der BRD hinter der internationalen Entwicklung, aber vor allem hinter dem Stand ihrer eigenen Produktivkraftentwicklung, noch auch der demokratische Anspruch auf Verbesserung der Ausbildung und der Ausbildungsmöglichkeiten sowie auf Verallgemeinerung der verbesserten Ausbildung für alle werden heute noch in ernstzunehmender Weise bestritten oder gar zurückgewiesen. M.a.W.: Für die bürgerliche Gesellschaft wird es zunehmend schwerer, eine von der Rücksichtnahme auf das Proletariat als Partner beeinflußte Bildungspolitik zu machen, ohne daß dadurch ihr Charakter als bürgerliche Gesellschaft berührt würde.

3. Die Verschärfung dieses Widerspruchs soll im folgenden in exemplarischer Form an zwei aktuellen Tendenzen der Entwicklung des Bildungswesens deutlich gemacht werden.

1. Die Tendenz der Verallgemeinerung der Leistung.

Inzwischen gilt als allgemein anerkannt, daß die Schullaufbahn und der Schulabschluß wie darüber hinaus der darauf aufbauende gesellschaftliche Erfolg eines Menschen ausschließlich von seiner Leistung abhängen soll. Die Festlegung der Schulform nach der sozialen Herkunft gilt allgemein als mit dem demokratischen Anspruch dieser Gesellschaft als unvereinbar. Tatsächlich führt diese Verallgemeinerung der Leistung zum alleinigen Kriterium für Schulerfolg zu einer Vermehrung der höheren Bildungsabschlüsse und zu einer Verbesserung der Berufschancen. Auf der anderen Seite engt die fortbestehende Hierarchie der höheren Abschlüsse – Hauptschul-, Realschul- und Gymnasialabschluß – trotz ihrer formellen Gleichberechtigung die Berufschancen faktisch wieder ein und erzwingt so eine Konkurrenz, die in der Form der Leistungskonkurrenz auf die Schule zurückwirkt – sowohl als Konkurrenz der Schüler wie der Schultypen –, und die als Leistungsdruck bis in die Kindertagesstätte durchschlägt, in der heutzutage bereits der Kampf um die Durchschnittsnote beginnt.

Eben dies macht den Widerspruch aus, der von immer mehr Menschen als unerträglich empfunden wird: Auf der einen Seite produziert das in demokratisierender Absicht verallgemeinerte Leistungsprinzip vermehrt höhere Abschlüsse und entspricht so auch den gesellschaftlichen Anforderungen. Auf der anderen Seite steht diesen Abschlüssen in der bürgerlichen Gesellschaft ein Beschäftigungssystem gegenüber, das sich auf allen Ebenen gegen die Konsequenzen sperrt. Die unter dem Druck des demokratischen Anspruchs vermehrt produzierten Abiturienten sehen sich mit der Unfähigkeit dieses Bildungssystems konfrontiert, allen eine Hochschulausbildung zu gewähren. Die dadurch erzwungenen Selektionsprozesse über die Mechanismen von Durchschnittsnoten und numerus clausus verkehren die auf Förderung gerichtete demokratische Absicht des allgemeinen Leistungsprinzips so in ihr Gegenteil. Eher schlimmer stellt sich die Situation am unteren Ende der Hierarchie der Abschlüsse dar. Den Jugendlichen mit Hauptschulabschluß – von Sonderschulabgängern erst gar nicht zu reden – werden zunehmend mehr Berufe aufgrund gestiegener Anforderungen an die Qualifikation versperrt. Gleichzeitig wird ihnen die bisher offene Umwegmöglichkeit zur höheren Bildung durch Abschaffung des Zweiten Bildungswegs versperrt. In der Konkurrenz mit den am numerus clausus gescheiterten Gymnasiasten bzw. Realschülern sind sie von vornherein hoffnungslos unterlegen. Aus der als Garantie der Gleichbehandlung gedachten Leistung wird so unter dem Druck der Strukturen dieser Gesellschaft ein Selektionsinstrument, das die individuelle Leistung an objektivierten Normen ausrichtet und dadurch die Möglichkeit der Förderung des einzelnen auf seinem jeweiligen Niveau ausschließt. Mit Hilfe der vertikalen Gliederung der Schule kann das Bildungssystem so den demokratischen Anspruch auf optimale Förderung jedes einzelnen aufrecht erhalten und gleichwohl die der Struktur dieser Gesellschaft entsprechende Differenzierung der Abschlüsse erreichen.

Dem in seinem individuellen Leistungsproblem befangenen Einzelnen wird dabei nicht deutlich, daß er in Wirklichkeit Opfer eines Strukturproblems ist: Die bürgerliche Schule muß als demokratische Schule die Möglichkeit der Herstellung von Gleichheit festhalten, obwohl sie durch ihre Struktur dazu beiträgt, Ungleichheit zu befestigen. Verbleibt er in seiner Befangenheit, kann er auch nicht sehen, daß die Lösung nicht in der Abschaffung der Leistung bestehen kann, sondern in der konsequenten Vereinheitlichung der Leistungsbedingungen, d.h. in der Abschaffung der strukturbedingten Leistungshierarchie. Andererseits wird die Widersprüchlichkeit der Schule von immer mehr Menschen empfunden. Die Legitimation der fortbestehenden Ungleichheit mit dem Hinweis auf die individuell unterschiedlichen Leistungsmöglichkeiten oder die individuelle Leistungsbereitschaft wird immer unglaubwürdiger. Indem die Schule also am Grundsatz „Leistung statt Herkunft" festhält und so den ihr immanenten Widerspruch verschärft, trägt sie unvermeidlich dazu bei, daß das befangene Bewußtsein sich zum Bewußtsein seiner Befangenheit verändert.

2. Die Tendenz der Verwissenschaftlichung des Unterrichts

Auf die wachsende Bedeutung wissenschaftlicher Erkenntnisse für die Lebensbewältigung in allen Bereichen der gesellschaftlichen Produktion und Reproduktion wird schon seit dem Ende der 50er Jahre hingewiesen. Die Verwissenschaftlichung des Lebens ist heute eine allgemeine Tatsache, deren Selbstverständlichkeit allenfalls durch das Tempo ihrer Beschleunigung und das Ausmaß ihrer Bedeutung bzw. die Unkontrolliertheit der gesellschaftlichen Anwendung ihrer Ergebnisse beunruhigt.

Die neue Qualität dieser Entwicklung gegenüber den Anfangsjahren nach dem Zusammenbruch besteht vor allem darin, daß heute für die Bewältigung wissenschaftlich orientierter Spezialbildungen in steigendem Maße die Fähigkeit zur Einordnung des Einzelwissens in allgemeinere Zusammenhänge notwendig wird, wenn es z.B. darum geht, den Anforderungen der flexiblen Anwendung spezieller Vorgänge gewachsen zu sein. Allgemein: Neu ist die Notwendigkeit, die vielen Einzelheiten in ein Allgemeines, die Spezialbildungen in eine Allgemeinbildung, das Detailwissen in ein wissenschaftliches Weltbild zu integrieren. Nur dadurch ist heute zu gewährleisten, daß die Menschen ihr faktisch vorhandenes Wissen so verwenden können, daß sie damit die gesellschaftlichen Bedingungen ihrer Existenz kontrollieren und dies so, daß diese ihren materiellen Interessen entsprechen. Die Umweltbewegung ist nur ein sprechendes Beispiel dafür.

Auf die Anforderungen der Verwissenschaftlichung hat die Schule schon seit geraumer Zeit reagiert. An der Einführung des Fremdsprachenunterrichts auch in der Hauptschule, der Mengenlehre schon in die Grundschule, an der enormen Vermehrung der naturwissenschaftlichen Inhalte, aber auch an den neuen sozialwissenschaftlichen Curricula oder neuerdings an der Einführung von Programmierkursen und der Benutzung von Taschenrechnern im Unterricht – um nur einige Beispiele zu nennen – läßt sich das leicht ablesen. Das Problem dieser Tendenz zeigt sich erst bei dem Versuch, diese neuen Inhalte in die traditionelle Allgemeinbildung zu integrieren. Seit Humboldts Zeiten versteht sie sich als Geistesbildung, die das Verhältnis der Allgemeinbildung zur beruflichen Spezialbildung als Überordnungsverhältnis definiert, für das die Fähigkeit zur ideellen Verfügung über die gesellschaftlichen Bedingungen des menschlichen Lebens die wesentliche und hinreichende Form der Selbstbestimmung und Selbstverwirklichung darstellt. Daß aus diesem Überordnungsverhältnis längst ein Antagonismus geworden ist, in dem sich das Verhältnis umzukehren beginnt, muß diesem Verständnis ebenso entgehen wie die Tatsache, daß die Entwicklung der gesellschaftlichen Produktivkräfte uns längst vor die Notwendigkeit gestellt hat, über die gesellschaftlichen Bedingungen unserer Existenz materiell zu verfügen. Mit individueller Geistesbildung ist weder die ökologische Bedrohung der Umwelt noch die Bedrohung des Friedens durch absurde Waffensysteme zu meistern, deren gigantische Kostspieligkeit den produzierten gesellschaftlichen Reichtum aufzehrt, mit dem durchaus weltweit menschenwürdige Lebensverhältnisse hergestellt werden könnten. M.a.W., die immer allgemeiner werdenden Inhalte der objektiv vom Produktionsprozeß abgenötigten Spezialbildungen erfordern ein wissenschaftliches Weltbild, das auch den demokratischen Anspruch auf materielle Verfügung über die gesellschaftlichen Bedingungen unseres Lebens in einem gesamtmenschheitlichen Verständnis umfaßt. Diesem Anspruch ist die traditionelle Allgemeinbildung schon lange nicht mehr gewachsen. In dem Maße wie ihre integrative Kraft schwindet, wächst der Eindruck von Verwirrung, Unsicherheit und Sinnlosigkeit angesichts der zu Recht als bloße Anhäufung von Detailwissen empfundenen Stoffhuberei. Die dadurch überanspruchte Leistungsmotivation reißt zwangsläufig. Die Begleiterscheinungen wie Streß, Leistungsverweigerung, Apathie und Vandalismus können eigentlich nicht mehr überraschen.

Eben dies macht den Widerspruch aus, den immer mehr Menschen – Schüler, Eltern und auch Lehrer – empfinden und der sie in zunehmendem Maße gegen die Schule überhaupt einnimmt: Auf der einen Seite erhöht die Gesellschaft – und die Schule als die von ihr eingerichtete Vermittlungsinstanz – ständig die Ansprüche an die Schüler mit der Begründung, sie seien für die Bewältigung des Lebens notwendig. Auf der anderen Seite enthält sie ihnen eine nachvollziehbare Begründung dafür vor, daß bzw. wie die wachsenden Ansprüche der Gesellschaft an ihre Bildung mit ihren eigenen materiellen Bedürfnissen als Individuen verbunden sind, und vor allem, wie das, was sie lernen sollen, sie zu selbstbestimmter Verfügung über die neuen Bedingungen ihrer Existenz befähigen soll. Statt dessen vermittelt ihnen die gesellschaftliche Wirklichkeit den Eindruck, daß es gar nicht *ihre* Ansprüche sind, die ihnen da im Namen der Gesellschaft vorgehalten werden, sondern Ansprüche von Wenigen, die damit nur ihre privaten Interessen auf Kosten der Mehrheit realisieren. Und daß die ihnen vermittelten Fähigkeiten sie eher zur Erfüllung jener fremden Ansprüche als zur selbstbestimmten Realisierung ihrer eigenen Interessen befähigen sollen.

Dem in seinem individuellen Motivationsproblem Befangenen wird nicht deutlich, daß er in Wirklichkeit Opfer eines Strukturproblems ist. Die Schule der bürgerlichen Gesellschaft muß unter dem Druck ihrer Reproduktionsnotwendigkeit Spezialbildung vermitteln bzw. deren Verwissenschaftlichung vorantreiben und sie muß unter dem Druck des demokratischen Anspruchs den Eindruck aufrechterhalten, daß das von ihr vermittelte Allgemeine wirklich zur gesellschaftlichen Bewältigung der Lebensbedingungen im Interesse der Mehrheit der Menschen befähige, obwohl die Struktur und die Qualität ihrer Allgemeinbildung eher dazu beitragen, daß dies real verhindert wird, da der Verlust an integrativer Kraft zwingend mit einem Verlust an Realitätshaltigkeit einhergeht. Der in seiner Befangenheit Verbleibende kann dann aber auch nicht sehen, daß die Lösung nicht in der Verweigerung von Wissenschaft liegen kann, sondern in der Fähigkeit zur konsequenten Anwendung der Wissenschaft im Interesse der gesellschaftlichen Selbstbestimmung aller Menschen, also in der Vermittlung einer neuen Allgemeinbildung auf der Grundlage eines wissenschaftlichen Weltbildes, das geeignet ist, die Einheit von objektiven, aus dem Prozeß der materiellen gesellschaftlichen Produktion resultierenden Bedürfnissen und subjektiven Bedürfnissen der Produzenten selbst real zu vermitteln.

Wenn die so gekennzeichnete Krise zu Recht als Strukturkrise dargestellt worden ist, muß sie sich auf alle Strukturelemente des allgemeinbildenden Schulwesens auswirken. Sieht man näher zu, hat zwar jeder Schultyp seine Probleme. Jedoch wird unverkennbar deutlich, daß sie durchgängig miteinander zusammenhängen und zwar in der Konsequenz der veränderten gesellschaftlichen Bedeutung der formell gleichberechtigten, faktisch hierarchisierten Schulabschlüsse. Niemand kann heute noch davon ausgehen, daß die Hauptschule zureichende, gar konkurrenzfähige Berufschancen vermittelt. Immer mehr Berufe verlangen höhere Abschlüsse als Eingangsvoraussetzungen, nicht selten und zunehmend mehr das Abitur. Der Hauptschulabschluß ist keine Vorbereitung für die Berufsausbildung mehr. Die allgemeine Qualifikation als Grundlage für die Berufsausbildung wird nicht mehr in der Hauptschule vermittelt. Verständlicherweise orientieren sich die Menschen um. Angesichts der Erfahrung, daß Gymnasiasten die breitesten Wahlmöglichkeiten und die besten Chancen haben, versuchen immer mehr Eltern, ihre Kinder auf das Gymnasium zu bringen. Faktisch ist das Gymnasium schon seit Jahren die „Haupt-Schule" der Bundesrepublik. Dadurch gerät es in einen Konflikt zwischen dem eigenen Traditionsanspruch als Schule für die Elite und dem neuen Massenanspruch auf Vermittlung der angemessenen Bildung für alle. Obwohl es sich hinsichtlich seiner vermittelten Inhalte immer mehr den gestiegenen Anforderungen der gesellschaftlichen Produktion annähert und deshalb in steigendem Maße von der Bevölkerungsmehrheit in Anspruch genommen wird, dadurch also qualitativ wie quantitativ faktisch längst schon in den Prozeß der Demokratisierung der Sekundarstufe einbezogen wurde, wird bildungspolitisch an Form und Selbstverständnis des Gymnasiums, dadurch an der vertikalen Gliederung der Sekundarstufe festgehalten und dem faktischen Demokratisierungsprozeß die entsprechende Form verweigert.

Das Schicksal der Hauptschule ist nur die Kehrseite dieser Medaille. Infolge der beschriebenen Umorientierung wird sie zur „Rest-Schule" für die Kinder derjenigen, die ihnen aufgrund ihrer ungünstigen Sozialisationsbedingungen die notwendigen Voraussetzungen für das Bestehen der Leistungskonkurrenz auf dem Gymnasium nicht bieten können. Neuerdings auch für die Kinder der Ausländer, die aufgrund kultureller und sprachlicher Andersartigkeit selbst bei Hochbegabungen in der Leistungskonkurrenz mit ihren deutschen Klassenkameraden kaum Chancen haben. Auf der untersten Stufe der Bildungsabschlüsse haben so beide die Arbeitslosigkeit vor Augen. Obwohl durch die gestiegenen Anforderungen der gesellschaftlichen Produktion wie auch durch die „Abstimmung der Füße" längst als überfällig deklariert, obwohl in ihrem ungewollten Beitrag zur Fortsetzung der sozialen Auslese allein durch ihre Existenz durchschaut und trotz erwiesener Unfähigkeit, die formelle Gleichheit der Abschlüsse real einzulösen, wird bildungspolitisch an der Hauptschule festgehalten und ihre „Demokratisierung", d.h. hier: Aufhebung in ein einheitliches Schulwesen nicht vollzogen. So gerät sie in den Widerspruch zwischen der Hoffnung der Ausländer, deren Schule sie nicht ist, und der Hoffnungslosigkeit der Deutschen, deren Schule sie trotz ihrer Überfälligkeit immer noch ist.

Die oben gekennzeichnete reale Verallgemeinerung des Klassengegensatzes mit ihren Konsequenzen für die allgemeine Erhöhung der Bedeutung der höheren Abschlüsse für die Berufschancen muß sich auch auf die Realschule auswirken. Zwischen den beiden anderen Schultypen gerät sie in die Funktion einer Absteigerschule für Gymnasiasten und einer Aufsteigerschule für Arbeiterkinder. Dadurch wird ihre Eigenständigkeit zunehmend abhängig vom bloßen Fortbestand der anderen Schultypen.

Der konsequent nach unten weitergegebene Leistungsdruck schlägt noch bis in die Schule für Lernbehinderte durch. Obwohl als Förderinstitut eingerichtet fungiert sie faktisch als Abstellgleis für die Behinderten. Hierhin werden die Kinder der sozialen Randgruppen abgeschoben, deren einziger Nachteil oft ist, daß sie nicht so lernen können, wie das in der Grundschule die Norm ist. Nachdem aber die Grundschule schon massiv vom Kampf um die Abitursnote bestimmt ist, wird die Ausrichtung an der Norm wichtiger als die Förderung des einzelnen auf seinem jeweiligen Niveau. Lernbehinderung wird so zu einer sozialen Definition. Die Schule der für lernbehindert Erklärten übernimmt damit dieselbe Funktion für die Grundschule wie es die Hauptschule für die Sekundarstufe tut. Auch hier kennzeichnet der Widerspruch, diejenigen, denen man im besonderen Maße helfen wollte, durch ihre Absonderung vom allgemeinen Schulwesen um so tiefer in ihre Behinderung hineinzustoßen, die Überfälligkeit dieses Schultyps.

Ausdruck der derzeit objektiv möglichen Form der anstehenden Demokratisierung ist die Gesamtschule. Obwohl sie nicht den Anspruch erhebt, die Integration von allgemeinbildendem und berufsbildendem Schulwesen, von Produktion und Schule zu leisten, also polytechnische Einheitsschule zu sein, ist sie bereits ein erster wichtiger Schritt zur Verbesserung der Chancengleichheit. Allerdings ist sie in der Bundesrepublik noch nicht die Regel. Berlin liegt mit 29 Gesamtschulen an der Spitze, Bayern hatte bis vor kurzem noch 2. Überall stehen sie unter politischem Druck, sei es in Form von Volksbegehren, sei es als

Folge argwöhnisch beobachteter wissenschaftlicher Untersuchungen, sei es durch administrative Sonderauflagen. Ihre Hauptschwierigkeiten ergeben sich jedoch durch die Leistungskonkurrenz mit dem dreigliedrigen Schulwesen, speziell mit dem Gymnasium, die sie in ihren Auswirkungen deutlich von den ursprünglichen Reformzielen wegführt. Ursprünglich sollte die Gesamtschule nicht nur die unterschiedlichen sozialen und persönlichen Ausgangsvoraussetzungen jedes einzelnen Schülers pädagogisch angemessen berücksichtigen, sondern auch jeden einzelnen in seinen Fähigkeiten optimal fördern. Sie sollte nicht nur „Startchancengleichheit“ sondern auch „Zielchancengleichheit“ ermöglichen. Die Realisierung dieser Ziele wird durch die erzwungene Leistungskonkurrenz erschwert bis verunmöglicht. Zusätzliche Schwierigkeiten ergeben sich für die Gesamtschule in Berlin durch ihre Reduzierung auf Mittelstufenzentren. Ohne Grundstufe und Sekundarstufe II stellen sie eigentlich nur eine zeitweilige Unterbrechung des dreigliedrigen Schulwesens dar, dessen übliche Probleme hier ungebrochen reproduziert bzw. durch die Besonderheiten der Mittelstufenzentren noch verschärft werden. Um sie billiger und schneller produzieren zu können, verzichtete man auf die neueren Erkenntnisse im Schulbau bzw. auf die Erfahrungen mit dem Beispiel der Gropius-Schule in Britz-Buckow-Rudow und setzte auf die kompakte Massenbauweise in Serienfertigung statt der möglichen aufgelockerten und individualisierenden Architektur. Um hinsichtlich der Zahl der Anschlüsse an die weiterführede gymnasiale Oberstufe konkurrenzfähig zu bleiben, verzichtete man auf individualisierende Lehr- und Lernformen und begünstigte das in seinem Effekt die individuelle Leistung festschreibende Bewertungssystem (FEGA). Die ebenfalls überwiegend aus Kostengründen für große Zahlen ausgelegten Zentren verhindern faktisch die Herstellung überschaubarer Organisationseinheiten und erzwingen oft gegen den Willen der Beteiligten eine pädagogische Massenversorgung. Dieselben Ursachen sind verantwortlich für die Reduzierung der geplanten sozialpädagogischen Betreuung der Schüler bei Hausaufgaben, Leistungsrückständen, persönlichen Schwierigkeiten, Kommunikationsproblemen mit Lehrern oder Klassenkameraden, Sonderinteressen, speziellen fachlichen Neigungen und in der Freizeit, sofern sie sie in der Schule verbringen. Viele Lehrer verschleißen ihr Engagement in erzwungener Aufsichtspädagogik angesichts der Tatsache, daß der Massenbetrieb wie auch die fast völlige Auflösung des Klassenverbands aufgrund der Leistungsdifferenzierung die sozialen Beziehungen anonymisiert und die Schüler in Ermangelung interessanter Freizeitangebote bzw. engagierter Anleitung in Konsumverhalten ausweichen, bzw. mit Schmierereien und Zerstörungswut auf den Eindruck eines sich gleichförmig wiederholenden Achtstundentags reagieren, ohne die Erfahrung, daß Lernen wirklich nützt und Spaß machen kann.

So kann dann auch in der Öffentlichkeit der Eindruck entstehen, die Gesamtschule sei in ihrer Struktur schwerer zu handhaben und im Ergebnis weniger leistungsfähig als das Gymnasium, obwohl dieser Eindruck die Zusammenhänge auf den Kopf stellt. Letzten Endes entstehen die Probleme der Gesamtschule vor allem dadurch, daß sie den an sie gerichteten demokratischen Anspruch auf Herstellung von Start- *und* Zielchancengleichheit akzeptiert und bei gleichem Leistungsanspruch in der Konkurrenz mit dem Gymnasium zu realisieren versucht. Bei gleichem Leistunganspruch will sie also nicht nur stärker als das Gymnasium die bisher sozial Benachteiligten fördern, die aufgrund ihrer ungünstigen Ausgangsbedingungen schlechtere Leistungen aufweisen, – sondern dieser auch noch vermehrt zu höheren Abschlüssen bringen. Daß dies in der Konkurrenz mit einem Schultyp, der sich schon aufgrund seiner Organisation dem Chancengleichheitsanspruch gar nicht stellen kann, nicht auf Anhieb gelingt – von den objektiv ungünstigen Bedingungen des Versuchs einmal ganz abgesehen – sollte eigentlich nicht verwundern. Stellt man diese Faktoren jedoch in Rechnung, spricht eigentlich alles für die Gesamtschule, insbesondere die objektiv bessere Förderung der Arbeiterkinder, vor allem der Arbeitermädchen, und die im Vergleich höheren Bildungsabschlüsse. Und wenn schon nach einer besseren Alternative zur Gesamtschule gefragt wird, kann sie nur heißen: die bessere Gesamtschule.

Zieht man die Lehren aus den bisherigen Erfahrungen, ist klar: Die bessere Gesamtschule müßte alle Schulstufen umfassen und keine bloß zeitweilige Unterbrechung des dreigliedrigen Schulwesens darstellen. Sie müßte zur überschaubaren Einheit zurückkehren. Sie könnte unter solchen Bedingungen um so eher kleine Lehrer-Schüler-Teams für individualisierte Lehr- und Lernformen wie auch für Einzelbetreuung organisieren. Sie könnte sich die Gewährung von motivationsfördernden Entscheidungsspielräumen für Lehrer und Schüler erlauben, die selbstbestimmtes Lernen und kooperatives Verhalten als praktische Voraussetzung für gesellschaftliche Selbstbestimmung ermöglichen würden. Vor allem aber würde sie auf die äußere Leistungsdifferenzierung verzichten können und so ungehindert an der Aufgabe arbeiten, die das Recht auf Bildung in einer demokratischen Gesellschaft stellt: an der optimalen Förderung der Fähigkeiten eines jeden einzelnen nach seinem jeweiligen Niveau.

Bei realistischer Betrachtung der Zeitumstände werden wir uns vorerst jedoch auf eine Fortsetzung, ja Verschärfung der Konkurrenz von Gymnasium und Gesamtschule noch für einige Jahre einrichten müssen, ehe der Anachronismus einer Form angesichts der allgemein veränderten inhaltlichen Erwartungen an sie offen zutage tritt.

Georg Rückriem
Klaus Wiese
Ilona Zeuch

Kapitel VI

Else Krause — Bilder aus dem Leben einer Berliner Volksschullehrerin

Else Krause

Schicksalsweg einer Berliner Lehrerin vom Kaiserreich bis zur Bundesrepublik.

Die hier ausgebreiteten Dokumente gehören zu dem Material, das Else Krause Mitarbeiterin der Berliner Projektgruppe Lehrerlebensläufe zur Verfügung stellte. Der Text auf der Randspalte ist Tonbandprotokollen von Gesprächen entnommen, die Else Krause mit einem Mitglied der Projektgruppe führte. Die Dokumente und Protokolle wurden für eine Ausstellung an der Pädagogischen Hochschule Berlin zusammengestellt. Für die nachfolgende Veröffentlichung stellte die Redaktion das Material neu zusammen und fügte die Bildunterschriften hinzu. Wir danken Else Krause und der Projektgruppe Lehrerlebensläufe für das Abdruckrecht.

Sommer 1905 in Swinemünde – „alle mit Hut"!

Bilder aus dem Leben einer Berliner Volksschullehrerin

Die Kindheit

„Im Jahre 1894 wurde ich in Berlin geboren. Ich geriet also ohne mein Zutun in eine der interessantesten Perioden der Neuzeit.
Eigentlich hatte ich eine gute Kindheit . . . Leider starb mein Vater, als ich zehn Jahre alt war. Mein erster tiefer Schmerz. . . .

Oft kam auch der beliebte Kronprinz hoch zu Roß an der Spitze des Regiments vorbei und grüßte freundlich die Bevölkerung. Alles, was das Kaiserhaus betraf, fand immer großes Interesse bei den Berlinern.

Mein zweiter Vater war Telegraphendirektor im Polizeipräsidium Berlin, ein verantwortlicher Posten. Ich sah die Pflichttreue des preußischen Beamten und lernte daraus für mein Leben.

Ein reiches Erleben, eine glückliche Jugend und eine Fülle von Wissen wurden mir geboten. Ich bin heute noch dankbar dafür. Und doch fand ich im Unterbewußtsein, daß etwas in unserer sozialen Gesellschaft nicht stimmte. Ich las eben zu viele Bücher!"

In der „höheren" Privatschule der Cölestine de Mugica, geb. Seydel (1905)

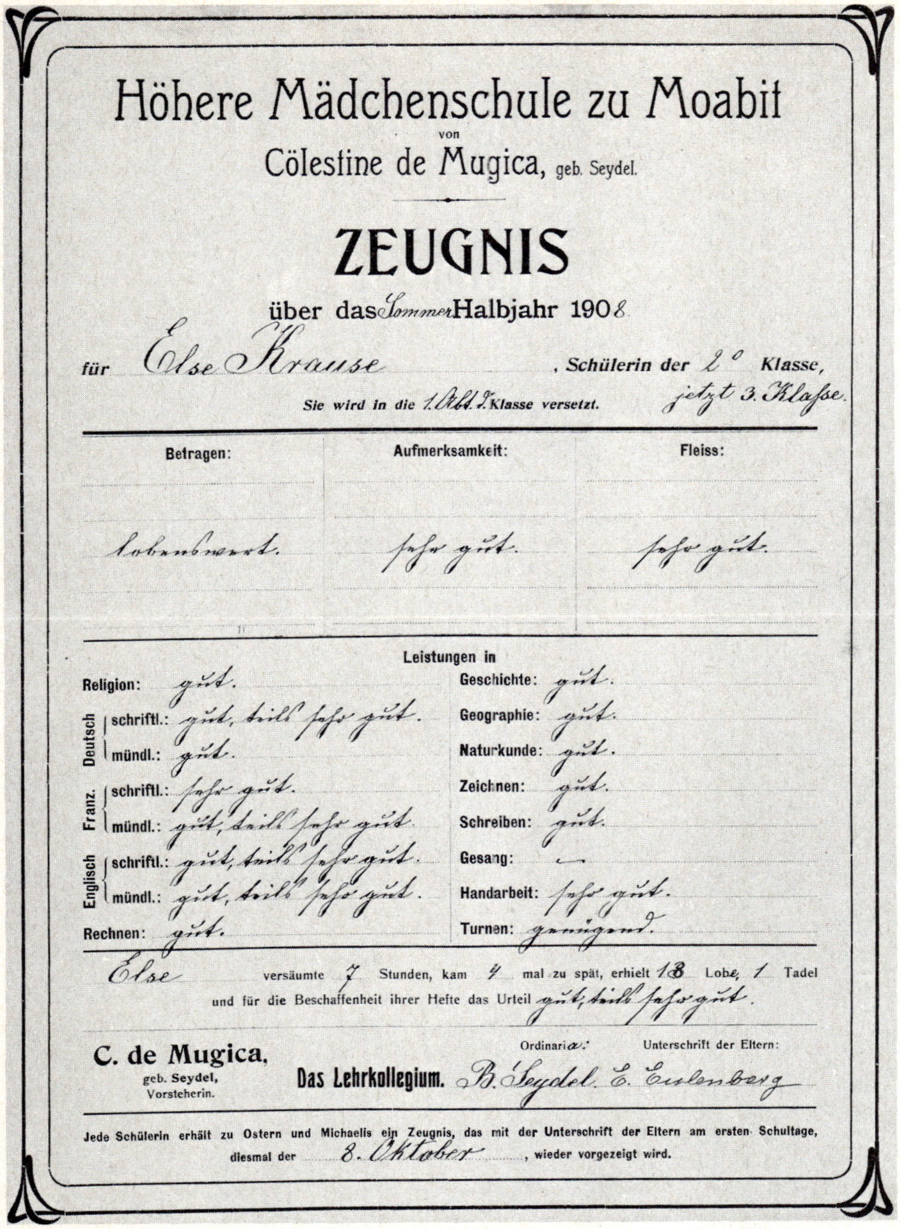

Höhere Mädchenschule zu Moabit

von

Cölestine de Mugica, geb. Seydel.

ZEUGNIS

über das Sommer Halbjahr 1908

für Else Krause, Schülerin der 2c Klasse,

Sie wird in die 1. Abt. 2. Klasse versetzt. jetzt 3. Klasse.

Betragen:	Aufmerksamkeit:	Fleiss:
lobenswert.	sehr gut.	sehr gut.

Leistungen in

Religion:	gut.	Geschichte:	gut.
Deutsch schriftl.:	gut, teilw. sehr gut.	Geographie:	gut.
Deutsch mündl.:	gut.	Naturkunde:	gut.
Franz. schriftl.:	sehr gut.	Zeichnen:	gut.
Franz. mündl.:	gut, teilw. sehr gut.	Schreiben:	gut.
Englisch schriftl.:	gut, teilw. sehr gut.	Gesang:	–
Englisch mündl.:	gut, teilw. sehr gut.	Handarbeit:	sehr gut.
Rechnen:	gut.	Turnen:	genügend.

Else versäumte 7 Stunden, kam 4 mal zu spät, erhielt 18 Lobe, 1 Tadel und für die Beschaffenheit ihrer Hefte das Urteil gut, teilw. sehr gut.

C. de Mugica, geb. Seydel, Vorsteherin.

Das Lehrkollegium. Ordinaria: B. Seydel. Unterschrift der Eltern: E. Eulenberg

Jede Schülerin erhält zu Ostern und Michaelis ein Zeugnis, das mit der Unterschrift der Eltern am ersten Schultage, diesmal der 8. Oktober, wieder vorgezeigt wird.

Von der Privatschule wechselt Else Krause auf die städtische (Mädchen-) Dorotheen-Schule in Moabit über. Ihr „Jungmädchenschwarm" ist der Lehrer Dr. Baldewein

Die Schulzeit

„Damals war ich eigentlich ein ziemlich braves Kind. Meine Mutter war streng dagegen, uns in die Gemeindeschule zu schicken. Wir hätten ja häßliche Reden, Krankheiten und Läuse (!) mit nach Hause bringen können! Also ab mit allen Dreien in die ‚höhere' Privatschule.

Die Direktorin unterrichtete mit zwei älteren Schwestern und einigen netten Lehrerinnen. Sie hießen Albertine, Bernhardine, Cölestine . . . Es ging streng nach dem Alphabet, genauso streng wie die Ermahnungen mit erhobenem Zeigefinger. Das fanden wir recht komisch, aber wir lernten. Für uns in Freiheit dressierte Kinder eine gemütliche Schulzeit!"

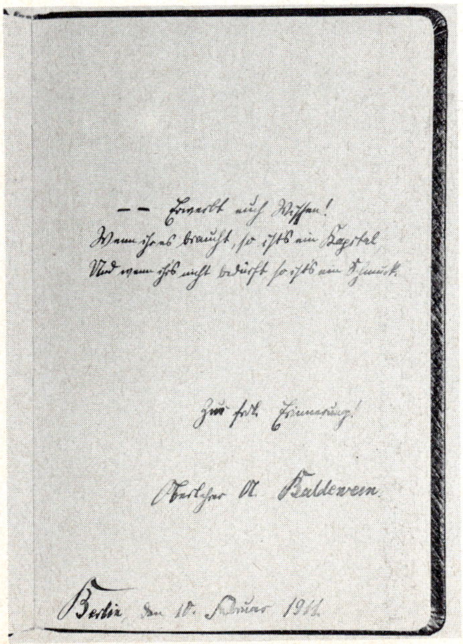

Zur steten Erinnerung!

Baldewein

Aus Else Krauses Poesiealbum

Dr. Baldewein (1910)

„Mein Vater machte sich Gedanken über meine Zukunft: ‚Du willst doch später weiterkommen, und dann ist eine Privatschule keine Empfehlung. Wenn sie dir auch die besten Zeugnisse geben, so sagt sich jeder, es geht nach Gunst.“

„Mein Vater veranlaßte, daß ich auf die städtische Dorotheen-Schule in Moabit kam.
Die Schule, nach der Reform 1908 zehnklassig, hatte einen hervorragenden Ruf und einige wunderbare Lehrer. Die Krönung dieser Zeit war die Abschlußklasse unter dem hervorragenden Direktor und Englandkenner Prof. Dr. Hamann, der in uns Liebe und Verständnis für die Klassik weckte.“

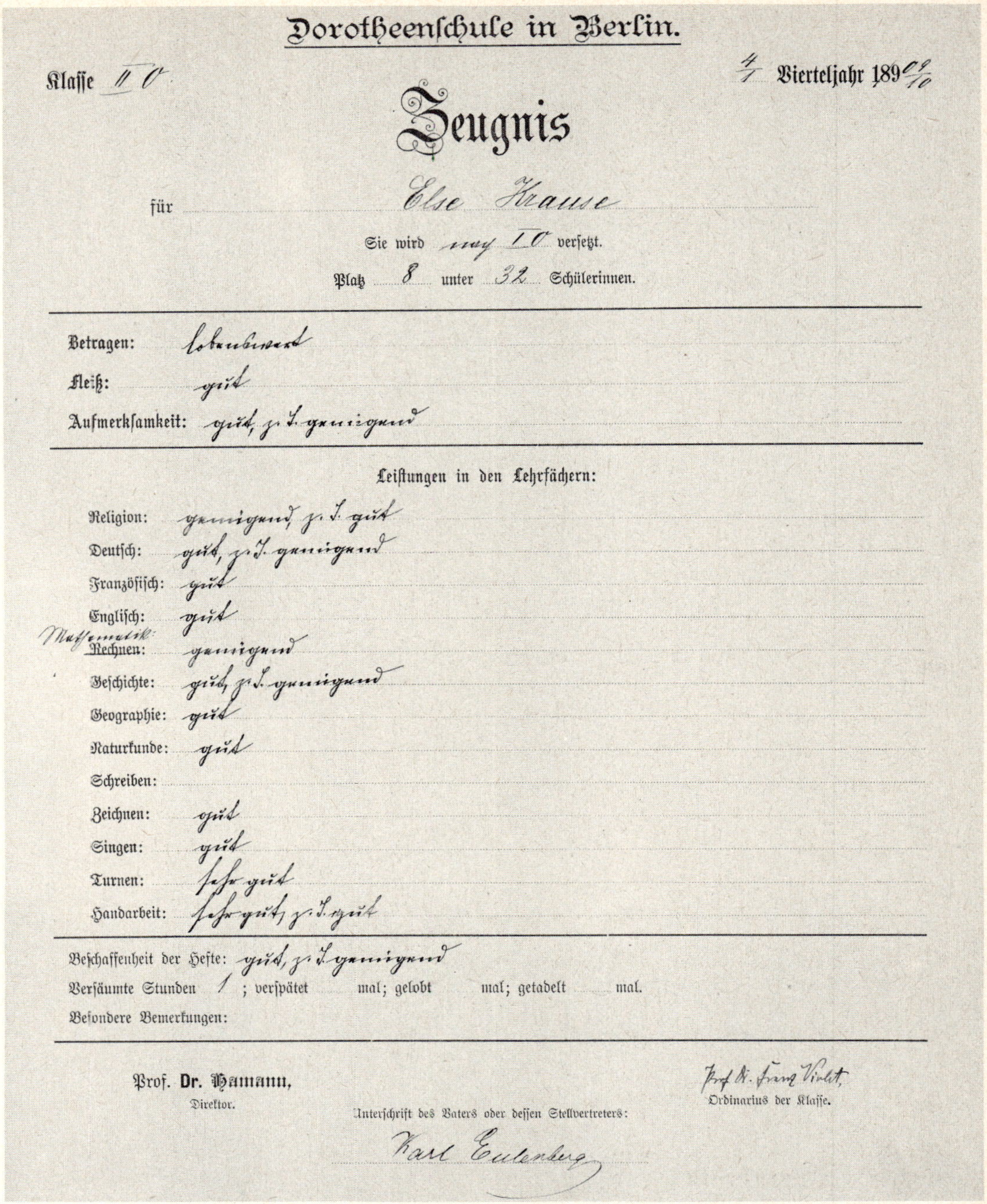

Dorotheenschule in Berlin.

Klasse II O   4/1 Vierteljahr 1909/10

Zeugnis

für Else Krause

Sie wird nach I O versetzt.

Platz 8 unter 32 Schülerinnen.

Betragen: lobenswert

Fleiß: gut

Aufmerksamkeit: gut, z. T. genügend

Leistungen in den Lehrfächern:

Religion: genügend, z. T. gut

Deutsch: gut, z. T. genügend

Französisch: gut

Englisch: gut

Mathematik / Rechnen: genügend

Geschichte: gut, z. T. genügend

Geographie: gut

Naturkunde: gut

Schreiben:

Zeichnen: gut

Singen: gut

Turnen: sehr gut

Handarbeit: sehr gut, z. T. gut

Beschaffenheit der Hefte: gut, z. T. genügend

Versäumte Stunden 1 ; verspätet mal; gelobt mal; getadelt mal.

Besondere Bemerkungen:

Prof. Dr. Hamann, Direktor.

Unterschrift des Vaters oder dessen Stellvertreters: Karl Eulenberg

Prof. Dr. Franz Violet, Ordinarius der Klasse.

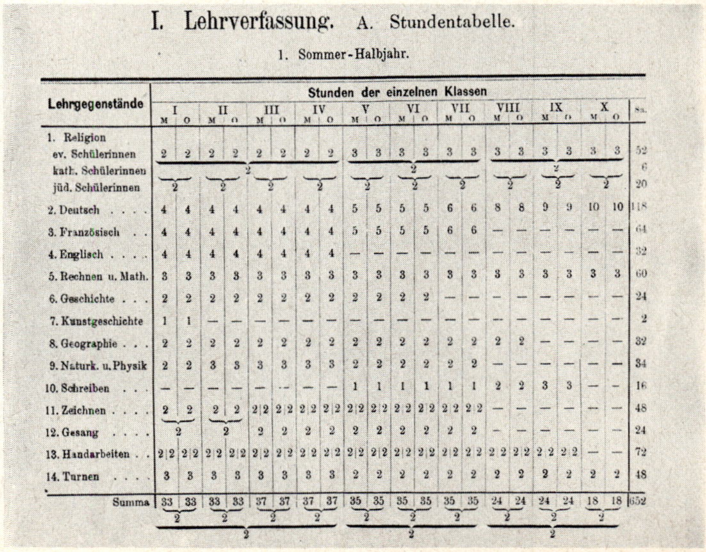

I. Lehrverfassung. A. Stundentabelle.

1. Sommer-Halbjahr.

Lehrgegenstände	I M	I O	II M	II O	III M	III O	IV M	IV O	V M	V O	VI M	VI O	VII M	VII O	VIII M	VIII O	IX M	IX O	X M	X O	Sa.
1. Religion ev. Schülerinnen	2	2	2	2	2	2	2	2	3	3	3	3	3	3	3	3	3	3	3	3	52
kath. Schülerinnen	2 (I–IV)								2 (V–VII)						2 (VIII–X)						6
jüd. Schülerinnen	2		2		2		2		2		2		2		2		2		2		20
2. Deutsch	4	4	4	4	4	4	4	4	5	5	5	5	6	6	8	8	9	9	10	10	118
3. Französisch	4	4	4	4	4	4	4	4	5	5	5	5	6	6	—	—	—	—	—	—	64
4. Englisch	4	4	4	4	4	4	4	4	—	—	—	—	—	—	—	—	—	—	—	—	32
5. Rechnen u. Math.	3	3	3	3	3	3	3	3	3	3	3	3	3	3	3	3	3	3	3	3	60
6. Geschichte	2	2	2	2	2	2	2	2	2	2	2	2	—	—	—	—	—	—	—	—	24
7. Kunstgeschichte	1	1	—	—	—	—	—	—	—	—	—	—	—	—	—	—	—	—	—	—	2
8. Geographie	2	2	2	2	2	2	2	2	2	2	2	2	2	2	2	2	—	—	—	—	32
9. Naturk. u. Physik	2	2	3	3	3	3	3	3	2	2	2	2	2	2	—	—	—	—	—	—	34
10. Schreiben	—	—	—	—	—	—	—	—	1	1	1	1	1	1	2	2	3	3	—	—	16
11. Zeichnen	2	2	2	2	2/2	2/2	2/2	2/2	2/2	2/2	2/2	2/2	2/2	2/2	—	—	—	—	—	—	48
12. Gesang	2		2		2	2	2	2	2	2	2	2	2	2	—	—	—	—	—	—	24
13. Handarbeiten	2/2	2/2	2/2	2/2	2/2	2/2	2/2	2/2	2/2	2/2	2/2	2/2	2/2	2/2	2/2	2/2	2/2	2/2	—	—	72
14. Turnen	3	3	3	3	3	3	3	3	2	2	2	2	2	2	2	2	2	2	2	2	48
Summa	33	33	33	33	37	37	37	37	35	35	35	35	35	35	24	24	24	24	18	18	652
	2		2		2		2		2		2		2		2		2		2		
	2 (I–IV)								2 (V–VII)						2 (VIII–X)						

Stundentafel der Dorotheen-Schule im Schuljahr 1910/11

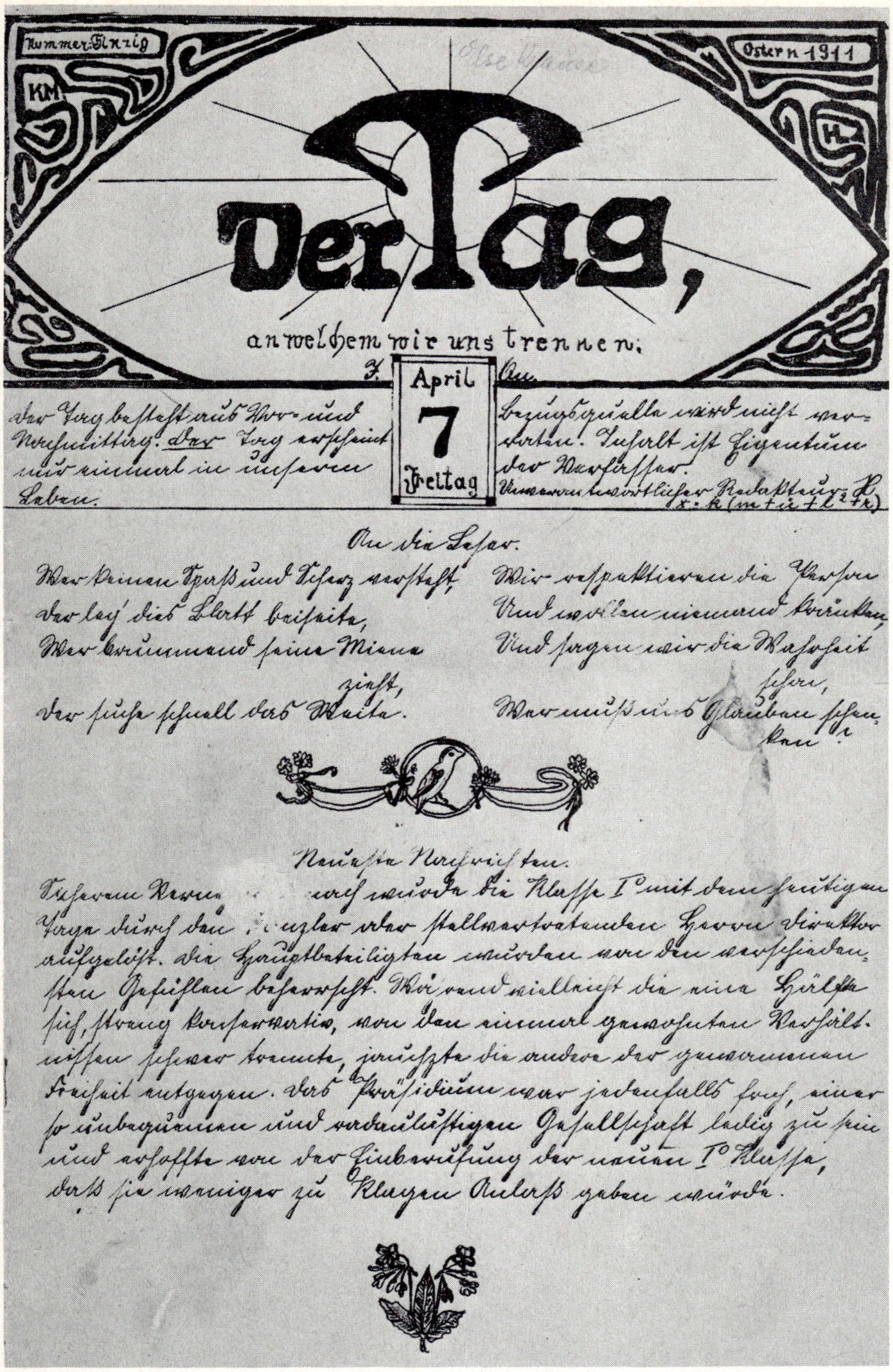
Nummer Einzig

Ostern 1911

KM

H

Der Tag,

an welchem wir uns trennen.

April 7 Freitag

Der Tag besteht aus Vor- und Nachmittag. Der Tag erscheint nur einmal in unserem Leben.

An die Leser.

Wer keinen Spaß und Scherz versteht, der leg' dies Blatt beiseite, Wer brummend seine Miene zieht, der suche schnell das Weite.

Neueste Nachrichten.

Ostern 1911 verläßt Else Krause die Dorotheen-Schule. Titelblatt der Abschlußzeitung ihrer Klasse

„Der Drang nach Lösung aus staatlichen und bürgerlichen Zwängen war damals sehr stark. Künstler, Studenten, Arbeiter strebten nach Freiheit. Der ‚Jugendstil' war eine neue Lebenseinstellung. Die ‚Wandervogelbewegung' erfaßte auch die einfachsten Menschen. Die naturfreudige Jugend schloß sich zu Gruppen zusammen, zog mit Rucksack und Gitarre durch die Wälder, freute sich an Volkstanz und Volksliedern, an munteren Spielen und am romantischen Lagerfeuer. ‚Frei wie ein Vogel' war man wenigstens am Wochenende."

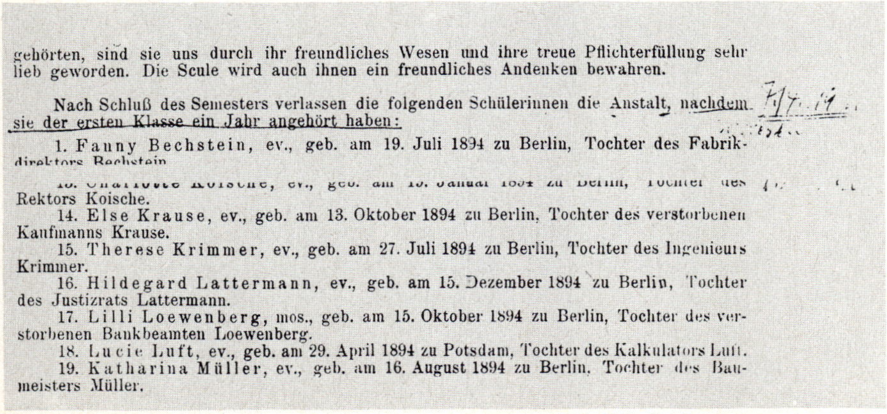
gehörten, sind sie uns durch ihr freundliches Wesen und ihre treue Pflichterfüllung sehr lieb geworden. Die Scule wird auch ihnen ein freundliches Andenken bewahren.

Nach Schluß des Semesters verlassen die folgenden Schülerinnen die Anstalt, nachdem sie der ersten Klasse ein Jahr angehört haben:

1. Fanny Bechstein, ev., geb. am 19. Juli 1894 zu Berlin, Tochter des Fabrikdirektors Bechstein.

13. Charlotte Koische, ev., geb. am 15. Januar 1894 zu Berlin, Tochter des Rektors Koische.

14. Else Krause, ev., geb. am 13. Oktober 1894 zu Berlin, Tochter des verstorbenen Kaufmanns Krause.

15. Therese Krimmer, ev., geb. am 27. Juli 1894 zu Berlin, Tochter des Ingenieurs Krimmer.

16. Hildegard Lattermann, ev., geb. am 15. Dezember 1894 zu Berlin, Tochter des Justizrats Lattermann.

17. Lilli Loewenberg, mos., geb. am 15. Oktober 1894 zu Berlin, Tochter des verstorbenen Bankbeamten Loewenberg.

18. Lucie Luft, ev., geb. am 29. April 1894 zu Potsdam, Tochter des Kalkulators Luft.

19. Katharina Müller, ev., geb. am 16. August 1894 zu Berlin, Tochter des Baumeisters Müller.

Aus dem 18. Jahresbericht der Dorotheen-Schule in Berlin NW, Wilhelmshavener Straße 2, Ostern 1910 bis Ostern 1911

Die Ausbildung

„Nun stand ich vor der Frage: Was tust du? Wozu hast du Lust? Da habe ich gedacht, es muß herrlich sein, andere junge Menschen bilden zu können . . . Kurz und gut, ich landete auf dem Oberlyzeum, der Königlichen Augusta-Schule, der Musteranstalt Preußens, wie sie genannt wurde . . . Ich war ein Mensch, der freiwillig für alles Eifer und Interesse bewies, aber unter Zwang zur Opposition neigte. Es gefiel mir gar nicht auf der Schule, und ich erklärte eines Tages meinem Vater: ‚Ich möchte nicht mehr hingehen.' "

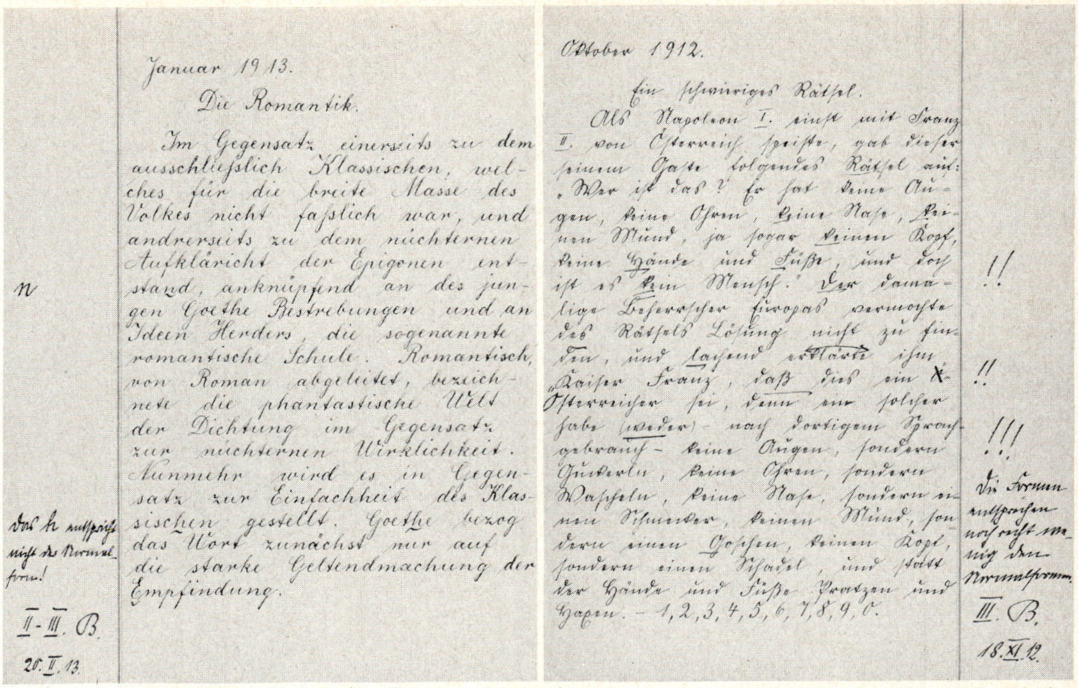
Januar 1913.

Die Romantik.

Im Gegensatz einerseits zu dem ausschließlich Klassischen, welches für die breite Masse des Volkes nicht faßlich war, und andrerseits zu dem nüchternen Aufkläricht der Epigonen entstand, anknüpfend an des jungen Goethe Bestrebungen und an Ideen Herders, die sogenannte romantische Schule. Romantisch, von Roman abgeleitet, bezeichnete die phantastische Welt der Dichtung im Gegensatz zur nüchternen Wirklichkeit. Nunmehr wird es in Gegensatz zur Einfachheit des Klassischen gestellt. Goethe bezog das Wort zunächst nur auf die starke Geltendmachung der Empfindung.

N

Das h entspricht nicht der Normalform!

II–III. B.

20.II.13.

Oktober 1912.

Ein schwieriges Rätsel.

Als Napoleon I. einst mit Franz II. von Österreich speiste, gab dieser seinem Gaste folgendes Rätsel auf: „Wer ist das? Er hat keine Augen, keine Ohren, keine Nase, keinen Mund, ja sogar keinen Kopf, keine Hände und Füße, und doch ist es kein Mensch." Der damalige Beherrscher Europas vermochte des Rätsels Lösung nicht zu finden, und lachend erklärte ihm Kaiser Franz, daß dies ein Österreicher sei, denn ein solcher habe (wieder) – nach dortigem Sprachgebrauch – keine Augen, sondern Guckerln, keine Ohren, sondern Waschseln, keine Nase, sondern einen Schmecker, keinen Mund, sondern einen Goschen, keinen Kopf, sondern einen Schädel, und statt der Hände und Füße Pratzen und Haxen. – 1,2,3,4,5,6,7,8,9,0.

!!

!!

!!!

Die Formen entsprechen noch nicht ganz den Normalformen.

III. B.

18.XI.12.

Ihre Ausbildung beginnt Else Krause auf der Königlichen Augusta-Schule. Eine Seite ihres Schreibheftes mit Lehrerkorrekturen

Kaiser Wilhelm II. Originalfoto 20 x 30 cm. Geschenk an alle Schülerinnen der Augusta-Schule anläßlich des 25. Jahrestages der Thronbesteigung. 15. Juni 1913

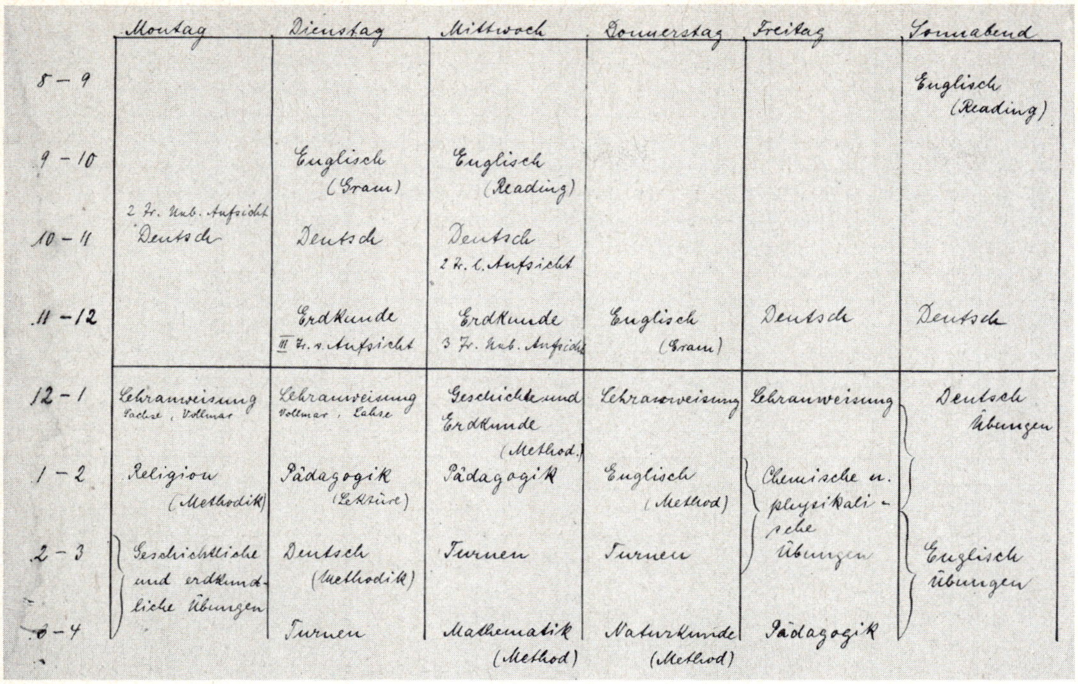

	Montag	Dienstag	Mittwoch	Donnerstag	Freitag	Sonnabend
8–9						Englisch (Reading)
9–10		Englisch (Gram)	Englisch (Reading)			
10–11	2 Fr. Hub. Aufsicht Deutsch	Deutsch	Deutsch 2 Kl. Aufsicht			
11–12		Erdkunde III Kl. v. Aufsicht	Erdkunde 3 Fr. Hub. Aufsicht	Englisch (Gram)	Deutsch	Deutsch
12–1	Lehranweisung Sachse, Vollmar	Lehranweisung Vollmar, Lehre	Geschichte und Erdkunde (Method.)	Lehranweisung	Lehranweisung	Deutsch Übungen
1–2	Religion (Methodik)	Pädagogik (Lektüre)	Pädagogik	Englisch (Method)	Chemische u. physikalische Übungen	
2–3	Geschichtliche und erdkundliche Übungen	Deutsch (Methodik)	Turnen	Turnen		Englisch Übungen
3–4		Turnen	Mathematik (Method)	Naturkunde (Method)	Pädagogik	

Auf dem Oberlyzeum in Neukölln schließt Else Krause ihre Lehrerausbildung ab. Stundenplan dieser Schule

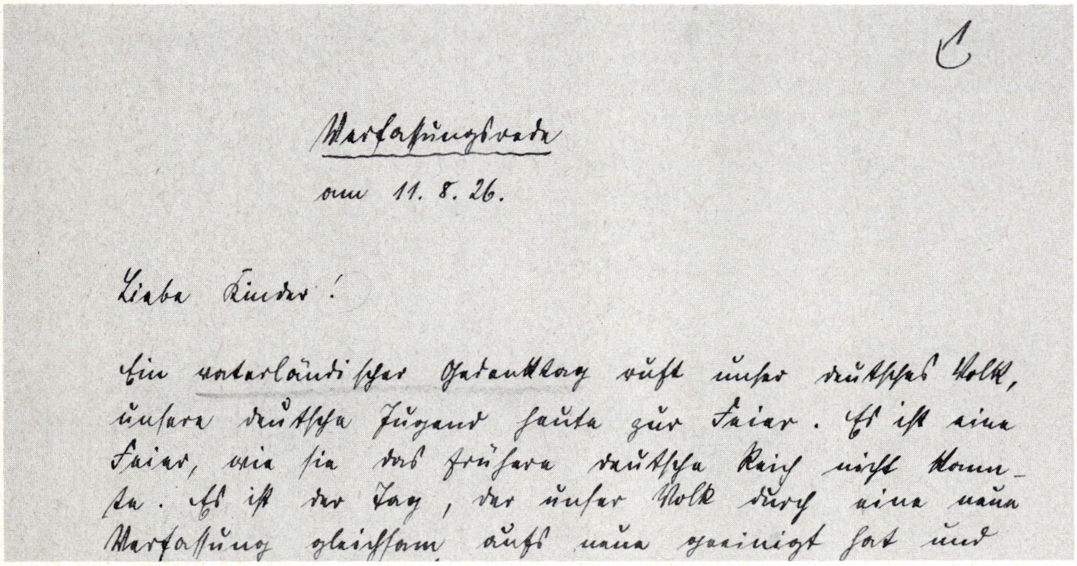

C

Verfassungsrede
am 11. 8. 26.

Liebe Kinder!

Ein vaterländischer Gedenktag ruft unser deutsches Volk, unsere deutsche Jugend heute zur Feier. Es ist eine Feier, wie sie das frühere deutsche Reich nicht kannte. Es ist der Tag, der unser Volk durch eine neue Verfassung gleichsam aufs neue geeinigt hat und

In den Schulen der Weimarer Republik wurde jährlich am 11. August zur Erinnerung an die Unterzeichnung der Weimarer Verfassung 1919 eine Verfassungsfeier durchgeführt. Else Krauses „Verfassungsrede" an die Schüler ihrer Moabiter Volksschule vom 11. August 1926

Die Rede im Wortlaut:

Else Krause
Verfassungsrede
am 11.8.1926

Liebe Kinder!
Ein vaterländischer Gedenktag ruft unser deutsches Volk, unsere deutsche Jugend heute zur Feier. Es ist eine Feier, wie sie das frühere Deutsche Reich nicht kannte. Es ist der Tag, der unser Volk durch eine neue Verfassung gleichsam aufs neue gereinigt hat und unser Reich nach seinem schweren Zusammenbruch hoffnungsvoll auf neue Grundlagen gestellt hat. Es ist kein Tag lauten Jubels, wie ihn andere Volksfeste haben, sondern ein Tag der Selbstbesinnung auf unsere Pflichten als Staatsbürger und als Mensch, denn die deutsche Verfassung gibt zwar dem einzelnen eine Anzahl Rechte, aber sie fordert auch seine Mitarbeit für das Wohl des ganzen Volkes.

Den meisten von Euch Kindern, namentlich den jüngeren, wird der Ausdruck „Verfassung" ein Wort ohne Inhalt sein. Die Verfassungsfeier soll Euch heute eine kleine Einführung in die Grundgedanken des wichtigen großen Staatsgesetzbuches geben.

Ihr sollt zunächst etwas über die Vorgeschichte der neuen Verfassung erfahren. Das deutsche Volk hat nach einer ruhmreichen Vergangenheit auch im schweren Weltkriege Heldentaten ohnegleichen vollbracht. Es hat sich vier Jahre lang gegen eine Welt von Feinden siegreich behauptet. Zuletzt aber wurde es, während unsere Heere noch tief in Feindesland standen, durch den Hunger zermürbt, bezwungen. Verlorene Kriege pflegen meist bei den besiegten Völkern Staatsumwälzungen, Revolutionen genannt, zur Folge zu haben. So stürzte auch der alte Staat mit seiner Ordnung und Obrigkeit in Trümmer. Das deutsche

„Etwas später kam ich dann auf ein neues Oberlyzeum in Neukölln. An dieser Schule hatte ich ziemlich junge Lehrkräfte. Die waren meist um die Dreißig/Vierzig, alle eingestellt auf moderne Unterrichtsmethoden. Neue Wege taten sich auf. Der persönliche Kontakt, den man früher so vermißte, hier war er stets vorhanden. Zum ersten Male erlaubte man uns Diskussionen im Unterricht. Klassische Werke waren nicht nur Leseübungen, sondern Erlebnis."

„Wie ein riesiges Unwetter brach im August 1914 unerwartet der Erste Weltkrieg über uns herein. Sehr viele unserer Verwandten und Freunde meldeten sich spontan in ritterlicher Gesinnung als Freiwillige in die Armee. Wir waren tief erschüttert über die vielen Todesnachrichten. Vorbei die schöne Zeit mit Spiel und Tanz, mit Wanderungen und Reisen. Alle Menschen waren plötzlich sehr ernst und verzweifelt. Unter diesen Umständen fühlte man sich als Frau besonders gefordert, beruflich etwas zu leisten, im Ausgleich für das Opfer der Soldaten. In dieser traurigen Zeit begann unsere seminaristische Ausbildung. Zwei Semester methodische Ausbildung und Unterrichtsarbeit. Eine angegliederte Mädchenmittelschule war für unsere Unterrichtsproben bestimmt."

Erste Anstellungen

„Ich meldete mich für den Schuldienst der Stadt Berlin. Wenn ich gewußt hätte, was da auf mich zukommt! Schon die Einberufung war ein Schock für mich: ‚An die Schulamtsbewerberin E.K.' (Ohne ‚Frau' oder ‚Fräulein') Sie haben sich am . . . da und da zu melden . . . etc. etc.'
Eine einfache Gemeindeschule nahe der Weddinger Grenze. 60 Kinder saßen auf halb sovielen Plätzen, zu sechst auf einer Bank . . . Ab und zu gab es ‚Läuseferien', die wir den Soldatenvätern auf Urlaub zu verdanken hatten."

„Nach 1918: Wir Lehrer mußten weiterhin unsere Pflicht tun und wollten ja auch helfen, das Chaos zu besiegen. Unsere Hoffnung war, nach einigen Jahren (fest)angestellt zu werden . . . Ich habe 13 Jahre darauf gewartet und 23 Vertretungen an verschiedenen Schulen gemacht, manchmal acht Tage oder vier Wochen oder ein halbes Jahr. Nie sah man richtig den Erfolg seiner Arbeit. Erst nach etwa zehn Jahren erhielt ich einen festen Arbeitsplatz und kam endlich zu dem Unterricht, den ich mir wünschte."

„Sie werden fragen, warum ich nicht geheiratet habe. Der 1. Weltkrieg hatte viele Bindungen durch den ‚Heldentod' des Partners zerstört. Ich wollte und mußte Geld verdienen. Außerdem bestand ein Schulgesetz, daß eine verheiratete Lehrerin sofort gegen eine Abfindung den Beruf aufgeben mußte. Diese Tatsache trug uns den schönen Spitznamen ‚Magistratsnonne' ein. So streng waren da die Bräuche!"

Volk hat einen einzigartigen Charakter. Es ist nach seiner Veranlagung dazu berufen, Geistes- und Gemütswerte zu pflegen, Ideale hochzuhalten, – nannte man es doch immer das Volk der Dichter und Denker –, während andere Völker, z.B. Franzosen und Engländer, mehr Wert auf äußerliche Dinge des Lebens legen. – Wie sah es nun aber in unserem Volke schon vor dem Kriege aus? – Ein Teil unseres Volkes hatte sich von den alten Idealen, von Recht und innerer Freiheit losgelöst und statt der geistigen Güter zeigte sich Verflachung, Gewinn- und Genußsucht. Nach dem Gelde bewertete man alle Dinge. Es tat sich eine Kluft auf zwischen Besitzenden und Besitzlosen. Und nach dem Kriege erfüllte dumpfe Verzweiflung die Massen. Keine Arbeit – kein Brot! Unruhen, Elend und Hunger brachten unser Volk an den Rande des Abgrunds. Wenn trotzdem unser schwergeprüftes Volk nicht unterging, so verdanken wir dies der Verfassung von Weimar. Diese führte das Volk aus der Auflösung des Reiches zurück zu Ordnung, Einheit und Freiheit. Durch dieses Verfassungswerk wurden alle Kräfte gesammelt, die am Neubau des Reiches mitarbeiten wollten.

In der neuen Reichsverfassung hat die deutsche Volksgemeinschaft sich einen neuen Staat geschaffen, dem staatlichen Leben eine Grundlage des Rechtes gegeben. So ist das Deutsche Reich jetzt ein Volksstaat, eine Republik, und jeder Staatsbürger hat durch das Wahlrecht die Berechtigung, die Gesetze des Landes mitzuschaffen.

Wollt Ihr einen Einblick in den Aufbau und das Wesen eines Staates gewinnen, so müßt Ihr Euch zunächst das geordnete Leben in Familie und Schule lebendig vor Augen stellen. Im Hause gilt vor allem der Wille des Vaters, in der Schule der des Lehrers. Eltern und Lehrer sind für Euch Autoritäten, denen Ihr Gehorsam schuldet, weil sie Euch erziehen. So sind die Gesetze Vorschriften der Staatsgewalt, in denen das Volk sagt: „Das will ich!" Diesen Gesetzen ist der Staatsbürger Gehorsam schuldig. Jeder einzelne muß die Gesetze auch kennen, weil Unkenntnis nicht vor dem Gesetz schützt. Man unterscheidet den knechtischen und den freien Gehorsam; der eine sagt: „Ich muß!", der andere: „Ich will!". Der letztere gibt die wahre Freiheit.

Auf neue Grundlagen sind also Reich und Staat gestellt. Das vaterländische Bewußtsein und das deutsche Nationalgefühl muß im Volke noch viel lebendiger werden. Das Volk hat ja seine höchsten Gedanken und Ideale noch nicht erfüllt, sondern noch zu verwirklichen. In der neuen Reichsverfassung sind diese Ideale schon vorgezeichnet: Einheit der ganzen Nation, Gerechtigkeit durch Gleichheit vor dem Gesetz, wahre Freiheit verbunden mit vaterländischer Pflichterfüllung, soziale Zusammengehörigkeit mit religiöser Duldsamkeit. Die Grundlagen hierzu sind: Bildung, Freiheit und Gesittung. Gesittung, das heißt Willenszucht muß unser Volk erst wieder lernen, damit es aufsteigen kann.

Unter den Grundgedanken, den Idealen, welche in der neuen Verfassung erstrebt werden sollen, steht an erster Stelle die nationale Einheit. Alle Deutschen sollen Brüder sein, sich nicht befehden und bekriegen. Das Vaterland liegt ja nicht nur auf der Landkarte, sondern im Herzen, wo das Höchste und Heiligste wohnt. So soll uns der heutige Tag aufs Neue eine Mahnung zur Einigkeit sein, denn „Einigkeit und Recht und Freiheit sind des Glückes Unterpfand", heißt es im Deutschland-Lied. Der Deutsche sollte sich wieder besinnen, daß sein deutsches Wesen und seine deutsche Sprache sich mit jedem Ausländertum messen kann, das er leider so gern bewundert. Deutscher Geist und deutsche Kunst, deutsche Muttersprache und deutsches Lied sind kostbare Güter unseres Volkes, die die Nation vereinen. Ein französischer Minister sprach nach dem Kriege das bedeutsame Wort: „Die deutsche Reichseinheit, das Werk Bismarcks, konnte der Feind nicht zerstören."

Betrachten wir die weiteren Grundgedanken der Reichsverfassung. Der deutsche Volksstaat vertritt ferner den Grundsatz des Rechtes und der Gerechtigkeit. Im neuen Reiche besteht staatsbürgerliche Gleichheit. Vor dem Gesetz sind alle gleich ohne Rücksicht auf Bildung, Stand, Besitz, Bekenntnis. Alle Vorrechte sind aufgehoben. Die Frau hat dieselben Rechte und Pflichten wie der Mann. – Versteht es aber recht: Gleichheit vor dem Gesetz heißt nicht Gleichheit überhaupt. Die kann es nie geben. Die Natur hat die Menschen ungleich geschaffen in ihren geistigen Anlagen, in ihrer Bildung, in ihrer Arbeitskraft und ihrem Arbeitswillen. Der Mensch kann die Naturgesetze nicht umstoßen.

Eines der staatlichen Grundrechte ist das Wahlrecht. Dieses ist allgemein. Alle Männer und Frauen vom 20. Lebensjahr ab sind wahlberechtigt, für die Frauen ist das Wahlrecht neu. – Aber den Rechten stehen auch Pflichten gegenüber. Durch den unglücklichen Friedensvertrag sind dem Reich unerträgliche Lasten auferlegt. Jeder einzelne muß durch Steuerzahlen mithelfen. Euere Väter hätten die vielen Steuern nicht zu zahlen, wenn nicht der Krieg und der Schmachfrieden von Versailles gewesen wäre. Leider gibt es in unserem Volk viele gewissenlose Menschen, die sich durch Müßiggang und Wohlleben täglich an ihrem Volk versündigen. Nur ehrliche Arbeit kann uns Deutsche wieder hochsteigen lassen. Die schaffende Arbeit aller Volksschichten ist eine vaterländische Pflicht und die Grundlage der Staatsordnung. Arbeiten über die Pflicht hinaus müssen wir, wenn wir uns einmal von der Fronarbeit für die Siegerstaaten befreien wollen.

Trotz des Arbeitswillens geriet mancher unserer Volksgemeinschaft unverschuldet in Arbeitslosigkeit und Not. Dann unterstützt ihn das Reich mit seiner Fürsorge. Aber schon im früheren Reich bestanden Arbeiterwohlfahrtsgesetze, durch welche Deutschland für alle Staaten der Welt vorbildlich wurde. Der Volksgemeinschaft muß sich der einzelne Staatsbürger unterordnen! Sonst kann keine . . .

(Hier endet das unvollständige Manuskript)

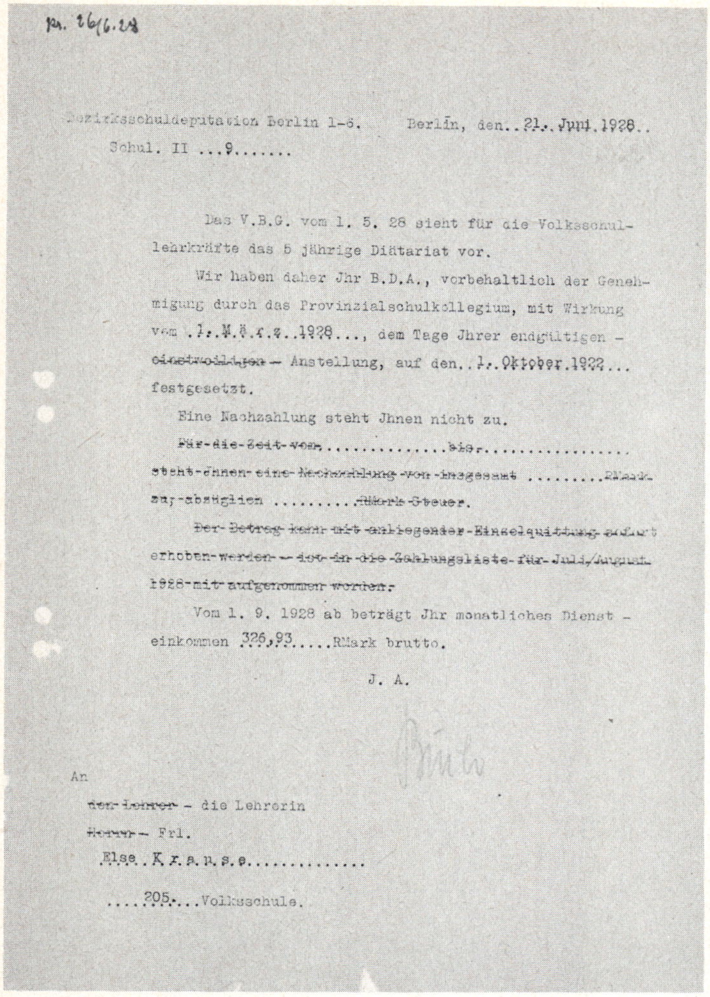

pr. 26/6.28

Bezirksschuldeputation Berlin 1-6. Berlin, den..21..Juni.1928..

Schul. II ...9.......

Das V.B.G. vom 1. 5. 28 sieht für die Volksschullehrkräfte das 5 jährige Diätariat vor.

Wir haben daher Jhr B.D.A., vorbehaltlich der Genehmigung durch das Provinzialschulkollegium, mit Wirkung vom .1..März..1928..., dem Tage Jhrer endgültigen – ~~einstweiligen~~ – Anstellung, auf den..1..Oktober.1922... festgesetzt.

Eine Nachzahlung steht Jhnen nicht zu.

~~Für die Zeit vom~~..............~~bis~~..................
~~steht Jhnen eine Nachzahlung von insgesamt~~ ....~~RMark~~
~~zu; abzüglich~~ ....~~Mark Steuer.~~

~~Der Betrag kann mit anliegender Einzelquittung sofort erhoben werden – ist in die Zahlungsliste für Juli/August 1928 mit aufgenommen worden.~~

Vom 1. 9. 1928 ab beträgt Jhr monatliches Dienst-einkommen 326,93.....RMark brutto.

J. A.

An
~~den Lehrer~~ – die Lehrerin
~~Herrn~~ – Frl.
Else.Krause..............
.....205....Volksschule.

Amtliche Bescheinigung über Dienstalter und Einkommen vom 21. Juni 1928

Schulausflug mit Schülern und Eltern zur Pfaueninsel (1929)

Zur Pensionierung des Rektors läßt sich das Lehrerkollegium fotografieren. Else Krause rechts neben dem Rektor

Die Schule in der Moabiter Levetzowstraße, an der Else Krause unterrichtete (1929)

Mit ihrer Klasse (1932)

Lehrerin im Nationalsozialismus

„Am 31. Januar 1933 hatten wir eine Lehrerkonferenz gehabt. Es war 19 Uhr – meine Straßenbahn fuhr damals über den ‚Großen Stern' im Tiergarten. Ein Riesenstau! Wir kamen nicht vorwärts. Keiner wußte warum. Ich denke, was blüht uns denn jetzt wieder? Ich hatte keine Ahnung von der Masse dieser Bewegung. ‚Ja', klärte man mich auf, ‚das sind doch die Nazis!' – Was sollte dieser Festzug? – Ob das wohl zum Guten ist?

Unser ganzes Kollegium war eigentlich recht gegen Hitler eingestellt, nur ein jüngerer Kollege entpuppte sich als ein wilder SA-Mann.

Eines Tages bekam ich eine Postkarte vom Rathaus Tiergarten: ‚Melden Sie sich am . . . Mai 1939 zwecks einer Rücksprache.' – . . . Als wir unsere Vorladung zeigten, holte er (ein Beamter) ein Kästchen mit einem Orden und einer Urkunde. ‚Unterschreiben Sie, daß Sie das gekriegt haben', sagte er unhöflich. Sie können sich denken, wie ‚geehrt' wir uns fühlten.
Text der Urkunde: ‚Der Führer und Reichskanzler hat mit Erlaß vom heutigen Tage der Lehrerin Else Krause in Berlin-Friedenau als Anerkennung für 25jährige treue Dienste das Silberne Treudienstehrenzeichen verliehen. – Berlin, den 9. Mai 1939'.

In einer Lehrerkonferenz (1940) hielt ein sehr geschätzter Kollege einen Vortrag über ein kulturelles Thema, in dem auch die Namen einiger jüdischer Gelehrter, Künstler, Dichter fielen. Plötzlich springt der SA-Mann auf, schreit: ‚Herr, wissen Sie nicht, daß das Juden waren? . . . Ich werde Sie anzeigen.' – Er tat es auch. Das Kollegium war empört und beschloß, eine Eingabe an die Behörde zu machen, daß dieser Mann an eine andere Schule versetzt wurde. Er wurde versetzt . . . Das Kollegium flog auf, jeder wurde an eine entlegene Stelle versetzt.

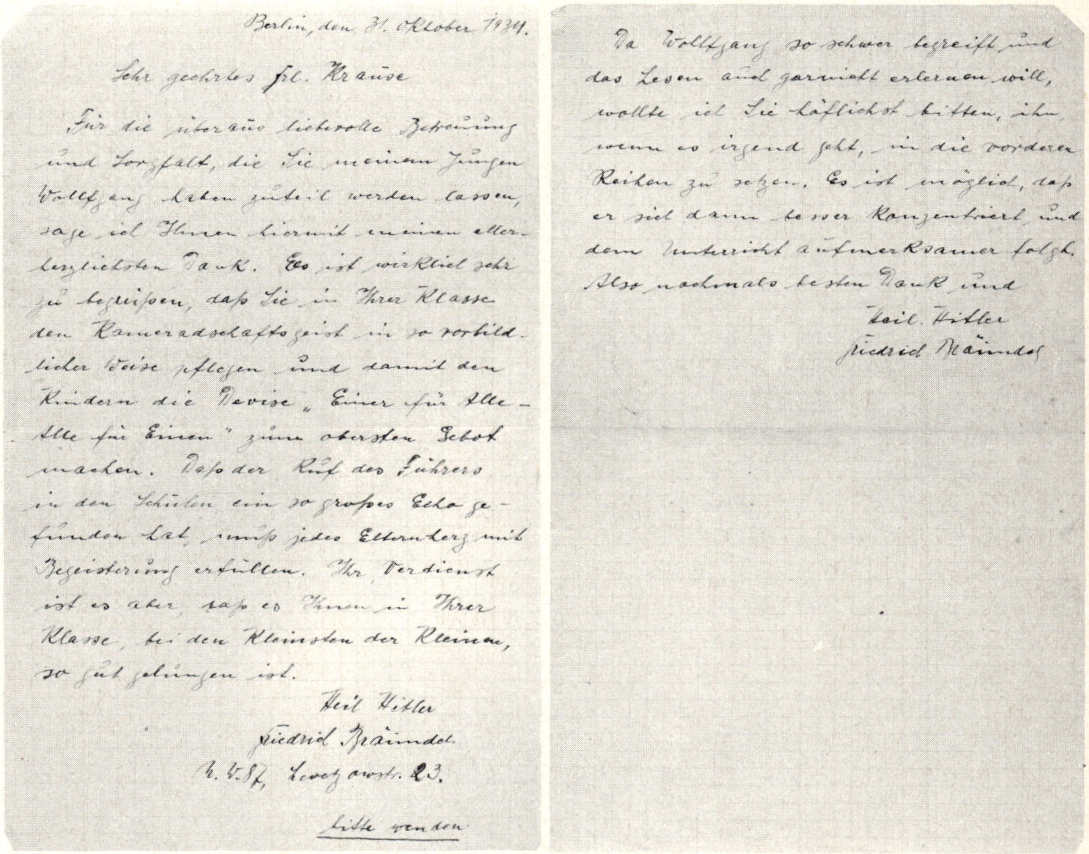

Berlin, den 31. Oktober 1934.

Sehr geehrtes Frl. Krause

Für die überaus liebevolle Betreuung und Sorgfalt, die Sie meinem Jungen Wolfgang haben zuteil werden lassen, sage ich Ihnen hiermit meinen allerherzlichsten Dank. Es ist wirklich sehr zu begrüßen, daß Sie in Ihrer Klasse den Kameradschaftsgeist in so vorbildlicher Weise pflegen und damit den Kindern die Devise „Einer für Alle – Alle für Einen" zum obersten Gebot machen. Daß der Ruf des Führers in den Schulen ein so großes Echo gefunden hat, muß jedes Elternherz mit Begeisterung erfüllen. Ihr Verdienst ist es aber, daß es Ihnen in Ihrer Klasse, bei den Kleinsten der Kleinen, so gut gelungen ist.

Heil Hitler
Friedrich Bräundel
N.W. 87, Levetzowstr. 23.

bitte wenden

Da Wolfgang so schwer begreift und das Lesen auch garnicht erlernen will, wollte ich Sie höflichst bitten, ihn wenn es irgend geht, in die vorderen Reihen zu setzen. Es ist möglich, daß er sich dann besser konzentriert und dem Unterricht aufmerksamer folgt. Also nochmals besten Dank und

Heil Hitler
Friedrich Bräundel

Brief eines Vaters an Else Krause, die Lehrerin seines Sohnes (1934)

Abschrift:

Berlin, den 31. Oktober 1934

Sehr geehrtes Frl. Krause

Für die überaus liebevolle Betreuung und Sorgfalt, die Sie meinem Jungen Wolfgang haben zuteil werden lassen, sage ich Ihnen hiermit meinen allerherzlichsten Dank. Es ist wirklich sehr zu begrüßen, daß Sie in Ihrer Klasse den Kameradschaftsgeist in so vorbildlicher Weise pflegen und damit den Kindern die Devise „Einer für Alle – Alle für Einen" zum obersten Gebot machen. Daß der Ruf des Führers in den Schulen ein so großes Echo gefunden hat, muß jedes Elternherz mit Begeisterung erfüllen. Ihr Verdienst ist es aber, daß es Ihnen in Ihrer Klasse, bei den Kleinsten der Kleinen, so gut gelungen ist.

Heil Hitler
Friedrich Bräundel
N.W. 87, Levetzowstr. 23.

bitte wenden

Da Wolfgang so schwer begreift und das Lesen auch gar nicht erlernen will, wollte ich Sie höflichst bitten, ihn, wenn es irgend geht, in die vordersten Reihen zu setzen. Es ist möglich, daß er sich dann besser konzentriert und dem Unterricht aufmerksamer folgt. Also nochmals besten Dank und

Heil Hitler
Friedrich Bräundel

Auf dem Schulhof in der Levetzowstraße (1935)

März 1941 bekam ich einen Brief vom Schulrat mit dem Befehl: ‚Sie haben sich umgehend zur Schularbeit an evakuierten Berliner Kindern in Buchenwald zu melden.' – Es war ein Dorf an der polnischen Grenze, 800 Einwohner, 5 km von der nächsten Bahnstation Bernstadt, eine Stunde Kleinbahn nach Oels, dann eine Stunde Eilzug bis Breslau."

(Nachdem keine Berliner Kinder mehr in Buchenwald waren, kehrte Frau Krause nach Berlin zurück.)

„Die Kriegsnot verstärkte sich täglich. Sehr oft gab es Sirenengeheul mit nachfolgenden Bombenangriffen. . . . Todmüde mußte man morgens zum Dienst, vorbei an brennenden und zerstörten Häusern,

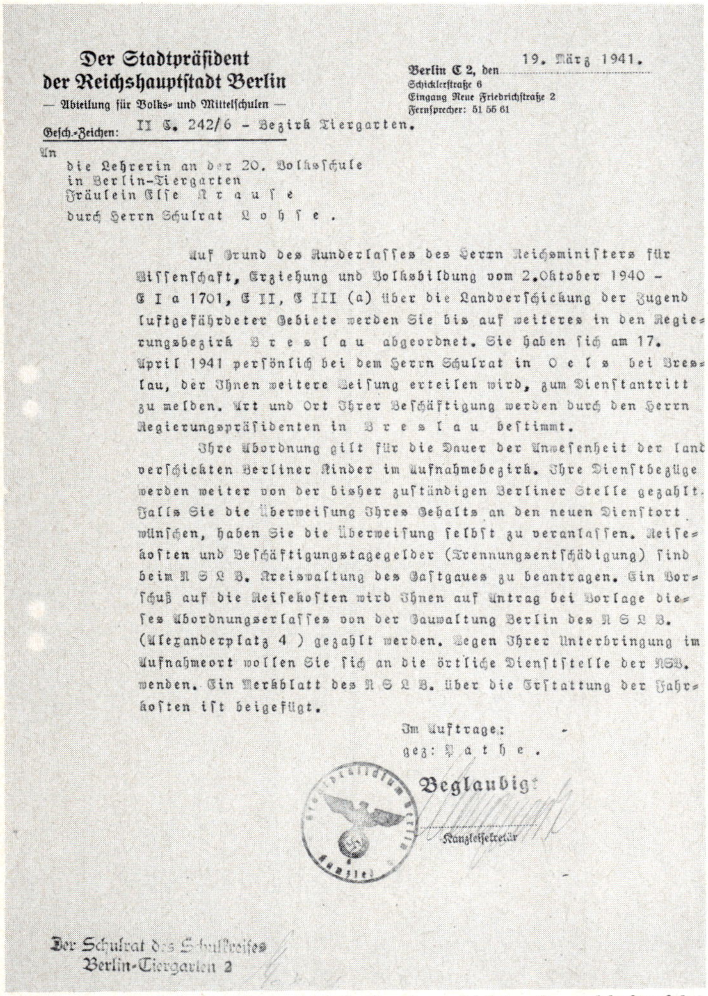

Der Stadtpräsident der Reichshauptstadt Berlin
— Abteilung für Volks- und Mittelschulen —

Berlin C 2, den 19. März 1941.
Schicklerstraße 6
Eingang Neue Friedrichstraße 2
Fernsprecher: 51 55 61

Gesch.-Zeichen: II S. 242/6 - Bezirk Tiergarten.

An
die Lehrerin an der 20. Volksschule
in Berlin-Tiergarten
Fräulein Else Krause
durch Herrn Schulrat Lohse.

Auf Grund des Runderlasses des Herrn Reichsministers für Wissenschaft, Erziehung und Volksbildung vom 2. Oktober 1940 - E I a 1701, E II, E III (a) über die Landverschickung der Jugend luftgefährdeter Gebiete werden Sie bis auf weiteres in den Regierungsbezirk Breslau abgeordnet. Sie haben sich am 17. April 1941 persönlich bei dem Herrn Schulrat in Oels bei Breslau, der Ihnen weitere Weisung erteilen wird, zum Dienstantritt zu melden. Art und Ort Ihrer Beschäftigung werden durch den Herrn Regierungspräsidenten in Breslau bestimmt.

Ihre Abordnung gilt für die Dauer der Anwesenheit der landverschickten Berliner Kinder im Aufnahmebezirk. Ihre Dienstbezüge werden weiter von der bisher zuständigen Berliner Stelle gezahlt. Falls Sie die Überweisung Ihres Gehalts an den neuen Dienstort wünschen, haben Sie die Überweisung selbst zu veranlassen. Reisekosten und Beschäftigungstagegelder (Trennungsentschädigung) sind beim N S L B. Kreiswaltung des Gastgaues zu beantragen. Ein Vorschuß auf die Reisekosten wird Ihnen auf Antrag bei Vorlage dieses Abordnungserlasses von der Gauwaltung Berlin des N S L B. (Alexanderplatz 4) gezahlt werden. Wegen Ihrer Unterbringung im Aufnahmeort wollen Sie sich an die örtliche Dienststelle der NSV. wenden. Ein Merkblatt des N S L B. über die Erstattung der Fahrkosten ist beigefügt.

Im Auftrage:
gez: Pathe.

Beglaubigt
Kanzleisekretär

Der Schulrat des Schulkreises
Berlin-Tiergarten 2

Else Krause wird zum Unterricht der landverschickten Jugend luftgefährdeter Gebiete „bis auf weiteres" in den Regierungsbezirk Breslau versetzt. Ihr neuer Wohn- und Schulort ist das Dorf Buchwald (1941)

Postkarte aus Buchwald. Links oben das Schulhaus. Mit den Berliner Schulkindern verläßt auch Else Krause das Dorf

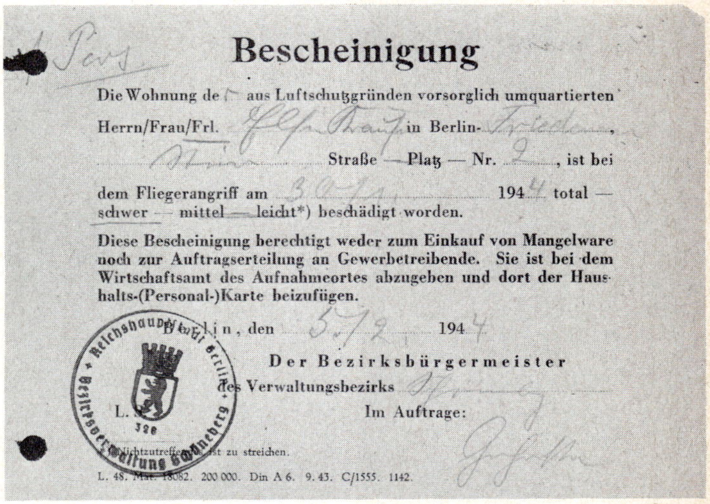

Bescheinigung

Die Wohnung de[r] aus Luftschutzgründen vorsorglich umquartierten Herrn/Frau/Frl. .... in Berlin-............, ... Straße — Platz — Nr. 2, ist bei dem Fliegerangriff am 30.1. 1944 total — schwer — mittel — leicht*) beschädigt worden.

Diese Bescheinigung berechtigt weder zum Einkauf von Mangelware noch zur Auftragserteilung an Gewerbetreibende. Sie ist bei dem Wirtschaftsamt des Aufnahmeortes abzugeben und dort der Haushalts-(Personal-)Karte beizufügen.

Berlin, den 5.12. 1944

Der Bezirksbürgermeister
des Verwaltungsbezirks ....
Im Auftrage:

L. S.

*) Nichtzutreffendes ist zu streichen.

L. 48. Mat. 18082. 200 000. Din A 6. 9. 43. C/1555. 1142.

Bescheinigung über Beschädigung der Berliner Wohnung durch Fliegerangriff am 30. Januar 1944

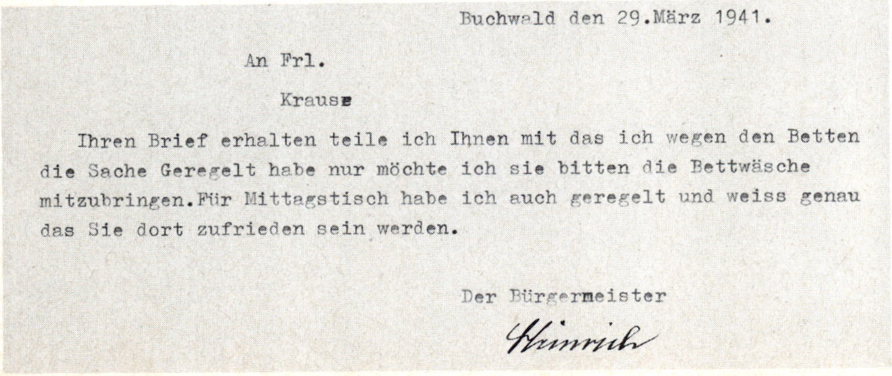

Buchwald den 29.März 1941.

An Frl.

Krause

Ihren Brief erhalten teile ich Ihnen mit das ich wegen den Betten die Sache Geregelt habe nur möchte ich sie bitten die Bettwäsche mitzubringen.Für Mittagstisch habe ich auch geregelt und weiss genau das Sie dort zufrieden sein werden.

Der Bürgermeister

Heinrich

zu Fuß weite Strecken gehend. – Eines Tages kam der Befehl: Ihr müßt mit Sack und Pack nach Ostpreußen! . . . Es gab kein Kinderlager; manche Mütter begleiteten ihre Kinder, das war leidlich in Ordnung. Aber die armen Einzelkinder! Sie wurden regelrecht an die Bevölkerung versteigert. Wer möchte einen Jungen von acht Jahren? . . . Da viele Männer im Feld waren, konnten sie uns gut gebrauchen. Wir Berliner hatten immer nachmittags Unterricht. Ein toller Stundenplan! Von 8 bis 9, von 11 bis 12, von 14 bis 18 Uhr."

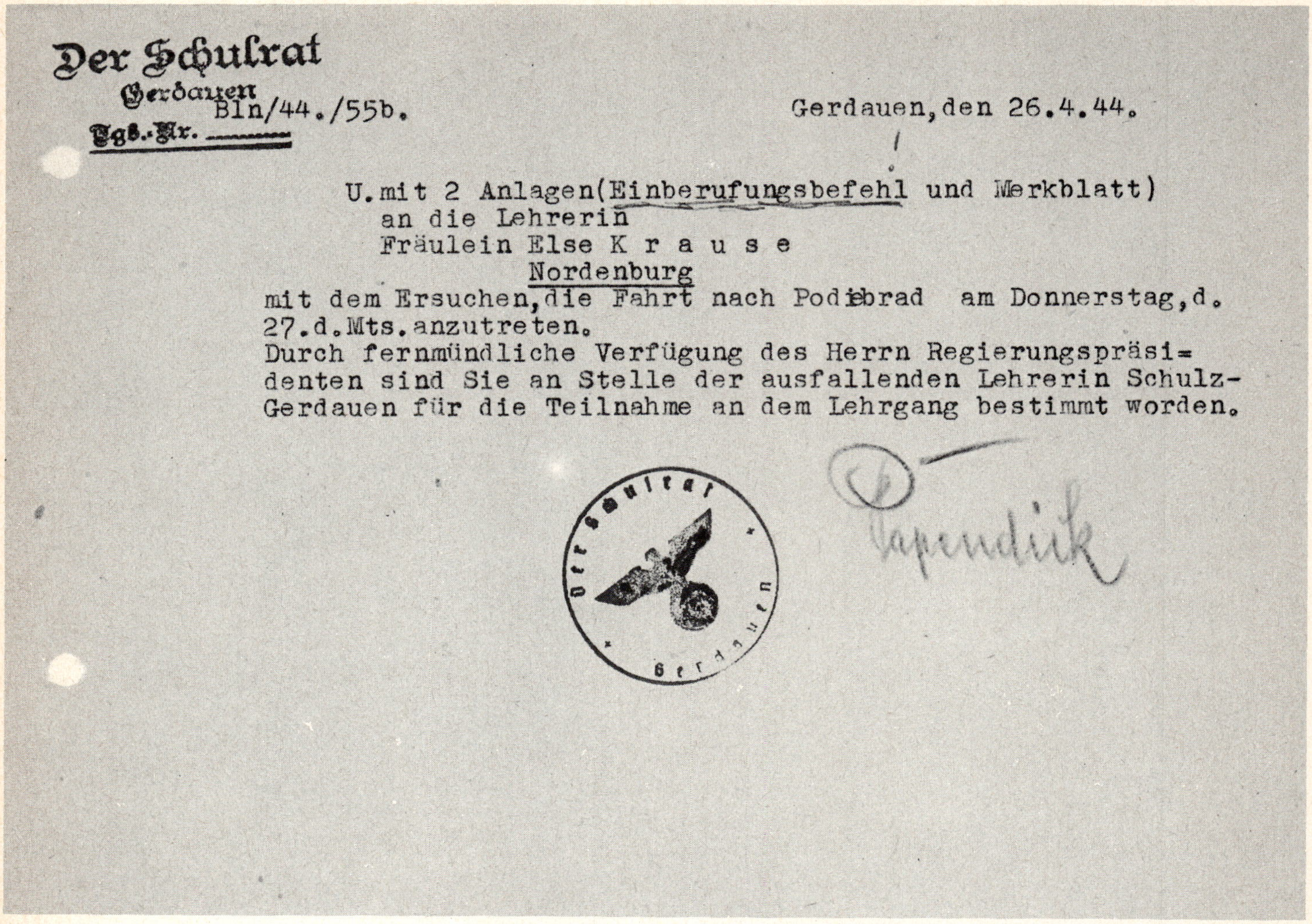

Der Schulrat
Gerdauen
Tgb.-Nr. Bln/44./55b.

Gerdauen, den 26.4.44.

U. mit 2 Anlagen (Einberufungsbefehl und Merkblatt)
an die Lehrerin
Fräulein Else K r a u s e
Nordenburg
mit dem Ersuchen, die Fahrt nach Podiebrad am Donnerstag, d. 27. d. Mts. anzutreten.
Durch fernmündliche Verfügung des Herrn Regierungspräsidenten sind Sie an Stelle der ausfallenden Lehrerin Schulz-Gerdauen für die Teilnahme an dem Lehrgang bestimmt worden.

An ihrem neuen Dienstort Nordenburg/Ostpreußen, wo sie ihre Berliner Klasse unterrichtet, erreicht Else Krause die Einberufung zur Ausbildung als Lagerleiterin der „Kinderlandverschickung“

„Im Mai 1944 mußte ich auf Befehl der Behörde eine größere Reise unternehmen. Als ich vormittags vom Dienst zurückkam, fand ich ein Schreiben vom Schulrat vor: Sie haben sich noch heute zu einer Lagerausbildung nach Bad Podibrad (Tschechoslowakei) zu begeben. Ihr Zug geht um 20 Uhr ab Königsberg. – Mir blieben zwei Stunden für die Vorbereitung . . . Warum hatte man mich hierher geschickt? – Plan: Ausbildung als Lagerleiterin, Umerziehung im geschichtlichen und sozialen Denken, Spiel, Sport, Singen im NS-Sinne. Es gab dort etwa 200 Stellen, an denen die Hitlerfahne morgens gehißt wurde. – Nun, ich überstand auch diese Zeit.

KLV-SCHULE FÜR LAGERLEITER
UND LAGERLEITERINNEN
BAD PODIEBRAD (Protektorat)

Podiebrad, den 9. V. 1944

Bescheinigung.

~~Dem~~(Der) Lehrerin Krause, Else wird bescheinigt, daß ~~er~~(sie) an dem VII/44 Lehrgang der KLV-Schule für Lagerleiter und Lagerleiterinnen in Bad Podiebrad vom 27. IV. bis 9. V. 44 teilgenommen hat.

Der Schulführer:

255

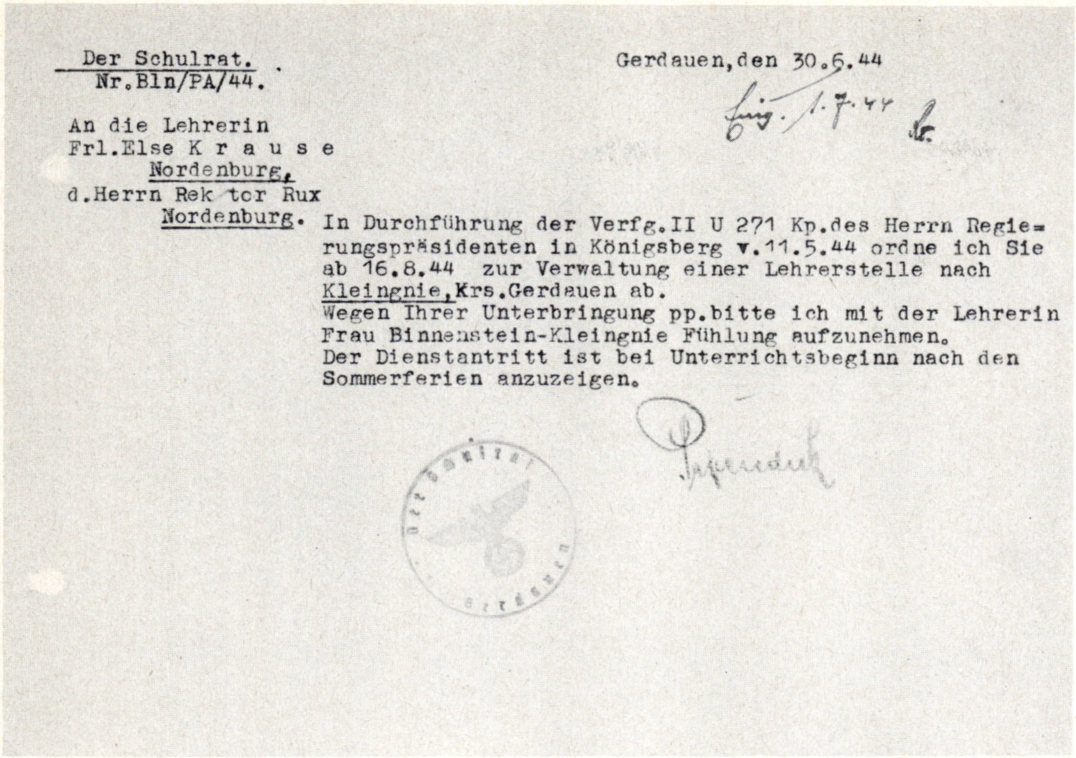

Der Schulrat.
Nr. Bln/PA/44.

Gerdauen, den 30.6.44

An die Lehrerin
Frl. Else K r a u s e
Nordenburg,
d. Herrn Rek tor Rux
Nordenburg.

In Durchführung der Verfg. II U 271 Kp. des Herrn Regierungspräsidenten in Königsberg v. 11.5.44 ordne ich Sie ab 16.8.44 zur Verwaltung einer Lehrerstelle nach Kleingnie, Krs. Gerdauen ab.
Wegen Ihrer Unterbringung pp. bitte ich mit der Lehrerin Frau Binnenstein-Kleingnie Fühlung aufzunehmen.
Der Dienstantritt ist bei Unterrichtsbeginn nach den Sommerferien anzuzeigen.

Zurück in Nordenburg, wird Else Krause knapp zwei Monate später ins 20 km entfernte Kleingnie versetzt

20.7.1944: Um zehn Uhr vormittags klingelte der Dorfdiener durch die Straßen: Alle Evakuierten haben ihr Gepäck an den Straßenrand zu stellen und sich um halb zwei auf dem Bahnhof einzufinden. Um zwei Uhr geht der Zug nach Berlin. – Am Abend wurden wir in einem Dorf zwischen Bitterfeld und Wittenberg mit unsrem ganzen Gepäck ausgeladen. Was nun? – Ich wurde im Schulhaus untergebracht, sollte mir aber selbst eine Stelle suchen. Die Kinder waren in alle Winde verstreut. Ich kam an die Schule des Industriedorfes Mühlanger."

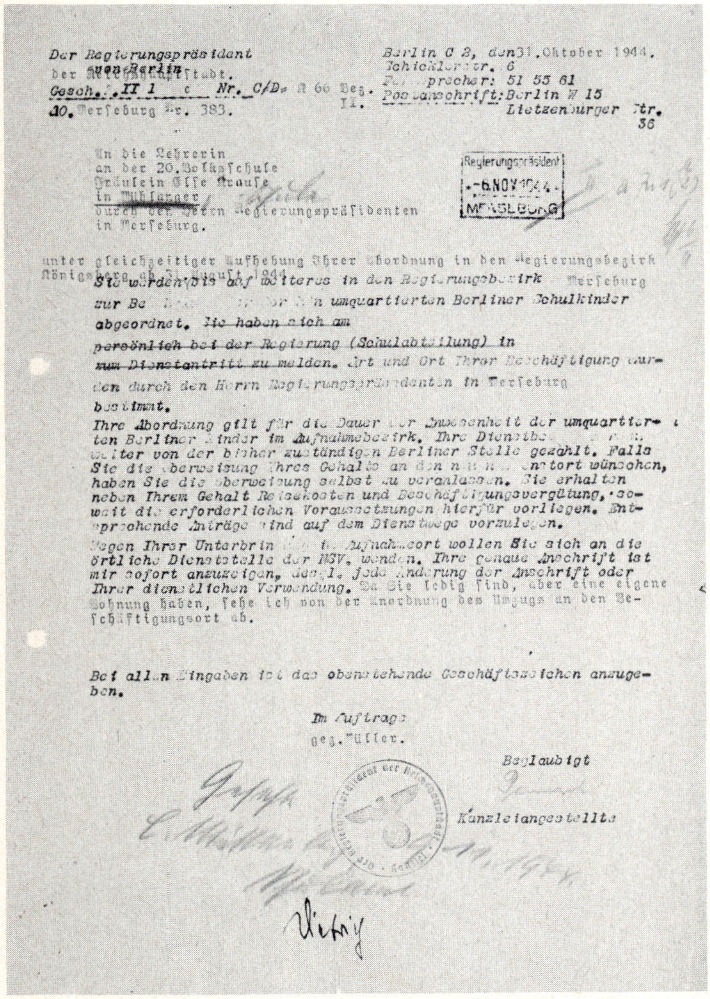

Der Regierungspräsident
~~von Berlin~~
der Reichshauptstadt.
Gesch. Z. II 1 c Nr. C/D. R 66 Reg. II.
10. Merseburg Nr. 383.

Berlin C 2, den 31. Oktober 1944.
Schicklerstr. 6
Fernsprecher: 51 55 61
Postanschrift: Berlin W 15
Lietzenburger Str. 36

An die Lehrerin
an der 20. Volksschule
Fräulein Else Krause
in Mühlanger
durch den Herrn Regierungspräsidenten
in Merseburg.

unter gleichzeitiger Aufhebung Ihrer Abordnung in den Regierungsbezirk Königsberg ab 31. August 1944
Sie werden bis auf weiteres in den Regierungsbezirk Merseburg zur Be[illegible] der umquartierten Berliner Schulkinder abgeordnet. ~~Sie haben sich am persönlich bei der Regierung (Schulabteilung) in zum Dienstantritt zu melden.~~ Art und Ort Ihrer Beschäftigung werden durch den Herrn Regierungspräsidenten in Merseburg bestimmt.
Ihre Abordnung gilt für die Dauer der Anwesenheit der umquartierten Berliner Kinder im Aufnahmebezirk. Ihre Dienstbe[illegible] weiter von der bisher zuständigen Berliner Stelle gezahlt. Falls Sie die Überweisung Ihres Gehalts an den [illegible] wünschen, haben Sie die Überweisung selbst zu veranlassen. Sie erhalten neben Ihrem Gehalt Reisekosten und Beschäftigungsvergütung, soweit die erforderlichen Voraussetzungen hierfür vorliegen. Entsprechende Anträge sind auf dem Dienstwege vorzulegen.
Wegen Ihrer Unterbrin[illegible] Aufnahmeort wollen Sie sich an die örtliche Dienststelle der NSV. wenden. Ihre genaue Anschrift ist mir sofort anzuzeigen, desgl. jede Änderung der Anschrift oder Ihrer dienstlichen Verwendung. Da Sie ledig sind, aber eine eigene Wohnung haben, sehe ich von der Anordnung des Umzugs an den Beschäftigungsort ab.

Bei allen Eingaben ist das obenstehende Geschäftszeichen anzugeben.

Im Auftrage
gez. Müller.

Beglaubigt
Kanzleiangestellte

„Reise"kostenabrechnung 1944. Am 21. Juli 1944 wird Else Krauses Berliner Schule erneut „verlegt": von Ostpreußen nach Bergwitz in Schlesien.

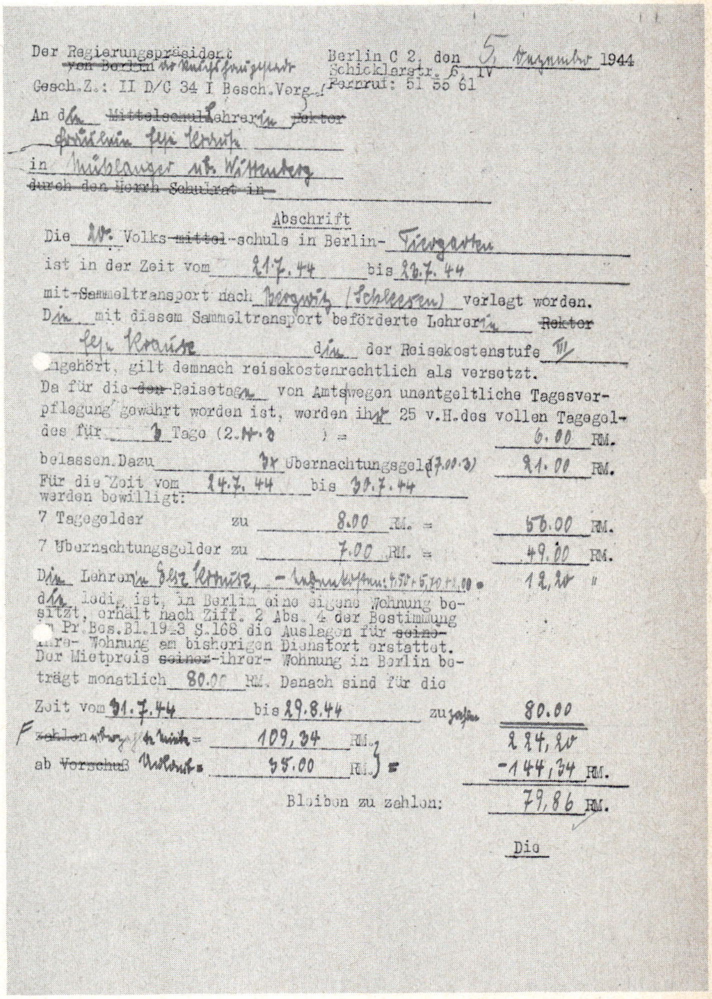

Der Regierungspräsident
~~von Berlin~~ der Reichshauptstadt
Gesch. Z.: II D/C 34 I Besch. Verg.
Berlin C 2, den 5. Dezember 1944
Schicklerstr. 6, IV
Fernruf: 51 55 61

An die ~~Mittelschul~~lehrerin ~~Rektor~~
Fräulein Else Krause
in Mühlanger üb. Wittenberg
~~durch den Herrn Schulrat in~~

Abschrift

Die 20. Volks~~mittel~~-schule in Berlin-Tiergarten
ist in der Zeit vom 21.7.44 bis 23.7.44
mit Sammeltransport nach Bergwitz (Schlesien) verlegt worden.
Die mit diesem Sammeltransport beförderte Lehrerin ~~Rektor~~
Frl. Krause die der Reisekostenstufe III
angehört, gilt demnach reisekostenrechtlich als versetzt.
Da für die ~~den~~ Reisetage von Amtswegen unentgeltliche Tagesverpflegung gewährt worden ist, werden ihr 25 v.H. des vollen Tagegeldes für 3 Tage (2.00.3) = 6.00 RM.
belassen. Dazu 3x Übernachtungsgeld (7.00.3) 21.00 RM.
Für die Zeit vom 24.7.44 bis 30.7.44
werden bewilligt:
7 Tagegelder zu 8.00 RM. = 56.00 RM.
7 Übernachtungsgelder zu 7.00 RM. = 49.00 RM.
Die Lehrerin Else Krause, [illegible] 12,20 "
die ledig ist, in Berlin eine eigene Wohnung besitzt, erhält nach Ziff. 2 Abs. 4 der Bestimmung im Pr. Bes. Bl. 1923 S. 168 die Auslagen für ~~seine~~ ihre Wohnung am bisherigen Dienstort erstattet.
Der Mietpreis ~~seiner~~ ihrer Wohnung in Berlin beträgt monatlich 80.00 RM. Danach sind für die
Zeit vom 31.7.44 bis 29.8.44 zu zahlen 80.00
~~zahlen~~ [illegible] = 109,34 RM.
ab ~~Vorschuß~~ [illegible] = 35.00 RM. = 224,20
-144,34 RM.
Bleiben zu zahlen: 79,86 RM.

Die

Drei Monate später erneute „Umquartierung", jetzt nach Mühlanger, einem Dorf in der Nähe von Wittenberg

Ich bitte, Frl. Else K r a u s e , Bln-Friedenau , Stierstr. 2 , die im Schuldienst des Verwaltungsbezirk Tiergarten voll beschäftigt ist und dringend benötigt wird, von jedem anderen Arbeitseinsatz freizuhalten.

Berlin, den 7. Juli 1942

Der Bezirksbürgermeister d.Verwaltungsbez. Tiergarten

Bachmann

Nachkriegszeit

„Da stand ich nun nachts um ein Uhr in meiner Vaterstadt. Trümmer, wohin das Auge sehen konnte in der Finsternis . . . Nach zwei Tagen lief ich zu Fuß – es gab ja keine Verkehrsmittel –, um nach meiner Schule zu sehen.
Sie stand noch. Auch mein Chef war schon zur Stelle und freute sich: ‚Kommen Sie bald zu uns! Wir brauchen jetzt dringend Handwerker.' Die dicken Pappen unserer alten ‚Anschauungsbilder' fanden nützliche Verwendung als Glasersatz. Es gab keine neuen Schulbücher, auch die Bücherei war sehr ausgesondert worden, Papier und Schreibmaterial fehlte überall. Es war schrecklich in den ersten Jahren, aber wir haben alles gemeistert.
Das Beamtenrecht war uns abgesprochen, wurde aber nach Jahren wieder erneuert. In der Zwischenzeit waren wir Angestellte mit kleinem Gehalt . . .
Ich war meiner alten Schule treu geblieben. Sie führte jetzt den Namen ‚Praktische Oberschule'. Jungen und Mädchen wurden jetzt gemeinsam unterrichtet. Das gab zwar manchmal Probleme, aber wir rauften uns zusammen. . . ."

„Im letzten Jahr in der Hauptschule arbeitete ich etwas freizügiger mit meinen Schülern. In jedem Quartal ließ ich sie eine große Arbeit mit selbstgewähltem Thema anfertigen. Der Erfolg überraschte mich. Durch diesen pädagogischen Trick der eigenen Themenwahl lernte ich auch die Interessensgebiete der einzelnen kennen: vom gelesenen Buch, Tiergeschichten, James Dean, Filmen usw. . . ."

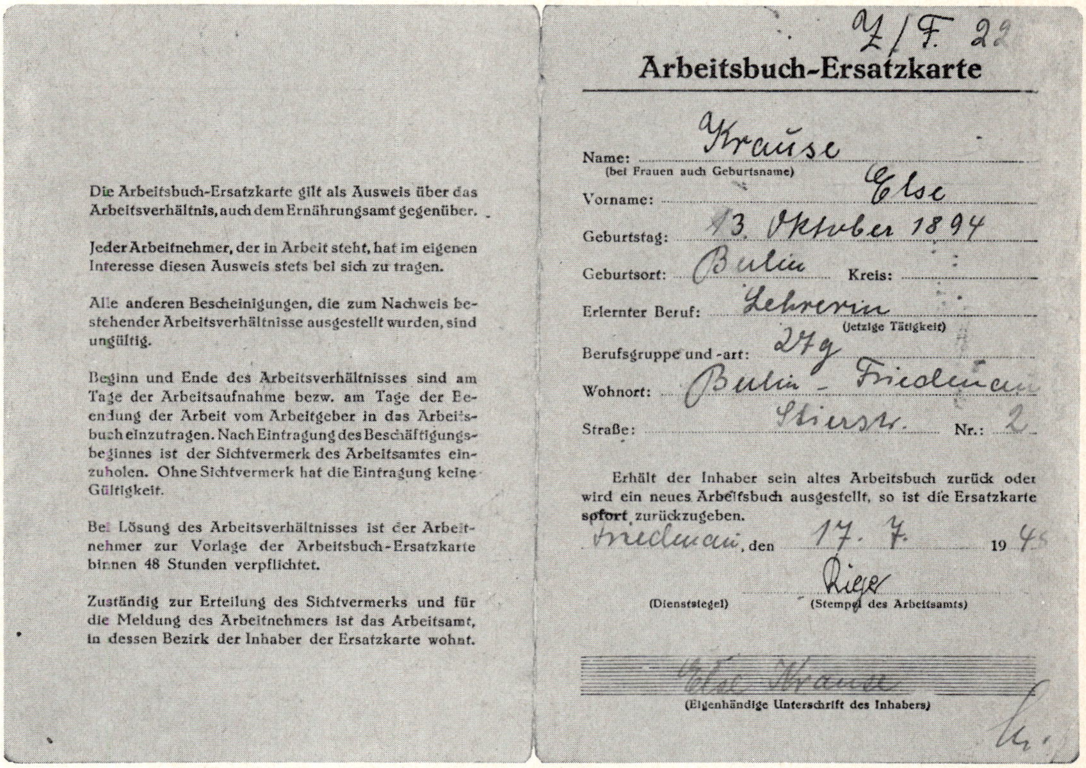

Die Arbeitsbuch-Ersatzkarte gilt als Ausweis über das Arbeitsverhältnis, auch dem Ernährungsamt gegenüber.

Jeder Arbeitnehmer, der in Arbeit steht, hat im eigenen Interesse diesen Ausweis stets bei sich zu tragen.

Alle anderen Bescheinigungen, die zum Nachweis bestehender Arbeitsverhältnisse ausgestellt wurden, sind ungültig.

Beginn und Ende des Arbeitsverhältnisses sind am Tage der Arbeitsaufnahme bezw. am Tage der Beendung der Arbeit vom Arbeitgeber in das Arbeitsbuch einzutragen. Nach Eintragung des Beschäftigungsbeginnes ist der Sichtvermerk des Arbeitsamtes einzuholen. Ohne Sichtvermerk hat die Eintragung keine Gültigkeit.

Bei Lösung des Arbeitsverhältnisses ist der Arbeitnehmer zur Vorlage der Arbeitsbuch-Ersatzkarte binnen 48 Stunden verpflichtet.

Zuständig zur Erteilung des Sichtvermerks und für die Meldung des Arbeitnehmers ist das Arbeitsamt, in dessen Bezirk der Inhaber der Ersatzkarte wohnt.

Y/F. 22

Arbeitsbuch-Ersatzkarte

Name: Krause
(bei Frauen auch Geburtsname)
Vorname: Else
Geburtstag: 13. Oktober 1894
Geburtsort: Berlin Kreis:
Erlernter Beruf: Lehrerin (jetzige Tätigkeit)
Berufsgruppe und -art: 27g
Wohnort: Berlin-Friedenau
Straße: Stierstr. Nr.: 2

Erhält der Inhaber sein altes Arbeitsbuch zurück oder wird ein neues Arbeitsbuch ausgestellt, so ist die Ersatzkarte sofort zurückzugeben.

Friedenau, den 17. 7. 1945

(Dienstsiegel) (Stempel des Arbeitsamts)

Else Krause
(Eigenhändige Unterschrift des Inhabers)

Bald nach Kriegsende geht der Unterricht an der alten Schule weiter, jetzt wieder in Berlin-Moabit

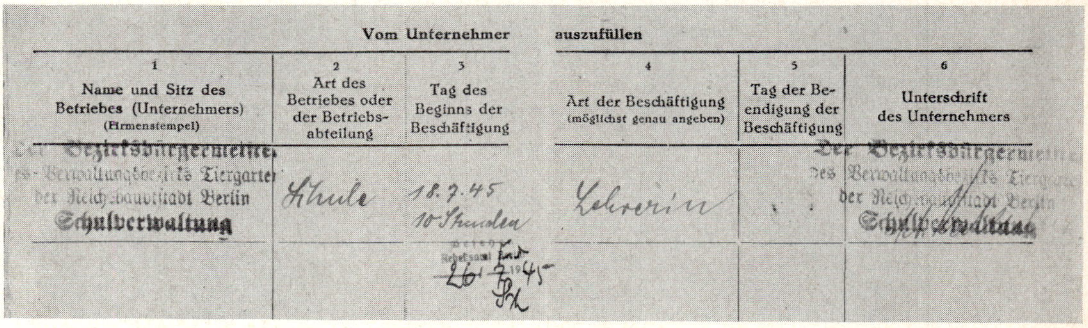

Vom Unternehmer auszufüllen

1 Name und Sitz des Betriebes (Unternehmers) (Firmenstempel)	2 Art des Betriebes oder der Betriebsabteilung	3 Tag des Beginns der Beschäftigung	4 Art der Beschäftigung (möglichst genau angeben)	5 Tag der Beendigung der Beschäftigung	6 Unterschrift des Unternehmers
Der Bezirksbürgermeister des Verwaltungsbezirks Tiergarten der Reichshauptstadt Berlin Schulverwaltung	Schule	18.7.45 10 Stunden	Lehrerin		Der Bezirksbürgermeister des Verwaltungsbezirks Tiergarten der Reichshauptstadt Berlin Schulverwaltung
		26.7.1945			

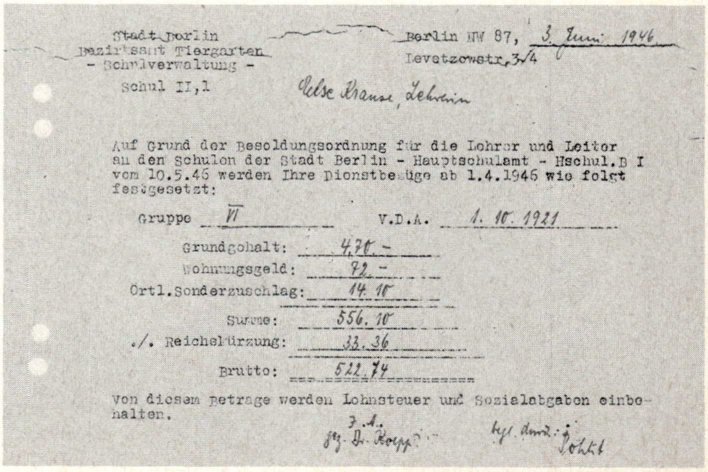

Stadt Berlin
Bezirksamt Tiergarten
- Schulverwaltung -

Berlin NW 87, 3. Juni 1946
Levetzowstr. 3/4

Schul II,1

Else Krause, Lehrerin

Auf Grund der Besoldungsordnung für die Lehrer und Leiter an den Schulen der Stadt Berlin - Hauptschulamt - Hschul. B I vom 10.5.46 werden Ihre Dienstbezüge ab 1.4.1946 wie folgt festgesetzt:

Gruppe VI V.D.A. 1. 10. 1921

Grundgehalt: 470.-
Wohnungsgeld: 72.-
Ortl. Sonderzuschlag: 14.10
Summe: 556.10
./. Reichskürzung: 33.36
Brutto: 522.74

Von diesem Betrage werden Lohnsteuer und Sozialabgaben einbehalten.

I.A.
gez. Dr. Kopp

Einkommensbescheinigung (1946)

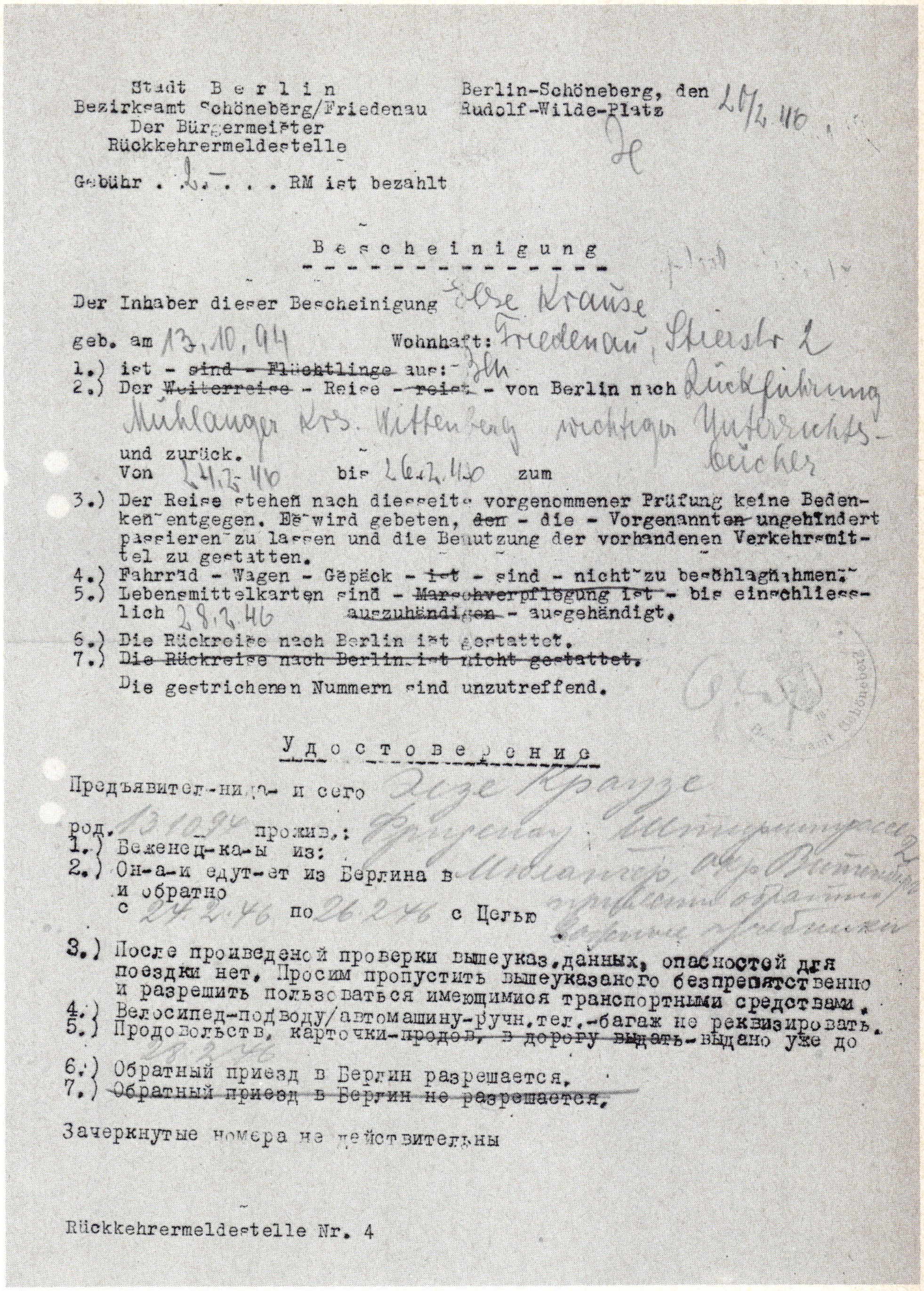

Stadt Berlin
Bezirksamt Schöneberg/Friedenau
Der Bürgermeister
Rückkehrermeldestelle

Berlin-Schöneberg, den 20/2.46
Rudolf-Wilde-Platz

Gebühr . 2.– . . . RM ist bezahlt

Bescheinigung

Der Inhaber dieser Bescheinigung Else Krause

geb. am 13.10.94 Wohnhaft: Friedenau, Stierstr. 2

1.) ist – ~~sind – Flüchtlinge~~ aus: Bln
2.) Der ~~Weiterreise~~ – Reise – ~~reist~~ – von Berlin nach Mühlanger Krs. Wittenberg Rückführung wichtiger Unterrichtsbücher
und zurück.
Von 24.2.46 bis 26.2.46 zum
3.) Der Reise stehen nach diesseits vorgenommener Prüfung keine Bedenken entgegen. Es wird gebeten, ~~den~~ – die – Vorgenannt~~en~~ ungehindert passieren zu lassen und die Benutzung der vorhandenen Verkehrsmittel zu gestatten.
4.) Fahrrad – Wagen – Gepäck – ~~ist~~ – sind – nicht zu beschlagnahmen.
5.) Lebensmittelkarten sind – ~~Marschverpflegung ist~~ – bis einschliesslich 28.2.46 ~~auszuhändigen~~ – ausgehändigt.
6.) Die Rückreise nach Berlin ist gestattet.
7.) ~~Die Rückreise nach Berlin ist nicht gestattet.~~
Die gestrichenen Nummern sind unzutreffend.

Удостоверение

Предъявитель-ница- и сего Эльзе Краузе

род. 13.10.94 прожив.: Фриденау

1.) Беженец-ка-ы из:
2.) Он-а-и едут-ет из Берлина в Мюлангер
и обратно
с 24.2.46 по 26.2.46 с Целью
3.) После произведеной проверки вышеуказ.данных, опасностей для поездки нет. Просим пропустить вышеуказаного безпрепятственно и разрешить пользоваться имеющимися транспортными средствами.
4.) Велосипед-подводу/автомашину-ручн.тел.-багаж не реквизировать.
5.) Продовольств. карточки-~~продов, в дорогу выдать~~-выдано уже до 28.2.46
6.) Обратный приезд в Берлин разрешается.
7.) ~~Обратный приезд в Берлин не разрешается.~~

Зачеркнутые номера не действительны

Rückkehrermeldestelle Nr. 4

Reiseerlaubnis nach Mühlanger zur „Rückführung wichtiger Unterrichtsbücher" (20. Februar 1946)

Klassenfoto

Das Lehrerkollegium (Winter 1947/48)

Klassenfoto (November 1950)

Bezirksamt Tiergarten von Berlin
Abteilung Volksbildung
- Schulamt -
Schul II

Berlin, den 21. Juni 1951
Turmstrasse 35
Tel. 39 0016 App. 381/Ob.

An ~~den~~ (die)
Lehrer (in) ~~Herrn (Frau,~~ Frl.) Krause ....
.................21. Schule 20.
durch ~~den~~ (die.) Schulleiter(in)
~~Herrn (Frau)~~ Frl. Kramm .... Freise

Infolge der Neuorganisation des Berliner Schulwesens werden Sie mit Beginn des neuen Schuljahres (24.6.51)
zur .... ~~Grundschule~~, ...4. Oberschule
Praktischer ~~Technischer Wissenschaftlicher~~ Zweig
.... Str. 3/5 .... versetzt.
Sie haben sich am 28.6.51, 9 Uhr, beim Leiter ~~(bei der Leiterin)~~ der bezeichneten Schule Herrn ~~(Frau)~~ Freise .... zum Dienstantritt zu melden.

Im Auftrage:
Schulz
Bezirksschulrat

Beglaubigt:
Kzl. Angest.

Aus der Volksschule wird die Oberschule Praktischen Zweiges

Lehrerkollegium (1951)

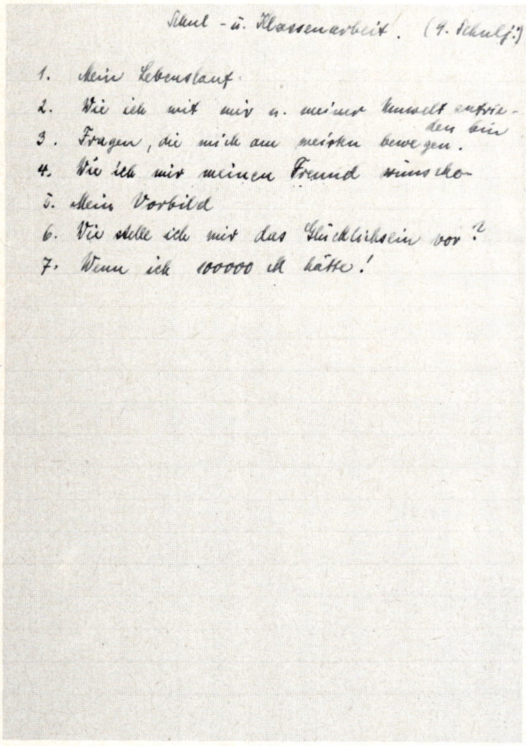

Schul- u. Klassenarbeit. (9. Schulj.)

1. Mein Lebenslauf
2. Wie ich mit mir u. meiner Umwelt zufrieden bin
3. Fragen, die mich am meisten bewegen.
4. Wie ich mir meinen Freund wünsche
5. Mein Vorbild
6. Wie stelle ich mir das Glücklichsein vor?
7. Wenn ich 100000 M hätte!

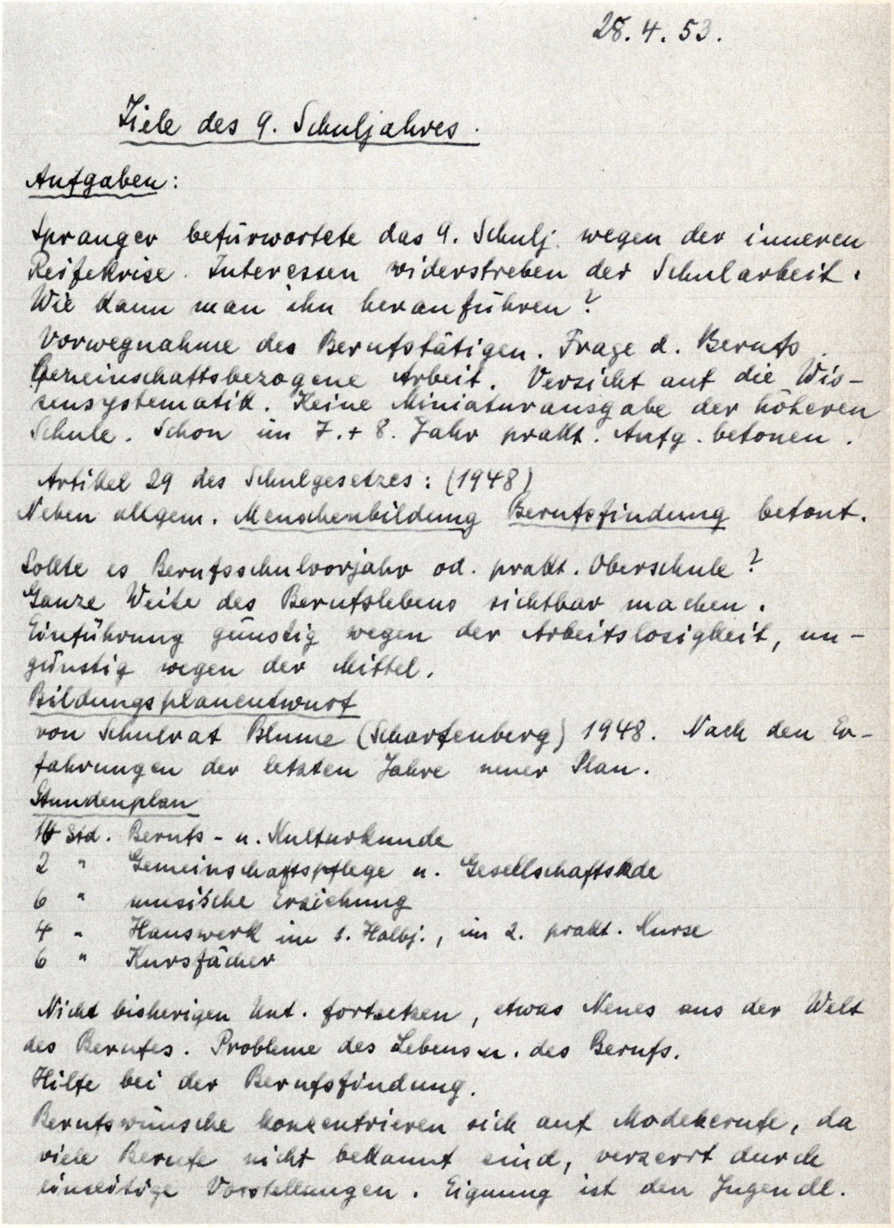

28. 4. 53.

Ziele des 9. Schuljahres.

Aufgaben:

Spranger befürwortete das 9. Schulj. wegen der inneren Reifekrise. Interessen widerstreben der Schularbeit. Wie kann man ihn heranführen?
Vorwegnahme des Berufstätigen. Frage d. Berufs. Gemeinschaftsbezogene Arbeit. Verzicht auf die Wissenssystematik. Keine Miniaturausgabe der höheren Schule. Schon im 7.+8. Jahr prakt. Aufg. betonen.

Artikel 29 des Schulgesetzes: (1948)
Neben allgem. Menschenbildung Berufsfindung betont.

Sollte es Berufsschulvorjahr od. prakt. Oberschule?
Ganze Weite des Berufslebens sichtbar machen.
Einführung günstig wegen der Arbeitslosigkeit, ungünstig wegen der Mittel.
Bildungsplanentwurf
von Schulrat Blume (Scharfenberg) 1948. Nach den Erfahrungen der letzten Jahre neuer Plan.
Stundenplan
14 Std. Berufs- u. Kulturkunde
2 " Gemeinschaftspflege u. Gesellschaftskde
6 " musische Erziehung
4 " Handwerk im 1. Halbj., im 2. prakt. Kurse
6 " Kursfächer

Nicht bisherigen Unt. fortsetzen, etwas Neues aus der Welt des Berufes. Probleme des Lebens u. des Berufs.
Hilfe bei der Berufsfindung.
Berufswünsche konzentrieren sich auf Modeberufe, da viele Berufe nicht bekannt sind, verzerrt durch einseitige Vorstellungen. Eignung ist den Jugendl.

An der „OPZ" unterrichtet Else Krause u.a. das neue Fach „Berufskunde". Zwei Seiten ihres Vorbereitungsheftes (1953)

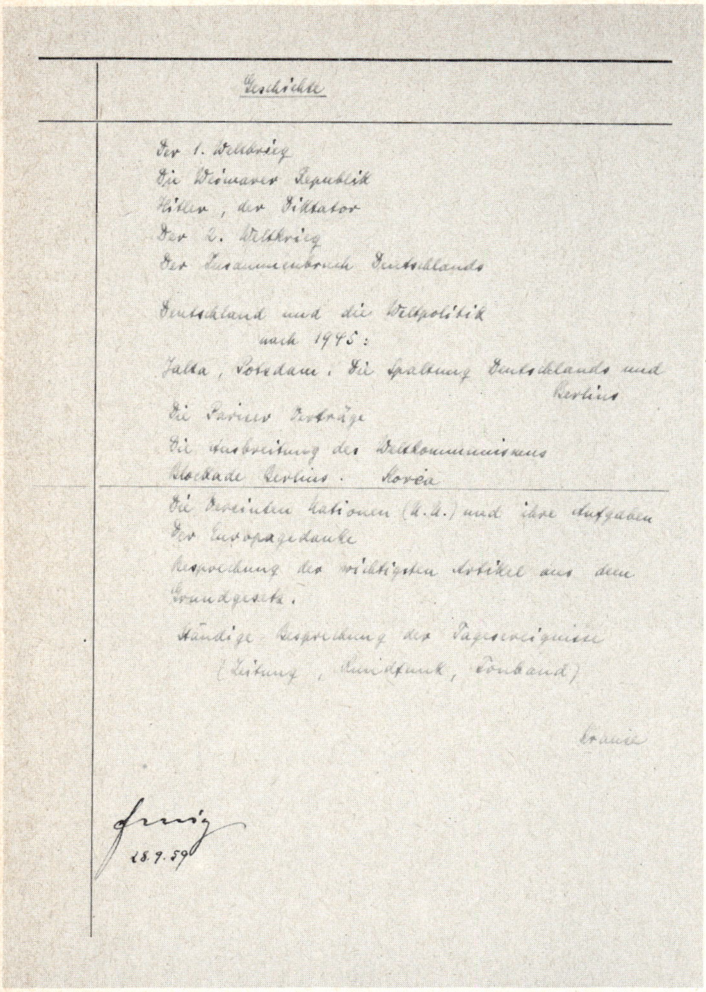

Geschichte

Der 1. Weltkrieg
Die Weimarer Republik
Hitler, der Diktator
Der 2. Weltkrieg
Der Zusammenbruch Deutschlands

Deutschland und die Weltpolitik
nach 1945:
Jalta, Potsdam. Die Spaltung Deutschlands und Berlins
Die Pariser Verträge
Die Ausbreitung des Weltkommunismus
Blockade Berlins. Korea

Die Vereinten Nationen (U.N.) und ihre Aufgaben
Der Europagedanke
Besprechung der wichtigsten Artikel aus dem Grundgesetz.

Ständige Besprechung der Tagesereignisse
(Zeitung, Rundfunk, Tonband)

Krause

18.9.59

Aus Else Krauses Arbeitsplan für die 9. Klasse (Abschlußklasse) der Ulrike-von-Levetzow-Schule (Schuljahr 1959/60)

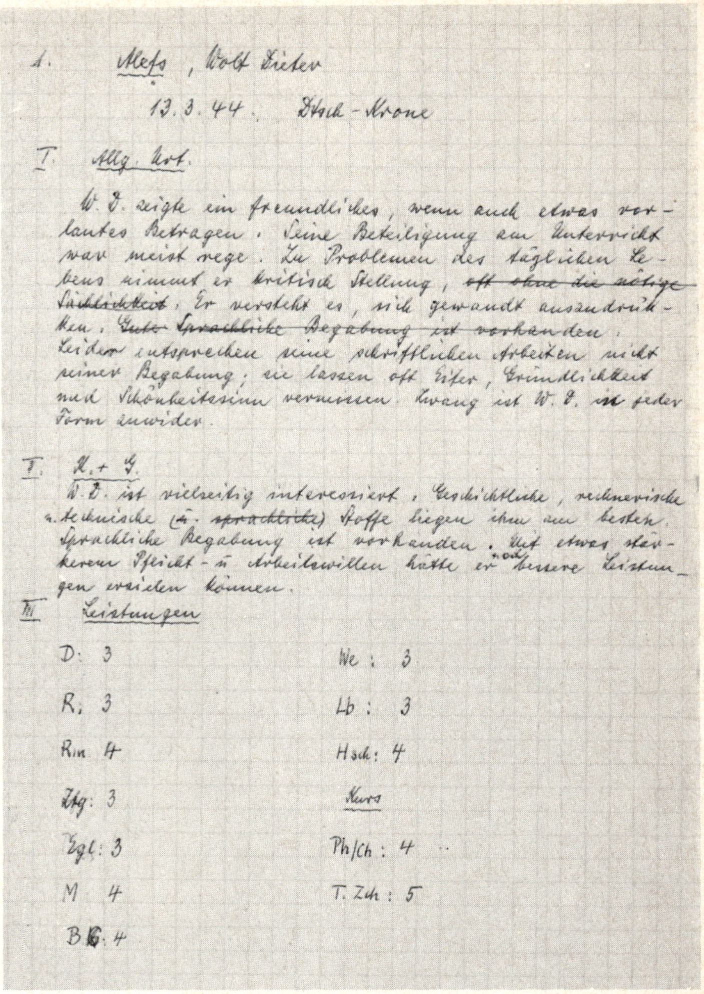

1. Meß, Wolf Dieter
13.3.44. Dtsch-Krone

I. Allg. Urt.

W. D. zeigte ein freundliches, wenn auch etwas vorlautes Betragen. Seine Beteiligung am Unterricht war meist rege. Zu Problemen des täglichen Lebens nimmt er kritisch Stellung, ~~oft ohne die nötige Sachlichkeit~~. Er versteht es, sich gewandt auszudrücken. ~~Gute Sprachliche Begabung ist vorhanden.~~ Leider entsprechen seine schriftlichen Arbeiten nicht seiner Begabung; sie lassen oft Eifer, Gründlichkeit und Schönheitssinn vermissen. Zwang ist W. D. in jeder Form zuwider.

II. K. + G.

W. D. ist vielseitig interessiert. Geschichtliche, rechnerische u. technische (~~u. sprachliche~~) Stoffe liegen ihm am besten. Sprachliche Begabung ist vorhanden. Mit etwas stärkerem Pflicht- u. Arbeitswillen hätte er noch bessere Leistungen erzielen können.

III Leistungen

D: 3	We: 3
R: 3	Lb: 3
Rm 4	Hsch: 4
Ztg: 3	Kurs
Egl: 3	Ph/Ch: 4
M 4	T. Zch: 5
Bi: 4	

Aus dem Manuskript für die Abgangszeugnisse ihrer letzten Klasse (Schuljahr 1959/60)

Else Krauses letzte Klasse (1957/58)

Else Krause
Abschiedsrede
Ostern 1960

Liebe Mädel und Jungen!
Soeben erklang von unserem Chor ein Abschiedslied. Ja, es ist wirklich der Abschied gekommen für Euch: der Abschied von der sorglosen Kinderzeit. Abschied ist immer Wendepunkt; er kann fröhlich und traurig sein. Auf jeden Fall zwingt er zu einem Rückblick auf das, was war und das, was kommen wird, auf das, was man falsch gemacht und das, was man besser machen will. Abschied nimmt man auch vor einer Reise, für Euch wird es eine Reise in die Welt der Erwachsenen. Alles Alte laßt Ihr unbekümmert hinter Euch und geht auf eine neue Fahrt, um das „Leben" zu entdecken. Viele Wege stehen Euch heute offen; unser Vaterland braucht Arbeitskräfte und Ihr habt das Glück, einen Beruf nach Eurem Geschmack wählen zu können, denn viele Ausbildungsplätze stehen zur Verfügung. War das immer so? Ihr nehmt heute alles Gute, das andere für Euch erkämpft haben, für selbstverständlich. War das immer so?

Denken wir uns ein paar Jahrhunderte zurück. Wie war es da um die Ausbildung bestellt? Ihr entsinnt Euch vielleicht, daß schon Karl der Große sich um die schulische Unterweisung der Kinder bemühte, daß er selbst Lesen und Schreiben lernte. Aber welche Kinder waren das? Die Kinder seiner Hofbeamten, die nicht gerade arm waren. Auch lehrte man die Kinder der Reichen in den Klosterschulen, die Masse des Volkes blieb in größter Unwissenheit. Wozu sollte der dumme Bauer etwas lernen? Wenn er nur arbeiten konnte. Wenn er in die Kirche ging, verstand er kein Wort von der lateinischen Messe, und die Kirche war die Trägerin der geistigen Kultur. So war es wieder ein Kirchenmann, der die Bildung des Volkes zur Sprache brachte: Dr. Luther. Er sah, wie das Volk zwar die neu gedruckten Schriften des Gutenberg zu sehen bekam – gerne hätte man gewußt, was in der Bibel stand –, aber anfangen konnte man nichts damit, man konnte ja nicht lesen. So wollte Luther, daß Schulkinder unterrichtet wurden. Da das Volk arm war, wandte sich Luther an die Fürsten, damit sie helfen sollten, Schulen zu bauen. Er sagte, daß auch der Mensch ohne Geld das Recht auf Unterweisung habe; er hatte den Wert des Einzelnen in den Blick gerückt. Doch was wurde gelehrt? Vor allem Religion, ein bißchen Deutsch, ein bißchen Rechnen, viel Singen. Die Kinder wurden sehr streng behandelt, der Stock bläute oft das mangelnde Wissen ein. Man lernte auswendig. Später entwickelte sich allmählich die Wissenschaft, aber die Schulfächer blieben für das Volk fast dieselben. Der Arme brauchte ja nur das Nötigste, zuviel Kenntnisse waren politisch gefährlich, und er fand sich damit ab. Die wohlhabenden Familien konnten das teuere Schulgeld bezahlen, also waren ihre Kinder gebildet. Die Kluft zwischen Gebildeten und Ungebildeten wurde immer größer. Auf dem Lande gab es nur im Winter Unterricht, im Sommer mußten die Kinder auf dem Felde helfen. So ging es ungefähr bis zum 1. Weltkrieg. Die Volks- oder Gemeindeschulen waren Armenschulen. Wer es bezahlen konnte, schickte seine Kinder auf die Gymnasien und Töchterschulen, im Volksmund „Hohe Schule" genannt. Wer die besucht hatte, konnte Karriere machen. Er konnte Beamter, Richter, Lehrer, Pfarrer, Arzt werden. – Wie sah es in solcher Volksschulklasse aus? 60 bis 70 Kinder auf Bänken zusammengepfercht, eine Luft zum Schneiden, oft armselig gekleidete Gestalten, wer Armenunterstützung bekam, kriegte Bücher und Hefte, die anderen mußten bezahlen. Was das für einen Arbeiter mit vier bis fünf Kindern bei 25 bis 30 Mark Wochenlohn bedeutete, kann man sich kaum vorstellen! Gelernt wurde so: Der Lehrer trug vor, die Schüler mußten alles möglichst wörtlich nacherzählen und lernen. Schwatzen gab es nicht, der Bakel besorgte das von selbst; und trotzdem haben die Kinder gelernt und behalten. Viele ältere Leute (fragt mal Eure Großeltern!) können noch heute Gedichte und Lieder von früher. Es war strenge Zucht! Die abgehenden Konfirmanden waren meist klein, so klein, wie heute die Zehn- bis Elfjährigen.

Der 1. Weltkrieg kam und – ging verloren: Das militärisch so starke Deutschland brach zusammen. Ihm wurde die Kriegsschuld aufgeladen, der Versailler Vertrag lud uns unerträgliche Geld- und Sachleistungen auf, die Inflation fraß die letzten Vermögen und Ersparnisse auf. Wenn einer Familie das Unglück zustößt, arm zu werden, so tröstet sie sich immer: Wir haben ja noch unsere Kinder! Und so war es auch im deutschen Volke. Man lebte in Not und Elend, aber die Kinder sollten es einst besser haben. Man hatte vieles falsch gemacht, zuviel Nachsprechen verlangt und zu wenig Denken. Das sollte nun anders werden: Die Jugend sollte klug sein, auch politisch klug werden, und so wurde in den Schulen angefangen. Kleine Klassen, viel Material zum Kneten, zum Basteln und zum Werken, eigene Meinungsäußerung, Anschauungsmaterial, Wanderungen usw. Das Wichtigste aber war – es gab eine vierjährige Grundschule, die kein Geld kostete. Alle mußten sie besuchen: Da saß der Sohn des Generaldirektors neben dem Sohn des arbeitslosen Schlossers, und alle hatten die gleiche Chance. Bist du begabt und fleißig, so kannst du in die höhere Schule, sonst mußt du hierbleiben. Und viele, viele schafften es! Was war das für eine Freude, in die Schule zu gehen – für Lehrer und Kinder, da wurde gesungen und gebastelt, geturnt und gespielt, Schulaufführungen gemacht, die ersten Schulfilme kamen. Einmal sagte mir ein Schulanfänger, als ich die Großen Ferien verkündete: Ich will aber keine Ferien haben, ich will was lernen! Könnt Ihr Euch das wohl vorstellen?

Nun, die Zeiten änderten sich. 1933 kam Hitler an die Regierung. Es war kein Fortschritt für die Schule. Das fröhliche Lernen, die Lust am Tun wurde überschattet von dem Marschieren der SA. Und wie die Erwachsenen in den militärischen Dienst eingespannt, so wurde auch schon die Jugend herangezogen zur militärischen Ausbildung: Jungvolk und Hitlerjugend, BDM und Arbeitsdienst beherrschten die Zeit. Aus war der Traum von der großen Bildung; der 2. Weltkrieg entbrannte, die Bomben fielen, Schulen und Wohnhäuser wurden zerstört, viele Familien und Schulgemeinschaften wurden aufs Land evakuiert. Väter fielen, Mütter in die Arbeits- und Dienstverpflichtung

Die Pensionierung 1960

„Vor zwanzig Jahren war der Tag gekommen, an dem ich in den Ruhestand treten sollte. Alle Ehrungen und Glückwünsche, alle Blumen und Geschenken halfen nicht darüber hinweg: Ein neuer Lebensabschnitt hatte begonnen. Der Begriff ‚Ruhestand' schmeckte mir nicht besonders. Ich hatte ja noch soviel vor . . . Zunächst wollte ich mein großes Hobby fortführen. Ich hatte schon einige schöne Reisen hinter mir, . . . und zuletzt 1977 Westafrika . . . In diesem Jahr noch einmal . . . Rhodos."

geschickt. Nun, die Schulen arbeiteten wohl weiter, aber es war keine Freude mehr an der Arbeit. Mit hungrigem Magen, ungenügender Kleidung, ohne ein gemütliches Zuhause, in steter Angst um das Leben der Angehörigen und des eigenen, fern von der vertrauten Heimat – wer sollte da noch die Lust zum Lernen aufbringen?

Aber es kam noch schlimmer: Der Krieg wurde wieder verloren, der Feind besetzte das Land und erließ strenge Vorschriften. Als die Schule 1945 wieder anfing, da sah es völlig trostlos aus. Halb zerstörte Wände und Decken, Türen, die nicht schlossen, Fenster ohne Scheiben, mit Pappen vernagelt, eiskalte Räume, und dabei sollte man Lust zum Lernen haben? Zu Hause war es auch kalt, Kinder und Erwachsene machten sich kein Gewissen daraus, Feuerungsmaterial zu nehmen, wo sie es fanden, auf dem Schwarzmarkt zu kaufen und zu verkaufen, im Sommer barfuß in die Schule zu kommen und im Badeanzug dem Unterricht zu lauschen. Nun, auf das Tal folgte wieder ein Berg.

Wir bekamen wieder eine Regierung, die an den Sorgen und Nöten des Volkes teilnahm. Und eines ihrer ersten Probleme war, der Jugend wieder eine Ausbildung zuteil werden zu lassen, die sie stark machte für Beruf und Lebenskampf. Das Beste und Schönste war gerade gut genug für sie, und es wurden weder Mühe noch Kosten gespart, um schöne Schulräume zu schaffen, tüchtige Lehrer einzustellen, Fach- und Werkräume einzurichten, damit auch die handwerklich Begabten einen Ausgleich finden konnten. Schulspeisungen sorgten für das leibliche Wohl, Wanderungen und Besichtigungen wurden gemacht, Filme gezeigt, Vorträge gehalten, Hefte und Bücher zur Verfügung gestellt, berufliche Fortbildungsmöglichkeiten geschaffen, Reisen in deutsche Lande veranstaltet, Theater und Konzerte besucht, Schulärzte, Zahnärzte usw. Und das alles meist ohne Geld oder stark verbilligt.

Ja, aber woher kommt denn das Geld für alle diese Einrichtungen? Die Stadt Berlin muß ja die Kohle auch bezahlen, Papier und Bücher kosten Geld, und Lehrer und Beamte wollen auch leben. So gibt jeder Bürger sein Steuerscherflein, und was der einzelne niemals schaffen könnte, wird durch die Gemeinschaft möglich.

Auch Euch und Euren Schulen werden diese Steueropfer dargebracht. Das sind ganz hübsche Summen, die in viele, viele Millionen gehen: Ihr nehmt sie als selbstverständlich hin, und wenn ein Stuhl kaputtgemacht wird, so ist er kaputt, wenn Papier verschwendet wird, so kostet es nicht Euer Geld, wenn eine Fensterscheibe zu Bruch geht, dann jammert man nur, daß es soo kalt ist.

So sorglos habt Ihr als Schulkinder dahingelebt. Aber nun wird Euch nicht mehr die Schule etwas lehren, sondern das Leben selbst. Ihr tretet jetzt in eine Berufsgemeinschaft ein, die Euch ganz fremd ist. Neues Arbeitsmaterial, neue Methoden, Kollegen und Chefs, die an Euch herumerziehen – es heißt nun, sich gewaltig umstellen. Als Lehrling fängt man auf der untersten Sprosse der Leiter an und soll sich durch Tüchtigkeit, Fleiß, Gefälligkeit, Können und Wissen Stufe für Stufe emporarbeiten. Wie es der einzelne schafft oder nicht schafft, hängt von seiner Energie, von seinem Zielbewußtsein ab. Man kann vieles möglich machen mit einem starken Willen. Bleibt aber immer kameradschaftlich, setzt Euere Pläne nicht durch auf Kosten Schwächerer. Ein anständiger Mensch hat eine feste innere Haltung. Er weiß, was Recht und Unrecht ist, er weiß, wo er fördern und schützen muß. Er bleibt höflich und zurückhaltend, auch wenn er sich mal ärgert: Er ehrt in jedem den Menschen und spricht nicht verächtlich von der Meinung anderer. Er hält sich für zu schade, um sich an unredlichen Vorhaben zu beteiligen. Er ist dankbar, ein dankbarer Mensch ist auch ein guter Mensch. Er glaubt an das Gute in der Welt und genießt das Schöne.

Ja, die Jugend möchte genießen – recht viel, recht schnell und recht großzügig. Und damit kommen wir zum Punkte Freizeit. Glaubt mir, liebe Jungen und Mädel, nicht im lauten Betrieb und Getöse, nicht bei lauter Kofferradiomusik oder am Fernsehschrank, nicht am Spielautomaten, in der Kneipe oder auf dem Rummelplatz findet Ihr Glück und Zufriedenheit. Das alles macht mal vorübergehend Spaß, natürlich, aber oft führt von hier aus der Weg auf die schiefe Bahn, in die Kriminalität. Seht Euch Eure sogenannten Freunde recht gut an und stellt sie auf die Probe; nicht jeder will Euer Bestes. Vergeudet Euer mühsam erworbenes Geld nicht, spart für edlere Zwecke.

Denkt daran, wieviel Schönes und Wertvolles Ihr in Euch tragt nach einer schönen Reise, nach einer Theatervorstellung, nach dem Lesen eines guten Buches, nach einer gelungenen Arbeit, nach einer guten Tat, nach einer liebevollen Begegnung mit nahestehenden Menschen. Die Natur zu bewundern in ihrer Schönheit und Zweckmäßigkeit gibt manchmal mehr Auftrieb als alle Wunder der Technik. Geldwerte sind relativ, Gefühlswerte bleiben.

Und nun denkt nicht immer, daß Eure Lehrer und Euere Eltern nur an Euch herumnörgeln wollen. Eines Tages werdet Ihr einsehen, vielleicht wenn Ihr einmal selbst Familie habt, daß die ältere Generation Eueres Volkes immer nur die Verpflichtung fühlt, ihre Kulturgüter an Kind und Kindeskinder weiterzugeben, damit der Staat, dem sie angehören, nicht eine leere Form ist, sondern lebendiges Volkstum.

Für Euer ferneres Leben wünsche ich Euch mit dem ganzen Kollegium, daß Ihr Glück und Erfolg haben möget, Ihr gesund und arbeitsfähig bleibt, und daß Ihr Eure alte Schule nicht ganz vergeßt!

Lebt wohl.

Kapitel VII

Wie weit ist der Demokratisierungsprozeß unserer Schule gediehen? Stellungnahmen von Bildungspolitikern und Erziehungswissenschaftlern

Diese Frage stellten wir allen Berliner Parteien, den Vertretern der größten Lehrerverbände, führenden Bildungspolitikern und Erziehungswissenschaftlern. Nicht alle konnten sich zu einer Stellungnahme entschließen – die Antworten, die wir auf unsere 38 Anfragen erhielten, sind im folgenden abgedruckt.

Die Redaktion

Wie weit ist der Demokratisierungsprozeß unserer Schule vorangeschritten?

Alternative Liste für Demokratie und Umweltschutz

Alternative Liste für Demokratie und Umweltschutz, Berlin: Bereich Schule

Die Frage-Formulierung der Katalog-Redaktion unterstellt schon etwas, was bezweifelt werden muß: daß es nämlich so etwas gibt wie einen relativ kontinuierlichen Prozeß zunehmender Demokratisierung in der Berliner Schule, der zwar zuweilen ins Stocken gerät, vielleicht auch einzelne Mängel aufweist, aber im großen ganzen vorangeht, wenn er nur von allen Gutwilligen unterstützt wird.

Wir verstehen unter Demokratie in der Schule etwas, was zum einen die Selbstbestimmung der Schüler und Lehrer und die Zusammenarbeit mit den Eltern und dem unmittelbaren Umfeld meint, zum anderen die Beseitigung der Auslese und der sozialen Benachteiligung. Dazu gehören auch Inhalte und Lernformen, die den ‚aufrechten Gang' unterstützen und über die Wirklichkeit aufklären. In Berlin – wie in der BRD – ist die Schule aber dadurch bestimmt, daß ein Wust von bürokratischen Vorschriften, Erlassen und Gängeleien eine demokratische Selbstbestimmung der am pädagogischen Prozeß Beteiligten innerhalb einer Schule unmöglich macht, zum anderen eine Vielzahl von Schultypen, Abschlußniveaus und Differenzierungen zu Auslese und sozialer Selektion führen. Die Erziehung zum Konformismus herrscht vor. Aussonderung kommt in den Gesamtschulen (mit ‚FEGA'-Differenzierung) ebenso vor wie in den herkömmlichen Schultypen (und wer's dort nicht schafft, wird nochmal ins Getto der Sonderschule getrieben). Die Sensibleren und weniger Angepaßten, die mit fremder Kultur, die mit ungünstigen Lebens- und Lernbedingungen bleiben dabei auf der Strecke. Trotz dreißigjähriger sozialdemokratischer und fünfjähriger freidemokratischer Schulpolitik in Berlin ist dieser Zustand nicht verbessert, sondern eher noch verschlimmert worden: Schlecht ausgebildete ausländische Kinder, jährlich tausend Sonderschulabgänger, jährlich tausend und mehr Sitzenbleiber, zahlreiche Gymnasial- und Realschulabbrecher . . .

Wie stellen wir uns dagegen die *demokratische humane Schule* für alle Kinder vor? (Vgl. Bildungsprogramm/Wahlprogramm der AL von 1981):

Keine Mammutschulen; Klassenfrequenzen höchstens bei 20; kein Sitzenbleiben; stattdessen Binnendifferenzierung; schülerorientierte Unterrichtsformen. Einbeziehung auch der Kinder mit Lernschwierigkeiten und Schäden in die Regelschulen. Abschaffung der Hauptschulen und des leistungsdifferenzierten Systems. Stattdessen sollen alle einen gleichwertigen Sek-I-Abschluß erhalten. Unterricht soll so eng wie möglich mit der gesellschaftlichen Wirklichkeit der Menschen verbunden sein: Schüler und Lehrer aus der Schule raus – lebendige Wirklichkeit in die Schule rein! Lernen muß ein ganzheitlicher Vorgang werden – also muß Aktivität, Musik, Theater, Spiel, Experiment Teil der Schule werden.

Über Demokratie in der Schule kann nämlich nicht gesprochen werden, wenn dabei Wissensvermittlung, Kreativität, Kommunikation und physisch-sinnliche Tätigkeit auseinandergerissen werden – das dient nur der Verkrüppelung und Aufrechterhaltung von Privilegien.

Demokratie in der Schule muß auch heißen, gegen offene wie heimliche Denk- und Berufsverbote und gegen Gängelungen von Lehrern und Schülern zu kämpfen. Damit die Lehrer sich gegen ihre Vorgesetzten ebenso wehren können wie im Betrieb, sind wir gegen die faktisch eingeschränkte politische Meinungsfreiheit von Beamten, Angestellten und Arbeitern im öffentlichen Dienst und für das gemeinsame Streikrecht.

Demokratische Schule heißt für uns in erster Linie, die fortschrittlichen Bewegungen im Ausbildungsbereich zu unterstützen, sich mit ihnen auseinanderzusetzen, nicht aber ihnen ein ‚progressives' Konzept vorzusetzen: Demokratie, das ist für uns wirkliche ‚Herrschaft des Volkes' – und nicht die der Schul-Politiker, der Schul-Aufsicht und der Bürokraten.

Hans Apel

Hans Apel, Mitglied des Parteivorstandes der SEW

Demokratisierung der Schule kann nur nach drei verschiedenen aber miteinander eng verzahnten Gesichtspunkten untersucht und beschrieben werden. Das ist die Bildungsstruktur – das heißt, wieweit diese Schule als Ausleseschule fungiert, das sind die Bildungsinhalte und die Mitbestimmung von Lehrern, Eltern und Schülern.

Zur Bildungsstruktur ist unmißverständlich festzustellen, daß nach dem 17. Mai 1951 der bisher in unserer Stadt einmalige Weg zur Demokratisierung der Schule wieder verlassen wurde: Die achtjährige gemeinsame Einheitsschule wurde mit den Stimmen der SPD und CDU wieder abgeschafft und es wurde wieder die alte dreigliedrige Ausleseschule eingeführt. Seit dieser Zeit besteht vor allem von Seiten der Lehrergewerkschaft, vieler demokratischer Kräfte und unserer Partei ein hartnäckiges Ringen um die Zurückdrängung dieser Restauration, das heißt ein Kampf um die Demokratisierung. In diesem Kampf hat es Erfolge gegeben, die zum Beispiel zur Erhaltung der letzten Einheitsschule führten, der Fritz-Karsen-Schule in Neukölln. Andere Erfolge sind die Einführung der Gesamtschule, wobei diese

Schule selbst nicht etwa das Ziel, sondern nur den Weg zu einer demokratischen Schule kennzeichnet. Die Gesamtschule krankt vor allem daran, daß sie alle Merkmale der Ausleseschule in sich trägt, d.h. nach der 10. Klasse Hauptschul-, Realschul- und Gymnasialabschlüsse verteilt. Hier gilt die Forderung unserer Partei, daß nur eine „Gesamtschule als einzige Regelschule, die allen Schülern nach der 10. Klasse einen einheitlichen Abschluß bietet", als demokratische Schulstruktur zu bezeichnen ist. Solange nur 25 Prozent der Schüler der Mittelstufe diese Schule besuchen, diese dann mit unterschiedlichen Abschlüssen verlassen, ist eine Gesamtschule, wie sie zur Zeit existiert, nur als ein Weg zur Demokratisierung zu bezeichnen. Bei den Bildungsinhalten besteht der gegenwärtige Mangel an Demokratie darin, daß unterschiedlichen Schülergruppen unterschiedliche Bildungsinhalte angeboten werden, die in ihrer Berufsperspektive die Chancen sehr unterschiedlich verteilen. Hauptschüler sind laut Rahmenplan „Schüler, die eine weitergehende Bildung nicht anstreben . . ." Danach werden die Bildungsinhalte sortiert. Und einen zweiten Aspekt gibt es bei den Bildungsinhalten, der hier nur angedeutet werden kann: In Geschichte, Sozialkunde usw. stehen nicht etwa die Mehrheit der Menschen, das heißt die arbeitenden Menschen im Mittelpunkt, nicht sie werden als die eigentlichen Kräfte der Geschichte gekennzeichnet, sondern, überspitzt formuliert, die kleine Gruppe der Herrschenden in den jeweiligen Epochen („Borsig baute Lokomotiven"). Dort ist der Demokratisierungsprozeß noch nicht sehr weit vorangeschritten, was eng mit dem letzten Gesichtspunkt der Demokratie zusammenhängt, der Mitbestimmung. Solange Eltern und Lehrer und deren Organisationen, die Gewerkschaften, nur in einem Gremienwirrwarr des Schulverfassungsgesetzes mit„wirken" können, ohne etwas nach ihren Interessen zu bestimmen, solange werden auch die Bildungsinhalte, die Bildungsstruktur und die Finanzierung nicht von ihnen bestimmt, solange herrscht dort nur eine Scheindemokratie. Auf diesen Gebieten ist dem Kampf um die Verwirklichung der Rechte der breiten Mehrheit der Bevölkerung (demos, das Volk) noch eine lange Wegstrecke beschieden.

Dr. Ursula Besser, CDU
Mitglied des Abgeordnetenhauses von Berlin

Demokratisierung ist einer der schillernden modischen Begriffe heutiger staatlicher Bildungstechniker, unter denen sich die meisten nichts Genaues und der Rest jeweils etwas Verschiedenes vorstellen. Gekoppelt mit dem Wort Prozeß, gerät er zu der Schwammigkeit, welche bei all denen äußerst beliebt ist, die sich nicht offen zu ihren Zielen bekennen mögen.

Daß ein demokratischer Staat wie die Bundesrepublik Deutschland eine demokratische Schule anzubieten hat, steht außer Frage, wenn dies eine solche ist, die zur Demokratie in den Normen des Grundgesetzes erzieht, der wohl gegenwärtig freiheitlichsten Verfassung der Welt. Da haben wir noch eine Menge zu leisten – übrigens schon im Rahmen der Lehrerbildung. Eine Schule ist so gut, wie ihre Lehrer leistungsfähig sind und dem Vertrauen der Eltern ihrer Schüler gerecht werden.

Ich lese in der Rede eines Abiturientensprechers: „Die Kinder sind künftig zum Kampf gegen Eltern und Familien zu erziehen, da diese nur als ‚Instrumente der Unterdrükkung' die emanzipierungsbedürftigen Kinder an ihrer Befreiung von sämtlichen staatlichen und gesellschaftlichen Zwängen behindern. (Hessische Rahmenrichtlinien). Ziel: Die Systemüberwindung, also die Beseitigung dieser unserer freiheitlichen Ordnung, auf dem Wege der sogenannten Demokratisierung aller Lebensbereiche. In unserem Fall also: der Schule."

Das – bitte schön – hat mit Demokratie gar nichts zu tun, sondern viel mehr mit anarchistischen Zielsetzungen und wird nicht nur von diesem Abiturienten, sondern auch von mir energisch abgelehnt!

Und dieser Abiturient sagt auch, was er von der Schule erwartet: „Wir treten ein für Vernunft, Verantwortung und Leistung, statt künstlich erzeugtem Klassenkampf, Emanzipationsneurose und ideologisch verbrämtem Faulenzertum, das fehlendes Können und mangelnden Einsatz als ‚neue Lebensform' pflegt.

Vernunft, weil sie uns den Blick freihält, zu unterscheiden, was wünschbar ist, weil sie uns hilft, geschichtliche Erfahrung, geistiges und kulturelles Erbe und durch Jahrhunderte erprobte Verhaltensnormen in Einklang zu bringen mit der Notwendigkeit des ständigen Fortentwickelns und Erneuerns unserer Institutionen und unseres Denkens; und weil sie uns davor bewahrt, dem Zeitgeist und den Extremen zu huldigen.

Verantwortung, weil das Funktionieren unserer Gesellschaftsordnung nur gewährleistet sein kann, wenn dafür gesorgt ist, daß sich Kompetenz und Verantwortung decken, wenn jeder die Konsequenzen für seine Entscheidungen selbst trägt. Aus diesem Grunde ist auch die sogenannte Demokratisierung abzulehnen, die fordert, daß immer mehr Menschen immer mehr Entscheidungen fällen sollen, die sie immer weniger zu verantworten haben.

Und schließlich Leistung, weil keine Gesellschaft je mehr geben kann, als sie leistet. Deshalb muß vor jeder Forderung an die Gesellschaft immer die Leistung für die Gesellschaft kommen. Selbstverständlich wenden wir uns gegen einen inhumanen Leistungsdruck, doch rechtfertigt das mögliche Extrem keineswegs die Abschaffung des Prinzips. Wer Leistung aufheben will, soll uns sagen, was an ihre Stelle treten soll. Der Leistungsabbau führt darüber hinaus zu einer psychischen Verarmung des Menschen. Denn der Mensch wächst mit seinen Leistungen."

Dr. Ursula Besser

Und er sagt zum Schulbetrieb: „Klassenkampf ist nicht mehr gefragt. Was zählt, ist Kooperation. Zusammenarbeit der Schüler untereinander und mit der Lehrerschaft. Zusammenarbeit, die selbstverständlich kritisch sein wird und die eben darum sinnvoller und fruchtbarer ist als primitiv-ideologischer Klassenkampf gegen alles Etablierte, seien es nun Eltern, Lehrerschaft oder irgendeine Ordnung.

Dr. Carl-Heinz Evers

Bejahung von Ordnung, Disziplin und Autorität als gemeinschaftliche ethische Verhaltensnormen, die historisch gewachsen, über Generationen erprobt und bis heute ohne realisierbare humane Alternative sind. Selbstverständlich Autorität, die auf fachlicher und menschlicher Qualifikation gründet, und sofern sie von der Sache her notwendig und berechtigt ist.

Entschiedener Kampf gegen jegliche Manipulation und Indoktrination. Wer sein verantwortungsvolles Lehramt mißbraucht zu einseitiger politischer Beeinflussung der ihm anvertrauten Schüler, etwa um zum Kampf gegen Andersdenkende, gegen bestimmte soziale Bevölkerungsgruppen oder gegen unsere freiheitliche Ordnung versteckt oder offen aufzurufen, hat unseren entschlossenen und kompromißlosen Widerstand zu erwarten . . .

(Schule) ist zu einem wesentlichen Teil Weitergabe kultureller Überlieferung und Vermittlung der Fähigkeiten zur Fortentwicklung der Gesellschaft. Schule in der Demokratie muß inhaltlich und organisatorisch die Bereitschaft zu verantwortlicher, staatsbürgerlicher Mitgestaltung wecken und in die Verwirklichung freiheitlich-demokratischer Ordnung einführen.

Schule soll im Rahmen der von der Verfassung festgelegten Bildungsziele insbesondere zur Achtung vor der Würde des Menschen und Toleranz und Respekt vor anderen Überzeugungen erziehen, Wissen und Können vermitteln, ethische Normen sowie kulturelle und religiöse Werte verständlicher machen und die Fähigkeit zu ihrer bewußten Wahl vermitteln, zur Wahrnehmung von Rechten und Pflichten in der Gesellschaft befähigen und anregen. Unsere Schule ist nicht Ausgangsbasis für Gesellschaftsveränderung, Versuchsfeld für sozialistische Experimente oder Plattform für pubertätsgestörte Marxophile."

An diesem Abiturienten imponiert nicht nur die Hellsicht über die Probleme unserer Gesellschaft – von der Schule ja nur ein Teil ist –, sondern auch und vor allem, daß er sich in seiner Muttersprache hervorragend ausdrückt. Als ehrlicher Mensch und einer, der weiß, worauf es wirklich ankommt.

Wenn ich an die Nöte unseres Landesschulrats denke, in die er geriet, weil er es wagte, in dreißig Thesen aufzuschreiben, zu welchen Tugenden = Überlebensstrategien wir in unseren demokratischen Schulen endlich erziehen lernen müssen, kann ich seinen Kritikern nur zurufen: Hört endlich einmal auf die klardenkenden Betroffenen; ihr habt noch eine Menge zuzulernen! Unsere demokratische Schule ist jeder ehrlichen Anstrengung wert. Aber ihre Lehrer bedürfen unser aller Beistand.

Pflicht aller Erwachsenen – vor allem der politisch Engagierten wie auch der Erzieher – ist es, Demokratie – im Rahmen der geltenden Verfassung – vorzuleben. Wenn dies Demokratisierungsprozeß bedeutet, bin ich einverstanden. Das bringt uns voran.

Dr. Carl-Heinz Evers
Honorarprofessor für Erziehungswissenschaft an der Technischen Universität Berlin, Senator für Schulwesen des Landes Berlin a.D.

Sicherlich nicht weiter als der der Gesamtgesellschaft. *Strukturell* gibt es noch nicht die Deutsche Volksschule – die Schule aller Kinder des Volkes. Noch immer gehen mehr Mittelschichtkinder auf Gymnasien und mehr Arbeiterkinder auf Hauptschulen, als es ihrem Anteil an der Bevölkerung entspricht. Zwar ist es leichter geworden, in der Schule den individuellen ‚Aufstieg durch Bildung' zu schaffen als zu der Zeit, in der man in ‚Volksschule', ‚Bürgerschule', ‚Höhere Schule' gleichsam hineingeboren wurde.

‚Schulleistung' reguliert diesen Aufstieg. Ihr Inhalt benachteiligt Kinder, deren Eltern einen ausführenden Arbeitsplatz haben. Schulleistung enthält zudem nicht die Fähigkeit zur Mitmenschlichkeit, zum solidarischen Verhalten und Handeln.

In unseren Schulen vollzieht sich der Konkurrenzkampf um die besseren Startplätze in das weiterhin hierarchische Beschäftigungssystem. Hier sind – bei zunehmender Zentralisierung und Konzentration – Planung und Ausführung der Arbeit weitgehend strikt getrennt. Planende Arbeitsplätze sind angenehmer, aber ihre Zahl verringert sich ebenso, wie – infolge von Rationalisierung – die Zahl der ausführenden, meist monotonen Arbeitsplätze. Perspektivlosigkeit und Arbeitslosigkeit gehen Hand in Hand – zum Schaden für die Demokratie.

Demokratisierung der Lerninhalte – das bedeutet das Erlernen von Tatsachen und Zusammenhängen, von Ursachen und Veränderungsmöglichkeiten der gesellschaftlichen Wirklichkeit, – das bedeutet die ständige Frage nach dem menschlichen Zweck der Inhalte: Geschichte nicht als Geschichte der Herrschenden, sondern der Vielen; Erdkunde und fremdsprachliche Landeskunde nicht unter dem Aspekt eines deutschen Zentrismus; Naturwissenschaften unter Einfluß der Ökologie; und musische Bildung nicht nur zur Kompensation der ‚wissenschaftlichen' Fächer.

Die Wirklichkeit unserer Schulen ist da sehr widersprüchlich und unterschiedlich. Im Gefolge der sog. Extremistenbeschlüsse von 1972 werden nicht selten demokratische, aufklärerische, gewerkschaftliche Lerninhalte beargwöhnt: von manchen Eltern, von einigen Lehrerkollegen, und auch von karrierebeflissenen Schülern. Und die Folge bei nicht wenigen demokratischen Lehrern: Selbstzensur, ‚Schere im Kopf'. Der Arbeitsplatz und meist auch die Herkunft der Lehrer sind so beschaffen, daß Selbstmitleid und Resignation naheliegen. Viel zu wenig praktizieren auch gewerkschaftlich organisierte Lehrer die historische Erfahrung der Arbeiterbewegung, sich vor Ort zu organisieren und sich gemeinsam zu stützen und zu wehren, wenn ihre demokratischen Lerninhalte attackiert werden.

Schwimmen lernt man beim Schwimmen. Das gilt auch für das *Selbstbestimmen und Mitbestimmen* als drittem Aspekt der Demokratisierung. In unseren Schulen ist das absolutistische Muster des ‚fürsorgenden Verwaltungshandelns' immer noch vorherrschend: Die Erwachsenen, voran die Behörden, wissen, was für die Jugend gut ist. Zunehmende Reglementierung und ‚Mut zur Erziehung' aber produzieren Schulangst und Schulverdruß, das ‚Wegbleiben' und ‚Kaputtmachen'.

Schüler müssen sich und ihre Interessen folgenhaft einbringen können, wenn Erziehung ‚Hilfe zur Selbsthilfe' sein soll. Eine schüleraktive demokratische Schule läßt weiten Raum für Selbst- und Mitbestimmung, verbindet in der Arbeit Planung und Ausführung, geht hinaus ins Gemeinwesen – und beschränkt sich nicht auf programmierte papierene Wissensanhäufung. Sie ist Schule *der* Schüler, nicht für Schüler.

Ich komme auf meine Eingangsbemerkung zurück, daß der Demokratisierungsprozeß unserer Schulen nicht weiter vorangeschritten sein kann als der der Gesellschaft: Vor den Toren der Betriebe endet weitgehend der ‚demokratische Sektor der Bundesrepublik'; denn die wichtigsten betrieblichen Dispositionen sind der Mitbestimmung genau so entzogen wie in der Schule. Stadtplanung leidet unter einem ganz erheblichen Defizit an ständiger und folgenhafter Bürgerbeteiligung, die bereits dann einsetzen müßte, bevor aus Verwaltungshandeln Sachzwänge entstehen. Und Selbstorganisation in sozialen Bereichen erscheint nicht selten verdächtig, weil die Kontrolle lückenhaft ist.

Diese Kluft zwischen realer Demokratisierung und Ist-Zustand der Gesellschaft kennzeichnet aber zugleich die politische Aufgabe der Vielen, zu der auch die Schule einen Beitrag zu leisten hat.

Erich Frister
Vorsitzender der Gewerkschaft Erziehung und Wissenschaft

Das Ziel Demokratisierung ist vieldeutig und vielschichtig. Auf die Schule angewendet sind m.E. drei Maßstäbe wichtig: Steht die Schule mit all ihren Chancen den Kindern aller Sozialschichten gleichermaßen offen? Ist die Schule ein Raum, in dem Kinder aller Sozialschichten miteinander leben und voneinander lernen? Erleben die Kinder und Jugendlichen in der Schule die Demokratie?

Vergleiche ich mit meiner Kindheit in den 30er Jahren, dann stehen heute auch die Tore der sogenannten weiterführenden Schulen den Kindern aller Sozialschichten offen. Arbeiterkinder an Gymnasien sind keine weißen Raben mehr, und an den bundesrepublikanischen Universitäten studieren heute mehr Arbeiterkinder als es in den 20er und 30er Jahren insgesamt im ganzen damaligen Deutschen Reich zwischen Königsberg und dem Bodensee Studenten gab. Zwar entspricht der Anteil der Arbeiterkinder an den Gymnasien und der Arbeiterjugendlichen an den Hochschulen noch lange nicht dem prozentualen Anteil der Arbeiter an der Gesamtbevölkerung, aber weder ist dies eine bildungspolitische Zielangabe noch Indiz für den Grad der sozialen Öffnung. In Sachen Öffnung des weiterführenden Bildungswesens haben wir einen sehr gründlichen Wandel zur Demokratisierung durchgesetzt.

Aber wenn es heute falsch ist, das Gymnasium noch als eine Schule der Oberklasse zu bezeichnen, so ist es umso mehr richtig, die Hauptschule die Schule der Unterklasse zu nennen. Der Zustrom der Kinder aus den mittleren Sozialschichten bis zu den Facharbeitern und Bürofachkräften zu Gymnasien, Realschulen, beruflichen Vollzeitschulen hat die Hauptschule, vor allem in Großstädten und Ballungsgebieten, zur Schule der Kinder aus den Familien der deutschen ungelernten Arbeiter und der ausländischen Arbeiter werden lassen. Die Kinder der zweiten Garnitur der Produktionsarbeiter besuchen die Hauptschule und werden wieder zur zweiten Garnitur der Produktionsarbeiter. Dies ist der Preis der sozialen Öffnung der weiterführenden Bildungseinrichtungen. Arbeiterkinder haben zwar in großem Umfang Aufstiegschancen in der Schule und durch die Schule genutzt, aber die Arbeiterkinder aus den am meisten benachteiligten Schichten der Arbeiterschaft sind heute schlechter dran als in der alten Volksschule. Sie lernen nicht mehr von Kindern und Jugendlichen anderer Herkunft, anderer Lebenserfahrung, anderer Lebensentwürfe. Der Demokratisierungsprozeß der sozialen Öffnung des Bildungswesens dürfte sich nicht in den alten organisatorischen Hülsen des Schulwesens vollziehen. Das dreigliedrige Schulwesen muß durch die Gesamtschule abgelöst werden, wenn nicht die Kinder der zweiten Garnitur der Produktionsarbeiter in einem Getto sozialer Chancenarmut von der sozialen Demokratie ausgeschlossen bleiben sollen.

Autoritäres Verhalten in unseren Schulen spielt nur noch eine Außenseiterrolle. Befehl und Gehorsam werden als pädagogische Prinzipien nicht mehr anerkannt und nur noch in geringem Umfang praktiziert. Die Prinzipien der Mitwirkung der gemeinsamen Auffassungsbildung und des Handelns durch Einsicht sind gültig, aber sie haben es naturgemäß schwer. Viele Kinder und Jugendliche, aber auch viele Eltern und auch viele Lehrer verwechseln Demokratie mit der Herrschaft des individuellen Beliebens. Sie verstehen in der Praxis Demo-

Erich Frister

kratie nicht als Anerkennung des durch Diskussion gebildeten Mehrheitswillens, sondern als Herrschaft des Einzelwillens. So ist dieser Gesichtspunkt der Demokratisierung von Schule durch ein Laisser-faire-Verhalten, das als antiautoritäre Erziehung getarnt wurde, häufig in Mißkredit geraten. Die Balance zwischen Führen und Wachsenlassen ist vielfach noch nicht gelungen. Doch ist demokratische Verwirrung immer chancenreicher als autoritärer Stumpfsinn.

Dr. Hans-Georg Herrlitz

Prof. Dr. Hans-Georg Herrlitz
Direktor des erziehungswissenschaftlichen Seminars der Universität Göttingen

Versteht man unter „Demokratisierung unserer Schulen" den Abbau von sozial bedingten Benachteiligungen im öffentlichen Bildungswesen, so kann in einem langfristigen historischen Vergleich überhaupt nicht bestritten werden, daß die vergangenen zwei Jahrzehnte einen erheblichen, historischen beispiellosen Demokratisierungsfortschritt gebracht haben. Die schulische Benachteiligung der *Mädchen* wurde schon in der Aufklärungsbewegung am Ende des 18. Jahrhunderts als Problem erkannt, aber erst in den 60er und 70er Jahren des 20. Jahrhunderts jedenfalls im allgemeinbildenden Schulwesen weitgehend ausgeglichen. Das seit dem wilhelminischen Kaiserreich diskutierte „Bildungsdefizit" der *katholischen* Bevölkerung ist inzwischen ebenfalls so gut wie vollständig beseitigt. Die Benachteiligung von Arbeiterkindern ist immer noch erheblich, aber in keiner vergleichbaren Phase der deutschen Schulgeschichte wurden größere Fortschritte bei der Annäherung der Bildungschancen erreicht als in der unmittelbaren Vergangenheit: Vor dem 1. Weltkrieg stagnierte der Anteil der Arbeiterkinder unter den Studierenden an deutschen Universitäten weit unter 1 %. Er erhöhte sich in der Weimarer Republik auf immerhin 3 %, und erst in den 70er Jahren wurde ein gewisser Durchbruch erreicht, der bei den Studienanfängern zu einem Anteil von annähernd 20 % Arbeiterkindern führte.

In diesen Zahlen kommen bildungspolitische Teilerfolge zum Ausdruck, die keineswegs einem automatischen Fortschritt zu verdanken sind, sondern die immer schon hart umstritten und immer wieder gefährdet waren, wie die neuerliche „Tendenzwende" der letzten Jahre zeigt. Es war eine unrealistische, historisch naive Hoffnung, wenn Ende der 60er Jahre die Erwartung gehegt wurde, daß sich das traditionelle Bildungswesen kurzfristig, vollständig und ein für allemal demokratisieren lassen könnte. Niemals sind Schulen freier, demokratischer und menschlicher gewesen als die gesellschaftlichen Zusammenhänge, in die sie notwendig eingebettet sind. Die Erfahrungen der Gegenwart bestätigen die alte Einsicht, die ein Grund zur Nüchternheit, nicht zur Mutlosigkeit ist.

Prof. Dr. Wolfgang Klafki
Direktor des erziehungswissenschaftlichen Seminars der Philipps-Universität Marburg

I.

Demokratisierung der Schule, das bedeutet nach meinem Verständnis vor allem:

– die konsequente Bemühung darum, daß *allen* Schülern ein möglichst hoher Bildungsstand ermöglicht wird;
– den Aufbau der Fähigkeiten zur Selbstbestimmung, zur Solidarität und Mitbestimmung bei Schülern, Lehrern, Eltern sowie den Mut, bildungspolitisch und administrativ den Raum zur Ausübung solcher Fähigkeiten zu eröffnen; es bedeutet,
– daß die sozialen Benachteiligungen und Auslesemechanismen gezielt abgebaut werden,
  – *schulorganisatorisch* durch die Entwicklung zur integrierten Gesamtschule und zu möglichst weitgehender Integration von sog. „Allgemeinbildung" und „Berufsbildung",
  – *innerschulisch* vor allem durch innere Differenzierung des Unterrichts innerhalb stabiler Kerngruppen, durch Gruppenarbeit, gezielte Bildungsförderung und -beratung der durch ihre vor- und außerschulische Sozialisation Benachteiligten statt der Niveaustufen-Trennungen,
  – im Hinblick auf die *Elternarbeit* und *Elternmitbestimmung* durch kurz-, mittel- und langfristige Bemühungen um Aufklärung und Aktivierung vieler noch passiver Eltern aus der Arbeiterschaft und den Schichten der kleinen und mittleren Angestellten und Beamten, so daß die Vorherrschaft begrenzter, oft konservativer, privilegierter Elterngruppen, die sich der formal vorhandenen Mitbestimmungsmöglichkeiten zur Durchsetzung ihrer gruppenspezifischen Interessen bedienen, überwunden wird;

es bedeutet,

– daß Richtlinien, Curricula, Lehrpläne inhaltlich an den Interessen der Bevölkerungsmehrheit orientiert werden, daß sie die Geschichtlichkeit und Gesellschaftlichkeit unserer Gegenwart aufklären, Konflikte und Konfliktlösungsmöglichkeiten, Interessen und Interessengegensätze verdeutlichen, die Alltagserfahrung von Kindern und Jugendlichen ernstnehmen und zum Thema machen, um von da aus ihre Hintergründe, ihre Möglichkeiten, Gefahren, Perspektiven zugänglich zu machen, aber auch, daß Richtlinien, Curricula, Lehrpläne Selbsttätigkeit, Phantasie, Eigeninitiative, Könnenserfahrungen ermöglichen – und dieses alles, um Bewußtsein, Fähigkeiten und Einsatzbereitschaft für die Verwirklichung einer Gesellschaft real gleichberechtigter, freier und in dieser Zielsetzung solidarischer Menschen wachzurufen;

– daß möglichst viele Entscheidungen, die Schule und Unterricht betreffen, innerhalb weitmaschiger Rahmenfestlegungen an die „Basis“ verlegt, dezentralisiert werden,
– daß Lehrer, Schüler, Eltern, Wissenschaftler am Curriculumentwicklungsprozeß aktiv beteiligt werden,
– daß Raum für Versuche und für Alternativen zum jeweils Vorherrschenden eröffnet wird,
– daß erziehungswissenschaftliche Schultheorie und Schulforschung sich gezielt an den vorher angedeuteten Zielen orientieren und in Kooperation mit progressiven Praktikergruppen Möglichkeiten und Bedingungen zur Verwirklichung solcher Ziele untersuchen.

II.

Verglichen mit den Verhältnissen in den ersten zwei Jahrzehnten nach dem letzten Weltkrieg und mit weiter zurückliegenden historischen Phasen sind wir hinsichtlich so verstandener Demokratisierung der Schule – regional und hinsichtlich der einzelnen Aspekte unterschiedlich und keineswegs in *kontinuierlichem* Fortschritt – nach meiner Einschätzung z.T. ein Stück vorangekommen, haben einige Möglichkeiten gewonnen oder erkämpft. Ich meine jedoch, daß es sich fast immer nur um *Anfänge* handelt, Ansätze, die überdies – nach einer bildungspolitischen Reformphase am Ende der 60er und zu Beginn der 70er Jahre – in den letzten Jahren schon wieder weitgehend „eingefroren“, gebremst, zurückgeschraubt worden und z.T. im Stadium von (guten) Plänen und Programmen steckengeblieben sind: weil die politische Gegnerschaft sich formierte, weil mit Bildungspolitik Wahlkämpfe eher verloren als gewonnen werden konnten, weil es langfristig erheblicher finanzieller Aufwendungen bedurft hätte, um demokratische Reformziele zu verwirklichen, weil man vielfach, in Verkennung der Schwierigkeiten, „schnelle Erfolge“ sehen wollte, damit aber pädagogische Reformen auf das Niveau von „Moden“ und organisatorischen „Kniffen“ herunterbrachte, statt die Geduld aufzubringen, die notwendig ist, um langfristige Ziele in einer Folge kurz- und mittelfristiger, kleiner Schritte zu verwirklichen.

Ich nenne drei Beispiele für die Torso gebliebene Demokratisierung der Schule:

Gewiß, heute besuchen im Durchschnitt drei bis viermal mehr Arbeiterkinder weiterführende Bildungsgänge, am deutlichsten ausgeprägt in den integrierten Gesamtschulen. Aber die Entwicklung der integrierten Gesamtschulen stagniert seit gut fünf Jahren, oder diese Schulen werden mehr und mehr den Maßstäben des herkömmlichen, dreigliedrigen Schulwesens angepaßt.

Gewiß, ein Teil unserer Richtlinien (Curricula, Lehrpläne) ist inhaltlich kritischer, offener, gegenwartsnäher, kind- und jugendgemäßer geworden (wohlgemerkt: ein Teil!). Aber Leistungskonkurrenz, Numerus clausus, Lehrstellenmangel, die „Vergleichbarkeitsforderungen“ konservativer politischer Gruppen, die formale „Verrechtlichung“ der Schule und die durch Angst erzeugten und wiederum Angst erzeugenden administrativen Kontrollen führen vielfach dazu, daß jene kaum errungenen, inhaltlichen Demokratisierungschancen weitgehend bereits wieder verschüttet sind.

Gewiß, der Deutsche Bildungsrat hat 1969 das weitsichtige Konzept eines Systems von etwa 60–70 Regionalen Pädagogischen Zentren in der Bundesrepublik entworfen, in denen schulnahe Curriculumentwicklung und ständige Lehrerfort- und -weiterbildung in Kooperation von Erziehungswissenschaftlern und Schulpraktikern geleistet und damit „rollende“, selbstkritische Schul- und Unterrichtsreform geleistet werden sollte.

Aber die wenigen, durchaus erfolgreichen Modellversuche im Sinne dieses Konzepts sind nicht fortgeführt worden, und in *allen* Bundesländern bevorzugen die Ministerien inzwischen längst wieder *zentralistische* Lösungen, die der direkten Kontrolle der Ministerien unterstehen, Mitbestimmung *breiter* Lehrergruppen nicht ermöglichen, aber gewiß billiger sind, indessen, wie ich überzeugt bin, langfristig auch weitaus ineffektiver bleiben werden.

Mein Fazit: Lehrer, Eltern, Schüler, Schulpolitiker, Erziehungswissenschaftler, die von der Notwendigkeit der Demokratisierung der Schule, die untrennbar von ihrer Humanisierung ist, überzeugt sind, müssen die errungenen Ansätze verteidigen und den weiteren Demokratisierungsprozeß wieder in Gang zu bringen versuchen.

Dr. Wolfgang Klafki

Dr. Joachim Kramarz
Oberstudiendirektor; Vorsitzender des Deutschen Lehrerverbandes Berlin, DL-Berlin

Dr. Joachim Kramarz

Die „Demokratisierung der Schule“ ist ein außerordentlich vieldeutiger Begriff, deshalb ist auch die Frage mit einem einfachen Ja oder Nein nicht zu beantworten.

Wenn man unter „Demokratisierung“ versteht,
– daß alle Schichten der Bevölkerung ihre Kinder auf die verschiedenen Zweige der weiterführenden Schulen schicken, dann ist die Demokratisierung weit fortgeschritten. Auch das Gymnasium ist heute bei allen Bevölkerungsschichten hochgefragt. Auf der anderen Seite hat es die für diesen Demokratisierungsprozeß besonders propagierte Gesamtschule in Berlin nicht vermocht, die Eltern der für das Gymnasium empfohlenen Kinder der Sozialschichtung der Bevölkerung entsprechend anzuziehen;
– daß die Schüler der gymnasialen Oberstufe und des beruflichen Schulwesens weitreichende Wahlmöglichkeiten haben, dann ist das durch die Reform der gymnasialen Oberstufe und den Aufbau der berufsfeldbezogenen Oberstufenzentren in Berlin erheblich vorangetrieben worden;

– daß die schulischen Entscheidungen nicht nur von den Lehrern, sondern auch von den Eltern und den Schülern mit beeinflußt und sogar getroffen werden, dann hat das Berliner Schulverfassungsgesetz dafür weitgehende Möglichkeiten geschaffen. Die sogenannte „Schulkonferenz", an der Lehrer, Eltern und Schüler paritätisch beteiligt sind, hat Beschlußrechte in allen planerischen und die Ordnung betreffenden Fragen. Diese Rechte haben ihre Einschränkungen durch die oft nur partielle Sachkenntnis von Eltern und Schülern und deren geringe Möglichkeiten, die Sachkenntnis der Lehrer einzuholen und die Vorgaben der Verwaltung in finanzieller und planerischer Hinsicht zu durchdringen;
– die Einflußnahme der Lehrer auf Personalentscheidungen, dann hat das Schulverfassungsgesetz ebenfalls weitreichende Möglichkeiten eröffnet. Die Positionen im Bereich der Schulleitung werden von den Lehrergesamtkonferenzen mitbestimmt. Dagegen hat sich allerdings in der letzten Zeit Kritik entwickelt, weil Bewerber, die nicht bereits Mitglieder des Kollegiums sind, deutlich geringere Chancen haben, in die Leistungsfunktionen berufen zu werden. Es ist aber nicht die Meinung des DL-BERLIN, daß die überwiegend auf hauseigene Bewerber fallenden Entscheidungen der Gesamtkonferenzen unsachlich seien;
– die Einflußnahme der Lehrerpersonalräte auf die Entscheidungen der Verwaltung, dann ist hier auch ein deutlicher Ruck nach vorn zu verzeichnen. Die Mitbestimmung der Personalräte ist mit der Neufassung des Personalvertretungsgesetzes erheblich gestiegen, wenn auch noch eine Ausweitung der Rechte denkbar ist. Die Versuche allerdings, diese Mitbestimmung in Richtung auf Streikrecht und auf prinzipiellen Konflikt mit der Verwaltung hin zu interpretieren, finden ihre Grenze an den Grundsätzen des Beamtenrechts;
– daß den Lehrern die Realisierung der Lehrpläne freisteht, damit sie sogenannte „demokratische Lerninhalte" vermitteln und den Schülern ihre „Interessen" klarmachen können, dann ist das eine Demokratisierung, die wegen ihrer einseitigen politischen Tendenz weder bisher möglich ist noch auch vom DL-BERLIN toleriert werden kann. Der Lehrer hat sich an das Pluralismus-Gebot des Berliner Schulverfassungsgesetzes § 10 zu halten: „Jede einseitige Beeinflussung der Schüler ist unzulässig";
– daß die schulischen Entscheidungen gerichtlicher Nachprüfung standhalten müssen, dann ist das heute voll gegeben. Die Lehrer kritisieren allerdings, daß ihre pädagogischen Entscheidungen immer wieder an juristischen Normen gemessen werden;
– daß die Entwicklungen in der Schule ein hohes Maß an demokratischer Legitimation besitzen müssen, so ist auch das in der Entwicklung des Berliner Schulrechts geschehen.

Wesentliche Reformvorhaben, wie die Reform der gymnasialen Oberstufe, die Gesamtschule und die berufsfeldbezogenen Oberstufenzentren haben bereits ihren Niederschlag im Schulgesetz gefunden. Der DL-BERLIN fordert, daß die letzte Entscheidung über wesentliche Inhalte der Berliner Schule immer beim Parlament liegen muß.

Walter Rasch

Walter Rasch, FDP
Senator für Schulwesen des Landes Berlin

Eine wichtige Zielsetzung der Bildungsreform Ende der 60er und Anfang der 70er Jahre war die Durchsetzung von mehr Partizipation. „Mehr Demokratie wagen" hieß es 1969 in der Regierungserklärung in der ersten sozialliberalen Koalition. Viele junge Menschen demonstrierten damals für die Demokratisierung aller gesellschaftlichen Lebensbereiche. Die Schule stellte sich dieser Herausforderung. Der Gedanke der Mitbestimmung von Schülern, Eltern und Lehrern wurde in die Tat umgesetzt: In Berlin z.B. wurde im Sommer 1974 ein Schulverfassungsgesetz verabschiedet, das – mit gewissen Änderungen – auch heute noch gilt.

Durch dieses Gesetz hat der Demokratisierungsprozeß an der Schule erhebliche Fortschritte gemacht. Allen beteiligten Gruppen wurden zum ersten Male umfangreiche Teilhaberechte – vor allem durch Mitarbeit in schulischen Gremien – angeboten. Damit ist jedoch schon ein Hauptproblem von demokratischen Strukturen in der Schule benannt: Teilhaberechte können Eltern, Schülern und Lehrern immer nur angeboten werden, Demokratie kann nicht verordnet werden. Es hat sich herausgestellt, daß diese Rechte nicht immer von allen Beteiligten in allen Schulen in dem gewünschten Umfang wahrgenommen wurden. In diesem Zusammenhang hat sich ein zweites Problem ergeben, das Kritiker mit dem Stichwort „Partizipatismus" benannt haben: Die Mitarbeit in Gremien wird nur von einem kleinen Teil der jeweiligen Betroffenen wahrgenommen, die sich dort sozusagen professionell als Quasi-Funktionäre betätigen. Diese Verkrustung muß aufgehoben werden, damit Demokratie in der Schule wirklich in der notwendigen Breite stattfindet.

Man muß sich auch fragen, ob die Teilhaberechte noch weiter ausgebaut werden sollen. Die Schulleiterwahl auf Zeit, die in Hamburg und Bremen mit positiven Erfahrungen durchgeführt wird, sei hier nur als Beispiel genannt. Das Beantenrecht darf der Demokratisierung der Schule nicht im Wege stehen.

Schließlich muß auf ein weiteres Problem hingewiesen werden: Demokratie in der Schule ist nur zum Teil abhängig vom Angebot formaler Rechte. Demokratisierung der Schule bedeutet auch immer Erziehung zur Demokratie. Was ist damit gemeint?

In der Schule kommt der junge Mensch

zum ersten Mal in unmittelbare Berührung mit unserem Staat, mit seinen Normen, seinen Gesetzen und Verordnungen. Hier macht er seine ersten Erfahrungen, ob formale Rechte auch tatsächlich Rechte sind, ob lernschwache Kinder ausgesondert oder besonders gefördert werden, ob der „Ellenbogen" oder solidarisches Mit-Einander-Lernen herrschen, ob ausländische Kinder Fremde bleiben oder integriert werden. Dies ist die Aufgabe der inneren Schulreform.

Durch innere Schulreform müssen Eltern, Lehrer und Schüler die Inhalte und Werte von demokratischer Erziehung im Schulalltag konkret erfahren.

In diesem Zusammenhang ist es von zentraler Bedeutung, daß die jungen Menschen eine Erfahrung machen, die für die Zukunft unseres Gemeinwesens von entscheidender Bedeutung ist, daß nämlich Engagement für die Gemeinschaft belohnt und nicht bestraft wird.

Pädagogen haben hier die Aufgabe, Mut zur demokratischen Erziehung zu machen. Nur so kann verhindert werden, daß die Schule „Aussteiger" und „Stimmbürger" hervorbringt.

Der aktive, couragierte und mündige Bürger – das ist der Maßstab für den Erfolg des Demokratisierungsprozesses unserer Schule.

Dr. Werner Remmers, CDU
Kultusminister des Landes Niedersachsen

Ich habe schon immer Schwierigkeiten gehabt, mir unter „Demokratisierung in der Schule" etwas Handfestes vorzustellen. Schule als Parlament mit Fraktionen, Ausschüssen und Mehrheitsentscheidungen? Oder Schule als Einübung staatsbürgerlichen Verhaltens? Oder soll Demokratisierung heißen, daß alle bei allem mitreden und sich irgendwie einigen müssen?

Wir haben eine Demokratie und unsere Schulen sind Einrichtungen eines demokratischen Staates. Die Zeiten, in der Schulen wie Kasernen gebaut und geführt wurden, sind vorbei. In Schulgesetzen und Mitwirkungsregelungen ist genau bestimmt, wann, wo, zu was und auf welche Weise Schüler, Eltern und Lehrer mitreden und entscheiden sollen oder dürfen. Das rechtliche Skelett der Mitwirkungsmöglichkeiten ist gewissermaßen bis in die Zehenknochen voll entwickelt da. Aber meinem Eindruck nach fehlt noch weithin das eigentliche Fleisch an diesen Knochen.

Deswegen habe ich auch Schwierigkeiten mit dem Wort „Demokratisierungs*prozeß*". Was ist eigentlich das Ziel dieser Entwicklung? Sollen die Mitwirkungsmöglichkeiten genauer geregelt werden? Sollen die getrennten und gemeinsamen Sitzungen von Lehrern, Eltern und Schülern noch ermüdender und die Abstimmungs- und Anhörungsverfahren noch komplizierter werden? Ich glaube, wir reden von Demokratisierung und haben uns in Wirklichkeit einen neuen Obrigkeitsstaat geschaffen. Jeder will möglichst von ganz oben eine Regelung haben, die für die eigene Situation und Interessenlage genau paßt. Die Summe dieser Regelungen ist dann die Regelungsflut und die geist- und seelenlose Bürokratisierung der Schule, über die dann wieder alle klagen. Ich sehe daher eine wichtigte und notwendige Entwicklung in der Schule darin, daß alle Beteiligten wieder mehr zu einer vorbürokratischen Verständigung kommen. Das kann man Demokratisierung nennen oder nicht. Wichtig ist jedenfalls, daß in unsere Schulen wieder mehr echtes Leben hineinkommt, mehr Phantasie bei der Gestaltung des Schullebens, daß offener miteinander gesprochen wird und gute Kompromisse geschlossen werden. Denn eine Schule muß mehr sein als eine hochorganisierte Veranstaltung, wo alle sehr beschäftigt und zugleich gelangweilt sind.

Die Schulen sollten nicht versuchen, die Regeln der parlamentarischen Demokratie zu kopieren. Die Schulen müssen auch aufhören, sich wie eine schwerfällige Behörde zu benehmen. Sie bearbeiten keine Vorgänge, sondern unterrichten junge Menschen. Die Schulen sind auch nicht dazu da, mit ihr eine Politik zu machen, die man anderswo nicht machen kann oder will. Umgekehrt ist es die Aufgabe der Politik, dafür zu sorgen, daß die Schulen in Ruhe das tun können, wozu sie da sind: den jungen Leuten helfen, ihr Grundrecht auf Bildung wahrzunehmen, ihre individuellen und sozialen Möglichkeiten zu entfalten, selbständig zu werden und für sich und die Gemeinschaft Verantwortung übernehmen zu können. Demokratisierung in der Schule ja, wenn sie diese Aufgabe verbessern hilft, aber nein, wenn sie davon ablenkt.

Dr. Werner Remmers

Prof. Dr. Hans-G. Rolff
Leiter des Instituts für Schulentwicklungsforschung der Universität Dortmund

An der Wiege der modernen europäischen Demokratie wurde die Losung ausgegeben: Freiheit, Gleichheit und Brüderlichkeit. Wie steht es um die Einlösung dieser Grundwerte im heutigen Schulsystem?

Freiheit: Gewiß gibt es heute mehr Freiheit, in Hinblick auf Lehrmethoden, Bildungsinhalte oder Gesinnungen, als zur Zeit der Sozialistengesetze oder der Stiehl'schen Regulative. Aber die Freiheit, als Lehrer einer kommunistischen Partei anzugehören, gibt es faktisch nicht. Die Freiheit der Themen- und der Prüferwahl bie Staatsexamina ist stark eingeschränkt, sie droht sogar ganz zu verschwinden.

Gleichheit: Fraglos haben heute Mädchen erheblich bessere Bildungsmöglichkeiten als noch vor 20, erst recht als vor 150 Jahren. Dennoch hat sich am Beitrag der Schule zur Reproduktion von sozialer Ungleichheit wenig verändert. So geht aus einer repräsentativen Erhebung des Statistischen Bundesamtes aus dem Jahre 1978 hervor, daß nur 9,4% aller 13- bis 14-jährigen Arbeiterkinder ein Gymnasium be-

Dr. Hans-G. Rolff

suchen. Die Vergleichszahlen bei den Beamtenkindern lautet 48,7 %. Die Bildungsbeteiligung bei den Akademikerkindern ist so hoch, daß man sagen kann, nur jedes zehnte Arbeiterkind, aber fast jedes Akademikerkind geht auf ein Gymnasium. Die Hauptschule, in Berlin nicht mehr, in den Flächenstaaten aber immer noch „Schule des Volkes", ist nach wie vor schlechter gestellt als die Höheren Schulen – was Abschlußchancen und Ausstattung, Lehrerbesoldung und Arbeitsbelastung, Wertschätzung und Verwertungsmöglichkeiten betrifft. Für die Auswahl der Bildungsinhalte gilt erst recht, daß Gleichheit längst nicht gegeben ist, vor allem nicht für Gesellschaftsbilder, Geschichtsauffassungen oder Wissenschaftslehren, die sich am dialektischen Materialismus orientieren.

Brüderlichkeit: Freilich wird über die Notwendigkeit solidarischen und sozialen Lernens heute mehr geredet als zu anderen Zeiten, die reformpädagogische Epoche vielleicht ausgenommen. Aber gleichzeitig übt die Schule mehr in die Ellenbogengesellschaft ein und erzeugt rücksichtslosere Notenfighter als je zuvor, weil der höhere Schulabschluß für eine wachsende Masse von Schülern eine Voraussetzung für Statuserwerb und -erhalt ist. In einer solchen Lernanstalt erscheint die brüderliche Unterstützung eines Mitschülers oder der solidarische Kampf um die Verbesserung der Lernbedingungen der Benachteiligten als Luxus, den sich individuell kaum noch einer leisten kann. Der heimliche Lehrplan, der Lernen auf Zurichtung für Karrieren zu instrumentalisieren trachtet, droht den offiziellen zu überwuchern.

Fazit: Demokratisierung der Schule ist ein Auftrag der bürgerlichen Revolution, den zu vollziehen im wesentlichen noch aussteht.

Dr. Dieter Sauberzweig

Dr. Dieter Sauberzweig, SPD
Senator für kulturelle Angelegenheiten des Landes Berlin

In letzter Zeit ist viel davon die Rede, daß die organisatorischen und strukturellen Maßnahmen der Schulreform der letzten Jahre nunmehr einer Ergänzung durch eine innere Reform der Schule bedürfen. Eine menschliche Schule darf, so wird argumentiert, in ihrer Entwicklung durch allzu viel Verwaltung und Reglementierung nicht eingeengt werden; sie braucht eine größere Selbständigkeit und damit die Möglichkeit zu mehr Selbstbestimmung.

Die Schule steht hier zweifellos in einem Spannungsfeld, weil sie
- eine staatliche Einrichtung ist,
- in Konkurrenz zu elterlichen Erziehungsrechten und Pflichten steht,
- jungen Menschen helfen muß, sich zu Bürgern der demokratisch verfaßten Gesellschaft zu entwickeln und
- zugleich verpflichtet ist, die diese Gesellschaft tragenden Ideen zu vermitteln.

Diese Spannung zwischen unterschiedlichen Aufgaben und Zielen wird aber nur dann fruchtbar und konstruktiv sein, wenn mehr Mitwirkung in der Schule möglich ist. Auch wenn die staatliche Verantwortung für Schulen unumstritten ist und der Staat das grundgesetzlich garantierte Recht auf umfassende Bildung und Chancengleichheit gewährleisten muß, braucht das nicht zu bedeuten, daß die beteiligten und betroffenen Menschen nicht stärker darüber befinden können, was in der Schule geschieht, was und wie gelernt wird.

Es ist nicht leicht gewesen, erste Schritte in dieser Richtung zu tun. Als der Deutsche Bildungsrat sich 1973 für eine „verstärkte Selbständigkeit der Schule und Partizipation der Lehrer, Schüler und Eltern" aussprach, erntete er nicht nur Beifall; im Gegenteil – es spricht vieles dafür, daß die Nichtverlängerung des Abkommens über die weitere Arbeit des Bildungsrats in den Aussagen dieser Empfehlung eine Ursache hatte. Aber die Zeit war für eine stärkere Demokratisierung der Schule reif. Im Laufe der folgenden Jahre wurden in den Bundesländern in unterschiedlicher Ausformung gesetzliche Regelungen geschaffen, die die Rechte und Pflichten der am Schulleben Beteiligten näher beschrieben.

Die Erfahrungen, die man bisher dabei gesammelt hat, sind unterschiedlich. Es gibt Schulen, in denen Mitbestimmung und Mitwirkung zu einem fruchtbaren Lernprozeß für Lehrer, Schüler und Eltern geworden sind, in denen man auch über Interessengegensätze hinweg gelernt hat, daß man aufeinander angewiesen ist und daß man auch zum Kompromiß bereit sein muß. Es gibt aber auch Schulen, in denen Mitwirkung und Gespräch in formalen Regeln erstarrt sind und nur noch mehr oder minder pflichtgemäß gehandhabt werden.

In dieser Situation sollte man den eingeschlagenen und im Grundsatz richtigen Weg unbeirrt weitergehen. Schule kann nicht allein von Bildungsexperten, Bildungsverwaltung und Bildungspolitik gestaltet werden, sondern Lehrer, Schüler und Eltern müssen aktiv in diesen Prozeß einbezogen werden. Ausmaß und Inhalt dieser Beteiligung werden nicht selten kontrovers bleiben, weil Politik auch die Gestaltung unserer Lebensverhältnisse gegen die Meinung einzelner und Gruppen bedeuten kann, manchmal sogar verlangt. Aber Lehrer, Schüler und Eltern dürfen nicht nur Adressaten von Reformen sein, sondern müssen zu konstruktiven, aktiv mitgestaltenden Trägern von Reformprozessen werden. Auch die Eltern sollten nicht länger Randfiguren schulpädagogischen Bemühens sein, sondern sich an der schulischen Arbeit beteiligen können. In dem Maße, wie es gelingt, Eltern über Ziele, Inhalte und Arbeitsweise von Schule zu informieren und sie in die

Planung einzubeziehen, wird sich das Verhältnis von Eltern und Schule verbessern.

Für die weitere Entwicklung einer menschlichen Schule müssen wir aber noch einen weiteren Schritt tun: Die einzelne Schule sollte mehr Autonomie, mehr Gestaltungsfreiheit und Selbstverwaltung erhalten. Damit könnte sie sich zugleich stärker gegenüber dem Gemeinwesen und dem gesellschaftlichen Leben öffnen.

Gerhard Schmidt
1. Vorsitzender der GEW Berlin

„Die Schule, wie sie ist, und die Schule, wie sie sein soll, verhalten sich zueinander genau gleich dem Staat, wie er ist, und dem Staat, wie er sein soll. Der Staat, wie er ist, d.h. der Klassenstaat, macht die Schule zu einem Mittel der Klassenherrschaft. Er kann freie Männer (und Frauen) nicht brauchen, nur gehorsame Unterthanen; nicht Charaktere, nur Bedienten- und Sklavenseelen."
(Wilhelm Liebknecht am 5.2.1872 auf dem Stiftungsfest des Dresdener Bildungs-Vereins, Festrede „Wissen ist Macht – Macht ist Wissen")

Zum Zeitpunkt jener Rede war der „Demokratisierungsprozeß" der Schule im Sinne ihrer Vergesellschaftung, d.h. ihrer Öffnung für immer weitere Kreise der Bevölkerung, längst im Gange. Knapp 90 Jahre später läßt sich behaupten, daß die Schule wirklich für alle offensteht. Aber diese Schule der Bundesrepublik Deutschland ist nicht für alle gleich da – sie ist Klassenschule geblieben. Das der Sozialhierarchie weitgehend entsprechende und sie absichernde viergliedrige Schulsystem (Sonder-, Haupt-, Realschule und Gymnasium) legt Zeugnis davon ab, daß der wesentliche Grundsatz der Demokratie, die Gleichheit, längst nicht verwirklicht ist. Öffnung der Schule für alle und Ungleichheit allerorten gegeneinander abwägend, ziehe ich den ersten Schluß: Der Demokratisierungsprozeß unserer Schule ist in den Anfängen steckengeblieben.

Zum Glück gibt es ja noch die Gesamtschule. . . In der Tat, sie hat es vermocht, besonders auch Arbeiterkinder zu fördern, sie bringt mit dem Konzept des „sozialen Lernens" – besser hieße es: der Betonung und Förderung menschlicher Beziehungen, vor allem der Solidarität – neue Hoffnungen für die Ergebnisse schulischer Arbeit hervor, und das beispielhafte Engagement vieler Lehrerinnen und Lehrer, Eltern, Schüler und Schülerinnen läßt Schule zeitweise und mancherorts als Sache der Betroffenen erscheinen.

Aber: wieviele Gesamtschulen wurden nicht gebaut? Wieviele Berufspolitiker und Eltern holten den Begabungsbegriff aus der Mottenkiste voller Abwehrmunition gegen verbesserte Bildungsmöglichkeiten für Arbeiterkinder? Wie weit wichen viele der Reformer zurück, die Pläne einheitlicher, sozialintegrativer, individueller und kooperativer Bildung verwässernd! In wie vielen Gesamtschulen herrschen nun statt Luft und Licht Atemnot und Anonymität, statt Förderung und Kooperation der Ellenbogen und die Punktetabelle! Zweiter Schluß: Der Demokratisierungsprozeß unserer Schule schien vor einigen Jahren schon weiter voran – aber er wurde und wird aufgehalten, zurückgezerrt von eifernden Politikern und bornierten Bürgern aus Klasseninteressen und von zaudernden Reformern, die sich um Wählerstimmen sorgten.

Mit Recht kann sicher die Mehrzahl der älteren Generation, können aber auch viele derjenigen sagen, die in den 50er und Anfang der 60er Jahre zur Schule gegangen sind, daß der Schulbetrieb heute vielfach „freier" sei: im Umgangston, in der Form der Bestrafungen, ablesbar auch an den vielen Gremien der Mitwirkung und Mitbestimmung. Das ist sicher erfreulich – aber ist es nicht auch selbstverständlich für eine demokratische Gesellschaftsordnung? Hört man die Klagen von Schülern, Eltern und Lehrern über die mangelnden Möglichkeiten, ihre Interessen gegenüber der Schulverwaltung, den Aufsichtsbehörden durchzusetzen, drängen sich erneut die Worte von W. Liebknecht auf. Wir haben ja erfahren, daß Demokratie nicht von oben kommt, daß nur mehr mündige Bürger und Bürgerinnen mehr Demokratie schaffen, die „von unten" in das starre Schulsystem gebracht wird. Die Schule, wie sie ist: mit der Stundenstückelung, mit der täglichen Benotung, mit dem Frontalunterricht als der vorherrschenden Aktionsform, mit ihrer Funktion gar, Schüler auszusortieren und ihnen gesellschaftliche ‚Plätze' zuzuweisen oder zu verheißen und ihnen gesellschaftlich normierte Haltungen und Einstellungen zu verpassen – diese Schule verhindert Demokratisierung systematisch. Die Schule, wie sie sein soll, muß Demokratie auf Feldern üben, die außerhalb der parlamentarischen Regelmechanismen liegen. Ein ‚echter' Demokratisierungsprozeß wäre festzustellen, wenn die Schülerinnen und Schüler aktiv über Unterrichtsinhalte und -formen mitbestimmen könnten, wenn ihre Lebenswelt und die ihrer Eltern ständig in den Unterrichtsprozeß einbezogen würde, wenn die Unterrichtenden andere als lediglich formale Mitbestimmungsrechte wahrnehmen könnten, wenn Toleranz und Mut zu offenem, öffentlichem Handeln oberste Lernziele wären – und wenn die Schule wirklich für alle gleich da wäre in einer Gesellschaft, die auf Gleichheit gründete. Von diesem Demokratisierungsprozeß sind wir weit, weit entfernt. Den Weg dahin müssen und werden hoffentlich Schüler, Eltern und Lehrer selber gehen.

Gerhard Schmidt

Prof. Dr. Rainer Winkel
Mitbegründer der Freien Schule Essen

Es gibt Fragen, die nur ein Weiser oder ein Scharlatan beantworten kann. Der eine bin

Dr. Rainer Winkel

ich nicht und der andere möchte ich nicht sein. So habe ich meine Schwierigkeiten mit der gutgemeinten Frage. Zum Beispiel mit dem Wort

– *Prozeß:* Vollzieht sich Demokratisierung in Prozessen? Wenn ja, welche Prozesse soll man sich vorstellen? Funktionieren sie eher wie chemische Verbindungsprozesse, physikalische Bewegungen, über Jahre hingeschleppte Prozesse gegen die Schergen des Nationalsozialismus oder soll man die Freudsche Theorie innerpsychischer Prozesse assoziieren?
Der mühsame Versuch einer Demokratisierung vollzieht sich eben nicht in Prozessen, sondern ist von eigentümlichen ups and downs gekennzeichnet, von mitunter abstrusen Kreis-, Rückwärts-, Vorwärts- und auf der Stelle tretenden Bewegungen, von politischen, psychischen und sozialen Bemühungen . . . Ich mißtraue zweitens dem ins Partizip gesetzten Verb
– *vorangeschritten:* Wer schreitet denn da wie voran? Aufrecht, würdevoll oder im Stechschritt? Suggeriert es womöglich den „gleichen Schritt und Tritt"? Oder den üblichen Fortschrittsoptimismus (voran –!), für den bestimmte Epochen allenfalls Betriebsunfälle sind?
Demokratisierung „schreitet" eben nicht „voran" (schon gar nicht alleine), sondern muß erkämpft werden, hängt also von den politischen, psychischen und sozialen Möglichkeiten und Fähigkeiten der um Demokratie sich bemühenden Zeitgenossen ab . . . Skepsis auch gegenüber dem Begriff
– *Demokratie:* Ist sie identisch mit dem alle vier Jahre unternommenen Gang zur Wahl? Lebt sie in den Schulmitwirkungsgesetzen der Länder? Kann man auch große Alternativen (jenseits von Reaktoren, Nachrüstungsbeschlüssen und Wachstumsraten) und kleine alternative „Schulen" (nicht unbedingt à la Summerhill) wählen?
– *Demokratie* hat es spätestens seit 1789 mit der liberté, égalité und fraternité zu tun, die zu konkretisieren heute nicht weniger aktuell (aber anders) ist als 1848, 1919 oder 1945 . . . Und schließlich verwirrt mich das Wort
– *unsere Schule:* Auf welche Schule soll sich denn der angeblich voranschreitende Demokratisierungsprozeß beziehen? Ist das Regensburger Gymnasium (zumindest mit-) gemeint, das eine Schülerin relegierte, nur weil sie vor der jüngsten Bundestagswahl eine Stoppt-Strauß-Plakette trug? Darf man an die Hannoveraner Glockseeschule denken, an Schloß Salem, eine Waldorfschule im Odenwald, eine verzweifelt um Schülerorientierung sich bemühende Hauptschule in Frankfurt oder eine Berliner Gesamtschule aus Glas und Beton mit garantiert 50% Arbeiterkindern? Muß man gar den Mittelwert bilden aus 3500 öffentlichen Regel- und über 3000 privaten Ersatzschulen? Ich versuche die Temperatur nachzuempfinden, die jemand spürt, der mit dem einen Bein in einer Gefriertruhe und mit dem anderen auf einer heißen Ofenplatte steht.
Schule ist eine so komplexe, widersprüchliche, die übrigen gesellschaftlichen Subsysteme (mal) bejahende, (dann wieder) verneinende, tolerierende und ignorierende Institution, daß ohne nähere Angaben kaum mehr als pauschalierende Antworten gegeben werden können . . .

Wenn ich fragen dürfte, ob die Schule, in der ich vor 10 Jahren Lehrer gewesen bin, heute mehr Demokratie aufweist: genauer gesagt mehr Freiheit (Schülern, Lehrern und Eltern eine größere didaktisch-methodische Offenheit) zubilligt, mehr Gleichheit (also größere Chancen für Benachteiligte) herzustellen vermag und eine ausdauernde Brüderlichkeit lebt (mit anderen Worten Hilfsbereitschaft realisiert), dann müßte meine Antwort lauten: Kaum! Wenn ich dieselbe Frage in bezug auf – sagen wir – die Hibernia-Schule in Wanne-Eickel oder die Bielefelder Laborschule stellen dürfte, könnte ich mit einem Ja antworten und müßte doch gleichzeitig hinzufügen: Schulen in dem obigen Sinne demokratischer zu gestalten, in ihnen und mit ihrer Hilfe das zu unternehmen, was Comenius die „emendatio rerum humanarum" nannte, die Verbesserung der menschlichen Dinge, ist ein unendliches Bemühen. Wenn es je aufhört oder wenn ihr angebliches Erreichen je behauptet werden sollte, dann – gibt es vielleicht lauter perfekte Demokraten, aber keine Menschen.

Hans Thiersch

Prof. Dr. Hans Thiersch
Vorsitzender der Deutschen Gesellschaft für Erziehungswissenschaft

1. Demokratisierung meint – pointierend und verwegen formuliert – Prozesse, die darauf zielen, daß die eigene, gemeinsame Sache unter gleichwertigen, gleichen Partnern im strukturierten, herrschaftsfreien Diskurs ausgehandelt und realisiert wird. Die Frage nach der Demokratisierung der Schule zielt zunächst darauf, ob und wie sich gleiche Bildungsrechte und -möglichkeiten im freien und offenen Umgang miteinander realisieren, im Umgang von Lehrern und Schülern, von Schülern mit Schülern, Lehrern mit Lehrern, im Umgang mit Eltern und Anderen aus den Gemeinwesen.
2. Demokratisierung, als Konsequenz des sozialstaatlichen Selbstanspruchs unserer Gesellschaft und – damit einhergehend – des Stilwandels von autoritären zu kommunikativen Umgangsformen, hat ganz zweifelsohne die Entwicklung der Schule bestimmt; nach kühnen Entwürfen, langsamen Fortschritten und vielen Rückfällen ist gerade auch in den letzten 20 Jahren Beträchtliches durchgesetzt worden. Gesamtschulen, Sonderschulen, zunehmende Bildungschancen

für jene Gruppen, die traditionellerweise benachteiligt waren, ein freierer Ton in Klassen und Kollegien, bisweilen auch die Öffnung der Schule in das Gemeinwesen.

3. Dies festzustellen und festzuhalten ist das eine; das andere ist die offenkundige Misere der heutigen Schule: die Ineffektivität des Lernens, die Lustlosigkeit von Schülern und Lehrern, die oft lähmende Apathie im Unterricht, das Leiden an der Schule. Dieser Widerspruch zwingt zur Frage, ob und inwieweit die Fortschritte der Demokratisierung der Schule für die Aufgaben, die heute anzugehen und zu lösen sind, genügen.

4. Fortschritte bedeuten nicht, daß Ziele schon erreicht sind: Auf dem Weg der Demokratisierung ist vieles noch unzulänglich, bleibt Aufgabe. Viele, z.B. Gehandikapte, Ausländerkinder, aber auch Arbeiterkinder und Mädchen kommen im gegenwärtigen Schulsystem noch immer nicht zu den ihnen zustehenden Bildungs- und Lernchancen, Charakter und Status unserer Hauptschule als Restschule sind ebenso lernhemmend wie für viele die Sonderschule. – Die Offenheit im Umgang ist noch immer gehemmt durch autoritäre Strukturen, z.B. zwischen Rektor und Lehrer, z.B. aber auch zwischen Ausbildern und Junglehrern, Referendaren.

Um Chancengleichheit und Abbau von Herrschaftsstrukturen zu erreichen, müssen Lernaufgaben und Umgangsformen transparent und gerecht sein; die Mittel aber, um dieses zu realisieren, sind zweideutig: Lernchancen werden an Stoffen und Arbeitsmethoden gemessen, die der Anstrengungsfähigkeit der Schüler, ihren Lebens- und Lernbedürfnissen, ihrer Neugier äußerlich bleiben und die – zudem – in einem durchgeplanten, operationalisierten System von Lernkontrollen als Stoffe um des Stoffes willen gesehen werden, als Tauschwert im Konkurrenzkampf der Klasse, im Konkurrenzkampf um Arbeitsstellen, um Noten. – Parallel dazu wachsen Recht- und Verwaltungsvorschriften, die, ihrer Intention zuwiderlaufend, Lehrer, Schüler, Eltern einschüchtern, entmutigen; die Chancen z.B. der eigenen Unterrichtsgestaltung oder der Konferenzordnung bleiben oft ungenutzt.

6. Wenn aber schon diese Anstrengungen um Demokratisierung halbherzig bleiben und durch Nebenwirkungen und Gegentendenzen unterlaufen werden, dann bleibt das Ziel der Demokratisierung, der Diskurs zur gemeinsamen, eigenen Sache ganz außerhalb des Blickfeldes; Demokratisierung könnte sich nur erfüllen, wenn der Zweck der Schule, die Aneignung von notwendigen und nützlichen Erfahrungs- und Handlungsmustern, offen und gemeinsam angegangen werden kann.

Die gegenwärtige schul- und bildungspolitische Diskussion macht deutlich, daß schon die so geringen Fortschritte der Demokratisierung von allzuvielen als hinreichend, ja als zu weitgehend verstanden werden. Notwendige, weiterführende Perspektiven, weiterführende Ansätze: z.B. das Konzept einer an ihren eigenen Zielen orientierten Gesamtschule, Arrangements eines offenen projektorientierten Lernens, eines sozialen Lernens, die Öffnung der Schule zu Kooperationen in das Gemeinwesen hinaus verlieren sich im Gestrüpp von Sparzwang, Ideologien, Ängsten.

Dies ist deshalb so fatal, weil nur weitergehende und intensive Konzepte die Schule instandsetzen würden, in der gegebenen gesellschaftlichen Situation, in den ihr vorgegebenen äußeren Bedingungen, ihr Ziel zu erreichen: Die Erfahrung bestehender Ungleichheit und Ungerechtigkeit, die Drohung von Arbeitslosigkeit, Umstrukturierungsprozesse in der Produktion, die für viele offenkundig werdende Lehre von Leistung und Karriere belasten die Lernlust ebenso wie die Lebensperspektiven; hinzu kommt die Unsicherheit der gesellschaftlichen und politischen Zukunft. Die Verführung zu Anpassung, Apathie und Ausbruch sind groß; ihnen nachzugehen aber hieße auch, daß die in unserer gesellschaftlichen Situation angelegten Chancen eines Lebensanspruchs nicht zum Tragen kommen, wie er – als neue Wertorientierung schlagworthaft zusammengefaßt – Freundlichkeit, Gerechtigkeit, Solidarität, Authentizität der eigenen Erfahrung und den Zusammenhang von Erleben und Handeln betont und ja zunehmend unsere Anforderung an die Organisation der Arbeitswelt ebenso bestimmt wie z.B. an die Umgangsformen zwischen Mann, Frau und Kindern, mit Belasteten und Kranken. Das aber wäre – so der Club of Rome – die einzige, auch durch Lernen mit herbeizuführende Entwicklungs- und Überlebenschance unserer Gesellschaft.

Kapitel VIII

Eingriffe
Initiativen zur pädagogischen Selbsthilfe in Berlin (West)

Eingriffe
Initiativen zur pädagogischen Selbsthilfe in Berlin (West)

Wenn wir mit Bezug auf die im folgenden dokumentierten Eingriffe von einer Selbsthilfe sprechen, die sich an vielen Stellen im Gegensatz oder in Ergänzung zur Schule versteht, so geschieht das nicht in der Meinung, damit schon entschieden zu haben, ob und inwieweit die Schule grundsätzlich eine Angelegenheit ist, deretwegen man um Hilfe rufen bzw. zur Selbsthilfe greifen muß – oder ob Schule nicht auch als Hervorbringerin von Möglichkeiten und Fähigkeiten zur Selbstbehauptung gegenüber gesellschaftlichen Grenzen und Zwängen gesehen werden kann.

So notwendig die Klärung dieser Frage ist – wir können und werden uns hier nicht mit ihr beschäftigen. Wir setzen sie als ein offenes Problem voraus, von dem wir meinen, daß andere es in Zukunft zur Lösung bringen sollten. Vielmehr interessieren wir uns für die Tatsache selbst, daß offenbar unbestreitbare Mängel, Fehler, Mißstände und Ärgernisse der Schule bzw. des Bildungswesens Berliner Bürger dazu veranlassen, nach Möglichkeiten zu suchen, sich und anderen bei konkreten Problemen zu helfen, für deren Bewältigung die Schule ihrer Meinung nach nicht oder nur unzulänglich vorbereitet. Denn wir sind der Meinung, daß die Klärung der Frage, ob Schule Hilfe zur oder Verhinderung von Selbstverwirklichung sei, nicht ohne möglichst genaue Kenntnis der konkreten gesellschaftlichen Anlässe, der Bedürfnisse der Menschen wie ihrer Durchsetzungsversuche möglich ist. Dies um so mehr, als die Selbsthilfe-Initiativen längst eine Art „Bewegung“ darstellen, die keineswegs auf West-Berlin beschränkt ist und zahlenmäßig so umfangreich ist, daß nicht mehr nur von individuellen Reaktionen gesprochen werden kann. – Beim Durchblättern des STATTBUCHs 2 (STATTBUCH 2, hrsg. von der Arbeitsgruppe WestBerliner STATTBUCH Berlin 1980.) finden sich auf 960 Seiten über 1800 Selbstdarstellungen aus der Alternativszene in Berlin-West. Aber nicht nur das quantitative Ausmaß der Initiativbewegung interessiert uns, sondern vor allem ihr Inhalt. *Die Alternativen* versuchen eine Vielzahl verschiedener gesellschaftlicher und persönlicher Probleme praktisch und konstruktiv aufzugreifen: Mit Alternativschulen, Ausländerintegration, Mieterschutz und -recht (inclusive Hausinstandbesetzungen) und Umweltschutz sind längst nicht alle Bereiche genannt, in denen Aktivitäten entfaltet werden. So unterschiedlich diese Aktivitäten auch sind, gemeinsam ist ihnen der neue Tatbestand, daß es sich hier um Ansätze zur kollektiven Selbsthilfe handelt. Hilfe in diesem Zusammenhang heißt, daß pädagogisches und bildungspolitisches Engagement nicht mehr ausschließlich das Monopol der vom Staat autorisierten Bildungsinstitutionen und ihrer Funktionsträger, wie zum Beispiel Lehrer, Erzieher etc., zu sein scheint, sondern mehr und mehr zu einer die gesamte Öffentlichkeit angehenden Angelegenheit, eben zur *Selbsthilfe,* wird.

Die Stellen, an denen diese Eingriffe stattfinden, sind zahlreich und sehr verschieden, vor allem was den unterschiedlichen institutionellen Charakter der einzelnen Initiativen betrifft. Die Bandbreite reicht von antistaatlichen Konzepten, die aus ihrem Selbstverständnis heraus jegliche Unterstützung von außen ablehnen, bis hin zu Projekten, welche in staatliche Einrichtungen integriert sind oder zumindest von solchen gefördert werden, was häufig erst nach zähen Kämpfen erreicht ist.

Um dem Leser einen Einblick zu verschaffen, haben wir eine exemplarische Auswahl von Selbstdarstellungen aus der alternativen Szene zusammengestellt. Wir wollen und können dem STATTBUCH keine Konkurrenz machen. Angesichts der vorliegenden Fülle von Möglichkeiten erwies sich die Auswahl als schwierig, Willkür wollten wir vermeiden. Die Lösung fanden wir in der Zusammenfassung der Beiträge nach Bereichen. Diese Bereiche geben zwar noch kein ausreichendes oder gar systematisiertes Abbild der Inhalte der alternativen Praxis, aber ansatzweise doch Aufschluß über die Breite ihres inhaltlichen Spektrums.

Unsere Auswahl deckt die Bereiche Kinder, Jugend, Freizeit, Kultur, Berufsausbildung, Behindertenpädagogik und -integration, Frauenemanzipation, Antifaschismus und Frieden in unterschiedlicher Intensität ab.

Zusammengestellt und eingeleitet
von Gabriele Busch unter Mitarbeit
von Monika Hoffmann, Sabine Dille
und Karl-Heinz Frye

Arbeitskreis Neue Erziehung e.V.

Arbeitskreis Neue Erziehung e.V.

Wenn Eltern ihr erstes Kind einschulen, tun sie das oft mit sehr gemischten Gefühlen. Sie wissen nicht, was auf sie zukommt, bzw. sie ahnen oder fürchten, daß ihr Kind sich in der Schule nicht wohlfühlen könnte und daß sie als Eltern darauf kaum einen Einfluß haben.

In der Tat ist bei jeder Einschulung sehr vieles offen:

- ob das Kind in einem kleinen Klassenverband oder mit 30 anderen gemeinsam unterrichtet wird,
- wie die Lehrerin ihre Aufgabe begreift,
- wie das Klima im Lehrerkollegium ist,
- wie mit den „Problemkindern“ umgegangen wird und welche Kinder von vornherein als „Problemkinder“ angesehen werden,
- ob die Eltern die Lehrerin eher antreiben, damit der Stoff geschafft wird oder ob die

Förderung der schwachen, der verspielten, der schüchternen und der ausländischen Kinder von allen als besonders wichtig angesehen wird,

das alles wirkt sich entscheidend auf das Schulschicksal eines Kindes aus. Und so bangen die Eltern schon zu recht, ob ihr Kind seinen Platz in Klasse und Schule finden wird oder schon nach wenigen Tagen allmorgendlich Bauchschmerzen entwickeln wird, um zu Hause bleiben zu können.

Nach unseren Beobachtungen ist die Schulangst der Eltern in den letzten Jahren wesentlich stärker geworden. Die knappen Lehr- und Ausbildungsplätze haben uns allen die Tatsache, daß in der Schule die Vorauswahl für Lebenschancen betrieben wird, sehr deutlich ins Bewußtsein gerückt. Die andere mögliche Tendenz einer gemeinsamen Grundschule – Förderschule für alle Kinder – läßt sich da zunehmend schwerer durchsetzen.

Gegen Auslese – für Förderung – mit dieser grundsätzlichen Zielrichtung will gerade der Arbeitskreis Neue Erziehung (ANE) Eltern, Lehrern und Schülern dabei helfen, sich sachkundig zu machen und die Interessen der Schüler an einer demokratischen Schule wirkungsvoll zu vertreten. Dieser Zielsetzung fühlt sich der ANE seit seiner Gründung in der Nachkriegszeit verpflichtet.

Als Mitarbeiterinnen des ANE wollen wir daher besonders die Eltern ermutigen, sich nicht mit Bestehendem zufriedenzugeben, sondern noch zu fragen, sich Entscheidungen begründen zu lassen und gegen Mißstände auch mit allen ihnen möglichen Mitteln vorzugehen. Wir haben in den vergangenen Jahren erfahren, daß Bewegung in die Berliner Schullandschaft vor allem durch die Betroffenen selbst gekommen ist;

- so wurden z.B. die Klassenfrequenzen gesenkt,
- so wurden Klassenauflösungen verhindert,
- so haben Lehrer einen schülerbezogenen Unterricht entwickelt,
- so wurden viele bauliche Mißstände – einschließlich der öden, althergebrachten Schulhöfe – auf Initiative der Eltern beseitigt,
- so wurde die Aussonderung von Schülern in „Sonderschulen" von Lehrern und auch Eltern zunehmend infrage gestellt.

Bei vielen dieser Veränderungen hat der Arbeitskreis Neue Erziehung mitgewirkt. Er bietet seine Hilfe weiterhin an:

- Die *Schulbriefe* – die durch die Schulen an die Eltern verteilt werden – greifen Erziehungs- und Schulfragen auf.
- Die *Familienberatungsstelle* berät Eltern bei allen Fragen, die mit Erziehung zu tun haben.
- *Gesprächskreise für Eltern und Schulkinder* gibt es in vielen Bezirken.
- *Information und Beratung* von Einzelnen und *Initiativen* zu Schulproblemen gibt es in der Geschäftsstelle.

Anschließend und auch etwas zur Ermutigung wollen wir noch auf eine Initiative hinweisen, die gerade im Entstehen ist:

Seit vielen Jahren schon gibt es an einer Grundschule in Berlin in den ersten drei Klassen ungewöhnlichen Unterricht. In Zusammenarbeit der beteiligten Lehrer und unter Mithilfe von Eltern wird versucht, den Anspruch einer Förderschule im Schulalltag umzusetzen.

Die Neigungen und Schwächen der Schüler werden berücksichtigt, es gibt keinen starren Lehrplan – die Neugier der Schüler wird immer wieder geweckt.

Diese Grundschule – die Paul-Klee-Grundschule in Tempelhof – ist nicht etwa besonders reichhaltig ausgestattet. Es gibt dort auch nicht mehr Lehrer als anderswo. Warum also wird so ein Unterricht nicht auch an anderen Schulen gemacht?

Das fragten sich unabhängig voneinander Lehrer der Paul-Klee-Schule und interessierte Eltern aus anderen Bezirken. Sie haben Initiative ergriffen, dieses „Modell" zu exportieren. Wir sind gespannt, was dabei herauskommt und informieren gern über die neueste Entwicklung.

Arbeitskreis Neue Erziehung
Markgrafenstr. 11
1000 Berlin 61
Tel.: 251 02 74

KUMULI – Kunst. Musik. Literatur Freie Kunstschule für Kinder und Erwachsene e.V.

Wir sind eine Gruppe von Musikern, Kunstpädagogen, einer Tänzerin und Schauspielerin, einer Schriftstellerin, alle mit dem Wunsch, aus der Isolierung der traditionellen kunstpädagogischen und künstlerischen Praxis herauszufinden. Wir haben deshalb 1979 KUMULI gegründet als Ort ästhetischer Geselligkeit, in der die starren Grenzen zwischen den Künsten ebenso fallen wie die zwischen Spiel und Arbeit und zwischen konkurrierenden Einzelnen.

KUMULI bietet Kurse für Kinder und Erwachsene an in allen künstlerischen Bereichen, soweit es Mitarbeiter, Räume und Finanzen erlauben. Aufgabe der Kurse ist mit der Vermittlung von Kenntnissen und Fertigkeiten zugleich die Ermutigung zu eigener (oft verschütteter) Produktivität. Spiel- und Genußfähigkeit können hier (wieder-) entdeckt und gefördert, Lernen und Arbeit als nicht entfremdet erfahren werden, weil Subjektivität – die eigene und die sich im Beziehungsgeflecht der Gruppe entwickelnde – nicht unvermittelt draußen bleibt. In der aktiven Auseinandersetzung mit Fremdem – Sachgebieten, Techniken, Materialien, Texten – und in der Begegnung mit anderen erfahren wir uns selbst und erobern uns ein Stück Neuland, in dem wir unsere Kräfte erproben können, wir werden reicher und – hoffentlich – stärker und mutiger. Unsere soziale und politische Handlungsfähigkeit wächst.

Jetzt (im Februar 1981) gibt es bei

Kinderfest in KUMULI

KUMULI Musikkurse für 3–6jährige, Malkurse für alle Altersstufen von 3 Jahren an, Theaterkurse für Kinder und Erwachsene, Jazz-Dance für Erwachsene, eine Schreibwerkstatt, Bilder- und Lektürekreise. In den Schulferien, in denen der normale Kursbetrieb aussetzt, gibt es Ferienkurse für Kinder (z.B. Foto, Instrumentenbau) und Workshops für Erwachsene (Foto, Musik, Literatur, Schreiben).

Geplant sind Kurse im Bereich Tanz und Bewegung, besonders für Kinder; Musikgruppen für ältere Kinder und Erwachsene; Publikationen eigener literarischer Produktionen in kleinen Auflagen (erschienen sind bisher zwei Hefte, Auflagenhöhe 70 und 100 Stück); eine Kinderzeitung, von Kindern selbst geschrieben und gedruckt, von der bisher 4 Nummern erschienen sind, wird nach einer halbjährigen Pause im Sommer ihre Arbeit wieder aufnehmen.

Neben den Kursen ist ein Schwerpunkt der KUMULI-Arbeit die Veranstaltung von Festen, zu denen sich alle Kursteilnehmer treffen, gemeinsam spielen und zeigen, was sie in den Kursen produziert haben. Es gibt Kinderfeste und jeden Monat einen offenen Abend, an dem Dozenten, Schüler und Freunde der Schule eigene Kunstproduktionen vorstellen und diskutieren. Hier gibt es Theateraufführungen, Lesungen, Musik, Ausstellungen und Gespräche. Unsere räumliche Beschränktheit (kleiner Laden unter 100 qm) sehen wir als unsere Stärke: Sie ermöglicht schnelles Kennenlernen, Vertrautheit, Sich-zu-Hause-Fühlen. Etwas anderes als die Einsamkeit in kulturellen Massenveranstaltungen.

KUMULI – ein als gemeinnützig anerkannter Verein – finanziert sich ausschließlich aus den Kursgebühren (zwischen 25,– und 40,– DM monatlich) und den Mitgliederbeiträgen (5,– DM monatlich). Da wir nie mehr als 12 Kursteilnehmer aufnehmen (in den meisten Kursen sind es viel weniger) und eine sehr hohe Ladenmiete zahlen müssen, sind unsere Dozentenhonorare niedrig und unregelmäßig.

KUMULI
Freie Kunstschule für Kinder und Erwachsene
Hildegardstr. 16
1000 Berlin 31 (Wilmersdorf)
Tel.: 853 62 43
(oder 24 10 48/Gundel)

Kinderbauernhöfe e.V.

Ein Kinderbauernhof ist ein pädagogisch betreuter Platz, wo Kinder Nutztiere halten, einen Garten anlegen, bauen und spielen können. Er betreut als offene Einrichtung an allen Werktag-Nachmittagen 100 bis maximal 300 Kinder im Alter von 7 bis 15 Jahren aus seiner Umgebung. Vormittags ist er für Schulklassen und andere Gruppen geöffnet.

Kinderbauernhöfe werden mit den Kindern zusammen aufgebaut. So können sie in ihre Umgebung, in ihren Stadtteil hineinwachsen.

Nur in dem Maße, wie die Kinder diese Einrichtungen als ihr eigenes Werk begreifen können, kann dafür ein Verantwortungsgefühl entstehen. Einrichtungen, die den Kindern fix und fertig zum Gebrauch vorgesetzt werden, verstärken Unselbständigkeit und Konsumverhalten und fordern häufig zu Zerstörungen heraus. Kinderbauernhöfe werden deshalb Schritt für Schritt von den Beteiligten gemeinsam nach einem vorgegebenen Gesamtrahmen geplant, gebaut und weiterentwickelt. Sie werden niemals ganz „fertig" – jede neue Kindergruppe findet hier ein eigenes Projekt und kann noch etwas zur Verschönerung beitragen. Ein Kinderbauernhof lebt, indem er sich verändert.

Im Umgang mit Tieren und Pflanzen, mit Holz, Wasser, Feuer, Werkzeug und miteinander können die Kinder eine Vielzahl von Erfahrungen machen, ihre Fähigkeiten erproben und erweitern. Die Tiere wollen gefüttert werden und versorgt sein, man muß Ställe bauen, reparieren und reinigen, der Garten bedarf regelmäßiger Pflege, wenn dort etwas gedeihen soll. Einfache, einsehbare, notwendige Arbeiten bilden den Ausgangspunkt aller Beschäftigungen auf dem Hof. Die Übergänge zwischen Spielen und Lernen sind fließend: biologische Kenntnisse können aus der Beobachtung, handwerkliche Fertigkeiten im Vollzug gewonnen werden.

Wer mit dem Eselkarren Material transportiert, wer einen Zaun repariert, ein Beet anlegt, tut es mit anderen zusammen: man hat mehr Vergnügen und schafft es leichter. Über die eigenen Wünsche hinaus kann man lernen, sich in die Bedürfnisse anderer ein bißchen einzufühlen. Das gilt auch für den Umgang mit den Tieren: sie sind darauf angewiesen, daß man sie richtig versorgt. Gegen falsche Behandlung wehren sie sich, oder sie werden krank.

Viele Kinder werden hier zum ersten Mal die Erfahrung machen, daß sie gebraucht werden, daß etwas von ihrer Zuverlässigkeit abhängt, und daß sie selbst Verantwortung tragen – denn: der Bauernhof funktioniert nicht ohne sie. Wenn sie diese Aufgaben auch erfüllen können, wenn sie lernen können, gut mit den Tieren umzugehen, gewinnen Kinder Selbstvertrauen, das sich auf andere Bereiche überträgt.

Mut, Geschick und Vorsicht sind nötig, um mit schweren Balken und scharfen Werkzeugen zu hantieren – und ohne gemeinsame

Planung, ständige Absprache und gegenseitige Rücksichtnahme geht es auch beim Bauen nicht. Erst die Erfahrung und Übung in der Zusammenarbeit bringt hier ein befriedigendes Ergebnis.

Die Tätigkeitsbereiche auf dem Kinderbauernhof sind:
- Tierbereich: Tiere pflegen, füttern, Tierprodukte verarbeiten
- Gartenbereich: Beete anlegen, säen, pflanzen, ernten
- Baubereich: Ställe, Hütten, Gehege, Spielgeräte bauen
- Werkstatt: Geräte, Werkzeug usw. anfertigen, reparieren
- Spielbereich: mit Wasser, Feuer spielen, Regelspiele, Lesen, Malen, Träumen.

Verein Kinderbauernhöfe e. V.
Dieffenbachstr. 19
1000 Berlin 61
Tel.: 693 29 11

Verein Jugend im Museum e.V.

Der Verein wurde im Mai 1972 von interessierten Eltern, dem Generaldirektor der Staatlichen Museen Preußischer Kulturbesitz und einigen seiner Mitarbeiter gegründet.

Ziel der Arbeit des Vereins ist u.a. die Kreativitätsförderung von Kindern und Jugendlichen im außerschulischen Bereich. Wir wollen Kindern unter sachkundiger Anleitung eigene und fremde Kultur und Kunst in ihrer Vielfalt (Museum als lebendige Lernstätte) nahebringen und sie zu schöpferischer Eigentätigkeit anregen. Insbesondere haben wir uns die Aufgabe gestellt, zum Abbau von unterschiedlichen Bildungschancen beizutragen.

Für Altersgruppen von 6 bis 15 Jahren führen wir im allgemeinen viermal im Jahr 8 Wochen dauernde Kurse durch, die von Kunst- und Werkpädagogen sowie von Berliner Künstlern geleitet werden und die in engem Zusammenhang mit den Sammlungen der Berliner Museen die verschiedensten Themen und Techniken vermitteln:

weben, malen, zeichnen, Collagen machen, schnitzen, Modelle bauen, Metallarbeiten herstellen, knüpfen, flechten, töpfern, nähen, sticken, fädeln, musizieren auf selbstgebauten Instrumenten, drucken in verschiedenen Techniken.

Im Durchschnitt bieten wir etwa 40 bis 80 Kurse pro Programm an. Sie finden jeweils wöchentlich 1 1/2 Stunden nachmittags an verschiedenen Orten statt:

z.B. Museum für Deutsche Volkskunde, Junior-Museum, Gemäldegalerie, Museum für Völkerkunde, die Museen für Indische Kunst, Islamische Kunst, Ostasiatische Kunst, für Vor- und Frühgeschichte, Antiken-Museum, Ägyptisches Museum, Brücke-Museum, Berlin-Museum, Musikinstrumenten-Museum, Nationalgalerie, Hochschule der Künste, Druckwerkstätten im Künstlerhaus Bethanien, Gropius-

stadt, Märkisches Viertel usw.

Die Teilnahmegebühr beträgt pro Kursus DM 30,–, bei Geschwisterermäßigung senken sich die Gebühren um DM 5,–.

Kostenloser Besuch für Kinder, für deren Familien es eine große Belastung wäre, die Teilnahmegebühren aufzubringen (kinderreiche Familien, Auszubildende, Arbeitslose, alleinstehende Mütter oder Väter).

Um eine sinnvolle pädagogische Arbeit zu gewährleisten, beschränken wir die Teilnehmerzahl auf 10 bis 12 Kinder pro Kursus.

Verein Jugend im Museum
Takustr. 40
1000 Berlin 33
Tel.: 830 12 37
(Aus: STATTBUCH 2, hrsg. von der Arbeitsgruppe WestBerliner StattBuch. Berlin 1980, S. 569)

Konflikt- und Bildungsberatung für Arbeiterjugendliche

Als die Konflikt- und Bildungsberatung im Frühjahr 1974 ihre Tätigkeit aufnahm, war der Eröffnung eine intensive Vorbereitung vorausgegangen. Im Landesjugendring Berlin war eine Arbeitsgemeinschaft „Unabhängige Ausbildungsberatung" gegründet worden mit dem Ziel, eine Beratung einzurichten, die von staatlichen Interessen unabhängig ist, die spezifischen Lebensbedingungen von Arbeiterjugendlichen berücksichtigt und die Jugendlichen über ihre beruflichen Entwicklungsmöglichkeiten informieren sollte. Gleichzeitig sollte die Beratung die Jugendlichen in ihrer Entwicklung begleiten. Diese Vorstellungen gingen von der Erkenntnis aus, daß die überwiegende Mehrzahl von Arbeiterjugendlichen weitgehend unvorbereitet den Weg in die berufliche Ausbildung bzw. in die Arbeitswelt beschreitet, der von einer Reihe von anderen Problemen begleitet ist, die den Prozeß der beruflichen Entwicklung noch zusätzlich erschweren. Dagegen gibt es einen effektiven Mangel an Institutionen, die Arbeiterjugendliche in dieser schwierigen Orientierungsphase parteilich unterstützen, indem sie ihre Bedürfnisse aufgreifen und reale Entwicklungsmöglichkeiten in einem laufenden Beratungsprozeß begleiten.

Nach einer Vorbereitungsphase innerhalb der Arbeitsgemeinschaft erklärte sich der Landesverband Berlin der Sozialistischen Jugend Deutschlands, Die Falken, die Trägerschaft für das Modellprojekt zu übernehmen. In Verhandlungen mit dem Bundesjugendkuratorium wurde vereinbart, daß das Projekt vom Herbst 1973 bis Ende 1975 aus Mitteln des Modellförderungsfonds „Neue Wege der Jugendarbeit" finanziert werden sollte.

Das eigentlich Neue an dem Ansatz der Konflikt- und Bildungsberatung für Arbeiterjugendliche war der Versuch, eine individuelle Unterstützung für Arbeiterjugendliche anzubieten, die sie freiwillig in Anspruch nehmen könnten. Im Mittelpunkt der Beratung standen die Probleme und Konflikte im Zusammenhang mit der beruflichen Entwicklung. Dies umfaßte auch alle anderen Probleme, die die Jugendlichen in der Realisierung ihrer beruflichen Wünsche und Neigungen behinderten. Dieses Angebot der umfassenden, entwicklungsbegleitenden Unterstützung in der Beratung zielte darauf ab, die Inanspruchnahme der Beratung von den Jugendlichen selbst bestimmen zu lassen. Damit unterschied sie sich von anderen bestehenden Unterstützungsangeboten für Arbeiterjugendliche, bei denen auch andere Interessen berücksichtigt werden (Fafü, Arbeitsamt) und die von Arbeiterjugendlichen nur in geringfügigem Umfang freiwillig in Anspruch genommen werden.

Bis zur Beendigung der Modellphase besuchten uns etwa 1100 Arbeiterjugendliche durchschnittlich 3–5 Mal über einen Zeitraum von durchschnittlich 3 Monaten. Die überwiegende Mehrzahl der Jugendlichen umfaßte die Altersgruppe der 16- bis 20jährigen. Die benannten Probleme standen überwiegend in unmittelbarem Zusammenhang mit der beruflichen Entwicklung (falsche Berufswahl, Fragen der beruflichen Weiterentwicklung, Wunsch nach Nachholung einer Berufsausbildung) und Problemen im Zusammenhang mit der Arbeit (Konflikte mit Arbeitskollegen, Ausbildern, Verletzungen des Jugendarbeitsschutzgesetzes und Berufsbildungsgesetzes). Daneben standen auch Probleme mit Wohnung und Geld sowie Familienkonflikte im Vordergrund. Noch vor Beendigung der Modellphase trat bereits Anfang 1975 das Problem des allgemeinen Mangels an Arbeitsplätzen und Ausbildungsplätzen für Arbeiterjugendliche verstärkt auf.

Diese zusätzliche Problemebene bewirkte eine Veränderung in der Besucherstruktur und eine zunehmende Auseinandersetzung mit den erschwerenden Folgeerscheinungen der Ausbildungs- und Arbeitslosigkeit. Hatte zuvor die überwiegende Mehrzahl der Ratsuchenden den Wunsch, bereits vollzogene berufliche Entwicklungsschritte nachträglich zu korrigieren oder eine Berufsausbildung nachzuholen, so stand nunmehr das Problem des Zugangs zur Berufsausbildung bzw. zum Arbeitsmarkt im Vordergrund. Dadurch veränderte sich die Altersstruktur. Zunehmend kamen jüngere Jugendliche, denen kein Übergang von der Schule zum Beruf gelungen war, als auch ältere Jugendliche, die aus Angst vor Arbeitslosigkeit jahrelang in Ausbildungs- oder Arbeitsverhältnissen ausgeharrt hatten, bis diese Verhältnisse schier unerträglich geworden waren und oft schädliche Folgen gezeitigt hatten.

Ausmaß und Umfang der Probleme, die durch diese entscheidende Einschränkung der Entwicklungsbedingungen und -möglichkeiten für Arbeiterjugendliche verursacht wurden, zwangen die Mitarbeiter, die bisherige Konzeption zu modifizieren und auszudehnen. Der zu diesem Zweck gegründete *Verein „allgemeine jugendberatung"* entwickelte eine Konzeption für eine *Schülerberatung,* die den erschwerten Entwicklungsbedingungen für Arbeiterjugendliche bereits im Vorfeld der schulischen Entwicklung Rechnung tragen sollte. Außerdem wurden Konzeptionen für eine Reihe von sozialpädagogischen Zusatzangeboten entwickelt, die darauf gerichtet sind, objektive und subjektive Entwicklungsbehinderungen in gezielter Gruppenarbeit in enger Kooperation mit entwicklungsbegleitender Beratung aufzugreifen und überwinden zu helfen. In einem stadtteilorientierten Projekt im Sanierungsgebiet um den Klausener Platz in Charlottenburg werden diese Ansätze seit knapp zwei Jahren erprobt.

Seit 1974 haben die Konflikt- und Bildungsberatung und die anderen Projekte der allgemeinen jugendberatung mehr als 9000 Arbeiterjugendliche mit individueller entwicklungsbegleitender Beratung und mit anderen Unterstützungsangeboten ihre Hilfe bei der Bewältigung von Problemen im Zusammenhang mit der beruflichen Entwicklung gewährt. Dieser Ansatz der individuellen Unterstützung erschloß gleichzeitig einen Zugang zu den Problemen von Arbeiterjugendlichen, der die Grundlage für weiterführende Arbeitsansätze der Jugendsozialarbeit für Arbeiterjugendliche bildete.

Konflikt- und Bildungsberatung
für Arbeiterjugendliche
Prinzessinnenstr. 16
1000 Berlin 61

Nachschlag – Jugendhaus im Kiez

Im „Nachschlag – Jugendhaus im Kiez" begann die Arbeit im März 1980. Hier im Sanierungsgebiet Klausener Platz häuften sich soziale Probleme wie Kriminalität, Alkohol- und Drogenkonsum, Trebegänger usw., während entsprechende Anlaufstellen und Hilfsangebote fehlten. Unser Angebot richtet sich sowohl an deutsche als auch an ausländische Jugendliche – junge Arbeiter und Angestellte, Auszubildende, Arbeitslose und Schüler der Haupt-, Real- und Sonderschulen.

Im „Nachschlag" findet entwicklungsbegleitende Beratung nach den gleichen Prinzipien wie in der Konflikt- und Bildungsberatung statt. Darüber hinaus gibt es aber eine Reihe von Zusatzangeboten wie Lernhilfegruppen, Freizeit- und Kulturgruppen, eine Jugendwohngemeinschaft und in Kürze auch eine Werkstatt. Die Verknüpfung von entwicklungsbegleitender Beratung, bildungsqualifizierenden Maßnahmen und Angeboten, die auf ein verändertes Freizeitverhalten abzielen, ist für die Jugendlichen und jungen Erwachsenen verstärkt notwendig, denen aufgrund ihrer sozioökonomischen Situation besonders wenig Möglichkeiten verblieben sind, ihre persönliche Lebensperspektive selbstbestimmt zu entwickeln.

Im Mittelpunkt unserer Arbeit stehen ehemalige Drogenabhängige und stark drogengefährdete Jugendliche. Im Rahmen unseres „Sozialpädagogischen Bildungsprojekts für Schule und Beruf" arbeiten wir daran, gemeinsam Entwicklungsbarrieren zu beseitigen und einen Lebensrahmen aufzubauen, der den Jugendlichen das Selbstvertrauen in ihre selbständige Weiterentwicklung ermöglicht.

Der Beratungsprozeß für die ehemaligen Drogenabhängigen fängt oftmals bereits vor Beendigung der Therapie an. So können die Probleme bereits vorher in Angriff genommen werden, die beim Verlassen einer Therapie häufig zu Rückfällen führen. In den Lerngruppen – sie haben maximal fünf Teilnehmer – werden sie auf das Nachholen von Schulabschlüssen vorbereitet oder erhalten Unterstützung bei der Vorbereitung auf Lehrabschlußprüfungen.

Sozialpädagogisch gestützte Freizeit- und Kulturgruppen bieten den Jugendlichen die Möglichkeit, neue soziale Kontakte anzuknüpfen und ihre individuellen Neigungen zu entfalten. Intensive Kooperationen mit Firmen, Betrieben und Ausbildungseinrichtungen sollen die berufliche Entwicklung der Jugendlichen laufend unterstützen. Hierdurch kann vermieden werden, daß den Jugendlichen nach einer Therapie zuviel zu schnell zugemutet wird.

Dieses umfassende Nachsorgeangebot ist in Berlin einmalig. Dennoch ist seine Existenz gefährdet, da die Senatsverwaltung für Familie, Jugend und Sport nicht die notwendigen Finanzierungszusagen gibt, bzw. diese immer weiter hinausschiebt.

Nachschlag – Jugendhaus im Kiez
Sophie-Charlotten-Str. 83
1000 Berlin 19

allgemeine schülerberatung (AS)
Beratung für Schüler in Kreuzberg

Im Januar 1980 haben wir die „allgemeine schülerberatung" (AS) in Kreuzberg eröffnet. Sie wird als Modellprojekt bis Mitte 1982 von der Robert-Bosch-Stiftung gefördert, anschließend erwarten wir eine Finanzierung durch den Senat. Träger ist die „allgemeine jugendberatung e.V.".

Unsere Beratungsstelle ist für deutsche und ausländische Jugendliche, insbesondere Haupt-, Real- und Gesamtschüler gedacht. Wir halten eine Beratung für diese Gruppen von Jugendlichen deshalb für notwendig, weil sie auf die besonderen Schwierigkeiten in diesem Alter häufig zu wenig vorbereitet sind. In der Schule, im Elternhaus, in den Cliquen finden viele nicht die Gesprächspartner, die sie brauchen, um Orientierungshilfe bei ihren Problemen oder Unterstützung bei schwierigen Entscheidungen zu kriegen.

Die wachsende Jugendarbeitslosigkeit, fehlende lohnenden Verwirklichungsmöglichkeiten und Lebenserwartungen erzeugen gerade bei vielen Arbeiterjugendlichen Ohnmachtsgefühle und Zukunftsangst. Die gesellschaftlichen Möglichkeiten, die unsere Erwachsenenwelt ihnen anzubieten hat, entziehen den Jugendlichen die Hoffnung auf eine befriedigende Zukunft. Viele resignieren, flüchten in Alkohol, Drogen und Sekten. Viele suchen in alternativen Lebensformen „außerhalb" der Gesellschaft einen Raum, in dem sie ihr Leben noch gestalten und mitbestimmen können. Viele versuchen, sich diesen Raum zum Leben in dieser Gesellschaft mit verzweifelten Mitteln zu erkämpfen, oft mit wenig Hoffnung darauf, daß ihre Forderungen als berechtigt anerkannt werden.

Wir Berater vom AS bieten diesen Jugendlichen an, mit ihnen gemeinsam nach Lösungen zu suchen, sei es z.B. bei schulischen Problemen wie Schulübergänge, Konflikte mit Klassenkameraden oder Lehrern, als auch bei Fragen zum Übergang zwischen Schule und Berufsleben und ebenso bei Auseinandersetzungen mit Eltern oder bei für sie schwierigen Erfahrungen mit Gleichaltrigen. Diese konkreten Fragen des Alltags werden immer im Zusammenhang mit dem erstrebten Lebensziel des einzelnen besprochen.

Viele ausländische Schüler nehmen unsere Beratung in Anspruch. Zwei türkische Berater sind mit den besonderen Schwierigkeiten der türkischen Jugendlichen aufgrund eigener Erfahrungen und genauer Kenntnis der ausländerrechtlichen Situation gut vertraut.

Insgesamt stehen sieben Berater im AS zur Verfügung, die die Jugendlichen anonym und kostenlos in Anspruch nehmen können. Wir empfehlen eine telefonische Anmeldung, weil so längere Wartezeiten vermieden werden können.

allgemeine schülerberatung
Mehringdamm 32 (1. Stock)
1000 Berlin 61 (am U-Bhf. Mehringdamm)
Tel.: 251 05 44

Mädchenladen des deutschen Kinderschutzbundes e.V. Landesverband Berlin e.V.

Der Mädchenladen im Wedding existiert seit Juni 1980. Er ist entstanden aus dem früheren Jugendladen, in dem im Rahmen eines Praxisforschungsprojektes (Nov. 1978 – Mai 1981), getragen vom deutschen Kinderschutzbund e.V., ein Ansatz geschlechtsspezifischer Jugendarbeit mit Jungen und Mädchen entwickelt und durchgeführt worden ist. Trotz dieses Arbeitskonzeptes war es im Jugendladenalltag, der von den Jungen und ihren spezifischen Verhaltensweisen dominiert wurde, nicht möglich, die Interessen der Mädchen gleichgewichtig zu berücksichtigen und spezielle Angebote für die Mädchen ungestört zu realisieren. Daher ist die Entscheidung für den Mädchenladen ein Resultat aus den Erfahrungen der Mädchen und Pädagoginnen in der früheren Einrichtung des Jugendladens, aber auch der in anderen Einrichtungen der Jugendhilfe gemachten Erfahrungen und der ständig erlebten generellen Benachteiligung von Frauen und Mädchen in allen gesellschaftlichen Bereichen.

Der Laden wird besucht von deutschen und ausländischen Mädchen im Alter zwischen 12 und 19 Jahren aus dem Stadtteil, insbesondere aus den angrenzenden Straßen des Kietzes. Die Mädchen sind vor allem Hauptschülerinnen, Auszubildende oder arbeitslos, auch Realschülerinnen und Gymnasiastinnen kommen in den Laden. Seit der Einrichtung des Ladens ausschließlich für Mädchen kommen auch ausländische, vor allem türkische Mädchen, für sie die einzige erlaubte Möglichkeit, ihre Freizeit außerhalb der Familie zu verbringen. Wegen der Probleme der bikulturellen Sozialisation sind hier spezielle Angebote und eine intensive Elternarbeit notwendig.

Der Mädchenladen ist eine Möglichkeit, eine an den Interessen, Fähigkeiten und der Lebenssituation der Mädchen ausgerichtete Jugendarbeit zu realisieren, eine mädchenspezifische Bildungs- und Kulturarbeit zu entwickeln, die über den Einzugsbereich unseres Projektes hinaus relevant ist. Durch die Arbeit im Mädchenladen wird den Mädchen ein Kommunikations- und neuer Erfahrungszusammenhang angeboten, der die Möglichkeiten ihres sozialen Umfeldes erweitert und ihre Bemühungen um Selbständigkeit unterstützen soll. Die Mädchen können ihre Fähigkeiten erproben, und neue entwickeln, z.B. im handwerklichen oder im musischen Bereich. Die Angebote beziehen sich jedoch nicht nur auf den Freizeitbereich, sondern es werden die Probleme aus den verschiedenen Lebensbereichen (Eltern, Schule, Lehrstelle, Wohnen, Drogen etc.) aufgegriffen und Hilfestellungen erarbeitet. Sowohl in der Gruppe wie auch in der Beratungsarbeit geht es um die Unterstützung der Mädchen bei der Wahrnehmung und Durchsetzung ihrer Interessen und um die Entwicklung eines Selbstbewußtseins, was häufig innerhalb der weiblichen Sozialisation behindert wird.

Folgende Angebote und Arbeitsschwerpunkte gibt es im Mädchenladen:

Teestube: Treff- und Kommunikationsmöglichkeit für die Mädchen untereinander; lesen, spielen, Filme, Angebote wie Kochen, Nähen, Töpfern, Batiken, Herstellung von Schmuck; Plenum einmal in der Woche.

Schularbeitshilfe: Hilfe bei den Schularbeiten; Diskussion um Schul- und Berufsmotivation; Deutschunterricht und spezielle Unterstützung für ausländische Mädchen; gegenseitige Hilfe; besondere Wichtigkeit angesichts von Jugendarbeitslosigkeit und Schulverweigerung.

Gruppenangebote: Erarbeitung eines thematischen Schwerpunktes; Erwerb neuer Fähigkeiten; Zugang zu neuem Wissen; Produktorientierung; gegenseitige Hilfe/Austausch von Erfahrungen; es existieren Gruppen zu folgenden Themen: Beruf, Mädchenerziehung-Frauenbilder, Körper-Sexualität, Fotografie, Gitarre (Näh-, Holz- und Video-Gruppe im Aufbau).

Seminare/Reisen/Außenaktivitäten: Ermöglichung neuer Erfahrungen und anderer Erlebniszusammenhänge, was im Mädchenladenalltag aufgegriffen und bearbeitet wird.

Beratung und Einzelfallhilfe: Bewältigung aktueller Konfliktsituationen (Familie, Schule, Drogen, Wohnen, Beruf, Lehrstelle, Beziehung etc.); Kooperation mit Schulen/Lehrern, Beratungsstellen; Kontakte zu Eltern, zu anderen Einrichtungen der Jugendhilfe, Familienfürsorge.

Mädchenladen des deutschen Kinderschutzbundes e.V.
Landesverband Berlin
Groninger Str. 4 u. 6
1000 Berlin 65
Tel.: 455 22 94

AOB
Arbeitskreis Orientierungs- und Bildungshilfe e.V.
Gemeinnütziger Verein zur Pädagogisch-Therapeutischen Betreuung erwachsener Analphabeten

Der Arbeitskreis Orientierungs- und Bildungshilfe (AOB) ist ein eingetragener gemeinnütziger Verein, der es sich zur Aufgabe gemacht hat, erwachsene deutschsprachige Analphabeten umfassend zu betreuen. Die dafür notwendigen Maßnahmen sind gerichtet auf die Behebung der Defizite im Lesen und Schreiben und auf die Bewältigung der speziellen Schwierigkeiten unseres Personenkreises in psychischen und sozialen Bereichen.

Der Verein wurde 1977 von Pädagogen, Psychologen und Soziologen gegründet, die sich vorher bereits (seit 1974) individuell mit dem Problem des Analphabetismus beschäftigt hatten.

Das Programm beginnt mit zwei anamnestischen Gesprächen. Dann durchläuft jeder Analphabet einen „Vorkurs" von dreimonatiger Dauer, bei einer wöchentlichen Unterrichtsdauer von 2 Stunden im Block. Hier werden die Betroffenen mit der Gruppensituation vertraut gemacht, lernen dabei über ihre Alltagsprobleme als Analphabet sprechen, knüpfen Kontakte untereinander, bekommen in Ansätzen Programm und Methode vermittelt und lernen das Konzept der Selbstorganisation im AOB kennen.

In dieser Zeit haben die Kursleiter Gelegenheit, Leistungsstand, die herausragenden Probleme und Sympathien unter den Teilnehmern herauszubekommen. Danach wird eine Aufteilung in Kleingruppen vorgenommen:

Auf sechs Lernende kommen zwei Lehrende. Diese Gruppen werden bis zu zwei Jahre mit 2 x 2 Stunden Unterricht pro Woche in dieser Zusammensetzung betreut.

Danach wird eine Großgruppe zusammengestellt und versucht, diese institutionell an eine Volkshochschule anzubinden. Dieser Kurs dauert dann neun Monate bei vier bzw. zwei Stunden Unterricht pro Woche und hat mindestens 10 Teilnehmer mit 2 Lehrern.

Das Programm umfaßt inhaltlich vier Dimensionen:

1. Unterricht in Lesen und Schreiben nach der Morphemmethode (Morphem – kleinste sinntragende Einheit)
2. Therapeutische Gespräche über die Entstehung des Analphabetismus, Alltagsprobleme und Lösungsmöglichkeiten.
3. Konkrete Lebenshilfe (Arbeit, Behörden, Familie, Wohnung u.ä.)
4. Selbstorganisation, gegenseitige Hilfe (Kommunikation, Unterrichtskritik, Öffentlichkeitsarbeit und Freizeitgestaltung).

Das Ziel der oben genannten integrativen Maßnahmen beschränkt sich nicht nur auf die Aneignung der Schriftkompetenz, sondern darüber hinaus gilt es, die Analphabeten zu befähigen, aktiv am Leben in der Gesellschaft teilzunehmen.

AOB im Mehringhof
Gneisenaustr. 2
1000 Berlin 61

Schule für Erwachsenenbildung e.V.

Als Reaktion auf die sich allgemein verschärfende Situation am Zweiten Bildungsweg (ZBW), gründete sich anläßlich eines aktuellen Konflikts an der Privatschule Gabbe in Westberlin im Mai 1973 die ‚Schule für Erwachsenenbildung e.V.' (SfE) aus einer Schüler-Lehrer-Initiative.

Mit Ausnahme einer einmaligen Zuwendung von seiten der ev. Kirche und der GEW finanzierte sich die SfE bis heute ausschließlich aus den Teilnehmerbeiträgen (Schulgeld von z.Zt. 150,– bzw. 160,– DM pro Monat).

Als Institution des ZBWs bereitet sie auf die ‚extern' abzulegende Prüfung der Mittleren Reife und des Abiturs in Abend- und Tageskursen vor. Hierbei stellen die Rahmenlehrpläne sowie die Prüfungsordnung der Schulverwaltung den Orientierungsrahmen dar.

Die inhaltliche und formale Gestaltung der Prüfungsvorbereitung obliegt den ‚Schulmitgliedern', gleichberechtigt repräsentiert in den jeweiligen schulinternen Gremien.

Im wesentlichen sind dies
- die Vollversammlung, als das oberste Beschlußgremium;
- die Tages- und Abendforen, als Beschluß- und Informationsveranstaltungen;
- die Fachkonferenzen sowie
- die Lehrerplena, die mit Schülern und Lehrern gleichberechtigt besetzt sind.

Erklärtes Ziel der Schulmitglieder (derzeit 780 Schüler, 56 Lehrer und 4 Verwaltungsangestellte) der SfE ist, ein Höchstmaß an Selbstbestimmung durch Selbstverwaltung zu erreichen, was von allen Beteiligten eine aktive Mitarbeit in sämtlichen Bereichen des Schulalltags verlangt.

Das Einzigartige der SfE ist neben der bisher in keiner vergleichbaren Institution anzutreffenden konsequenten Selbstverwaltung zum einen die zensurenfreie Prüfungsvorbereitung im durchgängigen Klassenverband und zum anderen die Möglichkeit des Besuchs der Realschulkurse ohne Hauptschulabschluß.

Ferner wird die SfE im Unterschied zu vergleichbaren Einrichtungen des ZBWs auch in Zukunft Abendkurse zur Prüfungsvorbereitung veranstalten.

Die SfE versucht in ihrer inhaltlichen und formalen Organisation eine illusionsfreie Alternative zu sein, die dem relativen Abbau des ZBWs entgegenwirkt.

Schule für Erwachsenenbildung e. V.
Gneisenaustr. 2 (im Mehringhof)
1000 Berlin 61
Tel.: 691 80 21

ÖKOTOPIA

ÖKOTOPIA
Handelsgesellschaft m.b.H.
Gneisenaustr. 2 - Mehringhof
1000 Berlin 61
Tel. 691 30 64

Kann Ausbildung Spaß machen?

Nach der Schule beginnt für viele Jugendliche der Ernst des Lebens, wenn sie eine Lehre beginnen. Für die meisten bedeutet das:
- dem Chef gehorchen
- nichts entscheiden dürfen
- zusammenhanglose Arbeiten verrichten
- sich ganz unten fühlen
- Druck verspüren etc.

Wir, bei Ökotopia, haben uns vorgenommen, all dies zu vermeiden!

Im Mai 1980 wurde die Handels-GmbH Ökotopia gegründet mit dem Ziel, arbeitslosen Jugendlichen eine Ausbildung zu ermöglichen. Diese Ausbildung sollte nicht nur eine Alternative zum herkömmlichen Ausbildungsverlauf bieten, sondern auch selbstbewußte junge Menschen hervorbringen. Zur Zeit sind wir eine Gruppe von 11 Jugendlichen und 4 Betreuern. Die Betreuer kommen aus dem kaufmännischen Bereich, sind Handelslehrer oder bilden selbst welche aus. Unsere Ausbildung orientiert sich an der Kampagnen-Idee (Projektlernen). D.h. die Jugendlichen bilden zusammen mit den Ausbildern selbständige Gruppen, die alle Tätigkeiten, vom Einkauf über Transport, Buchhaltung bis zum Verkauf selbständig planen und durchführen. Im kleinen führt zum Beispiel eine Gruppe dieses durch: Sie organisiert einen

Imbißverkauf für den Mehringhof von der Berechnung der Schrippe, dem Verkauf bis zur Abrechnung insgesamt. Wir hoffen, daß in der Erfahrung, eigene Verantwortung zu haben, aber auch der Fähigkeit, sie zu übernehmen, der Erfahrung sich selbst einbringen zu können, selbstbestimmt in einer Gruppe zu arbeiten usw., das Selbstvertrauen und die Lust zu lernen wächst.

Neben diesen Tageskampagnen wie Imbiß-, Früchte- oder Blumenverkauf werden die laufenden Kosten durch den ständigen Verkauf von Wein und Tee gedeckt. Hierbei achten wir darauf, daß die Waren in Preis und Qualität (Naturprodukte) verbraucherfreundlich sind. Auch diese sich wiederholenden Handelsvorgänge, die den Tee- und Weinverkauf betreffen, werden von den Jugendlichen, die hier zur Zeit einen berufsvorbereitenden Lehrgang machen, organisiert.

Da zukünftige Lehrlinge die Kaufmannsgehilfenprüfung ablegen sollen, müssen wir die bestehenden Vorschriften und Berufsbilder in unserer Ausbildungsplanung berücksichtigen.

Trotzdem:

- bei uns gibt's keinen Chef
- wir entscheiden selbst
- der Zusammenhang unserer Tätigkeiten ist uns klar
- wir fühlen uns o.k.
- Arbeiten kann auch Spaß machen!

Ökotopia Handelsgesellschaft m.b.H.
Gneisenaustr. 2 im Mehringhof
1000 Berlin 61
Tel.: 691 30 64

FFBIZ e.V. (Frauenforschungs-, Bildungs- und Informationszentrum)

Seit Februar 1980 unterhält die Initiative für ein Frauenforschungs-, Bildungs- und Informationszentrum (FFBIZ e.V.) einen Laden für Frauen in der Danckelmannstr. 13, 1000 Berlin 19. Er steht allen Frauen offen, die einen Treffpunkt haben oder Gruppen bilden wollen, um ausgehend von ihrem Alltag, ihren Informations- und Bildungswünschen nachzugehen oder Forschungen anzustellen. Hausfrauen, Ausländerinnen, Mädchen, alleinerziehende Mütter, Erwerbslose, alte Frauen, Studentinnen usw. sind jeweils selbst Expertinnen für ihre Lebenssituation, egal, welche Ausbildung sie haben. Wenn sie sich daher mit anderen darüber austauschen, wie sie z.B. mit ihrem Alleine-Wohnen fertig werden, welche Probleme ihnen Östrogene in Baby-Nahrung machen, wie sie als Frauen im Kiez während des Nationalsozialismus lebten oder welche Folgen Bürorationalisierung für ihre Arbeitsplätze hat, bestimmen sie selbst ihr Interesse an Bildung in lebensbezogenen Lernprozessen, die helfen, den Alltag zu bewältigen. In längerfristigen Arbeitsgruppen erforschen andere Frauen unterschiedlicher Berufe, Altersstufen und Lebensweisen gemeinsam Hausarbeit, Arbeitsmarkt und Familienpolitik in Geschichte, momentaner Entwicklung und politischer Beeinflussung. Wieder andere Frauen, die in unterschiedlichen Bereichen über Frauen in der „III. Welt" arbeiten, tauschen im FFBIZ Erfahrungen aus, diskutieren neue Theorien und versenden einen über Berlin hinausreichenden Informations-Rundbrief. Verschiedene Bibliotheks- und Archivgruppen bauen eine eigene Frauen-Ausleih-Bücherei auf und sammeln Frauenzeitschriften, Flugblätter, Zeitungsartikel, Aufsätze und sonst unveröffentlichte Diplomarbeiten über die Situation von Frauen. Diese Bücher und Materialien benutzen viele Interessentinnen auch über Berlin hinaus als Grundlage für ihre (Hoch-)Schul-, Medien- oder Projektarbeit.

Im FFBIZ bilden, forschen und informieren sich Frauen miteinander und gegenseitig, d.h. es gibt keine Lehrerinnen / Schülerinnen, Leiterinnen / Zuhörerinnen. Wir bemühen uns, die herkömmliche Arbeitsteilung zwischen Frauen aufzuheben, weil etwa Sekretärinnen nicht nur tippen können sondern auch Hausarbeit näher erforschen oder Bücher besprechen. Dozentinnen beteiligen sich andererseits am Ausschneiden und Aufkleben der Zeitungsartikel oder Kaffeekochen.

In öffentlichen Veranstaltungen, Filmvorführungen, Dianachmittagen oder Ausstellungen werden die im FFBIZ erzielten Arbeitsergebnisse ausgetauscht vor allem mit denen, die in für Frauen wichtigen Einrichtungen arbeiten wie Gewerkschaften, Verbänden, Bürgerinitiativen, Ämtern, Kirchen, Parteien, Büchereien, Schulen.

Obwohl sich die Initiative seit 1978 um öffentliche Zuschüsse für ihre anerkannt notwendige Arbeit bemüht, finanziert sich das FFBIZ bis jetzt nur aus Mitgliedsbeiträgen und Spenden auf das PSCHKonto Bln-W. 42 25 29-104 (Frauenarchiv).

FFBIZ e.V. (Frauenforschungs., bildungs- und informationszentrum)
Danckelmannstr. 13 1000 Berlin 19
Tel.: 322 10 35

Kinderhaus Friedenau e.V. Modellgruppen zur integrativen Erziehung behinderter und nichtbehinderter Kinder im Kleinkind- und Schulalter

1971 hatten sich Eltern und Krankengymnastinnen, die vorwiegend spastische Kinder behandelten, zu einer Initiativgruppe zusammengeschlossen. Ihr Ziel war es, ein Konzept zu entwickeln, nach dem eine umfassende therapeutische Versorgung der Kinder möglich sein sollte sowie ein gemeinsames Aufwachsen von Kindern mit und ohne Behinderung.

Die Erfahrung hatte gezeigt, daß die pädagogische und therapeutische Behandlung von Eltern und Kindern in besonderen Spezialeinrichtungen für die meisten Kinder mit einer Behinderung den ersten Schritt zur Ausgliederung aus dem gesellschaftlichen Leben überhaupt beinhaltete. Dieser Schritt sollte durch den Aufbau von Eltern-Kinder-Gruppen vermieden werden, in denen Kinder mit und ohne Behinderung gemeinsam spielen und lernen konnten. Dem zeitlichen und finanziellen Engagement dieser Initiativgruppe ist es zu verdanken, daß einige wenige Kinder seit 1972 im Kinderhaus Friedenau die Möglichkeit haben, in integrativen Gruppen aufzuwachsen.

Heute werden im Kinderhaus Friedenau fünf Kindergruppen von insgesamt sieben Erziehern betreut. Sie werden dabei von im Haus tätigen Therapeuten beschäftigungstherapeutisch, krankengymnastisch, musiktherapeutisch und psychologisch unterstützt.

Die Kindergruppen sind jahrgangsmäßig zusammengesetzt. Von neun Kindern, die in einer Gruppe sind, sind drei unterschiedlich schwer behindert. Zur Zeit sind im Kinderhaus Kinder mit spastischen Lähmungen, Kinder mit dem Langdon-Down-Syndrom (Mongoloismus), Kinder mit Anfallsleiden, mit starken Wahrnehmungsstörungen, Dysmeliekinder und ein Kind mit einer Glasknochenerkrankung.

Nach Jahrgängen sind die Gruppen auch deshalb zusammengesetzt, weil nach langen Auseinandersetzungen zwischen Kinderhaus und Schulbürokratie in der Fläming-Grundschule in Schöneberg Integrationsklassen eingerichtet wurden, in denen behinderte und nichtbehinderte Kinder auch weiterhin gemeinsam lernen können.

Die Kinderhausgruppen im Kinderhaus arbeiten offen, so daß der wichtige Kontakt und das Voneinanderlernen unter den verschiedenen Altersstufen gewährleistet ist.

Eltern leisten in Notsituationen Gruppendienst, beteiligen sich an Arbeiten, die von einer teilzeitbeschäftigten Köchin und Reinemacherin nicht geleistet werden können und arbeiten im Vorstand des Kinderhauses mit.

Die Gruppen beginnen mit ca. einjährigen Kindern. Dadurch wird es den Kindern ermöglicht, bereits zum frühesten Zeitpunkt zu lernen miteinander zu leben, und die Eltern können sich von Anfang an über ihre Schwierigkeiten und Ängste mit anderen Eltern, Erziehern und Therapeuten austauschen und lernen. Diese Voraussetzung ermöglicht es, daß die Wahrnehmung der Unterschiedlichkeit, die mit zunehmendem Alter der Kinder wächst, besser verarbeitet wird.

Wir haben kein besonderes Erziehungskonzept für behinderte Kinder formuliert. Grundsätzlich sollen für alle Kinder die gleichen Erziehungsziele angestrebt werden, wobei diese Ziele bei behinderten Kindern ihren jeweiligen Umsetzungsmöglichkeiten angemessen sein müssen. Notwendige therapeutische Maßnahmen werden in den Gruppenablauf – die Normalsituation – integriert und nur in begründeten Ausnahmen werden einzeltherapeutische Maßnahmen kurzzeitig eingesetzt. Die beste Therapie – das ist die Förderung der Motivation durch die Alltagsanforderungen, die anderen Kinder und die gemeinsame Lebensbewältigung. So versuchen wir z.B. verstärkt die täglichen Gebrauchsgegenstände und das Spielzeug den Bedürfnissen der Kinder anzupassen und nicht aufwendiges therapeutisches Spielzeug und Hilfsmittel einzusetzen.

Gemeinsames Lernen im Alltag

So engagiert wir, Eltern, Erzieher und Therapeuten, in unserer Arbeit sind, sehen wir es nicht als unser Ziel an, mehr und mehr Sondereinrichtungen zu schaffen, sondern sehen eine wirkliche Integration der Behinderten in die Gesellschaft nur in einer langfristigen Auflösung aller Sondermaßnahmen zugunsten der Integration in der Regelkita und -schule.

Kinderhaus Friedenau e. V.
Hedwigstr. 13
1000 Berlin 41
Tel.: 852 40 88

Die Lernbörse

LERN BÖRSE

In einer Stadt wie Berlin gibt es viele Leute, die etwas erfahren und wissen wollen, aber oft kennen sie niemanden, der ihnen weiterhelfen kann. Andererseits gibt es viele Leute, die Erfahrungen und Kenntnisse haben, aber sie wissen nicht, wer diese Erfahrungen brauchen könnte.

Aus diesem Grund haben wir die „Lernbörse“ eingerichtet: Wir wollen Leute, die in verschiedenen Ecken der Stadt wohnen, zusammenbringen: Leute, die etwas lernen und erfahren wollen, finden durch uns andere, die ihnen etwas beibringen können.

Zum Beispiel: Uns hat ein Student, der Elektrotechnik studiert, angerufen und folgendes Angebot gemacht. Er will anderen Leuten zeigen, wie man einfache Elektro-Reparaturen im Haushalt auch selbst ausführen kann. Wir haben in unserem Karteikasten mit den „Lernwünschen“ nachgeschaut und die Adresse von Jugendlichen gefunden, die in einer therapeutischen Wohngemeinschaft leben. Einige Wochen später fragten wir nach, ob die Vermittlung Erfolg hatte. Die Jugendlichen hatten beim ersten Treffen wenig Interesse am Reparieren von Bügeleisen gezeigt, dafür umso mehr an einer Einführung in die Grundlagen der Elektronik. Bei den wöchentlichen Treffen werden jetzt also Lichtschranken und akustische Schalter gebaut. (Übrigens, den Lernwunsch, den der Student in seinem ersten Telefongespräch mit der „Lernbörse“ genannt hatte, konnten wir auch vermitteln: Zusammen

Akkordeon spielen lernen ist keine Frage des Alters

mit drei anderen Männern lernt er bei einer Hauswirtschafterin kochen.)

Bei diesen Beispielen wird eins bereits deutlich: die „Lernbörse" ist eine Vermittlungsstelle, sie macht selbst keine Kurs- oder Unterrichtsangebote. In diesem Punkt unterscheiden wir uns also von der Schule oder Volkshochschule. Die „Lernbörse" braucht für ihre Arbeit lediglich einen Büroraum, eine Kartei, in der Lernwünsche und Angebote gespeichert sind, und ein Telefon.

Die „Lernbörse" ist also keine Schule im herkömmlichen Sinn. Und die Anbieter sind in der Regel auch keine ausgebildeten Lehrer, sondern Grafiker, Rentner oder Automechaniker, die ihre Kenntnisse, Fertigkeiten und Erfahrungen an andere weitergeben wollen.

Die „Lernbörse" fordert dazu auf, das Lernen in die eigene Hand zu nehmen, es nicht allein den Bildungsexperten und bürokratisch geregelten Bildungsmaßnahmen zu überantworten. Wir wollen deutlich machen, daß Lernen und Lehren nicht mit Schule gleichgesetzt werden muß, daß es auch ohne Leisungsdruck und Bohnerwachsgeruch geht, daß Lehren und Lehren Spaß machen kann, wenn wir unsere Neugierde und den Wunsch, die eigenen Lebensumstände besser zu meistern, zum Anlaß nehmen.

Die Vermittlung durch die „Lernbörse" ist unentgeltlich. Ausgenommen sind Angebote, die aus kommerziellen Erwägungen gemacht werden. In diesem Fall nehmen wir eine einmalige Vermittlungsgebühr von DM 20,–.

Wer als Anbieter oder Nachfrager in die Kartei aufgenommen werden will, kann sich bei uns melden.

Tel. 693 30 78
Lernbörse e. V.
Gneisenaustraße 2 im Mehringhof
1000 Berlin 61

Stadtrundfahrt des Landesjugendringes Berlin – Zu Stätten der Arbeiterbewegung, des Faschismus und des Widerstandes –

Zunehmende rechtsextremistische Aktivitäten und deren Verharmlosung durch Behörden, eine steigende Unsicherheit gegenüber antidemokratischem und faschistischem Gedankengut und insgesamt eine ungenügende Bewältigung der faschistischen Vergangenheit, was Ursachen und Triebkräfte angeht – auch im Geschichtsunterricht –, waren der Anlaß für den Landesjugendring Berlin, Überlegungen über eine antifaschistische Informations- und Bildungsarbeit anzustellen. Als Kernpunkt der antifaschistischen Arbeit wurde eine Stadtrundfahrt zu Stätten der Arbeiterbewegung, des Faschismus und des Widerstandes entwikkelt und am 12. November 1980 der Öffentlichkeit vorgestellt. Dabei geht es dem Landesjugendring darum, lebendige Beziehungen zu demokratischen und antifaschistischen Traditionen herzustellen und positive Identifikationen aufzubauen. Die Stadtrundfahrt ist allerdings kein isoliertes Projekt, sondern integrierter Bestandteil der Arbeit des Landesjugendringes Berlin und seiner Mitgliedsverbände.

Dreieinhalb Stunden dauert die Fahrt, auf der 20 Stationen innerhalb Westberlins besichtigt werden. Beginnend bei der Gedenktafel für Rosa Luxemburg und Karl Liebknecht an der Corneliusbrücke, Budapester Straße, Ecke Lützowufer und endend beim früheren Neonazitreff Cafe Vaterland in der Kurfürstenstraße, informieren Begleiter aus den Jugendverbänden über die geschichtlichen Zusammenhänge und die ehemaligen Widerstandskämpfer berichten, wie sie persönlich die Weimarer Zeit und den Faschismus erlebt und überlebt haben. Nach Möglichkeit werden aktuelle Bezüge hergestellt.

Diese Stadtrundfahrt will und kann nicht den Geschichtsunterricht ersetzen, sie will ihn ergänzen und Denkanstöße geben zur gründlicheren Auseinandersetzung mit der Vergangenheit und Gegenwart und zur Geschichtsforschung im eigenen Wohngebiet, zur Spurensicherung in der unmittelbaren Nachbarschaft.

Ein Vertreter der VVN (Vereinigung der Verfolgten des Naziregimes) berichtet vor der Gedenkstätte „Otto Grüneberg" in der Zillestraße von seinen Erlebnissen unter der Hitlerdiktatur

In der Zwischenzeit haben viele Schülergruppen und Jugendliche aus den Jugendverbänden an den Fahrten teilgenommen. Die große Resonanz, die unser Projekt erfährt, macht deutlich, daß die Thesen, wonach Jugendliche kein Interesse an einer antifaschistischen Arbeit haben, nicht haltbar sind, wobei natürlich eine Vielzahl von methodischen und didaktischen Überlegungen auch weiterhin notwendig ist, um den Anspruch zu erfüllen, die Stadtrundfahrt in ein Konzept der Vor- und Nachbereitung einzubetten.

Schüler- und Jugendgruppen können sich in der Geschäftsstelle des Landesjugendringes anmelden.

Stadtrundfahrt des Landesjugendringes Berlin
Münchener Str. 24 1000 Berlin 30
Tel.: 24 10 98/Rosy Peisker

Aktion Sühnezeichen, Friedensdienste e.V.

Der Kinderbuchautor Marschak beobachtete einmal 6- bis 7-jährige Kinder beim Spiel: „Was spielt ihr?“ fragte er. Die Antwort: „Wir spielen Krieg.“ Darauf sagte Marschak: „Wie kann man nur Krieg spielen! Ihr wißt doch sicher, wie schlimm Krieg ist. Ihr solltet lieber Frieden spielen.“ „Das ist eine gute Idee“, sagten die Kinder. Dann Schweigen, Beratung, Tuscheln, wieder Schweigen. Da trat ein Kind vor und fragte: „Großväterchen, wie spielt man Frieden?“

Frieden ist der Ernstfall

Dies wissen wir seit dem letzten Weltkrieg und Hiroshima. Trotzdem hat es seit 1945 120 Kriege mit einer Gesamtdauer von über 300 Jahren und mehr als 20 Millionen Toten gegeben. Dies zeigt die Dringlichkeit des Friedensdienstes ohne Waffen. Für einen Frieden, der hilft, Vorurteile, Ausbeutung und Rassenhaß zu überwinden. Aktion Sühnezeichen entstand, um die Feindschaft von gestern zu überwinden und hat deshalb in den heutigen Konflikten eine Aufgabe. Eine Aufgabe, die mit den Stichworten „Friedensdienst und Geschichtsbewußtsein“ richtig beschrieben ist.

Entstehung und Entwicklung der Aktion Sühnezeichen/Friedensdienste

1958 verlas Lothar Kreyssig auf einer von politischen Auseinandersetzungen um Militärseelsorgevertrag und Atombewaffnung zerrissenen Synode der EKD den Aufruf zur Aktion Sühnezeichen. Mehr als zwei Drittel der Synodalen schlossen sich durch Unterschrift der Meinung an, daß „wir darum noch immer keinen Frieden haben, weil zu wenig Versöhnung ist. Dreizehn Jahre sind erst in dumpfer Betäubung, dann in neuer angstvoller Selbstbehauptung vergangen. Es droht zu spät zu werden. Aber noch können wir , . . ., der Selbstrechtfertigung, der Bitterkeit und dem Haß eine Kraft entgegensetzen . . .“ Frieden durch Versöhnung. Dies war in Kürze das Programm – nach innen und nach außen. Nach den Vorstellungen der Gründer sollte es in „Polen, Rußland und Israel“ beginnen, „denen wir wohl am meisten wehgetan haben“. Mit dem Ziel, Umkehr im eigenen Volk zu erreichen.

Praktisch begann der Dienst Freiwilliger 1959 in Westeuropa. Junge Freiwillige bauten die Sozialakademie in Rotterdam, eine Synagoge in Villeurbanne bei Lyon, die Versöhnungskirche in Taizé, einen Kindergarten in Skopje, eine Bewässerungsanlage auf Kreta, eine Kirche und ein Blindenheim in Norwegen, halfen beim Bau des Jewish Home for the Blind in Jerusalem. 1961 begann nach dem Eichmann-Prozeß die Arbeit in Israel, 1967 in Polen. Anfang der siebziger Jahre in der UdSSR. 1968 fragten die sogenannten historischen Friedenskirchen aus den USA (Brethren, Quäker, Mennoniten) nach deutschen Freiwilligen. In der zweiten Hälfte der sechziger Jahre begann die Arbeit in Sozialprojekten. Statt Bauarbeiten Auseinandersetzung mit sozialen politischen Problemen von gesellschaftlichen Randgruppen. Seit 1969 können Kriegsdienstverweigerer einen 18-monatigen Friedensdienst mit ASF im Ausland machen und werden dann nicht mehr zum Zivildienst herangezogen.

Heute arbeiten 160 Freiwillige und Kriegsdienstverweigerer 12 bis 18 Monate mit ASF in den USA und Israel, in Großbritannien und Frankreich, Norwegen, Holland und Belgien.

Die Projekte reichen von gesellschaftlichen Randgruppen (Behinderte, Strafentlassene, Drogenabhängige, Gastarbeiter, milieugeschädigte Kinder und Jugendliche) bis zu Projekten strukturellen Friedensdienstes (mexikanische Landarbeitergewerkschaft in den USA, jüdisch-arabische Versöhnungsinitiativen in Israel und Friedensorganisationen). Ein anderer großer Teil der Arbeit ist die Polenarbeit. Viele Gruppen aus der evangelischen Schüler- und Jugendarbeit und anderen Bereichen fahren jährlich mit ASF in die Volksrepublik Polen, um dort in den Gedenkstätten zu arbeiten, Seminare und Begegnungen mit jungen Polen durchzuführen. Seit der Gründung der Aktion Sühnezeichen hat sich in der Welt einiges verändert. Auch das Selbstverständnis und die Friedenspraxis der Aktion hat zusätzliche und neue Inhalte und Aufgaben erfahren. Heute wie damals weist die Aktion Sühnezeichen/Friedensdienste in ihren Schriften, Seminaren, Veranstaltungen und Friedensdiensten genauso noch auf die Christen und alle anderen Antifaschisten hin, die sich in der Zeit des Hitlerfaschismus im Widerstand befanden, weil diese Frauen und Männer für alle jungen Menschen, die heute im Rahmen der Organisation im In- und Ausland Friedensdienste leisten, Vorbild und Aufforderung zugleich sind, damals wie heute gegen den Völkerhaß, für die Verständigung, gegen die Ursachen des Unfriedens, für die Gleichberechtigung, gegen die kulturelle, soziale, wirtschaftliche und politische Unterdrückung einzutreten.

Aktion Sühnezeichen Friedensdienste e. V.
Jebensstr. 1, 1000 Berlin 12
Tel.: 31 62 61

Die Nummerierung der Abbildungen auf einer Seite läuft grundsätzlich von links nach rechts und von oben nach unten.

Verzeichnis künstlerischer Darstellungen

Seite
12.1 Zeitgenössische Zeichnung
13.2 Aquarell von F.A. Calau, 1809
13.3 Bronzerelief von Hagen (am Denkmal für Karl Freiherr vom und zum Stein)
13.4 Bronzerelief von Hagen (am Denkmal für Karl Freiherr vom und zum Stein
14.1 Stahlstich, um 1850
14.2 Gemälde von Eduard Gaertner, 1831
14.3 Kupferstich nach Aquarell von F.A. Calau, um 1830
16.1 Zeitgenössische Darstellung
16.2 Aquarell von Eduard Biermann, 1847
17.1 Stahlstich von J.M. Kolb nach J. Rabe, um 1830
17.2 Zeichnung von J.H. Hintze
17.3 Farbdruck nach Zeichnung von Th. Dettmers (gemalt von W. Knoll), um 1856
17.4 Stahlstich von Schulin nach Zeichnung von J.C. Henning, um 1840
17.5 Kupferstich von F.A. Schmidt nach F.A. Calau, um 1820
18 Gemälde von Eduard Gaertner, 1833
19.1 Gemälde von Eduard Gaertner, 1839
19.2 Gemälde von Eduard Gaertner, 1843
20.1 Lithographie von Theodor Hosemann, 1845
20.2 Radierung von J.M. Voltz, um 1825
21.1 Lithographie von Theodor Hosemann, 1844
21.2 Lithographie von F.B. Dörbeck, um 1830
21.3 Lithographie von Theodor Hosemann, 1830
21.4 Lithographie von F.B. Dörbeck, um 1830
21.5 Lithographie von F.B. Dörbeck, um 1830
24.1 aus: A manual of the system of teaching reading . . ., 2. Aufl. London 1821, Tafel 2
24.2 Holzstich nach Zeichnung von E. Klimsch
24.3 aus: Die Pädagogick und die Pädagogen, Nürnberg o.J. (1826), Tafel 2
27.1 Aquarell von K. Joseph Fischer, 1816
27.2 Radierung von J.M. Voltz, 1823
28.3 Zeichnung von Theodor Hosemann
28.8 Holzstich nach Zeichnung von Theodor Hosemann, 1847
29.1 Radierung von J.M. Voltz
29.2 Lithographie von F.B. Dörbeck
29.3 wie 24.2 (Ausschnitt)
29.4 Zeichnung von J.W. Hasenclever (Ausschnitt)
31.1 aus: H. Becher und J.C. Schneemann, Neuester Orbis pictus, Meißen und Wien o.J. (1843), Tafel 16
31.2 Lithographie von W.v. Camphausen, um 1855
31.3 aus: Die Pädagogick und die Pädagogen, Nürnberg o.J. (1826), Tafel 3
31.4 wie 24.3 (Ausschnitt)
32.1 Kupferstich nach Gemälde von Albert Anker
40.1 Kupferstich von Anton Wachsmann
40.2 Punktierstich von C. Schule nach Gemälde von Ringklacke, 1813
42 Holzstich nach Zeichnung von J. Kirchhoff
49.2 Bleistiftzeichnung von F.A. Borchel, um 1860
50 Holzstich, aus: Illustrirte Zeitung, Leipzig 1848
73.1 Gemälde von Adolph Menzel, 1875
73.2 Studie von Adolph Menzel, 1874
77.2 Lithographie von Heinrich Kley, 1912
77.3 Holzstich von G. Koch, aus: Illustrirte Zeitung, Leipzig 1872
78.1 Zeitgenössischer Holzschnitt
78.3 Holzstich von G. Koch, aus: Illustrirte Zeitung, tung, Leipzig 1890
219 Karikatur von Hans Traxler, 1975

Quellennachweis für Tabellen und Schaubilder (in der Dokumentation)

26.1 nach Müller, D.K., Sozialstruktur und Schulsystem, Göttingen 1977, S. 400 f.
28.6 Geist, J.F. und Kürvers, K., Das Berliner Mietshaus 1740–1862, München 1980, S. 304 ff.
28.7 Beckedorffs Jahrbücher, Bd. 1, Berlin 1825, S. 292 f.
77.1 Statistisches Jahrbuch der Stadt Berlin, 27. Jg. (1900–1902), Berlin 1903 und Thienel, I., Städtewachstum im Industrialisierungsprozeß des 19. Jahrhunderts, Berlin/New York 1973. Jeweils beigegebene Karten.
88.1 Eigene Berechnung auf der Grundlage von: Grundlehrplan der Berliner Gemeindeschule, Berlin 1902, S. 4 und Zwick, H., Die Entwicklung des Berliner Gemeindeschulwesens . . ., Berlin 1894, S. 86
132.2 Eigene Berechnung auf der Grundlage von: Zahlen des Senators für Schulwesen, Berlin und Mancke, K., Illusion von Chancengleichheit, in: betrifft:erziehung, 10. Jg. 1977, Heft 11, S. 41
168.1 Erich Schmidt-Verlag, Berlin/Bielefeld/München
202.2 Erich Schmidt-Verlag, Berlin/Bielefeld/München
202.3 Volkswagenwerk AG, Wolfsburg
203.1 Globus-Kartendienst, Hamburg
204.2 Eigene Zusammenstellung auf der Grundlage von: Mancke, K., Lehrer an Hauptschulen, Frankfurt/M. u.a. 1979, S. 41
204.3 Peisert, H., Soziale Lage und Bildungschancen in Deutschland, Reihe: Studien zur Soziologie, hrg. v. R. Dahrendorf, München 1967, S. 13
204.4 Hess, Latscha, Schneider, Die Ungleichheit der Bildungschancen. Texte und Dokumente zur Soziologie, hrg. v. H. Popitz, Olten und Freiburg/Br. 1966, S. 18
207.2 iwd – Informationsdienst des Instituts der deutschen Wirtschaft

Rekonstruktion der v. Wülcknitzschen Familienhäuser

15.2 Geist, J.F. und Kürvers, K., Das Berliner Mietshaus 1740–1862, München 1980, S. 104/105

Bildquellennachweis

AEG-Telefunken Firmenarchiv, Braunschweig: S. 124.1
Archiv für Kunst und Geschichte, Berlin: S. 12.1, 14.2, 16.1, 17.1, 17.4, 19.2, 20.1, 24.2, 31.2, 40.1 + 2, 74.1, 76.2, 77.2 + 3, 78.3, 80.2, 123.1, 127.3, 128.1, 130.1, 132, 160, 161, 165.4, 167.3, 178.2, 198.1, 200.1 + 2, 219.1
Wolfgang Bahlburg, Berlin: S. 226
Bildarchiv Preußischer Kulturbesitz, Berlin: 14.1, 27.1 + 2, 72.1, 74.2, 76.1, 78.1, 79.1, 83.5, 87.3, 89.1 + 2 + 3 + 4, 92.3 + 4, 121.3, 122.1 + 2, 125.1, 126.2, 127.1, 128.6, 131.1 + 2, 133, 135, 136.1, 137.2, 139.2, 164.2, 165.1, 172.5, 174.2, 175.1 + 2, 176.3, 178.1, 179.3
Borsig-Firmenarchiv, Berlin: S. 16.2
dpa – Deutsche Presse-Agentur: S. 206.1
Sammlung C.-P. Gross, Berlin: S. 52, 83.4, 85.1 + 2, 87.1 + 2, 96, 97, 100, 112
Jochen Heyermann, Berlin: S. 302
Jürgen Junker, Berlin: S. 215.1
Arno Klönne, Paderborn: S. 187, 189,.1 + 2 + 3 + 4
Landesbildstelle, Berlin: S. 14.3, 49.2, 80.3, 125.2, 127.2, 129.2, 130.3, 139.1, 140, 169.2, 170.2, 176.2 + 5, 180, 217.1, 220.1 + 2, 221 + 2, 284, 286
Nachlaß Dr. Kurt Löwenstein, Berlin: S. 152, 154, 155.1 + 2, 156
Neofot, Berlin: S. 138.1, 149.1 + 2, 150
Ralph Rieth, Berlin: S. 215.5
Klaus Rose, Iserlohn: S. 216.1
Schindlerfoto, Oberursel: S. 207.3
Harald Scholtz, Berlin: S. 182
Senator für Bau- und Wohnungswesen, Berlin: S. 208, 209
Der Spiegel, Hamburg: S. 216.2
Staatliche Schlösser und Gärten Potsdam-Sanssouci: S. 18
Stadtarchiv Berlin/DDR: S. 22/23, 26.2, 90.1
Ullstein Bilderdienst, Berlin: S. 32.1, 72.3, 76.3, 79.4, 83.1 + 3, 86.1 + 2, 89.6, 120.1 + 2, 121.1, 123.2, 126.1, 127.4, 128.3 + 5, 129.1, 131.3, 136.2, 137.1 + 3, 143, 164.1, 167.1, 169.3, 171.1, 172.1 + 2 + 3 + 4, 173. 1 + 2 + 3 + 4, 174.1 + 3, 176.1 + 4, 177.1 + 2, 178.2 + 3 + 5, 179.1 + 4, 198.2, 201.1, 204.3, 212, 213,4
Manfred Vollmer, Essen: S. 203.2, 213.1 + 2
Inge Werth, Frankfurt/M: S. 281
Ulrike Zimmer, Berlin: S. 213.4

ELEFANTEN PRESS

Ein KinderBilderLeseBuch
MUTIG SEIN
mit Zeichnungen, Comics, Karikaturen, Fotos, Geschichten, Gedichten, Märchen, Liedern und Sprüchen
EP 75 DM 16,80
ca. 160 Seiten, zahlreiche Zeichnungen und Fotografien, broschierter Bildband, 14 x 21 cm, vierfarbiger Umschlag
Layout: Reglindis Westphal
ISBN 3-88520-075-9
Für Menschen ab 8 Jahren

Mutig sein ist das Thema des ersten KinderBilderLeseBuchs der Elefanten Press.

In allen Formen, als Geschichte oder Gedicht, Zeichnung oder Fotografie, Lied oder Märchen, wird gezeigt, was „mutig sein" heißen kann:
Vom Fünfmeterbrett zu springen oder zuzugeben, daß man Angst davor hat? Ob es stimmt, daß Mädchen anders mutig sind als Jungen? Wie und wann waren unsere Großmütter mutig?

Warum gehört Mut dazu, anders zu sein als die anderen, gegen Ungerechtigkeit und Unterdrückung vorzugehen, eine andere Meinung zu vertreten und Partei zu ergreifen?

Es geht um den Mut in der Schule, in der Familie, mit Freunden und den Mut, den man gemeinsam aufbringen muß.

Arbeitsgruppe Pädagogisches Museum
HILFE SCHULE
Geschichten für Schüler
geschrieben von Ilse Kleberger, Albert Maurer, Uwe Otto, Ilona Zarypow und illustriert von Herbert Müller und Ilona Zarypow

EP 66 DM 14,–
96 Seiten, davon 10 in Farbe, viele Illustrationen, Fotos und Dokumente, broschierter Großband, 21 x 28 cm
ISBN 3-88520-066-x
Für Menschen ab 10 Jahren

Wie auch das BilderLeseBuch „Hilfe Schule" erscheint dieser Band aus Anlaß der Ausstellung mit gleichem Namen, die im Rahmen des Preußen-Jahres in West-Berlin gezeigt wird. Das Buch wendet sich besonders an Kinder und Jugendliche und möchte ihnen als Geschichte die Geschichte der Schule und ihrer Schüler nahebringen.
Vier Schüler stehen im Mittelpunkt der einzelnen Geschichten, die sich in den Jahren 1830, 1900, 1930 und 1932 zugetragen haben. Jede dieser Geschichten, die auf authentischem Material basieren, schildert den Schulalltag und weist gleichermaßen auf zeittypische Probleme hin.

Die Geschichte von Max und Milli
Nach einem GRIPS-Stück von Volker Ludwig, erzählt von Michael Kausch und illustriert von Amelie Glienke
EP 40 DM 10,80
112 Seiten, mit zahlreichen Illustrationen, broschiert, 14 x 20 cm
ISBN 3-88520-40-6
Für Kinder ab 6 Jahren

Rainer Hachfeld
SPAGHETTI MIT KETCHUP
Ein GRIPS-Stück erzählt und illustriert von Rainer Hachfeld
EP 41 DM 10,80
96 Seiten, zahlreiche Illustrationen, broschiert, 14 x 20 cm
ISBN 3-88520-041-4
Für Kinder ab 6 Jahren

Stefan Reisner
MENSCH MÄDCHEN
oder wie wir zum Mond flogen
Nach einem GRIPS-Stück erzählt vom Autor und illustriert von Liese Petry
EP 61 DM 10,80
88 Seiten, 30 Abbildungen, broschiert, 14 x 20 cm, vierfarbiger Umschlag
ISBN 3-88520-061-9
Für Kinder ab 6 Jahren

Stärker als Superman
Nach einem GRIPS-Stück von Roy Kift, erzählt von Matthias Brand und illustriert von Max Ley
EP 58 DM 10,80
96 Seiten, 29 Abbildungen, broschiert. 14 x 20 cm
ISBN 3-88520-058-9
Für Kinder ab 6 Jahren

MÄRCHEN

Der kleine schwarze Fisch
Ein Märchen von Samad Behranghi mit Bildern von Amelie Glienke
EP 22 DM 18,–
48 Seiten, Hardcover (farbig u. strapazierfähig), zahlreiche farbige Illustrationen, 20 x 22 cm
ISBN 3-88520-022-8

Sigmar Schollack
DAS MÄDCHEN AUS HARRYS STRASSE
Mit Illustrationen von Horst Rudolph
EP 42 DM 10,80
80 Seiten, zahlreiche Illustrationen, broschiert, 14 x 20 cm
ISBN 3-88520-042-2
Für Kinder ab 8 Jahren

Brigitte Birnbaum
TINTAROLO
Ein Buch für Kinder über Käthe Kollwitz, mit Zeichnungen von Käthe Kollwitz
EP 59 DM 10,80
64 Seiten, 17 Abbildungen, broschiert, 14 x 20 cm, vierfarbiger Umschlag
ISBN 3-88520-059-7
Für Kinder ab 8 Jahren

DIE FAULENZERIN
Armenische, usbekische und kasachische Märchen illustriert von Akbar Behkalam
EP 52 DM 10,80
96 Seiten, 20 Abbildungen, broschiert, 14 x 20 cm, vierfarbiger Umschlag
ISBN 3-88520-052-x
Für Kinder ab 6 Jahren

Wie sich der Rabe einen Splitter eintrat
Märchen von Nazim Hikmet illustriert von Hanefi Yeter
EP 43 DM 10,80
80 Seiten, viele Illustrationen, broschiert, 14 x 20 cm
ISBN 3-88520-043-0
Für Kinder ab 6 Jahren